Transkulturelle Perspektiven in der Bildung

Transcultural Perspectives in Education

# BALTISCHE STUDIEN ZUR ERZIEHUNGS- UND SOZIALWISSENSCHAFT

# BALTIC STUDIES IN EDUCATIONAL AND SOCIAL SCIENCES

Herausgegeben von Gerd-Bodo von Carlsburg,
Natalija Mažeikienė und Airi Liimets

BAND 34

*Zu Qualitätssicherung und Peer Review der vorliegenden Publikation*

Die Qualität der in dieser Reihe erscheinenden Arbeiten wird vor der Publikation durch die Herausgeber der Reihe geprüft.

*Notes on the quality assurance and peer review of this publication*

Prior to publication, the quality of the work published in this series is reviewed by editors of the series.

Gerd-Bodo von Carlsburg
(Hrsg./ed.)

# Transkulturelle Perspektiven in der Bildung

# Transcultural Perspectives in Education

PETER LANG

**Bibliografische Information der Deutschen Nationalbibliothek**
Die Deutsche Nationalbibliothek verzeichnet diese Publikation in der Deutschen Nationalbibliografie; detaillierte bibliografische Daten sind im Internet über http://dnb.d-nb.de abrufbar.

Umschlagabbildung:
Michael Fuchs: Die Tänzerin. Farbradierung, Strichätzung, Weichgrund, Aquatinta, Frottage, handkoloriert, 17 x 17 cm, handsignierter Probedruck des Künstlers („herzlichst gewidmet am 23. Nov. 2004 …"), Archiv v. Carlsburg.
Michael Fuchs, geb. 1952, Ateliers in Klosterneuburg/Wien und Florenz, Sohn des Jugendstil-Künstlers, Philosophen und Architekten Ernst Fuchs (1930-2015), weltweit Ausstellungen, seit 2005 verstärkte Lehrtätigkeit – seine Kunstwerke symbolisieren Sinnbilder, Gleichnisse, Transkulturalität, Emotionen, transzendentales Erleben, ästhetisch-feinsinnig-emotionale Dynamik und eine starke romantische Ausdruckskraft.

Der Herausgeber dankt dem Deutschen Akademischen Austauschdienst (DAAD) im Programm OST-PARTNERSCHAFTEN und dem Programm ERASMUS+ sowie der Heidelberg University of Education und der Vytautas Magnus University of Kaunas (Lithuania) als auch Thomas Vogel (www.lernenundberuf.de) für die finanzielle Förderung.

ISSN 1434-8748
ISBN 978-3-631-79100-4 (Print)
E-ISBN 978-3-631-79804-1 (E-PDF)
E-ISBN 978-3-631-79805-8 (EPUB)
E-ISBN 978-3-631-79806-5 (MOBI)
DOI 10.3726/b15992


Peter Lang – Berlin · Bern · Bruxelles · New York · Oxford · Warszawa · Wien



Diese Publikation wurde begutachtet.

www.peterlang.com

*Plungė: Neorenaissance-Residenz (erbaut 1879) des Fürsten Mykolas Mikalojus Oginskis (1849-†1902 Nizza), Park 60 ha, nach 1902 durch Fürstin Marija Oginskienė veranlasste Gründungen: Waisenhaus für ca. 200 Kinder, Lehrerseminar, Mittelschule, Gymnasium. Der weltbekannte litauische Komponist und Maler Mikalojus K. Čiurlionis (1875-†1911Pustelnik/Warschau) studierte in Plungė 1889/93 an der Opern- und Orchestermusikschule im Park. Oginskis finanzierte das Studium 1894/99 an der Warschauer Musikakademie und 1901/02 am Leipziger Königlichen Conservatorium (Lehrer-Zeugnis mit dem Fächern Theorie der Musik und Komposition, Violinspiel, Orgelspiel und Gesang), 1902/06 Studium der Malerei in Warschau. Fotos: v. Carlsburg*

# Inhalt

Gerd-Bodo von Carlsburg

# Einleitung

**Abstract:** This volume presents a series of selected contributions from the XXII[nd] International Scientific Conference on *The Reform of Education and Teacher's Training* dealing with the topic »*Transcultural Perspectives in Education*«, which was conceived and organized by the Ministry of Education and Science of the Republic of Lithuania together with the Vilnius Academy of Educational Science at Vytautas Magnus University Kaunas (VDU). The focus of attention was the discourse on research in cultural studies and the exchange of examples of transcultural pedagogical practice in Higher and Secondary Education. The acquisition of interactive competencies in cultural research is a prerequisite for the formation of identity in order to meet the challenges our society will be facing in the coming decade.

**Keywords:** Cultural studies, transcultural practice and research

**Abb. 1:** Archiv VDU

Der vorliegende Band dokumentiert eine Reihe von ausgewählten Beiträgen der XXII. Internationalen wissenschaftlichen Konferenz (The XXII[nd] International Conference/XXII-oji tarptautinė mokslinė konferencija) zur *Bildungsreform und Lehrer(aus-)bildung* (*The Reform of Education and Teacher's Training*/*Švietimo reforma ir mokytojų rengimas*) zum Thema »*Transkulturelle Perspektiven in der Bildung*«, die vom Ministerium für Bildung und Wissenschaft der Republik Litauen und der Vilnenser Akademie für Bildungswissenschaften der Vytautas Magnus Universität Kaunas (VDU) gemeinsam konzipiert und veranstaltet wurden. Im Fokus standen der Diskurs kulturwissenschaftlicher Bildungsforschung und der Austausch von Beispielen transkultureller pädagogischer Praxis in der Hochschul- und Schulbildung. Der Erwerb dieser interaktiven Kompetenzen in der kulturwissenschaftlichen Forschung ist Voraussetzung für die Bildung einer Identität, die den Herausforderungen unserer Gesellschaft im kommenden Jahrzehnt gerecht wird.

Diese Peter Lang Edition enthält nur einen Teil dieser vielen Referate, ein weiterer Teil wurde in der Zeitschrift *Pedagogika* publiziert. Mitveranstalter war die Pädagogische Hochschule Heidelberg – University of Education, eine bildungswissenschaftliche Hochschule mit universitärem Status, die als einzige bildungswissenschaftliche Institution für die Lehrer(aus-)bildung innerhalb der Bundesrepublik Deutschland nicht in die Universität integriert wird, weil politisch seitens der Landesregierung Baden-Württemberg nicht gewollt. Zwischen beiden Institutionen besteht ein Kooperationsvertrag über den Dozenten- und Studierendenaustausch (Studium und Praktika) sowie eine wissenschaftliche Zusammenarbeit zwischen beiden Universitäten/Hochschulen, welcher auch eine gemeinsame Betreuung von Bachelor-, Magister- und Doktorarbeiten sowie Mitgliedschaft in der Promotionskommission einschließt.

Die Reihe *Baltische Studien zur Erziehungs- und Sozialwissenschaft* erfreut sich der großen Wertschätzung durch die litauischen akademischen und wissenschaftlichen Bildungsinstitutionen, Lehrerweiterbildungsseminare, Parlament, Ministerium für Bildung und Wissenschaft sowie Außenministerium, auch seitens der deutschen Botschaft und der Konrad-Adenauer-Stiftung, Büros Baltische Staaten.

**Abb. 2:** Vytautas-Magnus-Brücke in Kaunas über die Nemunas (Memel), linke Seite Kloster (Priesterseminar) und Vytautaskirche, rechte Seite Kathedrale. Foto v. Carlsburg

Die bisher jährlich stattfindenden Tagungen in Form eines gemeinsamen Diskurses und mehrerer Workshops stellen die Verknüpfung der Hochschul- und

Schulbildung unter Rekurs der von Politik und Kultur geprägten Tradierungen im Hinblick einer reflexiv-modernen Bildungswissenschaft in den Fokus, ergänzt durch aktuell generierte Forschungsgegenstände, so in diesem Jahr die Topics Transkulturelle Studien – Interkulturelle Pädagogik – und damit im Zusammenhang stehend: Komparative Erziehungswissenschaft, diskutiert am Selbstbild, unter der biografisch-normativ gesellschaftlich reflektierten Sichtweise des Selbst gegenüber Akkulturation, Enkulturation, Lebensstil der Anderen, ihre Herkunft, Sprache, Kompetenzen, Heterogenität, Leistungs- und Lernmotivation ..., Mitgliedschaften, sozialen Einstufungen, Zugehörigkeiten...

Die transkulturellen Studien als originär kulturwissenschaftliches Forschungsgebiet gewinnen zunehmend an Bedeutung für die Bildungswissenschaft, erste Studiengänge sind etabliert, u.a. an der Heidelberger Universität, wobei die Interkulturelle Pädagogik den Bildungsbedarf rekurriert, verbunden mit migrationsgesellschaftlichem Hintergrund. Letztlich gehört in diesen Kontext noch die Komparative Erziehungswissenschaft eingegliedert, die sich methodisch und methodologisch vergleichend mit nationalen sowie internationalen Bildungssystemen, Entwicklungen, Kultur- und Sozialinstitutionen in Bildungs- und Sozialwissenschaften befasst, dies im Hinblick auf die Herausforderungen der Gesellschaft des kommenden Jahrzehnts (Perspektivenwechsel im Bildungs- und Erziehungssektor).

**Abb. 3:** Kathedrale und Alter Markt in Kaunas. Foto v. Carlsburg

Zu dieser Thematik diskutierten in Litauen Wissenschaftler, praktizierende Pädagogen und Mitglieder von teils internationalen, aber insbesondere nationalen Universitäten und Bildungsorganisationen. Behandelt wurden anstehend sich ergebende Fragen, wie die Reformierung des Studiums und die Formulierung von Bildungsstandards, Lehrkompetenzen und Fragen der Unterrichtsqualität im Hinblick auf eine stärke Fokussierung der Neuorientierung sowie Umstrukturierung des Studiums an die Anforderungen internationaler Levels.

Die *Zielsetzung* der Vytautas Magnus Universität Kaunas und ihrer Akademie für Bildungswissenschaften in Vilnius bis zum Jahre 2020 im Zusammenhang mit der Perspektive Kaunas 2020 sieht als *Vision* die Ausbildung von kulturellen Kompetenzen unter Berücksichtigung transkultureller Perspektiven vor – und damit implizit Lernkulturen, die primär den *Kulturwerten* Litauens geschuldet sind, zugleich aber auch – damit verknüpft – *Persönlichkeitsförderung* im Sinne von impliziter als auch expliziter *Identitätsbildung* durch die komparatistische Forschung. Diese Spurensuche, ja Vorstellungskraft, setzt somit den Erwerb internationaler Kompetenzen im Bildungs-, Erziehungs-, Enkulturations- und Sozialisationsbereich voraus.

**Abb. 4:** Rathaus in Kaunas und Priesterseminar im Hintergrund. Foto v. Carlsburg

***Leitziel*** ist die Qualifizierung einer urteilskräftigen, divergierend sowie konkludent denkfähigen, jungen Generation sowie das kritisch-konstruktive Gestalten und Disseminieren dieser wissenschaftlichen Erkenntnisse und Kulturwerte durch das Besinnen auf transkulturelle Denk- und Lernkulturen im Sinne einer sich wandelnden (Zivil-)Gesellschaft, d.h. insbesondere Artikulierung *eigener Anforderungsprofile und innovatives Einbringen eigener Initiativen* in diese Zivilgesellschaft, um der Forderung *Challenges of Time to Educational Research in Lithuania* gerecht zu werden.

Als wichtiger Schritt für die Erreichung dieser hochgesteckten Vision dienen besagte internationale Konferenzen, deren Teilnehmer ihre Bemühungen als Spurensuche für eine Vervollkommnung des Bildungssystems in Litauen verstehen.

Auf den früheren Konferenzen, die gemeinsam mit dem Ministerium für Bildung und Wissenschaft der Republik Litauen und den ausländischen Partnern veranstaltet wurden, hat man bereits intensiv aktuell anstehender Fragen zugewandt, wie Humanismus, Demokratie und Zivilgesellschaft, Autonomie von Universität und Schule, Erziehungswandel, Perspektivenwechsel, Wissenschaft – Studium – Schule, Bildungsstandards, Heranbildung einer Informationsgesellschaft/moderne Technologien, Kultur-, Qualitäts- und Bildungsmanagement.

Die Ergebnisse der Konferenzen wurden stets in umfangreichem Maße publiziert, u.a. in der litauischen Zeitschrift *Pedagogika*, im Internet und besonders interessierende Forschungsergebnisse seit 1999 in dieser Reihe herausgegeben.

**Abb. 5:** Altstadt von Kaunas, Backsteingebäude aus der Hanse: Perkuno namai (Donnergott Gebäude). Foto v. Carlsburg

Die Konferenz war implizit auch Fragen der Effektivität und Perspektiven gemeinsamer Zusammenarbeit gewidmet, verbunden mit dem Vorsatz, Gedanken litauischer Wissenschaftler und Pädagogen den ausländischen, insbesondere deutschen Erziehungswissenschaftlern, diskursiv näher zu bringen und somit die internationalen Bemühungen in Ost und West zu aktivieren. Eine Symbiose lebt nur auf der Grundlage gegenseitigen Gebens und Nehmens.

**Abb. 6:** Auferstehungskirche im Zentrum von Kaunas. Foto v. Carlsburg

Transkulturalität als Befruchtung von Bildung, hängt in erster Linie von der Professionalisierung der Wissenschaftler ab, von ihrer Befähigung, nicht nur Kultur zu vermitteln, sondern auch internationale kulturelle Werte, die Soziabilisierung in einem modernen demokratischen Staatsgefüge entfalten. Dies basiert auf historischem Hintergrund und dient der Bildungsinnovation gegenwärtiger Forschung, der Umsetzung von globalen Erfahrungen in einem Land, das neue Wege beschreitet und internationale Reputation erwirbt.

Folgende *Workshops* unter dem Angebot von Vorträgen im Hinblick auf die Thematik verdienen Erwähnung:

1. *Change and renewal of education.*
2. *Change and renewal in higher education.*
3. *New challenges to Lithuanian education.*

Die kritisch-konstruktive Einbindung der Transkulturalität generiert die Idee Widerspiegelung der menschlichen Freiheit, Hinführung zu Autonomie durch Kräftigung von Denk- und Urteilskraft durch Wissenschaft und Lebensreform.

**Abb. 7:** Schloss Raudonė an der Nemunas (Memel) bei Kaunas, Gymnasium. Foto v. Carlsburg

Folgende Fragestellungen wurden ebenfalls in den Vorträgen vertieft: Internalisierung der Geistes- und Kulturwerte, Einfluss ethnokultureller Kenntnisse und Fähigkeiten, Fragen des Wandels und Erneuerung politischen und kulturellen Denkens durch Umformung des Erziehungsprozesses.

Alle genannten Aspekte sind wichtiger Bestandteil zur Vervollkommnung der Lehrerbildung und Weiterentwicklung der Bildungsreform im Hinblick einer Entdeckung von *Lebenskultur*.

**Abb. 8:** Schloss Panemunė an der Nemunas (Memel) bei Kaunas, Außenstelle der Kunstakademie Vilnius, Ausstellungen, Hotel u. Restaurant. Foto v. Carlsburg

Alle Referenten/innen aus Theorie, Fachdidaktik und Praxis unternahmen den Versuch, aus ihrer Sichtweise das Thema im Kontext des Heranwachsens einer Bürgergesellschaft zu erörtern. Gewünscht wurde hierbei nochmals der intensive Gedankenaustausch an Erfahrungen mit den ausländischen Kollegen, aufgeworfen wurde zudem die Frage der eng mit dem Denk- und Umdenkprozess verwobenen ***Soziabilisierung*** der Hochschullehrer/innen als auch der Studenten/innen durch Studienaufenthalte an ausländischen Universitäten.

Alle genannten Aspekte sind wichtiger Bestandteil zur Vervollkommnung der Lehrerbildung und Weiterentwicklung der Bildungsreform auch im Hinblick einer Entdeckung von Prosperität und *Lebensqualität.*

**Abb. 9:** Heidelberger Schloss von Osten, „SCENOGRAHIA HORTVS PALATINVS A FREDERICO V. ELECTORE PALATINO HEIDELBERGÆ EXTRVCTVS. 1620." (Wenzel Hollar [1607–1677] um 1690), Radierung nach Matthäus Merian d.Ä. (1620), aus: Braun, Georg u.a. (1657). Urbium totius Germaniae superioris (...), Amstelodami apud Johannem Janssonium. Architekt: Salomon de Caus nach Jacques Fouquières vor 1620, 4 Platten, verbunden als Faltblatt, hier: „PROSPECT Des Churfürstlichen Pfältzischen RESIDENT Schlosses und Lústgartens zú Heidelberg." Archiv v. Carlsburg

Die ***Konferenzproblematik*** lässt sich somit auf folgende Schwerpunkte eingrenzen:

1. Faktoren, die die Bildungsqualität unterstützend beeinflussen: gesellschaftliche und bildungspolitische Probleme und reale Veränderungsmöglichkeiten im Hinblick auf *Transkulturalität.*

2. Probleme der Soziabilisierung: Lösungsmöglichkeiten in der gegenwärtigen Bildungslandschaft und Gesellschaft als Ausgangspunkt für *Komparatistik* und *Transkulturalität.*
3. Erziehungstheorie und -praxis im Hinblick auf *interkulturelle Bildungswissenschaft.*
4. Stellenwert der Kulturwissenschaften im Hinblick auf *Komparatistik.*
5. Erziehungsprinzipien und -werte, zukünftige Bildungsplanung, die *Transkulturalität* als Gesellschaftsziel projektiert.

## Reform der Lehrerbildung

Die Reformierung der Lehrerbildung ist und bleibt gerade im Hinblick auf den gesellschaftlichen Wandel und die Neuen Medien ein aktuelles Thema. Neue Denk- und Lernkulturen, die Einbindung von Transkulturalität, Komparatistik und interkultureller Bildungswissenschaft, die unserer Risikogesellschaft Rechnung tragen, die zukunftsorientiert nicht die Tradierungen außer Acht lassen, die auch zum Umdenken motivieren, sind eine Conditio sine qua non.

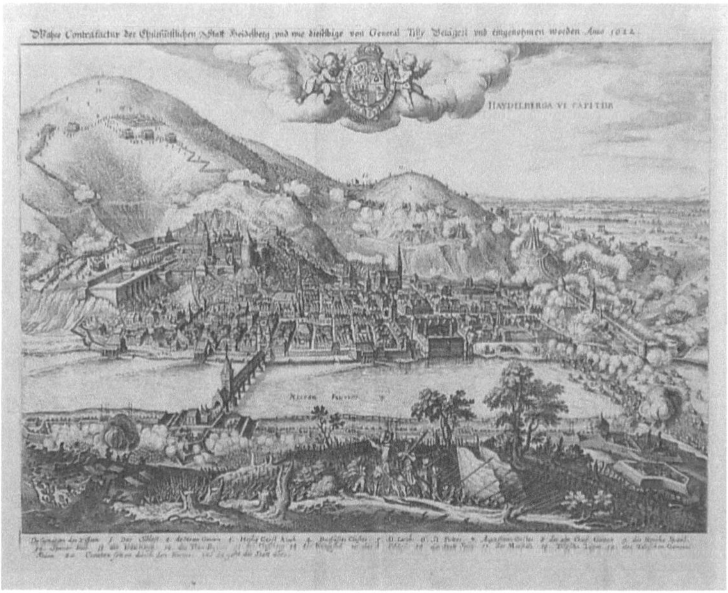

**Abb. 10:** „Wahre Contrafactur der Chůrfürstlichen Statt Heidelberg, vnd wie dieselbige von General [Johann Tserklaes von] Tillÿ Belägert vnd eingenohmen worden Anno 1622.“, Schloss Heidelberg war die Residenz des Pfalzgrafen Friedrich V., Kupferstich (ca. 1630) von Matthäus Merian d.Ä. (1593–1650), erstmals 1635 im Theatrum Europaeum, Legende: „Designation der ziffern. 1. Das Schloß. 2. de Newe Garten. 3. Heÿlig Geyst Kirch. (…) 17. der Marstall. (…) 19. der Tillischen General=Sturm. (…)“, Ziffern 1–20. Archiv v. Carlsburg

In der Konferenz wurden Forschungsergebnisse vorgestellt, die letztlich sozialpsychologische Kompetenzen tangieren. Im Kontext der litauischen Bildungsreform sind besagte Forschungsbeiträge zur Sozialpsychologie als auch empirischer Bildungsforschung und deren Auswirkungen auf die Jugend von nicht zu vernachlässigender Bedeutung. Dieser Schwerpunkt erhält seine Legitimation gerade durch die Entwicklung neuer Ansätze und Sichtweisen und Analyse von Internationalität und Transkulturalität.

Es sei zu hoffen, dass diese und auch weiterführende Gedankengänge in den dargebotenen Beiträgen Anstöße zum Weiterentwickeln von bildungspolitischen Konzepten leisten, dass der an der Thematik Interessierte auch Neues an Informationen finden wird, angestoßen durch diese Konferenz, denn das Spektrum der insbesondere von litauischen Autoren gewählten Themen und Perspektiven gestaltete sich sehr mannigfaltig: Es reichte von Fragen der Lebensreform bis hin zu Forschungsberichten unter erziehungswissenschaftlichen, psychologischen, soziologischen und kulturellen Aspekten; aber insbesondere wurden auch Probleme der Migration, Einbürgerung, Sozialisierung ..., die ein eigenes Denken und Handeln erforderlich machen, erfasst. Die meisten der in diesem Sammelband vorgestellten litauischen Beiträge analysieren Probleme, die für die Stabilisierung der Zivilgesellschaft Litauens aktuell sind. Die Auswahl vermittelt einen facettenhaften Überblick und soll motivieren, auch in den kommenden Jahren Internationale Konferenzen zu planen, um aus eigener Perspektive den politischen und erziehungswissenschaftlichen Paradigmenwechsel aus *globaler* Sichtweise zu erörtern.

**Abb. 11:** Matthäus Merian d.Ä. (1645) – „Das ChůrFůrstliche Pfältzische Schloß vnd Gartten, Zu Haÿdelberg. ůon Mitternacht an zůsehen." (Erstmals in: Zeiller, Martin/ Merian, Matthäus [Hrsg.] [1645]. Topographia Palatinatus Rheni et vicinarum Regionum, Frankfurt a.M., verlegt von Matthäus Merian d.Ä. (ca. 1672). Archiv v. Carlsburg

Seit Mai 1994 bestand ein Transfer in der Lehrerbildung zwischen Heidelberg und Vilnius, mit der Vytautas Magnus Universität Kaunas wurde ein neuer Kooperationsvertrag geschlossen, der den Austausch von Dozenten und Studenten beinhaltet und die gegenseitige Anerkennung von Studienleistungen bis hin zum Promotionsstudium.

**Abb. 12:** Heidelberg University of Education (Altbau um 1915). Archiv v. Carlsburg

Somit entwickelt sich weiterhin die Kooperation mit Heidelberg für litauische Dozent*innen und Student*innen nicht einzig als beliebtes touristisches Ziel, sondern die *Alma mater paedagogensis* ist ein sehr begehrter Studienort im Rahmen von ERASMUS⁺. Insbesondere erfreuen sich die Praktika an litauischen Schulen bei den Heidelberger Studierenden eines großen Zuspruchs, und Litauen wird im Rahmen der Prosperität und des Tourismus' immer bekannter beliebter. Im Rahmen der Praktika war über 20 Jahre die Nachfrage der Heidelberger stets größer als vonseiten der litauischen Praktikanten, was sich relativiert. Umgekehrt gestaltet sich das Verhältnis bei den ERASMUS⁺-Studierenden, obwohl die litauischen Universitäten inzwischen auch Veranstaltungen in Englisch anbieten und man in der Universität hervorragend Englisch beherrscht.

## Conclusio

Durch den interkulturellen Transfer auf der Mikroebene sind Menschen in persönlicher und dienstlicher Sphäre zusammengeführt worden; wertvolle Freundschaften entstanden und werden weiter entstehen, die weiter vertieft werden, und die neue Kooperation mit der Vytautas Magnus Universität Kaunas wird sich mit Sicherheit sehr fruchtbar in allen Bereichen entwickeln. Die ersten Begegnungen lassen sehr positive Erwartungen anklingen. Dafür seien Rektor *Juozas Augutis* und der Prorektorin für Forschung *Julija Kiršienė* sowie der Prorektorin für Internationale Beziehungen *Ineta Dabašinskienė* gedankt.

**Abb. 13:** Rektorat der Vytautas Magnus Universität Kaunas (Altbau 1922). Foto Ilona Tandzegolskienė

**Abb. 14:** Foyer im Rektorat der Vytautas Magnus Universität Kaunas, Gemälde des ersten Präsidenten der Litauischen Republik von 1919/20 u. 1926/40 Antanas Smetona (1874–1944 Cleveland, USA), Ehrendoktor der VDU. Foto v. Carlsburg

Seit dem Beitritt Litauens in die Europäische Union am 1. Mai 2004 haben sich vor allem die politischen und kulturellen Beziehungen zwischen Litauen und Deutschland konstruktiv vertieft, begründet auf einen durch Tradierungen gewachsenen fruchtbaren Austausch im zivilgesellschaftlichen Bereich.

Genannt seien hierbei Wirtschaft, Handel und insbesondere Bildung, die zugleich nachhaltige Zukunft involviert, die aber auch neue Anforderungen an die litauischen Schulen und Universitäten stellt, so eine umfassende Reform der Bildung, primär auf der Basis eines für alle Bürgerinnen und Bürger gerechten Bildungssystems, Schaffung sozialer Lernkulturen und international anerkannter Qualitätsstandards, insbesondere der Hochschulcurricula, letztlich nicht nur der Bildung, sondern auch Erziehung sowie Enkulturation der jungen Generation.

**Abb. 15:** Rektorat der Vytautas Magnus Universität Kaunas, Vertragsunterzeichnung durch Rektor Augutis (Augutis links/v. Carlsburg rechts). Fotos Archiv v. Carlsburg

Dies gilt zuvörderst für die universitären Kooperationen, die gewachsenen engen Strukturen beider Staaten durch den Ausbau von Kooperationsprogrammen, vor allem der letzten fünfzehn Jahre mit fruchtbarem Boden. Aber auch persönliches Engagement in der personalen und sachlichen Beziehungsebene war dazu erforderlich und wird noch weiter schrittweise aktiviert, ja forciert. Hierzu mögen die „Baltischen Studien zur Erziehungs- und Sozialwissenschaft" einen wichtigen Anteil unter dem Aspekt der Internationalisierung der Bildungssysteme und -programme leisten.

**Abb. 16:** Hauptgebäude der VDU. Foto Ilona Tandzegolskienė

Aus eigener Erfahrung als langjähriger Gastprofessor weiß man um die wachsende Geltung dieser Bildungskulturen im Bereich Kulturwissenschaften, die letztlich auch wieder reflexiv-politisches Denken und Handeln implizieren.

**Abb. 17:** Studien- und Wissenschafts-/Innovationszentrum der Vytautas Magnus Universität Kaunas, eine der Neubauten 2017, Außenansicht. Foto Ilona Tandzegolskienė

Das neue Reformkonzept, das eine Zusammenlegung der Universitäten für das Jahr 2018 vorsah, geschah unter dem Zukunftsaspekt einer Konzentrierung auf die wissenschaftlichen Standorte Vilnius, Kaunas und Kleipėda, weg von der Dissemination von zwölf Universitäten, hin zu einer Poolbildung. Dies ist ein weiterer Schritt bezüglich der Qualität der Bildungsstandards, des -managements, der Schaffung neuer Excellenzcluster, der auch für Heidelberg ein Ansporn zu weiterer Vertiefung der wissenschaftlichen Zusammenarbeit und des gemeinsamen Dialogs über die Zukunft unserer Studierenden sein dürfte – für unseren Bereich speziell der Enkulturation und Bildung auf dem Fundament humanitärer und sozialgeprägter Bildungs- und Kulturwissenschaft. Dazu sollen die vergleichenden Ansätze der kulturwissenschaftlichen Bildungsforschung und Beispiele transkultureller pädagogischer Praxis beigetragen, ebenso die rein theoretisch argumentierenden Beiträge als auch empirisch und/oder methodologisch angelegte Artikel dieses Bandes.

**Abb. 18:** G. Janulytės-Bernotienės Studio, Studien- und Wissenschafts-/ Innovationszentrum. Foto v. Carlsburg

Ich wünsche dem „Florilegium" eine weite Verbreitung und weiß um die Bedeutung dieser hochwertig eingeschätzten (Blüten-)Texte in dieser Reihe in Litauen. Den Autoren danke ich für ihre Beiträge, ihr Engagement auf dem Bildungssektor, und weiß um das Interesse der litauischen Kollegen an einer erfolgreichen Zusammenarbeit mit den Reihenherausgebern und der Peter Lang GmbH.

Zu guter Letzt darf ich für die langjährige Mitherausgeberschaft dem Alt-Rektor der Litauischen Universität für Bildungswissenschaftlichen und Mitglied der

Litauischen Akademie der Wissenschaften Algirdas Gaižutis danken, zugleich begrüße ich die an der Vytautas Magnus Universität Kaunas Sozial- und Bildungswissenschaften lehrende Lehrstuhlinhaberin Natalija Mažeikienė als neue Mitherausgeberin dieser Reihe.

Heidelberg, im Mai 2019
*Gerd-Bodo von Carlsburg*

Gerd-Bodo von Carlsburg

# Transkulturalität am Beispiel von Heidelberg und Vilnius

## Zur Entwicklung hybrider Identitäten im transkulturellen Kontext[1]

**Abstract:** Heidelberg and Vilnius, two great university cities with international character, with a high number of foreign students, with a reputation and great celebrity in education, culture, spirit, arts, science, architecture, literature... Heidelberg as the centre of Romanticism, a journey on the Philosophenweg is a sine qua non for the educated citizen. Vilnius, as the centre of the Jesuits, was already in the 16th century an important educational institution of Catholicism and of Judaism, source of religion, education, trade, business, science and culture of Eastern European Jews. The comparison of the two University cities should show many similarities and innovations that testify that transculturality has been practiced in these cities since centuries.

**Zusammenfassung:** Heidelberg und Vilnius, zwei große Universitätsstädte mit Internationalität, mit hoher Zahl an ausländischen Studierenden, mit Reputation und großer Berühmtheit in Bildung, Kultur, Geist, Kunst, Wissenschaft, Architektur, Literatur... Heidelberg als Mittelpunkt der Romantik, ein Gang über den Philosophenweg ist für den Bildungsbürger eine Conditio sine qua non. Vilnius, als Zentrum der Jesuiten, war schon im 16. Jahrhundert die bedeutende Bildungsstätte des Katholizismus und des Judaismus, Quelle der Religion, Bildung, Handwerk, Wissenschaft und Kultur der osteuropäischen Juden. Der Vergleich der beiden Universitätsstädte soll viele Ähnlichkeiten und Innovationen aufzeigen, die bezeugen, dass Transkulturalität seit Jahrhunderten in beiden Städten schon gelebt wird.

**Keywords:** Universities with international character, architecture, literature, transculturality in action

1 Stark erweiterte und nachhaltig veränderte Fassung des Beitrags: Bildung, Kultur, Geist, Kunst, Wissenschaft, Architektur, Literatur, Romantik, ...: Heidelberg und Vilnius. In Gerd-Bodo von Carlsburg (Hrsg.) (2009): Enkulturation und Bildung. Frankfurt a.M.: Peter Lang, S. 13–27.

**Abb. 1:** Vilnius: St. Annenkirche und Kirche des St. Franziskus (1495–1500), Mitte Bernhardinerkloster [OFM] (1795, Gründung 1495), Foto v. Carlsburg

**Abb. 2:** Vilnius: Choral-Synagoge (1903), Choralinė sinagoga, Pylimo gatvė 39, Architekt Dovydas Rozenhauzas, Foto v. Carlsburg

Auf wenigen Zeilen ein Traktat über die Bedeutung Heidelbergs – mit der ältesten reichsdeutschen Universität, die nach ihren Stiftern, den Kurfürsten Ruprecht I. und Karl Friedrich von Baden, Ruperto Carola, benannt ist – im Blickwinkel der Geisteswissenschaft und von Literatur zu verfassen, ist ein Unterfangen, das nur eklektizistisch bleiben kann, denn es sind viele Bände über diese Stadt geschrieben worden; und dazu noch in der gebotenen Kürze Vergleiche mit Vilnius zu ziehen, der einstigen Hauptstadt Europas mit ihrem Facettenreichtum, ist mithin ein wagemutiges Experiment.

**Abb. 3:** Universität Heidelberg, Lichtdruck um 1880, Archiv v. Carlsburg

Als erster Schritt sei die Gründung dieser beiden berühmten Städte erwähnt: Heidelberg, gegenwärtig mit über 160.000 Einwohnern, die Stadt, die in der Statistik der Besucherzahlen nach Berlin und München an dritter Stelle steht, entstand aus einem ehemaligen Fischerdorf; Vilnius, deutsch Wilna, zurzeit ca. 554.000 Einwohner, hatte lt. Brockhaus (1895, S. 752f.) vor ungefähr hundert Jahren knapp die Größe von Heidelberg (annähernd 130.000 Einwohner mit einem Anteil von 50% jüdischer Bevölkerung [mit 5 Synagogen und etwa 70 Betschulen], beinahe 35% der Einwohner waren Katholiken [mit der Kathedrale des Heiligen Stanislaus und dem silbernen Sarge des Heiligen Kasimir in der Marmorkapelle, 14 Kirchen und 3 Klöstern], annähernd 15% Bewohner gehörten der russisch-orthodoxen Religion an [mit 2 Kathedralen, darunter die Kathedrale der Unbefleckten Mutter Gottes, 43 Kirchen und 2 Klöstern], abgerundet 3% waren Protestanten [mit einer reformierten und 2 lutherischen Kirchen, und gegenwärtig besteht nur noch eine evangelische Kirche im Zentrum dieser Stadt]). Wenn man Vilnius verkürzt beschreibt, so könnte man annehmen, diese Stadt existiere nur aus Kirchen. Weit gefehlt, diese Stadt ist eine Zusammenballung architektonischer Schönheiten über Jahrhunderte.

Allmählich entwickelt sich auch die zweitgrößte Stadt und zeitweilige Hauptstadt Kaunas, bedeutende Universitätsstadt, mit über 300.000 Einwohnern.

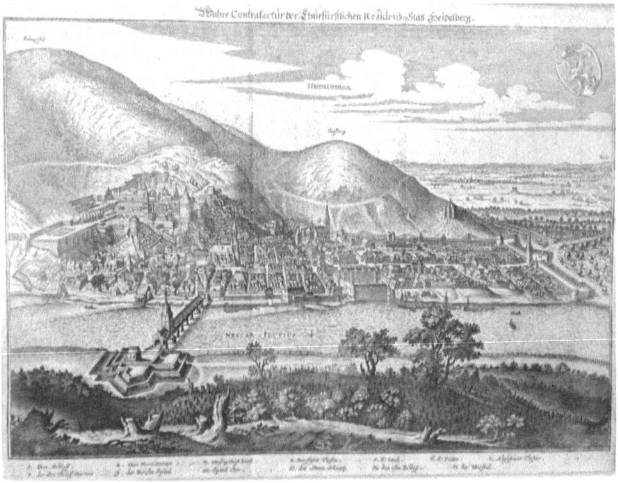

**Abb. 4:** „Wahre Contrafaktůr der Chůrfůrstlichen Residentz Statt Heidelberg." (1620), Kupferstich von Matthäus Merian d.Ä. (1593–1650), Archiv v. Carlsburg

**Abb. 5:** Universität Vilnius, Haupteingang, Archiv v. Carlsburg

Beide Städte, Heidelberg und Vilnius, liegen malerisch am Neckar und an der Mündung der Vilnia in die Neris, an der berühmten Stecke Warschau – St. Petersburg. Vilnius findet das erste Mal urkundlich 1128 seine Erwähnung, obwohl schon im 1. Jahrhundert eine kleine Ansiedelung erfolgte, und im 10. Jahrhundert sich eine größere Siedlung an dieser insgesamt seit 3000 Jahren bewohnten Stelle befand. 1323 wurde unter Gediminas diese Stadt die Hauptstadt des Großfürstentums Litauen für 472 Jahre bis 1795. Ab 1387 existierte für 408 Jahre eine Personalunion mit Polen, es begann nach König Mindaugas die zweite Christianisierung („Staat der zwei Völker" mit einem Herrscher, aber eigener Verwaltung).

**Abb. 6:** König Stephan Báthory, Gründung der Universität, Gemälde in der Vilnenser Gemäldegalerie (Lietuvos dailės muziejus: Vilniaus paveikslų galerijoje), unbek. Künstler, Fotoausschnitt im Archiv v. Carlsburg

1655 besetzten die Russen zum ersten Mal das schöne Vilnius und verwüsteten es. Im Jahre 1795 fand die Aufteilung und Okkupation des Großfürstentums Groß-Litauen durch Russland statt – es gab drei vergebliche Aufstände 1794, 1830/31 – mit Niederschlagung der Polen durch die Russen – und 1863. Preußen erhielt das Gebiet Užnemunė, westlich der Memel (Nemunas), das protestantische Klein-Litauen. Im Jahre 1812 marschierte Kaiser Napoleon I. in Vilnius ein.

**Abb. 7:** Universität Vilnius, Hauptinnenhof mit Blick auf die Universitätskirche, links Kolonnaden, rechts Mensa, (Farb-)Lithografie Anfang 19. Jhdt.s in der Vilnenser Gemäldegalerie (Lietuvos dailės muziejus: Vilniaus paveikslų galerijoje), unbek. Künstler, Fotoausschnitt im Archiv v. Carlsburg

Schon 1905 erwuchsen Autonomieforderungen. Am 16. Februar 1918 erfolgte die Staatsgründung, und es begann eine vorübergehende Unabhängigkeit bis zum Zweiten Weltkrieg als demokratische Republik mit wirtschaftlicher und kultureller Öffnung nach Westeuropa, allerdings kam 1920–1939 die Einverleibung von Vilnius und Umgebung durch Polen, 1940 schließlich die Besitzergreifung der Republik Litauen durch die Sowjetunion (Molotow-Ribbentrop-Vertrag, Unterzeichnung am 23./24. August 1939 in Moskau, bekannt als Stalin-Hitler-Pakt). Die deutsche Okkupation von 1941 bis 1944 ist ebenfalls in Erinnerung.

Auf den Tag genau nach 50 Jahren horchte die westliche Welt auf, als etwa eine Million Menschen die 600 km lange Kette von Vilnius über Riga bis Tallinn bildeten als Protest gegen die nicht erfolgte Annullierung des verhängnisvollen Paktes. Endlich, am 11. März 1990, war der Tag der Unabhängigkeitserklärung unter Seimas-Präsident Prof. Dr. Vytautas Landsbergis und Ministerpräsidentin Prof. Dr. Kazimira-Danutė Prunskienė, und am 20. August 1991 wurde Litauen als demokratische Republik endgültig wieder unabhängig.

Postilla
CATHOLICKA.
Tái est:
Jžguldimas Ewan
geliú kiekwienos Nedelos ir ßwe-
tes per wissus metús.
Per Kúniga MIKALOIV DAVKSZA
Kanonika Medniku/ïß lenkißko pergúldita.
Su walá ir dalâldimu wiresniuju.
W Wilniui/
Drukárnioi Akademios SOCIETATIS
IESV. A.D. 1599.

**Abb. 8:** Titelblatt der „Postilla catholicka“ von Mikalojus Daukšta (1599), aus: Maculevičius/Stulpinas 1997, S. 11

Im 16. Jahrhundert war Vilnius Zentrum einer vom Humanismus gezeichneten Kultur sowie das Abbild einer von der Reformation geprägten Renaissancearchitektur. Die Einwohner von Vilnius zeigten stets Toleranz für alle Religionen, denn Juden, Katholiken, Orthodoxe und Protestanten seit der Reformation lebten friedlich miteinander und sorgten für die Prosperität dieser Stadt. 1570 wurde das Jesuiten-Kollegium errichtet, aus dem am 1. April 1579 durch Privileg des Königs Stephan Báthory (1533–1586) und Papstes Gregor XIII. die Universität Vilnius, die Alma academia et universitas Vilnensis societatis Iesu, unter der Leitung der Jesuiten gegründet wurde. 1599 erfolgte der Erstdruck eines litauischen Buches in der Universität, die „Postilla catholicka", der Katechismus von Mikalojus Daukša.

**Abb. 9:** Bischof Juozas Tumas-Vaižgantas, aus: Maculevičius/Stulpinas 1997, S. 14

Das 18. Jahrhundert in Litauen war geprägt vom Vilnenser Barock, bekannt durch seine gewellten Linien, Kirchenkuppeln und verwinkelten Gassen. Das Großfürstentum Litauen erlebte eine kulturelle und geistige Blütezeit.

Europaweit kamen junge Menschen zum Studium nach Vilnius; und Parallelen zu Heidelberg lassen sich an vielen Stellen ziehen. So lässt es sich leicht erahnen, welchen Aufschwung der Staat Litauen genommen hätte, wenn er ab dem 19. Jahrhundert unabhängig geblieben wäre, denn Litauen kann über zwei Jahrhunderte auf viele große Namen zurückgreifen, die einen starken Einfluss auf die nationale Bildungstradition, Kultur und Identität, auf die Freiheitsbestrebungen eines unterdrückten Volkes genommen haben.

**Abb. 10:** Jonas Basanavičius, aus: Maculevičius/Stulpinas 1997, S. 15

**Abb. 11:** Ottheinrich v.d. Pfalz (1502–1559), Kurfürst von 1556–1559, ab 1557 Reformator der Universität und der Schulen, aus: Arnhardt/Reinert [v. Carlsburg] 1997, S. 47

Stellvertretend für die großen Gelehrten, Dichter, Musiker, Aufklärer des litauischen Volkes seien die Namen der Persönlichkeiten genannt wie der Historiker Simonas Daukantas (1793–1864), der Dichter und Romantiker Adomas Mickevičius (1798–1855), die Bischöfe Motiejus Valančius (1801–1875) und Juozas Tumas-Vaižgantas (1869–1933), der Mediziner, Politiker und Schriftsteller Jonas Basanavičius (1851–1927) mit der seit 1883 erscheinenden Zeitschrift „Aušra", die in Königsberg verlegt werden musste und heimlich nach Litauen durch die „knygnešai", die Bücherträger, gebracht wurde, der Schriftsteller Vincas Kudirka (1858–1899) mit der Zeitschrift „Varpas", der Dichter Jonas Mačiulis mit dem Pseudonym Maironis (1862–1932) sowie der weltbekannte Komponist und Maler Mikalojus Konstantinas Čiurlionis (1875–1911), den alle Litauer als ihren bedeutendsten Künstler hoch verehren. Čiurlionis studierte nach einem Schulaufenthalt in Druskininkai, einer Studienzeit an der Orchestermusikschule im Hause des Fürsten Mykolas Oginskis in Plungė von 1889 bis 1893 und der Warschauer Musikhochschule von 1894 bis zum Diplom 1899 und einer anschließenden Schaffensphase in seinem Geburtsort Druskininkai, Plungė und dem Seebad Palanga als Komponist, Schriftsteller und

Maler seit dem 16. Oktober 1901 am Königlichen Conservatorium der Musik zu Leipzig und erwarb am 14. Juli 1902 sein Lehrer-Zeugnis mit dem Fächern Theorie der Musik und Komposition, Violinspiel, Orgelspiel und Gesang. Anschließend begann er sein Studium der Malkunst in Warschau.

**Abb. 12:** Schulmeister von Esselingen, Heidelberger Manessische Handschrift, 13. Jahrhundert, links Unterricht der Mönche in der ‚inneren' Klosterschule, rechts in der ‚äußeren' Schule, aus: Arnhardt/Reinert [v. Carlsburg] 1997, S. 135

Heidelberg liegt an der direkten Verbindung von Hamburg nach Basel, früher nur am linken geschützten Ufer des Neckars, an der Stelle des Austritts aus dem Pfälzer Wald in die Rheinebene, vergleichbar mit den 250 m hohen Vilnenser Hügeln, aber mit schon beginnendem südlichen Klima und Flair, bei einem Jahresdurchschnitt von ungefähr +120 Celsius das ideale Weinanbaugebiet. Schon in der Römerzeit bestand bis zum 3. Jahrhundert eine Kolonie auf dem jetzigen Terrain mit hoher Lebensqualität, der Homo (Palaeanthropus) heidelbergensis als ältester europäischer Knochenfund in Mauer ist Bestandteil aller Schul- und Lehrbücher der Biologie. (Brockhaus 1894, S. 953ff.)

**Abb. 13:** Südansicht des Heidelberger Schlosshofs um 1840, Archiv v. Carlsburg

Heidelberg war im 12. Jahrhundert ein Lehen der Wormser Bischöfe, 1996 beging Heidelberg seine Feiern zum 800-jährigen Bestehen. Sitz der Pfalzgrafen und später der Kurfürsten wurde Heidelberg seit 1155 durch Pfalzgraf Konrad, Residenz blieb die Stadt bis 1720, als Kurfürst Karl Philipp in das Mannheimer Schloss, die heutige Universität Mannheim, umzog. 1803 wurde Heidelberg durch Kaiser Napoleon I. in das Großherzogtum Baden einverleibt, die Kurpfalz somit badisch. 1556 erreichte die Reformation die Stadt, der „Catechesis palatina" unter Friedrich III. erschien 1563 mit 129 Lehrsätzen zur religiösen Unterweisung der Jugendlichen und wurde in fast alle Kultursprachen übersetzt.

Die literarische Periode begann mit der zu Beginn des 14. Jahrhunderts entstandenen Großen Heidelberger Liederhandschrift – nach dem Zürcher Patrizier die sog. ‚Manessische' benannt – oder Minnesänger-Handschrift. Sie enthält 140 Dichter und 138 Miniaturen. Die Kleine Handschrift entstammt schon dem 13. Jahrhundert, eine Minnelyrik, allerdings ohne Bilder, und beide Handschriften sind wertvolle Bestandteile der Universitätsbibliothek Heidelberg. Die Bibliotheca Palatina der Pfälzer Kurfürsten wurde von Tilly 1622 geraubt und befindet sich seitdem in der Bibliothek des Vatikans.

Das Heidelberger Schloss, 205 m. über dem Meeresspiegel gelegen, 89 m über der Stadt, wurde im 13. Jahrhundert errichtet sowie im 16. Jahrhundert grundlegend erweitert, im Schicksalsjahr 1689 durch den französischen General Mélac unter Beschuss genommen und 1693 durch die französischen Truppen zerstört. 1764 wurde das Heidelberger Schloss durch Blitzschlag in den Pulverturm endgültig Ruine. Nach Überlegungen zu Beginn dieses Jahrhunderts, das Schloss wieder aufzubauen und vor dem endgültigen Verfall zu bewahren, entschloss man sich gottlob aber, die berühmteste Schlossruine nur als Ruine zu sanieren.

**Abb. 14:** Philipp Melanchthon (1560), Holzschnitt von L. Cranach d.J., aus: Arnhardt/ Reinert [v. Carlsburg] 1997, S. 12

Die Ruprecht-Karls-Universität, gegründet von Kurfürst Ruprecht I. am 18. Oktober 1386, eröffnet am 28. Oktober, wurde zum humanistischen Zentrum Deutschlands, der Hochburg der protestantischen Theologie. Weltberühmte Geistes- und Naturwissenschaftler, Juristen und Mediziner haben an dieser Universität studiert, in Heidelberg gelebt oder gelehrt. Einige Namen, und sie können wegen der Vielzahl nur unvollständig bleiben, aus der geisteswissenschaftlichen Disziplin seien genannt, beginnend mit dem aus Holland berufenen Humanisten Roelof Huysman, genannt Rudolf Agricola (1444–1485), sowie den Humanisten Johannes Reuchlin (1455–1522), Johannes Oekolampadius (1482–1531) und Jakob Wimpfeling [Wimpheling/Wympfeling] (1450–1528).

*„G. Knod hat Wimpfelings eindrucksvolle Schilderung der scholastischen Universität Heidelberg im ausgehenden 15. Jahrhundert festgehalten: ‚Wir hören von neidischer Rivalität der Professoren untereinander, von gegenseitiger Beschimpfung der Bursen, von haßerfüllter Verfolgung der Anhänger anderer philosophischer Richtungen, von Streitigkeiten über die inneren Angelegenheiten der Fakultät vor unberufenen Laienohren usw. Die Lehrer machen sich ihre Schüler gegenseitig abspenstig, nach subjektivem Wohlwollen und Mißfallen geben sie ihre Stimme ab; aus Neid und Rachsucht werden verdiente Schüler zurückgesetzt, um schnöden Gewinnes willen weniger tüchtige zu den akademischen Ämtern promoviert. Auch die Studenten geben durch ihr unanständiges Betragen, ihre zügellose Lebensweise, ihre Völlerei und geschlechtlichen Ausschweifungen gerechten Anstoß. Täglich sieht man sie durch Flur und Wald schweifen oder in auffallender Kleidung, den Degen an der Seite, unter wüstem Lärmen und Bramarbasieren [Prahlen – G.-B.v.C.] die Straßen und Plätze durchziehen und jeden Begegnenden mit ihren Roheiten belästigen; selbst die Bäume sind vor ihrer Zerstörungswut nicht sicher …'" (Arnhardt/ Reinert [v. Carlsburg] 1997, S. 127)*

**Abb. 15:** Frhr. Samuel von Pufendorf, aus: Beuys 1979, zwischen S. 180 und 181

**Abb. 16:** Jan Amos Comenius, Humanist, „Über Land und Meer. Allgemeine illustrirte Zeitung“ (1892), H. 26, S. 544, Archiv v. Carlsburg

Der spätere „Praeceptor Germaniae“ Philipp Melanchthon (1497–1560) immatrikulierte sich am 14. Oktober 1509 und absolvierte seinen Bakkalaureus am 10. Juni 1511. Kurfürst Otto Heinrich (1556–59) beauftragte ihn zur Neugestaltung der Universität im Geiste des Renaissancehumanismus. Martin Luther (1483–1546) hielt eine berühmte Disputation in Heidelberg.

Das 17. Heidelberger Jahrhundert wurde unter anderem geprägt durch den Natur- und Staatsrechtler Frhr. Samuel von Pufendorf (1632–1694), durch Jan Amos Comenius (1592–1670), den Pädagogen und evangelisch-calvinistischen Theologen (Herborn), Bischof der Gemeinde der Böhmischen Brüder, der in seinem Weltbild durch die protestantischen Heidelberger Hochschullehrer seit seiner Studentenzeit entscheidend beeinflusst wurde.

**Abb. 17:** Baruch de Spinoza, Cover der Sonderausgabe des Hofenberg Verlags, Berlin 2016

**Abb. 18:** Rak/Strejček 1990, S. 4

**Abb. 19:** Georg Wilhelm Friedrich Hegel, Philosoph, Lithografie von Prof. Dr. Franz Kugler (1808–1858), aus: Georg Wilhelm Friedrich Hegel in Selbstzeugnissen und Bilddokumenten (1965), dargest. von F. Wiedmann. Reinbek: Rowohlt Bildmonographien

1673 lehnte Baruch [Benedict] de Spinoza (1632–1677) einen Ruf an die Universität ab. Dieser bedeutende holländische Philosoph schuf das Monismus-System, galt als Verfechter der Freiheit des Denkens und der Toleranz, und er hätte dieser Stadt humanistischer Prägung Impulse geben können. Spinozas Sorge galt der Weiterentwicklung seiner Philosophie; er scheute die Auseinandersetzung mit eventuellen Religionsgegnern, die Verzettelung durch eine Lehrtätigkeit. Die Angst, seine Zeit mit Vorlesungen zu verlieren, obsiegte. 1676 wurde vorübergehend die Universität geschlossen. Rektor J.L. Fabricius, der ihn berufen wollte, wurde von den Franzosen vertrieben und lebte vorübergehend als Vagabund. Spinozas Entscheidung war somit glücklich gewählt.

**Abb. 20:** Jean Paul [Friedrich Richter] (1763–1825), Pädagoge, Schriftsteller, aus: Fischer 1894, Frontispiz

Das 18. Jahrhundert wurde bestimmt durch Vertreter wie Georg Wilhelm Friedrich Hegel (1770–1831), der Verfasser der „Phänomenologie des Geistes" (1807), einer der bedeutendsten Vertreter des deutschen Idealismus. Verwiesen sei unter anderem auf den Dreischritt ‚Bewusstsein, Vernunft und absoluter Wille', seinen Ansatz einer ***Synonymität*** von *„Sein"* und *„Denken"*. Hegel hielt am 19. Oktober 1816 seine Antrittsrede und blieb bis zum Jahre 1818 in Heidelberg. Seine „Logik" (in 2 Bänden 1812/16) wurde zum Standardwerk deutscher Geisteswissenschaft. Jean Paul (1763–1825) erhielt auf Hegels Vorschlag in Heidelberg die Ehrendoktorwürde.

Der Dichter und Neuhumanist Johann Wolfgang v. Goethe genoss Heidelberg seit Sommer 1814 im Palais Boisserée am Karlsplatz, im Zentrum der Altstadt, dem heutigen Germanistischen Seminar, mit Blick auf das Schloss und die Akademie der Wissenschaften.

**Abb. 21:** Hans-Georg Gadamer (1900–2002), Philosoph, aus: Weyh 1995, S. 6

Mit Heinrich Rickert (1863–1936) begann die Epoche des Neukantianismus und des 19. Jahrhunderts. H. Rickert gilt als Vertreter der Badischen bzw. Südwestdeutschen Schule mit Wilhelm Windelband (1848–1915) und dessen Schüler Emil Lask (1875–1915). Der Neukantianismus zeitigt eine Erkenntnistheorie, fußend auf Immanuel Kant (1724–1804), die auf der Grundlegung von Logik und Methodologie der Wissenschaft durch die mathematischen und begrifflichen Axiome basiert.

Mit den Existenzphilosophen Martin Heidegger (1889–1976) und Karl Jaspers (1883–1969) hielt das 20. Jahrhundert Einzug. Von Karl Jaspers seien genannt: „Existenzphilosophie“ von 1938 und „Der philosophische Glaube angesichts der

Offenbarung“ von 1962 (Gottesexistenz), die Erfahrung von Leiden, Tod und Schuld. Martin Heidegger beschäftigte sich mit der Frage nach dem Dasein, der Existenz des Menschen und dessen Sinn. Erwähnt seien seine „Einführung in die Metaphysik“ (1953) und „Zur Sache des Denkens“ (1969). Schließlich steht für internationale geisteswissenschaftliche Reputation der Name Hans-Georg Gadamer (1900–2002), und bis zu seinem Tode geistig ein Phänomen.

**Abb. 22:** Frhr. Joseph von Eichendorff (1788–1857), Schriftsteller und Dichter, aus: Dietze o.J. [1891], Frontispitz

**Abb. 23:** Des Knaben Wunderhorn. Alte deutsche Lieder, Titelblatt, aus: Stöcklein 1963, S. 79

Bekanntgeworden ist H.-G. Gadamer durch seine philosophische Hermeneutik, die, wie schon sein Vorgänger M. Heidegger, bei dem er 1929 habilitierte, insbesondere den Phänomenologen Edmund Husserl (1859–1938) adaptiert hat. 1949 wurde er Nachfolger von Karl Jaspers auf den Lehrstuhl für Philosophie. 1971 schrieb H.-G. Gadamer „Hegels Dialektik“ und 1983 „Heideggers Wege“, von 1985–1995 erschienen die „Gesammelten Werke“ des Heidelberger Ehrenbürgers in 10 Bänden.

1929 wurde Jürgen Habermas geboren. Heidelberg war die erste Stätte seines akademischen Wirkens, bevor er nach Frankfurt ging. Der Soziologe und Philosoph J. Habermas („Theorie des kommunikativen Handelns“, 1981) gilt neben Max

Horkheimer (1895–1973) und Theodor W. Adorno (1903–1969) („Erziehung zur Mündigkeit", 1979) als führender Vertreter der ‚Kritischen Theorie' der Frankfurter Schule.

All diesen Philosophen als Widmung und Gedächtnis, müsste nun der berühmte Heidelberger Philosophenweg seinen Namen erhalten haben. Jedoch wäre dies eine schlichte Fehlinterpretation, denn mit dem Blick auf Heidelberg auf der rechten Neckarseite, mittsonnig am Vormittag, gerät der Mensch ins Sinnen, Schwärmen und Philosophieren. Die Dichter der Romantik wie beispielsweise Friedrich Hölderlin (1770–1843), Achim v. Arnim (1781–1831), der mit Clemens Brentano (1778–1842) „Des Knaben Wunderhorn" (1806–1808) herausgab, oder Joseph Frhr. v. Eichendorff (1788–1857), der sehnsüchtige Lyriker und Erzähler, der ab Mai 1807 für ein Jahr als Student die Vorlesungen über Ästhetik bei Joseph v. Görres (1776–1848) belegte – und dem im Philosophengärtchen ein Denkmal gesetzt ist, konnten sich nicht am Blick auf Heidelberg mit seiner historischen Altstadt sattsehen. Sie alle, Dichter, Denker, Künstler und Humanisten, machten Heidelberg weltbekannt und -berühmt.

**Abb. 24:** Blick auf die Altstadt von Vilnius mit Gediminasburg, Fluss Neris, Nationalmuseum, Residenz rechts im Bild, Foto v. Carlsburg

Es ist fast der gleiche schöne Blick wie von der Vilnenser Gediminas-Burg auf die wunderschöne Silhouette dieser barocken, gotischen und vom Renaissancestil geprägten Stadt. Wenn alle Heidelberger Romantiker die Kultur- und Bildungsmetropole Vilnius besucht hätten, die seit 1990 Hauptstadt ist und 2009 zur

Kulturhauptstadt Europas gewählt wurde, deren Altstadt seit 1994 zum UNESCO-Weltkulturerbe zählt, deren jährliche internationale Kulturwochen im Juni inzwischen Kultstatus besitzen, wo in dieser Handels- und Finanzmetropole ganz allmählich eine wachsende Zahl an jüdischen Einwohnern zu verzeichnen ist (ca. 2500 Juden von ehemals 250.000), die Synagoge wieder eingeweiht wurde, mehrere Universitäten existieren, sie wären mit Sicherheit dieser bezaubernden Stadt mit ihrem eigenen Charme und mit der größten Altstadt Europas erlegen, hätten ihr mit Sicherheit so manche träumerische lyrische Zeile gewidmet, einer Stadt, in der neben vielen großen Namen des letzten Jahrhunderts der in Vilnius geborene Violinist Jascha Heifetz (1901–1987) von 1905–1909 die Musikschule nahe der Gediminas gatvė im Zentrum der Stadt besuchte, Sir Yehudi Menuhin (1916–1999) an der Musikakademie die Ehrendoktorwürde erhalten hat, und bescheiden weist nur eine kleine Tafel in litauischer sowie russischer Sprache am Hauseingang auf diesen Genius Heifetz hin.

**Abb. 25:** Blick von der neuen Vilnia-Brücke auf die Gediminas-Burg, den berühmten Gediminas-Turm und das Nationalmuseum (Neues Arsenal [Klassizismus – rechts] und Altes Arsenal [Renaissance]) – die Vilnia teilt die Alt- und Neustadt (Wirtschafts-, Industrie- und Banken- sowie Einkaufszentrum)

**Abb. 26:** Blick auf die Altstadt von Vilnius von der Gediminas-Burg vor der Rodung des Gediminasbergs und vor dem Wiederaufbau des Residenzschlosses, aus: Maculevičius 1995, S. 27

**Abb. 27:** Gediminasburg und Residenz im 16. Jhdt., „Gedimino pilies bokštas" (Turm der Gediminasburg), (Farb-)Lithografie von Juozapas Kamarauskas 1938, gemeint ist der linke (noch erhaltene) Turm (s. Abb. 27), Litauisches Kunstmuseum – Vilnenser Gemäldegalerie (Lietuvos dailės muziejus – Vilniaus paveikslų galerijoje), Ausstellung „Vilnius – ein städtisches Märchen" (Vilniaus miesto pasaukos), Bildungsprogramm für Schüler*innen (Edukacinė programa), Flyer des Museums, Mai 2018, und Foto des Originals im Archiv v. Carlsburg

**Abb. 28:** „Türme von Vilnius", Lithografie von Saulius Ikamas 1992 (63/100), Archiv v. Carlsburg

Man muss in die sanierten Palais-Innenhöfe der Gotik, des Barock und der Renaissance schauen, die Villen und Altstadt-Gärten erkunden, um sich ein Bild von der Lebenskunst und Kultur, der ***Identität*** machen dieser Menschen zu können. Die Statuen der berühmten Künstler des 16. bis 20. Jahrhunderts, die Stelen der Widerstandskämpfer, das Denkmal des Rabbis Gaon (Elijah Ben Salomon Salman oder ha-Gaon he-Hasid [1720–1797]) im ehemaligen kleinen Ghetto der Altstadt, die Statuen der Universitätsprofessoren in der alten Universität und in den Kirchen, die vielen Klöster und katholischen als auch russisch-orthodoxen Gotteshäuser (Gotik bis Klassizismus), das Künstlerviertel Užupis (Užupio Res Publika, übersetzt ‚Hinter dem Fluss' [Vilnia]), die Galerien, Museen, Unmengen an Restaurants und Straßencafés, das berühmte Hotel Stikliai (stiklas = Glas) in der Gaono gatvė im (aschkenasischen) jüdischen Viertel, der rekonstruierte Bau des alten Grandhotels und jetzigen Kempinski „Cathedral Square", das Vilnenser Umland mit Hügeln und Seen und dem alten Hauptstadtsitz Trakai – als Litauen im 17. Jahrhundert von der Ostsee bis zum Schwarzen Meer sich erstreckte –, die Oper, die Philharmonie, das Staatsorchester, das berühmte Ballett, Aušros vartai (Tor der Morgenröte der alten Stadtmauer [1503/22]) mit der Kapelle (eingebaut 1829) der ‚Barmherzigen Muttergottes' in der Süd-Altstadt ..., dies alles zu entdecken, braucht Zeit und Muße. Man kann sie insbesondere in den Feinschmecker-Restaurants in den Arkaden-Innenhöfen der Renaissancebauten finden, ein Innehalten beim Besuch dieser Tempel der europäischen und litauischen Gourmetkunst.

**Abb. 29:** Vilnenser Schloss (Rekonstruktion 2009), Kasimir-Kapelle der Kathedrale St. Stanislaus & St. Ladislaus (Neubau im Klassizismus 1801) u. Gediminas-Denkmal

Seit 1994 bestand ein Austausch in der Lehrerbildung zwischen Heidelberg und Vilnius, wobei am 6. Oktober 1995 in Vilnius ein Kooperationsvertrag mit der damaligen Pädagogischen Universität Vilnius (VPU) und späteren Litauischen Universität für Bildungswissenschaften (LEU) geschlossen wurde, der den Austausch von Dozenten und Studenten ermöglichte und die gegenseitige Anerkennung von Studienleistungen bis zum Promotionsstudium beinhaltete, was auch jährlich auf großen Widerhall stieß. Durch den interkulturellen Transfer auf der Mikroebene waren von 1994 bis 2018 Menschen in privater und dienstlicher Sphäre zusammengeführt worden, und sehr wertvolle Freundschaften hatten sich gebildet, die weiterhin gepflegt werden und trotz Beendigung der Kooperation bestehen bleiben sollen.

**Abb. 30:** Vilnenser Erzkathedrale St. Stanislaus (Bischof von Krakau) und St. Ladislaus (Ladislaus I., König von Ungarn), Foto v. Carlsburg

**Abb. 31:** Die rekonstruierte Wasserburg Trakai des Großfürsten Gediminas (Residenz im 14. und 15. Jahrhundert) auf der Insel zwischen Galve-See, Luka-See und Totoriskes-See

Somit wurde die Stadt Heidelberg für die Lehrenden und die Studierenden nicht nur ein beliebtes Tourismuszentrum, sondern die pädagogische Alma Mater wurde zudem für 24 Jahre ein sehr begehrter Studienort. Dieser erfolgreichen Zusammenarbeit soll letztlich dieser Beitrag gewidmet sein, verbunden mit der Hoffnung, dass die seit 2018 bestehende neue Kooperation mit der Vytautas Magnus Universität Kaunas sich zu einer ebenso fruchtbaren Gemeinschaftsarbeit entwickelt, abgesehen von den touristischen Highlights, die dieses Land bietet, wie die einstige Hauptstadt Litauens von 1316–1323, Trakai, ein Beispiel für ***Transkulturalität***, in der außer Litauisch auch Deutsch, Jiddisch, Polnisch, Russisch, Tatarisch (Karaimisch [Turksprache]) gesprochen wird. Die Karäer (krimjüdische Sekte) sind seit 1397 von Großfürst Vytautas als Palastwache geholt worden, zugleich siedelten noch Krimtataren an. Litauen reichte in der Blütezeit von der Ostsee bis ans Schwarze Meer.

## Literatur

Arnhardt, G./Carlsburg, G.-B. v. (Hrsg.) (2014): Jan Amos Comenius. Über sich und die Erneuerung von Wissenschaft, Erziehung und christlicher Lebensordnung. Band I. Augsburg.

Arnhardt, G./Reinert, G.-B. [v. Carlsburg] (1997): Philipp Melanchthon. Architekt des neuzeitlich-christlichen deutschen Schulsystems. Donauwörth.

Beuys, B. (1969): Der Große Kurfürst. Der Mann, der Preußen schuf. Reinbek.

Brockhaus' Konversations=Lexikon ([14]1894): Band 8. Leipzig/Berlin/Wien.

Brockhaus' Konversations=Lexikon ([14]1895): Band 16. Leipzig/Berlin/Wien.

Dietze, R. (Hrsg.) (o.J. [1891]): Eichendorffs Werke. Erster Band. Leipzig/Wien.

Fischer, K. (Bearb.) ([2]1894): Jean Paul. Erster Teil. Leben und Lehren Jean Pauls. Levana, 1. Abteilung. Langensalza.

Gadamer, H.-G. (1971): Hegels Dialektik. Fünf hermeneutische Studien. Tübingen.

Gadamer, H.-G. (1983): Heideggers Wege. Studien zum Spätwerk. Tübingen.

Göhlich, M./Leonhard, H.-W./Liebau, E. (Hrsg.) (2006): Transkulturalität und Pädagogik. Interdisziplinäre Annäherungen an ein kulturwissenschaftliches Konzept und seine pädagogische Relevanz. Weinheim.

Hegel, G. W. F. (1965): Georg Wilhelm Friedrich Hegel in Selbstzeugnissen und Bilddokumenten, dargest. von F. Wiedmann. Reinbek.

Hegel, G. W. F. ([1807]/2011): Phänomenologie des Geistes. Paderborn.

Heidegger, M. (1953): Einführung in die Metaphysik. Tübingen.

Heidegger, M. (1969): Zur Sache des Denkens. Tübingen.

Jaspers, K. (1962): Der philosophische Glaube angesichts der Offenbarung. München.

Jaspers, K. ([1938]/[4]1974): Existenzphilosophie. Berlin/New York.

Maculevičius, S. (Hrsg.) (1995): Bekanntschaft mit Litauen. Erster Teil – Sehenswürdigkeiten, Touristische Angebote. Vilnius: Kraštotvarka, S. 4–30.

Maculevičius, S./Stulpinas, R. (Hrsg.) (1997): Bekanntschaft mit Litauen. Dritter Teil – Wissenschaft, Bildung, Neue Technologien. Vilnius: Kraštotvarka, S. 10–17.

Lukšienė, M. (1970): Lietuvos švietimo istorijos bruožai XIX a. pirmojoje pusėje. Kaunas.

Lukšienė, M. (1997): Mokykla kultūros raidoje. Lietuvos mokyklai – 600 metų. In: Konferencijos medžiaga. I d. Vilnius.

Popelka, P. (1990): Vivat Comenius, Uherský Brod: Danubiaprint Bratislava.

Rak, Š./Strejček, A. (1990): Vivat Comenius. Uherský Brod: Muzeum J.A. Komenského v Uherském Brodě.

Reinert [v. Carlsburg], G.-B./Arnhardt, G./Cornelius, P. ([2]1996): Johann Heinrich Pestalozzi. Anthropologisches Denken und Handeln. 2. erw. Aufl. Donauwörth.

Scheibe, H. (1998): Philipp Melanchthon. Leben und Werk in Bildern. Karlsruhe.

Spinoza, B. de ([1677]/2016): Die Ethik. In geometrischer Weise behandelt in fünf Teilen. Berlin.

Stöcklein, P. (1993): Joseph von Eichendorff in Selbstzeugnissen und Bilddokumenten. Reinbek.

Vries, Th. de ([10]2004): Baruch de Spinoza in Selbstzeugnissen und Bilddokumenten. Sondereinband. Reinbek.

Welsch, W. (1988): Postmoderne, Pluralität als ethischer und politischer Wert. Köln.

Welsch, W. (1995): Transkulturalität. Zur veränderten Verfaßtheit heutiger Kulturen. In: Zeitschrift für Kulturaustausch, Jg. 45, H. 1, S. 39–44.

Welsch, W. (1999): „Transculturality: The Puzzling Form of Cultures Today". In: M. Featherstone/S. Lash (eds.). Spaces of Culture: City, Nation, World. London: Sage Publications, pp. 194–213.

Welsch, W. (2017): Transkulturalität. Realität – Geschichte – Aufgabe. Wien.

Weyh, B. (1995): Vernunft und Verstehen. Hans-Georg Gadamers anthropologische Hermeneutikkonzeption. Frankfurt a.M.

Wiedmann, F. (1975): Georg Wilhelm Friedrich Hegel in Selbstzeugnissen und Bilddokumenten. Reinbek

Gerd-Bodo von Carlsburg, Martina Möller

# Zur Bedeutung von Transkulturalität in einer reflexiven Bildungswissenschaft

**Abstract:** In various cases, the Christian tradition of the German school system is emphasized and as legitimization for a „German core culture" taken within the school. But a closer contemplation of the Christian influence of the school and the unity of the Christian culture abandons alleged certainties in critical light. At the same time, it seems profitable to also consider the connection between education and culture. Only one question, the one of educational justice, remains to be solved.New impulses for the configuration of school and education result from the transculturality, in case, to erode static perspectives and associated orientations to a defined habitus.

**Zusammenfassung:** Vielfach wird die christlich geprägte Traditionslinie der deutschen Schullandschaft betont und als Legitimation für eine ‚deutsche Leitkultur' innerhalb der Schule gesehen. Doch eine genauere Reflexion zur christlichen Prägung der Schule und Einheitlichkeit der christlichen Kultur lässt vermeintliche Gewissheiten in kritischem Licht stehen. Dabei erscheint es gewinnbringend, auch den Blick auf den Zusammenhang zwischen Bildung und Kultur zu heften. Nur eine Frage, die nach der Bildungsgerechtigkeit bleibt bestehen.Neue Impulse für die Gestaltung von Schule und Bildung ergeben sich aus der Transkulturalität, die statische Sichtweisen und damit verbundene Ausrichtungen auf einen festgelegten Habitus erodieren lässt.

**Keywords:** Configuration of education, transculturality, contemplation, Christian culture

**Abb. 1:** Übergabe der Discipuli in das Kloster

## 1. Reflexionen zur christlich geprägten Schule und Einheitlichkeit der christlichen Kultur

Der Besuch einer Schule gehörte im Mittelalter zu den Privilegien einiger weniger Menschen: dem klerikalen Nachwuchs und dem Adel. Dabei waren diese jungen Menschen durchaus nicht immer um dieses Privileg zu beneiden, zumindest nicht, solange sie der klösterlichen Ausbildung und Schule als Zöglinge anvertraut waren. Der Unterricht bestand in erster Linie aus Memorieren und der Tradierung kirchlicher Glaubenssätze.

Eine freie und selbstbestimmte Auseinandersetzung mit den Lehrgegenständen war nicht vorgesehen, geschweige denn erwünscht. Es wurde versucht, *eine* abendländische Kultur zu überliefern, die dennoch niemals gleich sein konnte, denn auch die Bibel und die jeweiligen kirchlichen Sinndeutungen unterlagen immer auch einer dialektischen Interpretation; und die Lehrintention kann niemals gleichgesetzt werden mit der individuellen Rezeption der Lehrinhalte. Die Abschriften wurden alsbald von einer Fülle an Zusätzen und Kommentaren überhäuft, was dazu führen konnte, dass die Originalquellen kaum mehr zu identifizieren waren. Der scholastische Lehrbetrieb stellte dabei allgemeine und nicht zu hinterfragende Grundsätze in den Mittelpunkt einer auf logischer Deduktion begründeten Erkenntnis. Diese musste konform mit der kirchlichen Lehrmeinung sein. Als ‚Wissenschaftssprache' galt Latein. Diese Weltsprache verband die Gelehrten über die verschiedenen (Sprach-)Regionen hinweg und hob sie zugleich vom gemeinen Volk ab, das dieser Sprache kaum mächtig war.

**Abb. 2:** Martin Luther (1483–1546)

Über die rechte Auslegung der Bibel gab es unterschiedliche Sichtweisen, Primus inter Pares der katholischen Kirche war als entscheidende Instanz immer der Papst in Rom. Abweichende wissenschaftliche Erkenntnisse oder Glaubensvorstellungen wurden als Häresie bezeichnet und von der Inquisition verfolgt. Die Schuld für naturbedingte Ereignisse (z.B. Missernten) wurde oftmals an ‚Sündenböcke' delegiert: Frauen wurden der Hexerei bezichtigt und öffentlich auf dem Scheiterhaufen verbrannt, Kinder als sogenannte ‚Wechselbälger' erwartete ein ähnliches Schicksal, und Katzen galten im Mittelalter als Sinnbild des Bösen. Sie waren mit dem Teufel oder mit Hexen im Bunde und wurden gequält und gemordet. Folter wurde zum gebräuchlichen Verfahren, um ein Schuldeingeständnis – oder die

Bezichtigung anderer Personen als mit dem Teufel im Bunde – zu erzielen. Von christlicher Nächstenliebe kann in diesem Kontext mit mehr gesprochen werden, und wenn heutzutage der Zeigefinger auf andere Religionen und Kulturen erhoben wird, so sollte dieses düstere Kapitel der Menschheit nicht ausgespart bleiben.

**Abb. 3:** Philipp Melanchthon (1497–1560)

Es kann die These in den Raum gestellt werden, ob das Bestreben einer Vereinheitlichung des Glaubens zu einem Staatsglauben und der Kirche zu einer Staatskirche zugleich zur Erschaffung von Feindbildern führte, die sozusagen trennende und aggressive Momente auf das Andere projizierte und so eine Einheit im Inneren schaffen wollte. Diese Einheitsvorstellung löste sich bald aber auch im Inneren wieder auf. Zu groß zeigte sich der sittliche Verfall, intendiert durch das Streben nach Macht und Geld einzelner weltlicher Herrscher und Kirchenfürsten, als dass diese Missstände vernachlässigt oder gar negiert werden könnten. Mit dem Ablasshandel ließ sich zwar der Bau der Peterskirche in Rom zu großen Teilen finanzieren, zugleich rief diese Praxis aber auch Antagonisten wie die Reformatoren Martin Luther, Philipp Melanchthon, Johannes Bugenhagen (Pomeranus), Justus Jonas, Johannes Oecolampadius... zu einer eigenen kritischen Konfrontation in Glaubensfragen auf. Die Machtposition der Geistlichkeit in der Vermittlerfunktion zu Gott stellte Luther infrage und sprach ihr letztlich die Autorität ab, Menschen die Sünden käuflich zu erlassen. Der Mensch sei allein durch den Glauben gerechtfertigt, so das Credo, womit sich der direkte Zugang zur Heiligen Schrift verband.

**Abb. 4:** „Modus vivendi." Papst Leo XIII: „Nun, bitte, genieren Sie sich nicht!" Reichskanzler Fürst O. v. Bismarck: „Bitte gleichfalls!"

Spätestens seit der Reformation bestand die Forderung, dass alle Menschen eine grundlegende Bildung erhalten sollen – zunächst theologisch begründet, als Notwendigkeit, um die nun auch in deutscher Sprache vorliegende Bibel selbst lesen zu können. Die Obrigkeit wurde in die Verantwortung genommen, eine Beschulung sicherzustellen. Die einstigen Güter der katholischen Kirche wurden in protestantischen Landesteilen einem Säkularisierungsprozess zugeführt. Statt eines reinen Standesdenkens im Sinne eines Einfügens in die als Gott gegeben angesehene gesellschaftliche Ordnung, gewann das Leistungsprinzip und die Betrachtung des Menschen als individuelle Person an Bedeutung und trat letztlich den Siegeszug in den westlichen Gesellschaften an.

**Abb. 5:** Jan Amos Comenius (1592–1670)

Zunächst wurde die Forderung nach einer besseren Bildung für die Menschen auch jenseits der Klostermauern, laut und die allmählich voranschreitende Säkularisierung, blieb nicht nur auf protestantische Landesteile und Fürstentümer begrenzt. Die Jesuiten begründeten ein außerordentlich leistungsstarkes Bildungskonzept, in dem durchaus auch auf Lehrbücher protestantischer Gelehrter und Humanisten wie Philipp Melanchthon zurückgegriffen wurde, Name und Siegel oft herausgeschnitten oder geschwärzt.

Dennoch wäre es müßig, von der christlichen Kultur im Singular oder der christlichen Schule zu sprechen. Bereits der Protestantismus selbst stellt ein schillerndes Konstrukt dar, das auch nach der Reformation noch zu innerprotestantischem Ringen um die rechten Glaubensvorstellungen führte. Die Hoffnung eines Johann Amos Comenius (1592–1670), dass eine allumfassende Bildung aller Menschen zu einer Einigung der Menschheit und zu Frieden führen würde, erweist sich retrospektiv als sehr verheißungsvolle und gewagte Hoffnung. Wissen allein stellt keine hinreichende Bildung dar, um vor Inhumanität und Machtmissbrauch zu schützen, wie ein Blick in die Aufarbeitung des Nationalsozialismus' preisgibt und was in der Zeit nach dem zweiten Weltkrieg zu einer kritischen Auseinandersetzung mit der Geisteswissenschaftlichen Pädagogik führte.

**Abb. 6:** Johann Wolfgang v. Goethe (1749–1832) und Friedrich v. Schiller (1759–1805)

Dennoch wurde Bildung zum Schlüssel und Katalysator für den gesellschaftlichen Fortschritt und zu einer wesentlichen Grundlage für den Ausbau eines modernen Staats- und Verwaltungswesens. Die Bildungsaspiration und auch die Notwendigkeit einer fundierten außerhäuslichen Ausbildung führten dazu, dass sich die ehemaligen Kloster-, städtischen Rats- oder Lateinschulen und die untersten Bildungseinrichtungen, sogenannte Klipp- oder Winkelschulen, zu staatlichen Schulen weiterentwickelten. Die Kirche verlor hierbei an Gestaltungshoheit, sicherte sich aber das Mitspracherecht bei der Einstellung und Ausbildung von Religionslehrer*innen bzw. Schulaufsichtspersonal (Inspektoren) zu. Vorausgegangen war diesem Säkularisierungsprozess der sogenannte Kulturkampf zwischen Preußen und der katholischen Kirche. Die Trennung von Staat und Kirche (Laizität) wurde von liberalen Kräften forciert, konservative Führerschaften hingegen sprachen sich für die Vormachtstellung der katholischen Kirche aus. Dieser Machtkampf wurde sogar in Karikaturen symbolisiert, endete aber in Preußen mit einer Reihe von Maßnahmen, die den Einfluss der katholischen Kirche minderte und den des Staates ausbauen konnte. So wurde auch die Schulaufsicht, die bislang in kirchlicher Hand lag, 1872 in Preußen in die staatliche überführt.

Die Idee eines Nationalstaates – basierend auf dem Konstrukt einer einheitlichen Sprache, Kultur und einer Homogenisierung – kam verstärkt im 19. Jahrhundert zutage und führte schließlich 1871 zur Gründung des Deutschen Reichs unter Kaiser Wilhelm I.

Zwei wesentliche Impulse für die Bildung von Nationalstaaten stellen die amerikanische Unabhängigkeitserklärung und die Französische Revolution mit der Forderung der Souveränität des Volkes, einer Gewaltenteilung und rechtsstaatlichen Grundlage sowie der Idee von Freiheit – Gleichheit – Brüderlichkeit dar. Als These sei hier angeführt: In einer Zeit des Wandels und angeschlagenen Selbstbewusstseins formierte sich die Sehnsucht nach Stabilität durch die Herausbildung der nationalstaatlichen Idee und der Vorstellung, eine Kulturnation zu sein.

Nicht unerwähnt sollte hierbei der Umstand bleiben, dass es in der deutschen Geschichte zu einer Differenzierung zwischen der Idee einer Kulturnation und einer nationalstaatlichen Idee infolge der fragilen politischen Lage kam.[1]

**Abb. 7:** Johann Gottfried v. Herder (1744–1803)

1 Vgl. Borchmeyer, D. (2017). Verpflichtung einer Idee. Entstehung, Entwicklung und Lesarten eines spezifisch deutschen Begriffs. In: Das Parlament Nr. 19–20/08.05.2017. URL: https://www.das-parlament.de/2017/19_20/titelseite/-/505648 (29.05.2018).

So beförderte Friedrich v. Schiller zunächst die Idee einer deutschen Kulturnation, die sich in erster Linie mit der Idee der Sittlichkeit verband und später während der napoleonischen Befreiungskriege zunehmend politisiert wurde.[2]

Kritisch anzumerken ist, dass auch die Idee der Kulturnation, die sich überdies als Sprachgemeinschaft definiert und gemeinsame kulturelle Werte bezieht, ein Konstrukt darstellt, das mehr eine Sehnsucht nach Homogenität und Einheit verkörpert, denn der Realität entspricht oder entsprach.

Heutzutage wird für diese, eher auf Abschirmung, Geschlossenheit, Selbstbestimmung und innere Homogenität der Lebensform, Identität, Werte, Normen, Ethik ausgerichtete Idee von Kultur, in der Regel auf Johann Gottfried v. Herder verwiesen.

> „(...) (J)ede Nation hat ihren *Mittelpunkt* der Glückseligkeit in *sich*, wie jede Kugel ihren Schwerpunkt! (...) So jede zwo Nationen, deren Neigungen und Kreise der Glückseligkeit *sich stoßen* man nennt's *Vorurteil! Pöbelei!* eingeschränkten *Nationalism!* Das Vorurteil ist gut, zu seiner Zeit: denn es macht *glücklich*. Es drängt Völker zu ihrem *Mittelpunkte* zusammen, macht sie fester auf ihrem *Stamme*, blühender in ihrer Art, brünstiger und also auch glückseliger in ihren *Neigungen* und *Zwecken*."[3]

Diese Modellvorstellung wird als ‚Kugelmodell der Kulturen' charakterisiert. Jede Kultur existiert im Denkschema Herders auf der Grundlage einer internen – auf das eigene Volk ausgerichteten – Homogenitätsvorstellung und einer Separierung gegenüber anderen Kulturen, quasi als kleine Welt für sich. Zur Formierung und Wahrung der eigenen Kultur geschieht letztlich die Abgrenzung (und damit oftmals einhergehend auch Geringschätzung) von als *anders* erlebten Kulturen, zugleich aber auch ein erzieherisches Leit-/Wunschbild zur Homogenisierung. In gewissem Sinne erfordert diese Modellvorstellung Gewalt nach innen und außen. Ein Stück der eigenen Individualität und Freiheit wird durch die Zugehörigkeit zu einer bestimmten Kultur überformt oder, um es positiv zu wenden, *kultiviert*.

---

2 Vgl. Bach, Ch. (o.J.). Wie sich die deutsche Nation erfand. Vom Zusammenhang von Kultur- und Staatsnation im 19. Jahrhundert. URL: http://www.kas.de/wf/doc/kas_14179-544-1-30.pdf?160211163029 (29.05.2018).

3 Herder, J.G. ([1774]/2013). Auch eine Philosophie der Geschichte zur Bildung der Menschheit. Berliner Ausgabe, hrsg. von M. Holzinger. North Charleston, USA: CreateSpace Independent Publishing Platform, S. 22f.; ebenso: Herders Sämmtliche Werke, hrsg. von B. Suphan. 33 Bände 1877–1913. Berlin: Weidmannsche Buchhandlung, Fünfter Band (1891): Auch eine Philosophie der Geschichte zur Bildung der Menschheit, S. 475–586, hier 509f.; auch J.G. Herder ([1774]/1967). Auch eine Philosophie der Geschichte zur Bildung der Menschheit. Frankfurt a.M.: Suhrkamp, S. 44f.

***Herder'sches Kugelmodell der Kulturen, dargestellt in Anlehnung an Welsch*[4]**

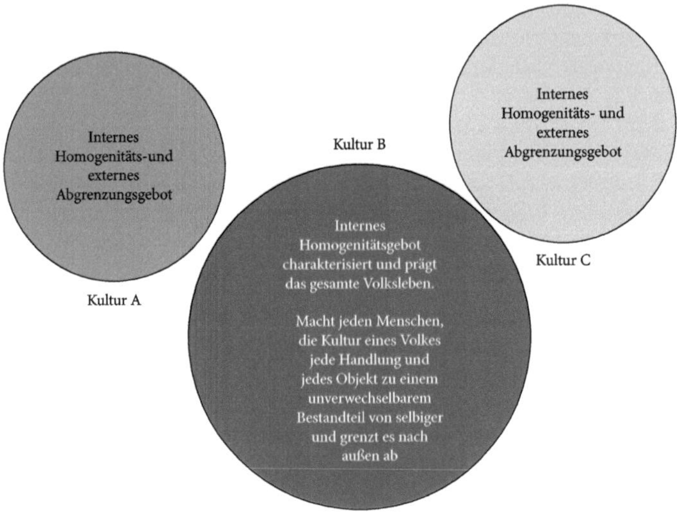


**Abb. 8:** Kugelmodell nach J.G. v. Herder (eigene Grafik)

„Zu diesem Kugelmodell gehört [sic!] ein internes Homogenitätsgebot und ein externes Abgrenzungsgebot. Im Innenbezug soll die Kultur das Leben eines Volkes im ganzen wie im einzelnen prägen und jede Handlung und jedes Objekt zu einem unverwechselbaren Bestandteil gerade *dieser* Kultur machen (...).Das Kugelideal verfügt also im gleichen Zug inneren Homogenisierungsdruck und äußere Abgrenzung (bis hin zu expliziten Formen der Feindseligkeit)."[5]

4 Welsch, W. (2010). Was ist eigentlich Transkulturalität? Bielefeld: transkript, S. 39–66. URL: http://www2.uni-jena.de/welsch/papers/W_Welsch_Was_ist_Transkulturalit%C3%A4t.pdf, S. 2 (03.06.2018); Welsch, Wolfgang (2012). Was ist eigentlich Transkulturalität? In: Kimmich, D./Schahadat, Sch. (Hrsg.). Kulturen in Bewegung. Beiträge zur Theorie und Praxis der Interkulturalität. Bielefeld: transcript, S. 25–40; Welsch, W. (1995). Transkulturalität. In: Zeitschrift für Kulturaustausch, Jg. 45, H. 1, S. 39–44; Welsch, W. (2017). Transkulturalität. Realität – Geschichte – Aufgabe. new academic press, Wien; Rosenberg, F. v. (2016). Lernen, Bildung und kulturelle Pluralität. Auf dem Weg zu einer empirisch fundierten Theorie. Wiesbaden: Springer VS, S. 67; Herder, J.G. v. (1774). Auch eine Philosophie der Geschichte zur Bildung der Menschheit. Beytrag zu vielen Beyträgen des Jahrhunderts. Riga: Hartknoch (1990, Reclams Universal-Bibliothek. Stuttgart: Philipp Reclam jun.).

5 http://www2.uni-jena.de/welsch/papers/W_Welsch_Was_ist_Transkulturalit%C3%A4t.pdf, S. 2.

Welsch kritisiert das Herder'sche Modell als in sich zu statisch und der heutigen Zeit mit den hybriden dynamischen Vernetzungen des 21. Jahrhunderts nicht mehr adäquat. Allerdings ist nicht ersichtlich und wird von Welsch nicht in Erwägung gezogen, inwieweit sich trotz innerer Abkapselung nicht innerhalb der Kugel dynamisch subsidiär gegliederte, sublime Vernetzungen/Hybridisierungen gebildet haben bzw. hätten bilden können – und ob in Herders für das 18. Jahrhundert wegweisender Denkkultur nicht auch die Möglichkeit einer semipermeablen interaktiven Kanalisierung (z.B. durch An-/Aufprallen) bestanden haben könnte, die Transkulturalität ermöglicht, d.h. *interne* Hybridisierung, die Voraussetzung dafür ist, externe zu arrangieren; denn partielle Subkulturen ermöglichen durch hybridglobale Vernetzungen innerhalb der separierten Kultur auch external eine hybride globale Vernetzung.[6]

**Abb. 9:** Johann Gottlieb Fichte (1762–1814)

6 Vgl. ebd., S. 3.

Für Johann Gottfried v. Herder ist der Mensch, anthropologisch betrachtet, eingebettet in gesellschaftliche Traditionen und insofern immer bereits ein kulturelles Wesen.[7] Ziele des menschlichen Daseins sind die Selbstvervollkommnung und das Streben nach Glückseligkeit und Selbstzufriedenheit. Er differenziert zwischen einem subjektiven interaktiven Kulturbegriff, der das schöpferische, bildende Tun des einzelnen Wesens impliziert, und einem objektiven Kulturbegriff, der sich auf kulturell vernetzte Objektivationen, d.h. Wissenschaften, Kunst, technische Errungenschaften ... ebenso bezieht, wie auf überindividuelle Sitten, Normen, den Sprachgebrauch oder auch religiöse Vorstellungen und Einbildungen.

Der Kulturbegriff bei Herder ist durchaus facettenreich, wie Löchte es herausgearbeitet hat:

(a) Kultur im Sinne eines neutralen deskriptiven Begriffs für die „Gesamtheit der gesellschaftlichen, politischen und künstlerischen Lebensumstände eines Volkes"[8]
(b) Kultur im Blickpunkt der Erziehung (Kultivierung) des Menschen, d.h. einer Einbindung in den Traditionszusammenhang und umfassende Ausbildung der Kräfte (Ausbildung von Verstand, Sprache und ‚Kunstfertigkeiten', wie es in der Diktion dieser Epoche artikuliert wurde)[9]
(c) Streben nach Vervollkommnung und Glückseligkeit als Telos menschlicher Bildung (d.h. der Kulturbegriff verschmilzt mit dem Humanitätsbegriff)[10]
(d) Der Kulturbegriff – in Anlehnung an den antiken – erstreckt sich auf die Pflege des Geistes, wie auch auf die Erhaltung von Kulturgütern (Objekten).[11]

Die Pädagogik ist gut beraten, stets die Nähe der allgemeinen Sprachentstehung und -entfaltung zu suchen, so wie es Johann Gottfried v. Herder beispielsweise vermochte. Wesentliche Anstöße sind auch hier 10 Jahre später von ihm angeregt als auch umgesetzt worden. Das 1784 verfasste Kapitel „Slawische Völker" der „Ideen zur Philosophie der Geschichte der Menschheit"[12], in welchem er für die im Umkreis „vom Don zur Elbe, von der Ostsee bis zum Adriatischen Meer", „diesseit der karpatischen Gebürge, [...] jenseit derselben, wo sie frühe schon in der Walachei und Moldau saßen,"[13] sich niederlassenden Völker Errettung aus der Sklaverei

7 Vgl. Löchte, A. (2005). Johann Gottfried Herder: Kulturtheorie und Humanitätsidee der *Ideen, Humanitätsbriefe und Adrastea.* Würzburg: Königshausen & Neumann, S. 30.
8 Ebd., S. 31.
9 Vgl. ebd., S. 32.
10 Vgl. ebd.
11 Vgl. ebd.
12 Herders Werke in fünf Bänden ([5]1978), hrsg. von den Nationalen Forschungs- u. Gedenkstätten der klassischen deutschen Literatur in Weimar, ausgew. u. eingel. von R. Otto. Bibliothek Deutscher Klassiker. Band 4: Slawische Völker. 16. Buch. Kap. IV. Berlin/Weimar: Aufbau-Verlag, S. 393–400.
13 Ebd., S. 393.

und „Erneuerung der alten Feste, des ruhigen Fleißes und Handels“[14] ersehnte, erregte eigens bei der identitätssuchenden Jugend, „der jungen Intelligenz dieser Nationen“, heftigen Nachhall. Herders Gedankengut, die große Anzahl der „Übersetzungen und Annotationen“ seiner Ideen und Werke im Sprachraum der Slawen, sind Beweis seines Einflusses auf das Bildungs- und Erziehungswesen und -denken dieser Menschen[15]. Die mittel- und osteuropäische Geschichte zeigt, dass diese Länder nicht frei von Bestrebungen waren, die Herder bekämpfte.

Als Weimarer Generalsuperintendent hielt v. Herder noch in seinem Todesjahr 1803 seine berühmte Schulrede unter der Thematik: „VITAE; NON SCHOLAE DISCENDUM“ (Für das Leben, nicht für die Schule lernen wir). Hier postuliert er – geltend für alle Kulturen: für die Herzens- und Charakterbildung; für die Abwägung zwischen Seele und Verstand muss Schule prägend wirken, nicht ausschließlich der Erwerb von kognitiven Lern-Dimensionen ist Bildungsnorm, sondern primär die Bewusstmachung und das Heranwachsen von emotionalen und sozialen Fähigkeiten, die vor allem *transkulturell* essentiell sind.[16]

Bildungswissenschaften befassen sich somit stets mit Menschenführung und Begleitung eines jungen Menschen auf dessen Weg des Bildungserwerbs – gleich welcher Sozialisation und Kulturalität.

Demzufolge darf sich auch eine ‚moderne-reflexive‘ Bildungswissenschaft niemals vollständig von Forderungen der Ökonomie vereinnahmen lassen, kann aber auch nicht losgelöst von den realen (transkulturellen) Lebensbedingungen wirksam werden. Diesen Balanceakt hat die Wissenschaft mit Blick auf die Lebensrealität nicht erst seit heute zu vollziehen und war schon Thema der Antike.

Lucius Annaeus Seneca (um 4 v. Chr. in Corduba/Spanien geboren – 65 n. Chr. in der Nähe Roms gestorben), Staatsmann (Konsul), Erzieher von Kaiser Nero, Dichter, Philosoph, postuliert in einem seiner Hauptwerke „Moralische Briefe an Lucilius“, 64 n. Chr. verfasst: „NON VITAE; SED SCHOLAE DISCIMUS“ (Für die Schule, nicht für das Leben lernen wir). Es ist eine Kritik, eine Anklage an die Lehrer (Grammatikos, griech. γραμματικός), die nicht auf das Leben vorbereiteten,

---

14 Zit. Herder 1952 [Herder, J.G. (1952). Zur Philosophie der Geschichte. Eine Auswahl in zwei Bänden, hrsg. von W. Harich. Zweiter Band. Reihe: Klassisches Erbe aus Philosophie und Geschichte. Berlin: Aufbau Verlag, S. 484f.] in Hofmann 1985, S. 17 [Hofmann, F. (1985). Wissenschaftssprache der Pädagogik in historischer Sicht. In: Hofmann, F. (Hrsg.), Die Wissenschaftssprache der Pädagogik. Problemlogische und -historische Beiträge. Kongreß- und Tagungsberichte (KTB) der Martin-Luther-Universität Halle-Wittenberg (MLU), Wissenschaftliche Beiträge 22 (E 65), Halle: MLU, S. 5–20].

15 Zit. Herder, ebd. In: Hofmann, ebd.

16 Vgl. Herder, J.G. v. (⁵1967). Vitae, non scholae discendum. In: Flitner, W. (Hrsg.). Die Erziehung. Pädagogen und Philosophen über die Erziehung und ihre Probleme. Bremen, S. 223–232, hier S. 231; vgl. auch Herder, J.G. v. (1892): Vitae non scholae discendum. In: Herders Sämmtliche Werke. Bd. 30, bes. von G. Suphan. Berlin, S. 266–274.

ihr ‚Ego' nur in ihren Schülern widerspiegelten, nicht wie Sokrates (um 470 v. Chr.-399 v. Chr.) das heuristische Verfahren, das fragend-entwickelnde Gespräch suchten, eine Ermahnung an ein mögliches Schulversagen seiner Zeit.

Wenn bereits Seneca Kritik an der Schule übte, die seiner Ansicht nach das Lernen zum Selbstzweck machte und die Lernbereitschaft durch Lebensferne erstickte, so plädierte J.G. v. Herder in seiner Schulrede für die Lebensnähe im schulischen Lernen.

Eine transkulturell orientierte Bildungswissenschaft muss somit lebensnah und ganzheitlich konzipiert sein, Seele und Verstand gleichermaßen erreichen, wenn auch der Herzensbildung Priorität eingeräumt wurde, und einem mehrdimensionalen Bildungsbegriff gerecht werden. Bildungsprozesse erfordern kulturelle Objektivationen (Vergegenständlich[mach]ung), den anderen Menschen, die sprachlich-begriffliche Auseinandersetzung mit beiden Sachverhalten, und haben somit zumindest

- eine kognitive,
- eine moralische,
- eine ethische (transkulturelle),
- eine praktisch-ästhetische,
- eine soziale Dimension.

Der deutsche Kulturbegriff weist im Herder'schen Duktus enge Bezüge zur Pädagogik, d.h. zu Erziehung und Bildung auf. So verband Johann Gottlieb Fichte die Ideen der Elementarbildung Pestalozzis in seinen „Reden an die deutsche Nation"[17] mit einer politischen Legitimation und stellte die Vorteile der Elementarbildung auf der Grundlage Pestalozzis für den Staat heraus.[18]

17 Erstausgabe: Johann Gottlieb Fichte (1808). Reden an die deutsche Nation. Berlin: Realschulbuchhandlung; Sonntagsreden Winter 1807–1808 in der Königlich-Preußischen Akademie der Wissenschaften.

18 Vgl. Reinert [v. Carlsburg], G.-B.; Arnhardt, G. & Cornelius, P. (1996). Johann Heinrich Pestalozzi. Anthropologisches Denken und Handeln. Ein pädagogisches Konzept über die Zeiten. Studienbuch. Donauwörth: Auer Verlag.

**Abb. 10:** Johann Heinrich Pestalozzi (1749–1827)

Dennoch darf nicht vergessen werden, dass die Umsetzung der allgemeinen Schulpflicht ein langwieriger und mühseliger Prozess seit Jan Amos Comenius[19] war, der regional in sehr unterschiedlichen Tempi ratifiziert wurde und – global betrachtet – bis heute nicht abgeschlossen ist.

Die Angst vor zu viel (Volks-)Bildung und damit verbunden, der Möglichkeit eines Strebens nach sozialem Aufstieg und politischer Mitsprache, wirkt einer Bildungsgerechtigkeit in vielfältiger Weise entgegen. Selbst in Deutschland gelang es erst mit der Weimarer Verfassung 1919, Artikel § 146, eine allgemeine Grundschule für alle Kinder gesetzlich zu verankern. Die Abschaffung privater, auf das Gymnasium vorbereitender, Schulen und konfessionell gebundener Bildungsinstitutionen wurde zwar angestrebt, konnte aber nur bedingt realisiert werden.

Erst während des Dritten Reichs kam es zur Gleichschaltung und Vereinheitlichung einer zuvor vielgestaltigen Bildungslandschaft – unter bewusstem Ausschluss rassistisch als minderwertig deklarierter Bevölkerungsteile und einer Ideologisierung des Erziehungs- und Bildungsprozesses der Kinder und Jugendlichen in der Freizeit (durch die Hitlerjugend und den Bund Deutscher Mädel als weibliches Pendant zur HJ) und in der Schule.

19 Arnhardt, G./Carlsburg, G.-B. v. (Hrsg.) (2014). Jan Amos Comenius. Über sich und die Erneuerung von Wissenschaft, Erziehung und christlicher Lebensordnung. 2 Bde. Augsburg: Brigg Verlag.

Unerträglich formuliert, könnte die provokante These aufgestellt werden, dass die Abgrenzung nach außen und damit der Entwurf eines (potentiellen) Feindbildes zu einer höheren Valorisierung des eigenen Volkes und der Gewährung folgender Einheitsform von ‚Bildung' geführt hat: im Falle des sogenannten Dritten Reichs zu einer Indoktrination rassistischer und nationalsozialistischer Geistesstumpfheiten und Egoismen als auch die Ausrichtung der Kinder und Jugendlichen auf ‚Unseren Führer', ‚Deutsches Volk' und ‚Deutsches Vaterland'. Die Gefahr einer Instrumentalisierung von Bildung sollte spätestens seit diesem teuflischen Kapitel der Geschichte im Bewusstsein aller verankert sein.

## 2. Zu den ethischen und rechtlichen Grundlagen der staatlichen Regelschule

Obgleich das deutsche Schulsystem, historisch betrachtet, christlich-humanistisch geprägt ist, kann sich derzeit niemand mehr *allein* auf dieses Fundament berufen. Zum einen hat sich ein Säkularisierungsprozess vollzogen, und die konfessionelle Gebundenheit der Regelschulen ist obsolet, zum anderen sollte die christliche Prägung des Schulsystems nicht als Legitimation herangezogen werden, andere Kulturen auszugrenzen oder als defizitär zu betrachten.

Die öffentliche Pflichtschule als staatliche Institution fußt auf dem Grundgesetz und damit auch auf den Menschenrechten. Diese sollten zwar allen hinlänglich bekannt sein, doch zeigt die Praxis oftmals einen sehr selektiven Umgang mit diesen Rechtsgefühlen.

„I. Die Grundrechte

**Artikel 1**

1. Die Würde des Menschen ist unantastbar. Sie zu achten und zu schützen ist Verpflichtung aller staatlichen Gewalt.
2. Das Deutsche Volk bekennt sich darum zu unverletzlichen und unveräußerlichen Menschenrechten als Grundlage jeder menschlichen Gemeinschaft, des Friedens und der Gerechtigkeit in der Welt.
3. Die nachfolgenden Grundrechte binden Gesetzgebung, vollziehende Gewalt und Rechtsprechung als unmittelbar geltendes Recht.

**Artikel 2**

1. Jeder hat das Recht auf die freie Entfaltung seiner Persönlichkeit, soweit er nicht die Rechte anderer verletzt und nicht gegen die verfassungsmäßige Ordnung oder das Sittengesetz verstößt.

2. Jeder hat das Recht auf Leben und körperliche Unversehrtheit. Die Freiheit der Person ist unverletzlich. In diese Rechte darf nur auf Grund eines Gesetzes eingegriffen werden.

**Artikel 3**

1. Alle Menschen sind vor dem Gesetz gleich.
2. Männer und Frauen sind gleichberechtigt. Der Staat fördert die tatsächliche Durchsetzung der Gleichberechtigung von Frauen und Männern und wirkt auf die Beseitigung bestehender Nachteile hin.
3. Niemand darf wegen seines Geschlechtes, seiner Abstammung, seiner Rasse, seiner Sprache, seiner Heimat und Herkunft, seines Glaubens, seiner religiösen oder politischen Anschauungen benachteiligt oder bevorzugt werden. Niemand darf wegen seiner Behinderung benachteiligt werden.

**Artikel 4**

1. Die Freiheit des Glaubens, des Gewissens und die Freiheit des religiösen und weltanschaulichen Bekenntnisses sind unverletzlich.
2. Die ungestörte Religionsausübung wird gewährleistet.
3. Niemand darf gegen sein Gewissen zum Kriegsdienst mit der Waffe gezwungen werden. Das Nähere regelt ein Bundesgesetz.

**Artikel 5**

1. Jeder hat das Recht, seine Meinung in Wort, Schrift und Bild frei zu äußern und zu verbreiten und sich aus allgemein zugänglichen Quellen ungehindert zu unterrichten. Die Pressefreiheit und die Freiheit der Berichterstattung durch Rundfunk und Film werden gewährleistet. Eine Zensur findet nicht statt.
2. Diese Rechte finden ihre Schranken in den Vorschriften der allgemeinen Gesetze, den gesetzlichen Bestimmungen zum Schutze der Jugend und in dem Recht der persönlichen Ehre.
3. Kunst und Wissenschaft, Forschung und Lehre sind frei. Die Freiheit der Lehre entbindet nicht von der Treue zur Verfassung.

**Artikel 6**

1. Ehe und Familie stehen unter dem besonderen Schutze der staatlichen Ordnung.

2. Pflege und Erziehung der Kinder sind das natürliche Recht der Eltern und die zuvörderst ihnen obliegende Pflicht. Über ihre Betätigung wacht die staatliche Gemeinschaft.
3. Gegen den Willen der Erziehungsberechtigten dürfen Kinder nur auf Grund eines Gesetzes von der Familie getrennt werden, wenn die Erziehungsberechtigten versagen oder wenn die Kinder aus anderen Gründen zu verwahrlosen drohen.
4. Jede Mutter hat Anspruch auf den Schutz und die Fürsorge der Gemeinschaft.
5. Den unehelichen Kindern sind durch die Gesetzgebung die gleichen Bedingungen für ihre leibliche und seelische Entwicklung und ihre Stellung in der Gesellschaft zu schaffen wie den ehelichen Kindern.

**Artikel 7**

1. Das gesamte Schulwesen steht unter der Aufsicht des Staates.
2. Die Erziehungsberechtigten haben das Recht, über die Teilnahme des Kindes am Religionsunterricht zu bestimmen.
3. Der Religionsunterricht ist in den öffentlichen Schulen mit Ausnahme der bekenntnisfreien Schulen ordentliches Lehrfach. Unbeschadet des staatlichen Aufsichtsrechtes wird der Religionsunterricht in Übereinstimmung mit den Grundsätzen der Religionsgemeinschaften erteilt. Kein Lehrer darf gegen seinen Willen verpflichtet werden, Religionsunterricht zu erteilen.
4. Das Recht zur Errichtung von privaten Schulen wird gewährleistet. Private Schulen als Ersatz für öffentliche Schulen bedürfen der Genehmigung des Staates und unterstehen den Landesgesetzen. Die Genehmigung ist zu erteilen, wenn die privaten Schulen in ihren Lehrzielen und Einrichtungen sowie in der wissenschaftlichen Ausbildung ihrer Lehrkräfte nicht hinter den öffentlichen Schulen zurückstehen und eine Sonderung der Schüler nach den Besitzverhältnissen der Eltern nicht gefördert wird. Die Genehmigung ist zu versagen, wenn die wirtschaftliche und rechtliche Stellung der Lehrkräfte nicht genügend gesichert ist.
5. Eine private Volksschule ist nur zuzulassen, wenn die Unterrichtsverwaltung ein besonderes pädagogisches Interesse anerkennt oder, auf Antrag von Erziehungsberechtigten, wenn sie als Gemeinschaftsschule, als Bekenntnis- oder Weltanschauungsschule errichtet werden soll und eine öffentliche Volksschule dieser Art in der Gemeinde nicht besteht.
6. Vorschulen bleiben aufgehoben.

(...)“[20]

20 Auszug aus dem Grundgesetz. Quelle: https://www.bundestag.de/parlament/aufgaben/rechtsgrundlagen/grundgesetz/gg_01/245122 (13.05.2018).

Mit dem Grundgesetz ist implizit bereits der Auftrag und die Verpflichtung enthalten, sich für Menschen anderer Kulturkreise zu öffnen und diesen – auch gerade vor dem Hintergrund der historischen Verantwortung – im gleichen Maße gerecht zu werden wie Menschen ohne Migrationshintergrund und/oder anderen Glaubensvorstellungen. Andererseits ist hierin aber auch die Verpflichtung erhalten, das deutsche Grundgesetz und die staatliche Ordnung anzuerkennen. Letztlich könnte man sogar noch einen Schritt weiter gehen und die These aufstellen, dass das Grundgesetz eigentlich bereits inklusiv ist und keine Grundlage bietet, Menschen zu diskriminieren, was eine Segregation aber impliziert.

Es ist demzufolge keine Unterrichtskultur zu legitimieren, die Menschen – mehr oder minder intendiert – unterschiedliche Chancen auf eine erfolgreiche Bildungsbiografie zuweist, dies insbesondere, nachdem Deutschland 2009 auch die Behindertenrechtskonvention der Vereinten Nationen ratifiziert hat, und die Ermöglichung von Inklusion als ein wichtiger Entwicklungsauftrag ratifiziert wurde.

Die Umsetzung einer inklusiven Beschulung wird zum gegenwärtigen Zeitpunkt noch am nachhaltigsten in vorschulischen Einrichtungen und in der Primarstufe realisiert.[21] Obgleich seit den 1970er Jahren die Frage der Bildungsgerechtigkeit immer wieder diskutiert wurde und mit der Ratifizierung der UN-Behindertenrechtskonvention einen weiteren Impuls erhielt, ist die Umsetzung noch stark verbesserungswürdig – und dies nicht nur auf struktureller Ebene.[22]

Bis heute mangelt es dem deutschen Bildungswesen am Abbau sozialer Ungleichheiten, und es gilt als stark mittelschichtsorientiert konzipiert. Auch innerhalb der vermeintlichen ‚deutschen' Bildungs-Kultur – wie man sie auch inhaltlich, systemisch und strukturell zu definieren vermag – finden sich zahlreiche Unterschiede und Momente der Bildungsbenachteiligung.

Dabei darf nicht vergessen werden, dass durchaus eine signifikante Bildungsexpansion zu verzeichnen ist, wie nachfolgende Abb. 11 verdeutlicht; diese Bildungsexpansion betraf aber nicht alle Bevölkerungsschichten in gleichem Maße, wie diese Abbildung ebenfalls veranschaulicht, denn Kinder un- oder angelernter Arbeiterfamilien haben weitaus geringere Chancen, ein Gymnasium oder eine zum Abitur führende Oberstufe einer weiterführenden Bildungsinstitution zu besuchen, als Kinder aus einer akademischen Primärsozialisation – und dies, obwohl derzeit nicht mehr von einem starren Begabungsbegriff ausgegangen wird und das Konzept der ‚volkstümlichen Bildung' bereits Ende der 1960er Jahre als nicht haltbar verworfen wurde! Begabung wird in unserer gegenwärtigen Diktion

21 Vgl. Klemm, K. (2015). Inklusion in Deutschland. Daten und Fakten. Gütersloh: Bertelsmann Stiftung, S. 6. URL: https://www.bertelsmann-stiftung.de/fileadmin/files/BSt/Publikationen/GrauePublikationen/Studie_IB_Klemm-Studie_Inklusion_2015.pdf (10.06.2018).

22 Vgl. Kiel, E. & Kahlert, J. (2016). Ist Inklusion gerecht? S. 17f. In: Th. Eckert & B. Gniewosz (2016), Bildungsgerechtigkeit. Wiesbaden: Springer, S. 17–26.

als dynamisches Konstrukt begriffen, das zwar auch unstreitige genetische Implikationen hat, aber zur Realisierung der Potenzialitäten bedarf es entsprechender Umweltbedingungen (wie z.B. eine anregungsreiche Lernumgebung, soziale Unterstützung, motivationsfördernde Schularchitektur).

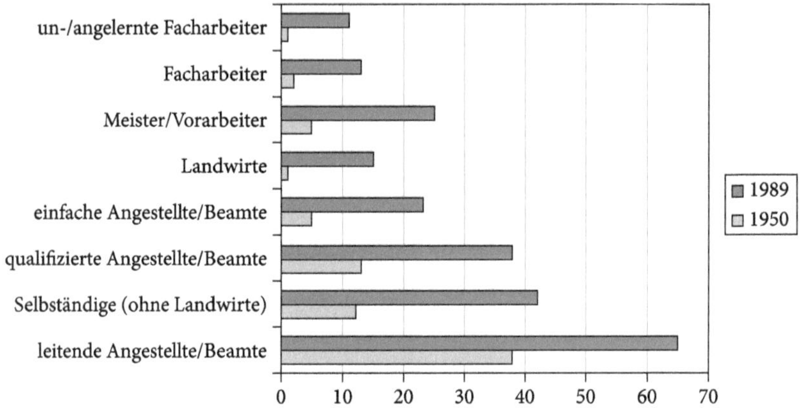


**Abb. 11:** Gymnasiale Chancen und soziale Herkunft (1950 und 1989, Angaben in Prozent zum Anteil der Kinder mit entsprechendem sozialen Hintergrund, die ein Gymnasium besuchen)[23], Grafik neu gesetzt

Bereits seit dem Habitus-Konzept des französischen Soziologen Pierre Bourdieu (1930–2002) wird die Bedeutsamkeit der kulturellen Passung zwischen den schulischen Erwartungen und dem Elternhaus der Schüler*innen diskutiert.[24] Der Dortmunder Schulentwicklungsforscher Hans-Günter Rolff sprach 1997 von einer ‚Mittelschichtsorientierung' der Schule:

> „Gemeint ist damit, dass die Erwartungen und Anforderungen in der Schule bezüglich der Verhaltensweisen, Umgangsformen, des nachzuweisenden Könnens und der Fähigkeiten eher dem Lebenskontext und den Gepflogenheiten bzw. dem Habitus der

---

23 Basierend auf: Bernhard Schimpl-Neimanns (2000), Soziale Herkunft und Bildungsbeteiligung. In Kölner Zeitschrift für Soziologie und Sozialpsychologie, Jg. 52, S. 654, Quelle: https://www.bpb.de/izpb/198031/bildungsexpansion-und-bildungschancen?p=all (13.05.2018).

24 Vgl. Kramer, R. T. & Helsper, W. (2011).Kulturelle Passung und Bildungsungleichheit – Potenziale einer an Bourdieu orientierten Analyse der Bildungsungleichheit. S. 105. In: Krüger, H.-H.; Rabe-Kleberg, U. & Kramer, T. u.a. (2011). Bildungsungleichheit revisited. Bildung und soziale Ungleichheit vom Kindergarten bis zur Hochschule. 2., durchges. Aufl. Wiesbaden: VS Verlag, S. 103–126.

> oberen sozialen Gruppen entsprechen. Kinder der oberen Statusgruppen sind sozusagen kompatibler mit dem, was in der Schule honoriert wird. Ebenso spiegelt sich in den Wahrnehmungen und Urteilen von Lehrkräften über Schülern ein gewisser sozialer ‚bias' wider, etwa in der Einschätzung der Begabungen und des intellektuellen Potentials der Schüler."[25]

Ditton (2009, S. 242) arbeitet heraus, dass nicht allein die soziale Herkunft der Schülerschaft bedeutsam ist, sondern auch die biografische und soziale Zusammensetzung der gesamten Schülerschaft ein entscheidender Faktor für die Definition von Schulkultur darstellt, wie u.a. Schulleben, Freude an der Schule und Humor, Erweckung von Neugierde am Erkennen und Erfahren, divergierendes sowie konvergierendes Denken und Handeln in Projekten entfalten, Kreativität entwickeln, Motivation erzeugen. Gerade Kinder aus sozial weniger privilegiertem Hintergrund können von einer unterstützenden und entwicklungsfördernden Schul- und Lebensgemeinschaft in besonderem Maße profitieren. Ein Aspekt, der durchaus die Legitimität eines dreigliedrigen Schulsystems auf den kritischen Prüfstand stellt und mehr den Blick in die nordeuropäischen und baltischen Länder gebietet.

Dem gegenüber steht aktuell die Realität, dass es in manchen schulischen Einzugsgebieten zu einer Art Ghettoisierung der Problemlagen und sozialen Herkunftseffekte kommt: Wohnviertel verlieren ihre Attraktivität für die Mittelschicht, und Eltern ziehen gezielt um, wenn ihr Kind in eine bestimmte Schule dieser Gegend eingeschult werden soll, bzw. sie versuchen, das Kind in einer Grundschule einer ‚besseren Gegend' einschulen zu lassen.[26]

Somit entstehen Klassenzusammensetzungen, in denen es längst der Regelfall ist, dass die Mehrzahl der Kinder eine nichtdeutsche Muttersprache spricht und die deutsche Sprache als Zweitsprache nur auf sehr unterschiedlichem Niveau beherrscht wird. Somit werden Kompetenzen der interkulturellen – oder besser gewendet der transkulturellen Pädagogik als auch Didaktik der Mehrsprachigkeit zunehmend bedeutsam; und wie bereits seit der PISA-Studie 2000 beklagt, besteht nach wie vor ein signifikanter Zusammenhang zwischen der sozialen Herkunft, Sprach- und Lesekompetenzen/-förderung sowie Migration eines Kindes und seinem schulischen Bildungserfolg.

> „In allen PISA-Teilnehmerstaaten besteht ein Zusammenhang zwischen sozialer Herkunft und erworbenen Kompetenzen. Dieser ist jedoch in keinem Land enger als in Deutschland (...). Eine ähnlich straffe Kopplung wie in Deutschland ist unter anderem in Belgien, der Schweiz und Luxemburg zu beobachten."[27]

---

25 Ditton, H. (2009). Familie und Schule – eine Bestandsaufnahme der bildungssoziologischen Schuleffektforschung von James S. Coleman bis heute. S. 239. In: R. Becker (Hrsg.) (2009), Lehrbuch der Bildungssoziologie. Wiesbaden: VS Verlag. S. 239–258.

26 Vgl. FAZ [Frankfurter Allgemeine Zeitung] (2005). Wie Eltern bei der Einschulung tricksen. URL: http://www.faz.net/aktuell/rhein-main/region-und-hessen/schule-wie-eltern-bei-der-einschulung-tricksen-1279062.html (05.08.2018).

27 Stanat, P./Artelt, C./Baumert, J. u.a. (2002). PISA 2000. Die Studie im Überblick Grundlagen, Methoden und Ergebnisse. Berlin: Max-Planck-Institut für

Die Beherrschung der deutschen Sprache wird darüber hinaus – auch als Erbe der einstigen ‚Ausländerpädagogik' – als wichtiger Schlüssel zum Bildungserfolg angesehen. Kinder nichtdeutscher Muttersprache haben in der Regel geringere Vorerfahrungen mit der deutschen Sprache und weniger Lerngelegenheiten, um die deutsche Sprache zu erwerben. Die Forderung der Politik, dass Eltern mit Migrationshintergrund die Familiensprache zugunsten der deutschen Sprache aufgeben sollten und mit den Kindern deutsch im Elternhaus sprechen mögen, birgt durchaus Risiken:

(a) diese Eltern beherrschen die deutsche Sprache oftmals selbst nicht auf muttersprachlichem Niveau und sind keine kompetenten sprachlichen Vorbilder;
(b) für Eltern stellt die deutsche Sprache in der Regel eine Fremdsprache und keine Zweitsprache dar (DaZ), die erst im Erwachsenenalter erlernt wurde – und das emotionale sprachliche Ausdrucksrepertoire kann eingeschränkt sein;
(c) Sprache bedeutet auch Teil der eigenen kulturellen Identität, und die Kinder sollten ihre Herkunft kennen und wertschätzen können;
(d) wie Forschungsergebnisse bestätigen, ist es für die Kinder in ihrer Lern- und Identitätsentwicklung fördernd und gestaltet sich positiv auf ihre sprachliche Formung, wenn sie mehrsprachig aufwachsen können.

Die weit gefürchtete ‚doppelte Halbsprachigkeit' (Nils Erik Hansegård)[28] gilt heute als wissenschaftlich widerlegt.[29] Dennoch ist die Beherrschung der (deutschen) Sprache als wichtiger Aspekt für den Bildungserfolg, die Teilhabe und die Integration eine Conditio sine qua non. Es geht in keiner Weise um ein Entweder–Oder, sondern vielmehr um ein Sowohl–als auch im Bereich des sprachlichen Lernens. Die Herkunftssprache sollte nicht zugunsten der deutschen Sprachkenntnisse verkümmern oder subtil als minderwertig eingestuft werden. Vielmehr ist es wichtig, beide Sprachen wertzuschätzen und möglichst frühzeitig zu fördern.

Aufgrund dieses Umstandes wurden zahlreiche Maßnahmen diskutiert und ergriffen, um mangelnden Deutschkenntnissen entgegen zu steuern:

- Ausbau der frühkindlichen Betreuungsmöglichkeiten bei gleichzeitiger Tendenz zur Akademisierung der Disziplin;
- Einführung von Erziehungs- und Bildungsplänen, die den vorschulischen Bereich einschließen;
- zahlreiche Ansätze zur sprachlichen Frühförderung bei Kindern mit Migrationshintergrund – in der Regel mit dem Fokus, den Kindern frühzeitig deutschsprachliche Kompetenzen zu vermitteln;

---

Bildungsforschung. S. 13. URL: https://www.mpib-berlin.mpg.de/Pisa/PISA_im_Ueberblick.pdf (20.05.2018).

28 Hansegård, N. E. (1968). Tvasprakighet eller halvsprakighet? med ett tillägg „De språliga minoriteterna av Thomas Lundén" Aldus/Bonniers, Stockholm.

29 Vgl. Atasoy, K. (2012). Mythos Halbsprachigkeit? URL: http://www.univie.ac.at/unique/uniquecms/?p=2160 (17.06.2018).

- Ausbau von Ganztagsschulen bzw. ganztägiger Betreuungsmöglichkeiten;
- Kritik am dreigliedrigen Schulsystem, Konzipierung (verschiedene Modifikationen) einer Zweigliedrigkeit in einigen Bundesländern durch die Etablierung neuer Schultypen, z.B. Gemeinschaftsschule in Baden-Württemberg.

Und doch: Bislang ist es nach wie vor nicht gelungen, Chancengleichheit in der Schule in besserem oder zumindest vergleichbarem Maße wie in anderen teilnehmenden Ländern an der PISA-Studie zu ermöglichen.

> „Doch trotz Bildungsreformen und Bildungsexpansion ist eines der dringlichsten Probleme nach wie vor ungelöst: Das Gerechtigkeitsproblem. Der Bildungserfolg ist in Deutschland stärker als in vielen anderen Ländern vom Bildungsstand und vom Geldbeutel der Eltern abhängig."[30]

Dies wird in dem EU-Bildungsbericht von 2016 deutlich. Auch hier wird explizit auf die Problematik verwiesen, dass die soziale Herkunft einen bedeutsamen Faktor für den Bildungserfolg darstellt.

> „Deutschland hat seine Ergebnisse im Vergleich zu den vorherigen Jahren verbessert. Dieser Trend betrifft auch benachteiligte Gruppen. Dennoch hat die sozio-ökonomische Herkunft weiterhin einen erheblichen Einfluss auf die Bildungsergebnisse."[31]

Besonders kritisch gestaltet sich die ‚Vererbung' von sozialer und beruflicher Segregation an die nächste Generation.[32] Kinder, aus einem finanzschwachen, bildungsfernen und evtl. psychosozial belasteten Elternhaus kommend, tragen ein erhöhtes Risiko, keine hinreichende Förderung zu erfahren, von der gesellschaftlichen Teilhabe[33] ausgeschlossen zu werden, um letztlich eine „armutsbedingte Bildungsbenachteiligung"[34] zu erfahren.

---

30 http://library.fes.de/pdf-files/studienfoerderung/12727.pdf (20.05.2018).

31 EU-Bildungsbericht: Mitgliedstaaten müssen mehr für Inklusion und Bildung tun. Pressebericht vom 07.11.2016. URL: https://ec.europa.eu/germany/news/eu-bildungsbericht-mitgliedstaaten-m%C3%BCssen-mehr-f%C3%BCr-inklusion-und-integration-tun_de (07.06.2018).

32 Vgl. weiterführend: Edelstein, W. (2006). Bildung und Armut. Der Beitrag des Bildungssystems zur Vererbung und zur Bekämpfung von Armut ZSE: Zeitschrift für Soziologie der Erziehung und Sozialisation, Jg. 26, H. 2, S. 120–134.

33 Vgl. Tophoven, S.; Lietzmann, T. & Reiter, S. u.a. (2017). Armutsmuster in Kindheit und Jugend. Längsschnittbetrachtungen von Kinderarmut. Gütersloh: Bertelsmann-Stiftung. S. 6.

34 Vgl. Bos, W.; Stubbe, T.C. & Buddeberg, M. (2010). Gibt es eine armutsbedingte Bildungsbenachteiligung? Die Operationalisierung verschiedener Indikatoren der sozialen Herkunft in der empirischen Bildungsforschung, S. 193. In: D.H. Rost (Hrsg.), Intelligenz, Hochbegabung, Vorschulerziehung, Bildungsbenachteiligung. Münster u.a.: Waxmann. S. 165–208.

„Zahlreiche Studien zeigen, dass die Entwicklungschancen von Kindern, die über eine längere Zeit hinweg in Armut leben, deutlich schlechter sind als diejenigen von Kindern, die nicht von Armut betroffen sind. Negative Folgen finden sich sowohl im gesundheitlichen Bereich als auch in der kognitiven Entwicklung (Beisenherz, 2000). Ein erhebliches Problem für die betroffenen Kinder stellt darüber hinaus die mit Armut einhergehende Ausschließung aus sozialen Zusammenhängen (z.B. Kino- oder Schwimmbadbesuche, Exkursionen mit der Schulklasse) dar, die zu sozialpsychologischen Langzeitfolgen führen kann (Feustel, 2007)."[35]

„Je länger Kinder in Armut leben, desto negativer sind die Folgen für ihre Entwicklung und ihre Bildungschancen. Sie haben häufig kein eigenes Zimmer, keinen Rückzugsort für Schularbeiten, essen kaum oder gar kein Obst und Gemüse. Verglichen mit Kindern in gesicherten Einkommensverhältnissen sind arme Kinder häufiger sozial isoliert, gesundheitlich beeinträchtigt und ihre gesamte Bildungsbiografie ist deutlich belasteter."[36]

In diesem Zusammenhang kann auch vom „Matthäus-Effekt" (Merton 1968)[37] gesprochen werden: Wer hat, dem wird gegeben. Kinder, die bereits über entsprechende (lernzielnahe) Vorerfahrungen, kognitive Strukturen, Wissen, bestimmte Fähigkeiten etc. verfügen, können leichter Unterrichtsangebote nutzen und sich erfolgreich im Schulsystem zeigen.

Hinzu kommt, dass sich neben dem öffentlichen – wohl bemerkt – schuldgeldfreiem Schulsystem ein zweites, inoffizielles System zunehmend etabliert hat: kommerzielle Nachhilfeinstitute und zahlreiche kostenpflichtige mediale Lernangebote zum schulischen Unterricht.

## 3. Sprachliche Bildung als Schlüsselkonzept?

Ein genauerer Blick zeigt darüber hinaus, dass es zu einer kumulativen Wirkung von verschiedenen Faktoren kommt: Menschen mit Migrationshintergrund verfügen oftmals in der ersten Generation der Einwanderer über einen geringeren

35 Ebd.; Beisenherz, H.G. (2000). Kinderarmut global und lokal: Armut als Exklusionsrisiko. In: C. Butterwege (Hrsg.), Kinderarmut in Deutschland. Ursachen, Erscheinungsformen und Gegenmaßnahmen. Frankfurt: Campus. S. 78–95; Feustel, E. (2007). „Neue Kinderarmut" in Deutschland. Ursachen – Folgen – Lösungsansätze. Hannover: Forschungsinstitut für Philosophie Hannover.

36 https://www.bertelsmann-stiftung.de/de/unsere-projekte/familie-und-bildung-politik-vom-kind-aus-denken/projektnachrichten/kinderarmut-beeintraechtigt-chancen-fuer-das-ganze-leben/ (Beitrag vom 12.09.2016, abgerufen am 25.05.2018).

37 Merton, R.K. (1968). On the history and systematics of sociological theory. In: R.K. Merton (Hrsg.). *Social theory and social structure*, S. 1–38. New York: The Free Press; Merton, R.K. ([1968]/1995). Soziologische Theorie und soziale Struktur, hrsg. u. eingel. von V. Meja/N. Stehr. Berlin/New York: de Gruyter.

Bildungsgrad und/oder gehen einer weniger gut dotierten Erwerbstätigkeit nach. Die Mercator-Stiftung spricht daher von der ‚doppelten Benachteiligung': einer Benachteiligung aufgrund des Migrationshintergrunds *und* vor allem der „sozialen Herkunft"[38].

Aus der Genderperspektive wird bereits die These diskutiert, ob Jungen die neuen Bildungsverlierer sind.[39] Sie sind zahlenmäßig überrepräsentiert in der Förderschule, scheiden häufiger als Mädchen ohne Hauptschulabschluss aus dem Schulsystem aus.[40]

So verwundert es wenig, wenn zwar heute nicht mehr das katholische Arbeitermädchen vom Lande als benachteiligt gilt, dafür aber männliche Jugendliche mit Migrationshintergrund – und mit patriarchal ausgerichtetem Rollenbild – ein erhöhtes Risiko haben, in unserem Bildungssystem zu den Verlierern zu zählen.

Defizite in der deutschen Sprache tragen nicht selten zu einer Reduktion der persönlichen Entwicklungsmöglichkeiten bei. Zugleich werden die vorhandenen Kompetenzen und sprachlichen Fertigkeiten kaum gewürdigt.

Diesen Umstand beklagte bereits Ingrid Gogolin und sprach vom „monolingualen Habitus" der Schule.[41] Schulische Bildung setzt demnach die Beherrschung der deutschen Sprache voraus und orientiert sich an einer Schülerschaft mit deutscher Muttersprache.

Dabei unterscheidet sich der Anteil an Kindern mit Migrationshintergrund je nach Standort der Schule durchaus, wie ein Blick in die Berliner Schulstatistik zeigt.

---

38 Lokhande, M. & Nieselt, Th. (2016). Doppelt benachteiligt? Kinder und Jugendliche mit Migrationshintergrund im deutschen Bildungssystem. Eine Expertise im Auftrag der Stiftung Mercator. Berlin: Forschungsbereich beim Sachverständigenrat deutscher Stiftungen für Integration und Migration (SVR), S. 3. URL: https://www.stiftung-mercator.de/media/downloads/3_Publikationen/Expertise_Doppelt_benachteiligt.pdf (25.05.2018).

39 Vgl. Hurrelmann, K. & Schulz, T. (Hrsg.) (2012). Jungen als Bildungsverlierer. Brauchen wir eine Männerquote in Schulen und Kitas. Weinheim: Beltz Juventa.

40 Vgl. Quenzel, G. & Hurrelmann, K. (2010). Bildungsverlierer: Neue soziale Ungleichheiten in der Wissensgesellschaft. S. 18. In: G. Quenzel & K. Hurrelmann (Hrsg.) (2010), Bildungsverlierer. Neue Ungleichheiten. Wiesbaden: VS Verlag. S. 11–36.

41 Vgl. Gogolin, Ingrid (1994): Der monolinguale Habitus der multilingualen Schule. Münster/New York: Waxmann.

1. Schulen, Klassen und Schüler nach Bezirken und Schulart

1.6 Schüler nichtdeutscher Herkunftssprache[1)]
Absolute Angaben

Schuljahr 2017/18 – Stand: 29.09.2017

| Bezirk | Insgesamt | Schulart | | | | | | |
|---|---|---|---|---|---|---|---|---|
| | | Grundschule[2)] | Integrierte Sekundarschule | Gymnasium | Freie Waldorfschule | Schule mit sonderpädagogischen Förderschwerpunkten | | |
| | | | | | | Lernen[3)] | Geistige Entwicklung | übrige Förderschwerpunkte[3)] |
| | | | | Öffentliche Schulen | | | | |
| 01 Mitte | 19.853 | 12.117 | 4.605 | 2.765 | × | 30 | 110 | 226 |
| 02 Friedrichshain-Kreuzberg | 12.036 | 6.951 | 3.352 | 1.450 | × | 3 | 130 | 150 |
| 03 Pankow | 4.469 | 2.876 | 940 | 538 | × | 2 | 67 | 46 |
| 04 Charlottenburg-Wilmersdorf | 12.199 | 6.051 | 3.679 | 2.144 | × | – | 148 | 177 |
| 05 Spandau | 10.887 | 6.529 | 2.886 | 1.358 | × | – | 60 | 54 |
| 06 Steglitz-Zehlendorf | 7.480 | 3.959 | 2.178 | 1.181 | × | 14 | 46 | 102 |
| 07 Tempelhof-Schöneberg | 13.187 | 7.583 | 3.528 | 1.873 | × | 8 | 148 | 47 |
| 08 Neukölln | 18.856 | 9.504 | 5.895 | 2.850 | × | 186 | 144 | 277 |
| 09 Treptow-Köpenick | 2.839 | 1.840 | 649 | 320 | × | 7 | 15 | 8 |
| 10 Marzahn-Hellersdorf | 5.501 | 3.059 | 1.495 | 909 | × | – | 35 | 3 |
| 11 Lichtenberg | 8.586 | 4.816 | 2.178 | 1.353 | × | 26 | 64 | 149 |
| 12 Reinickendorf | 11.700 | 6.547 | 2.763 | 2.142 | × | 27 | 102 | 119 |
| Berlin insgesamt | 127.593 | 71.832 | 34.148 | 18.883 | × | 303 | 1.069 | 1.358 |

**Abb. 12:** Blickpunkt Schule der Berliner Senatsverwaltung für Bildung, Jugend und Familie 2017/18 S. 7[42]

Die hohe Rate an Kindern mit Migrationshintergrund in einigen Schulen wird bereits in den öffentlichen Medien thematisiert, und die Debatte wird von Anhängern rechtspopulistischen Parteien entsprechend angeheizt und zu einem politischen Dauerthema.[43]

An einigen Schulen steht dieser ‚monolingualen' Schulerscheinung lange bereits eine andere Realität gegenüber, wie sie sich nicht nur bei Kindern mit nichtdeutscher Muttersprache zeigt, sondern auch bei Kindern, die Dialekt sprechen und/oder deren Sprachgebrauch nicht konform mit der ‚Bildungssprache' ist. In manchen Klassen ist die deutsche Bildungssprache bereits seit Langem nicht mehr die Sprache der Schüler*innen-Mehrheit, und sie vorauszusetzen, stellt bereits eine Bildungsbenachteiligung dar.

42 Senatsverwaltung für Bildung, Jugend und Familie (Hrsg.). Blickpunkt Schule – Schuljahr 2017/2018. URL: https://www.berlin.de/sen/bildung/schule/bildungsstatistik/#blickpunkt (11.08.2018).

43 Vgl. z.B. die Welt.de: Zuwandererkinder an vielen NRW-Schulen in der Mehrheit. (14.02.2018). URL: https://www.welt.de/regionales/nrw/article173568630/Migration-Zuwandererkinder-an-vielen-NRW-Schulen-in-der-Mehrheit.html (26.05.2018).

Nicht nur Kinder und Jugendliche aus Familien mit Migrationshintergrund, sondern auch aus Familien mit begrenztem ‚sozio-ökonomischem' und „kulturellem Kapital" (Pierre Bourdieu[44]) unterliegen dem Risiko, eine Benachteiligung im Bildungswesen zu erfahren.

Bei vielen Kindern/Jugendlichen darf weder die deutsche Sprache als Muttersprache noch ein entsprechendes bildungssprachliches Fundament vorausgesetzt werden. Der Terminus Bildungssprache bezieht sich auf ein bestimmtes „formelles Sprachregister" (Gogolin 2009), das sich von der mündlichen Alltagskommunikation unterscheidet und in schulischen Institutionen einen hohen Stellenwert besitzt.[45]

Mersits (2018) stellt die These auf, dass „[d]ie je spezifischen sprachlichen Ressourcen von Heranwachsenden (...), unter den in unserer Gesellschaft gegebenen strukturellen Bedingungen, unmittelbar die Verteilung von Bildungschancen von Schüler_innen [beeinflussen]."[46]

Es wird von Mersits auf den Zusammenhang von Macht und Sprache verwiesen: Heranwachsende gewinnen an „sprachlichem Selbstvertrauen", wenn sie in der Schule eine „positive Resonanz" auf ihre sprachliche Praxis erfahren. Sie „erleben ihre sprachliche Selbstwirksamkeit". Umgekehrt kann Schule für Kinder auch zu einem negativen Erfahrungsraum der Unwirksamkeit ihrer „eigenen Sprach- und Sprechpraxis" sein, wenn sie erleben müssen, dass ihr sprachliches Handeln wenig dienlich ist.[47]

Die Beherrschung der Bildungssprache wird in Modellprojekten wie FörMig im Sinne einer durchgängigen Sprachbildung fokussiert. Dieses Projekt hat sehr wohl Kinder mit Migrationshintergrund im Fokus, dient aber letztlich allen Kindern und Jugendlichen, da deutlich wird, dass bildungssprachliche Kompetenzen durchgängig aufzubauen und nicht einfach vorauszusetzen sind.[48]

Bildungssprache kann also in keinem Fall die Voraussetzung für den Schulbesuch sein, sondern ist eine zentrale Entwicklungsaufgabe innerhalb der verschiedenen Bildungsinstitutionen.

---

44 Bourdieu, P. (1983). Ökonomisches Kapital, kulturelles Kapital, soziales Kapital. In: R. Kreckel (Hrsg.). Soziale Welt. Sonderband 2. Soziale Ungleichheiten. Göttingen: Schwartz, S. 183–198.

45 Vgl. Mersits, J. (2018). Kindliche Mehrsprachigkeit in Bildungsinstitutionen zwischen Wert und Abwertung: Eine Fallstudie am Exempel einer burgenländischen Volksschule. Berlin: Logos Verlag, S. 113.

46 Ebd., S. 92.

47 Ebd., S. 97.

48 Website der Universität Hamburg: Konzeption durchgängige Sprachbildung. URL: https://www.foermig.uni-hamburg.de/bildungssprache/durchgaengige-sprachbildung.html (13.08.2018).

Infolge der Flüchtlingskrise 2015 wurde die Förderung deutscher Sprachkenntnisse im Sinne von DaZ (Deutsch als Zweitsprache) im vorschulischen, schulischen und außerschulischen Bereich zu einem zentralen Thema.

In den meisten Studienordnungen von Lehramtsstudiengängen findet inzwischen Deutsch als Zweitsprache Eingang. Ziel ist es, angehende Lehrkräfte für die Aufgabe, Kindern und Jugendlichen mit nichtdeutscher Muttersprache die deutsche Sprache zu vermitteln, entsprechend zu professionalisieren. So werden hierzu an den Universitäten/Hochschulen entsprechende Zusatzzertifikate angeboten.

Die Notwendigkeit, pädagogische Fachkräfte und insbesondere Lehrkräfte für eine durchgängige sprachliche Bildung zu sensibilisieren, ergibt sich auch aus den statistischen Zahlen:

> „Im Jahr 2015 hatten 33 % der Schülerinnen und Schüler an allgemeinbildenden Schulen einen Migrationshintergrund. Deutliche Unterschiede bestanden zwischen den alten Bundesländern inklusive Berlin (36 %) und den neuen Ländern (10 %). Insgesamt war der Anteil von Personen mit Migrationshintergrund an allgemeinbildenden Schulen damit deutlich größer als in der Gesamtbevölkerung (21 %). Wie das Statistische Bundesamt (Destatis) auf Grundlage des Mikrozensus weiter mitteilt, wies die Mehrheit dieser Schülerinnen und Schüler keine eigene Migrationserfahrung auf, sondern wurde in Deutschland geboren und hatte von Geburt an die deutsche Staatsbürgerschaft (69 %).“[49]

Der Anteil von Schülerinnen und Schülern mit Migrationshintergrund sinkt in höheren Klassenstufen und unterscheidet sich zwischen den Schularten: Im Grundschulalter lag der Anteil im Jahr 2015 bei 36 %, in der Mittelstufe bei 33 % und in der Oberstufe bei 26 %. In der Mittelstufe war der Anteil an Hauptschulen (51 %) erheblich signifikanter als an Gymnasien (27 %). Dennoch zeigt die Studie des Mercator-Instituts von 2014 zur Frage, wie die Sprachförderung und Deutsch als Zweitsprache in den Lehramtsstudiengängen verankert ist, durchaus noch Nachholbedarf: Zeitweise sind es keine verpflichtenden Studienanteile, wie nachfolgende Zusammenschau des Mercator-Instituts zeigt:

49 destatis.de: Pressemitteilung vom 07.02.2017. URL: https://www.destatis.de/DE/PresseService/Presse/Pressemitteilungen/zdw/2017/PD17_006_p002.html (17.06.2018).

| Lehramtstyp | Verpflichtend | | Fakultativ | |
|---|---|---|---|---|
| | Deutsch | Andere Fächer | Deutsch | Andere Fächer |
| **Grundschul-lehramt** | 69% (24 von 35) | 63% (22 von 35) | 37% (13 von 35) | 29% (10 von 35) |
| **Primar- und Sekundarstufe I** | 50% (5 von 10) | 40% (4 von 10) | 50% (5 von 10) | 30% (3 von 10) |
| **Sekundarstufe I** | 46% (23 von 50) | 40% (4 von 10) | 50% (5 von 10) | 30% (3 von 10) |
| **Gymnasial-lehramt** | 45% (26 von 58) | 38% (18 von 50) | 33% (19 von 58) | 14% (8 von 58) |
| **Berufsschul-lehramt** | 42% (19 von 45) | 33% (15 von 45) | 27% (12 von 45) | 7% (3 von 45) |
| **Sonder-pädagogische Lehrämter** | 53% (10 von 19) | 42% (8 von 19) | 53% (10 von 19) | 16% (3 von 19) |

„Die Angaben in Klammern beziehen sich auf die Anzahl an Hochschulen mit hier relevanten Studienangeboten im Verhältnis zu allen Standorten, an denen das Lehramtsstudium angeboten wird.
An manchen Standorten gibt es sowohl verpflichtende als auch freiwillige Studienanteile. In diesen Fällen findet sich die entsprechende Hochschule unter den Treffern in der Spalte ‚verpflichtend' und ‚fakultativ'."

**Abb. 13:** „Anteil der Hochschulen mit Studienangeboten in Prozent- und absoluten Zahlen." Abbildung: Mercator 2014, S. 44. URL: https://www.mercator-institut-sprachfoerderung.de/fileadmin/user_upload/Mercator-Institut_Was_leistet_die_Lehrerbildung_03.pdf (23.05.2018).

In der Analyse wird des Weiteren kritisch angesprochen, dass Konzepte und Begriffe erst einmal einheitlich zu bestimmen seien, und sie favorisieren klar, den Fokus auf die sprachliche Förderung aller Kinder zu legen und eine sprachsensible Schulentwicklung anzustreben.[50]

Letztlich wird bereits das Konstrukt Migrationshintergrund in verschiedenen Studien unterschiedlich definiert, wie Kemper (2010)[51] oder Wenning (2015, S. 76)[52]

50 Vgl. Mercator 2014, S. 47.

51 Vgl. Kemper, Th. (2010). Migrationshintergrund – eine Frage der Definition! Die deutsche Schule 102 (2010) 4, S. 315–326.

52 Vgl. Wenning, N. (2015). Heterogenitätsvorstellungen und empirische Wirklichkeit. Am Beispiel der Kategorie Migrationshintergrund. In: J. Budde; N. Blasse; A. Bossen & G. Rißler (Hrsg.), Heterogenitätsforschung. Empirische und theoretische Perspektiven. Weinheim und Basel: Beltz Juventa, S. 63–93.

aufgezeigt haben. In den verschiedenen Studien werden unterschiedliche Kombinationen von Merkmalen zur Identifikation eines Migrationshintergrunds herangezogen: Staatsangehörigkeit, Generationenstatus, Geburtsland der Person selbst, Geburtsland der Eltern, Großeltern, weiterhin Alter und Datum der Zuwanderung, Religionszugehörigkeit, Ethnizität...

Auch von Erwachsenen mit Migrationshintergrund und nichtdeutscher Muttersprache wird der Erwerb der deutschen Sprache in sogenannten Integrationskursen eingefordert. Als Zielsetzung und zugleich Legitimation für die Integrationskurse führt das Bundesministerium für Bildung und Forschung (BMBF) folgende Position an:

> „Ziel der Integrationskurse, als Kern staatlicher Integrationsmaßnahmen und -bemühungen, ist die Förderung der Integration von Migrantinnen und Migranten im Sinne gesellschaftlicher Teilhabe und Chancengleichheit. Gute Sprachkenntnisse der Mehrheitssprache sind ein unabdingbares Instrument, dem Ziel der gleichberechtigten Teilhabe und Chancengleichheit näher zu kommen. Sie steigern die Chancen zur Integration in den Arbeitsmarkt und sind die Grundlage für eine erfolgreiche Bildungskarriere. Der Erwerb von deutschen Sprachkenntnissen wird als wesentliche Grundlage der Integration verstanden. Dabei steht die sprachliche Förderung mit dem Anspruch, eines möglichst raschen und profunden Erwerbs der deutschen Schriftsprache im Vordergrund."[53]

Deutschsprachliche Kenntnisse werden somit als Schlüssel der Integration und als Fundament des Bildungserfolgs identifiziert.

Dennoch ist fraglich, ob es sinnvoll ist, die verschiedenen Konzepte zur sprachlichen Förderung von Kindern und Jugendlichen, die mehrsprachig aufwachsen oder Deutsch als Zweitsprache lernen, isoliert zu betrachten. Es geht um einen Wandel im Selbstverständnis der Lehrkräfte[54] und pädagogischen Konzepte, um andere Sprachen und Kulturen als Bereicherung wahrnehmen zu können und nicht nur im Sinne einer zusätzlichen Aufgabe (Belastung) zu deklarieren:

- Inklusion, wie auch Mehrsprachigkeit, beginnt in den Köpfen der Beteiligten und setzt ein Umdenken voraus.
- Sprache ist Teil der eigenen Identität. Es wäre eine radikal verkürzte Sichtweise, die pädagogischen Maßnahmen auf den Erwerb der deutschen Sprache als einseitigen Anpassungsprozess zu verstehen.

---

53 BMBF (Hrsg.) (2005). Konzeption für die Zusatzqualifizierung von Lehrkräften im Bereich Deutsch als Zweitsprache, erarbeitet vom Goethe-Institut im Auftrag des Bundesamtes für Migration und Flüchtlinge. Nürnberg. S. 4. URL: https://www.bamf.de/SharedDocs/Anlagen/DE/Downloads/Infothek/Integrationskurse/Lehrkraefte/konzeption-fuer-die-zusatzqualifikation-von-lehrkraeften-pdf.pdf?__blob=publicationFile (23.05.2018).

54 Dies diskutieren auch Ewald Kiel und Joachim Kahlert (2016) bezüglich des Inklusionsgedankens: Allein ein struktureller Wandel wird nicht ausreichen, um hier nachhaltige Veränderungen zu erreichen.

Bereits der kanadische Forscher John Berry unterschied unterschiedliche Strategien der (psychologischen) Akkulturation, wie nachfolgendes Schaubild visualisiert, vor dem Hintergrund der Stress- und Copingforschung.[55]

Berry geht davon aus, dass der Prozess der Akkulturation eine Anpassungsleistung darstellt, die bewältigt werden muss.

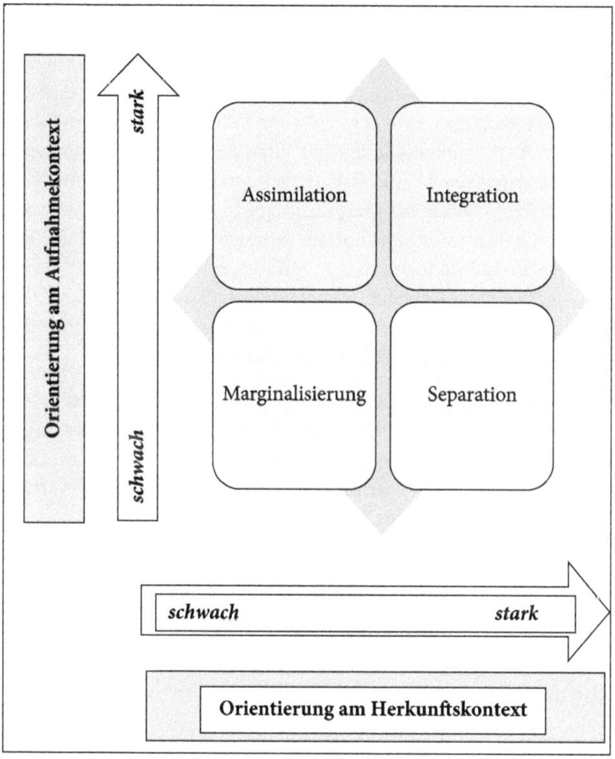


**Abb. 14:** Akkulturationsstrategien nach J. Berry[56]

Zur Bewältigung der neuen Lebenssituation greifen Menschen mit Migrationshintergrund auf unterschiedliche Strategien in einem bestimmten Kontext zurück.

55 Vgl. Edele, A. (2016). Die Rolle herkunftssprachlicher Kompetenz und kultureller Identität für den Bildungserfolg von Heranwachsenden aus zugewanderten Familien. Berlin: Freie Universität Berlin. URL: http://www.diss.fu-berlin.de/diss/servlets/MCRFileNodeServlet/FUDISS_derivate_000000020691/Dissertation_Edele_2016.pdf, S. 15 (28.05.2018).

56 Edele, A. (2016), S. 29: Akkulturationsstrategien nach John Berry (1980; 1997; 2003).

Unter Integration versteht John Berry keine Anpassung im Sinne einer Übernahme einer ‚Leitkultur', sondern den Kontakt zur Herkunftskultur und zur Aufnahmekultur, die eben auch eine Bereitschaft zur Aufnahme signalisieren muss.

Deutlicher arbeitet diesen Umstand jedoch Heinz Reinders heraus, der den Begriff der Ko-Kulturation in die Diskussion einbringt, den er vor allem auf das Jugendalter bezieht.

> „Das bedeutet: Heranwachsende konstruieren und entwickeln in sozialen Interaktionen mit Gleichaltrigen eigene kulturelle Werte, die nicht durch das Vorherrschen einer definitionsmächtigen Mehrheitskultur prädeterminiert sind, sondern im Kontext symmetrischer, gleichberechtigter Peer-Interaktionen ausgehandelt werden (Youniss 1980). Die Symmetrie von Peer-Interaktionen hat ihren Ursprung in der Freiwilligkeit der Beziehungen und damit der Möglichkeit jedes Interaktionspartners, die Beziehung zu beenden. Hierdurch hat keiner der Peers die Möglichkeit, eigene kulturelle Werte gegen den Willen des Gegenüber durchzusetzen, weshalb eine Aushandlung auf gleicher Augenhöhe (Ko-) über als gültig erachtete Normen und Werte (Kultur) geschieht. Einschränkend muss allerdings festgehalten werden, dass dieser Prozess der Ko-Kulturation insbesondere in Freundschaften vonstatten geht, da hier die Prinzipien von Reziprozität und Symmetrie besonders ausgeprägt realisiert sind (Youniss 1998)."[57]

Integration kann insofern nicht als eine einseitige Aufgabe beschrieben werden. Integration im Sinne dieses Modells würde sowohl eine Orientierung an der eigenen Herkunftskultur (oder jener der Eltern) als auch eine Orientierung an der Kultur des Aufnahmelandes gestatten und das Individuum zum virtuosen Grenzgänger und Neuinterpreten beider Kulturen machen.

## 4. Doing Culture statt Having Culture?

Kultur als etwas Statisches zu begreifen, entspricht eher der Sehnsucht des Menschen nach Orientierung und Sicherheit in Zeiten des raschen Wandels und der Globalisierung denn der Realität.

> „Kulturhistorisch ist das Phänomen Transkulturalität als Sprach- und Kulturvermischung seit biblischer Zeit bekannt und bildet in vielfältigen Formen von Kommunikations- und Austauschprozessen kultureller Sachverhalte – historisch und kosmopolitisch betrachtet – eher die Regel als die Ausnahme."[58]

---

57 Reinders, H. (2006). Interethnische Beziehungen im Lebenslauf. S. 10. Einführung in den Schwerpunkt Diskurs Kindheits- und Jugendforschung 1 (2006) 1, S. 7–20.

58 Göhlich, M. & Zirfas, J. (2011). Transkulturalität und Lernen, S. 71. In: J. Bilstein u.a. (Hrsg.). Kulturelle Differenzen und Globalisierung. Wiesbaden: VS Verlag, S. 71–89; vgl. auch Pink, S. (2008). "Analysing Visual Experience". In: M. Pickering (ed.). Research Methods for Cultural Studies. Edinburgh: Edinburgh University Press, pp. 125–149; vgl. auch Göhlich, M., Leonhard, H.-W. & Liebau, E. (Hrsg.) (2006). Transkulturalität und Pädagogik. Interdisziplinäre Annäherungen an

So ist es sicherlich eine wichtige Aufgabe, sich der Frage zu stellen, was sich hinter der Forderung nach einer ‚deutschen Leitkultur' verbirgt. Geht es um die Sicherung eigener Macht und Privilegien oder um jene Werte, die in einer Gesellschaft als ‚wertvoll' definiert werden und einen Garant für ein friedvolles Miteinander darstellen? Ist es die Angst vor Veränderung oder die Sorge, neuen Herausforderungen nicht gewachsen zu sein?

An Letzterem könnte durchaus die transkulturelle Sichtweise anknüpfen können, wie sie u.a. von Wolfgang Welsch vertreten wird.

Welsch weist das Herder'sche Kugelmodell zurück und distanziert sich damit zugleich von Ansätzen der Interkulturellen und Multikulturellen Pädagogik, die noch darauf fußen.

Er betont, dass dem Kulturbegriff mindestens zwei Dimensionen inhärent sind:

(a) eine inhaltliche Dimension, die sich auf menschentypische Praktiken bezieht wie z.B. Weltbilder, Konventionen, Alltagsroutinen…
(b) eine extensionale Dimension, die sich auf die geographische Lage und die Ethnie oder auch Nation bezieht, in der sich bestimmte inhaltliche kulturelle Praktiken zeigen.[59]

Die extensionale Dimension erscheint Welsch in Zeiten der Globalisierung und den neuen Medientechnologien obsolet und nicht mehr der Realität angemessen.

> „Aber mein Punkt ist, dass die Beschreibung zumindest heutiger Kulturen als Kugeln deskriptiv falsch ist. Unsere Kulturen haben de facto längst nicht mehr die Form der Homogenität und Separiertheit, sondern sie durchdringen einander, sie sind weithin durch Mischungen gekennzeichnet. Diese neue Struktur suche ich durch das Konzept der ‚Transkulturalität' zu fassen."[60]

Moderne Gesellschaften zeichnen sich auf der Makroebene vielmehr durch eine „externe Vernetzung und interne(n) Hybridcharakter der Kulturen" aus: Lebensweisen gleichen sich über nationale Grenzen an, Märkte durchdringen sich, moderne Medientechnologien machen Informationen und Unterhaltungsangebote nahezu global verfügbar.[61] Dabei bezieht sich Welsch nicht nur auf die Konsumangebote bestimmter weltweit agierender Konzerne, sondern das gesamte Spektrum kultureller Angebote, die – zugegebenerweise – nicht überall gleiche Resonanz erleben (z.B. Restaurants, die Insekten verarbeiten).

---

ein kulturwissenschaftliches Konzept und seine pädagogische Relevanz. Weinheim: Beltz/Juventa.

59 Vgl. Welsch, W. (o.A.). Was ist eigentlich Transkulturalität? S. 1. URL: http://www2.uni-jena.de/welsch/papers/W_Welsch_Was_ist_Transkulturalit%C3%A4t.pdf (09.06.2018).

60 Welsch o.A., S. 3. URL: http://www2.uni-jena.de/welsch/papers/W_Welsch_Was_ist_Transkulturalit%C3%A4t.pdf (09.06.2018).

61 Vgl. Welsch, S. 4.

Auf der Mikroebene zeigt sich, dass eine transkulturelle Prägung auf der individuellen Ebene längst zum Alltag und der biographischen Identitätsarbeit geworden ist:

> „Die meisten unter uns sind in ihrer kulturellen Formation durch mehrere kulturelle Herkünfte und Verbindungen bestimmt. Wir sind kulturelle Mischlinge. Die kulturelle Identität der heutigen Individuen ist eine Patchwork-Identität."[62]

Um es an einem Beispiel aus dem universitärem Hochschulbereich zu demonstrieren:

Eine Studentin, optisch und von der Kleidermode an eine amerikanische Latina erinnernd, stammt ursprünglich aus der Türkei und beherrscht auch die Sprache und die kulturellen Gepflogenheiten, die sie selbst noch einmal situativ und regional nach einem Leben in türkischen Großstädten und auf dem hinteren Land differenziert. Die Unterschiede zwischen der ‚deutschen Kultur' und jener in türkischen Metropolen erlebt sie als nicht sehr groß und beschreibt eine relativ bunte Vielfalt und persönlichen Gestaltungsfreiraum. In ländlichen Gebieten erlebt sie noch stärker eine patriarchal und traditionell ausgerichtete Dorfstruktur, die ein anderes Auftreten von einer anständigen Frau erwartet. Im Gespräch nahm sie wiederum eine Abgrenzung von der türkischen Kultur vor und legt offen, dass ihre Familie eigentlich kurdischen Ursprungs ist. In diesem Kontext tritt sie noch einmal anders auf als in einem türkischen oder auch deutschen Umfeld. Es wird spürbar, dass sie es versteht, sich zwischen drei Kulturen flexibel zu bewegen und ihr Verhalten – einschließlich des äußerlichen Auftretens – an den jeweiligen Kontext anzupassen. Es gelingt ihr eine bewusste Gestaltung und Präsentation bestimmter Facetten ihrer Identität entsprechend des Kontextes. Hierzu muss sie die vorherrschenden kulturellen Muster aller drei Kulturen kennen und wissen, welche Verhaltensweisen und welche äußerlichen Inszenierungen erwartet oder zumindest geduldet werden. Sie muss die jeweilige Sprache kompetent in Alltagssituationen und die deutsche Sprache als Bildungssprache in der Studiensituation sicher beherrschen. Aus Facetten aller drei Kulturen speist sich ihre Identität.[63]

Michael Göhlich und Jörg Zirfas weisen explizit darauf hin, dass sich erste Vorläufer eines transkulturellen Lernens bereits seit der Pädagogik des Renaissance-Humanismus finden und diese Idee auch vermehrt wieder vom *Weltbund für Erneuerung der Erziehung* im Kontext der Reformpädagogik diskutiert wurden.[64] Es

---

62 Welsch, S. 5; Welsch, W. (1999). "Transculturality: The Puzzling Form of Cultures Today". In: M. Featherstone & S. Lash (eds.). Spaces of Culture: City, Nation, World. London: Sage Publications, pp. 194–213; vgl. auch Welsch, W. (2017). Transkulturalität. Realität – Geschichte – Aufgabe. Wien: new academic press.

63 Rekonstruktion eines persönlichen Gesprächs mit der Studentin.

64 Vgl. Göhlich/Zirfas 2011, S. 72.

sind – pädagogisch betrachtet – also keine neuen Ideen oder Forderungen, deren Umsetzung aber bis heute noch nicht hinreichend gelungen ist, die allerdings in ihrer historischen Bedeutung viel zu wenig in unser heutiges Denken, Handeln und Verhalten Einzug finden. Am Beispiel von J.G. v. Herders 1774 und 1784 konzipierten Schriften – und hier diskutierten Werken – wurde dies bisher schon deutlich. Seine in Riga 1793/97 verfassten „Briefe zu Beförderung der Humanität" sind hinsichtlich seiner Bedeutung für unsere risikoreiche und sich im ständigen Umbruch befindende Gegenwart Wegweiser und Vorbild.

Transkulturalität impliziert *humanistisches* Verständnis. Um es noch deutlicher zu artikulieren, Herders Einfühlungsvermögen betr. Humanismus kommt im 27. Brief zum Tragen.[65] Herder, der vor allem die „Bildung zur Humanität" als wichtigste Bildungsmaxime des Menschen definiert, wenn er als Wesen Gottes auf Erden Akzeptanz erreichen und leben möchte, artikuliert Folgendes:

> „Das *Göttliche* in unserm Geschlecht ist also *Bildung zur Humanität*; alle großen und guten Menschen, Gesetzgeber, Erfinder, Philosophen, Dichter, Künstler, jeder edle Mensch in seinem Stande, bei der Erziehung seiner Kinder, bei der Beobachtung seiner Pflichten, durch Beispiel, Werk, Institut und Lehre hat dazu mitgeholfen. Humanität ist der Schatz und die Ausbeute aller menschlichen Bemühungen, gleichsam die *Kunst unsres Geschlechtes*. Die Bildung zu ihr ist ein Werk, das unabläßig fortgesetzt werden muß; oder wir sinken, höhere und niedere Stände, zur rohen Thierheit, zur *Brutalität* zurück."[66]

Der direkt folgende Schluss des 27. Briefes enthält folgenden Umkehrschluss, der kommentarlos goutiert werden kann:

> „Sollte das Wort Humanität also unsre Sprache verunzieren? Alle gebildete Nationen haben es in ihre Mundart aufgenommen; und wenn unsre Briefe einem Fremden in die Hand kämen, müßten sie ihm wenigstens unverfänglich scheinen: denn *Briefe zu Beförderung der Brutalität* wird doch kein Ehrliebender Mensch wollen geschrieben haben."[67]

In Herders 25. Brief, Zweite Sammlung 1793, werden aus heutiger Sicht essentielle Maximen in Paragrafenform deutlich, vor allem hervorzuheben wegen ihrer Klarheit und Konsequenz. Besagter Brief beginnt:

> „Alle Ihre Fragen über den Fortgang unsres Geschlechts, der eigentlich ein Buch erforderten, beantwortet, wie mich dünkt, ein einziges Wort, *Humanität, Menschheit*."[68]

---

65 Herder, J.G. (1794): Briefe zu Beförderung der Humanität. Dritte Sammlung, 27. Brief. Riga: Johann Friedrich Hartknoch, S. 5–10; vgl. auch Herder, J.G. (1881): Briefe zu Beförderung der Humanität. Erste bis Sechste Sammlung. Bd. 17, Briefe 1–80. In: Herders Sämmtliche Werke, hrsg. von B. Suphan. Berlin: Weidmannsche Buchhandlung.

66 Ebd., S. 8f.

67 S. 9f.

68 Herder, J.G. (1793): Briefe zu Beförderung der Humanität. Zweite Sammlung, 24. Brief. Riga, S. 106–126, hier S. 106.

Danach folgt die Betitelung „Ueber den Charakter der Menschheit“.[69] Ein Ausschnitt der wichtigsten bzw. von gekürzten Paragrafen soll auch die Darlegung des transkulturellen Weltbildes des *Weltbund(s) für Erneuerung der Erziehung* skizzieren.

> „4. Mit dem Leben des Menschen fängt seine *Erziehung* an: denn Kräfte und Glieder bringt er zwar auf die Welt, aber den Gebrauch dieser Kräfte und Glieder, ihre Anwendung, ihre Entwicklung muß er lernen. Ein Zustand der Gesellschaft also, der die Erziehung vernachlässigt, oder auf falsche Wege lenkt, oder diese falsche Wege begünstigt, oder endlich die Erziehung der Menschen schwer unmöglich macht, ist insofern ein unmenschlicher Zustand. (...) Wozu hätten sich Menschen vereinigt, als daß sie dadurch vollkommenere, bessere, glücklichere Menschen würden?“[70]
> „7. *Die gegenseitig-wohlthätigste Einwirkung eines Menschen auf den Andern* Jedem Individuum zu verschaffen und zu erleichtern; nur dies kann der Zweck aller menschlicher Vereinigung seyn. (...)“[71]
> „10. (...) Die Menschen schaffen sich immer mehrere und bessere Werkzeuge; sie lernen sich selbst einander immer mehr und besser als Werkzeuge gebrauchen. *Die physische Gewalt der Menschheit* nimmt also zu: der Ball des Fortzutreibenden wird größer; die Maschienen, die es forttreiben sollen, werden ausgearbeiteter, künstlicher, geschickter, feiner.
> 11. Denn die Natur des Menschen ist *Kunst*. Alles, wozu eine Anlage in seinem Daseyn ist, kann und muß mit der Zeit Kunst werden.“[72]
> „15. Hieraus entspringt ein *Wettkampf* menschlicher Kräfte, der immer *vermehrt* werden muß, je mehr die Sphäre des Erkenntnisses und der Uebung zunimmt. (...)“[73]
> „20. (...) Die Natur hat die Charaktere unseres Geschlechts so verschieden gemacht, als diese irgend nur seyn konnten: denn alles Innere soll in der Menschheit herausgekehrt, alle ihre Kräfte sollen entwickelt werden.“[74]
> „21. (...) [Alles muss] unter eine Regel gebracht werden.
> 22. Diese Regel ist *Vernunft*, bei Handlungen *Billigkeit und Güte*. Eine Vernunftlose, blinde Macht ist zuletzt immer eine ohnmächtige Macht; entweder zerstört sie sich selbst, oder muß am Ende dem Verstande dienen.“[75]
> „23. (...) Verstand und Güte sind die beiden Pole, um deren Achse sich die Kugel der Humanität beweget.“[76]

---

69 Ebd., S. 107.
70 S. 108.
71 S. 109f.
72 S. 111f.
73 S. 114.
74 S. 117f.
75 S. 118.
76 S. 119.

„26. Je unwilliger, hartnäckiger, träger das Menschengeschlecht ist, desto mehr thut es sich selbst Schaden; diesen Schaden muß es tragen, büßen und entgelten; desto später kommts zum Ziele."[77]
„32. Der Politik ist der Mensch ein *Mittel*; der Moral ist er *Zweck*. Beide Wissenschaften müssen Eins werden, oder sie sind schädlich wider einander. (...)"[78]
„33. (...) [Der Mensch muss] seine Kräfte zum Besten andrer gebrauchen lernen: so wirken die *verschiedenen Charaktere und Sinnesarten* zum Wohl des größeren Ganzen. (...)"[79]

***Herders Fazit:***

„(...) Laster, Fehler und Schwachheiten der Menschen stehen als Naturbegebenheiten unter Regeln, und sie sind oder sie können berechnet werden. Das ist mein Credo. **Speremus atque agamus**."[80]

## Conclusio

Transkulturalität stellt eine Position dar, die uneingeschränkt kompatibel mit einer „Pädagogik der Vielfalt" erscheint, wie sie von Annedore Prengel[81] gefordert wird.

Jegliche Pädagogik, die die Würde der Person als ethische Leitlinie vertritt, muss sich zwangsläufig auch mit der Frage nach dem Umgang mit Andersartigkeit und -sprachigkeit befassen. Jegliche monistische Sichtweise basiert auf einem Gewaltverhältnis gegenüber sich selbst, da Aspekte der eigenen Persönlichkeit, die die innere Einheit stören, abgespalten, verdrängt oder bekämpft werden müssen (Prengel spricht auch von innerer Heterogenität) und gegenüber allem, was andersartig oder fremd erscheint.

Wir müssen mehr um die Biografie des Anderen wissen, um ihn besser in seinem Verhalten zu verstehen. *Dieses biografische Arbeiten fängt schon in der Schule an, sollte gerade in den Schulen mit hohem Migrationsanteil Normalität sein.* Das Erlernen eines rational- und emotionsgesteuerten Umgangs mit dem Anderen, egal welcher Nationalität, beginnt mit einem begleitenden Umgang des Kindes in der Primärsozialisation und der Hinführung zum sozialen Handeln in der Gemeinschaft, unabhängig welcher Herkunft und Religion.

Transkulturalität sollte dabei aber nicht zu einem grenzenlosen Kulturrelativismus im Sinne eines Wertrelativismus führen, sondern zu einer gemeinsamen

77 S. 120.
78 S. 122f.
79 S. 123.
80 S. 126.
81 Prengel, A. (1993). Pädagogik der Vielfalt. Verschiedenheit und Gleichberechtigung in interkultureller, feministischer und integrativer Pädagogik. Opladen: Leske und Budrich.

Suche nach transkulturellen Werten und kritischen Auseinandersetzung mit den jeweils aktuell bestehenden gesellschaftlichen Verhältnissen führen.

Diese Auffassung von Transkulturalität entspricht auch den Untersuchungsergebnissen in einem Projekt des Friedenskreis Halle e.V.

> „Transkulturalität bezeichnet [...] den Umstand, dass eine Vielfalt von Kulturen in der heutigen Gesellschaft existieren [sic!] und alle heutigen Kulturen in einem positiven Sinn durch Mischung und Durchdringung gekennzeichnet sind. Anstelle eines auf interne Zugehörigkeit und externe Abgrenzung angelegten statischen Kulturbildes, meist ethnisch-national orientiert, tritt ein dynamisches, symbiotisches und sich stets veränderndes komplexes Geflecht an kulturellen Kontexten. Die scheinbar stabilen nahmslosen Kategorien von Eigen- und Fremdkultur sind somit überholt. An diese Stelle treten Identitätskonstruktionen und Handlungsorientierungen, welche aus konstanten Wechselspielen von individuellen und kollektiven Faktoren entspringen."[82]

Eine transkulturelle Perspektive kann somit durchaus zu einer kritischen Auseinandersetzung mit dem kapitalistischen Wirtschaftssystem und den darin etablierten Generationen-, Familien- und Geschlechterbildern führen, wie auch mit wettbewerbsorientiertem Leistungsgedanken, dem Bildungsbegriff und der Struktur des jeweils bestehenden Bildungswesens. Es ist zu prüfen, inwieweit das jeweilige Bildungssystem der *Bildung der Person zur Humanität und (Welt-) Gemeinschaft* als kulturelle Identität gerecht wird oder verkürzt gesellschaftlichen Zwecken dient, was eine global-hybride, in sich heterogene Vernetzung und nicht hybrid-homogene, in sich integrierte Separierung in sich abgekapselter Systeme (Nationalismen) impliziert.[83]

---

82 URL: https://www.friedenskreis-halle.de/attachments/article/136/TKK8.pdf, S. 10 (18.12.2018).

83 Vgl. Welsch, W. (1997). Transkulturalität. Zur veränderten Verfassung heutiger Kulturen. In: I. Schneider & Ch. W. Thomson (Hrsg.): Hybridkultur. Medien, Netze, Künste. Köln: Wienand, S. 67–90.

Christoph Wulf

# Bildung in Europa als interkulturelle Aufgabe
## Eine Fallstudie über Jugendlich und deren Erfahrungen von Alterität

**Abstract:** Education in Europe is a transcultural task. This perspective is demonstrated in an ethnographic study, whose central issue is the experience of German high school students in Paris. The article examines their experience of the foreign. The text describes and analyzes their experiences with the city of Paris, the French host family and the French school culture. This encounter with the foreign and with alterity is the most important contribution of student exchange to the education of young people. The basic educational experience is the discovery that almost everything we know can be understood and performed differently. This experience is the prerequisite for understanding the other and developing promising forms of cooperation. In addition, the experience of otherness offers the opportunity to better understand oneself and one's own subjectivity. Finally, the study examines an existential experience of the young people, an action of "Remembrance Stones" (Stolperstein-Aktion) in Berlin, in which some German and French young people made moving experiences of alterity.

**Zusammenfassung:** Bildung ist in Europa transkulturell. Diese Perspektive wird in der ethnographischen Studie entwickelt, deren zentrale Fragestellung sich der Erfahrung deutscher Jugendlicher in Paris widmet. Der Beitrag untersucht unterschiedliche Fremdheitserfahrungen der Jugendlichen. Der Text beschreibt und analysiert ihre Erfahrungen mit der Stadt Paris, der französischen Gastfamilie und der im Vergleich zur deutschen so unterschiedlichen französischen Schulkultur. In der Begegnung mit dem Fremden liegt der wichtigste Beitrag des Schüleraustauschs zur Bildung der Jugendlichen. Die grundlegende Bildungserfahrung besteht in der Erkenntnis, dass alles uns Vertraute auch anders verstanden und organisiert werden kann. Diese Erfahrung ist die Voraussetzung dafür, den Anderen zu verstehen und Formen der Kooperation zu entwickeln. Darüber hinaus bietet die Erfahrung der Alterität die Möglichkeit, sich selbst und die eigene Subjektivität besser zu begreifen. Abschließend untersucht der Text ein existentielles Erlebnis der Jugendlichen, die „Stolpersteinaktion" in Berlin, bei der einige deutsche und französische Jugendliche tiefgreifende Alteritätserfahrungen machen.

**Keywords:** Ethnographic study, French school culture experiences of alterity

## Einführung

Spätestens seit Goethes Italienreise ist auch einer größeren Öffentlichkeit bekannt, dass Reisen bildet. Daher muss eine demokratische Gesellschaft darum bemüht sein, die mit dem Reisen verbundenen Bildungserfahrungen möglichst vielen jungen Menschen zu ermöglichen. Viele Jugendliche haben heute die Möglichkeit, während ihrer Schulzeit an einer Klassenfahrt oder einem Jugendaustausch teilzunehmen. Neben den curricularen Zielen besteht eine Aufgabe dieser Reisen darin, kulturelle und soziale Lernprozesse zu ermöglichen und die Entwicklung des Miteinanderlebens zu fördern. Da Klassenreisen (Pflicht-) Veranstaltungen der Schule sind, werden stets Wege gefunden, auch Jugendlichen aus weniger wohlhabenden Familien die Teilnahme zu ermöglichen. Viele Jugendliche nehmen im Verlauf ihrer Schulzeit an mehreren Klassenfahrten teil, die in Deutschland zum festen Bestandteil schulischer Bildung gehören. Bei den Reisen im Rahmen des deutsch-französischen Jugendaustauschs kommen noch einige Faktoren hinzu, die ihren Ursprung in der Entstehung dieses Bildungsprogramms haben.

Dieser Jugendaustausch wurde durch die Gründung des Deutsch-Französischen Jugendwerks infolge des Elysée-Vertrags im Jahre 1963 ermöglicht. Ziel ist es, möglichst vielen deutschen und französischen Jugendlichen die Gelegenheit zu geben, Zeit im Nachbarland zu verbringen und Jugendliche des anderen Landes kennenzulernen. Damit soll ein Interesse füreinander geweckt und die Voraussetzung für ein wechselseitiges Kennenlernen, Verstehen und Kooperieren entwickelt werden. Durch eine gemeinsame deutsch-französische Jugendarbeit gilt es, die Voraussetzungen für ein friedliches Zusammenleben von Deutschen und Franzosen zu schaffen und die Voraussetzungen für weiterreichende politische, ökonomische soziale und kulturelle Entwicklungen in Europa zu schaffen. Der Jugendaustausch beruht auf dem entschiedenen politischen Willen, neue und bessere Formen des Zusammenlebens und der Kooperation zu schaffen. Dieser Wille führte im Verlauf der vergangenen 50 Jahre zum Austausch von mehr als acht Millionen Jugendlichen. Anfangs wurden dieser politische Wille und die mit ihm verbundenen Werte und Vorstellungen in der Jugendarbeit wiederholt deutlich artikuliert. Heute ist er eine selbstverständlich gewordene Grundlage der deutsch-französischen Jugendarbeit. Orientierte sich anfangs der Jugendaustausch an dem Anspruch, einen Beitrag zur „deutsch-französischen Freundschaft" zu leisten, so ist diese starke normative Ausrichtung heute einem „entspannten" Alltag und einem selbstverständlich gewordenen Zusammenleben gewichen. Der aus den Gründungsintentionen hervorgehende normative Druck, einander auf jeden Fall mögen und wertschätzen zu müssen, ist einem „normalen" Umgang der Jugendlichen miteinander gewichen, in dem Anerkennung und Wertschätzung, aber auch Abgrenzung und Kritik „gemischt" sind. Nach wie vor besteht der Anspruch, einander kennenzulernen, Gemeinsamkeiten und Unterschiede anzuerkennen und wertzuschätzen sowie Formen des Zusammenlebens und der Kooperation zu entwickeln.

In den Prozessen des Jugendaustauschs spielt die Begegnung mit dem Fremden eine zentrale Rolle. Sie soll bei den Berliner Schülerinnen und Schülern einer achten Klasse dazu beitragen, xenophobische Gefühle zu überwinden und in der interkulturellen Kooperation Chancen für eine gemeinsame europäische Zukunft zu sehen. Durch die fremde Sprache und die unterschiedlichen Gewohnheiten verkörpern die Jugendlichen des anderen Landes das Fremde, das unsicher macht und zu Erfahrungen von Alterität führt. Das Fremde der anderen Kultur wird in der urbanen Gestaltung, den historischen Bauten, den kulturellen Zeugnissen und Objekten des anderen Landes erfahren. Diese Erlebnisse lösen die Jugendlichen aus ihren vertrauten Lebensgewohnheiten heraus und konfrontieren sie zumindest für eine begrenzte Zeit mit neuen Lebensformen. Manchmal werden diese Prozesse als beunruhigend erlebt, manchmal als stimulierend; manchmal lassen sie Gefühle des Alleinseins, der Einsamkeit und des Heimwehs entstehen und führen zur Entdeckung neuer Dimensionen der eigenen Person, der Mitschüler und Mitschülerinnen.

Der folgende Beitrag beruht auf einer im Rahmen des Deutsch-Französischen Jugendwerks durchgeführten mehrjährigen Studie, in deren Rahmen drei deutsche und drei französische Forscher und Forscherinnen mithilfe ethnografischer Methoden die einwöchigen Fremdheits- und Alteritätserfahrungen der etwa dreißig 14-jährigen Schülerinnen und Schüler rekonstruieren (Wulf et al. 2018).

Unter den zahlreichen Erfahrungen des Fremden, die die deutschen Austauschschüler, deren Erlebnisse der folgende Artikel fokussiert, während ihres einwöchigen Aufenthalts in Paris haben, sind drei einschneidend: das Erlebnis der *Stadt Paris mit ihren Baudenkmälern*, die *Andersartigkeit der französischen Schule* und die *Alterität des französischen Austauschpartners und seiner Familie*. In allen drei Fällen werden die kulturelle Diversität und der Unterschied zwischen Paris und Berlin intensiv erlebt. Während es im Hinblick auf die Stadt Paris und das französische Schulsystem bei allen deutschen Jugendlichen ähnliche Erfahrungen und Einschätzungen gibt, divergieren die Fremdheitserfahrungen mit den Austauschpartnern und ihren Familien. Dementsprechend sind auch die Urteile der deutschen Austauschschüler über ihre „Familie" unterschiedlich. Nach einer Darstellung der konkreten Alteritätserfahrungen der Jugendlichen in den drei Untersuchungsfeldern „Stadt", „Familie", Schule, in deren Rahmen auch die Jugendlichen zu Wort kommen, folgt die Rekonstruktion einiger wichtiger Organisationsformen und Prozesse interkulturellen Lernens bim Jugendaustausch.

## Paris: Mythos, Realität und Erfahrung

Aus dem von allen Berliner Jugendlichen erstellten Reisetagebücher wird die Struktur des intensiven Paris-Aufenthalts zwischen dem 16. Und 24. Oktober deutlich. Jeder Tag umfasst intensive Besichtigungen der Sehenswürdigkeiten der Stadt und der französischen Kultur:

- einen Besuch der *Île de la Cité* mit *Notre-Dame* und der *Île Saint-Louis* am ersten Tag;
- einen Besuch des *Tour d'Eiffel* und einen freien Nachmittag am zweiten Tag;
- am Vormittag des dritten Tages wird die Partnerschule intensiv besucht; am Nachmittag folgt eine Besichtigung des *Centre Pompidou* und des *Forum des Halles*;
- am Vormittag des folgenden Tages werden der *Louvre* besichtigt und ein Essen in der Kantine der Schule eingenommen. Am Nachmittag werden Gruppen zu je drei deutschen und drei französischen Jugendlichen gebildet, die eine „Rally-Montmartre" machen;

- der Sonnabend und Sonntag werden in den französischen Familien verbracht;
- am Montag erfolgt ein Besuch der *Tuileries*, der *Place de la Concorde*, der *Champs-Elysées* und des *Arc de Triomphe* mit anschließendem Picknick; am Nachmittag nehmen alle deutschen und alle französischen Jugendlichen an einer Bootsfahrt auf der Seine teil.
- am nächsten Vormittag geht es statt in die wegen Reparaturen geschlossenen Katakomben an die *Place DenfertRochereau* und zu *La Défense* mit der Möglichkeit zu shoppen; am Nachmittag folgen ein Interview in Gruppen und ein Spaziergang durch den *Marais* und den *Quartier Latin*;
- am letzten Tag wird die *Place de la Bastille* besucht; sodann schaut man sich die Orte und Personen an, die im deutschen Französischlehrbuch erwähnt werden. Am Nachmittag geht es zurück nach Berlin.

Das in den meisten Fällen etwa 80 bis 90 Seiten umfassende Reisetagebuch der deutschen Schülerinnen und Schüler ist auf Französisch geschrieben und enthält mehrere Teile. Diese sind vorgegeben; es beginnt mit einer Begrüßung, einem Inhaltsverzeichnis, eine Aussage zur Reise, zu Frankreich, zum Weg nach Paris, zur französischen Familie, zur Austauschpartnerin oder zum Austauschpartner. Das Reisetagebuch wird fortgeführt mit Äußerungen über das Einkaufen, das Essen, die französische Schule, den Aufenthalt in Paris, die Besichtigung der Sehenswürdigkeiten, die französischen Jugendlichen und ihre Hobbys, neue beim Austausch gelernte Vokabeln einschließlich neuer Lieblingsausdrücke und Ausdrücke aus der Sprache der Jugendlichen und wichtige Adressen; es endet mit einem Schlusswort. Diese Strukturhilfe unterstützt die Schüler und Schülerinnen dabei, detaillierte Berichte über ihre Reise zu verfassen. Die Reisetagebücher umfassen nicht nur Beschreibungen, Berichte von Erlebnissen, sondern auch zahlreiche, zum Teil in ästhetischer Hinsicht gelungene Fotos. Sie verbinden sachliche Beschreibungen mit persönlichen Äußerungen, aus denen hervorgeht, wie die Jugendlichen ihre Austauscherfahrungen verarbeiten. Diese Reisetagebücher sind Zeugnisse der interkulturellen Erfahrungen bei diesem Austausch. Der Schwerpunkt liegt auf der subjektiven Verarbeitung der mit dem Austausch verbundenen Erlebnisse.

Eine Schülerin schreibt zum Beispiel, sie sei schon zweimal in Paris gewesen; die jetzige Reise mit den anderen Jugendlichen zusammen habe ihr sehr gut gefallen. In ihr Reisetagebuch nimmt sie ein Foto ihrer französischen Partnerin auf und erwähnt deren jüngeren Bruder sowie den Wohnort der Familie; Hobbys wie Tennis, Klavierspielen und Malen werden als Charakteristika ihrer Austauschpartnerin angegeben. Es folgt eine kurze Beschreibung Frankreichs im Hinblick auf die Größe des Landes und die Bevölkerungszahl. Sodann wird der Flug von Berlin nach Paris beschrieben. Ausführlicher wird die französische Familie vorgestellt. Sie wohnt im 20. Bezirk; die Mutter ist Französin und sehr sympathisch, der Vater ist Deutscher; auch er ist sehr nett. Der kleine Bruder ist ebenfalls sehr sympathisch und erinnert die Austauschschülerin an ihren eigenen Bruder. Ausführlicher wird die Austauschschülerin vorgestellt; sie ist 13 Jahre alt, liest gerne und hört gerne Musik. Beim Einkaufen wird bemerkt, dass der Einkauf von Früchten und Lebensmittel in Paris teurer als in Berlin ist. Die Preise im Supermarkt seien nur ein wenig, die in den kleinen Läden jedoch erheblich höher. Ein Schüler belegt seine Behauptung, dass das Leben in Paris wesentlich teurer sei, mit Kopien von Kassenbelegen.

Die Berliner Jugendlichen sind von Paris sehr angetan. Sie machen Vergleiche mit Berlin und stellen fest: Paris sei viel schöner; es sei eine Stadt mit vielen historischen Sehenswürdigkeiten. In Berlin sei alles im Krieg zerstört und die Stadt sei neu aufgebaut worden. Die Begegnung mit der Stadt Paris und ihrer Kultur spielt für alle eine zentrale Rolle. Es sind die Sehenswürdigkeiten, in denen sich die französische Kultur ausdrückt, die von den Jugendlichen wahrgenommen und inkorporiert werden. Solche Dinge stellen materialisierte Kultur und zum Objekt gewordenes Leben dar. Sie werden von den Jugendlichen intensiv erlebt. Die Geschichten, die im Zusammenhang mit den Sehenswürdigkeiten erzählt werden, tragen dazu bei, die kulturellen Manifestationen lebendig zu machen und in der Erinnerung zu verankern. Nach ihren Erfahrungen gefragt, antworten alle Jugendlichen, dass der besondere Charakter der Stadt, der sie deutlich von ihrer Heimatstadt Berlin unterscheidet, für die Erfahrungen während ihres Aufenthalts von zentraler Bedeutung ist. Da sind Gebäude, die mehrere hundert Jahre alt sind und die zudem noch eine hohe ästhetische Qualität haben, was es in Berlin kaum gibt. Auf der Île de la Cité sehen die Jugendlichen die klerikale Welt des Mittelalters, die geräumigen Wohnungen des Großbürgertums und die Seine, die für die französische Identität eine zentrale Bedeutung haben. Ähnliches vollzieht sich angesichts des Eiffelturms und der mit ihm inszenierten Selbstfeier der Moderne.

Die hier skizzierten Erlebnisse der Jugendlichen machen deutlich, wie wichtig Erfahrungen der Materialität einer fremden Kultur sind. Dabei kommt es zu einer Kopräsenz zwischen den Jugendlichen und der in Gegenständen und Objekten sowie Bräuchen und Gewohnheiten zum Ausdruck kommenden fremden Kultur. Mimetische Prozesse der Anähnlichung sind die Folge (Gebauer/Wulf 1998; Wulf 2005, 2010b). Die Bedeutung der Materialität einer Kultur für Bildungsprozesse ist in den letzten Jahren in den Wissenschaften wiederentdeckt worden.

Dazu gehören die zentrale Rolle des Körpers (Kamper/Wulf 1982; Benthien/Wulf 2001) und der Sinne (Kamper/Wulf 1984; Michaels/Wulf 2014) sowie die „performative Wendung" in den Kultur- und Erziehungswissenschaften (Wulf/Göhlich/Zirfas 2001; Wulf/Zirfas 2007). Wichtige, diese Entwicklung beeinflussende Vorläufer waren Merleau-Ponty (1994) und Meyer-Drawe (1996, 1999) sowie die Technik- und Wissenschaftsforschung von Autoren wie Knorr-Cetina (2002). Darüber hinaus entdeckte auch die Akteur-Netzwerk-Theorie die Bedeutung der Materialität der Dinge (Latour 1998). Latour versuchte mit seinem Programm einer „symmetrischen Anthropologie" die strikte Trennung zwischen Mensch und Ding, zwischen Subjekt und Objekt aufzuheben, „um stattdessen den Verknüpfungen zwischen unterschiedlichen menschlichen und nicht-menschlichen ‚Agenten' bzw. ‚Aktanten' nachzugehen, die sich zu ‚Hybrid-Akteuren' verbinden (z. B. Jugendliche mit ihrem Handy)" (Nohl/Wulf 2013, S. 5). In dieser Perspektive ist jedes Ding, das eine Situation verändert, ein Akteur. Die Dinge werden unter der Perspektive gesehen, dass sie „handeln“ und als Dinge ganz spezifische Wirkungen auf Menschen haben. Dies ist ein schwacher Handlungsbegriff, in dem die Intentionalität des menschlichen Handelns kaum berücksichtigt wird. So gesehen vollziehen die Kunstwerke des Louvre in ihren ästhetischen Wirkungen „Handlungen“ mit den ihn besuchenden Jugendlichen. Gleiches gilt für die Kathedrale Notre-Dame, die mit ihrer Architektur seit Jahrhunderten sakrale Wirkungen auf Menschen ausübt. Noch deutlicher gehen solche „Handlungen“ in Form von Wirkungen von den „Hybrid-Akteuren“ aus, den Computern, den Handys und den Kameras, die die Jugendlichen heute faszinieren und die auch bei der Verarbeitung der Pariser Erfahrungen der Jugendlichen eine wichtige Rolle spielen. Die Gruppeninterviews, die Reisetagebücher und die Videoaufzeichnungen der Forscher enthalten viele Beispiele für diese Prozesse, in denen die Dinge, oft vermittelt durch die Hybrid-Akteure, „handelnd“ auf die Jugendlichen Einfluss nehmen.

Bezogen auf den Besuch der deutschen Jugendlichen in Paris folgt daraus: Die Besichtigung zentraler Bauten und Werke einer Kultur – wie Notre-Dame oder den Louvre mit seinen Kunstwerken – führt dazu, dass diese Werke in das Imaginäre der Jugendlichen aufgenommen werden. Die in diesen Werken erfolgte Objektivierung der fremden Kultur wird Teil des Imaginären der Jugendlichen. Dadurch kann es zu einer mimetischen Aneignung der fremden Kultur kommen, die zur Erweiterung der Vorstellungswelt der Jugendlichen beiträgt. In einer mimetischen „Anähnlichung“ kommt es in einem kreativen Nachahmungs- und Assimilierungsakt zu einer individuellen Aneignung der Jugendlichen. Diese mimetische Aneignung der kulturellen Werke schafft ein Verständnis der französischen Kultur und erweitert das Kultur- und Weltverständnis der Jugendlichen. Wenn die besichtigten Werke wie im Fall von Notre-Dame zum Weltkulturerbe gehören, kann dieser Prozess auch zur allmählichen Entwicklung einer europäischen Identität beitragen.

Die Bildungswirkungen sinnlicher Erfahrungen mit großen Werken der Kultur sind weder durch Texte und Bilder noch durch die Verwendung der Neuen Medien ersetzbar (Kontopodis/Varvantakis/Wulf 2017). Die unmittelbare individuelle Begegnung mit den Objektivationen einer Kultur ist durch nichts ersetzbar. Im Rahmen eines Jugendaustauschs in Europa kommt es darauf an, den Jugendlichen diese Erfahrungen zu ermöglichen, sie dabei jedoch nicht zu überfordern und ihnen die Gelegenheit einzuräumen, ihren Interessen nachzugehen. Werden Jugendliche überfordert, führt dies im Allgemeinen eher zu Widerstand und Ablehnung. Gut gemeinte Intentionen können dann in ihr Gegenteil umschlagen. Die Begegnung mit den großen Werken einer Kultur kann jedoch „fruchtbare Momente“ schaffen (Copei 1960), die sich in das Gedächtnis der Jugendlichen einprägen und ihnen an dieser Kultur Anteil geben.

## Austauschpartner und die anderen Familien

Im Unterschied zum Reisetagebuch, in dem die Auseinandersetzung mit dem offiziellen Austauschprogramm der Schule einen zentralen Platz einnimmt, finden wir in den Gruppendiskussionen, die wir mit den Berliner Jugendlichen geführt haben, viele Aussagen darüber, wie sie die französische Schule und ihre Gastfamilie erleben. Oft löst der Aufenthalt starke emotionale Reaktionen aus, die die Gesamteinschätzung der Reise bestimmen. Beim Aufenthalt in den französischen Familien ergeben sich große Bewertungsunterschiede, die im Wesentlichen daran gebunden sind, wie gut sich die deutschen Jugendlichen in der fremden Familie aufgenommen fühlen. In manchen Fällen sind sie begeistert, in anderen aufgrund fehlender Aufmerksamkeit ein wenig enttäuscht. Das Spektrum der Erfahrungen, die die Jugendlichen machen, ist weit gefächert.

Um den Jugendlichen die Möglichkeit zu geben, mithilfe des Internets rechtzeitig mit ihren Austauschpartnern und deren Familien zu kommunizieren, bemühen sich die den Austausch organisierenden Lehrerinnen schon früh darum, den Kontakt herzustellen. Aufgrund der langen Ferienzeiten in Frankreich gelang dies bei diesem Austausch nicht immer zufriedenstellend. Einige Jugendliche aus Berlin hatten den Eindruck, dass ihre französischen Austauschpartner zu diesem Zeitpunkt nicht mit gleicher Intensität die Kommunikation mit ihnen suchten. In den meisten Fällen gelang jedoch die Kontaktaufnahme, die von den deutschen Gastschülern als „beruhigend" empfunden wurde. Die meisten der deutschen Austauschjugendlichen waren mit ihren Eltern bereits im Ausland gewesen; auch hatten viele von ihnen bereits an Klassenfahrten teilgenommen, bei denen sie mit ihren Mitschülern einige Zeit fern von ihrer Familie verbrachten. Neu war diesmal jedoch für die meisten, dass sie ihren Aufenthalt allein und in einer bis dahin fremden französischen Familie verbringen und dabei tiefgreifende interkulturelle Erfahrungen machen. Im Hinblick auf diese Situation drücken einige Schülerinnen und Schüler ihre Unsicherheit aus. Sie wussten nicht, wie sich die französische Familie während ihres Aufenthalts in Paris verhalten würde. Einige sind beunruhigt, andere empfinden sogar ein wenig Angst, wieder andere fürchten Einsamkeit und Heimweh. Als es dann so weit war, berichten sie: „Ich habe halt geschrieben, wenn ich Heimweh hatte oder so" (R.). In den meisten Fällen vergeht das Heimweh, sobald sich die Jugendlichen ein wenig in der „Fremde" eingelebt haben.

Einige Austauschpartner in Paris sind wohlhabend oder sogar reich. Ein Grund liegt darin, dass die französische Schule eine Privatschule ist, für deren Besuch Schulgeld zu zahlen ist, das sich nicht alle Durchschnittsfamilien leisten können, selbst wenn viele Schülerinnen und Schüler Ermäßigungen erhalten. Insgesamt gibt es eine soziale Differenz zwischen den französischen und den deutschen Schülern, die im Allgemeinen weniger wohlhabend sind.

Die Jugendlichen sind sehr erleichtert, wenn die Mitglieder der französischen Familie freundlich auf sie zugehen und sie gastfreundlich aufnehmen. In den Fällen, in denen die französische Familie ein wenig zurückhaltend war, fühlten sich die Schülerinnen und Schüler beunruhigt. Ihre Unsicherheit wuchs, wenn sie das Gefühl hatten, nicht angemessen französisch sprechen zu können.

Als freundlich und zugewandt erleben die deutschen Jugendlichen es, wenn die Mitglieder der französischen Familie auf ihre begrenzte Sprachkompetenz Rücksicht nehmen. Selbst wenn die Eltern ihrer Austauschpartner sie auf Englisch ansprechen, wird dies als Rücksichtnahme und Wertschätzung erlebt. Wenn sie von den Eltern ihrer Austauschpartner auf Deutsch angesprochen werden, empfinden die Jugendlichen dies als eine freundliche Geste:

> „Und wir haben uns gleich richtig gut verstanden. Ja und dann als wir dann am Abend in die Familie gekommen sind, also die ganze Familie war auch total nett zu mir und so, und ich hab mich jetzt, ich hab mich gleich wohl gefühlt, also ich fand's schön" (B).

Immer wieder bemerkten die Jugendlichen aus Berlin Unterschiede zwischen ihrer französischen Gastfamilie und ihrer eigenen Familie. Viele finden das nach anfänglichen Schwierigkeiten des Eingewöhnens auch interessant:

> „Also ich denke, da, im Austausch geht's ja auch nicht darum, dass man halt nur so der Gast in einer Familie ist und behandelt wird. Also ich denke, es ist auch der Sinn vom Austausch, dass man sich da auch in die Familie hineinlebt, die Sachen mit denen macht. Auch da im Haus 'n bisschen hilft und dass man dann lernt, wie es halt so in anderen Familien zu sich geht. Weil Berlin ist ja gar nicht so weit entfernt, aber die Unterschiede, die sind ja teilweise schon so groß, dass es fast ein bisschen gruselig ist" (S.).

Viele Schülerinnen und Schüler betonten, die Eltern der Gastfamilie seien strenger als ihre eigenen. Die größere Strenge der französischen Eltern wurde besonders in dem Anspruch an die Jugendlichen wahrgenommen, den schulischen Leistungsanforderungen in Bezug auf die Schularbeiten zu genügen. Durch diese intensive Unterstützung schränken sie den Lebensraum ihrer Kinder eher ein, als dass sie ihn erweitern.

> „Und bei mir waren die total auf die Noten konzentriert irgendwie und haben gefragt. Ich glaub der Bruder hatte sogar Nachhilfe und ich denke, der hätte keine Nachhilfe gebraucht. Also die Mutter war auch Englischlehrerin, also die waren schon ziemlich konzentriert und haben mit denen auch gelernt und alles wiederholt und abgefragt die ganze Zeit. Und nach den Noten gefragt und war blöd. Und ich würde dis gar nicht aushalten" (A.).

Eine Jugendliche betonte die Souveränität ihrer Gasteltern gegenüber den Leistungsansprüchen der Schule. Diese Eltern ermutigten ihre Tochter, wenn ihre Leistungen nicht wie gewünscht ausfielen, und unterstützten sie im Hinblick auf spätere Situationen in der Schule.

> „Aber bei mir war das halt so, dass die total entspannt waren und dass eigentlich denen es voll egal war mit der Schule ... Na, beim nächsten Mal klappt's schon und so. Also dis war da nicht ganz so streng" (S.).

Einige Eltern verbieten den Jugendlichen am Abend fernzusehen und verlangen sogar von ihnen, die Handys abzugeben.

Deutlich bemerken die deutschen Jugendlichen, dass das Abendessen in den französischen Familien die Hauptmahlzeit ist, die in zeitlicher Hinsicht später als in Deutschland eingenommen wird und der in vielen Familien hohe Aufmerksamkeit zukommt.

> „Und dann, auch gegessen haben wir eigentlich ziemlich spät. Und das fand ich alles eigentlich ziemlich ungewohnt für mich, weil wir immer sehr früh zu Hause essen, aber, also das war für mich schon eine ziemliche Umstellung, aber ich fand es eigentlich auch mal ganz gut, das so 'n bisschen anders zu erleben" (S.). „Und deswegen essen die halt auch so spät. Also ich ess' bei mir eigentlich auch immer früher; und bei mir ist es halt so, dass ich mittags immer warm esse und dann halt abends nur 'n bisschen. Also ich esse grundsätzlich nicht so viel. Und dann hab ich halt abends auch immer, weil ich es so gewohnt war, auch wenig gegessen und dann haben sie sich immer gewundert, dachten, irgendwas ist mit mir los oder so, ich bin krank oder so, weil das halt für die ganz anders ist, weil meine Austauschschülerin hatte ganz viel richtig viel gegessen. Und ich hatte dann ganz wenig gegessen. Und das fanden sie halt dann natürlich ziemlich komisch. Weil sie es ja auch anders gewohnt sind" (L.).

Manche Jugendliche erzählen anerkennend und mit viel Freude, wie sehr sich die französischen Familien darum bemühten, ihnen am Wochenende eine schöne Zeit zu bieten. Zwei Gastschülerinnen berichteten von einem gemeinsamen Kino- bzw. Zirkus-Besuch. Für eine Jugendliche war es besonders gelungen, dass sich ihre Austauschpartnerin mit ihren Freundinnen und ihr traf, um gemeinsam Monopoly zu spielen.

> „Also meine Austauschschülerin hatte eine ziemlich gute Freundin und das war halt die Austauschschülerin von 'ner guten Freundin von mir. Und also sie und die Austauschschülerin waren sehr gut befreundet und wir waren sehr gut befreundet. Und es war dann ziemlich gut. Da waren wir zu viert, waren wir öfters, haben wir was gemacht. Also es gab ja diesen Mittwoch, da haben sie schon früher Schluss, und dann sind halt auch die beiden noch ... Und dann sind wir zu viert halt nach Hause gegangen und haben Monopoly gespielt" (G.).

Oder bezogen auf die Bedeutung des Wochenendes für den Prozess des Sich-Kennenlernens wird ausgeführt:

> „Das Wochenende, weil da ist man den ganzen Tag zusammen und da hat man richtig viel zusammen gemacht. Und das hat's wirklich. Dis hat wirklich viel gebracht, das Wochenende, dass man sich auch viel besser versteht" (V.). „Genau, dann lernt man sich erst mal richtig kennen und dann also bei mir war dies genauso. Danach ich versteh mich jetzt viel besser mit ihr [mit der Austauschpartnerin] als vor dem Wochenende. Und man hat kein Heimweh mehr" (S.). „Genau. Dis, dis bringt viel mehr. Und man kann viele Fotos zusammen machen" (S.).

## Die französische Schule

Bei der französischen Schule handelt es sich um eine katholische Privatschule, die auch zahlreiche jüdische und muslimische Schüler besuchen. Die 30 Schülerinnen und Schüler der französischen Austauschgruppe setzten sich aus Jugendlichen aus sechs verschiedenen Klassen zusammen. Daher ist die Vertrautheit zwischen den Jugendlichen geringer als in der Berliner Gruppe, in der die Jugendlichen aus einer Klasse stammen. Bei den französischen Schülern sind einige, die Deutsch als Muttersprache haben, und mehrere, in deren Familie ein Elternteil deutsch ist. Diese Schüler und Schülerinnen sind in sprachlicher Hinsicht den anderen Jugendlichen überlegen. Diese Überlegenheit gab es nicht bei den Schülern, die Deutsch bzw. Französisch als erste Fremdsprache lernen.

Die Schüler bzw. Schülerinnen erleben die Differenz zwischen der in einem alten Schulgebäude untergebrachten innerstädtischen Schule in Paris und der neuen, großzügig gebauten Gesamtschule in Berlin. Sie verweisen darauf, dass, wo sich in Paris die Jugendlichen in engen Fachräumen drängen müssen, sie in Berlin mehrere Räume mit der Möglichkeit für Gruppenarbeit haben. Die Berliner Jugendlichen erleben ihre Schule in architektonischer Hinsicht als großzügig geplant und gut realisiert. Sie betonen, dass sie in der Schule viel mehr Freiheiten als ihre französischen Austauschpartner hätten.

Übereinstimmend artikulieren die deutschen Jugendlichen ihre Kritik an der Strenge und der fortwährenden Kontrolle, ja Überwachung in der französischen Schule (Beillerot/Wulf 2003).

> „Jeder Schüler hier auf der Schule muss ein Extraheft führen, weil hier müssen die Eltern alles extra erlauben. Es ist fast so, als ob sie trinken erlauben müssen. Also egal was ist, müssen die Eltern immer erlauben. Beim Ausflug müssen die nicht nur Unterschriften wie wir, dass wir mit zum Ausflug kommen dürfen, geben, sondern müssen auch noch sagen, was sie essen und trinken dürfen, und so was müssen die ganz viel hier machen ... Man darf hier nicht trinken. Man darf nicht sein Trinken in der Hand halten, während man über den Schulhof in die Klasse geht ... hier ist striktes Cola-Verbot an der Schule eigentlich. Bei uns ist es ja lockerer. Bei uns darf man zwar keinen Whisky und sowas trinken, aber bei uns darf man auch Cola trinken"(G.). „Aber die Kleiderordnung an der Schule ist streng" (R.).

Dies zeigt sich auch darin, dass sich mehr als zwei Drittel der französischen Jugendlichen vor dem Philharmonie-Besuch in Berlin umgezogen haben, wie eine der Lehrerinnen bemerkt. Insgesamt gelten die deutschen Schüler als lockerer. Von denen, die Deutsch als Muttersprache in der französischen Schule haben, die also wenigstens einen deutschen Elternteil haben, heißt es auch, dass sie sich „schlecht benehmen" und andere Umgangsformen, als die Franzosen hätten. Eine Lehrerin sagt: „Das ist schrecklich, weil sie so locker sind. Was machen die denn hier? Was ist denn da los? So redet man in Frankreich nicht, so benimmt man sich nicht." Diese Differenzerfahrung haben die deutschen Kinder nicht nur in der Schule, sondern auch in den französischen Familien.

> „Was hier aber auch noch streng ist, für Schüler. Hier wird man abends von der Polizei eingesammelt, wenn man sich abends draußen befindet als Schüler ... Mir wurde schon gesagt, normalerweise eigentlich ab 20:00 Uhr und an manchen Tagen sogar

> schon ab 19:00 Uhr in gefährlichen Teilen, wo wirklich sich abends die Gangs treffen ... Aber das finde ich eigentlich ziemlich brutal, wenn dann einfach die Polizei wirklich ankommt und einen erst aufs Revier mitnimmt, dann die Eltern die Kinder abholen müssen" (G.).

Auch wenn dieser Sachverhalt nur an wenigen Orten und lediglich für jüngere Kinder gilt, für G. ist er Ausdruck der Strenge, mit der die Schüler und Schülerinnen behandelt werden.

Die Berliner Jugendlichen beklagen sich wiederholt darüber, dass sie keine Möglichkeiten hatten, ihre Freizeit in Paris zu nutzen, da sie nichts alleine unternehmen durften. „Ja, wir mussten ja immer zusammenbleiben" (K.). „Ja, wir durften nicht auseinander" (E.). „Wir mussten immer zusammenbleiben. Die durften uns ja nicht alleine in Paris rumfahren lassen" (A.). Damit waren die Jugendlichen aus Berlin weitgehend an das offizielle Programm des Schüleraustauschs gebunden, in dessen Rahmen sie wichtige Sehenswürdigkeiten besuchten. Die Möglichkeit, ein anderes als das offizielle Paris kennenzulernen, war auf das Wochenende begrenzt, an dem einige Jugendliche von ihren Gastfamilien Angebote bekamen, andere Aspekte der Stadt kennenzulernen bzw. anderen Freizeitaktivitäten nachzugehen.

In einem in Berlin geführten Gruppengespräch bemerken die Schüler und Schülerinnen, dass es auch in der didaktischen Gestaltung des Unterrichts erhebliche Unterschiede gäbe. In der französischen Schule überwiegt der Frontalunterricht; in der deutschen gibt es häufig auch Gruppenarbeit mit der erforderlichen Binnendifferenzierung. Die Jugendlichen bemerken, dass der Unterricht in der französischen Schule viel stärker lehrerzentriert ist. Sie berichten davon, dass Lehrer oder Lehrerinnen etwas vorlesen oder vortragen und die Schüler die Aufgabe haben, mitzuschreiben und das Mitgeschriebene später auszuarbeiten. Sodann wird die Ausarbeitung von den Lehrerinnen und Lehrern kontrolliert und bewertet. Dabei – so einige deutsche Schüler – käme es sehr darauf an, das zu reproduzieren, was die Lehrerin ausgeführt hatte. Eigene Formen der Auseinandersetzung mit dem Thema seien wenig erwünscht.

Allen Jugendlichen fällt auf, dass in der französischen Schule viel mehr als in der deutschen Schule kontrolliert wird. Schon am Eingang gibt es eine Personenkontrolle, die sich im Unterricht fortsetzt. Der Unterricht wird durch zahlreiche Tests bestimmt, die kontinuierlich durchgeführt werden und die für die Leistungsbewertung eine zentrale Bedeutung haben. Auch bleiben die Schülerinnen und Schüler wesentlich länger in der Schule und haben darüber hinaus umfangreiche Hausarbeiten zu machen. Ihre Leistungen werden kontinuierlich überwacht. Nach Beobachtung der Schülerinnen und Schüler müssen ihre französischen Austauschpartner abends, wenn sie nach Hause gekommen sind, oft noch zwei Stunden Hausarbeiten machen. Diese Hausarbeiten greifen so stark in das Leben der Schülerinnen und Schüler ein, dass ihnen nach der Schule kaum Zeit für andere Aktivitäten bleibt. Die Berliner Schülerinnen und Schüler betonen, sie kämen täglich 2–3 Stunden früher nach Hause und hätten die Möglichkeit, ihren Hobbys nachzugehen. Besonders kritisiert wird der Umfang der Hausarbeiten während der Anwesenheit der deutschen Austauschpartner, der es unmöglich macht, dass sich die französischen um die deutschen Jugendlichen kümmern können. So müssen sie sich oft allein beschäftigen, während ihre französischen Austauschpartner ihre Schularbeiten erledigen. Erschwerend tritt noch hinzu, dass die Austausch-Jugendlichen aus sechs verschiedenen Klassen kämen, und in keiner dieser Klassen nähme man auf die Anwesenheit der deutschen Austauschpartner Rücksicht.

Zudem bemerken die Berliner Jugendlichen, dass das Verhältnis zwischen ihren französischen Austauschpartnern und deren Lehrern anders als bei ihnen sei. Sie betonen die größere Strenge und den größeren persönlichen Abstand der Lehrerinnen und Lehrer zu ihren Schülern und Schülerinnen.

> „Die Lehrer, die Lehrer dulden es häufig nicht, wenn man, wenn die Schüler ihnen widersprechen" (N.). „Und mir ist aufgefallen, dass die Lehrer eigentlich die ganze Zeit nur geredet haben, und am Ende der Stunde haben die Schüler Aufgaben dazubekommen, also in Mathe zumindest und sonst haben die Lehrer eigentlich die ganze Zeit geredet" (K.).

Dies führt – so einige deutsche Schüler – dazu, dass ihre französischen Austauschschüler weniger Freude am Lernen haben und sie deshalb, obwohl sie mehr Zeit aufbringen, weniger lernen. Sie hätten nur geringe Möglichkeiten, eigene Initiativen zu entwickeln und sich emotional beim Lernen zu engagieren.

> „Und ich glaub auch nicht, dass dieses ‚Zwiebeln' der Schüler immer so produktiv ist. Ich denke eher, dass was unsere Lehrer also unsere Lehrer für eine Struktur haben, die die ist doch viel, viel produktiver als dies hier vielleicht; wenn man Schüler dazu zwingt zu lernen, lernen sie nicht so gerne, lernen aber natürlich" (M.). „Vielleicht liegt es ja auch daran, dass wir mehr Freiheit haben und deswegen auch teilweise mehr freiwillig lernen, weil es uns teilweise manchmal sogar Spaß macht" (A.).

Einigen Schülern fiel zudem auf, dass Lehrerinnen und Lehrer nur selten Spaß machen oder lachen. Dennoch haben sie den Eindruck – und den teilen viele ihrer Austauschpartner –, dass die französischen Jugendlichen selbst in schulischer Hinsicht nicht mehr leisten als sie. Allerdings sei es recht schwierig, Leistungen zu vergleichen; die Systeme seien so unterschiedlich. Einige Jugendliche haben den Eindruck, dass sie Englisch viel besser sprechen können. Doch möglicherweise läge es auch daran, dass den deutschen Jugendlichen Englisch leichter falle. Auf jeden Fall finden sie ihre Schule zuhause besser. In ihr gibt es mehr Freiheit zur Gestaltung. Auch sind die Räume schöner und die Lehrerinnen und Lehrer zugänglicher.

Angesichts der in dieser Pariser Schule ausgeprägten Kontrolle der Schüler bemerken die deutschen Jugendlichen zwei sie überraschende Ausnahmen. Die Schüler rauchen sehr viel früher und sehr viel mehr und dies auch unmittelbar vor der Schule. Dies sei sicherlich auch verboten, doch würde es stärker toleriert.

> „Und ich finde es krass, dass – sorry – dass trotz (..) trotz der strengen Eltern so viele Schüler rauchen. Also man sieht das ja täglich hier vor der Schule; da stehen ja

> Massen von auch Jüngeren als wir, die schon rauchen, und das gibt es bei uns in Berlin eigentlich gar nicht“ (K.). „Das hängt mit der Altersbeschränkung zusammen, weil man kann auch hier, wir können zum Beispiel immer Bier kaufen in jedem Laden hier plus Zigaretten. Zigaretten eigentlich weniger, wurde mir gesagt, die werden unterm Ladentisch geschmuggelt“ (G.).

Auch gibt es keine Altersbeschränkung beim Kauf von elektronischen Spielen, sodass ihre französischen Austauschpartner mühelos „Ego-Shooter“ kaufen könnten.

> „Also nicht im Notfall, sondern ich würde gern zwei Jahre bleiben, weil es ein Vorteil ist, hier kriegen wir mit unserem Alter egal was für Spiele im Laden. Hier sind die Altersbeschränkungen nur Richtlinien. Hier können wir uns alles kaufen, was wir wollen. Das ist so schön. Dies sollte es mal in Deutschland geben“ (G.).

Die besuchte französische Schule ist wesentlich strenger; Beaufsichtigung, Kontrolle und Disziplinierung der Schüler und Schülerinnen stehen im Mittelpunkt schulischer Pädagogik; Schule und Elternhaus arbeiten bei der Kontrolle und Disziplinierung der Jugendlichen zusammen. Der Unterricht ist vorwiegend frontal und lehrerzentriert organisiert; der Lehrervortrag und das Vorlesen mit dem Auftrag mitzuschreiben und das Aufgeschriebene auszuarbeiten nehmen einen zentralen Ort in der schulischen Didaktik ein. Der Zwang zu umfangreichen Hausarbeiten ist ein wichtiger Bestandteil des französischen Schulwesens. Hausarbeiten nehmen einen so zentralen Platz ein, dass weniger Zeit für individuelle Interessen und Hobbys außerhalb der Schule bleibt. Das Verhältnis zwischen dem Lehrpersonal und den Jugendlichen ist distanzierter. Ein „gutes“ Benehmen spielt im Schulalltag eine wichtige Rolle. Aus dieser Perspektive benehmen sich die Jugendlichen mit deutschen Elternteilen weniger schulkonform. Die in der Schule, unterstützt vom Elternhaus, erfolgende Disziplinierung produziert auch Widerstände und andere Freiheiten, etwa dadurch, dass die Jugendlichen mehr und früher rauchen und einen einfachen Zugang zu gewalthaltigen Videospielen haben.

## Zentrale Organisationsformen und Prozesse des interkulturellen Lernens

Ging es bisher darum herauszuarbeiten, wie sich das interkulturelle Lernen von Jugendlichen in konkreten sozialen und kulturellen Prozessen in einer fremden Stadt, einer unbekannten Familie und einer anderen Schule vollzieht, sollen im Weiteren wichtige Organisationsformen und Prozesse skizziert werden, die für interkulturelles Lernen im Rahmen von Jugendaustausch wichtig sind.

## Rituale

Wie wir gesehen haben, sind Rituale für die didaktische Erzeugung interkulturellen Lernens von zentraler Bedeutung. Aus vielen Gründen sind sie daher ein fester

Bestandteil der Pädagogik (Wulf/Zirfas 2004b; Wulf/Zirfas 2014). Der zwischen beiden Schulen etablierte Jugendaustausch, in dessen Rahmen in jedem Jahr für jeweils eine Woche Berliner Jugendliche nach Paris und Pariser Jugendliche nach Berlin fahren, kann als ein viele Teilrituale umfassendes Ritual angesehen werden. Über viele Jahre hin sind es die gleichen Lehrerinnen, die den Jugendaustausch durchführen. Jeder Austausch zwischen den beiden Schulen umfasst die gleichen Strukturelemente. Dadurch können sich die Lehrerinnen jedes Mal auf bereits in den früheren Jahren etablierte Praktiken beziehen. Sie wissen z. B., wie Geld zu beantragen ist und wie sie in ihren Schulen den Austausch in jedem Jahr vorbereiten, durchführen und nachbereiten müssen. Dieses im Laufe der Jahre erworbene praktische Wissen reduziert für alle Beteiligten die Komplexität der Organisation. Trotz der strukturellen Kontinuität ist jeder Austausch auch ein neues Ereignis. Stets sind es andere Jugendliche mit anderen Voraussetzungen, Erwartungen und Verhaltensweisen. Der rituelle Charakter des Austauschs entsteht durch die Verbindung von alten und neuen Elementen. Zwischen den im Laufe der Jahre durchgeführten zahlreichen Austauschreisen gibt es daher Gemeinsamkeiten und Differenzen. Ihr ritueller Charakter weist darauf hin, dass diese schulischen Austauschfahrten nicht gleich, sondern lediglich ähnlich sind. Sie vollziehen sich nach einem Muster, das sie vorstrukturiert, jedoch in ausreichendem Maße Freiheit lässt, jede einzelne Reise zu variieren. In der Verbindung zwischen Strukturelementen, die in der Vergangenheit entwickelt wurden, und bei jeder Reise neu gestalteten Elementen entsteht der rituelle Charakter des Jugendaustauschs.

Der interkulturelle Jugendaustausch ist ein Ritual, in dessen Verlauf die Klassengemeinschaft und die Beziehung zwischen der deutschen und den französischen Austauschschülern intensiviert wird. Das soziale Lernen erfolgt in den zahlreichen rituellen, sich beim Jugendaustausch wiederholenden Handlungen. Die Entstehung von Gefühlen der Zugehörigkeit ist eine Folge der Rituale. Über den symbolischen und performativen Gehalt der rituellen Handlungen erzeugt und stabilisiert die Klassengemeinschaft ihre Identität. An deren Ausformung sind alle Schüler und Lehrerinnen, wenngleich in unterschiedlicher Intensität beteiligt. Rituale erzeugen Gefühle wechselseitigen Vertrauens und verwurzeln dieses in den Jugendlichen, deren Handlungen in der Folge voraussehbar werden. Die rituelle Rahmung schafft Ähnlichkeit zwischen den Praktiken der Jugendlichen. Den Rahmen sprengende Handlungen sind selten, auf deren Grundlage z. B. ein Jugendlicher wegen eines Verstoßes gegen die Regeln der Gemeinschaft für einige Zeit ausgeschlossen und sogar nach Hause geschickt wird. Durch die Rahmung „interkultureller deutsch-französischer Jugendaustausch" werden die Handlungen der Jugendlichen so aufeinander bezogen, dass sie einander „antworten" und dabei neue Praktiken hervorbringen. Die auf der „rituellen Bühne" institutionalisierte Klassengemeinschaft und die auf der „Hinterbühne" lebende informelle Klassengemeinschaft verfügen über ein kollektiv geteiltes symbolisches Wissen und über ritualisierte Interaktionsformen, in denen sie dieses Wissen aufführen und modifizieren. Die in jeder rituellen Aufführung wiederholte Inszenierung ist ein Weg der Selbstdarstellung, Sicherung und Transformation der Gemeinschaft. In diesem Prozess spielt die

Bearbeitung der Unterschiede zwischen den Lebenswelten „Paris“ bzw. „Berlin“ eine wichtige Rolle. Im Allgemeinen gehen die Jugendlichen mit den Differenzen zwischen ihnen so um, dass die Gemeinschaft nicht gefährdet wird, sondern dass der Umgang für die Gruppe produktiv ist. In der Regel geschieht dies durch die Inszenierung und Aufführung ritueller Arrangements. Insofern Rituale gemeinsame Handlungen sind, führen sie, damit die rituellen Handlungen gelingen, zu einer Bearbeitung von Differenzen. Die Spontaneität und der ludische Charakter der rituellen Handlungen bilden die Grenze ihrer Kalkulierbarkeit.

## Gemeinschaft

Durch die Inszenierung und Aufführung von Ritualen wird eine Gemeinschaft der Jugendlichen geschaffen, für die es zwar Vorbilder gibt, die aber in dieser Form an diesem Ort vorher nicht existierten. Unter Bezug auf früher entwickelte Muster schafft jede Inszenierung und Aufführung von Ritualen eine neue rituelle Wirklichkeit, eine neue rituelle Gemeinschaft. Diese Gemeinschaft kann mit den Jugendlichen, die das Ritual vollziehen, erstmalig entstehen. Es kann sich auch um eine Wiederholung handeln, durch die die Gemeinschaft der Jugendlichen bestätigt wird. Für die Bildung einer schulischen Gemeinschaft der Jugendlichen ist die Art und Weise, das *Wie* der Inszenierung und Aufführung des Rituals entscheidend. In der Inszenierung und im Stil der Aufführung stellt sich die Gemeinschaft dar und bringt etwas von sich zum Ausdruck, das anders nicht dargestellt werden kann. Daher ist die rituelle Inszenierung ein „Fenster“, das einen Blick in die Tiefenstruktur der interkulturellen Gemeinschaft der Jugendlichen und ihre Schulkultur ermöglicht. Die Inszenierung und Aufführung der Rituale macht etwas sichtbar, was bis dahin unsichtbar war. Dies geschieht in Form von Praktiken, die eine soziale Realität schaffen, die zum Teil davon unabhängig ist, wie sie gelesen und interpretiert wird. In der Inszenierung der Rituale erfolgt eine Bezugnahme auf vorausgegangene rituelle Aufführungen. In manchen Fällen ist sie eng, in anderen eher locker. Durch die Aufführung des Rituals stellt sie jedoch eine Kontinuität her, die für seine Wirkungen wichtig ist. Oft stabilisiert und legitimiert die historische Kontinuität die Ordnung der Gemeinschaft. Dazu vermittelt sie den Eindruck, als sei die im Ritual geschaffene soziale Situation schon immer so gewesen und daher „natürlich“. Dadurch wird die in Ritualen inhärente Machtverteilung und Hierarchie stillschweigend fortgeschrieben. Um dem entgegenzuwirken, bedarf es einer ideologiekritischen Ritualanalyse.

## Körperlichkeit

Wenn von der Inszenierung und Aufführung von Ritualen, von ihrer Performativität die Rede ist, dann impliziert dies eine Bezugnahme auf die Körper und die Körperbewegungen der Handelnden (Fischer-Lichte/Wulf 2001, 2004). Dabei ergeben sich viele Fragen wie z. B.: Wie inszenieren die Jugendlichen ihre Körper während der Schiffstour in Paris und in Berlin? Wie bewegen sie ihn allein, in kleinen

Gruppen? Welches *gender*-Verhalten lässt sich ausmachen? Welche Bedeutung hat das Fotografieren, welche die Selfies, allein und mit anderen? Wie werden diese Handlungen in gestischer Hinsicht inszeniert? Was erfahren wir aus ihrem Arrangement über die Gemeinschaft, die Peergroup, die einzelnen Jugendlichen und ihre Kultur? Wie wird mithilfe körperlicher Bewegungen und Praktiken der Raum des Fahrgastschiffes, des Flusses, der Stadt inkorporiert und welchem Rhythmus folgen die Bewegungen des Körpers? Welche Positionen nehmen die Körper der Jugendlichen ein? Wie stehen oder sitzen sie? Wie ist der Abstand zu deuten zwischen ihren Körpern, ihren Bewegungen und ihren wechselseitigen Annäherungen? Die Figurationen des Körpers sind symbolisch kodiert und vermitteln Bedeutungen. Bei den Gesten, die eine Sprache ohne Worte darstellen, ist eine Unterscheidung zwischen ikonischen und symbolischen Gesten möglich (Wulf/Fischer-Lichte 2010; Wulf/Althans u.a. 2011). Ikonische Gesten sind einfache „bildliche" Gesten, deren Bedeutung sich weitgehend unabhängig von einer historischen Zeit oder Kultur erschließen lässt. Zu solchen Gesten gehört die Größenangabe durch eine bloße Handbewegung. Anders verhält es sich mit den symbolischen Gesten, die je nach historischer Zeit und Kultur unterschiedliche Bedeutungen haben und für deren Verständnis genauere Kenntnisse der Zeit und der Kultur erforderlich sind (Benthien/Wulf 2001). In jedem Fall spielt die „Logik" des Körpers, seine Darstellung, sein Ausdruck bei der Aufführung von Ritualen eine wichtige Rolle (Wulf/Kamper 2002; Wulf 2010a). Bei der halbbewussten Wahrnehmung körperlicher Äußerungen, auf deren Grundlage die Atmosphäre ritueller Arrangements bei einer gemeinsamen Mahlzeit oder bei einem Museumsbesuch empfunden wird, ist dies besonders der Fall (Michaels/Wulf 2014).

## Hierarchie und Machtverhältnis

Bei der Inszenierung und Aufführung ritueller Arrangements während eines Jugendaustausches werden auch soziale Hierarchien und Machtverhältnisse sowie *gender*-Beziehungen inszeniert und szenisch aufgeführt. Die rituelle Wiederholung ist eine der wirksamsten sozialen Strategien, Machtverhältnisse zu begründen und zu verfestigen. Selbst die *gender*-Zugehörigkeit ist an rituelle Wiederholungen gebunden, die erst Identität in diesem Bereich herstellen (Butler 1990, 1995). Auch in den Alltagsritualen in der Schule bzw. während des Jugendaustauschs werden Machtfragen zwischen den Geschlechtern und – wo die Lehrerin ins Spiel kommt – auch zwischen den Generationen scheinbar beiläufig und deshalb umso wirksamer verhandelt. In rituellen Inszenierungen und Aufführungen werden oft mehrere für das Ritual wichtige Dimensionen gleichzeitig dargestellt und bearbeitet. Da von der Hierarchie zwischen den Jugendlichen die Kohärenz der Klassengemeinschaft abhängt, gehört deren Regelung zu den zentralen Anliegen ritueller Arrangements. Die Balancierung der Macht erfolgt unabhängig davon, ob mit ihr zusammenhängende Fragen angesprochen, beiläufig behandelt oder ausdrücklich bearbeitet werden.

## Raum, Zeit und Sequenzialität

Rituale sind an Raum und Zeit gebunden. In Raum und Zeit wird ihr historischer und kultureller Charakter erfahren. Verschiedene Räume nehmen in unterschiedlicher Weise Einfluss auf Struktur, Qualität und Stil der sich in ihnen vollziehenden Rituale. Bei einem liturgischen Ritual in Notre Dame ist dies offensichtlich. Rituelle Räume unterscheiden sich von physikalischen Räumen. Einerseits erzeugen rituelle Arrangements mithilfe von Körperbewegungen, Szenerien, symbolischen und indexikalischen Rahmungen den rituellen Charakter von Räumen. Andererseits schaffen rituelle Räume den rituellen Charakter der Praktiken, die sich in ihnen vollziehen; Rituale und Räume stehen in keinem Subjekt-Objekt- oder Ursache-Wirkungs-Verhältnis, sondern in einem Wechselverhältnis. Sowohl Rituale als auch Räume sind performativ. Für die Entstehung ritueller Handlungen spielt die Verschränkung realer, virtueller, symbolischer und imaginärer Dimensionen mit den körperlichen Bewegungen der Jugendlichen eine wichtige Rolle. Die Verschränkung realer, virtueller, symbolischer und imaginärer Räume mit körperlichen Bewegungspraktiken vollzieht sich in einem historisch-kulturell geformten Kontext. Die dabei entstehende Atmosphäre wirkt auf die Gestimmtheit der rituell handelnden Jugendlichen. Die mimetische Anähnlichung an den rituellen Raum hat Einfluss auf die Emotionen der Jugendlichen (Liebau/Miller-Kipp/Wulf 1999). Zwischen seinem Anfang und seinem Ende hat ein Ritual mehrere Sequenzen, in denen jeweils unterschiedliche Handlungen erwartet und vollzogen werden. Mit der Sequenzialität des Rituals ist die Regelhaftigkeit der rituellen Praktik verbunden. Die einzelnen rituellen Handlungen folgen einer Inszenierung bzw. Ordnung, die auch eine Zeitordnung ist. Mithilfe der verschiedenen Sequenzen eines Rituals werden Zeiträume geschaffen, die sich von der Gleichförmigkeit des alltäglichen Lebens unterscheiden (Bilstein/Miller-Kipp/Wulf 1999).

## Differenz und Alterität

In vielen Ritualen werden Differenz und Alterität bearbeitet. Von den Jugendlichen werden sie im Rahmen ihres interkulturellen Jugendaustauschs ebenfalls erfahren. Bei den gemeinsamen Mahlzeiten, Museumsbesuchen und Einkäufen werden Differenz und Alterität erlebt. In den multikulturellen Gesellschaften der Gegenwart sind gemeinsame rituelle Praktiken für den Umgang zwischen Menschen verschiedener Ethnien wichtig. Wenn sie gelingen, fördern sie die Annäherung an das Fremde und dadurch das Zusammenleben zwischen Menschen aus unterschiedlichen Ländern (Wulf 2016, 2010b, 2006a; Wulf/Merkel 2002; Wulf/Weigand 2011; Wulf/Suzuki et al. 2011). Differenzen erzeugen Grenzen und tragen zu ihrer Dynamisierung bei. Ohne Differenzen ist eine kulturelle Identitätsbildung nicht möglich. Durch die Inklusion und Exklusion z.B. in Ritualen werden Differenzen erzeugt. Bourdieu hat diesen Mechanismus der Differenzerzeugung am Beispiel von Einsetzungsritualen verdeutlicht. Besondere Bedeutung gewinnt die Kategorie der Differenz in der UNESCO-Konvention zum Schutz kultureller Diversität von 2005, in der kulturelle Differenz als ein universelles Menschenrecht angesehen wird, auf dessen Grundlage kulturelle Identitätsbildung möglich ist. In die gleiche Richtung verweist die Empfehlung des Europarats über den interkulturellen Dialog. In beiden Fällen spielt die durch diese Differenzierungen erzeugte Diversität eine zentrale Rolle dabei, wie mit Heterogenität und Alterität umgegangen wird (Wulf 2006b).

## Mimesis

Mimetische Prozesse spielen bei der Inszenierung und Aufführung von Ritualen und rituellen Arrangements und bei der Anähnlichung an fremde Lebensverhältnisse eine zentrale Rolle. Bei der Konstitution von Ritualen wirken sie erstens in einer *diachronischen* und zweitens in einer *synchronen* Bezugnahme. Die *diachrone* Bezugnahme stellt die Verbindung zu bereits inszenierten und aufgeführten Ritualen und rituellen Mustern her. Im Falle dieses Jugendaustauschs gibt es die Bezugnahme auf frühere Reisen und die in diesen entwickelten rituellen Muster. Der mimetische Bezug sichert die Ähnlichkeit zwischen den verschiedenen Austauschreisen. Da sich Rituale auf andere Rituale beziehen, die bereits stattgefunden haben, ist die historische Dimension eine wesentliche Bedingung von Ritualen. Indem rituelle Handlungen eine mimetische Bezugnahme auf frühere Rituale vollziehen, nehmen sie einen „Abdruck" früherer ritueller Muster und passen ihn in den aktuellen Kontext ein. Je nach den Erfordernissen kommt es in diesem Prozess zur Abwandlung der früheren rituellen Figurationen und Ausprägungen. Durch die Herstellung einer mimetischen Beziehung zwischen einer früheren Welt und der aktuellen Welt wird eine historische Kontinuität hergestellt, die das gegenwärtige rituelle Handeln begründet und legitimiert. Eine mimetische Bezugnahme bedeutet nicht, dass das Ritual ohne Veränderungen reproduziert wird. In der mimetischen Bezugnahme erfolgt eine „Anähnlichung", also die Wiederholung einer Handlung in ähnlicher Weise, die nicht möglich wäre, wenn es die vorausgegangene rituelle Praktik nicht gegeben hätte. Die mimetische Bezugnahme kann auch zu einer kritischen Abgrenzung gegenüber dem früheren rituellen Bezugspunkt führen, ohne dass dieser dadurch seinen Sinn und seine Bedeutung verloren hätte. In der mimetischen Bezugnahme werden rituelle Figurationen und Arrangements für das eigene Handeln aktualisiert und modifiziert. Es werden mimetische Konstellationen, Inszenierungen und Bewegungsformen angeeignet und dabei nach Notwendigkeit oder Gutdünken verändert. Bei der „Wiederholung" vorausgegangener Rituale entsteht keine Kopie dieser Rituale, wie sie eine Fotokopiermaschine herstellt. Vielmehr wird in der Wiederholung unter Verwendung mimetisch übernommener und assimilierter Muster etwas für alle Beteiligten Neues geschaffen, in dem die vorausgegangenen Muster dialektisch aufgehoben sind. Das in einem mimetischen Prozess aktualisierte Ritual enthält das alte Ritual in einer neuen Figuration (Wulf 2005, 2010a, 2010b, 2011, 2013, 2014).

Mimetische Prozesse spielen auch als synchrone Prozesse bei der Aufführung von Ritualen eine wichtige Rolle (Gebauer/Wulf 1992, 1998, 2003; Wulf 2005).

Dann beziehen sie sich auf die anderen Personen, die im Ritual gleichzeitig handeln. Die Jugendlichen nehmen zeitgleich und unmittelbar Bezug auf die Handlungen anderer Jugendlicher. Diese synchronen mimetischen Prozesse vollziehen sich mithilfe der Sinne, der Körperbewegungen und der Sprache. Ein rituelles Gesamtarrangement kommt nur zustande, wenn die Koordination und Feinabstimmung aller Handlungen gelingt. Eine Voraussetzung dafür schafft die Inszenierung. Entscheidend ist jedoch die Aufführung, in deren Rahmen die rituellen Handlungen miteinander abgestimmt werden. Um Stimmigkeit im rituellen Arrangement zu erreichen, ist eine wechselseitige mimetische Bezugnahme der rituellen Handlungen erforderlich. Gelingt sie, entsteht das „Fließen" der Energien zwischen den Ritualteilnehmern, das als verbindungsstiftend erlebt wird (Csíkszentmihályi 1996). Dieses Gefühl des Gelingens tritt ein, wenn jenseits rationaler Kontrolle ein mimetisch erzeugter Gleichklang entsteht, der sich zwischen den Körpern, Bewegungen und Gesten bildet.

Mit ihrer *diachronen* und *synchronen* Bezugnahme schaffen mimetische Prozesse praktisches Wissen (Wulf 2006b). Dieses ist für die Durchführung des rituellen Handelns notwendig. Es befähigt die Jugendlichen, kompetent in Ritualen zu handeln. In mimetischen Prozessen nehmen Jugendliche an rituellen Handlungen teil, die körperlich sind und selbst sowohl eigenständige Handlungen darstellen als auch ihrerseits bereits auf andere rituelle Akte oder Arrangements Bezug nehmen. In den mimetischen Prozessen erfolgt eine „Ausweitung" der sich mimetisch verhaltenden Personen auf eine rituelle Praxis hin. Diese Bezugnahme führt dazu, dass Anähnlichungen an die rituellen Handlungen erfolgen, bei denen die Körperlichkeit und der performative Charakter eine zentrale Rolle spielen. In diesen Prozessen werden rituelle Figurationen, Szenen, Ereignisfolgen, Bilder und Handlungsmuster inkorporiert, die auch in anderen Kontexten dazu dienen können, rituelle Praktiken zu gestalten. Im Jugendaustausch machen die Jugendlichen andere Erfahrungen als im alltäglichen Schulunterricht. Neue Formen praktischen Wissens werden erprobt und erworben. So lernen sie z. B., wie sie sich in fremden Familien verhalten können, wie sie mit Gefühlen des Alleinseins, der Einsamkeit und des Heimwehs umgehen; sie erwerben Handlungsmuster, die sie später in anderen Zusammenhängen anwenden können.

## Ausblick

Rituale verbinden Vergangenheit, Gegenwart und Zukunft. Sie erzeugen Kontinuität und sozialen Wandel. Sie bewahren nicht nur soziale Strukturen: Sie sind auch erforderlich, um gesellschaftliche und kulturelle Veränderungen durchzusetzen. Der interkulturelle deutsch-französische Jugendaustausch beinhaltet eine Reform traditioneller schulischer Bildung, die nur verwirklicht werden kann, wenn sie ritualisiert wird. Rituale sind nicht statisch, sondern dynamisch. In ihnen wird in mimetischen Prozessen ein praktisches Wissen erworben, das das traditionelle schulische Wissen ergänzt und um wichtige Dimensionen erweitert. Aufgrund der komplexen interkulturellen Erfahrungen sind solche Formen des Jugendaustauschs von zentraler Bedeutung für den Umgang mit Alterität, einer Grundbedingung europäischer Bildung heute.

## Literatur


Beillerot, J./Wulf, Ch. (Hg.) (2003): *Erziehungswissenschaftliche Zeitdiagnosen. Deutschland und Frankreich.* Münster: Waxmann.

Benthien, C./Wulf, Ch. (Hg.) (2001): *Körperteile. Eine kulturelle Anatomie.* Reinbek: Rowohlt.

Bilstein, J./Miller-Kipp, G./Wulf, Ch. (Hg.) (1999): *Transformationen der Zeit. Erziehungswissenschaftliche Forschungen zur Chronotopologie.* Weinheim: Beltz.

Bohnsack, R. (2001): *Die dokumentarische Methode und ihre Forschungspraxis. Grundlagen qualitativer Sozialforschung.* Opladen: Leske & Budrich.

Butler, J. (1990): *Gender Trouble. Feminism and the Subversion of Identity.* New York: Routledge.

Butler, J. (1995): *Körper von Gewicht. Zur diskursiven Konstruktion von Geschlecht.* Berlin: Berlin Verlag.

Copei, F. (1960): *Der fruchtbare Moment im Bildungsprozess.* 5. Aufl. Heidelberg: Quelle & Meyer.

Csíkszentmihályi, M. (1996): *Creativity: Flow and the Psychology of Discovery and Invention.* New York: Harper Perennial.

Fischer-Lichte, E/Wulf, Ch. (Hg.) (2001): Theorien des Performativen. *Paragrana. Internationale Zeitschrift für Historische Anthropologie* 10 (1). Berlin: Akademie.

Fischer-Lichte, E./Wulf, Ch. (Hg.) (2004): Praktiken des Performativen. *Paragrana. Internationale Zeitschrift für Historische Anthropologie* 13 (1). Berlin: Akademie.

Gebauer, G./Wulf, Ch. (1992): *Mimesis. Kunst, Kultur, Gesellschaft.* Reinbek: Rowohlt (2. Aufl. 1998).

Gebauer, G./Wulf, Ch. (Hg.) (1995): Aisthesis. *Paragrana. Internationale Zeitschrift für Historische Anthropologie* 4 (1). Berlin: Akademie.

Gebauer, G./Wulf, Ch. (1998): *Spiel, Ritual, Geste. Mimetisches Handeln in der sozialen Welt.* Reinbek: Rowohlt.

Gebauer, G./Wulf, Ch. (2003): *Mimetische Weltzugänge. Soziales Handeln – Rituale und Spiele – ästhetische Produktionen.* Stuttgart: Kohlhammer.

Hüppauf, B./Wulf, Ch. (Hg.) (2006): *Bild und Einbildungskraft.* München: Wilhelm Fink.

Kamper, D./Wulf, Ch. (Hg.) (1982): *Die Wiederkehr des Körpers.* Frankfurt/M.: Suhrkamp.

Kamper, D./Wulf, Ch.(Hg.) (1984): *Das Schwinden der Sinne.* Frankfurt/M.: Suhrkamp.

Knorr-Cetina, K. (2002): *Wissenskulturen.* Frankfurt/M.: Suhrkamp.

Kontopodis, M./Varvantakis, Ch./Wulf, Ch. (Hg.) (2017): *Global Youth in Digital Trajectories.* London u.a.: Routledge.

Kraus, A./Budde, J./Hietzge, M./Wulf, Ch. (Hg.) (2017): *Handbuch Schweigendes Wissen.* Weinheim/Basel: Juventa Beltz.

Latour, B. (1998): *Wir sind nie modern geworden. Versuche einer symmetrischen Anthropologie.* Frankfurt/M.: Suhrkamp.

Liebau, E./Miller-Kipp, G./Wulf, Ch. (Hg.) (1999): *Metamorphosen des Raumes. Erziehungswissenschaftliche Forschungen zur Chronotopologie.* Weinheim: Beltz.

Merleau-Ponty, M. (1994): *Das Sichtbare und das Unsichtbare.* München: Wilhelm Fink.

Meyer-Drawe, K. (1996): *Menschen im Spiegel ihrer Maschinen.* München: Wilhelm Fink.

Meyer-Drawe, K. (1999): Die Herausforderung durch die Dinge. Das Andere im Bildungsprozess. *Zeitschrift für Pädagogik* 45, S. 329–342.

Michaels, A./Wulf, Ch. (Hg.) (2012): *Emotions in Rituals and Performances.* London, New York, New Delhi: Routledge.

Michaels, A./Wulf, Ch.(Hg.) (2014): *Exploring the Senses.* London, New York, New Delhi: Routledge.

Nohl, A.-M./Wulf, Ch. (Hg.) (2013): *Zeitschrift für Erziehungswissenschaft.* Sonderband 25: Mensch und Ding. Die Materialität pädagogischer Prozesse.

Resina, J. R./Wulf, Ch. (Hg.) (2018): *Repetition, Recurrence, Returns* (in Vorbereitung).

Wulf, Ch. (2001): *Anthropologie der Erziehung.* Weinheim/Basel: Beltz.

Wulf, Ch. (2005): *Zur Genese des Sozialen. Mimesis, Performativität, Ritual.* Bielefeld: transcript.

Wulf, Ch. (2006a): *Anthropologie kultureller Vielfalt. Interkulturelle Bildung in Zeiten der Globalisierung.* Bielefeld: transcript.

Wulf, Ch. (2006b): Praxis. In: J. Kreinath/J. A. M. Snoek/M. Stausberg (Hg.): *Theorizing Rituals: Issues, Topics, Approaches, Concepts.* Leiden: Brill, S. 395–411.

Wulf, Ch. (2007): *Une anthropologie historique et culturelle. Rituels, mimésis sociale et performativité.* Paris: Téraèdre.

Wulf, Ch. (2008): Rituale im Grundschulalter: Performativität, Mimesis und Interkulturalität. *Zeitschrift für Erziehungswissenschaft* 11 (1), S. 67–83.

Wulf, Ch.(Hg.) (2010a): *Der Mensch und seine Kultur. Hundert Beiträge zur Geschichte, Gegenwart und Zukunft des menschlichen Lebens.* Köln: Anaconda (zuerst 1997 unter dem Titel „Vom Menschen. Handbuch Historische Anthropologie“, Verlag Beltz).

Wulf, Ch. (Hg.) (2010b): Kontaktzonen. Dynamik und Performativität kultureller Kontaktzonen. *Paragrana. Internationale Zeitschrift für Historische Anthropologie* 19 (2). Berlin: Akademie.

Wulf, Ch. (2010c): Innerstädtische Schulen als Kontaktzonen und Orte transkultureller Begegnungen. *Paragrana. Internationale Zeitschrift für Historische Anthropologie* 19 (2), S. 167–178. Berlin: Akademie.

Wulf, Ch. (2011): Performativity and Dynamics of Intangible Cultural Heritage. In: Christiane Brosius/Karin Polit (Hg.), *Ritual, Heritage and Identity. The Politics of Culture and Performance in a Globalized World.* London: Routledge, S. 76–89.

Wulf, Ch. (2013): *Das Rätsel des Humanen.* München: Wilhelm Fink.

Wulf, Ch. (2014): *Bilder des Menschen. Imaginäre und performative Grundlagen der Kultur.* Bielefeld: transcript.

Wulf, Ch. (Hg.) (2016): *Exploring Alterity in a Globalized World.* London, New York, New Delhi: Routledge.

Wulf, Ch./Althans, B./Audehm, K./Bausch, C./Jörissen, B./Göhlich, M./Sting, S./Tervooren, A./Wagner-Willi, M./Zirfas, J. (2001): *Das Soziale als Ritual. Zur performativen Bedeutung von Gemeinschaft.* Opladen: Leske & Budrich.

Wulf, Ch./Althans, B./Audehm, K./Bausch, C./Jörissen, B./Göhlich, M./Mattig, R./Tervooren, A./Wagner-Willi, M./Zirfas, J. (2004): *Bildung im Ritual. Schule, Familie, Jugend, Medien.* Wiesbaden: Verlag für Sozialwissenschaften.

Wulf, Ch./Althans, B./Audehm, K./Blaschke, G./Ferrin, N./Jörissen, B./Göhlich, M./Mattig, R./Schinkel, S./Tervooren, A./Wagner-Willi, M./Zirfas, J. (2007): *Lernkulturen im Umbruch. Rituelle Praktiken in Schule, Medien, Familie und Jugend.* Wiesbaden: Verlag für Sozialwissenschaften.

Wulf, Ch./Althans, B./Audehm, K./Blaschke, G./Ferrin, N./Kellermann, I./Mattig, R./Schinkel, S. (2011): *Die Geste in Erziehung, Bildung und Sozialisation. Ethnographische Feldstudien.* Wiesbaden: Verlag für Sozialwissenschaften.

Wulf, Ch./Brougère, G./Colin, L./Délory-Momberger, Ch./Kellermann, I./Lichau, K. (2018): *Begegnung mit dem Anderen. Orte, Körper und Sinne im Schüleraustausch*: Münster: Waxmann.

Wulf, Ch./Fischer-Lichte, E. (Hg.) (2010): *Gesten – Inszenierung, Aufführung, Praxis.* Paderborn: Fink.

Wulf, Ch./Göhlich, M./Zirfas, J. (2001): *Grundlagen des Performativen. Eine Einführung in die Zusammenhänge von Sprache, Macht und Handeln.* Weinheim/München: Juventa.

Wulf, Ch./Kamper, D. (Hg.) (2002): *Logik und Leidenschaft. Erträge Historischer Anthropologie.* Berlin: Reimer.

Wulf, Ch./Merkel, Ch. (Hg.) (2002): *Globalisierung als Herausforderung der Erziehung. Theorien, Grundlagen, Fallstudien.* Münster u.a.: Waxmann.

Wulf, Ch./Suzuki, S./Zirfas, J./Kellermann, I./Inoue, Y./Ono, F./Takenaka, N. (2011): *Das Glück der Familie. Ethnographische Studien in Deutschland und Japan*. Wiesbaden: Verlag für Sozialwissenschaften.

Wulf, Ch./Weigand, G. (2011): *Der Mensch in der globalisierten Welt. Anthropologische Reflexionen zum Verständnis unserer Zeit. Christoph Wulf im Gespräch mit Gabriele Weigand*. Münster: Waxmann.

Wulf, Ch./Zirfas, J. (Hg.) (2004a): *Die Kultur des Rituals. Inszenierungen. Praktiken. Symbole*. München: Wilhelm Fink.

Wulf, Ch./Zirfas, J. (Hg.) (2004b): Innovation und Ritual. Jugend, Geschlecht und Schule. *Zeitschrift für Erziehungswissenschaft*, 2. Beiheft. Wiesbaden: Verlag für Sozialwissenschaften.

Wulf, Ch./Zirfas, J. (Hg.) (2007): *Pädagogik des Performativen. Theorien, Methoden, Perspektiven*. Weinheim/Basel: Beltz.

Wulf, Ch./Zirfas, J. (Hg.) (2014): *Handbuch Pädagogische Anthropologie*. Wiesbaden: Springer Verlag Sozialwissenschaften.

Havva Engin

# Transkulturelle Pädagogik als Bildungs- und Erziehungsmodell migrationsbedingt diverser Gesellschaften

**Abstract:** Over the past few decades and as a result of immigration, globalization and increasing multimedia development, Western European Countries have become culturally and linguistically differentiated.

The differentiation in cultural and linguistic dimensions is very strong among the youngest populations; in many German cities, half of children under the age of six have a migrant background.

The cultural and linguistic diversity of society is most evident in Germany's educational institutions – starting from kindergarten. For most migrant children it is normal to grow up with different cultural and multilingual backgrounds.

The article examines the question of which educational policy and pedagogical consequences the social changes have on the German educational institutions.

The article proposes the transcultural concept as an educational model for practice. The concept of transcultural pedagogy is based on the transcultural concept of Wolfgang Welsch, who claims that human cultural history has always been transcultural.

Based on the basic understanding of transcultural pedagogy, the article formulates goals for educational context and how to work with culturally and linguistically diverse learning groups.

**Keywords:** Immigration, globalization, cultural and linguistic diversity, transcultural pedagogy

## Einführung

In den letzten Jahrzehnten haben sich insbesondere die westeuropäischen Länder im Zuge von Einwanderung, Europäisierung und Globalisierung sowie fortschreitender multimedialer Vernetzung kulturell und sprachlich stark ausdifferenziert. Die Zahlen des Mikrozensus 2016 zeigen für Deutschland, dass mittlerweile jeder fünfte Einwohner einen sogenannten Migrationshintergrund hat (vgl. Destatis 2017). Als Ergebnis dieser Entwicklung trifft für über ein Viertel der Bevölkerung unter 25 Jahren „Zuschreibungsmuster" wie ‚Migrant', ‚Menschen mit Einwanderungshintergrund', ‚Menschen mit Fluchterfahrung', ‚aus binationalem Elternhaus', ‚Deutsch-Türke' u.ä. zu, die den Versuch darstellen, diese Personengruppe mit ihren ‚Bindestrich-Identitäten' zu beschreiben.

Am stärksten fortgeschritten ist die kulturelle und sprachliche Ausdifferenzierung innerhalb der jüngsten Bevölkerungsgruppen: Bereits jetzt hat in vielen deutschen Großstädten die Hälfte der Kinder unter sechs Jahren einen Migrationshintergrund (vgl. KMK Bildungsbericht 2016). Statistiken belegen, dass in den alten

Bundesländern die städtischen Ballungsregionen einen mehr als doppelt so hohen Zuwandereranteil aufweisen wie die ländlichen Regionen (vgl. Destatis 2017). Damit ist Multiethnizität zu einem konstituierenden Element moderner Stadtgesellschaften geworden (vgl. Bergmann/Römhild 2003), wo der kulturelle Austausch offen, heterogen und spannungsvoll bleibt (vgl. Yildiz 2011:10).

## Bildungsinstitutionen als Abbild migrationsbedingt gesellschaftlicher Pluralität

Die kulturelle und sprachliche Ausdifferenzierung der Gesellschaft zeigt sich am stärksten in Deutschlands Bildungsinstitutionen – angefangen mit dem Kindergarten.

Schülerbefragungen an Grundschulen in verschiedenen Bundesländern offenbarten, dass an diesen mehr als ein Dutzend Herkunftssprachen gesprochen werden (vgl. Fürstenau u.a. 2003; Baur u.a. 2004; Ahrenholz/Maak 2013). Die Ergebnisse decken sich mit den Angaben des KMK-Berichts „Bildung in Deutschland" 2016 sowie des Mikrozensus, die zeigen, dass in Deutschland neben Millionen einheimischen Kindern auch eine große Zahl an Kindern mit unterschiedlichsten Migrationskontexten aufwächst. Dabei bilden die nachwachsenden Generationen der ehemaligen „Gastarbeiter", d.h. Kinder mit türkischem, ex-jugoslawischem, italienischem, griechischem und spanischem Migrationshintergrund zahlenmäßig weiterhin die größte Gruppe, doch auch die Zahl von Kindern mit Spätaussiedlerhintergrund und von Kindern mit Fluchtbiografie ist bedeutend und darf nicht vergessen werden.

Für die meisten Kinder mit Migrationshintergrund kann davon ausgegangen werden, dass sie in verschiedenen kulturellen Umgebungen und mehrsprachig aufwachsen, die schulischen Fremdsprachen nicht mitgezählt. Für sie stellt die kulturelle und sprachliche Pluralität die Normalität dar. Die vom Deutschen Jugendinstitut (DJI) durchgeführte Befragung von Kindern im Alter von 5 bis 10 Jahren in verschiedenen deutschen Großstädten zeigte, dass diese den Sprachenwechsel als etwas völlig Normales ansehen und bewusst und willentlich verschiedene Sprachen in unterschiedlichen Lebens- und Bildungskontexten verwenden (vgl. DJI 2000). Daher lösen bei diesen Kindern Fragen danach, in welcher Sprache sie sich heimisch fühlen, nicht selten Befremden aus.

## Kulturell diverse Gesellschaft – Pädagogische Herausforderungen

Welche bildungspolitischen und pädagogischen Konsequenzen haben die geschilderten gesellschaftlichen Umwälzungen für die Bildungsinstitutionen? Fakt ist, dass sie nicht in der Form weiter wirken können wie bisher. Da bundesweit mehr als ein Drittel der Kinder und Jugendlichen, die in Deutschland aufwachsen, einen Migrationshintergrund haben und angesichts des gesellschaftlichen Wandels in den vergangenen Dekaden und den abzusehenden Transformationen in den kommenden Jahren, erscheint die schnellstmögliche Implementierung pädagogischer Konzepte zum Umgang mit kultureller und sprachlicher Vielfalt überfällig. Es werden dringend pädagogische Modelle benötigt, welche die gesellschaftliche und schulische Pluralität aus einer zeitgemäßen Perspektive bewerten und innovative didaktisch-curriculare Zugänge umsetzen. Der Ansatz der transkulturellen Pädagogik hat das Potenzial, ein entsprechendes Angebot darzustellen.

Dem Verständnis der transkulturellen Pädagogik liegt das Transkulturalitätskonzept von Wolfgang Welsch zugrunde, der nicht nur heutige Gesellschaften als kulturell divers und miteinander verwoben beschreibt, sondern nachweist, dass die Kulturgeschichte bzw. die Geschichte der menschlichen Vergemeinschaftung eine grundlegend transkulturelle gewesen ist (vgl. Welsch 1994; 1995;2009).

Welsch argumentiert in seinen Schriften, dass Gesellschaften, ihre Bedeutungssysteme, Werte und Codes einem kontinuierlichen Veränderungsprozess ausgesetzt waren und daher aus disparaten Kulturen und ethnischen Gruppen bestehen; Hybridität sei zu ihrem wichtigsten Kennzeichen geworden.

Seiner Ansicht nach sind Grenzziehungen zwischen Kulturen künstlich, das Bild einer ‚reinen Kultur' entspricht nicht der Menschheitsgeschichte, Konstanten sind und waren immer der Austausch von Waren, Religionen, Traditionen und Sprachen. Welsch spricht sich dafür aus, für die Beschreibung gesellschaftlich kultureller Diversität dem Aspekt der „geteilten Lebenswirklichkeit" zentralen Raum einzuräumen und nicht eine Ausdifferenzierung nach Ethnie, Kultur, Sprache etc. vorzunehmen, da diese von außen definierte Beschreibungskategorien darstellten.

Stattdessen hätten Personen ihre Identität und Persönlichkeit selbst zu bestimmen und sich innerhalb des gesellschaftlichen Systems zu platzieren. Im Zentrum der transkulturellen Pädagogik stehen daher die Betrachtung individueller Lebenskontexte und die Frage nach Sozialisationsbedingungen und Teilhabe-Chancen.

Für schulisch-unterrichtliche Kontexte bedeutet dies, als Erklärungsfolie schulischen Gelingens bzw. Misslingens nicht allein den ethnischen, kulturellen Hintergrund auszuwählen, sondern die aktuellen Sozialisationsbedingungen sowie Lebens- und Erfahrungskontexte eines jeden Kindes in den Blick zu nehmen und damit Diversität per se nicht als Defizit, sondern als mögliche Ressource für die Gesamtgesellschaft zu bewerten.

Wird die Welsch'sche Transkulturalitätskonzeption in Richtung eines pädagogischen Modells weitergedacht, werden folgende Fragestellungen relevant:

- Mit welchen pädagogischen und didaktischen Angeboten können Begabungen und Potenziale der Schüler – unabhängig ihrer sozialer Herkunft – erkannt werden?
- Wie sind Schule und Unterricht auszugestalten, um alle Schüler entsprechend ihrer Bedarfe und Begabungen zu fördern?
- Mithilfe welcher Angebote können nachteilige Ausgangsbedingungen in Schule und Unterricht aufgefangen werden?

Für das schulisch-unterrichtliche Handeln bedeutet die Beantwortung dieser Fragen nicht weniger als die Absage an eine „Gleichbehandlung des Ungleichen“ und stattdessen die Fokussierung auf individuelle Lernausgangslagen.

## Transkulturelle Pädagogik – Operationalisierung in der Praxis

Ausgehend vom Grundverständnis der transkulturellen Pädagogik sind für schulisch-unterrichtliche Kontexte folgende zentralen Ziele von Relevanz:

### Schulische Ebene

Der transkulturelle Pädagogikansatz nimmt die unterschiedlichen kulturellen, sprachlichen und religiösen Ausgangslagen der Schüler wahr und bindet diese als Ressource in das schulische Lernen ein. Er fokussiert auf die Sozialisationsbedingungen sowie Lebens- und Erfahrungskontexte eines jeden Schülers und stellt Instrumente pädagogischer Diagnostik zur Verfügung, mit dem Ziel der Erkennung von Stärken und der Reduzierung von Schwächen.

### Räumlich-unterrichtsorganisatorische Ebene

Zu den Zielen der transkulturellen Pädagogik gehört, dass sich die kulturelle und sprachliche Vielfalt der Schülerschaft im Schulgebäude erkennbar abbildet. Projekte, welche die sprachliche und kulturelle Vielfalt und Vielschichtigkeit thematisieren, gehören zum pädagogischen Schulprogramm, ebenso wie die Möglichkeiten des Erwerbs von Migrationssprachen im Rahmen entsprechender Lernangebote.

Ebenso findet transkulturelles Lernen als Querschnittsthema in allen Fächern Berücksichtigung. Die Unterrichtsinhalte orientieren sich an der gelebten Lebenswirklichkeit der Schüler und werden an real bedeutsamen Themen exemplifiziert.

Schulleitung und Kollegium setzen sich zum Ziel, im Sinne einer Erziehungspartnerschaft alle Eltern in die schulisch-pädagogische Arbeit aktiv und partizipativ einzubeziehen. Darüber hinaus loten sie Möglichkeiten der Vernetzung und Zusammenarbeit mit außerschulischen Partnern aus und binden deren Expertise in das Schulgeschehen ein.

### Ebene der Lehrer-Kompetenzen

Auf der Ebene der Lehrerkompetenzen werden folgende Ziele gesetzt:

- Die Lehrkräfte besitzen differenziertes Wissen über die (migrationsbedingte) Heterogenität ihrer Schülerschaft und reflektieren über die Pluralität und Dynamik gesellschaftlicher Entwicklungen.
- Die Lehrkräfte verfügen über differenziertes Wissen hinsichtlich Globalisierungstrends und Migrationsströme national wie international, ebenso wie sie über Migrationserfahrungen in der Schülerschaft informiert sind.

- Die Lehrkräfte hinterfragen und reflektieren ihre eigenen „Kulturstandards“ und die ihrer Schülerschaft, um so eine multiperspektivische Zugangsweise zu erhalten.

Es kann festgehalten werden, dass der transkulturelle Pädagogikansatz für diversitätsgeprägte Bildungseinrichtungen die Chance bietet, gesellschaftliche wie individuelle Unterschiedlichkeiten als Ressource zu bewerten und daran anknüpfend, Differenzen und Konflikte per se nicht „Kulturen“ bzw. „Religionen“ anzulasten, sondern am konkreten Einzelfall zu reflektieren.

Gemäß den Zielen der transkulturellen Pädagogik erfolgt Lernen selbstreflexiv und in diskursiven Lehr- und Lernsettings. Die Schüler erfahren (auch) anhand ihrer Biografie, dass Einstellungen und (politische, kulturelle) Haltungen einem Prozess unterworfen und dadurch veränderbar sind, insofern „Wahrheiten“ sich immer auf eine bestimmte Interpretationsfolie beziehen.

## Zusammenfassung und Ausblick

Zusammenfassend ist festzuhalten, dass für das gelingende Zusammenleben von Menschen unterschiedlicher sprachlich-kultureller und religiöser Herkunft nicht nur das Wissen und die Kenntnis über den Anderen und die Tolerierung des Anderen ausreichend ist, sondern die Bildungsinstitutionen strukturelle Rahmenbedingungen und pädagogische Konzepte ermöglichen müssen, in deren Rahmen die Unterschiedlichkeit von Lebenskontexten und Sozialisationserfahrungen als Normalität thematisiert und in die pädagogische Arbeit eingebunden wird.

Die Bildungsverantwortlichen – auch in Deutschland – müssen endlich nachvollziehen, dass die zunehmende migrationsbedingte kulturelle und sprachliche Ausdifferenzierung der Schülerschaft nach neuen didaktischen Modellen verlangt, welche gesellschaftliche, schulische und individuelle Diversität im Sinne der Anknüpfung an vorhandene Bildungspotenziale versteht. Die pädagogische Antwort kann nur eine in transkultureller Perspektive gedachte sein.

## Literatur

Ahrenholz, B.; Maak, D. (2013): Zur Situation von SchülerInnen nicht-deutscher Herkunftssprache in Thüringen unter besonderer Berücksichtigung von Seiteneinsteigern. Abschlussbericht zum Projekt „Mehrsprachigkeit an Thüringer Schulen (MaTS)“, durchgeführt im Auftrage des TMBWK. URL: https://d-nb.info/1036246280/34 [04.05.2019].

Baur, R. S.; Chlosta, Ch.; Ostermann, Th.; Schroeder, Ch. (2005): „Was sprecht Ihr vornehmlich zu Hause?“ Zur Erhebung sprachbezogener Daten. In: URL: http//www.uni-due.de/unikate/ressourcen/grafiken/PDF's/EU_24/24_baur.pdf [06.01.2019].

Bergmann, S.; Römhild, R. (Hrsg.) (2003): Global Heimat. Ethnographische Recherchen im transnationalen Frankfurt. Frankfurt a.M.

Deutsches Jugendinstitut (2000): Wie Kinder multikulturellen Alltag erleben. Ergebnisse einer Kinderbefragung. München.

Engin, H. (2007): Schule und Migrantenkinder: Plädoyer für einen grundlegenden Perspektiv- und Politikwechsel. In: nah&fern. Kulturmagazin für Integration und Partizipation, H. 35, S. 22–25.

Engin, H.; Olsen, R. (2009): Transkulturelles Lernen im Deutschunterricht. In: Engin, H.; Olsen, R. (Hrsg.): Interkulturalität und Mehrsprachigkeit. Hohengehren, S. 1–19.

Fürstenau, S.; Gogolin, I.; Yağmur, K. (Hrsg.) (2003): Mehrsprachigkeit in Hamburg. Ergebnisse einer Sprachenerhebung an den Grundschulen in Hamburg. Münster u.a., S. 44–149.

Kultusministerkonferenz (2016): Bildung in Deutschland 2016. URL: http://www.bildungsbericht.de/de/nationaler-bildungsbericht [06.01.2019].

Statistisches Bundesamt (Destatis) (2017): Bevölkerung mit Migrationshintergrund – Ergebnisse des Mikrozensus 2016. URL: https://www.destatis.de/DE/Publikationen/Thematisch/Bevoelkerung/MigrationIntegration/Migrationshintergrund2010220167004.pdf?__blob=publicationFile [06.01.2019].

Welsch, W. (1994): Transkulturalität – die veränderte Verfassung heutiger Kulturen. In: Duve, F. (Hrsg.): Sichtweisen. Die Vielheit in der Einheit. Frankfurt, S. 84–122.

Welsch, W. (1995): Transkulturalität. Zur veränderten Verfaßtheit heutiger Kulturen. In: Zeitschrift für Kulturaustausch, H. 1, S. 39–44.

Welsch, W. (2009): Was ist eigentlich Transkulturalität? In: Darowska, L.; Lüttenberg, Th.; Machold, C. (Hrsg.): Hochschule als transkultureller Raum? Kultur, Bildung und Differenz in der Universität. Bielefeld, S. 39–66.

Yildiz, E.(2011): Zur sozialen Grammatik des urbanen Lebens in der globalisierten Welt am Beispiel migrantischer Lebensentwürfe. In: vhw FWS, H. 1, S. 9–12. URL: https://www.vhw.de/fileadmin/user_upload/08_publikationen/verbandszeitschrift/2000_2014/PDF_Dokumente/2011/FWS_1_2011/FWS_1_11_Yildiz.pdf [06.01.2019].

Anja Kraus

# A Pedagogy of Cultural Awareness
## A Phenomenological Approach to Knowledge and Learning

**Abstract:** The need to grasp constant personal change forms the core of pedagogy. During adolescence personality is in continuous development: the significance of life situations and environments constantly changes; experiences and background knowledge are featured in new discontinuous ways; and personal abilities, subjective motivations and learning goals alter noticeably. Personality development is shaped by the interaction with cultural difference. Cultural awareness not only concerns relating and comparing abstract contents of one's own cultural environment to other such environments, but foremost to understand oneself in foreign terms. Subjective and specific factors play a central role in this developmental process. The very task of pedagogy is to accompany, to grasp, and to bring about personal changes. How can pedagogical progress in terms of a personality development be understood as knowledge-based? This contribution argues against the positivistic view of knowledge and knowledge acquisition that currently predominates. Moreover, it argues that subjective and particular factors in pedagogy can be best understood as tacit knowledge. From this backdrop, it reframes some of pedagogy's conceptual references. In the interest of intellectual rigor, this reframing is achieved utilizing the body-phenomenological perspective on learning.

**Keywords:** Personality development, personal abilities, tacit knowledge

## Knowledge as Object of Analysis: Methodological Reflections

We usually speak of knowledge as both fixed, widely-accepted and attestable facts and information, and as awareness and familiarity gained by experience. In the English language, knowledge is also and equivalently understood as knowing: The gerund *knowing* means proving a hypothesis, perceiving and skilfully acting, gaining empirical evidence, performing skills and practices, applying methods, and getting insights by thinking. In the field of pedagogy, the terms *knowledge* and *knowing* are often used synonymously. In pedagogy, foremost the definition of knowledge through genesis is indicated. When it comes to adolescence, however, singularities, discontinuity, and opacity play a central role in the genesis of knowledge. Thus, evident factors and features, such as skills, methods and reflections, are accompanied by tacit dimensions. Let us go more deeply into this idea.

In the first place, knowledge is supposed to be obtained through systematic enquiry that begins with clear objectives and applies methodical procedures imposed by a competent investigator (e.g. a teacher or pupil). The explicitness of knowledge and knowing thus implies the well-defined distinction of subject and object, as well as a clear relationship between the two: A person *knows something*, or s/he *knows somebody*, and s/he *knows that s/he does so*. Such knowing – the result of identification – offers a form of security. Accordingly, the state of not knowing carries menacing implications and thus appears undesirable. *Not knowing* not only expresses a clear sign of insufficiency; it may also imply a problematic (normal) personal intellectual or psychological state. In teaching and learning, not knowing results in repressions and accusations. On the part of the learner, it can lead to escapism. Thus, it appears as a problem and as a personality attribution, and is viewed negatively in pedagogical contexts. At best, it implies chance and a going-to-be. – However, once upon a time Socrates considered wondering and admitting one's own ignorance to be the beginning of wisdom. To a certain degree, Socrates' wisdom also seems to be needed for dealing with the problems of adolescence such as the singularities and breaks, the discontinuity and opacity in the maturation process of a personality.

Max Horkheimer and Theodor W. Adorno (2002 [1947]) deliberate the explicitness of knowledge and knowing from a critical angle. They discuss the forced neediness of definite knowledge and the acceptance of reason as the primary source of social legitimacy and authority as the two fundamental ideas of the 18th century Enlightenment. Their point is that these fundamental ideas led to the repression and concealment of the state of not knowing; such concealment also counts for the tacit dimensions of a positivistic understanding of knowing and knowledge. According to Horkheimer and Adorno, exclusive legitimation by reason is accompanied by momentous irrational fear of the unknown; they write: "Humans believe themselves free of fear when there is no longer anything unknown. This has determined the path of demythologization." (ibid., 11) They describe how, by extinguishing the unknown, the world and nature become enlightened[1], i.e. rationalized; this counts not least for the nature within human beings: The shoving aside, exploitation, or destruction of the particular, the other, the different, establishes and justifies a clear order of domination, graspable as e.g. abstractly processed cultural contents. Horkheimer and Adorno (ibid., 8) predict that a society exclusively pursuing such an idea of progress concomitantly develops superstition; "[...] with every step enlightenment entangles itself more deeply in mythology." An example of such mythology is a collectively shared fetish, such as, e.g., a material object with only a speculative intrinsic value that is regarded with exaggerated reverence. Fetishes today are integral and well-promoted elements of the world of consumption, but not of education. However, the very personal experiences, feelings, and judgements, as well as the particularities of adolescence are represented neither by rationalization alone, nor by mythology. Instead, it is personal knowledge that is grounded in the specific experiences of familiarity, understanding, and recognition. Examples of such knowledge include: *mastering the finesse involved in successfully*

1 They refer back to the Enlightenment concept of social progress as source for the idea of reason as primary source of authority and legitimacy.

*navigating a contentious argument, understanding propositional beliefs in expected behavior, and mastering socially accepted joy or suffering.* Personal knowledge is situated knowledge, personal competence, tacit knowing and knowledge, know-how, or knowing-in-action, practical and, not least, understanding oneself in foreign cultural terms.

Let us at first focus on tacit knowledge. Harry Collins (2010) distinguishes between relational, somatic, and collective tacit knowledge. Thus, he describes the contingent features of knowledge relating to interpersonal interaction or attention, knowledge based on the physical properties and limitations of the human body, and knowledge that is located in a group of people. Tacit knowledge or knowing is neither generalizable, nor articulated and articulable. It is an integral part of the perceptions, skills, practices, methods, and thought processes that prove a hypothesis, or that put realities into effect, not least constituting awareness and familiarity. Tacit dimensions are unspoken, silent, corporal, spatial, material, barred or alienated features and factors which are not overcome by evidence and proof.- However, the concept of tacit knowledge also meets critique; for example, Kjeld Schmidt (2012, 163) rejects it, calling it, "[...] a conceptual muddle that mystifies the very concept of practical knowledge."

In short, just as knowledge should not be understood as an unalloyed positive, so, too, is it important to avoid the occult, insubstantial and unfounded aspects of particular, e.g. practical knowledge. The argumentation that follows offers a rigorous philosophical approach to knowledge based on the concepts of Bernhard Waldenfels and Käte Meyer-Drawe, both of whom draw upon Edmund Husserl's phenomenological approach.

## The Body-Phenomenological Approach to Knowledge

At first glance, the aforementioned neediness for knowledge seems to resemble the fundamental intention that Husserl (1960 [1929]) provides for phenomenology, i.e. its aim to "go back to the *things* themselves;" in German "zu den Sachen selbst zurückgehen." *Sache* in English is a thing, an object, item, an issue; however, in order set his sights on a *Sache,* Husserl does *not* choose positivistic knowledge as his central reference. On the contrary, he explicitly criticizes positivistic knowledge. Moreover, in order *to* "go back to the *things* themselves," he proposes to systematically put all prejudices, expectations and common everyday views into brackets. He calls this Epoché. By carrying out the Epoché, the arousal or genesis of a *Sache,* the phenomenon is supposed *to come into view.* The thing is a phenomenon (φαίνομαι, Ancient Greek: to appear). The central question of *what (the fact) is* (philosophically: what is truth, *the act-matter*), is replaced here by the question of *how (something) is* (how is truth, the act-quality). Husserl (ibid.) epistemologically distinguishes the things at which the consciousness is directed (the intended things) from the acts of consciousness (their phenomenality). A thing is what *comes into being, what comes into view.*

In the epistemological turn from the focus from *What?* to *How?*, Bernhard Waldenfels (1992) modifies Husserl's approach by pointing out that one does not arrive at the things themselves by mere abstinence of judging (i.e. Epoché). He reminds us that the constitution of a thing in one's perception is no explicit process, but that it takes place tacitly, unintentionally and en passant. A phenomenon is thus actualized as sensual effects under diverse distinct conditions, such as verbally inexpressible feelings or perceptions, subliminal notions. Waldenfels (ibid., 15) writes:

> "The object is not simply one and the same: It renders itself the same in the alternation between modes of being and of intention, in which it is viewed from close up or at a distance, seen from one angle or another; in which it is perceived, remembered, expected or fantasized about; in which it is judged, handled or striven for, in which its existence is claimed, proposed, doubted or negated."[2]

This means that when we first encounter things we do not perceive them rationally; instead we perceive them experientially, holistically and with all our senses. By contrast, this sort of experience plays a relatively minor role in school-based instruction, in which the learner is expected first and foremost to rationally acquire the content of schooling. Moreover, it is the circumstances or conditions of a thing's constitution *that make a thing into what it appears to be*; it is *being constituted as* something. Definition and a firm subject-object-relation are two constitution modes among many others. The expression *to be constituted as something* is a definition for a cultural phenomenon: we learn from a social context *how to perceive and understand* physical, immaterial, or social structures by relating and comparing abstract contents of one's own cultural environment to other such environments, as well as by understanding oneself in foreign terms.

From the body-phenomenological perspective, Waldenfels (1998) regards not Epoché, but rather the language games of difference (such as displacement, deformation, condensation, alienation, which identify something differently than before) as adequate approaches to understanding *how* something is perceived *as* something. The intentional base of our perception is then ciphered out as a heterogeneous field. The epistemological clue to this is that our perception is phenomenologically seen as a *perceiving as*. Correspondingly, a special act of consciousness is needed to make the arousal, becoming and genesis of something an object of our understanding. – To come back to the examples of *grasping the finesse involved in successfully navigating a contentious argument; understanding the propositional*

2 In German: „Der Gegenstand ist nicht einfach ein und derselbe, er erweist sich als derselbe im Wechsel von Gegebenheits- und Intentionsweisen, in denen er aus der Nähe oder aus der Ferne, von dieser oder von jener Seite erschaut, in denen er wahrgenommen, erinnert, erwartet oder phantasiert, in denen er beurteilt, behandelt oder erstrebt, in denen er als wirklich behauptet, als möglich oder zweifelhaft hingestellt oder negiert wird."

*beliefs in socially expected behavior; mastering socially accepted joy or suffering:* Said finesse, understanding and mastery can be realized as a *perceiving as* (*a contentious argument, socially expected behavior, socially accepted joy or suffering is perceived and interpreted as*... etc.). Knowledge about *how* a thing is constituted precedes explicit knowing and knowledge. It is situated, and it catches the turning into reality of a thing *in statu nascendi.*

As mentioned above, following up constant change and bringing that change about form the very core of pedagogy. The ways and conditions in which someone grows up, how s/he performs, acts, judges, learns, and matures are crucially interesting for pedagogy; and so are the possibilities to knowledgeably intervene with pedagogical intentions. According to Husserl (ibid.), we grasp the way an adolescent acts and judges by first putting our own knowledge into brackets and distancing ourselves from our expectations. Only then can we figure out the adolescent's *perceiving as,* in all its possible singularity, discontinuity, and opacity. Different perspectives can then be played through and explored in a performed and varied *perceiving as,* which can even be named. The variations of the perspectives and the modi of identification are of central importance for learning, as they allow for the possibility of gaining insight into *how something becomes true or valid.* As subjective and specific factors play a central role in a personality development, the very task of pedagogy to accompany, to grasp, and to bring about such changes can be figured out foremost as gaining insight into *how something becomes true or valid.*

Hereby, knowledge and insights are seen here as responses, as resonances, even as hypotheses that are dependent on diverse factors, including situational conditions such as the social interactions constituting and shaping them. In methodological terms this entails leaving aside unconditional objectivistic claims of truth and establishing a view that mainly gives thought to heterologies. Heterologies grasp another person in terms of discoursive orders of knowledge allowing for certain social identities, marginalizing others (de Certeau 1986). In didactic terms this perspective of cultural awareness helps by allowing insight into the diversity and heterogeneity of experiences and phenomena.

## The Body-Phenomenological Approach to Learning and the Pedagogy of Awareness

To give a didactic example of a practical phenomenological approach: a tree is not the same to a biologist, a forester, a gardener, or a child, because they each look differently at a tree, *regarding it as* a biological niche (biologist), as part of a wood (forester), as a basis for building a tree house (child). *How (something) is* for somebody, its act-quality, governs knowledge construction and acquisition. I have worked out this insight out elsewhere (most recently in Kraus 2016) as a basic idea for Didactics by explaining it as the core of the didactic principles *constituting corporality* and *performative play.* In doing so, I see *open* classroom situations, i.e. student-centered and -governed learning settings, in terms of the different modi of *staging knowledge* in order to gain insight into *how something becomes true, valid, or common sense.*

However, the present contribution is not about Didactics, but instead concerns learning from the phenomenological standpoint as an occurrence and cultural awareness *in statu nascendi.* Learning is always an individual process embedded in sociality and sociability. Seen from the body-phenomenological perspective it is a becoming and a heuristic grasping of something *in statu nascendi.* Käte Meyer-Drawe (2008) explains the experience of learning as an imperceptible, tacit phenomenon. As it arises spontaneously, it can be shaped only roughly, with reference to either its circumstances, or to its results. All learning is occurrence, even as its beginning is never obvious. We can only know the results or the subject of our learning in detail if we have learnt them. At the same time, we realize that we know more than we are able to express (Polanyi 1966, cited in Meyer-Drawe 2005, 190). In a learning process, the learner has to be able to attain distance from his/her prior knowledge; alien features invade familiar contexts. Thus, we do not merely gather or collect acknowledgements, insights and understandings, as if they were goods. From the body-phenomenological perspective, moreover, the contrary is true: as Meyer-Drawe (ibid., 31) writes, "Human learning starts with a rejection." Learning involves a great deal of not-yet, of ignorance, unfamiliarity, disruptions, chiasms, fissures and distance. – Perturbations, irritations and imbalances are inherent to all human experience as they are part of fundamental inner alienation. Meyer-Drawe (2008) relates this to the notion that we are befallen by our experiences. We encounter (or learn) something, in the first moment, just by being committed to the own learning, and without being able to do anything about it. Learning implies success in that the learner understands something, or performs a skill better than s/he did before. However, seen as a process, learning is a blind spot or contour in our experimental field, like a fissure inside each learning subject, which functions as a steady and inevitable clash and fault line. Thus, diverse conflicts inescapably arise within a person during the learning process. This leads me to the interpretation that the situation of learning is somewhat narcotic, necessarily including a distressing encounter with oneself. When we learn something in this encounter – all of a sudden and without traceable systematics – things make sense in a kind of archaic and persistent way, as if this sense had been there forever.

Nevertheless, because cultural awareness is not only an effect, but also a precondition for learning, it follows that learning has to be aspired to or desired in order to take place. Such willingness is intention, disposition, and a happening at the same time. On the one hand, to aspire to something, one must know the thing to which one aspires – or at least, one must have potential access to it. It is therefore available in some sense. In contrast to that, it is also the case that one has to be able to allow oneself to be surprised by the thing to which one aspires. If that were not necessary, one would already have it. Unlike things, events have an inchoate character which individuals have to accept (Meyer-Drawe 2005, 155). Our consciousness and explicit knowledge are neither the starting point, nor the center of our learning. Andreas Dörpinghaus (2003, 456) proposes a solution to this logical paradox:

> "A beginning without a beginning is possible as a response: the human being as responder is a mover who is moved."[3]

Waldenfels (1998, 44) describes responsivity as "[...] responding to that which stimulates and speaks to us."[4] Learning does not in the first instance mean reacting to the demands of others, but responding to diverse stimuli, including conditions and explanations, prior knowledge, and orders of knowledge. The concept of responsivity as mutual relationship therefore replaces the concept of intentionality as the unidirectional relation of a distinct subject to a defined object. In the mutual relationship of responsivity there is always "responsive difference" (ibid.), meaning that a given response will necessarily be unequal in quality to the appeal that preceded or instigated it. This difference is why manifold responses and perspectives are needed. The mutuality of responsivity means that the more knowledgeable perspectives unfold, the more responsivity is displayed.

Openness to pedagogical impulses and a willingness to respond is then our only conscious awareness of learning. The experiential rupture that takes place in learning, however, traverses this willingness. Willingness and clash are conflicting experiences; the multiple disruptions, chasms, fissures, perturbations, irritations, imbalances and the distance that are inherent to learning processes cannot be mastered through willingness alone.

Given that willingness indicates a subject-object relationship, willingness may in fact be supported by a pedagogical relationship: seen phenomenologically, every learning situation is fundamentally a social situation. Social interaction is based upon the individual agents, upon the qualities of their experiences, upon their actual moods and/or intentions, and, not least, upon their sociability. After all, learning requires individuals to be responsive, but fear of failure, fear of the unknown, and even superstitions can hinder individuals' responsivity even in cases where they seek to use rational structures to dissolve such fears. This in turn results in diminished sociability. For Waldenfels (1998), responsivity counts as an analytical term in order to grasp different approaches to sociality (and to the irrational fear of the unknown etc.). Responsivity is thus the central pedagogical concept allowing for the formulation of the aim and modi of pedagogy, as well as the main reference when analyzing knowledge forms.[5]

According to the phenomenological perspective, tacit knowing and knowledge is not a kind of fundus, but rather a steady associate or acquaintance, intermingling with all our endeavors in various ways. In this regard it is part of our successes, as

---

3 In German: „Ein Anfang ohne Anfang ist möglich als Antwort; der Mensch als Antwortender ist ein Beweger, der bewegt wird."

4 In German: „[...] Antworten auf das, was uns anregt und anspricht."

5 For further reading, see Nowak 2016, Woo 2007.

well as of our failures. It is not merely a guaranteed part of every learning process, but in fact the central part.

To define or describe such tacit dimensions of learning and knowledge empirically, we thus should take a close look at *how* something comes into play (in a certain situation), and how it turns into reality. Then we can ask which parts could be signified as *tacit*. Repression, suppression, displacement, non-observance, fading out, unexpected emergence, irrelevance or pettiness, contradictions and variations are some of the many terms that describe the evolutionary character of knowledge and learning. When we learn, we experience our inadequacy; this is what happens when a teacher observes a pupil engaged in study. The content might be inaccessible to the student – for example, s/he may be busy daydreaming, or may be underachieving, s/he may be experiencing loss, may be behaving insensitively, or be working through trial and error. On the other hand, Epoché, or abstinence from judgement, might free the teacher to recognize learning as a difficult, fragile and amazing achievement. However, from the body-phenomenological perspective, a systematic and broad *perceiving something as something* is the appropriate approach to knowledge, to learning and to the phenomena at hand. In this sense, pedagogy of cultural awareness including relating and comparing abstract contents of one's own cultural environment to other such environments, as well as understanding oneself in foreign terms, describes learning as a process. One can say that this describes pedagogy as such, always also dealing with learning as a process.

## References

Certeau, M. de (1986): *Heterologies: Discourse on the Other.* Transl. by L. Giard. Minneapolis, London: University of Minnesota Press.

Collins, H. (2010): *Tacit and Explicit Knowledge.* Chicago: University of Chicago Press.

Dörpinghaus, A. (2003): Zu einer Didaktik der Verzögerung. In: Schlüter, A. (ed.): *Aktuelles und Querliegendes zur Didaktik und Curriculumentwicklung. Festschrift für Werner Habel.* Bielefeld: Janus Presse, pp. 24–33.

Horkheimer, M.; Adorno, Th. W. (2002 [1947]): *Dialectic of Enlightenment.* United States of America: Leland Stanford Junior University.

Husserl, E. (1960 [1929]): *Cartesian Meditations: An Introduction to Phenomenology.* Transl. by D. Cairns. The Hague, Netherlands: Martinus Nijhoff Publishers.

Meyer-Drawe, K. (2005): Anfänge des Lernens. In: Benner, D. (ed.): *Zeitschrift für Pädagogik. Beiheft 49: Erziehung – Bildung – Negativität. Theoretische Annäherungen. Analysen zum Verhältnis von Macht und Negativität. Exemplarische Studien.* Weinheim, Basel: Beltz, pp. 24–37.

Meyer-Drawe, K. (2008): *Diskurse des Lernens.* München: Wilhelm Fink.

Nowak, E. (2016): *Responsivität und Werte: Empirische Studie zum ethisch-pädagogischen Potenzial bei Lehrpersonen zur Entwicklung einer responsiven Wertekompetenz.* Bad Heilbrunn: Verlag Julius Klinkhardt.

Polanyi, M. (1966): *The Tacit Dimension.* Chicago: University of Chicago Press.

Schmidt, K. (2012): The Trouble with "Tacit Knowledge". In: *Computer Supported Cooperative Work (CSCW).* Vol. 21, no. 2–3, pp. 163–225.

Waldenfels, B. (1992): *Einführung in die Phänomenologie.* München: Wilhelm Fink.

Waldenfels, B. (1998): *Grenzen der Normalisierung. Studien zur Phänomenologie des Fremden 2.* Frankfurt/Main: Suhrkamp.

Woo, J.-G. (2007): *Responsivität und Pädagogik.* Hamburg: Dr. Kovac.

Anja Kraus

# Transcultural Learning: Emphasizing and De-Emphasizing Difference as a Pedagogical Task

**Abstract:** In general, cultural integration and assimilation are demands made of migrants, to be achieved unconditionally with varying levels of social support. This is, in principle, a high educational aim. At times, some migrants are approvingly recognized for their (educational) achievement. More often than not, it is denied them. The concept of transculturalism goes beyond such social expectations, pointing out educational potential that is highly relevant for personality development and societies in transition. In this article we develop, or demarcate, a transcultural notion of education based on a scenario ofexile.

**Keywords:** Cultural integration and assimilation, concept of Transculturalism, transcultural notion of education.

## The Exile Experience

Hannah Arendt (1906–1975), a German-born Jew, lived in exile in the US from 1937 onward. Initially published in the US in 1943, the philosophical description of her experiences in exile, "We Refugees," begins with the following political statement: "In the first place, we don't like to be called refugees" (Arendt 1994, 110). She traces the attitude expressed here to the exclusive connotation the refugee's flight has with the consequences of punishment for breaking the law or radical political views. Other triggers of flight, as in the case of the Holocaust, are virtually ignored. She reported that transcending the bias of the majority culture with regard to flight, Jewish exiles were largely under the illusion of free choice and reacted by over-adapting to their adopted country: "Very few individuals have the strength to conserve their own integrity if their social, political and legal status is completely confused" (ibid., 116).

According to the quote, in the process of migrating the cultural script gets lost (Schank & Childers 1984). A cultural script allows individuals to fully meet sociocultural expectations in their relations to knowledge and action. It regulates which aims of actions are considered justified and which means of achieving said aims are found appropriate. It specifies which ways of dealing with subjects or feelings and which behavior in certain places, institutions, and toward persons are deemed appropriate, as well as how a social role is interpreted *properly*. As a rule, the largely habitual compliance with a cultural script reinforces one's sense of social belongingness and is thus stabilizing. In exile, such scripts become inaccessible. Arendt wrote: "We lost our home, which means familiarity of daily life. We lost our occupation, which means the confidence that we are of some use in this world.

We lost our language, which means the naturalness of reactions, the simplicity of gestures, the unaffected expression of feelings" (1994, 116). She was not writing about a simple specific loss, such as a job for which people could compensate by adapting to the new situation or assimilating. Rather, she described a fundamental loss of self and instability. Arendt adds to her observations: "Man is a social animal and life is not easy for him when social ties are cut off. Moral standards are much easier kept in the texture of a society" (ibid.). In situations of muddled social ties, moral standards are also lost. It stands to reason, she writes further, that migrants should accept the new situation and assimilate as quickly as possible, adapting themselves to a new cultural script. Yet this would exacerbate social imbalance even more. "And this curious behavior makes matters much worse" (ibid., 116). After all, while striving to meet the extensive demands of adaptation, their own initiative – today we would associate this with agency – and with it, their social engagement, would be used up: "The confusion in which we live is partly our own work. [...] Lacking the courage to fight for a change of our social and legal status, we have decided instead [...] to try a change of identity" (ibid.). For this reason, Arendt described taking on the presumed identity of choice as "vanishing" (ibid., 114). She viewed attempts at assimilation, even when outwardly perfected, as "[...] the vain attempt to keep the head above water. Behind this front of cheerfulness, they constantly struggle with despair of themselves. Finally, they die of a kind of selfishness" (ibid.).

The last statement, "They die of a kind of selfishness," can be interpreted variously. Couched in psychopathological terms, Heinz Kohut (1971) showed that crisis and trauma could induce a narcissistic personality disorder. Such a disorder entails a lack of empathy, self-overestimation, and heightened yearning for recognition. Kohut also describes narcissistic rage and a lust for power in personal relationships, professional contexts and politics that border on addiction. The condition can lead to violence. In addition to the personal drama, the descriptive scenario of identity loss resulting from mimicry harbors volatile social and civic dimensions in extreme cases, namely narcissistic disorder.

And the "vanishing" she described also transcends the level of the individual. After all, the agency and social engagement of those who, according to Arendt (1994), use themselves up quickly in the act of cultural integration rest on a society in transition. Recognition of diversity is not only a basic rule of any useful social practice it is also an ethical imperative. One's ethical signature does not only stem from fundamental constitutional rights or the obligations attached to signing the UN Universal Declaration of Human Rights. Rather, diversity is constitutive of societies in transition.

## Preserving Cultural Identity Amidst Societal Progress

Without outside impetus, it is virtually impossible to gain insight into one's own habitual cultural script. For this reason, natives do not necessarily question their expectation that cultural novices adapt themselves to blindly performed cultural patterns. Today, cultural integration and assimilation are unconditionally demanded of migrants across national borders and sometimes even affirmatively granted (e.g., Pokorny 2016). This puts societal or social pressure on people with migration backgrounds to adapt. Such internationally proclaimed and loudly publicized cultural–indeed, national–scripts largely overshadow the phenomena of transculturalism and its educational potential. The issue intensifies when following Wolfgang Welsch (1995): biological, territorial, historical-traditional, linguistic, moral, and political definitions of social belongingness are suggested in the concept of culture. According to them, steadfast belonging to the majority culture in the sense of habitual innateness would be considered adequate, while other cultural scripts would be deemed foreign and therefore, inadequate. Welsch views such an attitude as old fashioned; after all, "[...] [c]ultures in reality no longer have the assumed form of homogeneity and separateness" (Welsch ibid., 2). Culture must be thought beyond the categories of 'inherent' and 'foreign' " (Welsch ibid., 40). We shall return to this point.

Hannah Arendt (1994) advocated preserving one's old cultural identity even amid societal progress. Instead of striving for assimilation, she emphasized that all exiles represent cultural knowledge: "Refugees, driven from country to country represent their vanguard of their peoples–if they keep their identity" (ibid., 119). She attributes to refugees the special capacity to make their own cultural scripts–which they once followed self-evidently and without reflection–visible and conscious at least in part, thus contributing to understanding among peoples. For they demonstrate the daily intertwining and meshing of cultures in action beyond national or linguistic borders. And this is the precondition for developing transcultural competencies (Spindler 1974). The culturally confused references to knowledge and action of people in exile are what make educational potential visible–the following section contains a further analysis of this hypothesis. In the process, we will further examine the transcultural approach based on the question of how people's actions are demonstrative of cultural scripts.

## The Theory of Social Practices

The theory of social practices makes it possible to study transcultural knowledge as an integral element of practices. The approach differs from established action and decision-making theories as well as normative models ("rational choice" approaches), according to which subjects, given their subjective meanings and personal preferences, behave rationally and with the aim of utility maximization. Instead, in line with Pierre Bourdieu (1987) and Theodore R. Schatzki (2002), we assume that practices themselves engender an individual perspective on a social reality, based on which the actor must behave. They define culture as patterns of knowledge and thought that guide action, which are reproduced in interaction and communications, yet are mutable at the same time. According to this interpretation, cultural practices are "[...] guided by neither norms nor interests (as is 'action') but instead are based on knowledge" (Breidenstein 2006, 17). Cultural knowledge encompasses more than knowledge of culture; it is found in routine behavior, is embodied and inherent in material artifacts (ibid.). This means it can be read in judgments, actions, and objects. Here, everyday life is "[...] considered a bundle of interrelated, interwoven social practices that must be explored in their self-reinforcing tendencies and intrinsic functioning" (Breidenstein 2008, 207). Performative "practical understanding" is the preferred means of analyzing such "bundles" (Reckwitz 2003). "Practical understanding" is the same as "agreeing to understand" (ibid., 289), which is best expressed in the collectivity of behavior patterns. Assuming the applicability of the theory of social practices, transcultural learning and knowledge are not only treated as integral elements of practices, but also as modes of practical understanding.

Why shouldn't people in exile place their agency and social engagement in the operationalization of their transcultural knowledge? That would make their transcultural knowledge useful to society. In the following section, this basic concept will inform the pedagogical and scientific approaches for and in the name of diversity and plurality.

## Practices of Cultural Diversity and Transcultural Knowledge

Cultural diversity emerges in experiences of difference that have been lived through, reproduced, analyzed, and processed. Furthermore, absolutely all judgments and actions not previously specified are based on classifying and experiencing difference. For example, everyone cannot always focus on everything all the time. It is not possible for everyone to represent and practice "ownness" in the same way (see Geier 2011). Classifying and experiencing difference is a characteristic of all societies; society is determined by social belongingness and exclusion. Systems of difference give rise to the self-images and actions of collective and individual actors. The same applies to understanding foreignness. However, judgments, actions, and understanding foreignness are not only oriented toward systems of difference; they modify them as well. References are made to cultural diversity and plurality particularly when understanding is at issue – primarily in the political sense–or the respect and recognition of societal systems of difference.

Knowledge relevant to the majority culture is explicitly, implicitly, and performatively separated from the knowledge that is irrelevant to it (Geier & Mecheril 2017). Irrelevant knowledge is de-emphasized, suppressed, discriminated against, and marginalized, while cultural exclusions widely considered plausible are normalized, made visible, deemed valid, and reproduced. The explicit and implicit reproduction at work in emphasis via schism penetrates all areas of society. The consequence is hegemonic cultural structures. Transcultural knowledge is the mode of reference to hegemonic connections (see e.g., Spindler 1974; Göhlich & Zirfas 2011).

In a society in transition, also termed democracy, hegemonies are always imagined as only temporary. With reference to the illegitimacy of their exclusions, they can also be criticized and even ruptured. This can occur in a planned, controlled manner. Synchronically, however, within the mixture of knowledge applications, it is more often the case that hegemonic shifts occur as the result of a dispute over the respective predominance of a certain body of knowledge. The transcultural knowledge connected to systems of difference and its expression in practices therefore competes with other systems of knowledge.

But to a certain extent, transcultural knowledge has internal divisions. According to Welsch (ibid., 43) the concept of transcultural knowledge targets "[...] a complex and inclusive, not separatist and exclusive, understanding of culture. It would like to see a culture whose pragmatic performance consists of integration rather than exclusion. Encountering other forms of life never only involves differences but also connectivity. Such expansions that aim for the simultaneous recognition of different forms of identity within a society still constitute urgent tasks today." Hence, transcultural knowledge is knowledge about dealing with culture-specific differences in a sensitive, humane way. This is immediately intuitive and appears simple, but it is actually a contradiction. The recognition of cultural difference on the one hand, and the commitment to humanity as what people have in common ethically and morally according to their nature on the other, are not congruent. They can also be mutually contradictory. In practice, commonalities are sometimes simply put in place and implemented without thinking even though they may not even exist; or diversity is simulated in a general climate of agreement. In a practical understanding of transcultural knowledge, such contradictions, pretenses, and misjudgments are the rule.

In German-speaking countries, systems of difference operate with educational relevance under the designations "heterogeneity," "diversity," "plurality," and "inclusion." Their antonyms could be "homogeneity," "standardization," "conformity," "equality," "compliance," or "exclusion." The latter determines the systematization of difference in conformist majority cultures (such as that of Sweden, for example); in other words, in conformist cultural scripts, transcultural engagement is primarily derived from the imperatives of humanity and tolerance. This, however, cannot be treated in detail here.

In pedagogical contexts, "heterogeneity," "diversity," "plurality," and "inclusion" designate dispositions toward learning and a specific pedagogical way of dealing with them. Learning and pedagogical action are linked, in varying degrees of importance, to factors such as age, gender and sexual orientation, religion, worldview, mental and/or physical challenges, ethnic origin, and native language. Illness and mental and psychiatric challenges or those related to the trauma of war are missing from the list because they cannot be treated in detail here either. Pedagogical engagement in these terms can basically be characterized as one whose achievement is to criticize de-emphasizing specific experiences and forms of knowledge. When the issue of de-emphasizing specific experiences and forms of knowledge arises in pedagogical contexts, it is usually treated from the perspective of acknowledging and developing options that would not be available via practical orientation toward the opposite. In the name of "heterogeneity," "diversity," "plurality," and "inclusion," we tend to de-emphasize experiences of social "homogeneity," "standardization," "conformity," "equality," "compliance," and "exclusion" – and the knowledge associated with them.

What is emphasized and what is de-emphasized must be analyzed with respect to their (power) effects. To give an example, in Germany in the wake of proclaiming a new beginning after its national socialistic past, it is difficult to address the national socialistic ideology of race. However, the systems of difference summoned by migration refer to this concept. In 2009 Githu Muigai, the UN Special Rapporteur on racism, wrote: "[...] in view of the new challenges facing Germany in the 21st century, there is a need to shift from a more circumscribed view of racism as associated to right-wing extremism to a broader understanding of the problem that takes into account the difficult challenges of integration and the recognition that racism occurs regularly in everyday life." Marginalized to the extreme right, the term "racism" is de-emphasized for society as a whole. This makes it difficult for people who experience racism to speak about it (Badawia 2002). An expansion in perspective to encompass the international discussion on racism could counteract this tendency (see for example Arndt & Ofuatey-Alazard 2011). Systems of difference with racist tendencies in migration societies are visible in German schools when the cultural knowledge of "*Migrationsanderen*," or immigrant others, as Mecheril et al. (2010) call them, is not appropriately represented in curricula and didactics. As long as school subjects continue to be approved by the majority culture, the cultural knowledge of minorities will typically be emphasized in discussion, mainly in the form of "talking about it," thereby according it an inferior status (see Geier 2014). Studies by Werner Helsper & Angelika Lingkost (2004) and Rudolf Leiprecht (2008) show in general that in educational institutions, differences relevant to learning and education among students can be obscured by the democratic postulates of equal rights and equal opportunity. This is always the case when a student is judged and found to "not *really* belong" to a context in a particular way. There are countless examples of implicit exclusion.

Spindler (1999, 466) describes the banalization and cover-up of discriminatory relationships, structures, and experiences as "cultural blindness." In order to question cultural hegemonies, a special sensitivity to context is required in addition to granting fully equal participation in public goods and recognizing plurality. Context-sensitive practices are based on practical understanding, bringing subjects' individual abilities, sensibilities, dispositions, and assets to the fore in a given situation.

## Transcultural Learning

Cultural assimilation is generally expected to produce a common basis of experience. However, as Arendt (1994) showed, this is an illusion. After all, the experiences of natives and cultural novices rest on entirely different foundations. Transcultural learning is also learning to deal and live with such differences. If we assume that cultural novices' efforts to assimilate and adapt inhibit their proactivity and social engagement, raising awareness of cultural blindness as well as explicit and silent forms of cultural knowledge becomes a curricular content of major societal relevance; and transcultural learning becomes a pedagogic task (see for example Nohl 2010; Spindler 1999; Takeda 2012; and Wulf 2006).

Transcultural knowledge is primarily learned implicitly, practically, and conjunctively–and in experiences of cultural foreignness that often have the characteristics of crisis. Typically, they are the enculturation processes associated with migration. According to Wulf (2009, 221 et seq.), enculturation is the mimetic "nestling" (*Anschmiegung*) with gestural, aesthetic, instrumental and linguistic actions in their social and material regularity. Plugging into foreign patterns of thought, feeling, and action establishes social and cultural belongingness. Such incorporation of patterns of perception, assessment, feeling, and acting is not necessarily explicit. "A complex web of knowledge bases" (Wulf 2009, 150) facilitates competent action and behavior in a foreign culture.

In engaging with one's own culture and foreign cultures, one can recognize one's own cultural blindness and that of others, depending on the relevant point of view, of course. Based on the transcultural knowledge acquired in this manner, it is possible to establish a mutual basis of experience. In summary, we can identify three basic approaches to transcultural learning:

First, in practices that support the recognition of diversity, issues include: the proof of such self-evident facts that are emphasized and de-emphasized by the experience, knowledge, and visions of certain social groups, and the criticism thereof. Second, the practical conditions of such emphasizing and de-emphasizing are identified and criticized in proclamations in a context-sensitive, strategic manner. Third, didactic opportunities are reinforced and created in which transcultural knowledge articulated in a de-emphasized manner can be addressed. Ultimately, normative standards for shaping a transcultural educational area that anticipates cultural blindness can be derived from such articulations.

## References

Arendt, H. (1994): We Refugees. In: Robinson, M. (ed.): *Altogether Elsewhere. Writers on Exile.* Boston, London: Faber & Faber. Available at: https://www-leland.stanford.edu/dept/DLCL/files/pdf/hannah_arendt_we_refugees.pdf [last approach: 2017-12-01].

Arndt, S.; Ofuatey-Alazard, N. (2011): *Wie Rassismus aus Wörtern spricht. (K) Erben des Kolonialismus im Wissensarchiv deutsche Sprache. Ein kritisches Nachschlagewerk.* Münster: Unrast.

Badawia, T. (2002): *„Der dritte Stuhl": eine Grounded-Theory-Studie zum kreativen Umgang bildungserfolgreicher Immigrantenjugendlicher mit kultureller Differenz.* Frankfurt/M.: IKO.

Bourdieu, P. (1987): *Sozialer Sinn. Kritik der theoretischen Vernunft.* Frankfurt/M.: Suhrkamp.

Breidenstein, G. (2006): *Teilnahme am Unterricht. Ethnografische Studien zum Schülerjob.* Wiesbaden: Verlag für Sozialwissenschaften.

Breidenstein, G. (2008): Allgemeine Didaktik und praxeologische Unterrichtsforschung. In: Meyer, M.A.; Prenzel, M.; Hellekamps, S. (eds.): *Perspektiven der Didaktik. Zeitschrift für Erziehungswissenschaft.* Sonderheft 9. Wiesbaden: VS Verlag für Sozialwissenschaften, 201–218.

Geier, T.; Mecheril, P. (2017): Diversität. In: Kraus, A.; Budde, J.; Hietzge, M.; Wulf, Ch. (eds.): *Handbuch Schweigendes Wissen Erziehung, Bildung, Sozialisation und Lernen.* Weinheim, Basel: Juventa/Beltz, 235–245.

Geier, Th. (2011): *Interkultureller Unterricht – Inszenierung der Einheit des Differenten*, Wiesbaden: VS-Springer.

Geier, Th. (2014): „Wozu gehör' ich denn eigentlich?" – Ordnungen von Differenz und ihre Subjektivierung in schulischer Unterrichtspraxis. In: Mecheril, P. (ed.): Subjektbildung – *Interdisziplinäre Analysen der Migrationsgesellschaft.* Bielefeld: transcript, 97–117.

Göhlich M.; Zirfas, J. (2011): Transkulturalität und Lernen. In: Bilstein, J.; Ecarius, J.; Keiner, E. (eds.): *Kulturelle Differenzen und Globalisierung. Herausforderungen für Erziehung und Bildung.* Wiesbaden: VS, 71–89.

Helsper, W.; Lingkost, A. (2004): Schülerpartizipation in den Antinomien modernisierter Schulkultur. In: Helsper, W.; Kamp, M.; Stelmaszyk, B. (eds.): *Schule und Schüler(innen)forschung zum 20. Jahrhundert. Festschrift für Wilfried Breyvogel.* Wiesbaden: VS, 198–229.

Kohut, H. (1971): *The Analysis of the Self: A Systematic Approach to the Psychoanalytic Treatment of Narcissistic Personality Disorders.* Chicago: University of Chicago Press.

Leiprecht, R. (2008): Eine diversitätsbewusste und subjektorientierte Sozialpädagogik. In: neue praxis, Heft 4/2008, 427–439.

Mecheril, P.; Castro Varela, M.d.M.; Dirim, İ.; Kalpaka, A.; Melter, C. (2010). *BACHELOR / MASTER: Migrationspädagogik.* Beltz: Weinheim.

United Nations Human Rights Office of the Higher Commissioner (2009): *UN Expert on Racism Ends Mission to Germany.* Available at: http://newsarchive.ohchr.org/EN/NewsEvents/Pages/DisplayNews.aspx?NewsID=9304&LangID=E [last approach: 2017-12-01].

Nohl, A.-M. (2010): *Konzepte interkultureller Pädagogik. Eine systematische Einführung.* Bad Heilbrunn: Julius Klinkhardt.

Pokorny, S. (2016): Mehrheit der Migranten will sich integrieren. In: ZEIT ONLINE, 16. Dezember 2016. Available at: http://www.zeit.de/gesellschaft/

zeitgeschehen/2016-12/zuwanderung-deutschland-integration-studie-konrad-adenauer-stiftung [last approach: 2017-12-01].

Prengel, A. (1993): *Pädagogik der Vielfalt. Verschiedenheit und Gleichberechtigung in Interkultureller, Feministischer und Integrativer Pädagogik.* Opladen: Leske + Budrich.

Reckwitz, A. (2003): Grundelemente einer Theorie sozialer Praktiken. Eine sozialtheoretische Perspektive. In: *Zeitschrift für Soziologie*, 32/4, 282–301.

Schank, R.; Abelson, R. (1977): *Scripts, Plans, Goals, and Understanding: An Inquiry into Human Knowledge Structures*, Hillsdale, N.J.: Erlbaum.

Schank, R. C.; Childers, P. G. (1984): *The Cognitive Computer.* Boston: Addison-Wesley.

Schatzki, Th. R. (2002): *The Site of the Social. A Philosophical Account of the Constitution of Social Life and Change.* University Park: Pennsylvania State University Press.

Spindler, G. (1999): Reflections from the Field: Three Categories of Cultural Knowledge Useful in Doing Cultural Therapy. In: *Anthropology & Education Quarterly* 30.4, 466–472.

Spindler, G. (1974): Transcultural Sensitization. In: Spindler, G. (ed.): *Education and Cultural Process. Toward an Anthropology of Education.* New York u.a.: Holt, Rinehart and Winston, 449–462.

Takeda, A. (2012): *Wir sind wie Baumstämme im Schnee. Ein Plädoyer für transkulturelle Erziehung.* Münster/New York/München/Berlin: Waxmann.

Welsch, W. (1995): Transkulturalität, In: *Zeitschrift für Kulturaustausch*, 45, 1/95, 39–44.

Wulf, Ch. (2009): *Anthropologie. Geschichte, Kultur, Philosophie.* Köln: Anaconda.

Wulf, Ch. (2006): *Anthropologie kultureller Vielfalt. Interkulturelle Bildung in Zeiten der Globalisierung.* Bielefeld: transcript.

Lina Garšvė, Natalija Mažeikienė

# Being In-Between and Nowhere: A Hermeneutic Approach to Negotiating Transcultural and Third Space Identities

**Abstract:** Emerging global trends show that identity is becoming a multiple, fluid and changing complex construct. Diversity of social groups and their lifestyles reveals heterogeneity of cultural practices and identities. Under conditions of geographical and social mobility, insufficiency of traditional cultural concepts underlining homogeneity (concepts of single and homogenous culture) appears; it becomes important to find new conceptualisation of culture, reflect and address these changes by applying new concepts of identity and providing new guidelines for identity policy; on the other hand, to find proper educational approaches and strategies.The chapter reveals and describes practices how participants with different transcultural hybrid identities (student-migrants) create the "third space" through their interaction, where the fusion of different cultural horizons takes place and new cultural experience is gained by all participants (both students and teachers), all participants "enter a new cultural territory" and cross limits of own heterogeneous culture. When analysing diversity in the school classroom, the high potential of hermeneutic pedagogy has been revealed. Hermeneutic pedagogy encompasses understanding and interpretation practices when fusion of cultural horizons of students and teachers occurs through appropriate educational practices. Funding of the qualitative research presented in the article emphasize the need for negotiation and re-conceptualisation of the educational goals (what concept and type identity will be developed) at various levels – macro, mezzo and micro.

**Keywords:** Transcultural hybrid identities, new cultural experience, hermeneutic pedagogy

## Introduction

The schools meeting the idea of the national state perform the role of both conservator and protector of national culture and nation, seek forming national identity. It is exceptionally relevant to Lithuania as a post-soviet country where a distinctive national identity policy has been carried out over the past 25 years, with becoming an EU and NATO member in 2004 and joining the Schengen space in 2007, as well as with the intensifying of modern globalisation processes, when the need of national identity re-conceptualisation in public policy and educational discourses is faced. After Lithuania restored its independence in the early 1990s, special attention was focused on clarification, protection and enshrining of a single-dimensional national identity. This substantiates the conception of the National School drawn in 1988, which grounded on the tradition of development of the national (ethnic) uniqueness and awareness, and the Lithuanian language was foreseen as a fundamental in the teaching all subjects. Today, the concept of national identity (with focus on ethnicity) appeared to be limited as it does not address emerging diversity of identities and does not prevent intercultural tensions. The education of this type does not allow the educated to perform complex identity negotiations.

The shaping of the national identity of migrant and re-emigrant school students in the process of acculturalisation is considered as an important issue. After restoration of the independence until today, the number of inhabitants of Lithuania has shrank from 3.7 m to 2.8 m due to emigration and aging of the society. In 2015 Lithuania, according the European Migration Network, is defined as a State of emigration while numbers of emigration are one of the highest in Europe. Thus, this scope of emigration is considered in Lithuanian society by many stakeholders as one of the main threats to the identity and survival of the national State. Under such conditions, the need for re-conceptualisation of the national identity as a multi-dimensional, complex construct and identification of how encounters of horizons of school students having different experiences changed the educational practice in school. Working in such conditions, pedagogues are solving the issues of integration of migrant students who have different linguistic skills and cultural experiences into the Lithuanian linguistic, cultural and social environment. Since a migrant student is a subject representing several cultural and social narratives, a student-migrant can be defined as a trans-narrative subject who creates multi-contextual narratives of identity. In the process of migration, the relation between the prevailing and minority cultures changes. The identity becomes fragmentary, inconsistent, the grand narratives of the nation weaken, the road for the trans-narrative identity is given the green light and the conception of single national identity changes (Phinney 2001,Verkuyten 2004; Bauman, 2000). When dealing with the process of educational and cultural interaction, the single narrative conception of the national identity is to be discussed: the multiple-identity concept is hardly implementable from the side of the "accepting" culture. Having left their country, students and their families become "dropped out" and in this specific way they liberate themselves from the field of the impact of the "grand narrative" of their native country; moreover, when arriving in another country, at the start of the cultural integration process, they are free from the locally prevailing narrative, too. Transculturalism is analysed by showing the interwoven cultural horizons. The cultural interaction dealt with in the present article projects that usually students-migrants represent several "small narratives" in their families because their parents or great-grandparents have different nationality background (exiles, expatriates from Lithuania who created their families with people of different nationalities); and then, travelling to another country, students-migrants holding their own field of understanding occur in the "grand narrative" of the Lithuanian nation: in the classroom they encounter the cultural perspective and (world)-view of teachers and peer students (migrants like themselves) who most often are representatives of the "small narratives". The data of the research presented below demonstrates that the transcultural encounter happens when different cultural experiences, enclosing cultural horizons of students' and teachers' perception and forming hybridity, interact. When the fusion of different cultural horizons takes place, a new cultural experience is being built for all participants; all the participants "step into a new territory" and cross the boundaries of their culture. The article presents a research that has been conducted in a unique school in Vilnius, a gymnasium in Vilnius, "Lithuanians' House", which displays the vivid variety of different cultural discourses, the dialogue among them as well as the expansion and opening of the horizon of the discourse participants' understanding and the fusion of horizons proceeding in such a way.

Students who experienced various forms of migration attend the gymnasium "Lithuanians' House" in Vilnius. The institution was founded in 1990, when the National Revival Movement (Lith. Atgimimas) commenced in Lithuania; the school was dedicated to Lithuanians who lived outside the borders of the Republic of Lithuania. Lithuanians emigrants residing in other countries of the world are the representatives of several "waves" of emigration. The representatives of the emigration that took place after the World War II reside in the USA, South America, Germany, countries of the former Soviet Union. Majority of emigrants attributed to the last wave of emigration live in England, Ireland, Spain, Scandinavian countries. Since its establishment, the school "Lithuanians' House" more intensively involved children and descendants of emigrants of the World War II period, i.e. DP, displaced persons; later, the cultural diversity of students encompassed more forms and circumstances of migration. The declared goal of this school is the striving to educate an individual for Lithuania, to teach children the language and customs of their ancestors. In other words, the school became a centre for enshrining ethnic Lithuanianism the goal of which is to encourage expatriates and emigrants return to Lithuania through their children or grandchildren, by sending them to learn in the "Lithuanians' House". When Lithuanian social, political situation was undergoing changes over several decades, the objectives of the school itself changed, too: the process of education has been modernised, new forms of education have been implemented. Nevertheless, the major objective of the school remained: to provide conditions for the returning children of Lithuanian origin to integrate into Lithuanian society; and the goal is defined as "the return to own roots". An interesting socio-educational situation forms: when students holding various experiences arrive, return to learn at school, they represent and create multi-dimensional national and cultural identities; however, in some cases, the school seeks preserving the prevailing idea of ethnical Lithuanianness. The article presents the research which was conducted at this school aiming to demonstrate how the interaction and identity negotiations of students holding different cultural experiences progresses. Intercultural interaction and encounter emphasise the tension between different vectors, when, on the one hand, a strong striving to maintain Lithuanian identity obtained by the ethnic majority still remains; on the other hand, the school demonstrates the preparation to develop the dialogue-based interaction of cultures, when a new transcultural area appears due to the fusion of cultural horizons of students.

## De-Territorialised Identity as a Space for Transnational Communities

Taking part the process of contemporary migration, people are learning to live in several places – both motherland and diaspora; therefore, their relations with the motherland become interchangeable, require "to raise the consciousness of reciprocal incompleteness to its possible maximum by engaging in the dialogue, as it were, with one foot in one culture and the other in another" (Santos, 1999). Therefore, while travelling from one culture to another, individuals travel not only from one country to another, but they also travel while obtaining the role of a cultural minority, which decentralises and moves their identity. This means that the person's national identity is no longer related to the territory, geopolitical site, what is pointed out by propositions of the classical national theory; however; when an individual migrates to another country, he/she brings the lived/obtained culture with him/her. The Durkheimian perception of home as a solidary community does not comply with a contemporary "moving world". The home becomes a variable category meaning the place where an individual perceives him/her-self best, even though he/she is not the happiest. Thus, staying at home is not a consequence of physical movement, instability of sociocultural time and place, but rather it is the condition of the cognitive and experiential environment where daily actions allowing formation of one's identity are performed. Occurring in another cultural environment, an individual is incomplete, one is in the open-ended state. An individual culture no matter how strong they may be, are as incomplete as the culture itself (Santos, 1999).

The decentralisation of the identity is linked to postmodern hermeneutics which has undergone the transformation of interpretational dynamics. In other words, decentralisation emphasises the postmodern condition of identity, i.e. relationships based on new forms are being built (*re-grounding*) with the country of origin (Fortier et al, 2003), underlining that the origin and past are not left behind, rather open-ended approach to identities is being created. Therefore, hermeneutic explanation of the meanings through a dialogue, when a discourse of the dominating culture should not blanket the voices of the minority at the encounter of different horizons, becomes important.

Recently, the question of decentralised identity is highly relevant in education, where an individual no longer relates himself/herself with a particular place due to various forms of migration, though one retains emotional, psychological, innate connections to the nation or culture where he/she was born and/or spent a greater part of one's life, this way fusing element of other cultures, too. This situation is typical to the already mentioned gymnasium in Vilnius, "Lithuanians' Home", when student-migrants arrive in this school they find themselves in a Lithuanian educational and linguistic environment. Inevitably, the need to look back at hermeneutic pedagogy emphasising perception of meanings through a dialogue, while building a transcultural community and educational environment to give sense to differentness appears.

On the one hand, the conception of the de-territorialisation of identity grounding on modern theories of the multidimensional identity (Anthias, 2001; Appadurai, 2005; Nederveen Pieterse, 2001; Bhabha, 1990; Verkuyten 2004) treats identity as fluid, hybrid, multiple. Such treatment of identity takes into account the historical processes of identity change and waving, including hybridization, to which Estermann (2010) refers as processes of transculturalization. Hermeneutic pedagogy becomes important while emphasising a dialogue between myself and the other, consciously not thrusting the thinking of the dominant culture, but rather creating a space for spreading the differences, giving sense, empowerment to them, when an individual becomes culturally complete through a dialogue. In such a way, transcultural communities form. In other words, the belonging to the transcultural community, despite there is no sharing of common geopolitical territory with other members of the community, to many of the people the community is no longer perceivable as a historically created product; it turns into a space full of various cultural meanings – they become to multivocal. This is also underlined by Appadurai, 1991, stating that transnational communities can be conceived as diasporas that are no longer historic, but rather emerging as a result of the constitution of transnational migratory spaces and of their correspondingly de-territorialized ethnoscapes.

Another feature of the transcultural community is linked to the ways-of-being-in-the-world. In this case, identity is interpreted as multiple and contextual. Such multiplicity of identity is based on coexistence, i.e. when one existence neither negates nor eliminates another one, and they coexist. As Kostogriz, Tsolidis (2008) have it, transcultural does not address the conflicts between different cultural communities but it tackles the cultural complexity of individual interaction in today's world and in-betweens of global communication. In such society, ways of being and ways of belonging are is important; they are dealt with by P. Levitt and G. Schiller (2004). The ways of being point to the social relations and practices. Individuals can integrate themselves in the social field but they cannot identify with it, i.e. an individual can constantly choose how to behave; in other words, to avoid the colonial constraint. On the contrary, the ways of belonging indicate the practices which make impact on identities which reflect conscious belonging to a specific group. In this case, a hermeneutic dialogue is important; through it, conscious exchange of opinions proceeds because, despite how strong person's culture is, it is never complete.

## The Method of Hermeneutic Classroom in Transcultural Communication

In education, hermeneutics can be interpreted in two ways: in one case, it is treated as philosophy or methodology of education; in the other case, it is a method of education, a practical level in the classroom. Hermeneutic pedagogy, as methodology of education, is grounded on its own principles: interpretation, dialogue, education, as a synthesis of horizons.

Each system of education is based on the grand narratives, i.e. political ideologies, social norms etc., and hermeneutic pedagogy opposes such position of education to ground on "grand narratives". Interpretation is the central axis of hermeneutic pedagogy (Sotirou, 2012). An interpretational action does not ground on any authorities; it is rather a process that is performed freely, playfully; and since other's subjective consciousness is beyond the reach, therefore, a dialogue-based ethical principle must be maintained for different perception of reality. In one case, the principle of interpretation skills becomes a new method of teaching based on modern hermeneutic philosophy, i.e. interpretation of a text. In the other case, grounding on interpretation of experience meeting philosophy of M. Heidegger and P. Ricouer, text – development, conflict – development, experience – development, also indicating the Derridean concept of difference, differences – development and conflicts – development. Hermeneutic difference and development of a student, as a process of understanding, is ceaseless and making a direct impact on development of student migrant's national identity. While travelling from one culture to another, a student meets a representative of another culture and a new culture is born, a new reality forms through their interaction. It should be noted that local students, through the interaction with representatives of another culture, when non-colonial and dialogue-based relationship exists and fusion of cultural horizons takes place, also expand their own cultural boundaries (own cultural horizon). Hermeneutic pedagogy encompasses development because communication with representatives of another culture is interpreted by the participants and in this way new fields of learning emerge. Good interpretation is a creative act grounding on critical thinking. Otherwise, education grounds on the knowing constructed by the system; inevitably, the prevailing culture or community colonises the voices of minorities.

Another discourse of hermeneutic pedagogy is based on the principle of a dialogue. Usually, traditional pedagogy is based on the conception of a traditional dialogue which emphasises the sense of question – answer, assessment (Burbules, Bruce, 2001). A dialogue in a hermeneutic classroom is based on a project of questions – answers, when cognition of differences, treating of one another as partners are important in seeking equal dialogue in interpretational activities. Hermeneutics as pedagogical practice creates transculturality emphasising the horizontal relationship, when cultures are treated incomplete before the encounter, and they become complete through a dialogue. Otherwise, when one culture does not hear another, they turn to the vertical relation; and this is the base of colonial pedagogy. Therefore, hermeneutic dialogue should not be confused with a systematic process of inquiry reflecting the technical discourse, providing possible ways of solution. Methodological-systematic education is based on teacher's superiority over student, as the first having more experience, knowledge and competences. While in the hermeneutic classroom, equal dialogue is important (Sotirou, 2012). In the dialogue-based classroom grounding on hermeneutics, interpretation must be understood as not providing the final and likely more authoritative solution. There is no last word in such dialogue, very important becomes the possibilities of fusion of horizons. The horizon is the range of vision that includes everything that can be seen from a particular standpoint. Horizons might function as a limit at a particular time, but they are always also gateways to something beyond (Gadamer, 2004). The hermeneutic dialogue foresees two major methods of a dialogue: alternative and postmodern. The method of the alternative dialogue is based on philosophies of E. Levinas (the Other) and M. Buber (I and Thou (You)). The Levinian dialogue is grounded on what an individual sees, by pointing out the ethical stance towards the *Other*. The Buberian dialogue is based on talking between I and Thou and making each other understand. Usually, such dialogue-based hermeneutic interaction is characteristic to classical hermeneutics because such dialogical nature highlights the binary interaction of I–Thou; in other words, such dialogue emphasises a "true" hearing and understanding of the *other* person. Whereas transculturality emphasises that there is no objective understanding in the encounter with the *other* because, through encountering the *other*, fields of multiplicity acting and understanding form; none of them is dominating; moreover, individuals are changing themselves in such a field of acting and understanding. Therefore, in transcultural environment, the postmodern hermeneutic dialogue based on deconstruction, ability to evaluate encounters, the unexpected without blanketing but rather elevating them and not necessarily providing a way of solution or answer is important. The deconstruction paradigm lets to move beyond the existing historical, hegemonic structures that reproduce social and environmental injustices (Lather, 1991). It is important to know that an important position in synthesis of horizons is taken by understanding and language. While shaping national identity important becomes the command of native and foreign languages (Fairfield, 2011). The command of foreign languages brings the existence of an individual closer to other worldviews, understanding, thinking towards a dialogue-based situation, opens an opportunity to expand own horizons. When a student migrant arrives in another culture, school which is grounded on ideals of the national state, necessity to accept the discourses of the dominating culture (learning the national language, history) is thrust on him/her. Two scenarios are available in such field of acting: a) thrusting of the dominating discourse as the most correct on a student; b) transition to a dialogue-based interaction when a new space, new reality and multiple cultural environment are created through exchanging meanings. In such environment, when aiming to enable differences by turning them into an exceptional feature as well as their dialogue on equal terms, hermeneutic pedagogy suggests the *method of a hermeneutic classroom* (Sotirou, 1993).

The hermeneutic classroom is the practical level of hermeneutic pedagogy and hermeneutic approach employed in education. A public and multiple discussion on students' experiences, empowerment of their voices, explanation of related meanings and problems by applying the methods of a dialogue and synthesis of horizons is a feature of the hermeneutic classroom. Hermeneutics is helpful in revealing multiple meanings of experience; whereas a dialogue facilitates highlighting existential problems. Investigators of migration underline safety and development of identity defined through variations of identity, its shapes, existential, educational problems are an important problem of integration into culture. In terms of analysis of practical applicability of hermeneutics, it should be noted that its elements are used not only in the education aiming to empower differentness, but also in seeking to reveal various notional layers; moreover, they are applied in intercultural communication.

When analysing intercultural groups and migration, K. Liberman underlines importance of the method of hermeneutics in solving problems of intercultural communication (Liberman, 1984). He emphasises that hermeneutic analysis of communication indicates not the very act of communication, but what is being said by this communication, what notional content is being revealed. The scholar stresses that absence of an in-depth dialogue stimulates tensions. When analysing practical applicability of hermeneutics, attention should also be focused on N. Schröer (2009) who investigates interrelations between a dialogue and hermeneutic practice pointing out personal and group identity. N. Schröer puts it that unreachability of other subjective awareness meaning that individuals coming even from the same cultures have different life stories is a major postulate of hermeneutic theory. Therefore, it is important to perceive one of the major aspects of transculturality – the cultural complexity of individual interaction in today's world between in-groups and out-groups.

## The Concept of Hermeneutic Pedagogy and Experiences in the Lithuanian Classroom

Due to the migration in the educational environment, the variety of student classroom experiences as well as students' experiences and culture emerges; it presupposes the necessity of the discussion on the changing education of cultural identity in the classroom, that the content and form of a lesson should be developed with regard to the diversity present in the classroom. Such environment can be created by already analysed hermeneutical pedagogy which distinguishes various free interpretations, new opportunities for understanding, variety, dialogue and interaction. The research focuses on education, construction and negotiation of cultural identities in Lithuanian school – Vilnius gymnasium "Lithuanians' House" which promotes cultural diversity and variety in the educational process and principles of education promoted by the school.

The investigation employed the qualitative research approach. The research sample comprised 10 students who came to attend the school in Lithuania and 10 teachers working in the school. The research participants' age of 13–20 years has been chosen because importance of national identity increases at around the age of 11–12. Students (from the Ukraine, Australia, Uruguay, Poland) and teachers took part in the research. In the research, interviews with the students are coded with the letter "S", whereas interviews with the teachers are marked as "T". An individual in-depth interview has been chosen to carry out the research. This instrument of investigation gives a possibility to perform in-depth analysis and reveal meanings of teachers' dealing with cultural identities in education. The data obtained during the interview was analysed by applying the interpretative phenomenological analysis.

The analysis of students' experiences pointed out **cultural complexity of a person**. Therefore, students who were not able to identify themselves in the framework of one cultural discourse pointed out the encounter of identities. **Multiplicity of identity** in research participants was revealed through the cases when a student in his/her family was a representative of several "small narratives" because his/her parents were representatives of different nations. The interview illustrates that those students who were born and lived in the culture of their origin (e.g. Uruguay, the Ukraine), where the dominating grand narrative of that culture was being created and established still felt as being incompletely belonging to this dominating culture, on the one hand, and having one of the parents who is of Lithuanian origin partly belonged to another (Lithuanian) culture:

> "My mother is Tatar. The father is of mixed origin. His relatives are of mixed origin: Russians, Lithuanians, Jews. I don't know who I am. Lithuanian-Tatar" (S 8, the Ukraine).
>
> "I am from Australia. I feel both Australian and Lithuanian. My mother is originally from Lithuania, and my father is from New Zealand, but he has another family in Australia, and I like Lithuania and Australia" (S 7, Australia).
>
> "I feel like being both Lithuanian and Uruguayan. If I were Lithuanian, I wouldn't have my mother. My mother is Uruguayan. And if I were Uruguayan, I had no father. The father is Lithuanian. I feel like half and half" (S 5, Uruguay).

In the course of encounter of horizons of different cultures, the meanings when identities function as "sites of meaning making" not as labels that limit or oppress (Alcoff, 2006) are being created. Another important aspect that was highlighter during the research dealt with a case that when students arrived in Lithuania different cultures encountered, ***identity became interpretative***. Multiplicity is constructed not only through student's biographical historical development of identity, but also in a geographical aspect. During migration, travelling from one country to another, a student becomes an individual of "small narratives" when entering another geographical cultural environment he/she re-thinks his/her own "narratives" in relation to the other, and these "small narratives" are no longer the same like they were before the dialogue with the other. The interview reveals that the learning of a local language creates new national and cultural belonging (a new sense of belonging). On the one hand, transculturality is revealed when re-thinking the relationship between the self and parents; on the other hand, Lithuanian cultural identity, sense of Lithuanian culture are becoming stronger when learning the Lithuanian language:

> "Our background is very mixed. More Lithuanians, but also there are Germans and French. I feel like Lithuanian. My friends say: "How can this be possible? You left the Ukraine. You talk more about Lithuania. It is better to stay here for you. You were born in the Ukraine, how can you say that?" If I was feeling bad there, there is no difference

> in the fact that I was born there. It doesn't matter where you were born. It is important how you feel there, where you live. How you think who you are. As people say, who a person feels like being, this is who he/she is. I am not attached to the fact that I was born in the Ukraine at all. This doesn't mean anything to me." (S 8, the Ukraine). "I lived in the Ukraine, I speak Russian and Ukrainian. I am a person who arrived from another country in Lithuania to live here. I learnt the Lithuanian language and communicate with other Lithuanians. Now I feel like being more Lithuanian because the Lithuanian language helps me feel like that" (S 9, the Ukraine).

When different identities interact, it becomes apparent that there is never one single identity that is true for all times and for all places and therefore as Warnke (2009) argues none of our identities ought to gain "imperial" status. Analysis of the experience of a student who came from Poland ***reveals identity as a dynamic process***. In other words, depending on the encounter of cultural, social contexts, identity evokes different interpretations of identity and different sense of belonging.

However, when learning in a heterogeneous environment, the belonging to several different social worlds presents a different situation, i.e. ***belonging as nobody and nowhere condition*** as well as existence in-between cultures. To be in-between cultures means to be nowhere (this manifests like a gapping emptiness, an empty/vacant space where an individual can be both separated/singled out (not together with others) and free, having more opportunities at the same time. Complete (self-)attribution to one culture means restriction of opportunities and freedom:

> "I do not attribute myself to anything. Usually I say that I am neither Lithuanian nor Polish. Or else: both Lithuanian and Polish. I would not like to attribute myself to anything. If you are attributed to some group you are not free. And when you are nobody you are someone but also nobody. But you are free. You do not belong to anyone. If you attribute yourself to somebody, e.g. Polish, you diminish your opportunities. Man's patriotism is a good thing, but it destroys. I do and think how I what. Nobody thrusts his/her opinion on me how I should behave. Every individual is individual, thus, everyone is different. We are all together, like the whole, but, otherwise, we are separately" (S 10, Poland).

An ambivalent and incompletely defined, "attached" identity does not bind with the national, state, cultural-ethical identification provided in the state of origin, does not execute complete belonging to this cultural universe. Such confrontation with values allows forming multiple identities, and this can evoke an ambiguous social position. In such a case, when cultures encounter and a ***hybrid construction of identity*** forms, it is important to understand that, according to Bhabha (1990), the "third space" forms which is the ground for creation of a new culture, new perception of identity. Such conception of transcultural identity as the "third space" and "third culture" is a way to think of the encounter of two cultures in a binary logic. It should be noted that the postmodern approach would comprise conceptualisation of how multiplicity forms while questioning homogeneity and stability of any culture, and in such a way several (more than two) cultures interacting. Thus, transcultural identity would be not the "third space", but a blend of several multiple cultures.

When analysing student's experience, the comparison between the self and others and also separation of the self from others, which is ***establishment of differentness***, become clear. Students emphasise that teachers are not used to consider and name the multiple hybrid identity of students and define the students as belonging to one culture (in this case, the culture of the country of origin, where the students came from) and also as alien, other (not belonging to Lithuanian culture), in such a way performing othering:

> "Teachers say: she is from the Ukraine, she is from Belarus, she is from Latin America. When you hear this all the time, you feel like a foreigner. When I am there, I am called in an opposite way. It is very difficult to grasp who you are. I was born there and this means nothing. When you are called like this, this is one of the features you differ from others" (S 8, the Ukraine).
> "Some teachers say straightforward: Poliak. Meaning a Pole" (S 10, Poland).

The conversations conducted with teachers during the research revealed how teachers saw their role in the school whose goal and mission are defined as the rendering of Lithuanian identity. The teachers see the ideal picture of their students who should look like a person complying with the ***standards of Lithuanian identity***, a Lithuanian, a patriot of Lithuania. This is defined as a person who maintains traditions, culture, language, lives according to and respecting the laws of this country. The definition of the true Lithuanian is also grounded on the civic conception, when the laws a complied with, the state language is spoken, respect and love for the country are felt, meaningful deeds are performed for the common good. Moreover, the ideal Lithuanian identity is characterised as an ethnical identity, through emphasising the compliance with ethnic customs, traditions:

> "A Lithuanian is a person who loves his/her country, maintains own traditions, culture. Who is able to live in Lithuania and perfectly adjusts to all laws of Lithuania. A Patriot" (T 6).
> "A Lithuanian is a person who lives in Lithuania, speaks Lithuanian, knows Lithuanian traditions, customs, follows them, loves his/her country, wants it to be more beautiful and voluntarily does many good things for the public interest, even though small ones" (T 7).

A teacher takes the ***role of a teacher-renderer***, who cares of the final outcome of knowledge. Such role of a teacher is based on the principle of serving the system, when it is substantiated by the logic that differences in the education exist; however, they must fit into the frames of acceptability of the "grand narrative". In the process of the interview it became clear that the methods of work with students coming from various cultures, countries is more coordinated with the rhetoric of the system rather than the principles of intercultural education. In other words, such pedagogical and communicational interaction is oriented towards the alteration of thinking (*all must become aware of Lithuanianness through linguistic, educational practice*), project-based engineering, but not the dialogue of heterogeneous groups. Hermeneutic pedagogy emphasis that an interpretational action should not be based on any authorities, this should be a free, playful process. Since subjective awareness of the *other* is unreachable, a dialogue-based ethical principle should be maintained to perceive reality in a different way. In other words, Levinian dialogue is important as it points out to the ethical stance in the treatment of the *other*, despite existing large differences. The interview with teachers reveals that in certain cases, thinking of the school context, identity is treated as an inseparable single-dimensional matter: here is lack of freedom to interpret the diversity of culture and identities. In other words, a student migrant is accepted to the school with regard to his/her Lithuanian roots:

> "I know from my experience that senior students have identified themselves as Lithuanians quite well thanks to all these events, dances, traditions, lessons of history, the Lithuanian language. Partly, the school is becoming "a factory manufacturing Lithuanians". The children who were born outside Lithuania receiving Lithuanianness through this school was one of major goals of our school" (T 8).

The teachers point out ***contradiction*** and complexity ***of overcoming limits of one's own cultural horizon.*** On the one hand, integration into the culture of the target culture (Lithuanian culture, Lithuanian identity), expansion of students' cultural horizon are possible under conditions of freedom, leaving some space to form free resolution, attachment and love for this culture and country. Seeking to match freedom and love, teachers perceive their role as showing and presenting the most beautiful features, elements of Lithuanian culture, the most beautiful places. This is treated like "presenting the culture and country – to put it on a tray; moreover, there is a striving to win the heart, to impact feelings. Moreover, the teachers understand that their endeavours to "award" Lithuanian culture to them has a limited power, since it is impossible to succeed in impacting the sphere of feelings (love for the country) acting straightforward and in compliance with the directives. Acknowledging that there is a certain sphere of freedom (disobedience and insubordination), incomplete rule over feelings and heart, it is treated like impossibility to completely identify with. Thus, teachers treat the relation of students with the Lithuanian identity as compulsory and to-be-achieved condition with all their heart and complete devotion to Lithuanian culture; and this does not foresee the in-between (being both there and here) and also being nobody and nowhere, as indicated by the students:

> "To foreigners, Lithuania is novelty. This difference lies in the situation that you must render knowledge. You must give some kind of freedom to them to fall in love with Lithuania. Because they plan to live here. Now they are learning here. You must introduce Lithuania in such a way, to show it so that they fall in love with it. If they don't fall in love with it, they won't be able to live here" (T10).

A teacher comments on a situation when sufficient ***rule over the heart and feelings in the education process*** fails. Adjustment, complete or at least partial rule over the heart and feelings are treated by teachers as a condition and precondition to be inside this culture. We can recognise possible scenarios of and tensions related to adaptation and development of cultural identity in the responses of the teachers. They understand that students' hearts and feelings belong to the culture they came from, and the teachers perceive as their mission as that of people who can make impact on occurrence of love and warm feelings to Lithuanian culture. Beside feelings of love which foresee a free determination, there is a field which cannot be completely impacted; the teachers try to present an imperative provision stating that without conformity students will fail to stay here:

> "Two years ago there was a boy who went back to St Petersburg. He said: "I am a genuine Russian. Russia means everything to me." You can influence that child, bend him to one or another direction, but this must be in one's heart. What is the difference whether you are a Lithuanian or a Russian, or a Belarussian or a Ukrainian. You live in Lithuania and must conform to these living conditions. Either you live here and conform to what it is or you return home" (T 6).

While identifying their role in the process of students' adaptation and acceptance of Lithuanian culture, ***teachers*** underline **the *role of educational, cultural development***, when they strive to render certain behaviour, habits which would meet local cultural standards (e.g. hygienic habits, rules of communication). This provision would reflect the homogenous community attitude to another culture, when the view is shared that the standards of behaviour of another culture are improper, reflects a certain insufficiency, mismatch. Nevertheless, this preparation for living in this culture is presented and related to the striving to ensure students' safety, preparation for life, which would contribute to better orientation of themselves in a given environment. Thus, perception and presentation of the local culture is related to the topic of paternal caring, fostering, taking of responsibility for the students:

> "They arrived here; therefore, they must feel like being welcome and safe. Second, here they must be prepared for life. Those who arrived from the steps of Kazakhstan to live in Lithuania or the European Union. To provide conditions for a start that could be equal to that of other children of Lithuania. This must be done because there are also such students who lag behind other children in many aspects. They lag behind in terms of their knowledge, both theoretical and academic. They lag behind in terms of orientation in surrounding environment. For instance: to some it is perfectly acceptable to take a shower once per month. Why must he take a shower two times per day? His mind is incapable to perceive this. Nevertheless, he gradually starts doing this. There are three aspects available: safety, engagement into social cultural environment, taking care and assurance of student's future. Just in this case teaching occurs; he must receive specific knowledge" (T 5).

Interesting to note that after inquiring the teachers about the changes in the character of their performance, when students from various cultures and countries arrive at their classrooms, they mostly emphasise that the teachers' teaching style which is more oriented towards the traditional teaching should change. The teachers are convinced that Lithuanian culture is of a higher level in comparison to other cultures; therefore, they accept the role of ***a teacher as re-educator*** towards a "higher" culture. The teacher perceives own role to be that of an educator who opens a higher culture (theatre, tours, museums) to the students, the elements of which, in teachers opinion, are more characteristic to Lithuanian culture rather than those cultures the students arrived from.

> "We had to individualise everything, first of all, by paying attention to child's needs because it is the second foreign language. Since the founding of the school, all education, even during lessons of a foreign language, was dedicated to teaching and implementation of the Lithuanian language in their lives. We had to employ comparative grammar. We wrote a special programme. Everything is dedicated to the deepening, expansion, perception of the Lithuanian language. The goal of all foreign language teachers was to achieve that children started thinking in Lithuanian. All our methods, character of work met this. Those children who arrive from the former countries of the Soviet Union, are of a narrower worldview. They know less of the traditions of the country they came from. It is much narrower than that of our Lithuanian students. A scope of interests is narrower. A slightly forced taking them to Lithuanian theatre, museum or tours is to reach the purpose that they would feel and accept this" (T 5).

Besides the revealed attitude of teachers to render students the values of the dominating culture, cultural practices and to acculturate them, the teachers express their ideas which comply with the hermeneutic approach. The interview with the teachers discloses their ***wish to liberate themselves from the discourse of the dominating culture*** and allow spreading students' cultural experiences brought by them from their countries of origin. The teachers comment on how the spreading of different experiences proceeds during lesson. On the one hand, they are aware that children coming from different cultures perceive and explain the matters discussed by a teacher in different ways; and this difference appears in students having their own separate cultural codes to perceive that material or topic and specifically place it in their field of worldview, integrate it into their horizon:

> "In the case of my lessons on history, children bring their own specific attitude to the world, Lithuania. You always must think what you say. Because everyone has different points of view to certain aspects. One kind of attitudes will be held by an individual originating from Poland, other attitudes will be in an individual from Russia, yet some others will be held by students from America. That child by his/her rendered knowledge will represent Lithuania later on, when returning back. Such experiences in school are actually very interesting. To work in a school where all students speak Lithuanian and to work in school where you must understand that a child cannot understand your explanation. Not because he/she is not gifted or is lazy, but because

he/she will not understand because of a large linguistic barrier. During a lesson, difference of cultures is disclosed when dealing with a specific topic. Such difference of cultures quite sufficiently reveals when analysing some kind of topics; everyone comes holding own code" (T3).

In the hermeneutic classroom, the encounter with the worldview, the horizon of the *other* can open an opportunity for a teacher to expand own horizons. The teachers admit recognise differentness of a student, understand that he/she may believe in a different faith, follow other traditions, customs. The inquiring a child on his/her culture, cultural practices is the method and practice of how ***student's horizon is being opened to a teacher***. A wonder experienced by a teacher is the first step and stage which allows revealing the teacher's horizon and let other cultural experiences in. The teacher's attitude on equality of cultures and experiencing surprise are the precondition of inquiry. Inquiry on child's culture and not inquiry on the content rendered or thrust on by a teacher who is a representative of that (Lithuanian) culture is the manifestation of non-hierarchical, non-colonial relationship:

"All the time I treated a student as an equal partner in communication. In this case, more attention had to be focused on initially getting to know the child. Especially what is concerned with their past environment, their beliefs. To have more knowledge on their traditions in order not to insult because of not knowing that they are Muslim and Orthodox. There are also those who follow the Buddhist faith. As a historian and as a person, I am interested in it. Moreover, I use another simple method. I try to talk to all children upon their arrival. How do they do? What festivals do they celebrate? How do they pray? I was greatly surprised" (T1).

On the contrary, hermeneutic pedagogy attempts to avoid institutional, discursive oppression, aiming to demonstrate the diversity of roles and functions, diversity of identities occurring in the process of migration. Today, the conception of national identity of the state of Lithuania is not as clear as many people would have had it in their consciousness. During the Revival Movement, for more than 25 years. With regard to the loss of spontaneous naturalism of identity, the teachers of the school treat it as a ***fusion of horizons***:

"When I am teaching children, the first thing that I think of is to achieve that a particular child when learning and after graduation from school, in life would feel good and find his/her place. Either this place will be in Lithuania or somewhere else, just simply to find own place, and then all other matters will settle. I suppose that they must choose themselves. From a theoretical point of view, let say, the mother is Lithuanian and the father is Russian. We do not thrust on him how one must feel. He chooses himself: whether to feel like being Lithuanian or he stays Russian or Kazakh. Nothing is forced upon making someone be Lithuanian only, sing Lithuanian songs, and one must forget the mother tongue. He may choose later, when an individual becomes adult, I think, he chooses what is important to him. Maybe he will return to his own country" (T2).

According to Alcoff (2006), the horizon is a substantive perspectival location from which the interpreter looks out at the world, a perspective that is always present but that is open and dynamic, with a temporal as well as physical dimension, moving into the future and into new spaces as the subject moves. Despite expectations to render Lithuanian identity expressed by the teachers, students project prospects of their lives. The interviews with students reveal the discourses of the de-territorialised identity. Usually, single national identity is related to the national language; however, when taking part in the "grand narrative of the nation", students retain their "small narrative" and do not completely link themselves with the Lithuanian language, culture and country:

> "I think I will not stay for long in Lithuania. Not because I don't love Lithuania. I just want to visit other countries, too. You must be open to the world. You need to travel, have holidays, get acquainted with other cultures. I relate my future with Lithuania, but not with the Lithuanian language. I will always be thinking of Lithuania" (S 5, Uruguay).

Cooperation with the *other* is important in the transcultural environment because variations of open-ended identity with unreduced discourses are available in it. In such a case, differentness remains as a specific feature, but also the social community surrounding it is changing, the pluricultural society forms.

## Conclusions and Discussion

As intensive migration and globalisation processes are taking place, different conceptions of identity – the concepts based on ethnicity and concept civic and citizenship, encounter each other. The global tendency reveals that identity is becoming a multiple, fluid and changing complex construct; the encounters and likely connections of the horizons of students holding different cultural experiences alter the educational practice in classroom.

The alteration of identity, instability and inhomogeneity are defined by geographical mobility and migration of individuals (also by students). On the other hand, fluidity of identity is related to the historical-biographical exchanges and changes recognised at the individual's level of memory and awareness, when, due to highly significant sociocultural and economic changes (change of political-economic systems, technological development, migration etc.), an individual sees the Self not as the whole, but rather as a fusion made of different Selves in different periods. On the other hand, highlighted diversity of social groups and their lifestyles in a specific society, country, culture reveals heterogeneity of cultural practices and identities. Networking and participation in social media and virtual communities increase heterogeneity, diversity and fragmentation. The fluidity, heterogeneity of identity also occur due to a new relationship between an individual and institutions creating the "grand narratives" (state, family, education institutions, community etc.) which have traditionally been the forces of social homogenisation and ethnic consolidation. Student-migrants turn into representatives of the "small narratives" because when leaving their country they "drop out" and liberate themselves from the field of influence of the "grand narrative" and institutional impact of their own country; but when arriving at the destination country (in this case, Lithuania) they occur in the Lithuanian "grand narrative", become part of institutions (in this case, school, new cultural environment, community). Under such conditions of geographical, social and discursive mobility and change, insufficiency of traditional cultural concepts underlining homogeneity (concepts of single and homogenous culture) appears; it becomes important to find new conceptualisation of culture, reflect and address these changes by applying new concepts of identity and new guidelines of identity policy; on the other hand, to find proper educational approaches and strategies. Transculturality, transcultural encounter, conceptions of transcultural identity and education reflect endeavours to find a new theoretical framework instead of the concepts interculturality and multiculturality for considering a new fluid, inhomogeneous, hybrid identity and its self-development.

The article revealed and described the situation of how participants holding different transcultural hybrid identities (student-migrants) create the "third space" through their interaction, where the fusion of different cultural horizons takes place and new cultural experience is gained by all participants (both students and teachers), all participants "enter a new cultural territory" and cross limits of own heterogeneous culture. When analysing diversity in the school classroom, the possibilities and high potential for application of hermeneutic pedagogy principles have been found out. Hermeneutic pedagogy encompasses development because life practice, for instance, communication with representatives of another culture, school community, when new expansions of cultural horizons and fusion form through appropriate educational practices, is interpreted. Else, if education is based on the concept of a single-dimensional identity constructed by the system and the knowing constructed by the system, then the dominating homogenising culture or community inevitably colonises voices of minorities (in this case, students holding other identities).

The experiences of students-migrants that have been pointed out during the empirical research demonstrate hybridity and fluidity of the identity and reveal the need to find the appropriate strategies in the process of education which could facilitate the spreading of this identity. These strategies, such as hermeneutic approach, empower these different cultural experiences in the classroom as a means, method of teaching and learning, when a student, talking about his/her own experience, worldview or perception, expands the field of perception of other students who have not experienced another culture, this way forming the awareness that there can be various interpretations and perceptions of the same phenomenon. Therefore, today the goal of education becomes not only the rendering-acceptance of formalised knowledge, but also tolerance towards otherness, acceptance of a different opinion/experience without diminishing it, but rather accepting it as one of the ways to self-develop the skills of transcultural competence already in the classroom.

During the interview, the teachers disclosed the tensions which arise to teachers, on the one hand, while observing cultural diversity of students and understanding the potential and value of the expansion of their cultural horizon through interaction and during the process of self-education. On the other hand, in their educational practice, teachers represent the dominating discourses: more common provisions of the state's identity policy and education policy, the concept of the functions attributed to the school by other institutions and various stakeholders, the mission and vision formulated by the school on how they seek to perform acculturation of students while developing their national identity, Lithuanianness which is explained as a project of ethnic and civic education. Considerations and expressions of teachers emphasise the need for discussion, negotiation and re-conceptualisation of the educational goals (what concept and type identity will be developed) at various levels – macro, mezzo and micro. Recently, these negotiations on identity proceed in society at the macro-level, when the idea of a global Lithuania, negative consequences of emigration of inhabitants, growing diversity caused by immigration and likely increase of labour migration as well as increased numbers of migrants as adequate to emigration processes are being discussed in media, political arenas and professional meetings. At the education level, the discussions on the global competences in the twenty-first century as the factors solving the challenges of the global society are discussed, also seeking to reconsider the strategies of identity development for Lithuania as a small nation, when importance of national identity as homogenising and homogeneous education is increasingly being emphasised by various local and national stakeholders as more relevant. At the mezzo and micro levels, these negotiations concerning identity development would mean application of new educational strategies and methods at the school, local community and classroom levels, when employment of certain approaches (e.g. hermeneutic) facilitates ***experiences of various, different participants*** (teachers, students holding different hybrid identities), cultural horizons interact and fuse, when multiple cultural experiences and practices occur beside manifestation of Lithuanian identity represented by the school and teachers (symbols, practices) and they take part in the "negotiations" of students.

## References

Alcoff, L. M. (2006). *Visible Identities: Race, Gender, and the Self.* Oxford: University Press.

Anthias, F. (2001). New Hybridities, Old Concepts: The Limits of 'Culture' in *Ethnic and Racial Studies.* Vol. 24(4), p. 619–641.

Appadurai, A. (2005). *Modernity at Large: Cultural Dimensions of Globalization (7th print.) Public worlds.* Vol. 1., Minneapolis: University of Minnesota Press.

Bauman, Z. (2000). *Liquid Modernity.* UK: Polity Press.

Bhabha, H. (1990). *Nation and Narration.* London: Routledge.

Burbules, N. C., Bruce, B. C. (2001). *Theory and Research on Teaching as Dialogue // Handbook of Research on Teaching* 4th ed. Virginia Richardson: University of Illinois.

Ceislik, A., Verkuyten, M. (2006). National, Ethnic and Religious Identities: Hybridity and the Case of the Polish Tatars // *National Identities.* Vol. 8, No. 2, June 2006, p. 77–93.

Estermann, J. (2010). *Interculturalidad: Vivir la diversidade* [Interculturality: Live in diversity]. La Paz: ISEATAhmed,

Fairfield, P. (2011). *Education, Dialogue and Hermeneutics.* Continuum International Publishing Group: New York, p. 1–5.

Fortier, A. M, Ahmed S., Castaneda, C. Shelle, M. (2003). *Uprootings/Regroundings: Questions of Home and Migration.* Oxford: Berg Publishers.

Gadamer, H. G. (2004). *Truth and Method.* London: Continuum Publishing Group.

Kostogriz, A., Tsolidis, G. (2008). Transcultural Literacy: Between the Global and the Local*Pedagogy, Culture & Society*, 16:2, p. 125–136

Lather, P. (1991). *Getting Smart: Feminist Research and Pedagogy with/in the Postmodern.* New York: Routledge.

Levitt, P., Schiller, G. (2004). Conceptualizing Simultaneity: A Transnational Social Field Perspective on Society // *International Migration Review.* Vol. 38, No. 3, p. 1002–1039.

Liberman, K. B. (1984). The Hermeneutics of Intercultural Communication // *Anthropological Linguistics*, Vol. 26 (1), 53–83.

Nederveen, P. J. (2001). Hybridity, So What? The Anti-Hybridity Backlash and the Riddles of Recognition // *Theory, Culture and Society.* Vol. 18, p. 219–245.

Phinney, J. (2001). Ethnic Identity, Immigration, and Well-Being: An Interactional Perspective//*Journal of Social Issue*, Vol. 57, No. 3, p. 493–510.

Santos, B. S. 1999. Towards a Multicultural Conception of Human Rights//*Spaces of Culture: City, Nation, World*, eds. S. Lash and M. Featherstone, London: Sage, 214–229.

Schröer, N. (2009). Hermeneutic Sociology of Knowledge for Intercultural Understanding. *Forum Qualitative Sozialforschung / Forum: Qualitative Social Research*, Vol. 10, No 1.

Sotiriou, P. (2012). *The Pedagogical Implications of Hans-Georg Gadamer's Hermeneutics.* Edwin Mellen Press: New York.

Sotirou, P. (1993). Articulating a Hermeneutic Pedagogy: The Philosophy of Interpretation // *Journal of Advanced Composition.* Vol. 13 (2), p. 365–80.

Verkuyten, M. (2004): Everyday Ways of Thinking about Multiculturalism. URL: https://journals.sagepub.com/doi/10.1177/1468796804040328 [04.05.2019].

Warnke, I. H. (ed.) (2009). *Deutsche Sprache und Kolonialismus. Aspekte der nationalen Kommunikation zwischen 1884 und 1919.* Berlin, New York: de Gruyter.

Gerd-Bodo von Carlsburg, Helmut Wehr

# Diversität und transkulturelle Kommunikation

**Abstract:** Social modernization (Megatrends) and social change lead to individualization and, at the same time, to globalization in socialization. The effects can be described as ambivalent. The intense use of digital media yields to mediated effects on the relationship and communication behaviour of *digital natives.* Hereby, it also correlates with the changed relationship to the societal and personal perception and normative basis. These modernization trends will be regarded in a differenciated and concrete manner, in view of the Milieu theory. Thus juvenile Milieus and Milieus of Immigrants will be explained by categories, graphics and schemata. Through this approach diversity is focussed clearer. This reflection has relevant consequences for the teaching and learning process in schools. According to that, globalization effects require appropriate, apposite and lifelong learning experience. This applies also to a corresponding democratic conflict culture.

**Zusammenfassung:** Gesellschaftliche Modernisierungsschübe (Megatrends) und sozialer Wandel führen zu Individualisierung und gleichzeitig zu Globalisierung im Sozialisationsgeschehen. Die Auswirkungen können durchaus als ambivalent bezeichnet werden. Die intensive Nutzung digitaler Medien bewirkt mediatisierte Auswirkungen auf das Beziehungs- und Kommunikationsverhalten der *digital natives.* Hiermit hängt auch das veränderte Verhältnis zwischen gesellschaftlicher und eigener (wahrnehmungs-)normativen Basis zusammen. Diese Modernisierungsschübe werden differenziert und konkretisiert in milieutheoretischen Begriffen, Grafiken und Schemata. Diese erläutern jugendliche und Migranten-Milieus, wodurch Diversität intensiver fokussiert werden kann. Diese Überlegungen zeitigen essentielle Konsequenzen für den schulischen Lehr- und Lernprozess. Diversitäre Globalisierungseffekte erfordern demnach auch angemessene, konvenable und lebenslange Lernerfahrungen, die ebenso eine entsprechende demokratische Konfliktkultur generieren.

**Keywords:** Cultural diversity, modernisation trends, lifelong learning experience

„Wer einen Dialog
Herbeiführen will
Muss sich herablassen
Herabneigen
von sich absehen
Sich zuwenden und zuneigen
Muss nicht besitzen wollen
Darf nicht besitzergreifend sein
Nur wenig Vorschriften machen
Besser keine
Gelegentlich vorsichtig
Empfehlungen anbieten
In besonderem Maße auf sich nehmen
Muss alle diese Tugenden doppelt und
dreifach handhaben
Mit der winzigen Hoffnung
Dass die Jugend mit der Jugend
Die unweigerlich nach ihr kommt
Ähnlich umgehen wird

Wer aber keinen Dialog
Mehr führen will
und meint
Seine Generation wäre die einzige

Unsichtbar die Hand darüber halten
Unhörbar anders denken
Sich nicht als Erwachsener aufspielen
Fehler nicht gleich als Schande
empfinden
Irrtümer gestatten
Dennoch das Recht haben sich Sorgen
Machen zu dürfen
Kummer aufspüren und teilen
Sich wechselseitig erziehen
Sich gegenseitig ernst nehmen
Zusammen essen und trinken
Die Phantasie fördern
Ungeduld creativieren
Aufbegehren durchhalten
Zusammen traurig sein
Nicht immer alles besser-wissen
Am besten nichts besser wissen
Sondern trösten
Ratlosigkeit teilen
Wärme herstellen
Bindungen spüren lassen
Liebe

Wer einen Dialog mit der Jugend
Führen will
Muss alle diese Anstrengungen
auf der Welt
Danach käme nichts mehr
Und davor wäre auch nichts gewesen
Dem ist anscheinend

Alle Würde des Menschen
Abhanden gekommen
In dem ist dann wohl kein langer Atem
Weder Furcht noch Phantasie
der befiehlt nur noch
Verordnet kontrolliert
Erzieht drastisch
Kalt und ohne religio
Unpolitisch und ohne Bindung
Dies ist schon bei vielen der Fall
Und kann uns allen geschehen
den Alten und den Jungen
Wenn wir nicht mehr miteinander reden
Streiten essen Pläne machen
Uns an die Hand nehmen
Uns umarmen
Lebewesen die wir sind
Verloren die wir sind
Wenn wir uns nicht mehr
Umarmen können
Und Frieden machen“
(Hüsch 2007, S. 49ff.)

# 1 Einleitende Bemerkungen

## Gesellschaftlicher Wandel[1]

### *Globalisierung/Individualisierung in einer transkulturell bestimmten digitalen Informationsgesellschaft*

Die Existenz einer sich im ‚Internet-Zeitalter‘ verändernden Informationsgesellschaft lässt sich jedem Konsumenten unseres sog. wissenschaftlich-technischen Fortschritts und den damit einhergehenden rasanten Veralterungsdaten von Erfahrung und Wissen am besten an folgendem Beispiel erläutern: *Wenn ein Kunde heute*

1 Die Kapitel 1 u. 2 dieses Beitrags stellen eine stark überarbeitete und sehr verkürzte Fassung der Kap. 1 u. 2 folgenden Artikels dar: Reinert v. Carlsburg, G.-B./Wehr,

*einen PC kauft, so ist dieses Gerät angesichts der atemlosen Wissens- und Marktexplosion morgen schon teilweise technisch ‚veraltet' und damit billiger erwerbbar.*

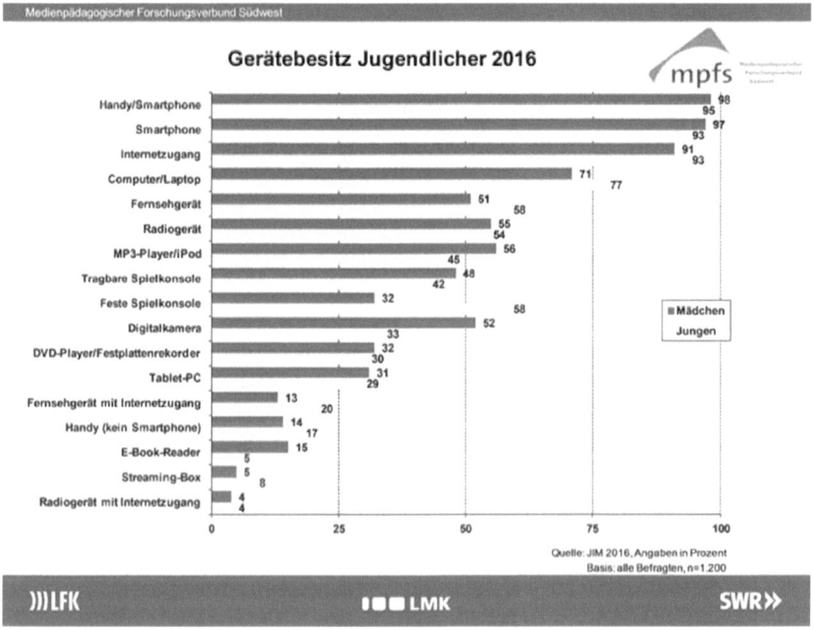


**Abb. 1:** Quelle: Medienpädagogischer Forschungsverbund Südwest: JIM 2016

Diese intensive Marktdurchdringung hat Auswirkungen in und für die alltägliche Kommunikation, die durch eine zunehmende Mediatisierung[2]/Web: 2.0/Vernetzung/Digitalisierung: Smartphones (Verbreitung von fast 100%), Tablets z.B. in der Ökonomie (Industrie 4.0, Smart Service, Smart Data, Smarthome, Smartliving [Digitalisierung der Wohn- und Lebensumgebung], Cloud-Computing, Assistenzsystem in Autos, Küchenmaschinen) usw. auch gerade *transkulturell* bestimmt

H.: Plädoyer für eine neue Gesprächskultur in der Schule. In: Reinert [v. Carlsburg], G.-B./Musteikienė, I. (Hrsg.): Erziehungswandel und moderne pädagogische Verfahren. Frankfurt a.M. 2001, S. 31–58.

2 https://www.bmwi.de/Navigation/DE/Themen/themen.html?cl2Categories_LeadKeyword=digitale-technologien [23.12.2018]; https://www.klicksafe.de/themen/kommunizieren/smartphones/smartphones-kinderjugendliche [23.12.2018]; zum ökonomischen Schaden Deutsches Institut für Vertrauen und Sicherheit im Internet: https://www.divsi.de/cyber-mobbing-wer-schuetzt-die-kinder/ [23.12.2018].

wird. Leider strömen auch Probleme durch Missbrauch in den Alltag: Darknet, Cyber-Kriminalität, Cybermobbing, Hate Speech.

Die ökonomischen Strukturen der digitalen Globalisierung vor allem der Finanzmärkte verändern das soziale Klima der Gesellschaft.

Desgleichen scheint sich die postfaktische Gesellschaft durch die Schattenseiten der Digitalisierung: via Daten-Schatten, Fake News, Social Bots, Trolle, Cyber Mobbing zu entsolidarisieren, was zu einem Empathieverlust (Eissele 2009) und zu einer Desorientierungs- und Sinnkrise führen kann.

Der globalisierte Markt als Zentrale im ‚weltweiten Spiel' überwindet die Grenzen nationalstaatlicher Enge und lässt wissenschaftlich-technische Rationalität im Sinne ökonomischer Rationalisierung sich exponentiell fortschreiben. Die Flexibilität und Mobilität der ökonomischen Sachzwänge setzt Energien frei, die sich als beschleunigter sozialer Wandel dokumentieren und im Begriff der Risiko-, Erlebnis- oder Stressgesellschaft je nach Erkenntnisinteresse diskutiert werden.

Gilt in einer weltweiten Risikogesellschaft (Beck 1986; 1997a-c) das Hauptinteresse dem Zusammenhang von Globalisierung, Individualisierung, Freiheit und deren Ambivalenzen, so betont die Theorie der Erlebnisgesellschaft (Schulze 1992) die milieutypischen (positiven) Innenansichten der „Zweiten Moderne", wohingegen die Theorie der Stressgesellschaft (Fritzsche 1998) die ‚neue Furcht vor der – individualisierten – Freiheit' (Fritzsche 1998) und deren demokratische Bewältigungsmechanismen anvisiert.

Individualisierung bietet eben auch eine neue Chance für Autoritarismus, Xenophobie, Rechtsextremismus und andere Fundamentalismen. Die Risiken der Zweiten Moderne schlagen auf die Bürger*innen durch, deren soziale Identitäten als Demokraten, Erwerbstätige, Konsumenten und Teilnehmer öffentlicher Kultur grundlegende Wandlungen erfahren.

Anhand von Beck (1986) soll die individualisierte und globalisierte Gesellschaft der Zweiten Moderne kurz skizziert werden. Der wissenschaftlich-technische und ökonomische (Werte-) Wandel erfährt seine Impulse aus der Produktions- und Reproduktionssphäre, er hat durch seine Dynamik Freiheits- und Emanzipationsräume eröffnet – und damit den Grundstein zu einer Selbstautorisierung des Individuums gelegt. (Beck 1997a, S. 9f.) Der Alltag wird von einem Mehr an Freiheits- und Entscheidungsgraden geprägt, was ein „Zeitalter des eigenen Lebens" (Beck 1997a, S. 20) mit der Dominanz von Selbstentfaltungswerten und selbstgestalteter Biographie impliziert. Gleichzeitig jedoch beginnt mit der sozialen Dynamik auch das Erscheinen der Schattenseite einer Individualisierung sich auszubreiten: die Wiederkehr von Verunsicherung und Risikokonstellationen, damit eine Gefahr von Arbeitslosigkeit, Erosion des Wohlstandes als auch Ausschluss von Konsumangeboten, was letztlich die Angst vor der Freiheit einschließt. Wenn die Freiheit zum Käfig wird, wird leicht die Freiheit des Käfigs gesucht, ein Topos, den schon Fromm (1941a) und Fritzsche (1998) vertieften. Hier gelingt es, nur rezeptive Freiheitspotentiale zu nutzen: Habenwollen, Konsumieren (Beck 1997c, S. 382f.), also Freiheit von unkontrollierten, heteronomen Bindungen, nicht

Freiheit zu positiv zu wählenden Überzeugungen, Normen, Ziele ... (vgl. Fromm 19941a; Fritzsche 1998, S. 54f.)

## 2 Gesellschaftliche Probleme

### Gesellschaftliche Desorientierung, Risiko-, Erlebnisgesellschaft, globalisierte transkulturelle Informationsgesellschaft, Politik(er)verdrossenheit und Populismus

**Abb. 2:** Immanuel Kant (1724–1804) (aus: Kant 1982, S. 4)

Die Innendimension der sozialen Dynamik wird gleichfalls betont in der von Schulze (1993) formulierten ‚Theorie der Erlebnisgesellschaft'. Individuen der modernen Gesellschaft erfahren ihr Leben unter einer zunehmenden *transkulturell* orientierten Erlebnis- und Freizeitorientierung, die zur Ästhetisierung des Alltagslebens führt – mindestens seit Immanuel Kant – und deren verschiedene Varianten sich letztlich in Stiltypen und sozialen Milieus offenbaren. Erweiterung der Möglichkeitsräume bedeutet somit Ausweitung der Konsumpotentiale. Psyche, Beziehung, Familie, Biographie, Körper; all dies gilt zunehmend als machbar, reparierbar, revidierbar – zumindest für die „Sonnenkinder der Individualisierung". (Fritzsche 1998, S. 139f.)

Die Erweiterung der Möglichkeiten führt zu einem Wandel der Lebensauffassungen: Innenorientierte Lebensauffassungen bestimmen das gegenwärtige Bild unserer Gesellschaft, äußerlich sichtbar, insbesondere im Bereich des *Erlebnismarktes* in Form der Ästhetisierung und Pseudo-Ästhetisierung von Produkten, sodass man von einer Ästhetisierung des Alltagslebens sprechen kann. Damit entsteht gleichzeitig auch der Zwang zum Wählen und ergibt sich als Konsequenz sozialer Stress in den Lebenswelten riskanter Freiheiten sowohl für „Sonnenkinder" als auch für „Sorgenkinder der Freiheit". (Fritzsche 1998) Zusätzlich problematisch erscheint, dass ein Marktfundamentalismus und das damit einhergehende skeptische Menschenbild, ein „globaler Kapitalismus ... den Wertkern der Arbeitsgesellschaft auf[löst]" (Beck 1997a, S. 22), was als Konsequenz eine legitimatorisch-normative Erosion impliziert. Es ist ein Circulus vitiosus: traditionelle Identitätsbildung über Religion, staatliche Zugehörigkeit, (Erwerbs-)Arbeit (und Konsum) müssen durch neue Integrationsmechanismen ersetzt werden, um zu einer *freien Assoziationskunst* (Beck 1997a-c), zum Lernen einer identitätsfördernden *Kompetenz zur Freiheit* (Fritzsche 1998, S. 145f.) zu gelangen.

Andererseits greift Heitmeyers (1993; 1994) Desintegrationstheorem, das die Entwicklung der heutigen Gesellschaft durch das „Doppelgesicht" der zunehmenden Individualisierung (vgl. Fritzsche 1998, S. 45f.) kennzeichnet: Das Orientierungsdilemma wirkt auch als Desintegration. In der subjektiven Verarbeitung nehmen viele, vor allem die „Sorgenkinder der Freiheit" (Fritzsche 1998, S. 127f.) statt Chancenwahl eher die Belastungen und Risiken dieser Entwicklung wahr: soziale Bindungslosigkeit, Konkurrenz, Ohnmachtsgefühle und Orientierungsnot. Denn für die Jugendlichen produzieren die modernen Individualisierungsschübe vor allem einen erheblichen Selbstbehauptungsdruck in kommunikativen und sozialisatorischen Bezügen.

Die mit der Digitalisierung einhergehende Entgrenzung (Funk 2011) und Anonymisierung der Kommunikation fördert demokratiegefährdende Bewegungen wie den (europäischen) Populismus: u.a. Le Pen, Wilders, Erdoğan, Orban, AfD, Reichbürger, die eine Wiederkehr des ‚autoritären Charakters'[3] signalisieren? Merkmale wie: Berufung auf den common sense, Anti-Elitarismus, Anti-Intellektualismus, Antipolitik, Institutionenfeindlichkeit sowie Moralisierung (Stehr 2007), Polarisierung und Personalisierung der Politik[4] ähneln sehr den von Horkheimer (1936) und von Adorno aufgezählten Charakteristika des ‚autoritären Charakters'[5]. Symptomatisch hier, dass 37% der Deutschen populistischen

3 Vgl. Horkheimer/Adorno (1962); Adorno (1956; 1979); Horkheimer ([1936]/1968) u.a.

4 http://www.bpb.de/politik/extremismus/rechtsextremismus/41192/was-ist-rechtspopulismus?p=all [13.03.2017]; besonders: Aus Politik und Zeitgeschichte 5–6/2012.

5 Horkheimer ([1936]/1968, S. 95–161); Adorno (1973, S. 46–61): *Konventionalismus*, d.h. die starre Bindung an die Konventionen und Werte des Mittelstandes, die allerdings „äußeren Mächten folgend" „guten Gewissens" ausgetauscht werden können. *Autoritäre Unterwürfigkeit*, die unkritische Unterwerfung unter die Autoritäten und Normen der Eigen-Gruppe vermittelt eine indirekte Teilhabe an der verehrten Macht. Dies ist die „masochistische" Komponente des Autoritarismus. *Autoritäre Aggression*, die Tendenz, Andere abzulehnen, zu verurteilen und zu bestrafen wird

Thesen zustimmen (Badische Neueste Nachrichten, 26.07.2017). Dies scheint ein Rückgriff auf die „Grundfigur des autoritären Charakters“ zu sein (Fritzsche/Knepper 1993, S. 17), dem alltagssprachlich sogenannten ‚Radfahrer‘, der nach oben buckelt, nach unten tritt. Dies in Widerspruch zum demokratisch-mündigen Staatsbürger, der dialog-, konsens- und partizipativ handlungsfähig in unserer Gesellschaft agieren kann.

## Individualisierung und Globalisierung im Alltag

Die wissenschaftlich-soziale und ökonomische Dynamik verdrängt in nahezu allen Lebensbereichen durch Expertenwissen tradiertes Alltagswissen und lässt immer mehr Menschen auch im Privatleben zu inkompetenten ‚Amateuren‘ und Laien werden, mit der Tendenz, immer mehr Tätigkeiten und Entscheidungen an – vermeintlich oder tatsächlich – professionelle Experten zu überantworten. Der Einzelne wird leicht zur Marionette medialer Übersteuerungen. Diese Entwicklung geht einher mit der sich parallel vollziehenden digitalen Informatisierung des sozialen (transkulturellen) Umfelds.

## Gesellschaftlicher Wandel – Veränderung der Sozialisationsbedingungen

Nach Hensel (1995) zeigen sich im gesellschaftlichen Wandel der Primärsozialisation folgende Veränderungen:

1. brüchige Partnerbeziehungen
2. Einelternfamilie
3. Berufstätigkeit meistens beider Elternteile

als „sadistische“ Komponente deutlich. Hierbei wird das „Sündenbocksyndrom“ als Verdrängungsmechanismus deutlich, der die aggressiven Impulse, die sich auf die Autoritäten richten, verdrängt. *Anti-Intrazeption*, d.h. Subjektives, Phantasievolles abzuwehren. *Stereotypie*, die Disposition in rigiden Kategorien zu denken. *Machtdenken*, d.h. Betonen des Machtaspektes in zwischenmenschlicher Kommunikation, Betonen des „Männlichen“ und das Denken in Kategorien wie schwach vs. stark, Herrschaft vs. Unterwerfung (Ticket-Denken). *Destruktivität*, eine allgemeine Feindseligkeit. *Projektivität*, die Disposition, unbewusste Triebregungen auf andere der (sozialen) Außenwelt zu verschieben. *Sexualität*, womit die übertriebene Beschäftigung mit sexuellen Vorgängen gemeint ist. Vgl. auch den Vortrag von Almuth Bruder-Brezel (05.07.2016): Die Wiederkehr des Autoritären – Pegida und mehr. Berlin: https://www.youtube.com/watch?v=kXdv4JN4VBg; ebenso https://le-bohemien.net/2017/07/13/faschismus-eine-wiederkehr/#comments: Faschismus als autoritärer Charakter& https://makroskop.eu/2017/06/faschismus-eine-wiederkehr/ [17.09.2017].

4. Nebeneinanderleben von Eltern und Kindern, kaum gemeinsame Aktivitäten
5. finanzieller Ausgleich statt emotionaler Zuwendung
6. intensiver (Gewalt-)Medienkonsum (Horror-/Actionfilme)
7. Desinteresse am Unterricht und seinen sozialen Normen
8. geringe Kontrolle eigenen Verhaltens und hedonistische Bedürfnisbefriedigung

## Funktionswandel der Familie und ihrer Strukturen – Demokratisierung der Familie?

Die Familie, als wichtigster und intimster Sozialisationsraum für Kinder, ist einem grundlegenden Wandel unterworfen, wobei die zu beobachtenden Entwicklungen nicht ohne Einfluss auf das Erleben von Familienbeziehungen, auf das Ausmaß an familiären Kontakten und die Freizeitaktivitäten der Kinder bleiben.

Die Tendenz zu weniger Kindern hat dazu geführt, dass heute etwa ein Drittel aller Kinder – zumindest zeitweilig – als Einzelkinder aufwächst. Damit entfallen für diese Kinder und Jugendlichen auch die sozialen Kommunikations-Kontakte zu Geschwistern und deren Freundeskreis (Peer-group). Aufgrund des Ansteigens nichtehelicher Geburten und der Zahl der Kinder in getrennten oder geschiedenen Partnerschaften wächst der Anteil der Kinder und Jugendlichen in Einelternfamilien (derzeit sind es rund 12%). Sie erfahren damit eine Reduktion von (Gratis-) Sozialkontakten, z.B. Verwandtschaft, enge freundschaftliche, geschwisterliche (Vertrauens-)Beziehungen, und müssen zudem zumindest zeitweise mit nur einem Elternteil vorliebnehmen, sodass sie nicht selten erhebliche Zeiten bei Betreuungspersonen (Tagesmüttern) oder in betreuenden Einrichtungen (Horte) oder allein zu Hause (Fernsehen) verbringen.

Aufgrund konflikthafter und wechselnder Familienverhältnisse (z.B. Scheidung, Tod ...) werden Kinder sozialem Stress ausgesetzt. Bei etwa 30% dieser Kinder und Jugendlichen sind die Eltern bzw. der Elternteil wöchentlich mehr als 20 Stunden erwerbstätig. Hier fehlt oft die gemeinsam verbrachte Zeit, die kommunikative Kompetenzen einüben kann.

## Zunehmende Kluft zwischen Eltern, Kindern und Jugendlichen

Während früher die Bedeutung der Peer-group mit zunehmendem Alter zurückging, erkennt man nun einen umgekehrten Trend, geprägt von starker Anziehungskraft gleichaltriger Jugendlicher, verknüpft durch Orientierung an der Meinung des Opinionleaders. Diese Erkenntnis darf jedoch nicht darüber hinwegtäuschen, dass andererseits eine zunehmende Kluft zwischen Eltern und ihren Kindern und Jugendlichen beobachtet wird. Das Auseinanderdriften zwischen Eltern und Kindern wird auch in anderen Lebensfragen deutlich.

Trotz eines Auseinanderdriftens der Lebenswelten zwischen Kindern und Eltern bleibt die formale Absicht bestehen, hochwertige Schulabschlüsse als Signal persönlichen Erziehungserfolgs zu werten. Ein weiteres Elternziel besteht darin, dass ihr Kind sich als *erfolgreich* in der sich zuspitzenden globalen Konkurrenz um künftige Arbeitsplätze behaupten soll (siehe die Diskussion um die Greencard). Hierbei werden vielfach die intellektuellen, motivationalen und sozio-emotionalen, auch transkulturellen Ressourcen zu wenig gewürdigt.

‚Fun and Action' werden zu zentralen Alltags-Themen der „Spaßgeneration". Deutlich wird jedoch auch, dass die ‚Szene' in verschiedene „Stämme" zerfällt: Punk, Grunge, Hip-Hop, Skater, Trend-Sportler, Techno, Computer-Kids, Girlies, Skins, Faschos, Schickies, Grufties, Rockabillies, religiöse Freaks, Engagierte, Alternative ... (Erziehung und Wissenschaft [1996], H. 2, S. 6ff.)

Alle Ergebnisse seit ca. 20 Jahren, seit der 13. Shell-Jugendstudie „Jugend 2000", weisen aber wieder in eine Gegenrichtung, eine Renaissance sozialer Bezüge: Die Familie nimmt jetzt wieder einen höheren Stellenwert ein, der Elternpart wird weniger kritisch gesehen und erneut partnerschaftlich(er) wahrgenommen (Frankfurter Allgemeine Zeitung vom 28.03.00, S. 11), wobei hier auch durch die Migration ein Umdenken befördert wurde.

Gleichzeitig schafft der ökonomisch-sozial-digitale Fortschritt, dass soziale Ungleichheiten/Ungerechtigkeiten sich zu sozialem Sprengstoff entwickeln können: „Heuschrecken vs. Hartz 4", und besonders problematisch: Jedes 5. Kind ist von Armut bedroht[6]. Hieraus entwickelt sich eine Schere materieller Ungerechtigkeit (Oxfam-Jahresbericht 2017/18), vor allem bei Alleinerziehenden und kinderreichen Familien, einher damit geht ein Auseinanderdriften von Besitzenden und Nicht-Besitzenden – auch in Deutschland (Alte Bundesländer 100% vs. 71% Neue Bundesländer).[7]

Die Konsequenzen der Globalisierung führen vielfach zu einer Hinwendung zu Populismen und radikaleren politischen Überzeugungen, wie es die Wahlerfolge der AfD und anderer rechtspopulistischer Parteien in Europa deutlich machen, ebenso massive Gewaltexzesse.

Verstärkt wird dieser Risiko-Trend durch Umweltprobleme: Irma, Erdbeben in Mexiko, Überschwemmung und Erdbeben in Italien, Herbststurm in Deutschland (Sebastian) etc. So wird die gesellschaftliche Gegenwart geprägt von

6 https://www.bmfsfj.de/blob/93196/b8a3571f0b33e9d4152d410c1a7db6ee/8--familienbericht-data.pdf; https://www.dkhw.de/unsere-arbeit/schwerpunkte/kinderarmut-in-deutschland/ [23.12.2018].

7 http://www.armuts-und-reichtumsbericht.de/DE/Startseite/start.html//; http://www.armuts-und-reichtumsbericht.de/SharedDocs/Downloads/Berichte/5-arb-kurzfassung.pdf?_blob=publicationFile&v=4 [12.09.2017]. Die Summe aller Nettogesamtvermögen in Deutschland betrug im Jahr 2013 nach den Daten der Einkommens- und Verbrauchsstichprobe rund 4,9 Billionen Euro und damit im Durchschnitt rund 123.000 Euro je Haushalt. Vgl. auch https://www.oxfam.de/unsere-arbeit/themen/soziale-ungleichheit//laender/deutschland [16.09.2017].

Ängsten und Fluchttendenzen („German angst"), auch verfestigt durch (islamistische) Gewalt: Syrien/Irak (Bürgerkrieg, IS), Gewalt in Myanmar gegen Rohingya (Ashin Wirathu), terroristische Anschläge: Nizza, Berlin, Jerusalem, (IS/Boko Haram, Abu Sayyaf) und Gewaltexzesse wie in Hamburg beim G20-Gipfel. Die Migrationsbewegungen (Mittelmeer/Balkan-Spanien-Route) bewirken in den Zielländern neben einer Willkommenskultur und dem hohen Engagement von Ehrenamtlichen starke Ängste, gefestigt durch Vorkommnisse wie Silvester 2016 in Köln, Mord von Hussein K. in Freiburg (2017) etc.

Dies führt in der Konsequenz zu den ***7 stärksten Ängsten der Deutschen***[8]:

„1. Terror (71 Prozent)
2. politischer Extremismus (62 Prozent)
3. Spannungen zwischen Deutschen und bereits hier lebenden Ausländern aufgrund des Zuzuges von Ausländern (61 Prozent)
4. Naturkatastrophen, Schadstoffe in Lebensmitteln, Kosten für die Steuerzahler durch die EU-Schuldenkrise (jeweils 58 Prozent)
5. Überforderung von deutschen Behörden durch Flüchtlinge (57 Prozent)
6. Überforderung der Politiker (55 Prozent)
7. im Alter pflegebedürftig zu werden (52 Prozent)".

Diese entsichert-entgrenzten Ängste konkretisieren sich allzu schnell in einem *aggressiven* und *chauvinistischen Rassismus* (Heitmeyer 2011) mit folgenden Aspekten, s. „Gruppenbezogene Menschenfeindlichkeit" (**G**ruppenbezogene_-**M**enschen_**F**eindlichkeit [GMF])[9]:

8 R+V-Versicherung „Die Ängste der Deutschen", veröffentlicht URL: http://www.stuttgarter-nachrichten.de/inhalt.studie-die-aengste-der-deutschen-2017-top-angst-vor-terror.a4f31f7c-1900-4702-a41b-f23c6d444bec.html [24.12.2018]; https://www.ruv.de/presse/aengste-der-deutschen/presseinformation-aengste-der-deutschen-2017 [12.09.2017].

9 Grafik Heitmeyer: Elemente GMF-Syndrom (c) Uni-Bielefeld IKG: https://bagkr.de/ueber-uns/gruppenbezogene-menschenfeindlichkeit/ [30.12.2018], ebenso: https://www.uni-bielefeld.de/ikg/Handout_Fassung_Montag_1212.pdf vom 12.12.2011, S. 2 [30.12.2018]; vgl. auch: https://bagkr.de/wp-content/uploads/2018/07/IKG_2005_Heitmeyer_GMF-Konzept_Ergebnisse2002-04.pdf [30.12.2018].

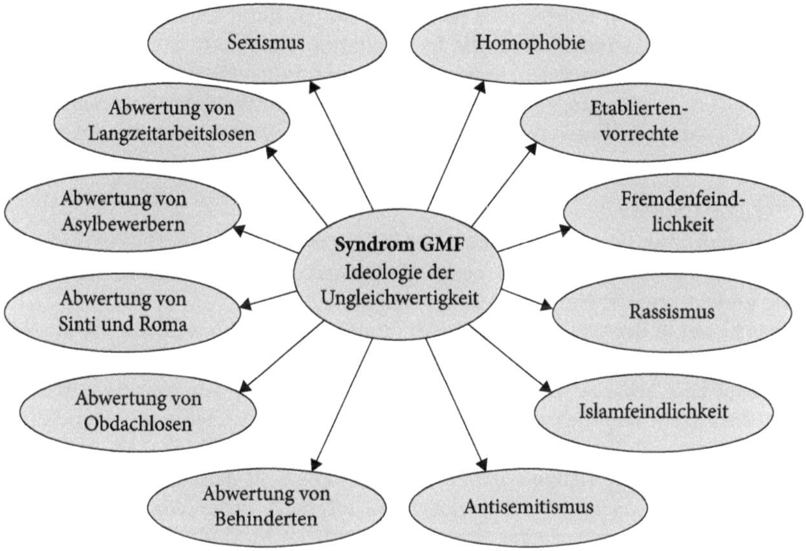


**Abb. 3:** Gruppenbezogene Menschenfeindlichkeit (Heitmeyer 2011/12)

Dies initiiert das von Fromm schon 1940 beschriebene Muster der *Furcht und Flucht vor der Freiheit*[10] (Fromm 1941a; Fritzsche/Knepper 1993, S. 14ff.), das von Fritzsche (Magdeburg) aktualisiert und durch „sozialen Stress“ als Ursache konkretisiert wurde. Problematisch wird diese Haltung durch das Verhaltensmuster, überkomplexe ökonomische, politische und soziale Situationen durch einfache Problem-„Lösungen“ lösen zu wollen. Diese sind suboptimal und verstärken Entfremdungs- und Sündenbockphänomene. Dies erhöht den gesellschaftlichen

10 „Unser heutiges Leben in der Industriegesellschaft arbeitet fast ausschließlich mit derartigen ‚einfachen Reizen‘. Stimuliert werden dabei Triebe wie sexuelles Begehren, Gier, Sadismus, Destruktivität und Narzißmus. Vermittelt werden diese Reize durch Filme, Fernsehen, Radio, Zeitungen, Magazine und den Gebrauchsgütermarkt. Im Großen und Ganzen beruht die gesamte Reklame auf der Stimulierung von Wünschen, die durch die Gesellschaft erzeugt werden. Der Mechanismus ist immer der gleiche: einfache Stimulation – direkte und passive Reaktion. Hierin liegt der Grund, weshalb die Reize sich ständig ändern müssen, um nicht ihre Wirkung zu verlieren.“ (Fromm [1973a, GA VII, S. 217]) Fromm spricht deshalb auch von einer „Pathologie der Normalität“ (Fromm [1955a, GA IV, S. 13ff.]; 1973a, GA VII, S. 220ff.), die eine „Revolution der Hoffnung“ benötigt (Fromm [1968a/GA IV, S. 255–377]), um „Wege aus einer kranken Gesellschaft“ (1955a/GA IV, S. 1–254) zu suchen und auch finden zu können.

Anpassungsdruck, in Konsequenz hieße das, das im Konformismus Identitätsprobleme entwickelt werden, denn die Identifikation via Handy, Auto, Haus, Mode (Fashion Victim), Einkommen, Reisen, also Besitztümer – Haben im Sinne Fromms (1976a/GA II, S. 269–414; 1989a [1974–75]/GA XII, S. 393–483) – lässt Selbstwirksamkeit[11], personale Entwicklung und damit individuelle Ressourcen verkümmern.

## Fazit

Gesellschaftliche, d.h. ökonomisch-technische und individuelle Dynamiken werden durch den beschleunigten sozial-globalisierten Wandel *hybrid* vernetzt in Gang gesetzt, *hybride* Korrespondenzen entwickelt.

Das Leben in der Wissensgesellschaft (Stehr 2006, S. 97f.) wird vor allem erlebt durch *Entgrenzung*, Flexibilität und Mobilität sowie durch Enttraditionalisierung, *Migration*. Dies bedeutet auf der einen Seite eine Befreiung von historisch gewachsenen Zwängen, aber dieser Freiheitszuwachs impliziert bei fehlenden Handlungskompetenzen und Ressourcen eine gewisse „Vertreibung" (Keupp 2006, S. 14) bzw. „Disembedding", wie Keupp (2003, S. 4; ders. 2006, S. 4) dieses Phänomen nennt, das verdeutlicht, dass Individuen durch die intensive sozio-ökonomisch-technische Dynamik aus sicherheitsgewährenden sozialen Strukturen herausfallen, sie in einer überkomplexen Umwelt orientierungslos und damit handlungsunfähig werden können.

Dieser Dynamik liegen folgende ***Megatrends***[12] zugrunde:

---

11 "[S]atisfaction of the needs for autonomy, competence, and relatedness", p. 75, "basic need, whether it be a physiological need [...] or a psychological need, is an energizing state that, if satisfied, conduces toward health and well-being", p. 74; Ryan, Richard M., Deci, Edward L. (2000): Self-Determination Theory and the Facilitation of Intrinsic Motivation, Social Development, and Well-Being. In: American Psychologist, January, pp. 68–78.

12 http://www.zukunftsstark.org/megatrends// https://www.marketingscout.com [08.09.2017].

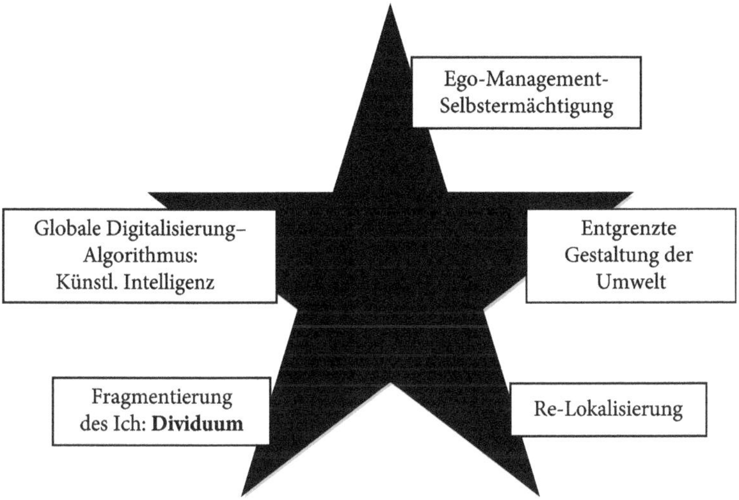


**Abb. 4:** Megatrends

Die aufgezeigten Probleme: gruppenspezifische Menschenfeindlichkeit, Populismus und gesellschaftlich vermittelte Ängste gestalten es zu einer pädagogischen Herausforderung, eine angemessene kulturfaire und herrschaftsfreie Kommunikation zu realisieren, stehen jeder *Transkulturalität* entgegen und schaffen eigene nationale/ regional Homogenitäten, die jeglicher globaler Hybridität entgegenstehen.

Hierzu ist die Anerkennung von Diversität vonnöten, um eine Kommunikation der Vielfalt in pädagogischen Zusammenhängen zu realisieren.

„Diversität"[13] wird meist mit dem Begriff der ‚Vielfalt' übersetzt. Vielfalt bezieht sich auf Lebenslagen von Menschen und beschreibt deren Unterschiedlichkeiten mit Blick auf Kategorien wie Geschlecht, ethnische und soziale Herkunft, sexuelle Orientierung, Religion und Weltanschauung, Alter und körperliche sowie geistige Kapazitäten. Diversität stellt den Eigenwert von Vielfalt und Vielgestaltigkeit/Verschiedenartigkeit von *Transkulturalität* heraus. Diversität versucht demnach neben der Homogenität die Unterschiedlichkeit der Einzelnen, also produktives Potenzial, zu entwickeln.

Als Voraussetzung für einen fairen und herrschaftsfreien Diskurs postuliert Habermas in seiner „Theorie des kommunikativen Handelns" (1981, Bd. 2, S. 548–562) die Geltung von ‚Wahrheit – Richtigkeit – Wahrhaftigkeit –Verständlichkeit'. Hier soll im Dialog die Differenz von Sein und Schein, Sein und Sollen, Wesen und Erscheinung, Zeichen und Bedeutung transparent werden. Im Prozess kognitiven, moralischen und selbstreflexiven Lernens gilt es, Objektivität, Normativität,

13 Vgl.: http://www.genderkompetenz.info/gendermainstreaming/strategie/diversity_management/ [18.08.2018].

Subjektivität und Intersubjektivität zu differenzieren. Habermas (ebd., S. 45) unterscheidet folgende Diskurse: ‚empirischer, praktischer, therapeutischer, wissenschaftlicher, theoretischer, ästhetischer und explikativer Diskurs'. Diese münden in ihrer Gesamtheit in das „unendliche Gespräch" Bubers[14]. Allerdings sind diese utopische Perspektiven, ‚technisch' auf unterrichtlichen Lernzielebenen nicht realisierbar. Sie sind nur in einem lebenslangen Selbstbildungsprozess anzusteuern. In diesem kann die für den Dialog notwendige inter-, *multikulturelle Handlungskompetenz* mit folgenden Einstellungen angepeilt werden: Egalität, Toleranz, Respekt, Weltoffenheit, also einer Form der Selbstkompetenz; auch muss das postulierte inter-, multikulturelle Wissen über die eigene und fremde Kultur und inter-, *multikulturelle Kommunikation* in Sachkompetenz basieren; sowie die Fähigkeiten des inter-, *multikulturellen Verstehens* und Verständigens muss als Sozialkompetenz eingeübt werden. Hierzu ist es notwendig, die Selbstwirksamkeit der kommunizierenden Subjekte zu stärken:

Daher ist folgender Schritt als *Paradigmenwechsel* erforderlich:

## 3 Von der belehrten zur lernenden transkulturell-orientierten Gesellschaft

Da die Schule auch unter modernen gesellschaftlichen Bedingungen immer eine ‚gesellschaftliche Funktion' zu erfüllen hat (Wilhelm Dilthey [1960/61, insb. 205–231]) ist, soll sie für die Gesellschaft verschiedene Leistungen erbringt.

Während man sich in Zeiten der Stagnation oder Rezession um die *Legitimierung* selektiver Maßnahmen bemüht, kommt eine *Absorptionsfunktion* hinzu, hierbei übernehmen und übernahmen die Bildungsinstitutionen zu allen Zeiten auch die Funktion, Menschen vom Arbeitsmarkt zu absorbieren. Die schulische Kulturüberlieferung darf dabei aber nicht rückwärts, sondern muss vorwärts gewandt sein. Sie soll durch die Übereinstimmung der Generationen kulturelle Identität stiften und weiterentwickeln. Also neben der *Anpassungsleistung* der Schule muss die *Innovationsfunktion* stärker in den Mittelpunkt geraten, denn nur in der *allen* Kindern gemeinsamen Institution Schule lässt sich Pluralität und *Transkulturalität* noch auf einen in und für die Zukunft auszuhandelnden gemeinsamen Nenner bringen. (vgl. Nyssen/Schön 1995, S. 134f.)

Traditionelle Normen und Werte sind relativiert oder unverbindlich geworden (Desorientierung). In der Vergangenheit probate politische Lösungswege sind versandet. Gesamtgesellschaftliche Sinn- und Orientierungsdefizite sind unübersehbar.

> „Man nehme, was man will: Gott, Natur, Wahrheit, Wissenschaft, Technologie, Moral, Liebe, Ehe – die Moderne verwandelt alles in ‚riskante Freiheiten'. Alle Metaphysik,

---

14 Buber, M.: ‚Ich und Du'. In: Buber, M. (1965): Das dialogische Prinzip. Heidelberg, S. 7–136; Buber, M. ($^{5}$1982): Das Problem des Menschen. Heidelberg; Wehr, G. (1977): Der deutsche Jude – Martin Buber. München; Wolf, S. (1992): Martin Buber – zur Einführung. Hamburg.

alle Transzendenz, alle Notwendigkeit und Sicherheit wird durch Artistik ersetzt." (Beck/Beck-Gernsheim 1994, S. 11)

Für Jugendliche hat dies zur Folge, dass Bildungs-, Ausbildungs- und Arbeitsmarktchancen nicht mehr linear planbar sind, Schicht- bzw. Milieuzugehörigkeit, Geschlechtszugehörigkeit und ethnische Zugehörigkeit bleiben neben dem Schulabschluss wichtig, sie fördern oder behindern den Einstieg vom Bildungs- ins Beschäftigungssystem. Mädchen und ausländische Jugendliche werden vom Ausbildungs- und Beschäftigungssystem bei vergleichbaren Schulabschlüssen allzu leicht benachteiligt.

Für das Wahren von beruflichen Zukunftschancen in der risikoreichen Informationsgesellschaft fordern Otto/Sonntag (1985) und Wehr/v. Carlsburg ([5]2018):

1. Fähigkeit zur Flexibilität und autonomen Lernkulturen
2. Fähigkeit zu divergierendem, konkludierendem und abstraktem Denken
3. Fähigkeit zum kreativen Denken und Handeln – kreatives Tun
4. Fähigkeit zu Teamwork und Interaktion
5. Fähigkeit zu Kooperativem Lehren und Lernen

Fassen wir die von Wirtschaft und Politik erhobenen Forderungen an die schulische Qualifizierung zusammen, so entfaltet sich die Diskussion um die Basisqualifikationen, wie Interaktionskompetenz, Innovationsbereitschaft, Kreativität, personale, soziale und motorische Kompetenzen, lebenslanges Lernen, Diversität, *Transkulturalität* ... in fächerübergreifendem, entdeckendem Unterricht zu erwerben.

Die demokratische Gesellschaft muss auf einer „Erziehung zur Mündigkeit" (Adorno 1979) beharren, um humanisierende Entwicklungen voranzutreiben: Erziehung und Bildung haben ihren Zweck in der Mündigkeit des Subjekts, nämlich in der konkreten Utopie, dass Emanzipation im Menschen immer schon antizipiert ist, wobei das Interesse an Mündigkeit a priori anthropologisch einsehbar ist. Pädagogisch wird der Mündigkeitsimpuls in der Kommunikation zwischen Heranwachsenden und Erwachsenen, die im Sinne Immanuel Kants mit der Fähigkeit und dem Mut „begabt" werden müssen, ihren Verstand zu gebrauchen sowie die Prinzipien für ihr eigenes Handeln zu finden und sich Denken, Entscheiden und Handeln nicht von anderen abnehmen zu lassen. (vgl. Hierdeis/Hug 1996, S. 90f., 413f.)

Spätestens hier wird deutlich, dass sich die Individualisierung der Menschen dahingehend deutlich macht, dass die Menschen ‚ihr (Lern-)Leben selbst in die Hand nehmen wollen' (Beck 1996), dass der Weg von der belehrten Gesellschaft zur lernenden Gesellschaft sich vollzieht, da in der schnellen Veränderung von Wissensbeständen das Hamstern ‚richtigen' Wissens sich ins Nebulöse verflüchtigt. Nicht primär das ‚Was' des Lernens ist wichtig, sondern das ‚Wie' – und damit das Lifelong Learning als lebenslängliche Herausforderung, ja Zwang. Aus diesem Grunde, um nicht hinterrücks neue Unfreiheit einzuführen, ist eine abwägende, selbstkritische und diskursive Kompetenz unumgänglich, um konsensuelle und solidarische Kommunikation zu ermöglichen, dies in einer sich zunehmend digitaler Informationsprozesse bedienender Gesellschaft der Hybridität, in der Informations- und Kommunikationspotenz durchaus auch Herrschaft bedeutet.

## Pädagogische Kommunikationsprobleme und Hybridität

*Transkulturell* orientierte Bildungs- und Erziehungsprozesse implizieren auch, ein ‚unendliches Gespräch miteinander' führen zu können. Hier ist der Diskurs im moralischen und ethischen Kontext angesprochen, um hybrider Homogenität und separatistischen Denkstrukturen entgegenzuwirken.

Erstaunlich ist, dass im Unterricht Kommunikationsfragen trotz Schulunlust, Motivationsproblemen, Burn-Out etc. kaum wahrgenommen, geschweige denn thematisiert werden. Das Unterrichtsgeschehen spielt sich häufig lehrerzentriert statt für die Schüler*innen selbstwirksam ab, es wird zumeist zum Lehrer hin gesprochen. Sofern die Schüler überhaupt zum Sprechen aufgefordert werden, geschieht dies meist (lern-)zielgerichtet. Von Lehrerseite wird häufig so eng und suggestiv (W-Fragen) gefragt, dass nur bestimmte Antworten möglich sind. In extremen Fällen wird oft nicht einmal mehr erwartet, dass ganze Sätze formuliert werden, sondern nur noch Halbsätze oder Stichworte. Von daher ist es kaum erstaunlich, dass die Beiträge vieler Schüler fragmentarisch ausfallen. Die immer stärker verbreitete Spracharmut ist zum Teil auch Resultat der Deformierungsprozesse im Unterricht und der lehrergelenkten Frage- und Impulstechniken der Lehrkräfte. (vgl. hierzu Bohl 2000)

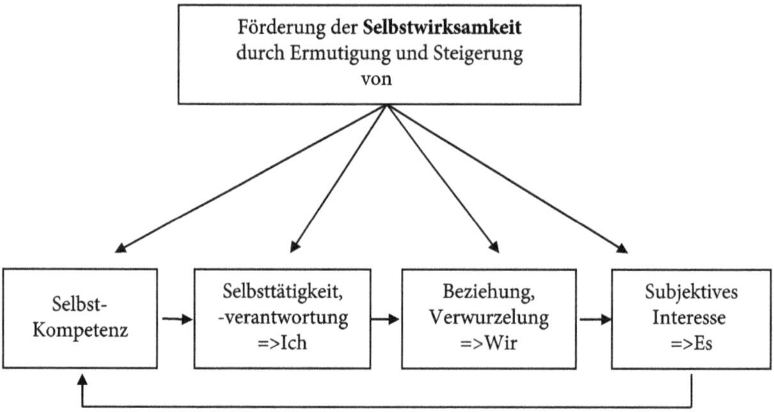


**Abb. 5:** Förderung der Selbstwirksamkeit

Für zurückhaltende Schüler erweist es sich folglich als doppelt so schwierig, ihr sprachliches Repertoire zu entwickeln. Sie neigen zum Schweigen und lassen Mitschüler und Lehrer*innen für sich zu reden. Diese Vorgehensweise impliziert (und kanalisiert) eine äußerst negative Einwirkung auf die kognitive und zwischenmenschliche Wahrnehmungskultur von Migrantenschüler*innen, insbesondere auf ihre Frustrationstoleranz (Pygmalion lässt grüßen). Die Schüler*innen ziehen hieraus den fatalen Schluss, im Mündlichen untauglich zu sein. Diese

*Self-fulfilling-prophecy* gleicht einem Teufelskreis, den es zu durchbrechen gilt! Es muss auf jeden Fall angestrebt werden, das potentielle Sprachvermögen der Lernenden wenigstens annähernd zu entfalten.

## Ziel ist die kommunikations- und subjektorientierte Schule

In einem *schulsystemischen* Beziehungsgeflecht weist jede Nachricht einen *multidimensionalen* Charakter auf. Diese Aussage ist eingebunden in das Faktum, dass nur ein relativ geringer Anteil der menschlichen Kommunikation bewusst abläuft, der größte Teil der *un*-bewusst abläuft.

Ursächlich hierfür ist die Situation, dass wir nur zu einem recht kleinen Teil über die Inhalte unserer Kommunikationsinhalte verfügen, der größere Teil dessen, was wir kommunizieren und als Kommunikations*inhalt* wahrnehmen, ist intuitiv, entzieht sich unserer direkten Selbst-Kontrolle. Deshalb ist die Fehlinterpretation von Wahrgenommenem und Kommuniziertem alltäglich und muss via Reflexion und Kommunikations-Praxis, z.B. durch Übungen, die Entscheidungen, Empathievermögen, Valorisierungen, Nachdenken... fördern, optimiert werden.

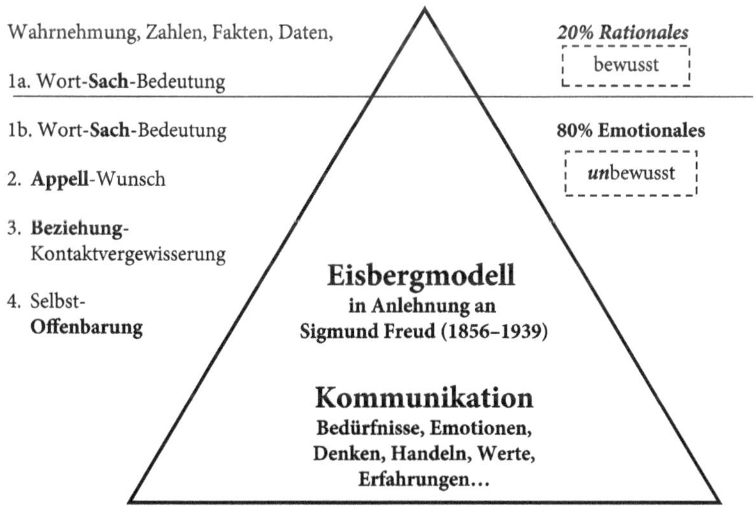


**Abb. 6:** Menschliche Kommunikation (Eisbergmodell) – Bewusstes und Unbewusstes der menschlichen Kommunikation, angelehnt an Schulz v. Thuns Modell der vier Ohren/Aspekte/Dimensionen (2010a, S. 13f., insb. Teil A: Grundlagen, S. 26–30, Abb. 4, S. 30, Abb. 34, S. 81) und Sigmund Freud, s. Floyd L. Ruch, Philip G. Zimbardo u.a. (1974, S. 366); vgl. Miller 2001, S. 50ff.

Hier ist eine nicht hintergehbare, ehrliche *humane* Grundhaltung Conditio sine qua non, die die Würde des Gesprächspartners unabdinglich respektiert (vgl. Miller 2001, S. 164f.), d.h. ***Empathie, gesellschaftliche*** und ***transkulturelle Anerkennung, Tolerierung (z.B. Migration), Authentizität – personales Du.*** Dies gilt insbesondere für die Öffnung nationaler Bildungs- und Kulturstrukturen gegenüber sog. ‚fremden' Kulturen, für die Erschließung gegenseitiger Kulturen, die insbesondere von Menschen mit einem migrativen Hintergrund einer nationalen Segregation trans- oder akkulturell positiv entgegenwirken. Dies setzt gegenseitige Valorisierung, Empathie und Toleranz voraus.

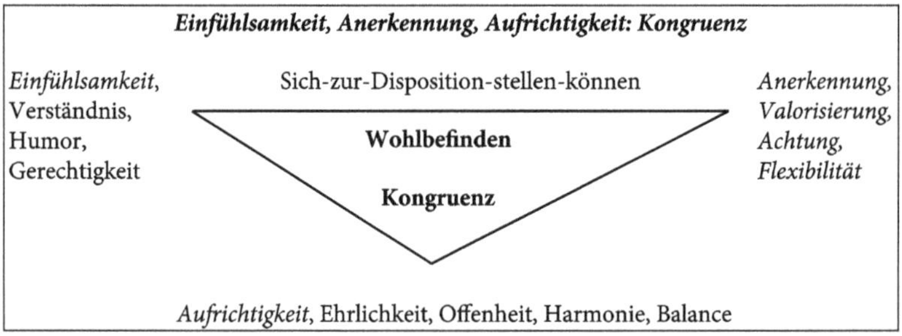


**Abb. 7:** Kongruenzdreieck der Lehrerpersönlichkeit, Einflussgrößen auf das Wohlbefinden (Reinert [v. Carlsburg]/Wehr 2001, S. 101; vgl. Miller 1989, S. 59), als ganzheitliche Faktorenkomplexion (Zusammenhang der Einflussgrößen)

Rogers sieht hieraus die Entwicklung einer zutiefst humanen Erkenntnis. (vgl. 1981, S. 23–25)

> „Es beglückt uns, den anderen etwas zu geben. Unser privates Selbst geht in dem wichtigeren Bestreben auf, eine Gemeinschaft zu bilden, doch gleichzeitig entdecken wir, daß uns dies ein tieferes und dauerhafteres Selbstgefühl gibt." (ebd., S. 102)

Hier realisiert sich Kommunikation als Oszillation zwischen wertschätzendem empathischen *Beim-Andern-sein* und kongruentem bei *Sich-selbst-sein.*

„Wenn Empathie vollständig verwirklicht wird, nehmen (...) [die Interaktionspartner] an einem Prozess teil, den man mit einem tanzenden Paar[15] vergleichen kann: (...) Die fließende spontane Bewegung in der Interaktion folgt ihrem eigenen ästhetischen Rhythmus." (Rogers/Raskin 1989, S. 157)

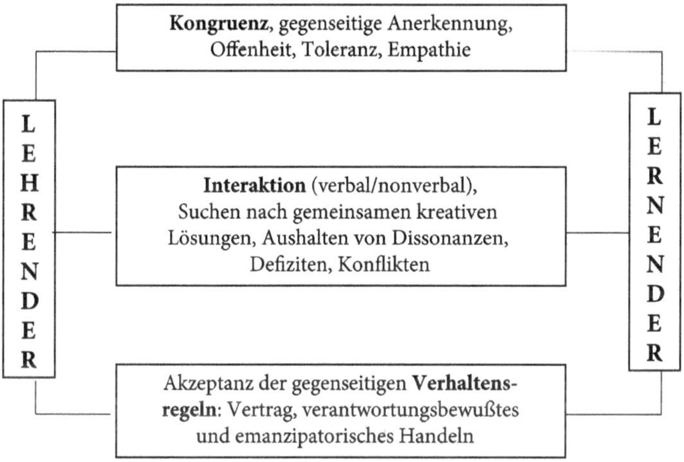


**Abb. 8:** Transkulturelle Lebensperspektive, Lösungen und Richtlinien Kongruenz – Interaktion – Verhaltensregeln (Reinert [v. Carlsburg]/Wehr 2001, S. 120)

15 Das Gelingen einer wertschätzenden Kommunikations-Beziehung kleidet Fromm in großer Parallelität zu Rogers in die Metapher des Miteinander den „Tanz des Lebens" tanzen (1976a/GA II, S. 332); Bezogensein aus der Mitte (GA XII, S. 222–224); ganzheitliches Erleben in der therapeutischen Beziehung (GA XII, S. 224–227).

Dies setzt folgendes ***Selbstkonzept*** voraus:

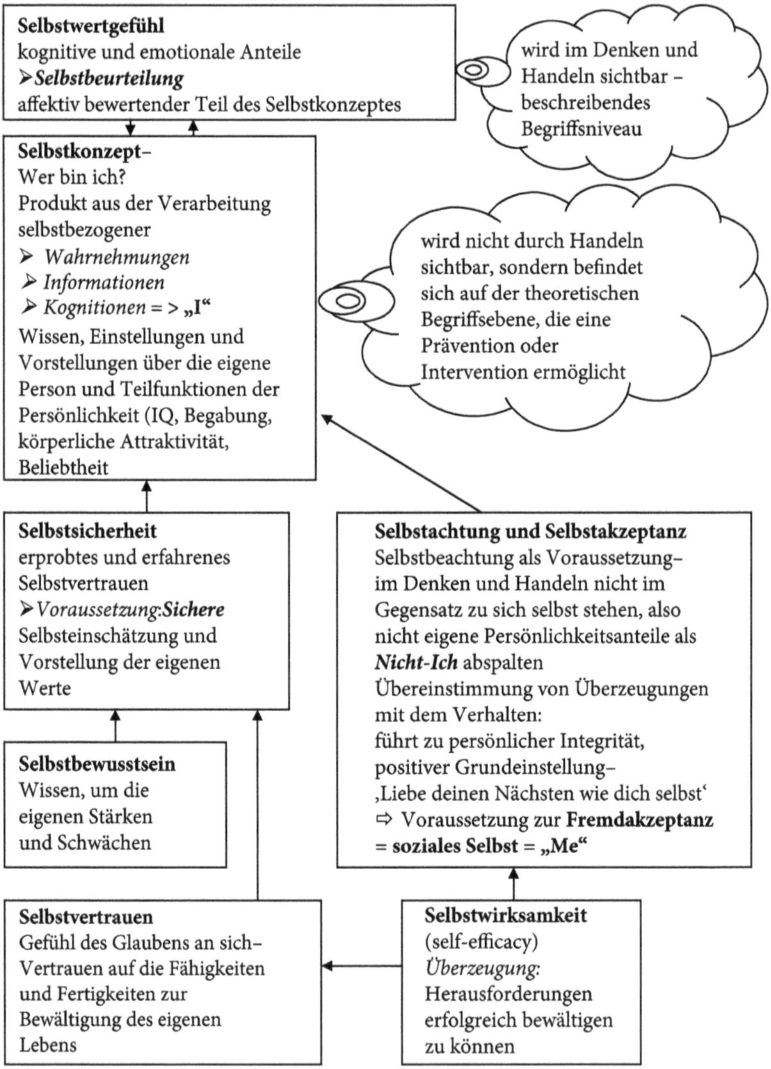


**Abb. 9:** Selbstkonzept (eigene Grafik) nach Moll-Strobel 2001, S. 150–175; vgl. auch Bandura 1997; Dorsch – Lexikon der Psychologie 2017

In der folgenden Grafik werden in einige Schlüsselbegriffe bezüglich einer zukunftsorientierten und auf ***Transkulturalität*** fußenden Bildungstheorie dargestellt. (vgl. auch Gudjons 2001, S. 205)

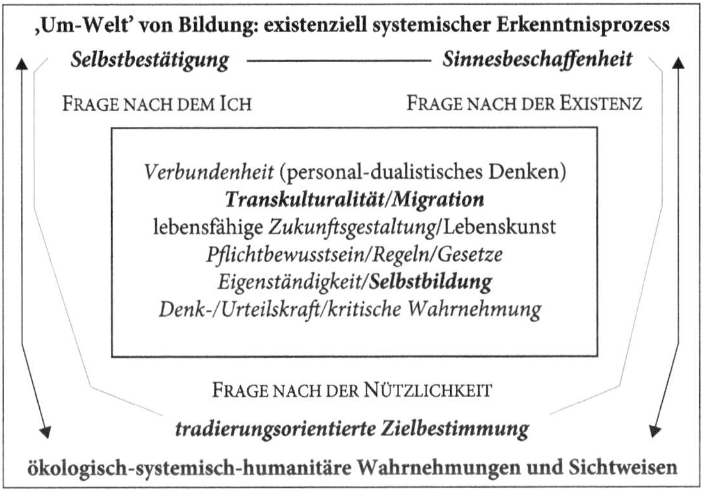


**Abb. 10:** Transkulturalität und Bildung

Somit muss der Bildungsbegriff folgenden Ansprüchen gerecht werden:

***Bildung*** ist im Gegensatz, zu Erziehung ein *lebenslanger Prozess,* der im *selbst*verantworteten Denken, Handeln und Verhalten sowie *selbst*verantwortlich auf die lebens*bejahende* Zukunft ohne kulturelle Separation hin gestaltet werden muss, von *Hybridisierung im Sinne globaler Vernetzung* partizipiert.

***Bildung*** lässt sich nicht garantieren – sie ist letztlich ***Selbstbildung*** (Menschen-, Selbst-Bild) und *Selbstfindung*, womit die jeweilige Bedürfnislage in ihrer Ganzheit bedeutend wird. Die Verantwortlichkeit der Lernprozesse liegt damit beim Lerner – die Verantwortung der Lehrprozesse liegt bei den Lehrenden, den Eltern und unterstützend bei der Schule als Institution für Qualitätsmanagement.

***Bildung*** muss heteronom, differenziert und individualisiert sein sowie durch eine vorgelebte kommunikative Enkulturation, Erziehung und Sozialisation hybrid-autonom strukturiert werden, um allen Lebenslagen im Sinne der ‚Hilfe zur Selbsthilfe' gerecht zu werden – womit gezielt auf die untrennbare Einheit von Unterricht und Erziehung verwiesen werden soll (vgl. Hintz/Pöppel/Rekus 1995; Nyssen/Schön 1998, S. 266f.; Olechowski 1998, S. 28f.), auf den engen Zusammenhang von Erkenntnisquelle über die Anschauung, Begriffsbildung, theoriegeleiteter Verstand, sinnliche Wahrnehmung, Anschaulichkeit hin zur kritisch-konstruktiven Erkenntnis.

*Bildung realisiert sich somit in folgenden Denkkategorien:*

1. BEREITSCHAFT ZUR GESELLSCHAFTLICHEN SELBSTVERANTWORTUNG UND VERPFLICHTUNG

Globales Denken und regionale Verantwortlichkeit geht über egoistisches Eigenhandeln und Narzissmus, sonst sind wir auf dem besten Wege, unsere Zukunft zu verspielen.

2. WAHRNEHMUNG/EINSAUGEN VON GLÜCK (FLOW-ERFAHRUNG)

Depression gehört zur dritthäufigsten Krankheit und nimmt weiter zu mit jedem Tage der Enttäuschung oder Instabilität. Wir müssen unsere Wahrnehmung ändern und uns fragen, wo wir Glück finden und anderen bringen können. Auch die Massenmedien tragen mit ihren Bad-News/Reality-TV stets zu einer negativen Wahrnehmung bei. Man sollte eine Art Ratgeber entwickeln, den Eltern Anleitung zu geben, wie man ihren Kindern positives Denken vermitteln kann, das offen ist für andere Meinungen, für Fremdheit, Heterogenität, Migration.

3. WILLE UND DIE FÄHIGKEIT ZU GEMEINSAMEN AGIEREN UND VERSTÄNDIGEN.

Die Schwierigkeit dieser Kategorie beginnt schon im zwischenmenschlichen und partnerschaftlichen Zusammenleben und klingt angesichts gesellschaftlicher, sozialer, *(inter-, multi-, trans-)kultureller*, sprachlicher, religiöser... Konflikte unlösbar – obwohl so überlebenswichtig. Kinder müssen schon daraufhin sensibilisiert werden, biografisch und logisch zu denken: „Warum handeln meine Freunde so, was hat sie dazu angehalten?" Reflektiertes Handeln oder Nachdenken über ‚fremdes' Verhalten und die damit essentiell erscheinenden Innovationen, Anregungen, Kreationen kann der Weg sein, der zu neuen hybriden Verhaltensmustern führt.

4. BEWUSSTSEIN VON DER BIOGRAFISCHEN VORERFAHRUNG DER EIGENEN EXISTENZ

Wer sich der Geschichtlichkeit, der Individualität seines Werdegangs bewusst ist, der erkennt auch, dass andere Menschen eine andere Biografie besitzen und somit ein anderes normatives Verständnis besitzen, das es in Einklang mit den gesellschaftlichen Normen zu bringen gilt, insbesondere wenn diese Menschen andere religiös geprägte Verhaltensmuster zeitigen.

5. AUFGESCHLOSSENHEIT FÜR AKTUALITÄT UND LEBENSSINN

Die Fragen nach dem Sinn des Lebens können nur mit philosophischem Denkvermögen angegangen werden und sind angesichts der Ereignisse von familiären, nationalen und globalen Tragödien von existentieller Relevanz. Dies beginnt schon postnatal. Wir vernachlässigen unsere Kinder mit dem noch „kurzen Kinderarm", die als „lange(r) Hebelarm die Zukunft bauen und bewegen" werden, wie schon Jean Paul in seiner Vorrede zur zweiten Auflage der „Levana oder Erziehlehre" (1894, S. 124), geschrieben in „Baireuth, den 21. November 1811" anmahnt. Und er schreibt weiter:

> „Ja, sogar der, für dessen Kinder die Fruchtlese zu lange ausbliebe, sage zu sich: ‚Meine Enkel sind ja auch Menschen', und säe fort." (ebd.)

Wir erziehen unsere Kinder/Jugendlichen zu permissiv und setzen ihnen zu wenig Regeln/Grenzen, weil wir meinen, dass ein finanzielles Elixier schon als Surrogat für fehlende Zeit gemeinsamer Aktivitäten ausreiche. Stattdessen sollten wir uns die Zeit *nehmen*, um innezuhalten, um rückwärts zu blicken, was wir im Zusammenleben mit und bei unseren Kindern/Jugendlichen alles versäumt haben, um eventuell noch rechtzeitig zu helfen und zu unterstützen im reflexiven Umgang mit Autonomie als Conditio sine qua non für zukünftiges Denken und Handeln. Somit könnten Verzweiflungstaten von Kindern/Jugendlichen minimiert oder ganz vermieden werden.

Die Veränderungen setzende Informations-, Risikogesellschaft, die Neuen Medien, die schnellen Veralterungsraten von Wissen, rasanter sozialer Wandel durch technologischen Fortschritt, Weltmarkkonkurrenz – vor allem in Schlüsselindustrien, erzwingen eine Reform der Inhalte und Methoden. Diskutiert wird dieser Sachverhalt unter dem Stichwort Schlüssel- oder Basisqualifikationen. Doch die Realität von Schule ist diesem Innovationsdruck nicht gefolgt, ist ihm auch gar nicht gewachsen, denn im Zusammenhang mit dem humanistisch gefügten, tradierten Bildungskanon von Schule erwartet diese Schule als Institution auch den Schüler, der dieses Bildungsgut entsprechend wertschätzt. Dazu muss er sich in die Lage versetzen, seine Konzentration und seine Aufmerksamkeit dem Unterricht diszipliniert ‚anzuschmiegen'; entsprechende Leistungsmotivation wird vorausgesetzt. Der kognitiv determinierte Schüler ist fähig, seine pubertären wie motorischen, aggressiven und libidinösen Impulse entsprechend zu sublimieren – was eine enorme (Sublimierungs-)Leistung beinhaltet, die erhöhte disziplinierende Ich-Energie absorbiert. Diese wird gleichwohl durch die veränderten Sozialisationsbedingungen nicht aufgebaut: denkt man an die Sozialisations*defekte* des Elternhauses, an die (un-)heimlichen Miterzieher, so hat man es nichtsdestoweniger mit einem geringen Bedürfnisaufschub und einer niedrigen Frustrationstoleranz zu tun. Von daher ist die Zufriedenheit aufgrund beruflichen Engagements bei Lehrer*innen nicht mehr auf selbstverständlichem pädagogischem Erfolg aufgebaut.

Die Globalisierung und Mobilität der Gesellschaft verlangt eine Koexistenz von Lebensweisen und -stilen, ein Voneinander- und Miteinander-Lernen. Deutschland verändert sein Erscheinungsbild von einer mono-, bi-, tri-, multi- zu einer *transkulturellen* Gesellschaft; Spracherwerb wird somit immer evidenter, die Fähigkeit, Toleranz zu üben, verbunden mit der Kompetenz, normative oder ethische und ethnische Konflikte dialogisch, diskursiv auszutragen. Konsequenz daraus ist, dass auch zukünftig dem aufklärerisch-demokratisierenden Impetus stets Priorität eingeräumt werden muss, auch unter der Prämisse einer schwierigeren – jedoch umso wichtigeren – sozialen Wissensvermittlungs- und Erziehungsfunktion Bildungsinstitutionen.

In dem Maße, wie Qualifikationsanforderungen an künftige Arbeitskräfte steigen, verändert sich der Anspruch an Allgemeinbildung und Niveau von Bildungszertifikaten. In Beruf und Privatleben schreitet eine Expertisierung des Alltags voran; die Risikogesellschaft ist längst zur Alltagserfahrung geworden, die Gefährdung der Zukunft prägt Einstellungen in nachhaltiger Weise. Es muss der Gefahr einer Unübersichtlichkeit durch ständige Ausdifferenzierung von Wertorientierungen, Lebensstilen und Erziehungsmustern begegnet werden. Parallel dazu verliert das erzieherische und soziokulturelle Umfeld der Schule in dem Maße an Kraft, wie sich herkömmliche Familienstrukturen auflösen, ein Sozialisation negierender Wertewandel stattfindet, Erfahrungsräume in der Wohnumwelt verloren gehen sowie eine Mediatisierung von Erfahrung, Eigentätigkeit und authentische Wirklichkeit verdrängt werden. Es ist ein epochaler Wandel von Kindheit und Jugend zu beobachten, der die Ansprüche an Schule und Bildung der Zukunft stark verändert. Diese neuen institutionellen Anforderungen, die insbesondere die Lehrer*innen treffen, stellen eine erzieherische Verdoppelung der Aufgabe von Jugend dar, erfordern eine ‚Öffnung nach außen'. Ist es primär Zweck von Jugend, die eigene Identität suchend zu (er-)finden, ein individuelles Lebenskonzept zu komponieren, dann muss Erziehung diese Selbstfindung als eigenständigen und offenen Prozess schöpferisch, ermutigend und wohlwollend begleiten. (Brater 1997, S. 149ff.) Der Arbeitsmarkt der Zukunft erzwingt neue Qualifikationsanforderungen durch verschärften Wettbewerb für die Schüler*innen als zukünftige Erwerbstätige. Damit wird autonome Handlungsfähigkeit zur zentralen Schlüsselqualifikation in der globalisierten Zweiten Moderne.

Weder eine stromlinienförmige (*Anpassungs-*)Pädagogik im Sinne des Zeitgeistes, noch eine (*Verweigerungs-*)Pädagogik kann die Probanden einer veränderten Kindheit sowie Jugend und die Erwachsenen – Lehrer*innen, Eltern, Verwandte, Freunde ... – einander näher bringen, sondern nur der stete Meinungsaustausch, der vernunftgemäßes Denken schulende sokratisch-personale Dialog im Sinne des von 1878–1965 lebenden jüdischen (Religions-)Philosophen und Pädagogen Martin Buber. (vgl. 1947; 1954) Dieses Gespräch, das Richtungskompetenz – mit der Fähigkeit zuzuhören – des erwachsenen Ichs beinhaltet, das andere Ich zu hinterfragen, mit wechselseitiger Übernahme von Belastung und Verantwortung, mit virtuellem Rollentausch ... assoziiert und vernetzt, intendiert eine künstlerische Gabe und Gewandtheit zum autonomen, emanzipierten, spontanen Assoziieren (vgl. Beck 1997b, S. 216; 1997c, S. 384), das den Weg ausbalancieren soll zwischen Scylla und Charybdis, zwischen Spaß-Haben-Wollen und Stress der Kinder und Jugendlichen, den Ausgleich finden soll für die „Sonnenkinder" und „Sorgenkinder" der Freiheit. Pädagogische und persönliche Glaubwürdigkeit ist dabei vonnöten, um vorhandene Fluchtwege aus der Freiheit zu destruktiven Lösungen, Spaßsucht, Intoleranz, Fundamentalismen, Apathien, Egozentrismen und Konformismen umzulenken in neue Bahnen, die Ideen vorzeichnen, die auf einer Neudefinition von vorgelebter, persönlicher Autorität im personalen Dialog basieren, wie die Herausforderung zur Zumutung selbstbestimmten Denkens, die Aufklärung unverstandener Abhängigkeiten, das Aushalten von Ambivalenzen, Konflikten, Unsicherheiten sowie Widersprüchen (Stresskompetenz), das multiperspektivische und tolerante Einfühlen in seine Mitmenschen, die Förderung individueller, selbstverantwortlicher Verwirklichung (subjektive Handlungskompetenz). (vgl. Fritzsche 1998, S. 139ff.) In diesem Sinne muss schulisches Lernen begriffen werden als der „reflexive Selbstbezug des lebendigen, handelnden Menschen, der sich aus seinen auf die Welt gerichteten Handlungen darin selbst aufbaut." (Brater 1997, S. 172)

### Fazit

*Ganzheitliche Lernprozesse* sind die Voraussetzung, die entdeckendes Lernen, schüler- und handlungsorientierte Lernerfahrungen mit dem Weg ins Leben ermöglichen und verbinden. Soll die Beck'sche Vision einer ‚individualisierten, handlungsbewussten, selbstverantworteten Freiheit in Solidarität' möglich sein, bedeutet dies eine Erneuerung der ‚Institution Schule' im Sinne einer interaktiven, frei agierenden, schöpferischen *transkulturellen Lernkultur.* (vgl. Fritzsche 1998, S. 145ff.)

Die *zentrale methodische Kompetenz,* die in einer über die Zeiten schnell fortschreitenden *Heterogenisierung* der Gesellschaft von großer Relevanz ist, muss u.a. basieren auf den Prinzipien der von Habermas (1981) propagierten *kommunikativen Kompetenz,* d.h. ‚herrschaftsfreies' (Ver-)Handeln, Sinn austauschen, Darstellen des Selbst und seiner Bedürfnisse, Sachverhalte klären, Begründungen normativ hinterfragen, (Beziehungs-)Regeln und Auflagen argumentativ (konsensuell) erstellen und deren Einhaltung. Als Konsequenz für das Denken, Handeln und Verhalten von Lehrerinnen und Lehrern bedeutet dies: Schaffen von Vertrauen, Authentizität, Heterogenität als Chance.

## 4 Lebenswelten Jugendlicher in der globalisierten Moderne

Die bundesrepublikanische Gesellschaft des Jahres 2018 wird von Sozialwissenschaftlern wie Beck (1986; 2007) und Keupp als „reflexible Moderne" bzw. fluide oder Stress-Gesellschaft (Fritzsche 1998) bezeichnet. Für die Kinder dieser Gesellschaft ergeben sich hieraus spezifische Erfahrungen, die Keupp (2003, S. 9) derart beschreibt:

> „Die Subjekte erleben sich als Darsteller auf einer gesellschaftlichen Bühne ohne, dass ihnen fertige Drehbücher geliefert werden."

Diese kennzeichnet Individualisierung[16], Pluralisierung[17], Wertewandel, Globalisierung[18], Digitalisierung[19], Diversität[20] und eine flexible Konstruktion der

---

16 *Individualisierung* bedeutet, „dass die Biografie der Menschen aus vorgegebenen Fixierungen herausgelöst, offen, entscheidungsabhängig und als Aufgabe in das Handeln eines jeden einzelnen gelegt wird." (Beck 1986, S. 216) Der Alltag wird von einem Mehr an Freiheits- und Entscheidungsgraden geprägt, was ein „Zeitalter des eigenen Lebens" (Beck, U. [1997]: Kinder der Freiheit: Wider das Lamento über den Werteverfall. In: Beck, U. (Hrsg.): Kinder der Freiheit. Edition Zweite Moderne. Frankfurt a.M., S. 9–32, hier S. 20) mit der Dominanz von Selbstentfaltungswerten und selbstgestalteter Biographie impliziert.

17 *Pluralisierung* bedeutet das friedliche gleichzeitige Vorhandensein verschiedener Systeme, Interessen, Ansichten und Lebensstile. Verbunden damit ist, dass damit eine Veränderung in den Werthaltungen bzw. die Art und Weise ihrer Akzeptanz, ihrer Sicherung oder Veränderung einhergeht. Das Nebeneinander unterschiedlicher Wertvorstellungen und -entscheidungen kann verbunden sein mit Wertrelativierung und Wertunsicherheit. Andererseits kann die Heterogenität eine bunte Vielfalt von Lebensformen freisetzen (vgl. http://de.wikipedia.org/wiki/Pluralisierung [22.02.2011]).

18 *Globalisierung* ist der Prozess zunehmender weltweiter Verflechtung in allen Bereichen (Wirtschaft, Politik, Kultur, Umwelt, Kommunikation etc.). Diese Verdichtung der globalen Beziehungen geschieht auf der Ebene von Individuen, Gesellschaften, Institutionen und Staaten. Als wesentliche Ursachen der Globalisierung gelten der technische Fortschritt (Digitale Revolution), insbesondere in den Kommunikations- und Transporttechniken, sowie die politischen Entscheidungen zur Ausweitung der Marktwirtschaft im globalen Maßstab. (vgl. http://de.wikipedia.org/wiki/Globalisierung [22.02.2011]). Ökonomische ‚Global Players' müssen sich demnach multinational vernetzen, um ihre Marktposition in der global gewordenen Konkurrenz zu behaupten. Der Markt als Zentrale im ‚globalen Spiel' überwindet die Grenzen nationalstaatlicher Enge und lässt wissenschaftlich-technische Rationalität im Sinne ökonomischer Rationalisierung sich exponentiell fortschreiben. Die Flexibilität und Mobilität der ökonomischen Dynamik setzt Energien frei, die sich als beschleunigter sozialer Wandel dokumentieren und im Begriff der (Welt-) Risiko-, Erlebnis- oder Stressgesellschaft gefasst werden. (Beck 2007; Schulze ⁴1993; Fritzsche 1997) Siehe auch: http://www.globalisierung-online.de/ [22.02.2011]; vgl. auch Möglichkeiten einer ergänzenden Regionalisierung: www.regionalentwicklung.de/bilder/wirtschaftssektoren.jpg [22.02.2011]; vgl. auch Greve, R. (2000): Globalisierung der Wirtschaft. Auswirkungen auf lokale Unternehmen. Münsteraner Diskussionspapiere zum Nonprofit-Sektor – Nr. 4. Vortrag am 21.01. in der Volksbank Münster (http://www.aktive-buergerschaft.de/fp_files/Diskussionspapiere/2000wp-band04.pdf) [22.02.2011].

19 *Digitalisierung* meint hier das Vordringen digitaler, Neuer Medien: PC, Handy, Notebook, in den Bereich der sozial-öffentlichen als auch ökonomischen Kommunikation und Handelns. Erst in 2. Linie ist die Technik selbst gemeint: Scannen, Pixeln, Sampeln, Binärcode (http://de.wikipedia.org/wiki/Digitalisierung [22.02.2011]).

20 *Diversität* meint „Vielfalt", diese bezieht sich auf Lebenslagen von Menschen und beschreibt deren Unterschiedlichkeiten mit Blick auf Kategorien wie Geschlecht,

Geschlechterrollen[21]. (Keupp 2003; 2005)

Die rasante soziale Dynamik der fluiden Risiko-Gesellschaft bildet sich auch im „Wertewandel“ ab, was Auswirkungen auf den gesamten Lebensstil und damit auf die normativen Veränderungen und die Identitätsentwicklung zeitigt:

| **Orientierungs-muster** | **Außenorientie-rung** | **Innenorientie-rung** | **Innen- und Außenorientierung** |
|---|---|---|---|
| Werte | Gehorsam & Pflicht, Anpassung & Verzicht [„traditionelle“, materielle Werte] | Emanzipation, Autonomie und Genuss [„moderne“, postmaterielle Werte] | Werte-Weltanschauungsmix [„Neuorientierung“, Wertecocktail] |
| Maximen der Selbstentwicklung | Selbst-Kontrolle | Selbst-Verwirklichung | Selbst-Management |
| Identitäts-Arbeit | Kontrolle, Verzicht, Einschränkung | Verwirklichung, Expression, | Patchworking, Vermittlung von Authentizität & Anerkennung – Stimmigkeit der inszenierten Selbstorganisation |
| Identitäts-*Form* | Identität als *Gehäuse* | Identität als *Selbstbehauptung* | Identität als *(Selbstschöpfungs-) Prozess* |

Sollen die Individuen in dieser Gesellschaft handlungsfähig sein, also die Identitätsbildung als Selbstschöpfungsprozess zur Sich-selbst-Gleichheit nutzen können, so sind sie auf den Erwerb von Kompetenzen und die Aneignung von Ressourcen, also auf kulturelles und soziales Kapital angewiesen, um „selbstbestimmt

ethnische und soziale Herkunft, sexuelle Orientierung, Religion und Weltanschauung, Alter und körperliche sowie geistige Kapazitäten. Vgl. http://www.genderkompetenz.info/gendermainstreaming/strategie/diversity_management/ [21.12.2018]. Diese antidiskriminierende Sichtweise widersetzt sich Ethnisierungen, Kulturalisierungen und Genderisierungen von Differenz. Das bedeutet, dass die Bedeutung der einzelnen „Zuschreibungs-Kategorien“ je nach soziokulturellem Kontext modifiziert werden kann und muss und die Zuschreibungen sich wechselseitig überlappen oder auch komplettieren können.

21 Die *Entgrenzung der Geschlechterrollen*: typisch Mann–typisch Frau akzeptiert unterschiedliche Lebensweisen in der postfamilialen Familie und das Ausleben von Transsexualität, Homosexualität, Metrosexualität und Androgynität usw.

und selbstwirksam den eigenen Weg in einer komplexen Gesellschaft gehen zu können". (Keupp 2006; S. 8.) Der Gegenentwurf zu Sennetts Angst des Individuums, in der Moderne hyper-flexibel und damit überflüssig zu werden[22] (vgl. Fend 2006, S. 31–55) plausibilisiert den engen Zusammenhang von Bildungserfahrungen und produktiver Lebensbewältigung, wenn er „Erfolg" in der flexiblen und mobilen Umwelt als nur dann als solchen verbucht sieht, wenn soziale Zugehörigkeit, soziale Teilhabe mit einer gelungenen Beziehung zu sich selbst verknüpft ist, dies heißt: Autonomie, und Selbstwert, -wirksamkeit erfahren werden könne. (Vgl. ebd., S. 52f.)

Um diese Bildungs- und Lernerfahrungen selbstwirksam und *multikulturell* gestalten zu können, sind materielle, soziale und individuelle Ressourcen von gesellschaftlichen Bildungsinstitutionen zur Verfügung zu stellen.

Die Herstellung eines kohärenten individuellen Sinnzusammenhangs benötigt das Individuum:

a. Materielle, d.h. vor allem ökonomische, b. soziale und c. individuelle Ressourcen: den Zugang zu materiellen Ressourcen (Verfügbarkeit über Geld, Arbeit, Wohnung etc.).
b. „Einbettende Kulturen"[23], die Erfahrung der Zugehörigkeit, einen Kontext der Anerkennung und die Beteiligung am alltäglichen interkulturellen Diskurs; diese Faktoren bieten die Chance auf ein effektives Agieren im sozialen Netzwerk (Keupp 2003, S. 14), dem sozialen Milieu. Dies stellt das „soziale Kapital" einer Person dar, auf dessen Grundlage Lebensentwürfe realisiert werden können.
c. Zentral sind die individuellen Gestaltungskompetenzen, die sich in den Schlüsselqualifikationen „boundary management", Identitätskompetenz, Selbstoptimierung, eigenverantwortliche Selbstpflege (Keupp 2003, S. 12–20; ders. 2006, S. 13–16) und zivilgesellschaftlichen Basiskompetenzen konkretisieren. Hierbei versteht Keupp (2006, S. 9) unter *Boundary Management*:

> „In einem soziokulturellem Raum der Überschreitung fast aller Grenzen wird es immer mehr zu einer individuellen oder lebensweltspezifischen Leistung, die für das eigene „gute Leben" notwendigen Grenzmarkierungen zu setzen. [...] Letztlich kommt es darauf an, dass Subjekte lernen müssen, ihre eigenen Grenzen zu finden und zu ziehen, auf der Ebene der Identität, der Werte, der sozialen Beziehungen und der kollektiven Einbettung."

---

22 Sennett, Richard (1998): Der flexible Mensch. Die Kultur des neuen Kapitalismus, Berlin; Sennett, Richard (2005): Die Angst, überflüssig zu sein. In: Die Zeit, 19. Mai, Nr. 21.

23 Beide Begriffe, sowohl der Begriff der „einbettenden Kulturen" von Keupp als auch der der „Anerkennungskultur" von Heitmeyer (2009) zielt auf den sozialen Hintergrund, der später als „Milieu" näher erklärt werden wird.

In der globalisierten Moderne fokussiert sich die soziale Dynamik in der Sozialisation Heranwachsender in Begriffen wie „Digital Natives“ oder „Generation Flatrate“, „Generation Internet“.[24]

Unter einer differenzierten Perspektive, der Diversity-Perspektive, gilt nicht mehr nur die allgemeingültige Zuschreibung „Digital Natives“, „Generation Flatrate“ oder „Generation Internet“, sondern die Charakterisierung Heranwachsender muss spezifisch, weil abhängig von sozialer Position, Geschlecht, Hautfarbe und Milieu-Herkunft, betrachtet werden.

Jugendliches Entwickeln und Ausgestalten steht – wie das aller anderen Individuen- unter dem Diktum, dass sich Individuelles und Soziales miteinander verschmelze. Die Doppelbedeutung von Individuellem und Sozialem wird deutlich im Begriff des „Habitus“. Seit Bourdieu (1982) ist der Habitus gleichbedeutend mit einer „sozialen Persönlichkeitsstruktur“, d.h. die den Mitgliedern einer Gruppe gemeinsamen psychischen Merkmale. Er umfasst das gesamte Auftreten einer Person, im Einzelnen z.B. den Lebensstil, die Sprache, die Kleidung und den Geschmack. Am Habitus einer Person lässt sich der Rang oder Status einer Person in der Gesellschaft ablesen. Der Habitus ist somit ein „System verinnerlichter Muster“, „bestimmte Denk-, Wahrnehmungs- und Handlungsschemata“, der eine Auswahl von kulturtypischen und klassenspezifischen Gedanken, Wahrnehmungen und Handlungen, die den Individuen als ihre eigenen erscheinen, erzeugt, die sie jedoch mit den anderen Mitgliedern ihrer jeweiligen Klasse teilen. Der Habitus zeigt die Fähigkeit, kulturelles und ökonomisches Kapital zu wechseln. Diese Austauschprozesse im Raum der unterschiedlichen Lebensstile erfahren jedoch vielfältige Begrenzungen, unter anderem durch unbewusste verinnerlichte Faktoren, Illusionen, durch sozioökonomische Strukturen, historische Gegebenheiten, Geschlecht, Nationalität und Weltanschauung.[25] Die Ausprägung des Habitus ist unter anderem von der Teilhabe an den gesellschaftlichen (Kultur-)Gütern abhängig. Dabei spielen das ökonomische, kulturelle, symbolische und soziale Kapital eine entscheidende Rolle bei der erfahrungsabhängigen Konstruktion des Systems von Dispositionen, inkorporierter Geschichte, Wahrnehmungsschema bzw. Unterscheidungsmerkmal (‚feine Unterschiede‘ in Kleidung, Sprache, Geschmack und Konsum). Der Habitus ist also die Anpassung subjektiver Dispositionen an das objektiv-gesellschaftliche Umfeld/Milieu.

> „Habitus [bedeutet] die Haltung des Individuums in der sozialen Welt, seine Dispositionen, seine Gewohnheiten, seine Lebensweise, seine Einstellungen und seine Wertvorstellungen...“

---

24 http://www.ieb.net/newsletter/46/dl/digital-natives_artikel.pdf [26.11.2018]; http://www.sueddeutsche.de/digital/online-netzwerke-der-entbloesste-mensch-1.179128-2 [26.11.2012]; http://www.hs-coburg.de/uploads/media/Meine_Identitaet_im_Internet.pdf [26.11.2012], hier wird der Aspekt „Identitätsmanagement“ empirisch plausibilisiert; Palfrey, J./Grasser, U. (2008): Generation Internet. München.

25 Bourdieu, P. (1982, S. 212f.) und Fromm, E. (1941a/GA I, S. 379–392).

> „Der Lebensstil – spezifische Praktiken, Vorlieben etc. – korreliert dabei mit der sozialen Position eines Menschen. Allerdings ... gestaltet sich [dieser] nicht unmittelbar, sondern über das Medium des Habitus als eine allgemeine Grundhaltung, eine Disposition der Welt gegenüber. Der Habitus manifestiert sich dabei in Empfindungen und Gewohnheiten, findet seinen Ausdruck in Körperhaltung und Bewegungsform, ist gebunden an Sinneseindrücke und insgesamt eng mit dem menschlichen Körper verwoben – als das in den Körper eingegangene Soziale ..." (Rohlfs 2017, S. 174f.)

Dieser realisiert sich im Milieu:

## Milieu-Bausteine[26]

Aufgrund von relativ geschlossenen Lebenskreisen und Horizonten entstehen bei Individuen *ähnliche Werte, Denk- und Verhaltensweisen.* Die Ähnlichkeit der Mentalitäten innerhalb eines Milieus ergibt sich durch den engen Kontakt untereinander, man wurde sozusagen in ein bestimmtes Milieu hinein sozialisiert. Ähnliche Lebensweisen ergeben sich vornehmlich durch aktive Wahl der Medien und der Peers. Die Begriffe ‚Milieu' und ‚Lebensstil' werden meist identisch verwendet. Lebensstile sind stärker auf aktive ästhetische, politische und moralische Stilisierungen angelegt, mit denen man sich bewusst von anderen Individuen und Milieus abgrenzt. Milieus und Lebensstile sind durch Grenzen markiert – ästhetisch-kulturelle Grenzen des ‚guten' Geschmacks – moralische Grenzen ‚anständigen' Verhaltens – soziale Grenzen ‚ökonomischer Gleichrangigkeit', wobei von Milieu zu Milieu diese verschiedenen Abgrenzungsmöglichkeiten unterschiedlich stark betont werden. Dies buchstabiert Bourdieu in seinem Hauptwerk „Die feinen Unterschiede" entlang der Leitlinien sozialen, kulturellen und ökonomischen Kapitals weiter aus. Hier taucht die erste Lebensstil-Klassifizierung auf.

Die Befriedigung materieller Grundbedürfnisse und die Vielfalt individueller Lebensgestaltung nimmt Schulzes „Erlebnisgesellschaft" (1993) in den Blick: „Erlebe Dein Leben". (Schulze 1993, S. 33) So verbindet sich Gesellschaftsanalyse und Marktanalyse in den Lebensstilklassifizierungen entlang der *Erlebnis*dimension, in „Erlebnismilieus": Hochkulturschema mit dem genussvollen Erleben von Besinnlichkeit (ebd., S. 142ff.), Trivialschema, mit Gemütlichkeit als schönstem Erlebnis (S. 150ff.), und das Spannungsschema mit dem Erleben von Action und Stimulation (S. 153ff.). „Milieus" entstehen durch die unterschiedlichen Erlebensformen und die Kombination mit den Kategorien „Niveau", „Integration", „Harmonie", „Selbstverwirklichung" und „Unterhaltung" (S. 332). Hier sind sozioökonomische Theorie-Defizite in einer

---

26 (au milieu de (qc.) [frz.] = mitten in, in der Mitte einer Sache) Das Modell der Sozialen Milieus wurde von Ueltzhöffer und Flaig im Rahmen eines für privatwirtschaftliche Auftraggeber erstellten Projektberichts geschaffen (vgl. Flaig, Meyer, Ueltzhöffer ($^2$1994, S. 54–71)); vgl. auch die Websites von http://www.sigma-online.com/de/Home/ [20.02.2018] u. http://www.sinus-institut.de// [20.02.2018] und Calmbach u.a. (2016, S. 29 u. 38).

adäquaten Milieutheorie aufzuarbeiten: Identität, Bedürfnis, innere und äußere Ressourcen, Kompetenzen und Kapitalformen.

Um die Lebenswelten in Deutschland adäquat abzubilden, d.h. die Grundorientierungen, die die unterschiedlichen Lebensstile und ästhetischen Neigungen der Milieus erzeugen, „versuchten wir unter Rückgriff auf die Arbeiten der neopsychoanalytischen Frankfurter Schule, vor allem Fromms, sozialpsychologisch zu erklären."[27]

Demnach sind Milieus zu verstehen als „subkulturelle Einheiten innerhalb der Gesellschaft, die Menschen mit ähnlicher Lebensauffassung und Lebensweise zusammenfassen". (Flaig u.a. 1994, S. 55) Soziale Milieus beschreiben also Menschen mit jeweils charakteristischen Einstellungen und Lebensorientierungen. Die moderne Milieuanalyse verfolgt hierbei einen *ganzheitlichen Ansatz,* sie versucht also nicht, wie z.B. die Klassen- oder Schichtanalyse, ein einziges oder einige wenige *objektive* Merkmale typisierend zu verdichten. Umgekehrt isoliert sie auch nicht ein einziges oder einige wenige *subjektive* Merkmale des Konsums, Geschmacks oder des Lebensstils, um die Sozialwelt als strukturlose Anhäufung von Individuen und sozialen Elementen erscheinen zu lassen. Sie sucht vielmehr alle jene – subjektiven wie objektiven – Merkmale empirischer Analyse zugänglich zu machen, die die soziokulturelle Identität des Einzelnen begründen (Wertorientierungen, Lebensziele, Arbeitseinstellungen, Freizeitmotive, unterschiedliche Aspekte der Lebensweise, alltagsästhetische Neigungen usw.). Über die Milieuzugehörigkeit des Einzelnen bestimmen *subjektive* alltagsästhetische Beziehungsentscheidungen. Diese werden von *objektiven* Merkmalen wie Alter, Einkommen, Bildung etc. – und natürlich vom Herkunftsmilieu – beeinflusst, aber nicht allein entschieden. Soziale Milieus bilden vergleichsweise stabile, wenn auch veränderbare gesellschaftliche Strukturen. ‚Milieu-Indikatoren' erlauben, dass mit deren Hilfe große repräsentative Stichproben die Milieuzugehörigkeit identifiziert werden kann. In die Milieudefinition geht ein umfassendes Bild der Lebenswelt der Befragten ein. Berücksichtigt werden dabei – neben klassischen Kriterien der Schichtforschung (Bildung, Einkommen, Berufsstatus) – Einstellungen zu zentralen Alltagsbereichen wie Familie und Partnerschaft, Arbeit als auch Leistung, Freizeit, Konsum, Alltagsästhetik, Bildung sowie Weiterbildung. Auf einer eher verhaltensbezogenen Ebene fließen Sprache und Gestus, soziale Identität sowie Mediennutzung in die Milieukonstruktion ein.

Die Verbindung von Sozialem und Individuellem, die Balance von ökonomischer Struktur und individueller Flexibilität in der Milieutheorie, differenziert den Lebensstil von Individuen nach relevanten Kriterien.

27 Flaig/Meyer/Ueltzhöffer (1994, S. 54); vgl. Fromm (1932a/GA I, S. 37–57; 1976a/GA II, S. 269–414).

Diese sind:

LEBENSSTIL VON INDIVIDUEN

1. *LEBENSZIEL:* Werte, Lebensgüter, Lebensstrategie, Lebensphilosophie
2. *SOZIALE LAGE:* Größe (Anteile an der Grundgesamtheit) und Soziodemografische Struktur der Milieus, Schulbildung, Beruf, Einkommen.
3. *ARBEIT/LEISTUNG:* Arbeitsethos, Arbeitszufriedenheit, Beruflicher und sozialer Aufstieg, materielle Sicherheit
4. *GESELLSCHAFTSBILD:* politisches Interesse, Engagement, Systemzufriedenheit, Wahrnehmung und Verarbeitung gesellschaftlicher Probleme (technologischer Wandel, Umwelt, Frieden ...)
5. *FAMILIE/PARTNERSCHAFT:* Einstellung zu Partnerschaft, Familie, Kindern, Rollenbilder, Geborgenheit, emotionale Sicherheit, Vorstellungen vom privaten Glück
6. *FREIZEIT:* Freizeitgestaltung, Freizeitmotive, Kommunikation und soziales Leben
7. *WUNSCH-LEITBILDER:* Wünsche, Tagträume, Phantasien, Leitbilder Sehnsüchte, Identifikationsobjekte, Vorbilder
8. *LEBENSFORM/-HALTUNG:* ästhetische Grundbedürfnisse (Alltagsästhetik), Konsum-, milieuspezifische Ausdrucksform, Welten (Flaig, Meyer, Ueltzhöffer 1994, S. 71ff.; vgl. auch Calmbach u.a. 2016, S. 29)

Die Milieuprägung, die Selbst-Ich – als auch soziale Bedürfnisse milieuspezifisch vermittelt, wird somit zur Grundbedingung zum Verständnis von Konsumentscheidungen von Individuen. Gesehen werden diese jedoch als ‚subjektive Aktivisten im *Sozialen Milieu*', nicht als Individuen. Im Zentrum steht somit der *Sozialaspekt von Identität.*

## Milieu-Grafik und -Darstellung[28]

Der Ansatz der ‚Sozialen Milieus' systematisiert die lebensweltliche Vielfalt der flexiblen, globalisierten Moderne. Milieus fassen soziale Gruppen zusammen, deren Wertorientierung, Lebensziele, Lebensweisen – und damit auch zentrale

28 Vgl. Flaig, Meyer, Ueltzhöffer, 1994, S. 54–71; Websites von sigma [SIGMA Gesellschaft für internationale Marktforschung und Beratung mbH 0 6, 8, 68161 Mannheim und sinus [Sinus-Institut GmbH, Gaisbergstraße 6, D-69115 Heidelberg; siehe Darstellung der Milieu-Beschreibungen: https://www.wie-ticken-jugendliche.de/fileadmin/user_files/Wie_ticken_Jugendliche_2016/Presse/%C3%96ffentlicher_Foliensatz_u18_2016.pdf [14.09.2018] bzw. Calmbach 2016, S. 33. Die Typisierung der Milieutheorie erscheint substantieller als die der Shellstudie, die verhaltens- und

Konsum- und Erlebnismuster – ähnlich sind, d.h. sie findet die Gemeinsamkeiten der Gesellschaftssegmente von ‚Geistesverwandten'. Die Milieuanalyse erfasst Menschen, d.h. auch Jugendliche im Netzwerk vielfältiger Einflussfaktoren, die, isoliert analysiert, pädagogisches Verhalten und Handeln nie ausreichend explizieren könnten. Ausgangspunkt aller Überlegungen dabei ist, dem Individuum möglichst frei die Möglichkeit einzuräumen, seine je subjektive Realität darzustellen.

> „Um Menschen bzw. Zielgruppen zu erreichen, muss man ihre Befindlichkeiten und Orientierungen, ihre Werte, Lebensziele, Lebensstile und Einstellungen genau kennen lernen, muss man die Lebenswelten der Menschen „von innen heraus" verstehen, gleichsam in sie „eintauchen". Nur dann bekommt man ein wirklichkeitsgetreues Bild davon, was die Menschen bewegt und wie sie bewegt werden können."[29]

Die Person erzählt selbst, was in ihrem Leben bedeutungsvoll erscheint. Sie beschreibt die Alltagswelt aus eigener Perspektive und demonstriert damit, wie sich Selbst-Realität konkret abbildet – und gibt damit die Grundlage für die Entwicklung von Statement-Batterien, mit deren Hilfe man im folgenden Forschungsschritt Milieu-Segmente bilden kann. Als optimale Darstellung der Milieus erwies sich das Auftragen des *sozialen Status*' gegen die grundsätzliche Werteorientierung. Der soziale Status beschreibt dabei die Zusammenfassung der demografischen Merkmale wie z.B. Schulbildung, Beruf, Einkommen etc. Die *Werteorientierung*, aufgetragen auf der horizontalen X-Achse, repräsentiert die inhaltliche Klassifikation der sozialen Gruppen, wie unterschiedliche Lebensstile, Wunsch- und Leitbilder, Sinngebungen/Religiosität, Einstellung gegenüber Arbeit und Leistung...

## Sinus-Milieus[30]:

SOZIAL GEHOBENE MILIEUS

***KONSERVATIV-ETABLIERTES MILIEU* 10%:** das klassische Establishment; Verantwortungs- und Erfolgsethik; Exklusivitäts- und Führungsansprüche versus Tendenz zu Rückzug und Abgrenzung

---

handlungsorientiert, damit phänomenologisch bleibt: selbstbewusste Macher, pragmatische Idealisten, robuste Materialisten und Unauffällige, wie sie die 14. Shellstudie, Jugend 2002, formuliert, oder Gamer, Digitale Netzwerker, Funktionsuser, Multi-User (16. Shellstudie 2010, S. 19, 103–109), erscheinen u.E. der differenzierteren Milieustudie gegenüber weniger aussagekräftig.

29 http://www.sinus-institut.de/loesungen/sinus-milieus.html[22.02.2011]

30 Sinus-Institut, ebd.: http://www.sinus-institut.de/fileadmin/dokumente/Infobereich_fuer_Studierende/Infoblatt_Studentenversion_2010.pdf [11.01.2011], Lpb 2/3-2016.

***Liberal-intellektuelles Milieu* 7%:** die aufgeklärte Bildungselite mit liberaler Grundhaltung und postmateriellen Wurzeln; Wunsch nach selbstbestimmtem Leben, vielfältige intellektuelle Interessen
***Milieu der Performer* 7%:** die multi-optionale, effizienzorientierte Leistungselite mit globalökonomischem Denken und stilistischem Avantgarde-Anspruch; hohe IT- und Multimedia-Kompetenz
***Expeditives Milieu* 6%:** die unkonventionelle kreative Avantgarde: hyperindividualistisch, mental und geografisch mobil, digital vernetzt und immer auf der Suche nach neuen Grenzen und nach Veränderung
**Milieus der Mitte**
***Bürgerliche Mitte* 14%:** der leistungs- und anpassungsbereite bürgerliche Mainstream: generelle Bejahung der gesellschaftlichen Ordnung; Streben nach beruflicher und sozialer Etablierung, nach gesicherten und harmonischen Verhältnissen
***Adaptiv-pragmatisches Milieu* 9%:** die zielstrebige junge Mitte der Gesellschaft mit ausgeprägtem Lebenspragmatismus und Nutzenkalkül: erfolgsorientiert und kompromissbereit, hedonistisch und konventionell, flexibel und sicherheitsorientiert
***Sozialökologisches Milieu* 7%:** idealistisches, konsumkritisch-bewusstes Milieu mit normativen Vorstellungen vom ‚richtigen' Leben: ausgeprägtes ökologisches und soziales Gewissen; Globalisierungs- Skeptiker, Bannerträger von Political Correctness und Diversity
**Milieus der unteren Mitte/Unterschicht**
***Traditionelles Milieu* 15%:** die Sicherheit und Ordnung liebende Kriegs-/ Nachkriegsgeneration: in der alten kleinbürgerlichen Welt bzw. in der traditionellen Arbeiterkultur verhaftet
***Prekäres Milieu* 9%:** die um Orientierung und Teilhabe bemühte Unterschicht mit starken Zukunftsängsten und Ressentiments: Anschluss halten an die Konsumstandards der breiten Mitte als Kompensationsversuch sozialer Benachteiligungen; geringe Aufstiegsperspektiven und delegativ-reaktive Grundhaltung, Rückzug ins eigene soziale Umfeld
***Hedonistisches Milieu* 15%:** Die spaß- und erlebnisorientierte moderne Unterschicht/untere Mittelschicht: Leben im Hier und Jetzt, Verweigerung von Konventionen und Verhaltenserwartungen der Leistungsgesellschaft

Erwachsenen- und Jugendlichen-Milieus sind nicht deckungsgleich. Eine plausible Charakteristik *der sieben jugendlichen Milieus,* der hier ***Generation what*** genannten Generation Heranwachsender geben u.a. Calmbach u.a. (2012); Calmbach u.a. (2016, S. 33, 38).

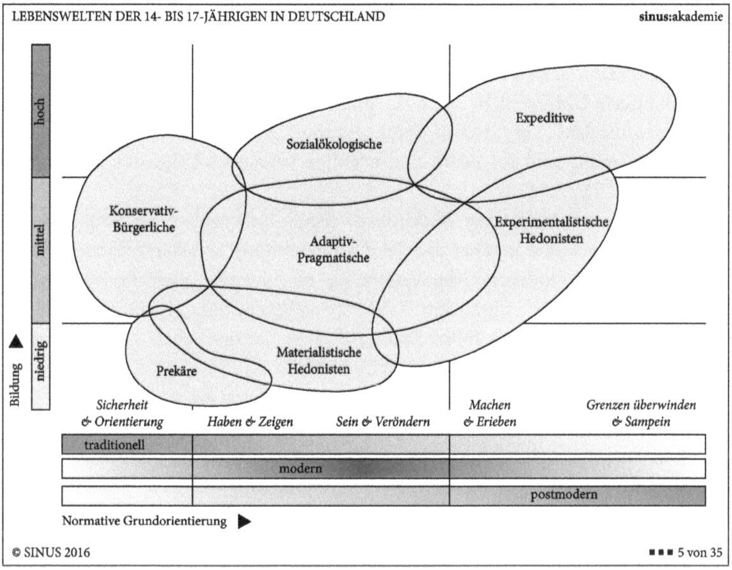


**Abb. 11:** Generation what (Quelle: SINUS 2016, Folie 5; SINUS:akademie, Lebenswelten der 14- bis 17-Jährigen in Deutschland)

1. Die ***Konservativ-Bürgerlichen*** (rund 15%) finden Selbstdisziplin wichtiger als Selbstentfaltung. Es sind die „frühvergreisten“ Patrioten unter den Jugendlichen, sie wollen, dass sich möglichst wenig ändert: Familie, Heimat, Traditionen. Es geht ihnen darum, einen Platz in der Erwachsenenwelt zu finden und Verantwortung zu übernehmen, sie träumen von der „Normalbiografie“ und gehen „auf Nummer sicher“ in sozialen Beziehungen (Offline-Gemeinschaften) und in Hinsicht auf innere Sicherheit. (Calmbach u.a. 2016, S. 39–58)
2. Die große Gruppe der ***Adaptiv-Pragmatischen*** (rund 18–21%) repräsentiert so etwas wie die angepassten Neo-Spießer: sie orientieren sich am Machbaren, planen voraus, streben nach Wohlstand, wollen eigentlich nichts ändern. Sicherheit ist ihnen wichtiger als Selbstverwirklichung, sie suchen nach einer „vernünftigen Alternative“. Familie und Leistung sind wichtige Lebensstil-Determinanten. Auf andere, die weniger leistungsbereit sind und weniger besitzen, schauen sie herab. (ebd., S. 59–74)
3. Die sogenannten ***Prekären*** (rund 5%) schämen sich demnach oft für die soziale Stellung ihrer (oft idealisierten) Eltern – Bildungsferne, Erwerbslosigkeit, geringes Einkommen. Sie sehen sich als ausgegrenzt und streben danach die eigene Situation zu verbessern, fühlen sich aber teilweise ohnmächtig. Ihnen fehlen die materiellen Ressourcen, um die geringe gesellschaftliche Partizipation durch Konsum zu kompensieren. Ihnen wird eine kämpferische „Durchbeißermentalität“ (Fußball, Boxen) zugeschrieben. Gewaltaffine Spiele bieten zumindest virtuelle

Erfolgserlebnisse; unrealistische Vorstellungen – fehlendes Orientierungswissen – korrellieren mit populistischer Anfälligkeit. (S. 75–90)

4. Die ***materialistischen Hedonisten*** (rund 15–21%) werden als „freizeit- und familienorientierte Unterschicht mit ausgeprägten markenbewussten (Fake-Produkte) Konsumwünschen" beschrieben. Spaß, „Action", „Freiheit", Konsum und Anerkennung der Familie und der Peers sind wichtige Lebensstil-Elemente. Shoppen und Style ist cool. (S. 91–112)
5. Die ***experimentalistischen Hedonisten*** (rund 11%) wollen als Nonkonformisten Spaß in der Scene im Hier und Jetzt. Ungehinderte Selbstentfaltung geht auch mit kreativ-provokativer Grenzverletzung in subkulturellen Freiräumen einher: „Young till I die". Eigensinn, Widerspenstigkeit, das „eigene Ding machen" statt Bescheidenheit, Disziplin, Ordnung einer „bürgerlichen Normalbiografie" sind charakteristische Merkmale. (S. 113–130)
6. Die ***Sozialökologischen*** (rund 11–13%) verstehen sich als nachhaltig, alternativ, pazifistisch und sozialengagiert. Konsum-Materialismus, Rassismus, und kulturellen Chauvinismus lehnen sie ab. Ihre alternativ-ökologisch-demokratische Orientierung möchten sie in der Gesellschaft „sendungsbewusst" implementieren. Hierbei zeigen sie hohes Interesse an sozialkritischer und fortschrittskeptischer Bildung. Nachhaltigkeit und Natur sind wichtige Inspirationen für ihre Zukunftsvorstellungen. (S. 131–149)
7. Die große Milieugruppe der ***Expeditiven*** (rund 19–22%) strebt flexibel, mobil und pragmatisch nach einer Balance von Selbstverwirklichung, Spaß und Leistung. Sie sind die interessierten, eloquenten, stilbewussten, freiheitsorientierten und individualistischen Hipster unter den Jugendlichen. Sie streben nach vielfältigen kreativen kulturellen und sozialen Erlebnissen. Sie wollen weiterkommen: persönlich, ökonomisch, finanziell, räumlich-mobil, kulturell. Sie sehen sich selbst als urbane Avantgarde. (S. 150–170)

Obwohl die Mehrheit der bundesrepublikanischen Jugendlichen als pragmatisch, selbstbewusst und vorsichtig optimistisch gilt (16. Shellstudie 2010, S. 15f.), muss doch festgestellt werden, dass ein geringes Vertrauen in die gesellschaftlichen Institutionen dominiert. Die Befürchtung vor Spaltung der Gesellschaft ist weit verbreitet, hier kulminiert die „german angst" der Erwachsenen. Gerade die Modernisierungsverlierer fürchten sich vor der Migration und sind anfällig für ‚rechten und linken Populismus' (Calmbach u.a. 2016, S. 35f.; vgl. Lehren&Lernen, 2018, H. 4). Doch es herrscht der folgender Gedanke vor:

> „In allen Lebenswelten ist man mehrheitlich für die Aufnahme von geflüchteten und Asylsuchenden – solange Deutschland die Kapazitäten dafür hat." (Calmbach u.a. 2016, S. 436)

Insofern ist die Jugend differenziert, d.h. milieuspezifisch zu betrachten, da die Jugendwelten auseinanderdriften, was auch die 16. Shellstudie (2010, S. 343–352) so verdeutlicht. Diese Studie mit ihren starken familialen Bezügen (ebd., S. 17, 46f., 227) gilt eher für die konservativ-bürgerlich und adaptiv-pragmatisch ausgerichteten Schichten, die ‚materialistischen Hedonisten'. Im Gegensatz dazu stehen die postmodernen experimentalistischen Hedonisten und die Expeditiven mit ihrem beziehungsskeptischen Freiheitsdrang.

Für differenziertes Kommunizieren mit *Fremden, Migranten, Flüchtlingen*, für ***Transkulturation***, sind die Expeditiven, Sozialökologischen prädestiniert (vgl. 16. Shellstudie 2010, S. 157f.); die Modernitätsverlierer: Prekäre, materialistische Hedonisten hingegen sind für populistische, rassistische und gewaltaffine Meinungen (‚Gruppenspezifische Menschenfeindlichkeit') – und teilweise die bürgerlich Konservativen – eher anfällig. (vgl. ebd.)

Diese milieuspezifischen Ressourcen können und müssen sich in der konkreten Kommunikation realisieren. Hierbei ist durchaus auch von Interessengegensätzen und Konflikten auszugehen, diese sind zutiefst mit der Frage von Macht und Organisationsstruktur vermischt.

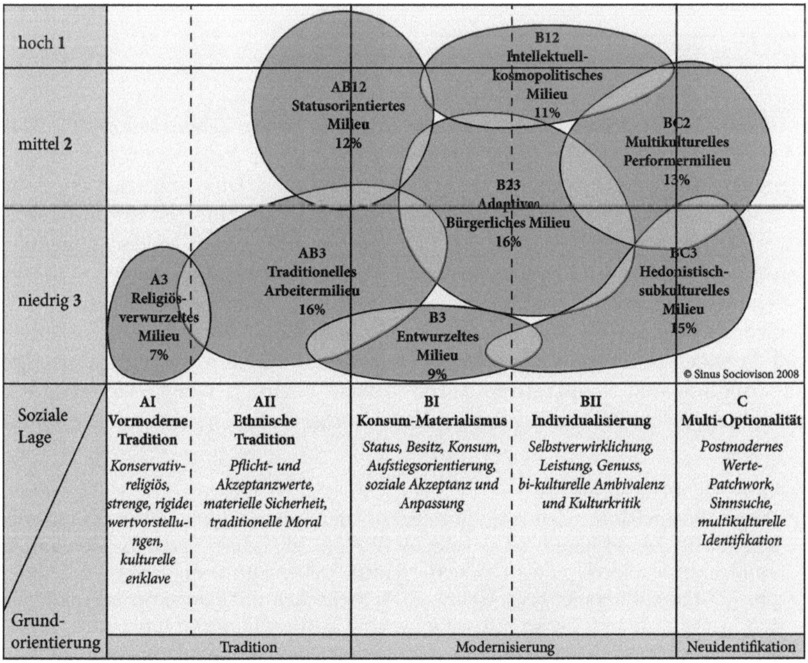


**Abb. 12:** Migrantenmileus (Quelle: SINUS Sociovision 2008)[31]

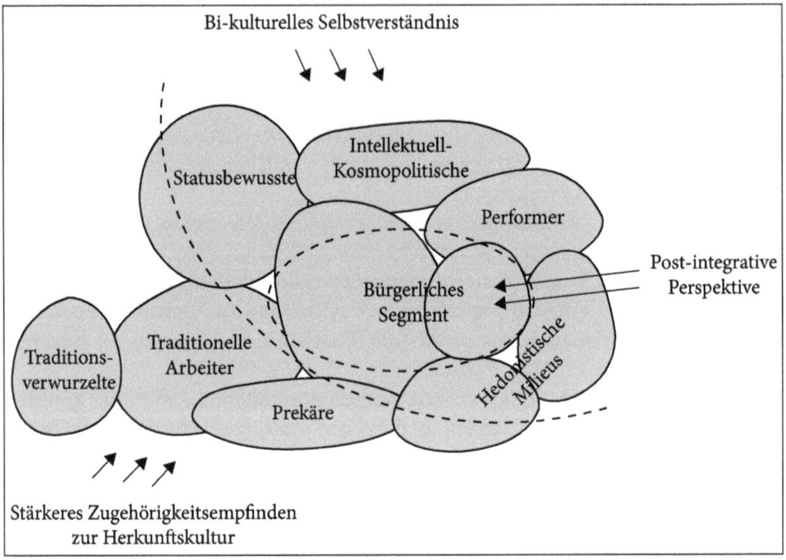


**Abb. 13:** Migrantenmilieus (Quelle: SINUS 2018, vhw, SINUS 2017/18)[31]

In diesen Kommunikationsbezügen und gemeinsamen Lebenswelten sind auch die Parallelen zu den deutschen Ursprungsmilieus und Ressourcen der entsprechenden ***Migrantenmilieus*** in den Fokus zu nehmen. Hier zeigt sich durchaus, dass Migrantenmilieus ihrer Herkunftskultur gegenüber eine gewisse Autonomie erwerben können und damit den entsprechenden deutschen Milieus gegenüber transparent werden und sich austauschen können (*Transkulturation*).

Gemeinschaftliche Lebenswelten und Milieus verbinden mehr als die Ursprungs-Herkunftskultur. Sozioökonomischer Status, Bildung und Lebensstil sind demnach durchaus verbindende Elemente, die durch Kommunikation, Kontakt, Bildung und kooperativen Lebensvollzug wirksam werden können. Hier spielt auch das gemeinsame Erleben eine wichtige Rolle. Dies kann insbesondere

31 Sinus Sociovision, Zentrale Ergebnisse der Sinus-Studie über Migranten-Milieus in Deutschland, o.O., vom 09.12.2008. In: https://www.bke.de/content/application/explorer/public/newsletter/januar-2009/zentraleergebnisse09122008-1.pdf [23.12.2018]; Hallenberg, B/vhw 2018: Menschen mit Zuwanderungsgeschichten in Deutschland, Berlin https://www.vhw.de/fileadmin/user_upload/07_presse/PDFs/ab_2015/vhw_Schriftenreihe_Nr.10_Migrantenmilieu-Survey_2018.pdf, S. 10 (Abb. 12), S. 12 (Abb. 13); vgl. auch Wippermann, Carsten (2010): Lebenswelten von Menschen mit Migrationshintergrund in Deutschland. Grundlagenstudie vom Sinus-Institut. Berlin.

in der Gemeinschaftsschule mit kooperativen, handlungsorientierten und individualisierten Lernerfahrungen konkretisiert werden.[32]

Erstaunlich, dass trotz politisch-massiver und populistisch genutzter Auseinandersetzungen (vgl. Lehren und Lernen 2018, H. 4, das Integrations-Barometer 2018 des Sachverständigenrats deutscher Stiftungen für Integration und Migration (SVR), die massive Einwanderung [Flüchtlingswelle 2015/16]) entgegen der öffentlich befürchteten Wahrnehmung (z.B. durch Chemnitz, Kandel, Köthen mit ihren politischen Auswirkungen/Beben) die politische Meinungsbildung nicht in einen rechten Populismus umgeschlagen ist.

> „Das SVR-Integrationsbarometer zeigt: Das Zusammenleben in der Einwanderungsgesellschaft wird überwiegend positiv wahrgenommen und zwar in allen Bevölkerungsgruppen. Dies gilt insbesondere für diejenigen, die kulturelle Vielfalt im Alltag erfahren. Eingetrübt hat sich das Integrationsklima in den Jahren 2016 und 2017 dort, wo der Integrationsalltag nicht persönlich erlebt wird. Die Haltungen zu Flüchtlingen sind differenziert: Die meisten Befragten mit wie ohne Migrationshintergrund sind im Grundsatz weiterhin dafür, Flüchtlinge aufzunehmen. Gleichzeitig meint die Mehrheit, dass der Zuzug von Flüchtlingen begrenzt werden muss. Ob es Muslimas in Schulen und Behörden erlaubt sein soll, ein Kopftuch zu tragen, ist weiterhin umstritten. Muslimische Zuwanderer und Zuwanderinnen sind überwiegend dafür. Die Mehrheitsbevölkerung dagegen sieht das besonders an Schulen kritisch."[33]

In diesem Sinne ist Kontakt und Kommunikation ein wichtiger Schritt für ein friedliches, Vielfalt und Diversität als Ressource, *transkulturelles* Miteinander, und damit der Weg für eine Gleichbehandlung aller, ebenso wird die Unterschiedlichkeit des Einzelnen also produktives Potenzial wertgeschätzt. Dies setzt allerdings transparente Diskurse und *authentische* Kommunikation voraus.

Diese im Kern politisch-pädagogische Herausforderung impliziert den Konflikt als zentrales Movens. Hierbei sind die Leitlinien des Beutelsbacher Konsenses, eine Strukturtagung (1976) der Landeszentrale für politische Bildung Baden-Württemberg mit Didaktikern für Politik in Beutelsbach/BW) richtungsweisend: Überwältigungsverbot, Kontroversitätsprinzip, Teilhabe interessierter Bürger. Im diversitären Konflikt bleiben die Grundprinzipien des deutschen Grundgesetzes (GG) konstitutiv: Menschenwürde, Gewaltenteilung und Partizipation. (Vgl. Frech, Richter 2017) Innerhalb dieser Konstitutionen kann sich eine diversitäre Kulturgrammatik durchbuchstabieren: Zeitverständnis, Macht und Hierarchie, Geschlechterrollen, Individualismus versus Kollektivismus und Raum. Diese widersetzen sich extremistischen Positionen ‚rechter, linker oder islamistischer Provenienz'.

Aber auch „kulturrelativistische political correctness", wie sie sich in dem Weihnachtsgruß 2018 der Beauftragten der Bundesregierung für Migration, Flüchtlinge

---

32 Vgl. Lehren und Lernen 2010, H. 1; 2018, H. 12; Wehr/von Carlsburg (2012; 2013).

33 https://www.svr-migration.de/barometer/ (SVR: Sachverständigenrat); [30.12.2018].

und Integration[34] deutlich machte, führt nicht zu einem konstruktiven Diskurs. Hier bleiben eigene Interessen und Positionen kontur- und strukturlos. Bedürfnisse werden exkommuniziert, diffuses Unbehagen bleibt schal zurück, und eine Sprachlosigkeit verbreitet sich, die allzu leicht umschlägt in schwarz-weiß denkenden, blindwütigen Populismus. Ein konstruktiver Dialog benötigt *authentische Kommunikation* im Sinne der Glaubwürdigkeit, die einen Konflikt, ja auch Streit in der Sache aushält und den Dialog in einem lebendigen Sprachfluss halten kann. Nur dann ist die identitätsstiftende Erzählung biographischer Erfahrungen in *diversitäre Kommunikation* eingebracht, die in einen ertragreichen Konsens einmünden kann. Nicht das allseitig flexible stromlinienförmige Individuum (Sennett 1998), sondern der mündige Bürger in partizipativem Demokratiehandeln bleibt Zielvision diversitärer Kommunikation und pluraler Konsensbildung.

Integrieren und Diversität produktiv leben kann nur derjenige Mensch, der eigene Bedürfnisse, Werte, kulturelle Dimensionen nicht ausblendet, sondern reflektiert im unendlichen Gespräch verdeutlicht. Die Weihnachtsansprache des deutschen Bundespräsidenten Frank-Walter Steinmeier[35] bleibt ein zukunftweisender Aufruf und als transkulturelle ***Conclusio*** ein aufrüttelnder Speech:

> „(...) Ich habe den Eindruck, wir Deutsche sprechen immer seltener miteinander. Und noch seltener hören wir einander zu. Wo immer man hinschaut, erst recht in den Sozialen Medien: Da wird gegiftet, da ist Lärm und tägliche Empörung. (...)
> Nur, so sehr wir uns über andere ärgern oder sie uns gleich ganz wegwünschen, eines gilt auch morgen noch: Wir alle gehören zu diesem Land – unabhängig von Herkunft oder Hautfarbe, von Lebensanschauung oder Lieblingsmannschaft.
> Das ist das Schöne und das Anstrengende an der Demokratie zugleich. Wir müssen wieder lernen, zu streiten, ohne Schaum vorm Mund, und lernen, unsere Unterschiede auszuhalten. Wer Streit hat, kann sich auch wieder zusammenraufen. Das kennen wir von Weihnachten mit der Familie. Aber wer gar nicht spricht und erst recht nicht zuhört, kommt Lösungen kein Stück näher. Sprachlosigkeit heißt Stillstand. (...)
> Unsere Demokratie ist immer so stark, wie wir sie machen. Sie baut darauf, dass wir unsere Meinung sagen, für unsere Interessen streiten. Und sie setzt uns der ständigen Gefahr aus, dass auch der andere mal Recht haben könnte. Am Ende einen Kompromiss zu finden, das ist keine Schwäche, sondern das zeichnet uns aus! Die Fähigkeit zum Kompromiss ist die Stärke der Demokratie."

---

34 https://www.tagesspiegel.de/weltspiegel/annette-widmann-mauz-integrationsbeauftragte-gruesst-ohne-das-wort-weihnachten/23776518.html – „Egal woran Sie glauben ... wir wünschen Ihnen eine besinnliche Zeit und einen guten Start ins neue Jahr" [30.12.2018].

35 http://www.bundespraesident.de/SharedDocs/Reden/DE/Frank-Walter-Steinmeier/Reden/2018/12/181225-Weihnachtsansprache-2018.html [30.12.2018].

## Literatur


Adorno, Th. W. (1956): Zur Metakritik der Erkenntnistheorie. Stuttgart.

Adorno, Th. W. (1979): Erziehung zur Mündigkeit. Frankfurt a.M.

Bandura, A. (1997): Self-efficacy: The exercise of control. New York.

Bauer, J. (2006): Warum ich fühle, was du fühlst, München.

Bauer, J. ([5]2007): Prinzip Menschlichkeit, München, S. 178–182, S. 190–197.

Beck, U. (1986): Risikogesellschaft. Frankfurt a.M.

Beck, U. (1997a): Kinder der Freiheit: Wider das Lamento über den Werteverfall. In: Beck, U. (Hrsg.): Kinder der Freiheit. Frankfurt a.M., S. 9–32.

Beck, U. (1997b): Demokratisierung der Familie. In: Beck, U. (Hrsg.): Kinder der Freiheit. Frankfurt a.M., S. 195–216.

Beck, U. (1997c): Ursprung als Utopie: Politische Freiheit als Sinnquelle der Moderne. In: Beck, U. (Hrsg.): Kinder der Freiheit. Frankfurt a.M., S. 382–401.

Beck, U. (2007): Weltrisikogesellschaft. Auf der Suche nach der verlorenen Sicherheit. Bonn, Lizenzausgabe für die Bundeszentrale für politische Bildung. Frankfurt a.M.

Beck, U./Beck-Gernsheim, E. (1990): Das ganz normale Chaos der Liebe. Frankfurt a.M.

bildung & wissenschaft (1996), H. 3.

Bohl, Th. (2000): Unterrichtsmethoden in der Realschule. Eine empirische Untersuchung zum Gebrauch ausgewählter Unterrichtsmethoden an staatlichen Realschulen in Baden-Württemberg. Ein Beitrag zur deskriptiven Unterrichtsmethodenforschung. Bad Heilbrunn.

Bourdieu, P. (1982): Die feinen Unterschiede. Kritik der gesellschaftlichen Urteilskraft. Frankfurt a.M.

Brähler, E./Wirth, H.-J. (1991): Abwendung von sozialen Orientierungen: Auf dem Weg in einen modernisierten Sozialdarwinismus? In: Heitmeyer, W./Jacobi, J. (Hrsg.): Politische Sozialisation und Individualisierung. Perspektiven und Chancen politischer Bildung. Weinheim/München, S. 95ff.

Brater, M. (1997): Schule und Ausbildung im Zeichen der Individualisierung. In: Beck, U. (Hrsg.): Kinder der Freiheit. Frankfurt a.M., S. 149–174.

Buber, M. (1947): Dialogisches Leben. Gesammelte philosophische und pädagogische Schriften. Zürich.

Buber, M. (1954): Die Schriften über das dialogische Prinzip. Heidelberg 1954.

Buber, M. (1962/64): Werke. 3 Bde. München/Heidelberg.

Buber, M. (1965): ‚Ich und Du'. In: Buber, M.: Das dialogische Prinzip. Heidelberg.

Buber, M. ([5]1982): Das Problem des Menschen, Heidelberg.

Bundeszentrale für politische Bildung [bpb] (Hrsg.) (1990): Zur Theorie und Praxis der politischen Bildung. Bonn.

Calmbach, M./Thomas, P. M./Borchard, I./Flaig, B. B. (2012): Wie ticken Jugendliche 2012? Lebenswelten von Jugendlichen im Alter von 14–17 Jahren in Deutschland. Bundeszentrale für politische Bildung. Bonn.

Calmbach, M./Borgstedt, S./Borchard, I./Thomas, P. M./Flaig, B. B. (2016): Wie ticken Jugendliche 2016? Lebenswelten von Jugendlichen im Alter von 14 bis 17 Jahren in Deutschland. Wiesbaden.

Carlsburg, G.-B. v./Wehr, H. (2010): Bildung zur Selbstbildung. Konzepte der Professionalisierung und Persönlichkeitsentwicklung im Lehrerberuf. Ein Studienbuch. Augsburg.

Der Bürger im Staat (1996), hrsg. v. d. Bundeszentrale für politische Bildung, Jg. 46, H. 1. Bonn.

Der Bürger im Staat (1996), hrsg. v. d. Bundeszentrale für politische Bildung, Jg. 46, H. 2. Bonn.

Dettling, W.: Die moralische Generation. In: Beck, U. (Hrsg.) (1997a): Kinder der Freiheit. Frankfurt a.M., S. 124–130.

Dieckmann, J. (1989): Konfliktregulierung durch Dialoge. Freiburg i.Br.

Dilthey, W. ([1960/61]/⁴1974): Pädagogik. Geschichte und Grundlinien des Systems. In: Dilthey, W.: Gesammelte Schriften. IX. Band, hrsg. v. O. F. Bollnow (1933). Stuttgart/Göttingen.

Dorsch, F.K.G. ([1921]/¹⁸2017): Lexikon der Psychologie. Überarb. Aufl., hrsg. v. M.A. Wirtz u. Mitarb. von J. Strohmer. Bern.

Erziehungs und Wissenschaft (1996), H. 2.

Eissele, I. (2009): Kalte Kinder. Sie kennen kein Mitgefühl. Sie entgleiten uns. Freiburg.

Fend, H. (2006): Neue Theorie der Schule. Einführung in das Verstehen von Bildungssystemen. Wiesbaden.

Fittkau, B./Müller-Wolf, H.-M./Schulz v. Thun, F. (Hrsg.) (1974): Kommunikations- und Verhaltenstraining für Erziehung, Unterricht und Ausbildung. Pullach.

Flaig, B. B.; Meyer, Th.; Ueltzhöffer, J. (²1994): Alltagsästhetik und politische Kultur. Zur ästhetischen Dimension politischer Bildung und politischer Kommunikation, Bonn.

Floyd, L. Ruch, Philip G. Zimbardo u.a. (1974): Lehrbuch der Psychologie. Eine Einführung für Studenten der Psychologie, Medizin und Pädagogik. Berlin.

Forgas, J.P. (²1994): Soziale Interaktion und Kommunikation. Eine Einführung in die Sozialpsychologie. Weinheim.

Frech, S./Richter, D. (Hrsg.) (2017): Der Beutelsbacher Konsens. Bedeutung, Wirkung, Kontroversen. Schwalbach 2017.

Fritzsche, K. P. (1998): Die Stressgesellschaft. Vom schwierigen Umgang mit den rasanten gesellschaftlichen Veränderungen. München.

Fritzsche, K. P./Knepper, H. (1993): Die neue Furcht vor der Freiheit – Eine Herausforderung an die politische Bildung. In: Aus Politik und Zeitgeschichte. Beilage zur Wochenzeitung Das Parlament, B 34, S. 13–24.

Fromm, E. (1932a/GA I): Über Methode und Aufgabe einer Analytischen Sozialpsychologie. Bemerkungen über Psychoanalyse und historischen Materialismus. In: Fromm, E. (1989): Gesamtausgabe in zwölf Bänden (GA I-XII), hrsg. v. Funk, R. DVA/DTV. Stuttgart, S. 37–57.

Fromm, E. ([1941a/GA I, Anhang]/1989): Charakter und Gesellschaftsprozeß. In: Fromm, E.: Die Furcht vor der Freiheit. Erich-Fromm-Gesamtausgabe. Bd. I. München, S. 379–392.

Fromm, E. (1941a/GA I): Die Furcht vor der Freiheit. In: Fromm, E. (1989): Gesamtausgabe in zwölf Bänden (GA I-XII), hrsg. v. Funk, R. DVA/DTV. Stuttgart, S. 217–392.

Fromm, E. (1976a): Haben oder Sein. Die seelischen Grundlagen einer neuen Gesellschaft 1976a/GA II, Stuttgart/München, S. 269–414.

Fromm, E. (1989a [1974–75]/GA XII): Vom Haben zum Sein. Wege und Irrwege der Selbsterfahrung, in: Fromm, E. (1999): Gesamtausgabe 12 Bänden (GA I-XII), hrsg. v. R. Funk. GA XII, Stuttgart/München, S. 393–483.

Fromm, E. (1989b): Gesamtausgabe in 12 Bänden (GA I-XII), hrsg. v. R. Funk. München.

Generation what (2016): Abschlussbericht Deutschland, 11. November. URL: http://www.br.de/fernsehen/ard-alpha/sendungen/campusmagazin/generation-what-ergebnisse-zusammenfassung-100.html [16.03.16].

Funk, R. (2011): Erich Fromm. Liebe zum Leben: Eine Bildbiografie. München.

Gudjons, H. ([7]2001): Pädagogisches Grundwissen. Bad Heilbrunn.

Habermas, J. (1981): Theorie des Kommunikativen Handelns 2 Bände, Band 1: Handlungsrationalität und gesellschaftliche Rationalisierung, Band 2: Zur Kritik der funktionalistischen Vernunft. Frankfurt a.M.

Hallenberg, B/vhw 2018: Menschen mit Zuwanderungsgeschichten in Deutschland, Berlin https://www.vhw.de/fileadmin/user_upload/07_presse/PDFs/ab_2015/vhw_Schriftenreihe_Nr.10_Migrantenmilieu-Survey_2018.pdf, S. 10, 12.

Heitmeyer, W. (1987): Rechtsextremistische Orientierungen bei Jugendlichen. Weinheim.

Heitmeyer, W. (1993): Gesellschaftliche Desintegrationsprozesse als Ursachen von fremdenfeindlicher Gewalt und politischer Paralysierung. In: Aus Politik und Zeitgeschichte. Beilage zur Wochenzeitung „Das Parlament“, B 2/3, S. 3–13.

Heitmeyer, W. u.a. (1994): Gewalt. Schattenseiten der Individualisierung bei Jugendlichen aus unterschiedlichen Milieus. Weinheim/München.

Heitmeyer, W. (1994a): Freigesetzte Gewalt. Gewalt als Bearbeitungsform einer neuen Unübersichtlichkeit. In: Pädagogik, Jg. 46, H. 6, S. 35ff.

Heitmeyer, W. (2009): Der doppelte Kontrollverlust. bildung & wissenschaft, Juniheft, S. 18–20.

Heitmeyer, W. (2011): Deutsche Zustände. Das entsicherte Jahrzehnt. Presseinformation zur Präsentation der Langzeituntersuchung Gruppenbezogene Menschenfeindlichkeit, Berlin https://bagkr.de/ueber-uns/gruppenbezogene-menschenfeindlichkeit/12.12.2011 [30.12.2018].

Heitmeyer, W. (2011): Deutsche Zustände – Das entsicherte Jahrzehnt – Presseinformation zur Präsentation der Langzeituntersuchung Gruppenbezogene Menschenfeindlichkeit https://www.uni-bielefeld.de/ikg/Handout_Fassung_Montag_1212.pdf vom 12.12.2011, S. 2 [04.05.2019].

Heitmeyer, W./Jacobi, J. (Hrsg.) (1991): Politische Sozialisation und Individualisierung. Perspektiven und Chancen politischer Bildung. Weinheim/München.

Hensel, H. ([7]1995): Die neuen Kinder und die Erosion der Schule. Lichtenau.

Herrmann, N. (1991): Kreativität und Kompetenz – Das einmalige Gehirn. Fulda.

Hintz, D./Pöppel, K. G./Rekus, J. ([2]1995): Neues schulpädagogisches Wörterbuch, Weinheim/München.

Horkheimer, M. ([1936]/1968): Egoismus und Freiheitsbewegung. Zur Anthropologie des bürgerlichen Zeitalters. In: Horkheimer, M.: Traditionelle und kritische Theorie. Vier Aufsätze. Frankfurt, S. 95–161.

Horkheimer, M./Adorno, Th. W. (1962): Sociologica. Reden und Vorträge. Frankfurt a.M.

http://www.caritas.de/sinusmigranten [30.12.2018].

https://www.svr-migration.de/barometer/[18.09.18]/Sachverständigenrat deutscher Stiftungen für Integration und Migration 2018: Stabiles Klima in der Integrationsrepublik Deutschland. SVR-Integrationsbarometer 2018. Berlin.

.Hüsch, H. D. ([6]2007): Im Zeichen des Friedens. In: Das Schwere leicht gesagt. Freiburg, S. 49ff.

Jugendwerk der Deutschen Shell (Hrsg.) (1992): Jugend '92. Lebenslagen, Orientierungen und Entwicklungsperspektiven im vereinigten Deutschland. 4 Bde. Gesamtkonzeption und Koordination: Zinnecker, J./Fischer, A. Opladen.

Jugendwerk der Deutschen Shell (Hrsg.) (1997): Jugend '97. Zukunftsperspektiven – Gesellschaftliches Engagement – Politische Orientierungen. Die 12. Shell Jugendstudie. Gesamtkonzeption und Koordination: Fischer, A./Münchmeier, R. Opladen.

Jugendwerk der Deutschen Shell (Hrsg.) (2000): Jugend 2000 (13. Shell Jugendstudie). 2 Bde. Konzeption & Koordination v. Fischer, A./Fischer, Y./Fuchs-Heinritz, W./Münchmeier, R. Opladen.

Jugendwerk der Deutschen Shell (Hrsg.) (2015): Jugend 2015 – Eine pragmatische Generation im Aufbruch. Frankfurt a.M. [http://www.shell.de/ueber-uns/die-shell-jugendstudie.html [24.04.2017].

Kant, I. (([1781 (A); ²1787 (B)]/⁴1993). Die drei Kritiken. Bd. 1: Kritik der reinen Vernunft. Nach der ersten und zweiten Orig.-Ausg. Jubiläumsausg. Hrsg. von R. Schmidt. Mit einer Bibliographie von H. Klemme. Hamburg.

Kant, I. (A 1781a). Critik der reinen Vernunft. Riga.

Kant, I. (B ²1787). Kritik der reinen Vernunft. Zweite hin und wieder verbesserte Aufl. Riga.

Kant, I. (1803): Immanuel Kant über Pädagogik, hrsg. von F.Th. Rink. Königsberg.

Kant, I. ([1803]/⁵1984): Über Pädagogik. Reihe Kamps pädagogische Taschenbücher. Hrsg. Von H. Holstein. Bochum [Original hrsg. von D. Fr. Th. Rink].

Kant, I. (1974): Kritik der Urteilskraft (1790), hrsg. v. K. Vorländer, Hamburg.

Kant, I. (²1982). Ausgewählte Schriften zur Pädagogik und ihrer Begründung. Ausgewählte pädagogische Schriften. Besorgt von H.-H. Groothoff unter Mitw. von E. Reimers. Paderborn.

Keupp, H. (2002): „Identitäten in der Ambivalenz der Postmodernen Gesellschaft". Vortrag beim 6. Benediktbeurer Herbstforum „... entweder – und ..." Vom Umgang der Sozialen Arbeit mit unlösbaren Widersprüchen, am 19.10.2002 in Benediktbeuren.

Keupp, H. (2003): Identitätskonstruktionen, Vortrag bei der 5. bundesweiten Fachtagung zur Erlebnispädagogik am 22.09.2003 in Magdeburg.

Keupp, H. (2005): „Patchwork-Identität – Riskante Chancen bei prekären Ressourcen". Vortrag in Dortmund am 20. 5. 2005.

Keupp, H. (2006): Bildung zwischen Anpassung und Lebenskunst. Ressourcen der Lebensbewältigung. Vortrag auf dem „Tag der Weiterbildung" am 03. März 2006 in St. Johann im Pongau. In: http://www.eb.salzburg.at/download/Keupp-Referat.pdf [18.05.2017].

Landeszentrale für politische Bildung (2016): Der Bürger im Staat- Soziale Milieus, H. 2/3.

Lehren und Lernen (2010): Kooperatives Lernen – Selbstorganisiertes Lernen in Gruppen, H. 1.

Miller, R. (1985): Gespräche mit gewalttätigen Schülern. In: Bäuerle, S. (Hrsg.): Schülerfehlverhalten. Regensburg.

Miller, R. (1989): Sich in der Schule wohlfühlen. Wege für Lehrerinnen und Lehrer zur Entlastung im Schulalltag. Weinheim/Basel.

Miller, R. (1993): Streß und Entspannung. In: Gudjons, H. (Hrsg.): Entlastung im Lehrerberuf. Hamburg.

Miller, R. (1995): „Das ist ja wieder typisch!“ Kommunikation und Dialog in Schule und Schulverwaltung. 25 Trainingsbausteine. Weinheim/Basel.

Miller, R. (2001): „Sie Vollidiot.“ Von der Beschimpfung zum konstruktiven Gespräch. Reinbek.

Moll-Strobel, H. (²2001): Gewaltreflektierende Schule. In: S. Bäuerle, Moll-Strobel, H., G.-B. Reinert [v. Carlsburg], H. Wehr: Gewalt in der Schule. Erw. Aufl. Donauwörth, S. 150–222.

Negt, O. (1994): Auf der Suche nach Orientierung und Kompetenz. Plädoyer für eine zweite Bildungsreform. In: Erziehung & Wissenschaft, H. 4, S. 2.

Negt, O. (1995): Die Krise der Arbeitsgesellschaft: Machtpolitischer Kampfplatz zweier Ökonomien. In: Aus Politik und Zeitgeschichte. Beilage zur Wochenzeitung Das Parlament, B15, S. 3–9.

Negt, O. (1997): Kindheit und Schule in einer Welt der Umbrüche. Göttingen.

Nyssen, E./Schön, B. (Hrsg.) ([1995]/²1998): Perspektiven für pädagogisches Handeln. Weinheim/München.

Olechowski, R. (1998): Grundsätze für eine Reform der Schule der Vierzehn- bis Neunzehnjährigen unter dem Aspekt einer „humanen Schule“ In: Erziehung und Unterricht, H. 1, S. 23–36.

Oxfam Deutschland e.V. (2018): Jahresbericht 2017/18. URL: https://www.oxfam.de/system/files/oxfam-deutschland-jahresbericht-17-18-web.pdf [30.12.2018]

Palfrey, J./Grasser, U. (2008): Generation Internet. München.

Pallasch, W. (1990; ⁴1995): Pädagogisches Gesprächstraining. Lern- und Trainingsprogramm zur Vermittlung therapeutischer Gesprächs- und Beratungskompetenz. Weinheim/München.

Pallasch, W./Harmsen, G. (Mitarb.) (⁴1995): Pädagogisches Gesprächstraining. Lern- und Trainingsprogramm zur Vermittlung therapeutischer Gesprächs- und Beratungskompetenz. Weinheim/München.

Pallasch, W./Reimers, H. (Mitarb.)/Strehlow, V. (Mitarb.) (1987): Lehrverhalten und Problemlösen. Lern- und Trainingsprogramme zur Schulung pädagogischer Fertigkeiten und Reflexion des Selbstkonzepts. Weinheim/München.

Paul, J. (²1894): Erster Teil. Leben und Lehren Jean Pauls. Levana, 1. Abteilung, bearb. v. K. Fischer. Langensalza.

Popp, U. (1996): Individualisierung. Das „jugendtheoretische“ Konzept auf dem Prüfstand. In: Pädagogik, H. 11, S. 31–35.

Portmann, R. (1993).: Der Unruhe mit Ruhe begegnen. In: Arbeitskreis aktuell. Mitteilungsblatt des Grundschulverbandes. H. 44, im November. Frankfurt a.M.

Postman, N. (1995): Keine Götter mehr. Das Ende der Erziehung. Berlin.

Reinert [v. Carlsburg], G.-B./Wehr, H. (²2001): Gewalt und Gewaltprävention in der Schule. In: Bäuerle, S./Moll-Strobel, H./Reinert [v. Carlsburg], G.-B./Wehr, H.: Gewalt in der Schule. Erw. Aufl. Donauwörth, S. 68–149.

Rogers, C. R. (1975): Empathic – an unappreciated way of being. In: The Counseling Psychologist, Vol. 5, Nr. 2, pp. 2–10. Dt.: Eine neue Definition von Einfühlung. In: Jankowski, P./Tscheulin, D./Fietkau, H.-J./Mann, F. (Hrsg.) (1978): Klientenzentrierte Psychotherapie heute. Göttingen.

Rogers, C. R. ($^{3}$1979): Lernen in Freiheit. Zur Bildungsreform in Schule und Universität. München.

Rogers, C. R. (1981): Der neue Mensch. Stuttgart.

Rogers, C. R./Raskin, N. (1989): Person-Centered Therapy. In: Corsini, R./Wedding, D. (eds.): Current psychotherapies. Itasca.

Rohlfs, C. (2017): Pierre Bourdieus Theorie der Sozialen Praxis. Die Illusion der feinen Unterschiede. In: Carlsburg, G.-B. v. (Hrsg.) (2017): Denk- und Lernkulturen im wissenschaftlichen Diskurs – Cultures of Thinking and Learning in the Scientific Discourse. Frankfurt a.M. u.a., S. 173–198.

Ryan, R. M./Deci, E. L. (2000): Self-Determination Theory and the Facilitation of Intrinsic Motivation, Social Development, and Well-Being. In: American Psychologist, January, pp. 68–78.

Sacher, W. (1990): Computer und die Krise des Lernens. Bad Heilbrunn.

Schulz v. Thun, F. ($^{48}$2010a): Miteinander reden: 1. Störungen und Klärungen. Allgemeine Psychologie der Kommunikation. Reinbek.

Schulz v. Thun, F. ($^{32}$2010b): Miteinander reden: 2. Stile, Werte und Persönlichkeitsentwicklung. Differentielle Psychologie der Kommunikation. Reinbek.

Schulz v. Thun, F. ($^{25}$2013): Miteinander reden: 3. Das „Innere Team" und situationsgerechte Kommunikation. Kommunikation, Person, Situation. Reinbek.

Schulze, G. (1992; $^{4}$1993): Die Erlebnisgesellschaft. Kultursoziologie der Gegenwart. Frankfurt a.M./New York.

Sennett, R. (1998): Der flexible Mensch. Die Kultur des neuen Kapitalismus. Berlin.

Sennett, R. (2005): Die Angst, überflüssig zu sein. In: Die Zeit, Nr. 21, 19. Mai.

Shell Deutschland (Hrsg.) (2002): Jugend 2002. 14. Shellstudie. Zwischen pragmatischem Idealismus und robustem Materialismus. Konzeption & Koordination: Hurrelmann, K./Albert, M. Frankfurt a.M.

Shell Deutschland (Hrsg.) (2010): Jugend 2010. 16. Shellstudie. Eine pragmatische Generation behauptet sich. Konzeption & Koordination: Albert, M./Hurrelmann, K./Quenzel, G. Frankfurt a.M.

Sinus:akademie (2016): Wie ticken Jugendliche. Jugendliche Lebenswelten, berufliche Orientierung, Rollenbilder, Engagement, ressourcenorientierte Ansätze in der Jugendhilfe, Soziale Netzwerke. SINUS Markt- und Sozialforschung GmbH, D-69115 Heidelberg:https://www.wie-ticken-jugendliche.de/fileadmin/user_files/Wie_ticken_Jugendliche_2016/Presse/%C3%96ffentlicher_Foliensatz_u18_2016.pdf.

Stehr, N. (2006): Eine Welt aus Wissen. In: Fatke, R./Merkens, H. (Hrsg.) (2006): Bildung über die Lebenszeit. Wiesbaden, S. 97–107.

Stehr, N. (2007): Die Moralisierung der Märkte: Eine Gesellschaftstheorie. suhrkamp taschenbuch wissenschaft. Frankfurt a.M.

Tennstädt, K.-Ch./Krause, F./Humpert, W./Dann, H.-D. (1987 Bern/Stuttgart/Toronto; ²1991; ³1994): Das Konstanzer Trainingsmodell (KTM). Neue Wege im Schulalltag: Ein Selbsthilfeprogramm für zeitgemäßes Unterrichten und Erziehen. Einführung. Bern.

Thomann, Ch./Schulz v. Thun, F. (1991): Klärungshilfe. Handbuch für Therapeuten, Gesprächshelfer und Moderatoren in schwierigen Gesprächen. Theorien, Methoden, Beispiele. Reinbek.

Watzlawick, P. (³³1991): Anleitung zum Unglücklichsein. München.

Watzlawick, P./Beavin, J. H./Jackson, D. (1971): Menschliche Kommunikation. Stuttgart.

Wehr, H./Carlsburg, G.-B. v. ([2012]/²2018): Erlebnispädagogik, Augsburg.

Wehr, H./Carlsburg, G.-B. v. ([2013]/⁵2018): Kooperatives Lehren und Lernen. Kreativität entfalten anhand kooperativer Lernprozesse. Augsburg.

Wehr, H./Reinhardt, V. (2018): Rechtsextremismus und Populismus – eine Herausforderung für die politische Bildung in Schulen. In: Lehren und Lernen, H. 4.

Wehr, H./Reinhardt, V. (2018a): Schule einmal anders – erlebnisorientiert lernen. In: Lehren und Lernen, H. 12.

Welsch, W. (1994): Transkulturalität – Die veränderte Verfassung heutiger Kulturen. Ein Diskurs mit Johann Gottfried Herder. URL: http://www.via-regia.org/bibliothek/pdf/heft20/welsch_transkulti.pdf [01.11.2017].

Welsch, W. (1995). Transkulturalität. In: Zeitschrift für Kulturaustausch, Jg. 45, H. 1, S. 39–44.

Welsch, W. (2010): Was ist eigentlich Transkulturalität? Bielefeld: transkript, S. 39–66. URL: http://www2.uni-jena.de/welsch/papers/W_Welsch_Was_ist_Transkulturalit%C3%A4t.pdf, S. 2 [03.06.2018].

Welsch, W. (2012). Was ist eigentlich Transkulturalität? In: Kimmich, D./Schahadat, Sch. (Hrsg.). Kulturen in Bewegung. Beiträge zur Theorie und Praxis der Interkulturalität. Bielefeld: transcript, S. 25–40.

Welsch, W. (2017). Transkulturalität. Realität – Geschichte – Aufgabe. new academic press, Wien.

Zürn, M./Take, I. (1996): Weltrisikogesellschaft und öffentliche Wahrnehmung globaler Gefährdungen. In: Aus Politik und Zeitgeschichte. Beilage zur Wochenzeitung Das Parlament, B 24/25, S. 3–13.

Karl-Heinz Dammer

# Bildung und Fremdsein

**Abstract:** The wave of immigration to Europe raises a lot of questions concerning education (Bildung). Some of them will be discussed on the following pages from a theoretic point of view. To what extent is our identity concerned by the confrontation with the foreign? In how far is education (Bildung) always adjunct to alienation? Is there a correlation between the contact to strangers and the fact that, in some way, we are strangers to ourselves? In how far can self-reflection be fruitful here?

**Zusammenfassung:** Der Beitrag stellt einige bildungstheoretische Fragen zur Diskussion, die durch die gegenwärtigen Migrationsbewegungen nach Europa aufgeworfen werden: Inwiefern berührt dies unser Identitätsverständnis? Inwiefern ist Entfremdung ein notwendiges Moment des Bildungsprozesses? Was kann die Konfrontation mit dem Fremden außerhalb von uns und in uns für unseren Bildungsprozess bedeuten? Abschließend werden einige konkrete Gedanken zur Bildung als Selbstreflexion in Auseinandersetzung mit dem Fremden zur Diskussion gestellt.

**Keywords:** Immigration, alienation, self-reflection, strangers

Die gegenwärtigen, in diesem Ausmaß bisher unbekannten Migrationsbewegungen aus verschiedenen Kontinenten nach Europa werfen neben zahlreichen politischen Fragen auch Fragen für die Bildung auf. Dies gilt zunächst und allererst für das Schulsystem: Wie kann die langfristige gesellschaftliche Integration von Kindern und Jugendlichen aus so unterschiedlichen und uns fremden kulturellen Kontexten und mit so unterschiedlichen Lernvoraussetzungen gelingen? Jenseits dessen kommen hier aber auch bildungstheoretische Fragen auf, die über die Schule hinausweisen: Welche Haltung nehmen wir den Fremden, dem Fremden überhaupt gegenüber ein? Inwiefern verändert sich dadurch unser Selbstverständnis und das Verständnis der Welt? Inwiefern wird durch die Konfrontation mit dem Fremden unsere Identität herausgefordert und wie können wir damit umgehen?

Der Beitrag versucht, auf diese Fragen eine Antwort zu geben. Die Überlegungen werden in mehreren Schritten vom Vertrauten zum Unvertrauten und Ambivalenten führen, konkret über den Zusammenhang von Bildung und Identität und sodann über die Entfremdung, die jeder Bildungsprozess in mehr oder minder großem Maße mit sich bringt, über die die Ambivalenz von Bürger und Mensch, bis hin zur Konfrontation mit dem Fremden außerhalb von uns und in uns. Vor diesem Hintergrund werden abschließend einige konkrete Gedanken zur Bildung als Selbstreflexion in Auseinandersetzung mit dem Fremden zur Diskussion gestellt.

# 1 Bildung und Identität

Der Begriff „Identität“ wird landläufig mit der Idee eines stabilen Persönlichkeitskerns in Verbindung gebracht. Versteht man Bildung, mit Humboldt, als den Prozess, durch den ein Individuum sich seine spezifische geistig-seelische Gestalt gibt, so wäre sie gleichsam ein Motor der Identitätsentwicklung. Es ist allerdings keineswegs ausgemacht, auch für Humboldt nicht, dass dieser Prozess in Form einer kontinuierlich zunehmenden Stabilisierung und Ergänzung bestimmter individueller Merkmale ausgehend von einem unverrückbaren Kern abläuft.

Identitätsbildung vollzieht sich vielmehr – eine für Psychologen wie für Soziologen triviale Feststellung – in permanenter Wechselwirkung zwischen einerseits dem Individuum und dem Bild, das es von sich macht und andererseits den Erwartungen und Anforderungen der gesellschaftlichen Umwelt, also um einen dialektischen Prozess, in dem das Eine nicht ohne das Andere zu denken ist. Ob dies anthropologisch, also geschichtlich und geographisch universell gilt, sei dahingestellt, feststeht, dass dieses Prinzip der Identitätsbildung spätestens seit dem 18. Jahrhundert für den abendländischen Kulturkreis gilt, als die Aufklärung das Individuum aus seinen ständischen Bindungen befreite, es damit zugleich aber auch nötigte, sich als Einzelnes gegenüber der Gesellschaft zu positionieren. Mit dieser Ambivalenz wurde das Individuum zum Dreh- und Angelpunkt der bürgerlichen Gesellschaft.

Eine Individualität ausbilden zu *dürfen* bot somit zwar vorher ungeahnte Möglichkeiten der individuellen Emanzipation, sie ausbilden zu *sollen* war aber zugleich eine unumgängliche gesellschaftliche Forderung, der sich der Einzelne nicht entziehen konnte. Unter diesen Bedingungen war und ist Identitätsbildung eher als ein sich über die Lebensspanne hinweg vollziehender Prozess des Ausbalancierens bzw. Rejustierens von eigenen Ansprüchen bzw. Selbstbildern und gesellschaftlichen Erwartungen zu fassen.

G.H. Mead hat ein prägnantes Modell zur Beschreibung dieses Prozesses entwickelt, indem er zwischen dem „I“ als dem spontanen, emotionalen Ich, dem „Me“ als dem Produkt gesellschaftlicher Erwartungen und dem „Self“ als integrierende Instanz unterscheidet, das sich selbst im Spiegel der anderen reflektiert. Identitätsbildung wäre damit ein lebenslanges Wechselspiel zwischen diesen drei Instanzen, wobei keineswegs ausgemacht ist, dass das reflektierende Self stets die Oberhand behält: Folgt man Freud, dessen psychoanalytisches Modell ähnlich strukturiert ist, wie Meads interaktionistisches, so ist die Seele eine Arena, in der sich Es, Über-Ich und Ich konfliktreich gegenüberstehen und wo das Ich nicht Herr im eigenen Haus ist.

Dennoch oder eher gerade deswegen versucht das Ich, sich um seiner Identität willen als Hausherr zu behaupten und tut dies, indem es immer wieder auftretende Differenzerfahrungen in eine Erzählung von sich selbst integriert, damit sich daraus nach außen wie nach innen ein kohärentes Bild ergibt. Dieser Sachverhalt hat Mollenhauer zu der sehr vorsichtigen Definition, eher dem Bonmot veranlasst, Identität sei „das Verhältnis des Menschen, der ‚Ich‘ sagt, zu dem was dieses

Ich über sich sagt" (zitiert nach Koller 2012, S. 34). Allerdings bewegt sich auch diese Selbsterzählung wiederum in einem Spektrum von Mustern und Motiven, die bestimmten soziokulturellen Traditionen entstammen (vgl. ebd., S. 38f.). Sie unterliegt also ebenfalls der Dialektik von Individuum und Gesellschaft, die gelingende Erzählungen ebenso ermöglicht, wie deren Scheitern.

Dass dies gerade beim Aufeinandertreffen verschiedener Kulturen ein virulentes Problem ist, zeigte bereits 1952 sehr eindrücklich der Psychiater Frantz Fanon in seinem Buch *Peau noire – masques blancs* (Fanon 1980). Er analysiert darin buchstäblich im doppelten Sinne kulturell gebrochene Existenzen, die entweder in ihren Heimatländern als Kolonialisierte oder als Immigranten in Frankreich genötigt waren, die vornehmlich rassistisch motivierten Identitätszuschreibungen der dominanten Kolonisatoren anzunehmen, um sozial überleben zu können, die dabei aber in einen existentiellen Konflikt mit ihrer Herkunftskultur gerieten.

Allgemeiner als Fanon hat sich Erving Goffman mit Außenseitern befasst, deren Identitätsbilder nicht den Normalitätserwartungen ihrer Gesellschaft entsprechen und die deswegen stigmatisiert werden (Goffman 2010). Auch sie müssen Normalität fingieren, um sozial überleben zu können, was, so Goffman, in weniger dramatischem Ausmaß für alle Menschen gelte, da niemand vollkommen den Normalitätserwartungen seines Umfelds entspreche.

Identität bleibt somit krisenanfällig und dies nicht nur wegen der stets prekären Passung von Individuum und Gesellschaft, sondern auch, weil das Identitätsbild soziokultureller Gruppen, denen sich ein Individuum zugehörig fühlt, ins Wanken geraten kann, wenn es nicht mehr zu der umgebenden Gesellschaft passt. Die Individuen können dann geneigt sein, zu Ideologien Zuflucht zu nehmen, um die – dadurch allerdings umso mehr – gefährdete Kohärenz ihres Selbstbildes wieder zu stabilisieren (vgl. Reinhard 2004, S. 277ff.).

Auf einen Nenner gebracht ist also das Bewusstsein der eigenen Identität für die Verhaltenssicherheit und gesellschaftliche Positionierung ebenso unerlässlich wie ein damit verbundenes Kohärenzgefühl für die seelische Gesundheit. Die sei ausdrücklich gegen postmoderne Konstruktionen von Patchwork-Identität betont, die gleichsam aus der Not der Dialektik und des Konflikts die Tugend grenzenloser Offenheit und Vielfalt zu machen scheinen. Diese Tugend, die vielleicht daraus resultiert, dass ihre Propagandisten nie ernsthaft in ihrer soziokulturellen Identität gefährdet waren, tendiert aber dazu, Machtverhältnisse zu ignorieren und stößt spätestens dann an ihre Grenzen, wenn sie es mit Fällen wie den von Fanon beschriebenen zu tun hat, die ja keineswegs der Geschichte angehören. Den von diesem Konflikt betroffenen Individuen eine Patchwork-Identität zu empfehlen, würde an Zynismus grenzen, der aus der Ignoranz resultiert, dass Identitätsmuster mit einer unter Umständen langen soziokulturellen Tradition nicht beliebig modifizier- und austauschbar sind.

Das Freiheitsversprechen einer tendenziell grenzenlos möglichen Vielfalt droht zur Ideologie zu werden, wenn es dabei die Kraft der nach wie vor wohl mächtigsten gesellschaftlichen Integrationsinstanz, nämlich des Marktes verkennt, in dessen Namen momentan ein dominantes Identitätsmuster propagiert wird, nämlich das „Unternehmerische Selbst", das Bröckling (Bröckling 2007) im Anschluss an Foucault (Foucault 2006) als eine neue „Subjektivierungsform" bezeichnet. Diese Selbsterzählung besteht darin, das eigene Leben als ein permanentes Managementprojekt zur Optimierung seines Humankapitals zu konzipieren. Unter Berücksichtigung dieser normativen Erwartung steht es den Einzelnen dann frei, heute Dieser und morgen Jene zu sein.

Fassen wir zusammen: Identitätsbildung erweist sich als ein konflikthafter, widersprüchlicher Prozess, in dem ein Individuum um innere Kohärenz in Auseinandersetzung mit äußeren Erwartungen ringt. Umgekehrt bestünde ohne die ständige Konfrontation mit dem Fremden im weitesten Sinne kein Anlass zur Arbeit am eigenen Identitätsentwurf. In diesem Punkt konvergiert der Identitäts- mit dem Bildungsbegriff.

## 2 Bildung als Entfremdung

Dass Bildung Entfremdung voraussetzt, wissen wir seit Platons Höhlengleichnis, das häufig als die erste Bildungstheorie des Abendlandes angesehen wird. In dem Gleichnis werden Höhlenbewohner beschrieben, die, an Hals und Beinen gefesselt, an die Höhlenwand starren müssen, auf der ihnen Schatten von Artefakten vorgeführt werden, die hinter ihnen und daher für sie unsichtbar, vor einem Feuer vorbeigetragen werden. Bezogen auf wahre Erkenntnis, um die es Platon hier eigentlich geht, leben sie also in extremer Depravierung, wissen dies aber nicht, da sie ihr Leben lang nichts anderes kennengelernt haben.

Der Entfremdungsprozess, um den es hier geht, beginnt damit, dass einem der Höhlenbewohner die Fesseln abgenommen werden. Wer dies tut und warum gerade oder nur dieser eine losgebunden wird, bleibt im Dunkeln, ist hier aber nebensächlich, entscheidend ist die Tatsache, dass er nun die Freiheit hat, anderes zu entdecken als Schemen an der Wand. Er nimmt aber die Befreiung nicht als solche wahr, zu sehr scheint er an seine extrem reduzierte Welt gewöhnt, zu groß scheint die Angst vor Neuem, Ungewissem zu sein. Deswegen widersetzt er sich mit aller Kraft seinen Befreiern, denen es schließlich aber dennoch gelingt, ihn an den Höhlenausgang zu bringen. Dort wird er alleingelassen und zunächst erhebliche Mühe, sich an das Licht und die Fülle der Wirklichkeit zu gewöhnen. Erst als er es schließlich fertigbringt, in die Sonne zu schauen, sich also mit der Erkenntnis der Wahrheit zu konfrontieren, ist seine Abkehr von dem Höhlen-Ich endgültig vollzogen. Von sich aus würde er nun niemals dahin zurückkehren, müsste er doch, so Platons Vermutung damit rechnen, bestenfalls ausgelacht, schlimmstenfalls umgebracht zu werden, da die Höhlenbewohner mit der gleichen Energie ihren begrenzten Horizont verteidigen würden, mit der er sich vorher gegen seine Befreiung gewehrt hat.

Bildung begänne also, so lässt sich das Gleichnis hier deuten, mit der Aufgabe gewohnter Denk- und Deutungsmuster und der Bereitschaft, das damit verbundene Unwohlsein, also kognitive Dissonanzen, in Kauf zu nehmen. Der Lohn der Entfremdung wäre eine höhere Bewusstseinsstufe, die allerdings wiederum den

Nachteil mit sich bringt, dass der Erleuchtete von den Höhlenbewohnern nicht mehr verstanden würde; er bliebe ein Fremder. Diese soziale Disparität existiert bis heute, da Bildung stets ein Privileg blieb - warum, so könnte man fragen, hat Platon in seinem Gleichnis nicht alle Höhlenbewohner losbinden lassen? – die Folgen der Disparität berühren auch unser Thema, wie ich am Schluss zeigen werde.

Aus mindestens zwei Gründen erscheint das Höhlengleichnis als Bildungstheorie heute fragwürdig. Zum einen aufgrund der ausschließlichen Orientierung von Bildung an absoluter Wahrheitserkenntnis, zum anderen, weil dadurch das erkennende Subjekt zu einem bloßen Erfüllungsgehilfen des Absoluten wird. Was bleibt, ist jedoch der Kerngedanke der notwendigen Entfremdung, den auch Humboldt in seiner Bildungstheorie aufgreift, allerdings mit einer anderen Zielsetzung.

Für Humboldt kann sich ein Individuum niemals aus sich selbst heraus bilden, sondern es braucht die Welt als Stoff, der seine Bildungskräfte herausfordert. Der Mensch muss sich also auch hier dem vielgestaltigen Fremden aussetzen, um „so viel Welt als möglich zu ergreifen und so eng, als er kann, mit sich zu verbinden" (Humboldt 1960, S. 235). Ausdrücklich spricht Humboldt in diesem Zusammenhang von „Entfremdung", einer Entfremdung aber, aus der der Mensch innerlich bereichert in sich zurückkehren soll.

Mit „Welt" bezeichnet Humboldt in seinem bildungstheoretischen Fragment alles Nicht-Menschliche, mit dem das Individuum sich auseinandersetzt, um seine besondere geistige Gestalt auszubilden. Da dies nun aber für jedes Individuum gilt, entstehen so viele spezifische Weltsichten, wie es Individuen gibt. Diese können sich zwar durch Kontakt miteinander gegenseitig befruchten, Humboldt hält aber fest, das „wir auch nicht einmal die entfernteste Ahnung eines anderen als eines individuellen Bewußtseins [haben]" (zitiert nach Zenkert 2015, S. 153f.), was für ihn vor allem mit der Verschiedenheit der Sprachen, in denen sich unterschiedliche Weltbilder widerspiegeln, und, eng damit verknüpft, mit den unterschiedlichen „Nationalcharakteren" zu tun hat. Wir können zwar in einem fremden Bewusstsein unser eigenes, im doppelten Sinne, reflektieren, das führt aber nicht unbedingt zur Überwindung der Fremdheit. Eine „Theorie der Bildung des Menschen" müsste also der Mannigfaltigkeit der Köpfe und zugleich „dem ganzen Einflusse" gerecht werden, „den ihr Zeitalter und ihre Nation auf sie ausgeübt hätten" (Humboldt 1960, S. 239).

Mit Blick auf diesen Anspruch hat Humboldt seinen berühmten Text wohlweislich nur als „Bruchstück" bezeichnet, in dessen hier zitierter Schlussüberlegung er aber ein für unser Thema zentrales Problem anspricht: Die Bildung des Menschen vollzieht sich immer im Kontext sozialhistorischer und kultureller Gegebenheiten, konkret meist in einem sich als Nation verstehenden Staatsgebilde, wodurch die Menschenbildung zwangsläufig Bürgerbildung wird und damit wiederum in einen Widerspruch gerät.

## 3 Bildung zwischen Mensch und Bürger

Die Spannung von Mensch und Bürger begleitet die moderne Pädagogik von ihren Anfängen an, genauer seit Rousseau zu Beginn seines *Émile* den Erzieher vor die

Alternative stellte, er könne entweder einen Menschen erziehen oder einen Bürger, beides zugleich sei unmöglich (Rousseau 1971, S. 13). Wenn wir davon ausgehen, dass Individuum und Gesellschaft sich gegenseitig bedingen, so ist diese Dichotomisierung natürlich, sozialphilosophisch betrachtet, falsch. Rousseau geht es hier aber nicht um diesen theoretischen Sachverhalt, der ihm auch klar war, sondern er wählt absichtlich das fiktive Setting eines Erziehungsromans, um das Spannungsverhältnis hervorzuheben, mit dem der moderne Mensch unabweisbar konfrontiert ist. Auch Emile soll und muss sich nach dem Ende seiner Erziehung in die Gesellschaft integrieren, Rousseau antizipiert aber, dass er dort bestenfalls als „liebenswürdiger Fremdling" akzeptiert würde (ebd., S. 365), es erginge ihm also nur tendenziell besser als dem Entfesselten in Platons Höhlengleichnis.

Die französische Psychoanalytikerin und Literaturtheoretikerin Julia Kristeva hat in ihrem sehr lesenswerten Werk *Fremde sind wir uns selbst* (Kristeva 1990) Rousseaus Radikalität aufgegriffen und den Fremden als „Wunde zwischen Bürger und Mensch" beschrieben (ebd., S. 106). Sie begründet dies mit einer genauen Lektüre der einleitenden Paragraphen zur französischen Erklärung der Menschenrechte, die ja eine *Déclaration des Droits de l'homme <u>et</u> du citoyen* waren. Kristeva weist nach, dass die dem Menschen qua Natur zukommenden Rechte faktisch an den Status des Bürgers einer Nation und damit an deren Geflecht von Rechten, Pflichten, Nutznießungen und Werten gebunden wurden (vgl. ebd., S. 163f.). Diese Integration des Universellen ins Partikulare war insofern unvermeidbar, als die Rechte, sollten sie nicht bloß eine abstrakte moralische Verpflichtung von Regierenden sein, damals nur innerhalb eines Gemeinwesens eingeklagt werden konnten, das politisch befugt war, für alle Bürger verbindliche Gesetze zu erlassen, also des Nationalstaats. Die Gründung der Staaten als Nation warf indes für den Umgang mit Fremden – oder hier genauer: Nichtidentischen – neue Probleme auf.

Mit der Aufklärung lösten sich zwar vorherige kollektive Identitäten zugunsten der Individualität auf, es wurde aber mit der Nation eine neue Kollektividentität gleichsam verordnet; verordnet insofern, als für die notwendige Identifikation mit dem neuen Abstraktum „Nation" die lebensweltlichen und traditionellen Selbstverständlichkeiten fehlten, aus denen sich zuvor die Zugehörigkeitsgefühle von Individuen gespeist hatten. So wurden, um beim Beispiel Frankreichs zu bleiben, unversehens Adlige, Kleriker, widerständige Bauern aus der Bretagne oder Sprecher von Regionalsprachen wie des Okzitanischen zu Feinden der Nation. Das Fremde ergab sich also durch eine Umdefinition des vorher selbstverständlich Einheimischen, ohne dass auch nur ansatzweise die Nation als neues, für alle attraktives und verbindliches Identifikationsobjekt durchgesetzt war. Dies geschah erst nachträglich durch Rückbesinnung auf vermeintlich gemeinsame Ursprünge der auf französischem Territorium lebenden Menschen, eine Rückbesinnung, die die in Frankreich herrschende Diversität ignorierte und später zu einer nationalen Kulturerzählung ausgebaut wurde, in der Frankreich sich als Repräsentant universeller Werte spiegelte.

Bis es soweit war, definierte sich das Eigene also vornehmlich in Abgrenzung gegen diejenige, die zu internen Fremden erklärt wurden. Was die äußeren Fremden betraf, so war die Haltung weit weniger negativ. Bereits Montaignes „edler Wilder" aus dem 17. Jahrhundert wie auch die Orientalen aus Montesquieus persischen Briefen dienten als kulturelle Kontrastfolie zur Kritik an der eigenen Zivilisation und ebenfalls Montesquieu im *Geist der Gesetze* wie auch Voltaire in seinem *Essay über den Geist und die Sitten der Nationen* erwiesen sich als neugierig anderen Kulturen und deren Eigenheiten gegenüber und räumten mit manchen traditionellen Vorurteilen auf. Erleichtert wurde diese Offenheit natürlich auch dadurch, dass die Fremden seinerzeit weitgehend dort blieben, wo sie waren.

Deutlich stärker abgrenzend war bereits wenige Jahrzehnte später Herders Kulturtheorie, die, an Humboldt anschließend, Kulturen aus der Eigenheit ihrer Sprachen heraus bestimmte. In ihnen, so Herder, kristallisiere sich der Kern eines Volksgeistes, der, vor allen anderen politischen und gesellschaftlichen Spezifika, die Besonderheit einer Kultur ausmache. Damit war die Idee der Kulturnation geboren, die noch heute in den Debatten um eine deutsche Leitkultur nachhallt. Allerdings unternahm auch Herder bei diesen scharfen Grenzziehungen keine Wertungen: Alle Völker waren für ihn gleichberechtigt Völker Gottes.

Versuchen wir die historische Ausgangssituation in Frankreich systematisch zu fassen, so ging es um die Anpassung zunächst die inneren Fremden, im Prinzip aber aller Fremden an die nationale Identität. Kollektive Identitäten unterhalb dieses Niveaus wurden sekundär und im Zweifelsfalle ausgegrenzt. Darunter fallen bis heute (nicht nur in Frankreich) alle Staatenlose bzw. diejenigen, die in ihren Herkunftsstaaten kein menschenwürdiges Leben führen können. Für sie ist vielfach die „In-Betweenness" (Said 1978) ausschlaggebenden für ihr Identitätsgefühl.

Aber auch, wenn man von diesen Fremden, die heute zu uns kommen, absieht, so bleiben noch vielfältige interne Kulturunterschiede im Rahmen einer Nation. Die Ostfriesen, „Saupreußen" oder Schwaben, die alles können außer Hochdeutsch, sind harmlose Varianten dieser Differenz, virulenter erscheint hingegen der unverändert bestehende Graben zwischen West- und Ostdeutschen oder, um den Blick auf andere Länder auszudehnen, der Konflikt Kataloniens mit der spanischen Zentralregierung oder die Reethnisierungstendenzen in dem allemal künstlichen Nationalstaatsgebilde des ehemaligen Jugoslawien.

Neben diesen regionalen bzw. in Jugoslawien renationalisierten Differenzen spielen auch die sozialspezifischen Kulturen eine erhebliche Rolle, deren Dimension spätestens nach Bourdieus Arbeiten zum Habitus nicht mehr unterschätzt werden können. Der Habitus ist die individuelle Ausdrucksform einer klassenspezifischen Kultur, die durch Sozialisation mehr übernommen als bewusst angeeignet wird. Sie schlägt sich bis ins körperliche und sprachliche Verhalten der Einzelnen hinein nieder und sorgt dafür, dass die kulturellen Praktiken der verschiedenen Klassen kaum kompatibel sind, man also in dem jeweils anderen Milieu letztlich immer ein Fremder bleibt. Führt man sich nun vor Augen, dass sich im Rahmen einer Nation diese internen Differenzen mit den fremdkulturellen mischen, die ihrerseits nach sozialem Habitus, regionalen Besonderheiten und religiösen Orientierungen unterschieden sind, so merkt man, mit welch einer komplizierten Gemengelage wir es zu tun haben, wenn wir von „kultureller Identität" sprechen.

Gegen diese Komplexität und die mit ihr einhergehenden Probleme haben bereits die griechische Stoa und später Kant die Idee des alle, auch nationalen Differenzen überwölbenden Kosmopolitismus aufgebracht, der allerdings so lange eine bloße Idee bleibt, wie er nicht institutionalisiert ist. Inzwischen haben wir zwar solche globalen Institutionen, ihre befriedende Wirkung ist aber relativ gering. Die einzig durchweg wirksame globale Instanz ist der Markt, der aber seinerseits globale Spaltungen hervorbringt, die sich mit den oben genannten in zum Teil explosiver Weise vermischen.

Warum dieser in Unübersichtlichkeit mündende historische Exkurs? Erstens, um zu zeigen, dass Fremdsein ein Konstrukt ist, mit dem zugleich das eigene bestimmt wird. Es ist folglich keine Eigenschaft oder gar Wesensbestimmung, sondern Ausdruck eines Verhältnisses zum Anderen, das bestimmend dafür ist, welche Beziehung wir zu ihm eingehen wollen. Zweitens, um Skepsis gegenüber allen Versuchen zu schüren, die mit programmatischen Lösungsversuchen dieses Problems aufwarten. Drittens schließlich und hauptsächlich, weil Bildung in Konfrontation mit dem Fremden sich dieser Komplexität stellen muss oder vielleicht zugespitzt: Sie steht und fällt mit der Art und Weise, wie wir mit dem und den Fremden umgehen.

Bevor ich mich abschließend diesen Fragen des Umgangs, einige Bemerkungen zu einem letzten, hier aber sehr bedeutsamen Aspekt des Themas, nämlich des Fremden in uns selbst.

## 4 Bildung angesichts des Fremden in uns selbst

Julia Kristevas oben zitiertes Buch *Fremde sind wir uns selbst* handelt, für eine Psychoanalytikerin nicht verwunderlich, bei allen historischen Exkursen letztlich von diesem Problem, das eingangs bereits in Zusammenhang mit dem Identitätsbegriff angesprochen wurde: Inwiefern sind wir überhaupt, mit Freud gesprochen, „Herr im eigenen Haus"? Es leuchtet unmittelbar ein, dass dies auch eine entscheidende Frage für die Idee der Bildung ist, die ja auf der Annahme einer bewussten individuellen Gestaltgebung beruht. So gesehen markiert die Grenze des Bewusstseins auch die Grenze der Bildung, deren Aufgabe es dennoch ist, sich mit dieser Grenze auseinanderzusetzen. Warum?

Weil das Fremde als die verborgene Seite unserer Identität angstbesetzt ist, weswegen wir sie nicht wahrhaben wollen und sie daher gern auf das Fremde und konkret die Fremden außerhalb von uns projizieren, die dadurch zu Objekten exotischer Faszination oder, häufiger, Sündenböcken für das unbewusste Leiden an uns selbst werden, dessen wir uns so meinen, entledigen zu können. Dass dies nicht nur ein individuelles, sondern auch ein kollektives Phänomen sein kann, lässt sich zum einen anschaulich in Edward Saids Buch *Orientalismus* (Said 1978) nachlesen, der rekonstruiert, in welchem Ausmaß der Orient seit der Antike ein Produkt abendländischer Diskurse war, die ihrerseits auf das Selbstverständnis des Orients zurückgewirkt haben. Zum anderen weisen sozialpsychologische Studien, allen voran diejenige Adornos und anderer zum *Autoritären Charakter*

(Adorno 1973), nach, wie Vorurteile, insbesondere Ethnozentrismus, aus repressiven gesellschaftlichen Verhältnissen heraus erwachsen, in denen der Einzelne sich ohnmächtig fühlt und die damit entstehenden Ängste auf Schwächere projiziert, um seine seelische Stabilität aufrechtzuerhalten. Diese Schwächeren sind häufig Fremde, es können aber auch andere Personen mit prekärem gesellschaftlichem Status sein, denen gegenüber man meint, sich überlegen fühlen zu dürfen. Wer sich über das aktuelle Ausmaß dieser kollektiven Projektion in Deutschland ein Bild machen will, dem sei Wilhelm Heitmeyers Langzeitstudie zur „Gruppenbezogenen Menschenfeindlichkeit" empfohlen, deren Ergebnisse Heitmeyer in seinem mehrbändigen Werk über *Deutsche Zustände* (Heitmeyer 2002ff.) dargestellt hat. Das wesentliche Problem dieser Projektionen ist, neben ihren destruktiven Folgen, dass sie gegen empirische Einwände immun sind, da diese die Illusion von Stabilität gefährden würden.

Das Fremde in uns hat natürlich nicht nur die beschriebenen negativen Implikationen, es kann auch Seiten unserer Persönlichkeit bergen, die unser Selbstverständnis und unsere Handlungsmöglichkeiten bereichern können, wenn wir bewusst über sie verfügen würden. Und auch hier kann der Fremde ein Auslöser dafür sein, dass wir sie entdecken.

## 5 Bildung als Selbstreflexion

Versteht man Bildung als individuelle Selbstgestaltung einer Person, so muss sie stets auf zwei Ebenen stattfinden, nämlich zunächst als Versuch, die Welt zu erkennen, zu verstehen und zu beurteilen, dann aber auch als Reflexion dieser Tätigkeiten. Das sich bildende Individuum muss sich also selbst im Hinblick auf die Art und Weise seiner Auseinandersetzung mit der Welt beobachten. Dieser Aspekt der Selbstreflexion sei im Folgenden in den Vordergrund gestellt, ohne darüber den anderen völlig zu vernachlässigen.

Unter dieser Voraussetzung ließe sich Bildung, bezogen auf unser Thema, als die Aufgaben beschreiben, sich in ein individuelles Verhältnis zur Kultur zu setzen, der eigenen wie fremder Kulturen und sich darüber klar zu werden, was ein ghanaischer Forscher sehr treffend ausgedrückt hat: „Culture owns us, we don't own culture" (zitiert nach Faschingeder 2006, S. 15). Bei allen Versuchen der individuellen Positionierung müssen wir also stets im Auge behalten, dass diese Positionierung in einem Rahmen und nach Regeln stattfindet, die wir nicht selbst geschaffen haben und die wir nur schwer, wenn überhaupt, überschreiten können. Das gilt bereits für den Bildungsbegriff selbst, dessen individualistische Bestimmung Produkt unserer spezifischen Kultur ist.

Selbstreflexion beginnt hier damit, die Krisenerfahrung zuzulassen, die der Kontakt mit Fremden bedeuten kann und die, nach Koller (2012), der entscheidende Auslöser für das Voranschreiten des Bildungsprozesses ist. Mit Krise ist hier gemeint, dass das Welt- und Selbstverhältnis, das sich aus unserem bisherigen Bildungsprozess ergeben hat, auf den Prüfstand gestellt, wenn nicht gar erschüttert wird. Diese Selbstreflexion lässt sich nach mehreren Seiten hin ausdifferenzieren.

## Selbstreflexion der eigenen Affekte

Dies mag aus den oben ausgeführten Gründen eine der schwierigsten Aufgaben sein, Selbstreflexion ist aber, folgt man dem Sozialpsychologen Mitscherlich, der einzige Weg der uns zur Verfügung steht, um, wie er es ausdrückt unsere Vorurteile, und damit, wie er es ausdrückt, unsere „Gefühle nachdenkend [zu] beobachten" (Mitscherlich 1975, S. 18). Vielleicht erkennen wir dabei im Fremden, gerade wenn er uns vielleicht „nervt" (Faschingeder 2006, S. 15), eine verborgene Facette unserer Identität, was uns bereichern kann, in jedem Fall aber dazu führt, dass wir ihn nicht rein affektiv ablehnen.

Dafür braucht man sich keiner Psychoanalyse zu unterziehen, es genügte bereits, seine Vorurteile der Erfahrung auszusetzen und eine gewisse Neugier zu entwickeln, für deren Fruchtbarkeit es eine Reihe von historischen Beispielen gibt. So führte die intensivere Beschäftigung mit dem Islam bereits im Mittelalter selbst bei Geschichtsschreibern der Kreuzzüge, für deren Aufgabe ja Vorurteile bis hin zum Hass konstitutiv waren, zu einer gründlichen Revision dieser Affekte (vgl. Dinzelbacher 1993, S. 420). Allgemeiner führte auch die im Empirismus, dem Handel und Entdeckungsreisen sich manifestierende und kulturstiftende Neugier in der Renaissance zu einer differenzierten Wahrnehmung fremder Kulturen, wie beispielsweise die Tagebücher Marco Polos bezeugen (ebd., S. 422).

## Historische Selbstreflexion

Hier sollen zwei Aspekte unterschieden werden, nämlich zum einen das Bewusstsein der Geschichtlichkeit und damit Kontingenz der eigenen Kultur und zum anderen das Wissen um historische Muster bzw. Strategien des Umgangs mit dem Fremden.

Den ersten Aspekt zählt Peter Bieri zu den Merkmalen des Gebildeten, dessen historisches Bewusstsein von der Frage ausgeht: „Wie ist es gekommen, dass wir so denken, fühlen, reden und leben", was zu der Schlussfolgerung führt: „Es hätte alles auch anders kommen können, es liegt in unserer Kultur keine metaphysische Zwangsläufigkeit und keine Überlegenheit, die Grund wäre, auf andere hinabzusehen" (Bieri 2005, S. 3.). Zum historischen Bewusstsein gehöre auch, so Bieri weiter, dass wir historischen Wandel als solchen wahrnehmen, samt der damit verbundenen Unsicherheiten und Orientierungsprobleme (ebd., S. 4). Angesichts der heutigen Migrationsbewegungen und ihrer Motive ließe sich dieses Kontingenzbewusstsein noch um einen wichtigen Aspekt erweitern, nämlich der glücklichen Geburt ohne Existenzbedrohung in einem reichen Land – ein Aspekt der Phantasie und Empathie mehr herausfordert als das bloße Wissen um historische Kontingenz.

Mit historischem Bewusstsein, so ließe sich mit Bieri sagen, bleiben stets die beiden für jegliche Fremdwahrnehmung bestimmenden Faktoren bewusst, nämlich Fremdheit als eigene Konstruktion und die Tatsache, dass mit dieser Konstruktion von eigenen kulturellen Prägungen ausgehend Beziehungen hergestellt werden, die Fremdheit also nicht in der Person des Anderen liegt, sondern in dem Verhältnis, in das wir uns zu ihm setzen.

Aus diesem Grund erscheint der zweite Aspekt, das Bewusstsein der historisch entstandenen und vielfach auch noch heute wirksamen Strategien im Umgang mit dem Fremden, ebenso wichtig, denn auch für sie gilt „Culture owns us", d.h. wir greifen in der Art und Weise, wie wir über Fremde denken und ihnen gegenübertreten auf vorgeprägte Muster zurück, die ebenso kontingent sind, wie unser Kultur als ganze, und die je nach historischer und politischer Lage variieren. Diese Einsicht ermöglicht uns, Strategien bewusst zu verwenden und damit unterschiedliche Ziele zu verfolgen. Darüber hinaus eröffnet uns auch die Chance, individuell andere Strategien anzuwenden, als die in unserer jeweiligen Kultur gerade dominanten – wir müssen sie nur kennen. An einigen Beispielen sei konkretisiert, was hier unter Strategie verstanden wird.

Bereits in der griechischen Antike erweisen sich die Formen des Umgangs mit dem Fremden, aus denen sich bis heute praktizierte Muster ergaben, als erstaunlich variantenreich.[1] In ihrer Heimat verfolgten Menschen Schutz zu bieten, galt bereits damals als ethische Pflicht, die unter diesen Umständen Aufgenommenen wurden aber als nur vorübergehende Einwohner der Polis angesehen und hatten daher keinerlei Bürgerrechte. Besser dran waren die Fremden, deren Qualifikationen für die aufnehmenden Stadtstaaten attraktiv waren: Sie hatten nicht nur uneingeschränktes Bleiberecht, sondern bekamen auch bestimmte Bürgerrechte zugebilligt, allerdings nie so weit, dass sie den autochtonen Bürgern gegenüber gleichgestellt gewesen wären. Beide Formen des Umgangs sind bis heute geläufig.

Ähnliches gilt auch für die widersprüchlichen Bilder, die man sich von den Fremden machte, sie es als exotisches, geheimnisvolles Faszinosum oder umgekehrt (und öfter) als Vertreter einer minderwertigen Kultur, in deren Spiegel die eigene umso leuchtender hervorstach. Unter spezifischen politischen Bedingungen kam es allerdings auch schon im antiken Griechenland zu einer ernsthaften Auseinandersetzung mit den Eigenheiten des Fremden, nämlich dann, wenn er nicht aus der Fremde kam, sondern die Fremde durch Eroberungszüge „eingemeindet" wurde. Unter Alexanders Herrschaft führten die Eroberungen erstaunlicherweise nicht dazu, dass den militärisch Unterworfenen die Kultur der Eroberer übergestülpt wurde, sondern dass man sie als ethisch gleichwertige Individuen wahrnahm und ihre kulturellen Eigenheiten tolerierte. Ähnliches kennen wir auch aus den Jahrhunderten der islamischen Herrschaft in Andalusien. In der politischen Praxis Griechenlands machte dies freilich nicht Schule, wohl aber in der Philosophie. Mit der Stoa bekam erstmals der Gedanke der Gleichwertigkeit von Kulturen und mit ihm die universalistische Idee einer im Namen des *logos*, also der Vernunft, vereinten Menschheit theoretische Gestalt, die Ende des 18. Jahrhunderts von Kant wieder aufgegriffen wurde und später, in 20. Jahrhundert, zur Gründung internationaler Organisationen, wie der UNO oder der UNESCO führte.

1 Vgl. zu der folgenden Darstellung der Strategien Dinzelbacher 1993, S. 400ff.

Ein Universalismus ganz anderer Art wurde im Mittelalter dominant, nämlich der des Christentums, der nicht auf der Vernunft, sondern auf dem Glauben beruhte. Damit tauchte ein Problem auf, das sich ebenfalls bis in unsere Gegenwart fortsetzt, nämlich die Schwierigkeit, Andersgläubige durch vernünftige Argumente zu bekehren. Was das bedeutet, bekamen unter anderem die islamischen Herrscher Andalusiens im Zuge der spanischen Reconquista Ende des 15. Jahrhunderts zu spüren, nämlich, systematisch gesprochen, die Brutalität eines Partikularismus, der universellen Geltungsanspruch erhebt – eine Blutsspur, die sich ebenfalls bis in die Fundamentalismen des 21. Jahrhunderts hinein verfolgen lässt, auf welcher Ideologie auch immer sie beruhen mögen.

Ein weiteres historisches Muster taucht in der Neuzeit auf mit den ersten Formen nationaler Herrschaftsbildung in Europa, nämlich die Angst vor dem Fremden als ökonomischem Konkurrenten, was im Grunde eine Umkehrung des griechischen Utilitarismus bedeutet, der Fremde willkommen hieß, wenn sie ökonomisch nützlich waren. So klagte beispielsweise Dante über die „raffgierigen ‚Zuwanderer' (Dinzelbacher 1993, S. 424), die den Niedergang von Florenz herbeiführen würden. Bekanntlich ist bis heute das Vorurteil nicht ausgerottet, dass „die Ausländer" uns die Arbeitsplätze wegnähmen – bizarrerweise dieselben Ausländer, die uns zugleich als Sozialschmarotzer auf der Tasche liegen.

Als letztes historisches Paradigma des Haltung Fremden gegenüber sei die von den Individuen absehende pauschale Verurteilung des anderen als politischem Feind genannt, wie er über Jahrhunderte das Verhältnis der europäischen Mächte zur Türkei bestimmte oder im 19. und 20. Jahrhundert innereuropäisch beispielsweise bei der „Erbfeindschaft" zwischen Deutschland und Frankreich, die zwar letztlich politischer Natur war, aber in kulturellen Klischees kodiert wurde und mehrfach in Schützengräben endete.

Heute sind die, keinesfalls verschwundenen, Muster der Aus- und Abgrenzung durch die zivilere Strategie des Aushandelns und der Suche nach Kompromissen ergänzt worden. Unter den bisher Genannten erscheint diese Form als die humanste, die sozialen Kontexte, in denen ein solches Aushandeln stattfindet, sind aber begrenzt. Allemal ist dabei die Frage zu berücksichtigen, ob sich die Verhandlungspartner gegenseitig als gleichberechtigt anerkennen oder wer warum und mit welchen Folgen eine dominante Position einnimmt. Zumindest, wenn man Foucault folgt, muss man unterstellen, dass Diskurse niemals in einem machtfreien Raum stattfinden. Das Problem beginnt bereits damit, dass kein Konsens über das grundsätzliche Ziel der Anerkennung herrscht: Soll den Eigenheiten der jeweiligen Herkunftskultur Primat eingeräumt werden oder den damit evtl. konfligierenden staatsbürgerlichen Rechten? (vgl. Diner 1993 und Leggewie 1993)

Wir sehen also, dass man bei den Strategien zum adäquaten Umgang mit Fremden genügend Stoff zur Selbstreflexion hat. Im Kern kommt es darauf an, in der Auseinandersetzung damit die richtige Balance zwischen dem Fremden und dem Eigenen zu finden.

## Bildung als Balance zwischen dem Eigenen und dem Fremden

Auch die Fähigkeit zu dieser Balance zählt Bieri mit Recht zu den Merkmalen von Bildung, das die Einsicht in die historische Kontingenz der eigenen Kultur voraussetzt (vgl. Bieri 2005, S. 3f.). Diese Kontingenz absolut zu setzen, würde aber in Beliebigkeit führen und damit grundsätzliche normative Fragen z. B. nach der Verbindlichkeit der Menschenrechte aufwerfen. Es kann also gute Gründe geben, an manchen Aspekten des Eigenen festzuhalten oder umgekehrt auch manche Aspekte des Fremden nicht anzuerkennen. Letztlich wäre schon viel gewonnen, wenn wir, wie Welsch es im Anschluss an Wittgensteins pragmatische Auffassung von Kultur formuliert, „miteinander zurechtkommen" (Welsch 1994, S. 16).

Dafür ist es grundsätzlich fruchtbarer, nach Gemeinsamkeiten oder zumindest dem, was sich vereinbaren lässt, zu suchen, als nach Gegensätzen und auch bei diesen könnte es sein, dass es sich weniger um zwei Pole als um verschiedene Positionen in einem Kontinuum handelt. Sicherlich hilfreich für das Finden der Balance ist der Rollenwechsel, also sich selbst einmal für längere Zeit als Fremder in die Fremde zu begeben.

Dennoch kann es aufgrund der prägenden Kraft von kulturellen Tiefenstrukturen und Grundorientierungen, die auf beiden Seiten auch jenseits des Bewusstseins wirksam sind, zu Konfrontationen kommen, in denen das Finden einer Balance kaum möglich erscheint, dies allerdings erst, wenn man sich über den Ursprung und die Begründbarkeit der eigenen Position Rechenschaft abgelegt hat. Den Gegensatz dann stehen zu lassen und ihn auszuhalten ist dann angemessener, als ihn beispielsweise im Begriff der „Transkulturalität" vermeintlich aufheben zu wollen.

## Bildung als Bewusstsein von Machtstrukturen

Die Reflexion von Machtverhältnissen erscheint bezogen auf unser Thema unerlässlich, da hier die Frage, wer die „Diskurshoheit" innehat bzw. sich in kulturell hegemonialer Position befindet, von zentraler Bedeutung ist, und zwar nicht nur bezogen auf den Umgang mit Fremden, sondern auch im Hinblick auf intrakulturelle Unterschiede zwischen den Bürgern einer Nation. Jenseits der diskursiven Ebene spielen hier natürlich auch institutionelle Machtverhältnisse eine Rolle, so z. B., wenn Fremde als „Schmarotzer" stigmatisiert werden, faktisch aber gar keine andere Möglichkeit haben, als sich staatlich alimentieren zu lassen, solange ihnen der Zugang zu einer Berufsbildung und dem Arbeitsmarkt verwehrt wird.

Im Zusammenhang mit Machtstrukturen ist der eigenen Positionen im sozialen Machtgefüge besondere Aufmerksamkeit zu widmen. Dieser Aspekt wird hier absichtlich an den Schluss gestellt, weil er eine Gefahr nicht nur beim Thema Bildung und Fremdsein, sondern genereller in der bildungstheoretischen Debatte darstellt.

## Bildung als Reflexion des eigenen gesellschaftlichen Ortes

Hiermit ist gemeint, über den Einfluss nachzudenken, den meine soziale Position auf meine Meinungen, Haltungen und auch auf meine theoretischen Konstrukte hat. Oder anders gesagt: Es bedeutet, Ideologiekritik auf sich selbst anzuwenden. Es war vielleicht eine der nachhaltigsten Leistungen von Marx und Engels in der *Deutschen Ideologie* diesen Begriff aus der sozialen Position von Sprechern abzuleiten, die die gesellschaftliche Bedingtheit ihres Denkens ignorieren und daher ihren partikularen Standpunkt als allgemeingültig auszugeben versuchen. Die Kritik der beiden galt dabei nicht dem Mann oder der Frau von der Straße, sondern gerade jenen, von deren Kompetenz man solche Kritikfähigkeit hätte erwarten können, nämlich den damaligen Exponenten der bürgerlichen Intelligenz.

Was dies konkret bedeutet, sei zunächst an einem Beispiel illustriert, das nicht direkt mit der Haltung Fremden gegenüber zu tun hat, nämlich der gängigen Rede von „bildungsfernen Schichten". Verwendet wird dieser Begriff von Menschen, die sich nahe der Bildung wähnen oder dem, was sie dafürhalten. Sie mögen dabei ein demokratisches, auf Aufhebung von Bildungsbenachteiligten zielendes, oder auch nur ein paternalistisches Motiv haben, in jedem Fall dient die Formulierung, dazu, sich von den „Bildungsfernen" abzugrenzen, ignoriert aber, und bestätigt damit zugleich das soziale Privileg, das Bildungsnähe von jeher seit der Antike zugrunde liegt.

Die „Bildungsfernen" werden dadurch mehr zu Fremden als mancher Zuwanderer, den „Bildungsnahe" mit der gebührlichen kosmopolitischen Haltung begrüßen mögen, die ihrerseits auch ein Ausdruck des Privilegs sein kann, die sozialen und psychischen Probleme, mit denen viele Migranten konfrontiert sind, nicht zu kennen und auch nicht, wie manche „Bildungsferne", mit ihnen um Wohnungen und Jobs im Niedriglohnsektor konkurrieren zu müssen. Der Lohn des Privilegs ist das, nicht einmal falsche, Gefühl, moralisch auf der richtigen Seite zu stehen, was dann eine weitere Grenzziehung gegenüber jenen bedeutet, die in Großbritannien den Brexit herbeigeführt, in Frankreich Marine Le Pen, in Österreich die schwarzbraune Koalition oder in Deutschland die AfD stark gemacht haben. Natürlich kann und muss man diese Positionen kritisieren, Kritik heißt aber auch und zuerst, das Problem genau zu erfassen, das unter anderem in dem Gefühl besteht, die Globalisierung aus der eigenen, in der Regel schwachen sozialen Position heraus nicht mehr bewältigen zu können. Ursachen für dieses Gefühl sind soziale und politische Prozesse, die mit den Migranten nichts zu tun haben, die psychischen Folgekosten dieser Prozesse werden aber nach dem oben beschriebenen Muster auf Fremde abgewälzt, um eine prekär gewordene Identität zu sichern und sei es die des röhrenden Hirsches.

Vor diesem Hintergrund sei abschließend die Frage aufgeworfen, inwieweit nicht auch dem Konzept der Transkulturalität etwas Ideologisches anhaftet, das Ausschlüsse produziert, die es ihr zufolge nicht mehr geben sollte. Unstrittig hat das Konzept bezogen auf die kulturelle Situation in Einwanderungsländern und auf die internationale Mobilität analytisch einiges für sich, es scheint aber nicht zu bedenken, dass transkulturelles Nomadentum für einen Vertreter des (natürlich nicht nur) wissenschaftlichen Jetsets, der mit seinem Pass problemlos in fast jedes Land einreisen kann, um dort Vorträge zu halten, weitaus attraktiver ist als für den Armutsmigranten oder politisch Verfolgten, der sein Land nicht vorübergehend verlassen will, sondern langfristig verlassen muss, weil ihn „Armut oder (ethische, religiöse Gewalt aus seiner Heimat vertrieben haben" (Mecheril/Seukwa 2006, S. 11). Und was ist mit demjenigen, der „nicht gelernt hat, seine kulturelle Herkunft, zumindest [...] dem Augenschein nach zu transzendieren, wer provinziell geblieben ist" und daher „im kapitalen Globalismus [...] auf der Strecke" bleibt (ebd., S. 10)? Bleibt er in der transkulturellen Welt außen vor? Kann er der Adressat transkultureller Bildung sein, wenn diese strukturell produzierte Ungleichheit zu übergehen scheint?

## Literatur

Adorno, Th. W. (1973): Studien zum autoritären Charakter. Frankfurt a.M.

Bieri, P. (2005): Wie wäre es, gebildet zu sein? http://www.forum-allgemeinbildung.ch/files/Wie_waere_es_gebildet_zu_sein.pdf (1.11.17).

Bröckling, U. (2007): Das unternehmerische Selbst. Soziologie einer Subjektivierungsform. Frankfurt a.M.

Diener, D. (1993): Nationalstaat und Migration. Zu Begriff und Geschichte. In: Balibar, E. et al.: Schwierige Fremdheit. Über Integration und Ausgrenzung in den Einwanderungsländern. Frankfurt a.M., S. 21–40.

Dinzelbacher, P. (1993) (Hrsg.): Europäische Mentalitätsgeschichte. Hauptthemen in Einzeldarstellungen. Stuttgart.

Fanon, F. (1980): Schwarze Haut, weiße Masken. Frankfurt a.M.

Faschingeder, G. (2006): „Stell die vor, es ist Kultur, und keiner geht hin!" Kultur und Entwicklung als Ignoranzverhältnis im Horizont der Transkulturalität. In: Zeitschrift für internationale Bildungsforschung und Entwicklungspädagogik, 29, Heft 4, S. 14–18.

Foucault, M. (2006): Die Geschichte der Biopolitik. Geschichte der Gouvernementalität II. Vorlesungen am Collège de France 1978–1979. Herausgegeben von Michael Sennelart. Frankfurt a.M.

Goffman, E. (2010): Stigma. Über Techniken der Bewältigung beschädigter Identität. Frankfurt a.M.

Heitmeyer, W.(Hrsg.) (2002ff.): Deutsche Zustände. Frankfurt a.M.

Humboldt, W. v. (1960): Theorie der Bildung des Menschen. Bruchstück. In: Ders.: Werke in fünf Bänden. Band 1. Schriften zur Anthropologie und Geschichte. Stuttgart 1960, S. 234–240.

Jullien, F. (2017): Es gibt keine kulturelle Identität. Frankfurt a.M.

Koller, H.-Ch. (2012): Bildung anders denken. Einführung in die Theorie transformatorischer Bildungsprozesse. Stuttgart.

Kristeva, J. (1990): Fremde sind wir uns selbst. Frankfurt a.M.

Leggewie, C. (1993): Vom deutschen Reich zur Bundesrepublik – und nicht zurück. Zur politischen Gestalt einer multikulturellen Gesellschaft. In: Balibar, E. et al.: Schwierige Fremdheit. Über Integration und Ausgrenzung in den Einwanderungsländern. Frankfurt a.M., S. 3–20.

Mecheril, P./Seukwa, L. H. (2006): Transkulturalität als Bildungsziel. Skeptische Bemerkungen: Zeitschrift für internationale Bildungsforschung und Entwicklungspädagogik, 29, Heft 4, S. 8–13.

Mitscherlich, A. (1975): Zur Psychologie des Vorurteils. In: Hartmann, K. D. (Hrsg.): Vorurteile, Ängste, Aggressionen. Ausgewählte Beiträge aus der Reihe Politische Psychologie. Frankfurt a.M./Köln, S. 9–18.

Reinhard, W. (2004): Lebensformen Europas. Eine historische Kulturanthropologie. München.

Rousseau, J.-J. (1971): Emil oder über die Erziehung. Paderborn.

Said, E. (1978): Orientalism. New York.

Welsch, W. (1994): Transkulturalität – Die veränderte Verfassung heutiger Kulturen. Ein Diskurs mit Johann Gottfried Herder. http://www.via-regia.org/bibliothek/pdf/heft20/welsch_transkulti.pdf (01.11.2017).

Zenkert, G. (2015): Bildung im Zeitalter der Halbbildung? Zur Differenz von Bildungstheorie und Bildungskritik. In: Dammer, Karl-Heinz/Vogel, Thomas, Wehr, Helmut (Hrsg.): Zur Aktualität der Kritischen Theorie in der Pädagogik. Wiesbaden, S, 143–158.

Airi Liimets

# Postmoderne in der Post-Postmoderne

**Abstract:** Until the year 2000 cultural theorists have increasingly discussed changes in society and culture by referring to the related phenomena as post-postmodern. There are three most significant post-postmodernist theories: metamodernism, performatism and digi- or pseudomodernism. However, in one way or another, postmodernism is still present within the contemporary cultural space: be it as a substantial pillar buttressing post-postmodernism, as something conquering the former, or, finally, as a "corpse" which post-postmodernism has to drag along with itself. Therefore, it would not be superfluous even today to inquire about the substances and meanings of postmodernism as such. This will be the objective of the present article. I will examine the usage of postmodernism as a notion, its different definitions and features, and I will also provide a comparison with modernism. Based on the research, I will maintain that the features of post-postmodernism are also characteristic to postmodernism. Perhaps it is not until now – in the second decade of the 21st century – that postmodernism has finally arrived, as foretold, for instance, by A. Antikainen and G. Böhme. However, in that case it might be altogether nonsensical to speak of post-postmodernism, for postmodernism has yet to exhaust itself.

**Keywords:** Post-postmodernism postmodernism modernism

## Einleitung

Schon in den 1980ern Jahren fing man an, von der Verschwindung der Postmoderne zu sprechen. Wenigstens in den letzten zwei Jahrzehnen hat man die der Postmoderne folgenden Tendenzen in den Kulturtheorien behandelt, aber stärker begannen die Theoretiker Verschiebungen in Richtung von etwas Neuem, was man als Post-Postmoderne genannt hat, von den Anfängen der 2000er Jahre wahrzunehmen. Es existieren drei wichtigste als Post-Postmoderne titulierte Theorien: Metamoderne, Performatismus und Digi- oder Pseudomoderne.

Wie wir unten sehen, kann Post-Postmoderne nicht ohne Postmoderne. Auf eine oder andere Weise, entweder als stützende wichtige Säule oder als von der Post-Postmoderne Überwindende, oder als Leiche, die die Post-Postmoderne mitschleppen muss, ist Postmoderne im gegenwärtigen Kulturraum dauernd da. Deswegen ist es nicht überflüssig auch heute nach den Anforderungen, Inhalten und Bedeutungen der Postmoderne als solche zu fragen, was ich mir in meinem vorliegenden Beitrag zum Ziel gesetzt habe. Wahrscheinlich hilft ein besseres Verständnis der Postmoderne auch die Post-Postmoderne klarer zu verstehen.

## Die Theorien der Post-Postmoderne

Nach holländischen Kulturtheoretikern Timotheus Vermeulen und Robin van den Akker (2013, S. 130–135) – der Autoren der Behandlungen der

Metamoderne – bezeichnet Metamoderne nicht das Ende der Postmoderne, sondern die Schwingung und Spannung zwischen der Postmoderne und der Moderne. Die gegensätzlichen Pole, zwischen denen Metamoderne sich hin und her bewegt, sind nach ihnen zum Beispiel moderner Enthusiasmus und postmoderne Ironie, Hoffnung und Melancholie, Naivität und Bewusstheit, Empathie und Apathie, Einheit und Vielheit, Totalität und Fragmentierung, Klarheit und verschiedentliche Begreiflichkeit. Noch nennen sie als charakteristische Züge Rückkehr zur Ganzheitlichkeit, Ersetzen der Dekonstruktion mit der Rekonstruktion. Die neue Behandlung wird auch mit dem Ausdruck der neuen und aufrichtigeren Empfindungsstruktur verbunden. Die Autoren sehen in der ganzen Metamoderne Ziellosigkeit, man bewegt sich wegen der Bewegung als solchen. Man sucht auch nach der ewigen Wahrheit, obwohl man sie nie zu finden glaubt. Deswegen sprechen sie von der Metamoderne als der Erscheinung, die sich auf die informierte Naivität und den pragmatischen Idealismus gründet. Die beiden Einstellungen haben sich in Mitwirkung des modernen Fanatismus und/oder der Naivität und der postmodernen Teilnahmslosigkeit und/oder des Skeptizismus ausgebildet. Die Ziellosigkeit folgt ja vor allem aus der ständigen Schwingung, dem Inzwischen-Sein, was keine Dauerhaftigkeit und Ganzheitlichkeit ermöglicht, nach denen man strebt.

So bleibt die Metamoderne mit ihren Zielen im gewissen Masse leer oder wenigstens unbestimmt. Die Moderne und Postmoderne arbeiten aber miteinander in einer ständigen Mitwirkung und zugleich auch gegeneinander. Den Metamodernismus verbinden mehrere Aspekte auch mit der Romantik: Vielheit der Definitionen, Schwingung der romantischen Einstellungen zwischen verschiedenen Polen, indem man strebt, das Endliche zur Unendlichkeit zu ändern, gleichzeitig der Unmöglichkeit derer bewusst seiend. Sowohl Metamodernismus als auch Postmodernismus gebrauchen gegen den Modernismus Pluralität, Ironie und Dekonstruktion, jedoch auf unterschiedliche Weise. Die Postmoderne versucht mit deren Hilfe moderne Strebungen abzuschaffen, die Metamoderne aber abzuwehren.

Der von der deutsch-amerikanischen Herkunft Slawist Raoul Eshelman (2010, S. 109–110) hat die Theorie des Performatismus entwickelt, die das Streben zur Einfachheit und zum Optimismus charakterisiert. Im Unterschied von dem Metamodernismus fasst Eshelman die neue Epoche als eine die Postmoderne überwindende und sich derjenigen gegensetzende auf. Der Performatismus bedeutet, so Eshelman, eine sich mit positiven Werten verbundene Einfachheit, die Postmoderne und Poststrukturalismus verneinten. In der Behandlung von Eshelman steht Performatismus im Dienste der Bewahrung des Subjekts und im Gegensatz zur Postmoderne wird das Subjekt als ganzheitlich dargestellt. Das Subjekt muss Zufluchtsort den Werten schaffen, die Postmoderne für nichtig hielt, wie z.B. Autor, Glaube, Liebe.

Die ersten Texte über den Digi- oder Pseudomodernismus vom englischen Forscher der gegenwärtigen Literatur und Kultur Alan Kirby (2010, S. 68–70) stammen aus dem Jahr 2006. Den Metamodernismus und Performatismus vergleichend verhält sich Kirby zur neuen Epoche am pessimistischen. Er sieht die damit einhergehende Einfachheit und die Vereinfachung von allem als negativ – als

Verkümmerung und Ausmergelung des Geistes. Kirby weist auf die Oberflächlichkeit hin. Unwissenheit, Fanatismus und Unruhe sind die Stichworte, mit denen er die neue Epoche charakterisiert (ebd.: S. 72). Die verknüpfen sich aber gar nicht mit der positiven Werteordnung, die der Metamodernismus und Performatismus einführen möchten. Vor allem kündigt die Behandlung von Kirby den Tod der Postmoderne im Schoss der Post-Postmoderne.

## Zum Terminusgebrauch der Postmoderne

Es gibt gegenwärtig schon eine beinahe unzählbare Menge von Behandlungen (sowohl von philosophischen als erziehungswissenschaftlichen) über die Postmoderne. Deswegen werde ich vor allem diese Werke (Monographien und Sammelbände) miteinbeziehen, deren Autoren von der Problematik der Postmoderne einen verallgemeinernden und zusammenfassenden Überblick anbieten. Erstens werde ich kurz den Terminusgebrauch der Postmoderne erläutern. Zum Zweiten ziehe ich in Betracht, welche möglichen Begriffsbestimmungen ich in der von mir erfassten erziehungswissenschaftlichen und philosophischen Literatur ausfindig machen konnte, und mit welchen Merkmalen verschiedene Autoren die Postmoderne (insbesondere im Vergleich zur Moderne) beschrieben haben. Im Zusammenhang mit differierender Begriffsbestimmung stoße ich somit auf Kernprobleme, die in Bezug auf das postmoderne Denken und die mit dem Begriff *Postmoderne*[1] bezeichnete Wirklichkeit aufgeworfen sind.

Postmoderne gilt ohne Zweifel als wesentlichstes Schlagwort im westlichen Denken, da auch andere gegenwärtige sog. Schlagwörter – Dekonstruktion, Pluralität und Heterogenität, Virtualität, Narrativität usw. – um die Postmoderne kreisen. Aufgrund der estnischen Tageszeitungen kann zum Beispiel behauptet werden, dass über die Postmoderne am häufigsten Künstler und Kunstkritiker, Literaturwissenschaftler und Literaturkritiker sprechen. Das könnte man auch als logisch bezeichnen – insbesondere dann, wenn man sich noch daran erinnert, dass der heute geläufige Begriff der Postmoderne sich vermutlich in Nordamerika in den literarischen Diskussionen Ende der 50er Jahre ausbildete (siehe Beck 1993).

In Bezug auf die Anwendung des Terminus *Postmoderne* haben Christian Beck (1993) und Wolfgang Welsch (1988) behauptet, dass der englische Salonmaler John Chapman das Wort schon im Jahre 1870 gebraucht hat, indem er schrieb, dass er und seine Freunde die postmoderne Kunst – bzw. den französischen

1 Hiermit sei zur Erläuterung gesagt, dass ich nicht zwischen den Termini der *Postmoderne*, des *Postmodernismus* und *postmodernen Denkens* unterscheiden werde, so wie J. Fromme (1997, S. 16) es gemacht hat. Fromme verwendet nämlich *Postmodernismus* und *postmodernes Denken* synonym als Bezeichnung einer zu erläuternden Geisteshaltung und theoretischen Position. Die Rede von der *Postmoderne* oder von *postmodernen Phänomenen* bezieht sich bei ihm auf eine bestimmte gesellschaftliche Situation.

Impressionismus – haben beurteilen wollen[2]. Das war jedoch nur ein einmaliger Terminusgebrauch ohne irgendwelche Nachfolgen. Später hat man aber schon unter dem Etikett der Postmoderne von unterschiedlichsten Problembereichen und Kontexten gesprochen. Trotzdem hat dieses Unterschiedliche auch etwas Gemeinsames in sich. Der deutsche Schriftsteller Rudolf Pannwitz sprach zum Beispiel 1917 in seinem Buch "Die Krisis der europäischen Kultur" von einem sog. postmodernen Menschen. Der genannte Menschentypus sei der Nachfolger (das Derivat) des Übermenschen von Nietzsche, der der Überwinder von Pathologien der Moderne werden sollte. 1934 bezeichnet der spanische Literaturwissenschaftler Federico de Oniz mit dem Ausdruck „Postmoderne" eine Phase in der spanischen und spanisch-amerikanischen Dichtung, die als Korrektur der Moderne aufzufassen sei und auf keinen Fall die sog. Moderne umbringe. 1947 bezeichnet der englische Historiker Arnold Joseph Toynbee die abendländische Kultur seiner Zeit als die postmoderne. Diese Phase nimmt in seinem Werk "*A Study of History*" ihren Anfang schon in den 70er Jahren des 19. Jahrhunderts. Ihr Merkmal sei der Übergang vom national-staatlichen Denken zur globalen Interaktion in der Politik.

Die gegenwärtige Diskussion über die Postmoderne habe, wie die Forscher behaupten, nur Toynbee beeinflusst, denn sein Wortgebrauch erregte Aufmerksamkeit, und sein Werk war sehr verbreitet. Auf solche Weise wurde der Terminus dann in den 50er Jahren in den nordamerikanischen Literaturdiskurs übertragen. Hier setzte dann die heutige Diskussion ein, die außer Literatur bald auch die Architektur (Charles Jencks), die bildende Kunst, die Musik, das Theater umfasste. Es folgten die Soziologie (Amitai Etzioni) und die Philosophie (als bahnbrechendes Werk gilt hierfür das 1979 erschienene Buch von Jean-François Lyotard „Das postmoderne Wissen"). In der Mitte der 1980er Jahre erreichte der Diskurs verspätet auch die Erziehungswissenschaften.

## Über die Begriffsbestimmungen und Merkmale der Postmoderne

In der Philosophie und in den Sozial- und Humanwissenschaften dauern bis heute die Diskussionen darüber an, was unter dem Begriff *Postmoderne* zu verstehen sei. Es gibt aber keine eindeutige Bedeutung, und mit der Zeit hat sich das semantische Feld des Begriffs noch erweitert. Indem ich das vorhandene Wissen verallgemeinere, kann ich hierbei zwei größere innerlich differenzierte Bedeutungsgruppen feststellen:

2 In diesem Zusammenhang sei noch auf eine interessante Tatsache verwiesen: der Terminus *Moderne* (in dieser substantivischen Form), so W. Welsch (1988, S. 7), sei erst im Jahre 1887 aufgetaucht, also 17 Jahre nach dem mutmaßlichen Erstbeleg des Adjektivs „postmodern".

1) Postmoderne als eine gewisse Gegebenheit, als eine Epoche, die zur Moderne ihre unterschiedlichen Bezugsverhältnisse hat.
2) Postmoderne als ein gewisser Geisteszustand, als eine bestimmte Denkweise.

Des Weiteren werde ich auf beide näher eingehen.

(I) Am meisten verbreitet ist bei der Behandlung der Postmoderne als einer bestimmten Gegebenheit die Betrachtungsweise: *Postmoderne als eine jeweilige Zeitperiode, die Bezugsverhältnisse zur Moderne hat.*

Ich habe vier mögliche Bezugsverhältnisse feststellen können.

a) *Postmoderne als Überwindung der Moderne.* Das ist die der Moderne zeitlich folgende Epoche, eine sog. *Post-*. Ähnlich haben die soziologischen Theorien und Gesellschaftswissenschaften die Postmoderne verstanden. In dem Zusammenhang wird behauptet, dass dieser Pol in der „alten" Gesellschaft, der als einzigartig gegolten und somit das Gesetzmäßige kritisiert hat, in der „neuen" Gesellschaft dagegen wieder, im Vergleich zum Früheren, zum Ausdruck des Gesetzmäßigen und sog. Progressiven werden kann. Zum Beispiel wird nach dem ungarischen Forscher G. Hermerén (1994) die Gesellschaft der Moderne durch folgende Merkmale charakterisiert: 1) Rationalisierung (alles wird nach einem gewissen zu vereinheitlichenden Grundprinzip logisch eingeordnet) samt Differenzierung (mit Individualisierung entstehen Hierarchien), 2) Streben nach Universalismus (der Versuch, in allen Lebensbereichen das Allgemeingültige festzustellen, nach der Interpretation von Futuristen – alles ist gleichen Ursprungs), 3) Polarisierung (Entfremdung des Volkes von den Politikern u.a.), 4) Pluralisierung.
Differenzierung, die in der Gesellschaft der Aufklärung und Moderne als eine Folge der gesetzmäßigen Rationalisierung betrachtet wird, widerspricht in ihrem Wesen dem Streben nach Universalismus. So bringt das Regelhafte selbst das ihm Widersprechende, ihm Gegensätzliche hervor, das ihm schließlich schicksalhaft wird. Ein solcher Pol, der anders zu denken versucht und schon während der Moderne der Postmoderne den Weg bereitete, waren, so Hermerén, die während der Aufklärung die Zivilisation kritisierenden Ideen von J.J. Rousseau.
b) *Postmoderne als Reflexion der Moderne.* Nach dieser Auffassung wird die Moderne zum impliziten Bestandteil der Postmoderne (z.B. Engelmann 1989; Hielscher 1989 u.a.). Nach Engelmann signalisiert Postmoderne den Willen, die Moderne als Ganzes, als komplexes System infrage zu stellen. Postmoderne schafft so einen Raum der Reflexion. Die philosophische Moderne auf dem Reflexionsniveau Hegels kennt dann kein Außen mehr und kein Danach. Jedes *post* ist so immer auch das *pre* von etwas, das im System kommen wird. In unendlicher Dynamik ist Platz für alles, was war, ist und kommen wird, weil jede Kritik als Opposition auf begrifflicher Ebene als Moment des Systems integriert wird. Und so kann Postmoderne sich als unendlich setzen. So kommt sie zu einer ambivalenten Bestimmung, weil sie ja keinen Gegenbegriff für

ihre eigene Bestimmung mehr findet. Sie wird unbestimmt, ist alles und auch nichts.

Die erwähnte Behandlung von Engelmann schließt sich eigentlich an das früher Gesagte an, nur mit dem Unterschied, dass sie die Gleichzeitigkeit von verschiedenen sog. Nebenweg-Denkweisen akzeptiert und nicht nur das Dominierende oder das, was das Dominierende unterminiert, sieht.

c) *Die Postmoderne als eine permanente Geburt der Moderne* (Lyotard 1988, S. 201). Diese Behandlung schließt sich wiederum an die ihr vorangegangenen an. Dank der Reflexion (d.h. der Postmoderne) kann die Moderne wirklich als eine ständige Wiedergeburt aufgefasst werden. Denn ohne die eine gibt es die andere nicht. Während bei Engelmann aber der Schwerpunkt in der Postmoderne liegt, die die Moderne seiend macht, kommt es bei Lyotard auf die Moderne an, deren ständige Wiedergeburt die Postmoderne präsent macht. Die Auffassung von Lyotard liegt somit der von Wolfgang Welsch (1993, S. 6) nahe, denn nach ihm bezeichnet *Postmoderne* nur die Form, wie Moderne gegenwärtig einzulösen ist. *Unsere* Moderne ist die „postmodern" geprägte.

d) *Postmoderne als tot dominierende Moderne.* Mit dieser Behauptung hat der Hauptopponent von Lyotard, Jürgen Habermas, darauf verwiesen, dass Postmoderne die Fortsetzung der Moderne in einer solchen Situation ist, in der sie sich selbst erschöpft hat. Dieser Standpunkt verbindet sich unserer Meinung nach gut mit dem anthropofugalen Denken (z.B. Biella 1989; Körper 1989) und mit dem Friedrich Nietzsches im Werk „Also sprach Zarathustra" (1988, S. 23ff.), wo gesagt wird, dass man sich zur neuen Wahrheit mit einem Leichnam auf dem Rücken bewegt.

Anthropofugales Denken ist ein menschenfliehendes oder vom Ende der Menschgattung sprechendes Denken. Einer der wesentlichsten Vertreter des anthropofugalen Denkens – Ulrich Horstmann – hat das Verschwinden des Menschen von unserem Planeten als unausweichlich dargestellt, das niemand und nichts auf Dauer verhindern kann. Statt sich zu belügen, sollten die Menschen dieser Erkenntnis eine Trostfunktion abgewinnen. Das erfordert aber ein Neudenken, das sich in drei Schritten vollziehen müsste (siehe Körper 1989, S. 91):

- die Philosophie nimmt Abschied von der Macht,
- sie nimmt Abschied vom Menschen,
- sie nimmt Abschied von sich selbst.

Das wird der Philosophie aber nur gelingen, wenn sie sich von den anthropozentrischen Grundlagen der Vergangenheit befreit.

Vor diesem Hintergrund könnte Moderne im Sinne Nietzsches als ein Leichnam aufgefasst werden, den Postmoderne mit sich herumschleppen muss. Dabei ist aber der Leichnam, wie man aus dem oben Gesagten entnehmen kann, sehr widerspruchsvoll aufzufassen, indem er einerseits als ein Zeichen der Geburt sowie des Sterbens zu verstehen ist. Zum Beispiel hat Johannes Fromme (1997,

S. 24) zwischen zwei Denkrichtungen im Postmodernismus unterschieden, die er anhand einer Tab. 1, wie folgt, dargestellt hat.

**Tab. 1:** Denkrichtungen des Postmodernismus (J. Fromme 1997, S. 24).

| | **monistische Richtung** | **pluralistische Richtung** |
|---|---|---|
| a-konstruktiv | kulturpessimistische Klage über Einheitsverlust | Anerkennung radikaler Pluralität |
| Dekonstruktiv (destruktiv + konstruktiv) | Überwindung des Pluralismus durch vor- oder nachmoderne Einheitsoption | Eintreten für einen kritisch-konstruktiven und ‚gerechten' Pluralismus |

Das oben Beschriebene zeigt, dass nach Fromme das anthropofugale Denken der monistischen Denkrichtung zuzurechnen ist, das sich nach der verschwundenen Ganzheitlichkeit sehnt. Der von dem Literaturwissenschaftler Predrag Palvestra (nach Zsilka 1992; siehe Tab. 2) durchgeführte Vergleich der Charakteristiken der Moderne und Postmoderne macht indessen darauf aufmerksam, dass die Suche nach der Ganzheit schlechthin zu den Bestrebungen des Pluralismus (umgekehrt wie Fromme) gehört. Die Charakteristiken der Postmoderne eines anderen Literaturwissenschaftlers – Ihab Hassan (1988) – zeigen aber, das sich gerade der Pluralismus mit dem Anthropofugalen und zugleich auch der Fragmentalisierung verbindet.

Die definitorische Merkmalreihe der Postmoderne laut Hassan ist folgende: Unbestimmtheit, Fragmentarisierung und Entstehung von Paradoxen, die Auflösung des Kanons (der Tod von Göttern, des Autors und des Subjekts und damit im Zusammenhang das Ende von ewigen Werten und das Verschwinden von großen Narrativen), Ironie (in Abwesenheit eines Grundprinzips oder Paradigmas wendet man sich in der Postmoderne dem Spiel, Wechselspiel, Dialog, Polylog, der Allegorie, der Selbstspiegelung zu), Reflexivität, Hybridisierung (in diesem Sinne kann das Abbild, die Kopie, dieselbe Gültigkeit besitzen wie das Urbild; es herrscht Eklektizismus), Karnevalisierung (Polyphonie, die „fröhliche Relativität" der Dinge, Teilnahme am wilden Durcheinander des Lebens, Immanenz des Lachens), Performanz, Konstruktcharakter (was gedacht werden kann, muss schließlich eine Fiktion sein), Immanenz (die wachsende Fähigkeit des menschlichen Geistes, sich in Symbolen zu verallgemeinern). Hiermit könnte man sich W. Welsch (1988, S. 20) anschließen; denn er behauptete, dass eben in dieser Ambivalenz vielleicht das Grundproblem der Gegenwart liegt. Jede Deutung der Postmoderne, die sich schlicht für die eine oder die andere Seite – für die der Uniformität oder die der Pluralität – entscheiden zu können glaubt, ist ungenügend. Die beiden Bewegungen scheinen zusammenzugehören.

**Tab. 2:** P. Palvestras Vergleich der Merkmale der Moderne und der Postmoderne (nach Zsilka 1992, S. 580).

| **MODERNE** | **POSTMODERNE** |
|---|---|
| Totalitarismus | Pluralismus |
| Staatliche, verbrecherische Zivilisation, Mordtaten, Gewalt, Gulags | Ökologischer Selbstschutz, Flucht in die Natur, Harmonie, Pastorals |
| Apollinisch | Dionysisch (existenziell) |
| Revolte, Trotz, Verneinung | Suche nach der Ganzheit |
| das Schöpferisch-metaphorische, das Geistig-spekulative | die Ereignisse werden simplifiziert dargestellt, Extravaganz, geschickte Improvisation |
| Montagetexte | der Palimpsest (ursprünglich das Pergament, auf dem das Geschriebene mehrmals ausradiert und wieder überschrieben ist) |
| Im semiotischen Sinne ist das Maskuline der aktive Pol (originär, neu, ethisch) | Im semiotischen Sinne das Weibliche (Verantwortung, augenfällig, traditionsbezogen, Suche nach alternativer Wirklichkeit neben der institutionellen und realen Welt) |

Dabei ist aber die Moderne nicht der einzige Leichnam, den die ambivalente Postmoderne „auf dem Weg zur neuen Wahrheit auf ihrem Rücken schleppen muss". Außer der als tot dominierenden und ihrem Wesen nach antinomen und zentrifugalen Moderne trüge die Postmoderne noch das ihrem Wesen nach zentripetale Mittelalter mit sich herum (Antikainen 1983, S. 22; Welsch 1993, S. 57). Denn es wird nahegelegt, dass auch im Mittelalter sowie in der Postmoderne die Orientierung vorherrschend war, das Sein als strukturhaftes Phänomen zu verstehen. Im Mittelalter betrachtete man die Persönlichkeit/das Subjekt als aufgelöst im Weltall und in den Makro- und Mikrostrukturen der Gesellschaft, indem sie/es nur als gewisser Typus, als Vertreter der Struktur *Mensch* Sinn hatte. Dabei stellte aber die mittelalterliche Strukturiertheit schlechthin ein geregeltes hierarchisches System dar, wo jeder bestimmte Menschentypus (Krieger, Bauer, Kaufmann) vom Standpunkt des Ganzen eine für ihn vorbestimmte unveränderliche Funktion zu erfüllen hatte (Gurevitš 1992). Das aufgelöste postmoderne Subjekt irrt dagegen in den Labyrinthen der Weltstruktur umher, ohne seine Stelle zu finden, und es zieht mal die eine, mal die andere Maske vor. Dabei identifiziert es sich aber mit keinem, denn jemand anderer zu sein ist sein permanentes Schicksal. Solch ein irrationales Verhalten, eine permanente Verwandlung und das Sich-Selbst-Gegenüberstehen werden oft von einer schizophrenen, absurden und apokalyptischen Reflexion begleitet (Zsilka 1992), was auch von den verbreiteten anthropofugalen Ideen bestätigt wird.

P. Engelmann (1989, S. 31) ist bei der Analyse der Ambivalenz der Moderne und Postmoderne zum Entschluss gekommen, dass das Wort *Postmoderne* das bezeichnet, was dazwischen liegt. Es öffnet einen Raum für die notwendige Reflexion. Das bedeutet, dass die „richtige" Postmoderne eigentlich noch gar nicht angebrochen ist, und deswegen wissen wir nicht, wie sie ist.

A. Antikainen (1983) und G. Böhme (1992) haben zunächst die erste Hälfte des 21. Jahrhunderts als den wirklichen Anfang der postmodernen Epoche, als eine offensichtlich neue Renaissance in der Geschichte bezeichnet. Der Schlüssel zu dieser neuen Epoche befinde sich aber, so Böhme, in der Zeit der vorsokratischen griechischen Naturphilosophen (Heraklit, Thales, Anaximenes von Milet usw.). Diese Zeit wird mit der Postmoderne einerseits wegen ihrer Bestrebung zur Ganzheit, andererseits aber wegen ihrer Nähe zur Aufklärung als solcher verknüpft. Im antiken Griechenland waren es gerade die Naturphilosophen, die mit ihren Ideen von der Einheit des Seins und von dem dieses Sein strukturierenden und umfassenden Logos die menschliche Vernunft auf eine Ehrenposition erhoben haben und die auf solche Weise für die damalige Aufklärung – für die sophistische Bewegung – bahnbrechend waren. Auch Rudolf Steiner (1992) kündigte zum Beispiel das 21. Jahrhundert als Epoche der Synthese der Religion, Kunst und Wissenschaft an.

W. Welsch (1988, S. 16) behauptet, dass es ein Missverständnis wäre, wenn man meinte, die postmoderne Option für Vielheit gebe Einheit und Ganzheit einfach preis. Die aus postmoderner Perspektive einzig legitime Form von Einheit ist aber die Offenhaltung – die offene Ganzheit. Auch der estnische Schriftsteller und Denker Hasso Krull (1996) hat aufgrund der Analyse der estnischen Kultur unsere Zeit als Kultur der Unterbrechung bezeichnet, für die Wiederrücknahmen, Wiederaufnahmen, ständige Wiederholungen in der Zeit charakteristisch sind, die aber trotzdem auf solche Weise auch einen ununterbrochenen Zickzack hervorruft. Ob das, was einmal kommen wird, eine neue Renaissance, ein Neuanfang des Alten oder etwas ganz anderes ist – das liegt nicht fest. Deswegen sind während der Unterbrechung für das Weitergehen alle möglichen Richtungen offen.

?↑<br>
? ← X → ? Postmoderne als Unterbrechung?<br>
↓ ?<br>
↑ moderne aufklärerische Neuzeit<br>
Renaissance ↔<br>
↑ modernistisches Mittelalter<br>
Antike ↔

Hans Ulrich Gumbrecht (1992b, S. 368) dagegen hat behauptet, dass heutzutage eine neue Struktur der Zeitlichkeit im Entstehen ist: Die Zukunft wird nicht mehr offen, sondern bedrohend sein (sowie nach Heidegger die Wissenschaft sich selbst gegenüber bedrohend ist), wenn man an die Ozonlöcher, Immunkrankheiten des Organismus, an die Überbevölkerung in der Welt usw. denkt. Andererseits ermöglichen aber die technischen Möglichkeiten die Vergegenwärtigung von

Vergangenheit (aber auch Flucht in die Vergangenheit), so, dass jenes Grundgefühl linearer Zeit, man entferne sich immer weiter von dem einmal Zurück-Gelegten, heute im Schwinden begriffen ist. Man kann Einrichtungen jeglicher Stilart z.B. zwischen den 1970ern und altägyptisch Inspiriertem kaufen; der postmodernen Architektur ist alles zitierbar geworden und man negiert sogar provokativ die lineare Zeitlichkeit. Und gerade diese Emphase des Zitierens ist nach Gumbrecht ein wichtiges Indiz dafür, dass eine neue Struktur von Zeitlichkeit im Entstehen ist. Aufgrund des oben Gesagten ist die Gegenwart seiner Meinung nach immer „breiter" geworden – und wird immer noch breiter.

Zwischen der von Gumbrecht erwähnten Emphase des Zitierens und dem von Nietzsche Gesagten, dass man auf dem Weg zur Wahrheit den Leichnam auf dem Rücken hat, kann man inhaltliche Parallelen bemerken. Diese Zitate aus der Vergangenheit, deren ständige Anwesenheit auch die Gegenwart erweitert, könnten auch als Leichname, bzw. als Humus oder als Ernährungsbasis aufgefasst werden, der eine neue Synthese sich zu verdanken hat. Aufgrund des oben Behandelten kann der Schluss gezogen werden: Um aus der schizophrenen und abgebrochenen alltagspostmodernen Reflexion zu einer Synthese zu gelangen, müsste die Postmoderne mindestens drei Leichname mit sich herumtragen – das Vorsokratische, das Mittelalter und die Moderne. Im Allgemeinen erweist sich aber die ganze frühere Menschenkultur als dieser Leichnam, von dem die Grenzen unserer postmodernen Gegenwart immer wieder erweitert werden, indem er dabei auch selbst sich vergegenwärtigt. Das Gesagte wird außerdem noch von allen diesen Behandlungen untermauert, in denen nach den Vordenkern der Postmoderne gefragt wird. Und dabei liegt es doch auf der Hand, dass beinahe jeder Philosoph oder Denker aus irgendwelchem Aspekt seines Werkes als Vordenker der Postmoderne interpretierbar ist. So hat man unseres Wissens mit diesem Titel Schopenhauer (Vester 1989 u.a.), Nietzsche (Vattimo 1988 u.a.) und Heidegger (Welsch 1993 u.a.); aber auch Borges (Gumbrecht 1992; Rincón 1992 u.a.), Kant (Schulz 1994 u.a.), Kierkegaard (Pauly 2000 u.a.), Hegel (Bürger 2000; Engelmann 1989 u.a.) usw. besonders oft genannt.

Das beschriebene Leichnam- und Zitatdenken verweist außerdem klar darauf hin, dass die der Alltagspostmoderne charakteristische Denkweise simplifizierend und naiv ist, die behauptet, es gäbe heutzutage keinen Sinn mehr, nach der Einheit und Ganzheit zu fragen. Vor diesem Hintergrund könnte man mit F. Middel (1985) sagen, dass postmodernes Denken ein Denken ohne die Fixierung auf ein System des Denkens ist.

(II) *Postmoderne als gewisser Geisteszustand*[3], *als Denkweise mit einem gewissen Inhalt.* Unterschiedliche Autoren haben die Postmoderne als Geisteszustand

3 Ich habe bewusst das Wort *Geisteszustand* verwendet, denn ich halte es von allen vorhandenen, der Postmoderne zugeschriebenen Charakteristiken für die passendste Bezeichnung. Denn das Wort verweist zugleich auf das Dynamische und darauf, dass es hierbei vor allem um die Reflexion, um ein gewisses Denken geht.

unserer gegenwärtigen Gesellschaft (z.B. Lyotard 1988; 1992), als Geisteshaltung (z.B. Fromme 1997, S. 15; Rapp Wagner 1997, S. 12; Pauly 2000, S. 335), als Geistesverfassung (Tilg 1992, S. 108), als eine Art Epochengefühl, Epochenbewusstsein (Bürger 2000, S. 8), als unser eigenes Selbstverständnis (Welsch 1988, S. 1) bezeichnet. Auch hat man die Postmoderne problematisierendes Denken (Schulz 1994, S. 82) oder Diskussionszusammenhang (Marotzki 1992, S. 194) genannt. Beides reagiere seismographisch auf gegenwärtige gesellschaftliche Veränderungen, die zusammenfassend mit dem Schlagwort *Transformation in eine Informationsgesellschaft* gekennzeichnet werden. Mit dieser Bedeutung lassen sich ferner die Bestimmungen solcher Autoren verbinden, die Postmoderne verallgemeinernd als eine eigenartige Kultur oder Kultursituation bezeichnen (z.B. Lenzen 1987; Vester 1989; Krull 1996).

Peter Bürger (2000, S. 119) behauptet, dass Michel Foucaults Archäologie des neuzeitlichen Denkens, ohne dies uns zu erkennen zu geben, an Heideggers Aufsatz „Die Zeit des Weltbildes" aus dem Jahre 1938 anschließt. Von Heidegger übernehme Foucault den Gedanken, dass eine Epoche immer durch die Art und Weise bestimmt ist, wie die Menschen ihre Beziehung zum Seienden denken. Heidegger nennt diese epochale Einstellung *Metaphysik*, Foucault *episteme*.

Das bedeutet, dass einer der wichtigsten den Zeitcharakter bestimmenden Aspekte als Eigenart der ontologischen Denkweise auftritt. Der eigenartige Geisteszustand oder die Geisteshaltung einer Zeitperiode wird wahrscheinlich am konkretesten durch ontologische Fragestellungen sichtbar. Die postmodern denkenden Autoren haben unterschiedliche Listen, mit denen sie die unsere gegenwärtige Zeit charakterisierenden wesentlichen Probleme und Fragestellungen (auch die ontologischen[4]) erfassen. Man hat den Versuch unternommen, sie zu systematisieren. Jeder Autor setzte im Rahmen dieser Themen seine Schwerpunkte.

Nach der Meinung von Johannes Fromme (1997, S. 10) lassen sich die Hauptthesen postmodernen Denkens und die wichtigsten Veränderungen gegenüber einem modernen Denken zu vier Topoi verdichten. Diese vier sind: 1) die

4 Nach Jörg Disse (2001, S. 67) besteht Metaphysik, so die frühneuzeitliche Terminologie, einerseits aus einer *„metaphysica specialis"*, deren Gegenstand das erste Seiende, d.h. Gott ist, andererseits aus einer *„metaphysica generalis"*, deren Gegenstand das Seiende im Allgemeinen ist. Dabei bildete sich für die *„metaphysica generalis"* in der frühen Neuzeit auch der Terminus *„Ontologie"*, d.h. wörtlich Seinswissenschaft: „ón", Plural „ónta", bedeutet „seiend", „lógos" „Lehre", also „Lehre vom Seienden". Laut Disse (S. 294) bedeutet die Metaphysikkritik heutzutage jedoch nicht das Ende der Metaphysik als solcher, sondern höchstens das Ende einer unkritischen Metaphysik. Es gibt ja kein menschliches Handeln, das nicht in einem bestimmten Vorverständnis bezüglich unseres Verstehens von Welt insgesamt gründet. In diesem allgemeinsten Sinne von Metaphysik jedoch, als ein Verstehen von Welt insgesamt, von Wirklichkeit überhaupt, ist der Mensch unabdingbar ein *„homo metaphysicus"*. Dass metaphysische und ontologische Fragestellungen auch die Gegenwart stark charakterisieren, bestätigen die Werke der postmodernen Denker.

Pluralismus-These, 2) die Neubewertung des Anderen der Vernunft, 3) die Simulations-These, 4) die Sprachspiel-These. Renata Rapp Wagner (1997, S. 16) analysierte fünf Kategorien, die nach ihrer Vorstellung postmodernes Denken charakterisieren: 1) Antihumanismus oder Auflösung der Person, 2) Werterelativismus und Wertezersetzung, 3) Angriff auf die Vernunft, 4) Bruch mit der Geschichte, 5) Wissenschaftsfeindlichkeit.

Winfried Marotzki (1992, S. 194ff.) skizziert am Beispiel der Philosophie J.-F. Lyotards fünf Herausforderungen, die dazu zwingen, die Stellung des Menschen neu zu überdenken sowohl in Bezug auf sich selbst als auch auf das Universum. Diese fünf sind: 1) Rationalität, Wissen, Informationstechnologie; 2) Der sprachphilosophische Thematisierungsrahmen, 3) Der ontologische Diskurs, 4) Die ethische Grundlage, 5) Der Tod des Subjekts.

Unter dem eigens als ontologisch bezeichneten Diskurs (obwohl ja inhaltlich auch die anderen erwähnten Herausforderungen ontologisch sind) geht es bei Marotzki erkenntnistheoretisch um das Verhältnis des Sagbaren und Denkbaren einerseits und des Unsagbaren und Undenkbaren andererseits. Es ist das Bemühen, das Heterogene, das Andere der Vernunft und der Rationalität im Diskurs präsent zu halten. Der ontologische Diskurs fragt auch, ob die Grenzen der Diskurse die Grenzen der Wirklichkeit darstellen. Es ist vor allem das Bemühen, das Nichtidentische, die Differenz ernst zu nehmen, und eine Zentralkategorie in diesem Zusammenhang ist das *Ereignis*. Das Ereignis ist nach Marotzki für Lyotard deshalb so zentral, weil es etwas ist, das durch das Subjekt nicht kontrolliert werden kann, wie in dem Ausdruck *es geschieht*, angedeutet wird.

Die postmoderne Herausforderung nach Lyotard sieht Marotzki darin, energisch für ein offenes Modell zu plädieren, das er als Modell der Konstellation bezeichnet. Es handelt sich hier um einen Begriff[5], den T. Adorno verwendet hat, um die Art der Schreibweise in seinem Werk „Ästhetische Theorie" zu bezeichnen. Marotzki hat aber den Begriff *Konstellation* verwendet, um die auf der Abb. 1 (S. 181) dargestellten Teilaspekte zusammenfassend zu charakterisieren.

Den von Marotzki vorgeschlagene Begriff *Konstellation* zur Charakterisierung des postmodernen Denkens, finde ich interessant. Leider hat aber auch er bei der Darstellung seines Denkmodells die typische Weise der Gegenüberstellung zugrunde gelegt, so wie viele Autoren der Postmoderne die Moderne gegenübergestellt haben. Das auf binären Oppositionen beruhende Denken ist aber simplifizierend, und schließlich erhält das gegenübergestellte Selbst durch die

5 Adorno hat gesagt, dass die Darstellungsschwierigkeiten der Ästhetischen Theorie „darin bestehen, dass die einem Buch fast unabdingbare Folge des Erst-Nachher sich mit der Sache als so unverträglich erweist, dass deswegen eine Disposition im traditionellen Sinne, wie ich sie bis jetzt noch verfolgt habe, sich als undurchführbar erweist. Das Buch muss gleichsam konzentrisch in gleichgewichtigen, parataktischen Teilen geschrieben werden, die um einen Mittelpunkt angeordnet sind, den sie durch ihre Konstellation ausdrücken" (Marotzki 1992, S. 210).

Gegenüberstellung dieselben Grenzlinien, von denen man sich unterscheiden wollte. Wenn zum Beispiel Identität und Differenz einander gegenübergestellt werden, eignet sich meiner Meinung nach auch der Differenz schlechthin eine Identität, wodurch die Differenzhaftigkeit der Differenz der Identität abhandenkommt. Ebenso ist es nicht sinnvoll, Pluralität und Vielheit so wie Einheit und Ganzheit einander gegenüberzustellen.

**Abb. 1:** Denkmodelle *Holismus* und *Konstellation* (Marotzki 1992, S. 211)

**Clearing von Denkmodellen**

| **Topos** | **Holismus** | **Konstellation** |
|---|---|---|
| | - Einheit, Ganzheit<br>- Kontinuität<br><br>- Universalität (z.B. von Rationalität)<br>- Identität<br>- Homogenität<br>- Determinismus<br>- Ableitungszusammenhänge | - Vielheit, Pluralität<br>- Diskontinuität, Dissemination<br>- Partikularismus, Lokalität<br><br>- Differenz<br>- Polymorphie<br>- Inseln des Determinismus<br>- Widerstreit, Antagonismus, Plasma (Transitivität des Gefühls) |
| Kategorien | - Konsens<br>- Modellhierarchie<br>- Monokodierung | - Lokalität des Konsenses<br>- Modellheterarchie<br>- Doppel- bzw. Mehrfachkodierung |
| | - Dominanz eines (Super) Sprachspiels (z.B. das des naturwissenschaftlich-mathematischen) | - Mehrsprachigkeit im Sinne einer Pluralität (wissenschaftlicher Sprachspiele) |
| | - Die Grenzen des Diskurses stellen die Grenzen der Wirklichkeit dar | - Ontologische Kernbereiche: Die Grenzen der Diskurse stellen nicht die Grenzen der Wirklichkeit dar |
| | - Diskursives Denken, Logik, Pragmatik | - Empfänglichkeit für das Andere des diskursiven Denkens, für das Ereignis |
| | - Kontrolle, Prognose | - *es geschieht* |

So behauptet auch W. Welsch (1988, S. 16), dass es ein Missverständnis wäre, zu meinen, die postmoderne Option für Vielheit gebe Einheit und Ganzheit einfach preis. Man hat immer mehr darauf verwiesen, dass es in der Postmoderne wirklich um die Pluralität und Vielheit geht, aber im Kontext des Ganzen (z.B. Raynova

1998, Baruzzi 1998; Voßkühler 1998 u.a.). Aufgrund vieler unterschiedlicher philosophischer und erziehungswissenschaftlicher Behandlungen[6], in denen vor allem die ontologischen Probleme betrachtet worden sind, denn man hat gemeint, dass gerade sie den Inhalt des Geisteszustands der heutigen Welt konstituieren, ergeben sich meiner Meinung nach folgende Bezeichnungen des postmodernen Denkens:

1. Todes-Denken oder Denken vom Ende oder der Unmittelbarkeit,
2. Differenz-Denken und transversales Denken,
3. Denken vom Ganzen, ästhetisierendes Denken,
4. Denken über die Vernunft,
5. Denken des Nichtdenkbaren oder Gefühl-Denken oder Denken des Anderen der Vernunft,
6. Denken der Mußekultur und der Auflösung,
7. Denken des Ursprungs.

## Zusammenfassung

Meine Behandlung berechtigt zur Schlussfolgerung, dass postmoderne (und auch post-postmoderne) Zeit inhaltlich widerspruchsvoll sind. Wenn die Postmoderne mutmaßlich zugleich durch das Streben nach Synthese und Ganzheit, nach Antinomischem und Lokalem charakterisiert wird, durch freie Sprachspiele, durch das Diktum der Pluralität und die Angst vor Einheit, durch Mangel an Reflexivität und den Glauben an die Vernunft, durch das Zentrifugale und Zentripetale, das Ende und Schwinden des Subjekts und der Geschichte mit gleichzeitigem Fragen nach dem Ursprung usw., dann könnte dieser ganze Epochencharakter auch dem Zeitalter der Post-Postmoderne charakteristisch sein. Wie man aus der vorliegenden Behandlung sehen konnte, sind ja die vorne genannten die Post-Postmoderne charakterisierenden Merkmale auch der Postmoderne charakteristisch. Möglicherweise ist erst jetzt – im zweiten Jahrzehnt des 21. Jahrhunderts – die Postmoderne in Wirklichkeit angekommen, wie A. Antikainen (1983) und G. Böhme (1992) das voraussagten. In diesem Falle ist es aber völlig unnötig über die Post-Postmoderne zu sprechen. Die Postmoderne hat sich noch nicht erschöpft.

6 Siehe: Lenzen 1987; Oelkers 1987; Vattimo 1988; Vester 1989; Meyer-Drawe 1991; Konrad 1991; Heitger 1991; Marotzki 1992; Winkler 1992; Schäfer 1992; Schütze 1992; Wagner 1992; Schröder 1992; Gumbrecht 1992a; Hug 1992; Hütter 1992; Beck 1993; Welsch 1993; Schulz 1994; A. Liimets 1996, 1999; Rapp Wagner 1997; Fromme 1997; Raynova 1998; Baruzzi 1998; Voßkühler 1998; Joisten 1998; Hufnagel 1998; Borrelli 1998; Böhm 1998; Bürger 2000; Pauly 2000; Langbehn 2001; Gloy 1999, 2001, 2002 u.a.).

# Literatur


Antikainen, A.(1983): Jälkimoderni maailmankuva Johan Galtungin mukaan. [Das postmoderne Weltbild nach Johan Galtung]. In: Luukkonen, J. (Hg.): Kasvatuksen tulevaisuus: Professori Oiva K. Kyöstiön juhlakirja. Helsinki: 17–27.

Baruzzi, A. (1998): Das Denken des Ganzen. In: Synthesis Philosophica, 1: 71–81.

Beck, Ch. (1993): Ästhetisierung des Denkens: zur Postmoderne-Rezeption der Pädagogik; amerikanische, deutsche, französische Aspekte. Bad Heilbrunn.

Biella, B. (1989): Der Herzton hat aufgehört: Zur Kritik einer Philosophie der Menschenflucht. In: Schirmacher, W. (Hg.): Schopenhauer in der Postmoderne. (Schopenhauer-Studien 3). Wien: 93–102.

Böhm, W. (1998): Das Subjekt ist tot: Es lebe die Person! In: Pädagogische Rundschau, 52: 291–301.

Böhme, G. (1992): Postmoderne und Vorsokratik. In: Hessische Blätter für Volksbildung, 4: 326–333.

Borrelli, M. (1998): Metaphysisch-postmetaphysische Ontologie als Posthumanismus: Von Heidegger via Gadamer bis Vattimo. In: Fragen nach dem Menschen in der umstrittenen Moderne: Jahrbuch für Bildungs- und Erziehungsphilosophie 1. Hohengehren: 89–120.

Bürger, P. (2000): Ursprung des postmodernen Denkens. Weilerswist.

Disse, J. (2001): Kleine Geschichte der abendländischen Metaphysik: Von Platon bis Hegel. Darmstadt.

Engelmann, P. (1989): Zur Ambivalenz von Moderne und Postmoderne. In: Schirmacher, W.(Hg.): Schopenhauer in der Postmoderne. (Schopenhauer-Studien 3). Wien: 21–31.

Eshelman, R. (2010): Performatism ehk postmodernismi lõpp. [Tlk Märt Väljataga.]. In: Vikerkaar, 10–11: 109–129.

Fromme, J. (1997): Pädagogik als Sprachspiel: zur Pluralisierung der Wissensformen im Zeichen der Postmoderne. Neuwied & Kriftel & Berlin.

Gloy, K. (Hg.) (1999): Rationalitätstypen. Freiburg [Breisgau] & München.

Gloy, K. (2001): Vernunft und das Andere der Vernunft. Freiburg [Breisgau] & München.

Gloy, K. (2002): Denkanstöße zu einer Philosophie der Zukunft. Wien.

Gumbrecht, H. U. (²1992): nachMODERNE ZEITENräume. In: Weimann, R. & Gumbrecht, Hans U. (Hg.): Unter Mitarb. von Benno Wagner: Postmoderne – globale Differenz. Frankfurt a.M.: 54–70.

Gumbrecht, H. U. (²1992a): Tod des Subjekts als Ekstase der Subjektivität. In: Weimann, R. & Gumbrecht, H. U. (Hg.): Unter Mitarb. von Benno Wagner: Postmoderne – globale Differenz. Frankfurt a.M.: 307–312.

Gumbrecht, H. U. (21992b): Die Postmoderne ist (eher) keine Epoche. In: Weimann, R. & Gumbrecht, H. U. (Hg.): Unter Mitarb. von Benno Wagner: Postmoderne – globale Differenz. Frankfurt a.M.: 366–369.

Gurevitš, A. (1992): Keskaja inimese maailmapilt. [Das Weltbild des mittelalterlichen Menschen]. Tallinn.

Hassan, I. (1988): Postmoderne heute. In: Welsch, W. (Hg.): Wege aus der Moderne: Schlüsseltexte der Postmoderne – Diskussion. Weinheim: 47–56.

Heitger, M. (1991): Das Ende des Subjekts? Zur pädagogischen Konzeption von Subjektivität. In: Vierteljahrsschrift für wissenschaftliche Pädagogik, 4: 401–419.

Hermerén, G. (1994): Modernismi esteetikast ja postmodernismi lähtekohtadest. [Über die Ästhetik der Moderne und Ausgangspunkte der Postmoderne]. In: Keel ja Kirjandus, 5: 325–332 & 6: 393–401.

Hielscher, M. (1989): Der Rang der Kunst in der Philosophie Schopenhauers. In: Schirmacher, W. (Hg.): Schopenhauer in der Postmoderne. (Schopenhauer-Studien 3). Wien: 187–193.

Hufnagel, E. (1998): Der Cartesianismus als Herausforderung für die Pädagogik oder die Destruktion der Ganzheit und ihre Folgen. In: Synthesis Philosophica, 1: 23–51.

Hug, Th. (1992): Theorienvielfalt und Wissensvermittlung: Wissenschaftsdidaktische Überlegungen am Beispiel der Erziehungswissenschaft. In: Hütter, A. & Hug, Th. & Perger, J. (Hg.): Paradigmenvielfalt und Wissensintegration: Beiträge zur Postmoderne im Umkreis von Jean-François Lyotard. (Passagen Philosophie). Wien: 193–219.

Joisten, K. (1998): Die postmoderne Herausforderung, Oder: Problem und Aufgabe eines integrativen Denkens heute. In: Synthesis Philosophica, 1: 83–93.

Kirby, A. (2010): Postmodernismi surm ja mis saab edasi. [Tlk Märt Väljataga.] In: Vikerkaar, 3: 66–73.

Konrad, H. (1991): Mensch ohne Welt: Gedanken zur Ortsbestimmung des neuzeitlichen Subjekts. In: Vierteljahrsschrift für wissenschaftliche Pädagogik, 4: 431–446.

Körper, K. (1989): Anthropofugales Denken. In: Schirmacher, W. (Hg.): Schopenhauer in der Postmoderne. (Schopenhauer-Studien 3). Wien: 83–92.

Krull, H. (1996): Katkestuse kultuur [Die Kultur der Zerbrochenheit]. Tallinn.

Langbehn, C. (2001): Tod des Subjekts?: Anmerkungen zum Sinn und Unsinn eines Schlagwortes. In: Allgemeine Zeitschrift für Philosophie, Jg. 26, 2: 131–147.

Lenzen, D. (1987): Mythos, Metapher und Simulation: Zu den Aussichten Systematischer Pädagogik in der Postmoderne. In: Zeitschrift für Pädagogik, 1: 43–60.

Liimets, A. (1996): Der spielende Lernende oder der Mensch denkt, Gott lacht. In: Kala, U. & Vernik, E.-M. (Ed.): Personality and Learning (Acta Universitatis

Scientiarum Socialium et Artis Educandi Tallinnensis: A5 Humaniora). Tallinn: 108–115.

Liimets, A. (1999): Postmodernismi retseptsioonist kasvatusteaduses ehk kas kasvatus olemisel ka eesti keeles laseb kõnelda. [Zur Rezeption der Postmoderne in der Erziehungswissenschaft oder ob die Erziehung dem Sein auch das Sprechen im Estnischen ermöglicht]. In: Liimets, A. (Hg.): *Quo vadis*, kasvatusteadus? *Quo vadis*, educational science? Tallinn: 98–119.

Lyotard, J.-F. (1988): Beantwortung der Frage: Was ist postmodern? In: Welsch, W. (Hg.): Wege aus der Moderne: Schlüsseltexte der Postmoderne – Diskussion. Weinheim: 193–203.

Lyotard, J--F. ([2]1992): Eine postmoderne Fabel über die Postmoderne oder: In der Megalopolis. In: Weimann, R. & Gumbrecht, H. U. (Hg.) u. Mitarb. von Benno Wagner: Postmoderne – globale Differenz. Frankfurt a.M.: 291–304.

Marotzki, W. (1992): Grundlagenarbeit: Herausforderungen für Kritische Erziehungswissenschaft durch die Philosophie J.-F. Lyotards. In: Marotzki, W. & Sünker, H. (Hg.): Kritische Erziehungswissenschaft – Moderne – Postmoderne. Band 1. (Studien zur Philosophie und Theorie der Bildung; Bd. 14). Weinheim: 193–217.

Meyer-Drawe, K. (1991): Das „Ich als die Differenz der Masken". In: Vierteljahrsschrift für wissenschaftliche Pädagogik, 4: 390–400.

Middel, F. (1985): Zur Konzeption des Individuums in der Postmoderne. In: Baacke, D. & Frank, A. & Frese, J. & Nonne, F. (Hg.): Am Ende – postmodern? Next wave in die Pädagogik. Weinheim & München: 168–173.

Nietzsche, F. (1988): Also sprach Zarathustra I–IV: Kritische Studienausgabe. Hrsg. von G. und M. Montinari. Berlin & New York.

Pauly, S. (2000): Subjekt und Selbstwerdung: Das Subjektdenken Romano Guardinis, seine Rückbezüge auf Søren Kierkegaard und seine Einlösbarkeit in der Postmoderne. Stuttgart & Berlin & Bern.

Rapp Wagner, R. (1997). Postmodernes Denken und Pädagogik: eine kritische Analyse aus philosophisch-anthropologischer Perspektive. (Studien zur Geschichte der Pädagogik und Philosophie der Erziehung; Bd. 22). Bern & Stuttgart & Wien.

Raynova, Y. B. (1998): Der Abschied von der Ganzheit als Wiedererfindung des Ganzen: Der Postmodernismus und die Jaspersche Alternative. In: Synthesis Philosophica, 25 (1/1998): 95–124.

Rincón, C. A. ([2]1992): Borges und García Márquez oder: das periphere Zentrum der Postmoderne. In: Weimann, R. & Gumbrecht, H. U. u. Mitarb. von B. Wagner (Hg.): Postmoderne – globale Differenz. Frankfurt a.M.: 246–264.

Schäfer, A. (1992): Die Kritik der Erfahrung als Kritik des Subjektes: Überlegungen zu Lyotard und Adorno. In: Marotzki, W. & Sünker, H. (Hg.): Kritische Erziehungswissenschaft – Moderne – Postmoderne. Band 1. (Studien zur Philosophie und Theorie der Bildung; Bd. 14). Weinheim: 218–248.

Schulz, W. (1994): Der gebrochene Weltbezug: Aufsätze zur Geschichte der Philosophie und zur Analyse der Gegenwart. Stuttgart.

Schütze, J. ($^{2}$1992): Überlegungen zum Status des Subjekts nach der Moderne. In: Weimann, R. & Gumbrecht, H. U. u. Mitarb. von B. Wagner (Hg.): Postmoderne – globale Differenz. Frankfurt a.M.: 319–324.

Steiner, R.(1992): Sissejuhatus antroposoofiasse: Valitud tekste. [Einführung in die Antroposophie: Gewählte Texte]. Tallinn.

Tilg, B. (1992): Einige lose Bemerkungen zu Jean-François Lyotard. In: Hütter, A. & Hug, Th. & Perger, J. (Hg.): Paradigmenvielfalt und Wissensintegration: Beiträge zur Postmoderne im Umkreis von Jean-François Lyotard. (Passagen Philosophie). Wien: 107–114.

Vattimo, G. (1988): Nihilismus und Postmoderne in der Philosophie. In: Welsch, W. (Hg.): Wege aus der Moderne: Schlüsseltexte der Postmoderne – Diskussion. Weinheim: 233–246.

Vermeulen, T. & van den Akker, R. (2013): Märkmeid metamodernismist. [Tlk Jaak Tomberg]. In: Methis. Studia humaniora Estonica, 11: 130–145.

Vester, H.-G. (1989): Schopenhauer als Vordenker der Postmoderne? In: Schirmacher, W. (Hg.): Schopenhauer in der Postmoderne (Schopenhauer-Studien 3). Wien: 33–39.

Voßkühler, F. (1998): Das „Ganze" und die „Differenz". In: Synthesis Philosophica, 1: 53–70.

Wagner, B. ($^{2}$1992): Diskurs-Effekt: Subjekt-Affekt. In: Weimann, R. & Gumbrecht, H. U. (Hg.) u. Mitarb. von Benno Wagner: Postmoderne – globale Differenz. Frankfurt a.M.: 334–339.

Welsch, W. (1988): Einleitung. In: Welsch, W. (Hg.): Wege aus der Moderne: Schlüsseltexte der Postmoderne – Diskussion. Weinheim: 1–43.

Welsch, W. ($^{4}$1993): Unsere postmoderne Moderne. Berlin.

Winkler, M. (1992): Erziehung im System der Barbareivermeidung: Unzeitgemäße Bemerkungen zur Krise der Pädagogik in der Postmoderne. In: Marotzki, W. & Sünker, H. (Hg.): Kritische Erziehungswissenschaft – Moderne – Postmoderne. Band 1. (Studien zur Philosophie und Theorie der Bildung; Bd. 14). Weinheim: 152–192.

Zsilka, T. (1992): Modernism ja postmodernism. [Moderne und Postmoderne]. In: Keel ja Kirjandus, 10: 577–582.

Melanie Kuhn

# Views about Parents with an 'Immigration Background' – Discursive Practices of Differentiation in Literature for Educational Professionals in Preschool and School

**Abstract:** Based on a poststructuralist theoretical perspective, the present article reconstructs how parents with an immigration background are represented in praxis-oriented literature about working with parents in preschool and school. It will be shown from a professional theory standpoint that several pitfalls of the professionalization of educators and teachers in culturally diverse societies which have already been strongly problematized within the field of professional theories and pedagogy of migration, are also evident in this kind of literature.

**Zusammenfassung:** Unter einer poststrukturalistischen Theorieperspektive wird im vorliegenden Beitrag rekonstruiert, wie Eltern mit Migrationshintergrund in praxisorientierter Ratgeberliteratur zu Elternarbeit in Kindergarten und Schule repräsentiert werden. Ausgehend von professionstheoretischen Überlegungen wird herausgearbeitet, dass sich in dieser Literatur mehrere Fallstricke einer Professionalisierung von Erzieher*innen und Lehrer*innen in kulturell heterogenen Gesellschaften zeigen, die in den Feldern der Professionstheorien und der Migrationspädagogik bereits stark kritisiert wurden.

**Keywords:** Poststructuralist theoretical perspective, immigration, professionalization, culturally diverse societies, pedagogy of migration

In current German social and educational policy debates as well as in discourses in educational sciences a reinforced and improved cooperation of educators and teachers with parents in kindergarden and school is seen as having great potential for reducing educational inequalities. As it has been shown in an empirical analysis of political documents and academic literature particularly parents with an immigrant background are becoming the focus of attention for these programmatic demands (Betz et al. 2017). Despite all the rhetoric of an equal educational partnership, these parents themselves are considered to be in need of education. In a more or less explicit deficit perspective, their educational achievements are classified as insufficient and it is demanded to strengthen their educational competences (Cloos/Karner 2010; Diehm 2012; Betz et al. 2013). Difference is conceived in these debates in a naturalistic and essentialist perspective as something previously given (Betz/Bischoff 2017). From a critical distance, social- and deconstructivist studies in social sciences reconstruct how difference is interactively, practically or discursively produced. For example, it was examined how pedagogical experts themselves create differences between parents and parent groups when talking about parents, e.g. in interviews (Bischoff/Betz 2016; Betz/Bischoff 2017; Mader/Mierendorff 2017; Kuhn 2018).

Based on these theoretical perspectives on difference but under a different analytical interest the present contribution asks how parents with an immigration background are *presented to* professionals by analyzing praxis-oriented literature addressed to professionals in preschool and school about working with parents. This offers not only a fertile field for reconstructing the views about parents with immigrant backgrounds. Since this literature contains programmatic ideas about how working with parents *should* be designed by the professionals, further theoretical considerations from a professional theory standpoint can be added. Several pitfalls of the professionalization of educators and teachers in culturally diverse societies which have already been problematized within the field of intercultural education and professional theory, are also evident in the analyzed praxis-oriented literature.

After a few theoretical and methodological remarks (1) it will be reconstructed how parents with immigrant backgrounds are represented in this kind of literature under the superordinate question of the meaning assigned to the difference category of culture. In a first step, these publications will be placed within the so-called difference dilemma (2). The presentation of the empirical results is organized into five points: the binary schematization of culture (3.1), the differentiations of culture (3.2), the gendering of culture (3.3), the problematizing of culture (3.4) and the de-thematizing of structure (3.5). The article concludes with comments on the question of whether an increased knowledge about different cultures leads to a better understanding of families with an immigrant background (4).

## 1 Theory and Methodology[1]

Several theoretical and methodological assumptions have structured the interpretation of the data, especially some borrowings from the post-structuralism paradigm. It was a thesis of Austin (1972; Plößer 2010: 219), that language does not portray some prior reality, but rather that speaking – and in this sense also writing – *produces* what it describes. What is said has the effect of producing reality. The post-structuralist paradigm further presumes a genuine connection between language and power (cf. Kimmerle 2000: 25ff.). In this sense, relationships of representation are to be understood as relationships of power (Broden/Mecheril 2007: 7). Derrida's concept of the "constitutive outside" (Derrida 2009), is especially valuable for the given epistemological interest. It offers implications for

1 The analysis of the praxis-oriented literature was conducted for a presentation at the conference «Being a parent today: Education, child-rearing and promotion of children and parenting education in western societies with increasing inequalities» (held in 2014 in Hannover). It is thus not embedded in a larger research project and thus limited in terms of its extent and its analytical depth.

an understanding of the category of "culture" and it also suggests an instructive empirical perspective. Derrida's idea of the constitutive outside, can be pointed out by Moebius' (2008: 67) statement that "the outside is constitutive of the inside," the 'we' requires the excluded 'other'.[2] For the concept of culture this means that it "is essential to each culture not to be identical to itself, that is to say to be inseparably intertwined with the other." (Moebius 2009: 151) The consequence of this is that "cultural, ethnic, or national identities" can no longer be seen as "closed unities" (ibid.). With this assumption the empirical perspective is shifted away from the "Other" as an object of analysis towards the "production and exclusion of this Other as a cultural Other" (ibidi). The focus of analytical interest is therefore on discursive practices of differentiation (Mecheril 2013; Diehm et al. 2013; Castro Varela/Dhawan 2015). Thus, my critical analysis of the praxis-oriented literature concerns the ways in which the parents with so-called immigrant backgrounds are represented. Which discursive practices of differentiation are carried out, constructing them as "Other"? And in which ways in this is the category of "culture" assigned? This focus and my reflexive and representation-critical perspective entails that I direct a selective look at the praxis-oriented literature presented here. In this sense, no objective truths are reconstructed (Jäger/Jäger 2007). Rather, it is about working out what is generally 'valid knowledge' in a certain historical-geographical contingent field and what function it has for the constitution of subjects (Jäger 2011: 91). The database consists of 14 German-language, praxis-oriented publications offering advice on working with parents with immigrant backgrounds; these are addressed to educational professionals in the spheres of pre-school and school. These include first, publications on working with parents in general, which contain a special chapter for parents with immigrant backgrounds; second, books on intercultural education that contain separate chapters on working with parents; and third, specific publications exclusively devoted to working with parents of immigrant backgrounds. In addition, I have included an article in an online early education journal.

## 2 The Views about Parents with Immigrant Backgrounds – as Seen within the Terms of the Difference Dilemma

Overall, it can be said that all 14 investigated publications have high and respectable programmatic standards. They seek to support educational professionals in their work with the parents and to impart to them a tolerant and accepting

2 Moebius (2008: 63) describes it as a "non-representable exterior (...) from which a discourse or a symbolic order must dissociate itself in order to assert its own identity. The outer, settled at the edge of the symbolic order, paradoxically determines both the possibility of constituting oneself as a unified order in contrast to the outer as well as the impossibility of these orders ever being closed."

attitude. Not the majority, but nonetheless a portion of this literature addresses itself to the current state of the scientific discussions in the field of Intercultural Education and professionalism theory. The degree of differentiation and reflection are meanwhile high. But not all of these publications succeed to the same degree in themselves honoring what they expect from the professionals in school and preschool. Although as they explicitly warn educators against stereotyping and culturalizing ideas about parents with immigrant backgrounds, in describing these parents at times the publications themselves reproduce precisely such stereotypical images – whether intentionally or not. Debates within the field of cultural studies and post-colonial theory have pointed out that an adequate representation is a challenging undertaking, if not, indeed, impossible (Broden/Mecheril 2007).

From the perspective of professionalization theory, the problem of representation can be theorized by means of the so-called difference dilemma. In many professionalization theories (Schütze 2000, Helsper 2002, Cloos 2012), various dilemmas are conceptualized as constitutive features of pedagogy. The so-called difference dilemma is thus constitutive not only for the pedagogical work in multicultural societies, but also for the representations of parents with immigrant backgrounds in the praxis-oriented literature. If we presume that difference is not some prior given phenomenon but rather is first produced in interactions or discourses, then the writing in this praxis-oriented literature about working with parents of immigrant backgrounds becomes a challenge, because writing *about* difference confirms and reproduces difference. As the gender researcher Gudrun-Axeli Knapp (2001: 43) has shown, every "differential treatment of those seen as different [entails] the danger of upholding the causes and occasions for discriminating." Thus everything described as different in the literature offering advice for working with parents of immigrant backgrounds, whether connoted positively or negatively, thus ultimately constitutes it as that, which diverges from normality.

The difference dilemma is surely not problematic in and of itself. But it's connected with the so-called equality dilemma (Knapp 2001: 43). For even if it is the case that considering difference in this publications leads to this group of parents being seen as something special, not considering difference would have a discriminatory effect. If they would not be recognized in this literature, this would imply, for example, that all parents belonged to the privileged majority society. This would fail to take account of the possibility that not necessarily all parents bring with them the same linguistic qualifications to be able to equally meet the demands placed upon not only the children but also on their parents by a monolingually oriented educational system. If the different needs of children or their parents in the educational system are ignored, then this contributes to the reproducing of inequality (cf. ibid.: 264; Diehm/Radtke 1999: 151f.). Considering the interconnection of the difference dilemma and the equality dilemma, it seems absolutely necessary that parents with immigrant backgrounds be taken into consideration in the praxis-oriented literature, even if this always goes hand in hand with constructing them as special. But therefore, it is necessary to analyze the constructions of difference in this literature and reflect upon these from some critical distance as it follows.

## 3 The Views about Parents with Immigrant Backgrounds–from the Interpretative Perspective of "Culture"

One striking commonality in almost all the publications is that they do not make reference to constructivist positions, at least not explicitly. The do not refer to the constructedness of social categories such as "culture." They thus awake the impression that "cultural" difference is something factually given. The assumption that there are people with and without immigrant backgrounds, that things such as different "cultures" simply exist, and that "other cultures" differ from "German culture" is never fundamentally questioned. "Cultural" difference is understood here as an "always already existent difference" between groups of people and precisely *not* described as a powerful social "praxis of differentiation" (Mecheril 2013: 24).

The scientific debates about the qualification of professionals in multicultural societies problematize such an understanding of "cultural" difference (Castro Varela 2013; Kalpaka 2005). Thus, this kind of positing of cultural difference reproduces the "relationship between non-foreign and foreign" by making it possible to speak within an essentializing understanding of foreignness as a social relationship: "They *are* foreign" (Mecheril 2013: 17f., herv. i. O.). Although the praxis-oriented literature principally assumes the existence of "cultural" differences, in only one of the publications are cultures explicitly opposed to each other in a binary schema.

### 3.1 The Binary Schematization of Culture

From the perspective of a culturally comparative psychology, Keller (2013: 13) distinguishes two cultural models of parental childrearing style. She describes the "cultural model" of "psychological autonomy" as the model "familiar to us and common and visible in Germany." She conceives of this as a "perspective centered on the individual/child," which in turn expresses itself in "personal independence and self-reliance" and in the "self-determination and realization of one's own wishes and needs." Less value is placed upon "social responsibility and allegiance" (ibid.). Against this template she then describes a different style of childrearing: "Many immigrants, who wander from traditional villages of the non-Western world have in their bags an entirely different cultural model. They often come from multi-generational organizations of domestic communities (extended families), had their first child in the late teenage years, have or will have many children and display a lower level of formal schooling. The values and norms of these families are frequently oriented along the lines of hierarchical bonds. (...) In order to fulfill the familial obligations allegiance is demanded of the children as the highest childrearing aim, connected to respect and respectful behavior towards one's elders. (...) It is clear that in many respects these two prototypical cultural models are diametrically opposed if not contradictory."

This text sequence allows for a reconstruction of the prototypical binary-schematic means of representing the "other," which Edward Said (1978) in his work Orientalism and Stuart Hall (1994) in his work with the telling title The West and the Rest worked out: The western world is differentiated not from the eastern one, but rather from the non-western world in a simple negation. In reference to the villages, the non-western world is described as a more traditional one. The western world appears implicitly in this as non-traditional and modern. The cultural practices and ideas of childrearing in the world marked as non-western are thus described as "entirely different" and a diametric opposition is constructed between the two. By means of such binary schematization the Other becomes the entirely Other. Edward Said, among others, has described this pattern of representation as "othering." "Othering" refers to the process by which the Other is produced by describing the self in distinction to others. "Othering describes the insight," as Fabian (1993: 337) encapsulates, "that others are not simply given" but are "made." Especially when cultural practices are differentiated from one another in such a binary way, then difference between a supposedly western "we" and an "Other" with the attribute of non-western is reproduced.

With respect to professionalization theory and immigration pedagogy, it is pointed out that for the professionalization of trained educators in multicultural societies, it is absolutely important to avoid two ideas of culture: first the idea that the "culture" controls the actions of the so-called bearers of culture in a deterministic way. This is recalled in Keller's mention of a cultural model that immigrants have "in their bags." As Mae (2003) has criticized, this view conceives of individuals as marionettes subjected to culturally specific orientations systems. Secondly, it is important to avoid an idea of culture that assumes homogenous, unchanging cultures clearly differentiable from each other. Apart from one, *all* the analyzed publications contained textual passages emphasizing that culture is by no means something homogenous. Keller, too (2013: 15), after initially having constructed a western and non-western model of childrearing as diametrically opposed to one another, performs a relativization: "In this place it is important to emphasize that immigrants are not a unified category of people, who live according to one and the same cultural model" (Keller 2013: 15).

## 3.2 Differentiations of Culture

These kinds of differentiations in describing parents with immigrant backgrounds through the interpretative perspective of "culture" can be found in a similar manner in almost all the publications. Three patterns of differentiation can be reconstructed:

(1) Differentiation through the Immigration Situation: The first differentiation is effected by reference to the fact that parents with immigrant backgrounds are not a homogenous group because they have differing immigration backgrounds: "In

general it must be pointed out that all immigrant parents had differing immigration backgrounds, as a result of which their behavior in the school can also differ" (Robbe 2009: 32). Although the group of parents with immigrant backgrounds is differentiated according to varying immigration backgrounds, the idea that various immigration backgrounds lead to different behavior remains fixed.

(2) Differentiation with Reference to Intersectionalities: A second differentiation is effected by means of pointing out the interweaving of the difference category of "culture" with the category of "class." Against the assumption "that immigrants are a homogenous group," Hansen and Hess (2012: 75), for example, argue: "The contrary is true. These groups of peoples and thus also the group of parents have a complex internal structure. People with immigrant backgrounds differ not only in terms of their national origin and thus also their cultural and religious backgrounds, but also through the social milieus in which they grew up."

Here "cultural and religious backgrounds" are assigned in a somewhat abbreviated manner to national origin, with which they by no means necessarily correspond. Through the inclusion of the class situation, however, a further differentiation is made. From the perspective of professionalization theory, this differentiation through the difference category of class takes into account a central critique of the scholarly debates about professional conduct in multicultural societies: By looking at culture alone, other socially powerful categories of difference – which are also relevant to inequality – such as gender, generation, or class, are neglected. With an overemphasis on culture it is possible to fail to notice that parents are socially positioned not only by their so-called immigrant background but also across various class situations and gender relations.

(3) Differentiation through the Familiation of Culture: In many of the praxis-oriented specialist publications the conclusion is drawn that cultures should be looked at by the professionals in an individualized manner as familial cultures and that it is absolutely essential to avoid a view based on groups. Azun (2013: 222f.), for example distances herself from "national-cultural attributions, which necessarily stereotype and establish one-sided images of people" and conceptualizes culture as a "family culture," with "each one being a unique mosaic of the habits, interpretative patterns, traditions, and perspectives of a family, also including their experiences with origins, language, disability, gender, religion, sexual orientation, social class, etc."

As can be seen from these three differentiations of culture the analyzed publications are by no means a hodgepodge of cultural stereotypes about the supposedly other. However, homogenizing, essentializing, and stereotypical images of the "culture" of others are certainly *also* constructed in them, if at the same time ideas of homogenous "cultures" are confronted with various patterns of differentiation and the explanatory power of the concept of "culture" is also critically questioned with reference to the recent academic debates. At times it is almost as if a relativizing rhetoric seems to offer a "free ticket" for a further strongly culturalizing argumentative logic. One gets the impression that first by pointing out that of course not all cases are like this and that things must be seen in a differentiated manner, it is then possible to represent specific "cultures" in a homogenizing and stereotyping way. This can be shown most impressively in the figure of the "foreign woman" (Diehm 1999). In the light of current and common anti-Muslim resentment it is not particularly surprising that the prototype of the woman represented as foreign is a Muslim and/or Turkish woman.

## 3.3 The Gendering of Culture

In this first quote "The images of gender roles of strict Muslim families are incompatible with those of German preschools." Textor (2013: 119) constructs in the interweaving of the difference categories of "culture" and "gender" an incompatibility of gender images of the Muslim families and the German prescools. The qualification "strict" can also be understood as a relativizing of this construction. He continues to argue "Some preschools – unfortunately still very few – offer language courses for immigrant women (...). These courses are often preferred by woman from strict Muslim families compared to similar offerings at the adult education centers: their husbands allow them to visit, because they know that in the preschool their wives do not come into contact with other men" (ibidi: 121). Here the Muslim women are represented as completely subordinated victims subjected to patriarchal familial relations, prevented from contact with other men by their husbands. They are represented as possessing no decision-making power of their own. Lindner (2013: 41), on the other hand, concedes in principle to Muslim women the authority to make decisions, but she constructs them as relatively unreliable negotiating partners in terms of the obligatory nature and implementation of agreed-upon arrangements: "Women from Muslim families sometimes make decisions first after speaking with their husbands or the extended family. In this case you should not be disappointed when the arrangement agreed upon is first implemented only after a certain period of time or not at all."

These representations of the Muslim or Turkish woman can be placed within a long tradition of the gendering construction of cultural difference. As developed in the post-colonial analyses of Spivak (1988), the production of difference between the West and the Rest of the world takes place preferentially by describing the gender relations and practices of the Other as patriarchal. Helma Lutz (1991) and later also Isabell Diehm (1999) have worked out that the gendered creation of "cultural difference" between German women, who are described as emancipated, and Muslim women, who are described as patriarchally oppressed, has been a leitmotif of the construction of foreignness in social pedagogy for many years. The emancipatory success of the One is described in distinction to the patriarchal repression of the Other. The construction of this difference serves to legitimize social-pedagogical intervention (Diehm 1999: 197), which aims at the "emancipation" and "modernization" of the "other" woman (ibid.: 183). In the sequences presented, Textor and Lindner construct the Muslim gender relations as patriarchal, without claiming a need for pedagogical intervention aimed at changing these gender practices. Their concern seems to be much more to accept this as a given, and to orient their pedagogical praxis towards them.

In the following sequence published by Kühne (2013) the arguments are clearly more interventionist. They come from a report of experiences by a prospective childcare worker in her final year of training, about parents with immigrant backgrounds in childcare: "Once a year the adult education center offers a continuing education course for parents and children. The mothers look forward to it the whole year. The Turkish women are even allowed to come along, because their husbands trust the director. One of the purposes of this is that the women realize that there are other things than just housework and doing laundry. It is important that the horizon of the parents – and children – be broadened, that they experience something other than their district of the city and their family situation. This is educational, because they discover possibilities that they did not know before. For the mothers the course was a truly vital experience! I mean, children and parents have to get out of this milieu as often as possible."

In this report by the prospective childcare worker the Turkish women are described in a totalizing and homogenizing way as being repressed in the gender order of their patriarchal family. They are constructed as housewives, who are here furthermore ascribed the attribute of being limited to the wealth of experience of their reproductive task. Expanding their supposedly limited horizons is understood here as a pedagogical task, which should be discharged by getting them out of their limited milieu as often as possible. As a report of experiences, this sequence represents a particular kind of text. Drawing from Fechter and Rose (2013), the practice of pointing to experiences made with the Other in speaking about the supposedly Other can be seen as a discursive strategy with which the construction of difference can be given a special authenticity, credibility, and legitimacy.

The gendered construction of culture can also be found in the literature particularly when cooperation between educational professionals and parents with immigrant backgrounds is described as problematic.

## 3.4 The Problematizing of Culture

In a few cases the collaboration between parents with an immigrant background is described as a "balancing act between various cultures" (Textor 2013: 119) or a "special challenge" (Robbe 2009: 8). All in all, the analyzed literature does not exhibit the "scandalization of the intercultural situation," a phrase with which Mecheril (2013: 20) criticizes the very common view that the contact between the two cultures necessarily causes conflicts. Even when conflicts are described they are seen more as an exception. Problems mentioned are conflicts *with* parents with immigrant backgrounds and the difficult accessibility or insufficient participation *by* parents with immigrant backgrounds.

(1) When conflicts are described the reasons sometimes given for them are differing ideas of childrearing, which are more or less differentially ascribed

to the familial culture or even nationally coded culture of origin in general. The professionals were suggested in all the publications to accept differing ideas and to enter into a "process of harmonization, understanding, and negotiation," as formulated for example by Azun (2013: 237). In addition, advices to rigorously reject specific demands can be found, such as for example in Knisel-Scheuring (2002): "Should parents place unacceptable demands, clearly draw attention to the limits of the facility. Sensitivity in dealing with a different culture does not mean unlimited tolerance." It is not only the anticipated demands by Muslim families for the "gender-specific childrearing" of their children that is cited as a reason for conflict, as, for example, Textor (2013: 119) points out. In individual cases a gendered problem of Islamic or Turkish fathers not accepting female childcare workers is also cited. In a manual for intercultural work by Oberhuemer (2010: 55) a checklist offers the following possibility: "I am not accepted as a professional woman/person of authority by individual Turkish fathers; this irritates me." And Dusolt (2008: 132) states: "A different understanding of gender roles makes it difficult especially for men from Islamic cultural groups to recognize a woman as an equal partner in dialogue."

(2) That parents with immigrant backgrounds are particularly inaccessible is a common description in the literature. This is interpreted predominantly as a lack of knowledge about the German educational system. So, for example, in Lindner (2013: 40): "So you must expect that [many families from other cultural groups] (...) are not familiar with the institution of the daycare center and its tasks or do not know the German educational system and thus have mistaken expectations or reservations" (Lindner 2013: 40). Dusolt (2008: 31) and Textor (2013) point out that the German educational system might possibly frighten the parents or that the childcare workers might be seen as representatives of a controlling state. Even if it can be noted of the publications that they do exhibit an aspiration for promoting an understanding of parents with immigrant backgrounds by professionals, the problem of poor accessibility is attributed ultimately to the parents themselves. Azun (2013) differs in this when she problematizes the educational strategies of the majority German Middle Class, who assert their interests in a dominant manner in preschool.

## 3.5 The De-Thematizing of Structure

Dusolt (2008: 129) introduces with the following fictive case story in his chapter on parents with immigrant backgrounds. Here a phenomenon can be reconstructed that is symptomatic of a culturalizing manner of representation.

> "Mr. T. from Anatolia has been working in Germany for 15 years and six years ago had his wife and the children brought there as well. (...) Both children, the 14-year-old Mustafa and the 9-year-old Sibel, speak Turkish with the family, and German elsewhere. Although they have difficulties in school and feel disadvantaged in

> comparison to the German children, they cannot imagine returning to Turkey. Sibel feels especially disadvantaged: Whereas her brother enjoys a great deal of freedom and is largely absolved from familial responsibilities, her parents demand from her that she already takes on specific household tasks independently. Mr. and Mrs. T. fear that their daughter could become just as 'spoiled' as the German girls; for this reason they try to avoid contact with German children outside of school and keep her at home. Sibel has to experience that for her many things which are natural for her German schoolmates are taboo" (Dusolt 2008: 129).

In this stereotyped case story, the gender practices of the "Turkish" family are construed as patriarchal. They are described in distinction to the gender practices that appear to prevail in the families of Sibel's German schoolmates. In this, a common pattern is expressed, what Kalpaka (2005: 396) describes as "speaking about culture and remaining silent about structure." Here more is said about the "culture" of the "Others" than about their potential at least to be affected by marginalization, discrimination and racism. In this way structures of social inequality tend to be concealed. This is apparently a common pattern especially for strategies of professionalization that refer to the concept of intercultural competence. Dusolt initially postulates a feeling of being disadvantaged on the part of both children; what this is based upon, is not mentioned. As the reason for the *special* disadvantage of Sibel, he then cites the patriarchal gender practices of the culture, characterized as Turkish. The disadvantage is thus located more in the cultural practices of the family and less in the social structures. That Dusolt later also speaks of discrimination experienced by families with immigration backgrounds only insignificantly weakens this overemphasizing of "culture" and remaining silent about "structure." The publication of Azun (2013) – who places relations of dominance and structures of disadvantage in the society and in the organization of preschool at the center of her considerations – are cited as a contrast to this.

## 4 In Conclusion: Does Increased Knowledge Cause Greater Understanding?

Which suggestions are made in the analyzed literature for the professionalization of the professional educators? The necessity of reflecting on one's own stereotypes and prejudices and the questioning of one's own norms and values is primarily emphasized (Ulich, 2010). A different point is much more controversial discussed in the scientific debates about the professionalization of educators in multicultural societies. This is the question of whether professionals should acquire knowledge about the supposedly other cultures. This is connected to the assumption that the acquisition of knowledge about the "Other" leads to a better understanding of the "Other" (Gültekin 2005: 370). This is occasionally recommended in the publications. As an example, Lindner (2013: 41) recommends to the childcare worker: "Inform yourself and your team about the special cultural features of other cultures and observe the reactions of your discussion partner before jumping to overly hasty conclusions!"

The imparting of this kind of knowledge is strongly criticized by Kalpaka and Mecheril (2010: 83) among others. It necessarily reduces the complex plurality of living situations in the immigrant societies and subsumes individual styles of life under collective affiliations. This could be counterproductive for a differentiated perception of the "concrete subjects." (Kalpaka 2005: 396). This kind of critical position can be found as well in the publications, for example in Hansen and Hess (2012) and Azun (2013). When the publications do suggest acquiring knowledge about the others, then they always also point out that this alone is not sufficient. So, for example, by Soltendiek (2010: 38): "Of course basic information about culture, about customs and traditions as well as the religion of a people is important and helpful (cf. chapter 9), in order to better understand and classify the mindset and behavior of children and parents with immigrant backgrounds. But this information alone is not sufficient (...)." As a rule, the case is made that it is important to analyze the family's concrete living situation, as for example with Schlösser (2012) and Textor (2013: 116).

In conclusion, the result that can be noted from this analysis of these 14 praxis-oriented advice publications is that they represent the broadness of the discourse within immigrant education since the 1980s. Besides culturalizing features of interpretation, which were characteristic of the objectives of education for foreigners ('Ausländerpädagogik') and of intercultural pedagogy ('Interkulturelle Pädagogik'), structural-critical accents, which can more easily be classified within the pedagogy of migration ('Migrationspädagogik'), can also be found somewhat less frequently. Often the two patterns of discourse are interwoven in a somewhat undifferentiated manner. Assuming that writing first creates what it denotes, it is important to reflect upon the side-effects of well-meant writings in praxis-oriented specialist literature. Even within the circumstance of the dilemma that taking difference into consideration also reproduces difference, *the way* in which parents with immigrant backgrounds are represented still lies in the hands of the authors.

## Literature

Austin, J. L. (1972): Zur Theorie der Sprechakte. (How to do things with words). Stuttgart.

Azun, S. (2013): Zusammenarbeit mit Eltern: Respekt für jedes Kind – Respekt für jede Familie. In: Wagner, P. (Hg.): Handbuch Inklusion. Grundlagen vorurteilsbewusster Bildung und Erziehung. Freiburg, Basel, Wien: 222–241.

Betz, T./de Moll, F./Bischoff, S. (2013): Gute Eltern – schlechte Eltern. Politische Konstruktionen von Elternschaft. In: Lena/Lepperhoff, J. (Hg.): Frühe Bildung in der Familie. Perspektiven der Familienbildung. Weinheim: 69–80.

Betz, T./Bischoff, S./Eunicke, N./Kayser, L. B./Zink, K. (2017): Partner auf Augenhöhe? Forschungsbefunde zur Zusammenarbeit von Familien, Kitas und Schulen mit Blick auf Bildungschancen. Gütersloh.

Betz, T./Bischoff, S. (2017): Heterogenität als Herausforderung oder Belastung? Zur Konstruktion von Differenz von frühpädagogischen Fachkräften in Kindertageseinrichtungen. In: Stenger, U./Edelmann, D./Nolte, D./Schulz, M. (Hg.): Diversität in der Pädagogik der frühen Kindheit. Im Spannungsfeld zwischen Konstruktion und Normativität. Weinheim: 101–118.

Bischoff, S./Betz, T. (2016): Wahrnehmung von und Umgang mit Heterogenität. Handlungsorientierungen von Grundschullehrkräften als Professionalisierung sgegenstand. In: Liebers, K./Landwehr, B./Reinhold, S./Riegler, S./Schmidt, R. (Hg.): Facetten grundschulpädagogischer und -didaktischer Forschung. Wiesbaden: 87–92.

Broden, A./Mecheril, P. (2007): Migrationsgesellschaftliche Re-Präsentationen. Eine Einführung. In: Dies. (Hg.): Re-Präsentationen. Dynamiken der Migrationsgesellschaft. Düsseldorf: 7–28.

Castro Varela, M. do Mar (2013): Interkulturelle Kompetenz – Ein Diskurs in der Krise. In: Auernheimer, G. (Hg.): Interkulturelle Kompetenz und pädagogische Professiona-lität. Wiesbaden: 35–48.

Castro Varela, M./Dhawan, N. (2015). Postkoloniale Theorie. Eine kritische Einführung. Bielefeld.

Cloos, P. (2012): Professionsforschung und erziehungswissenschaftliches Denken und Handeln. Zu den Chancen feldtheoretischer Zugänge. In: Ackermann, F./Ley, T./Machold, C./Schrödter, M. (Hg.): Qualitatives Forschen in der Erziehungswissenschaft. Wiesbaden: VS Verlag für Sozialwissenschaften: 177–195.

Cloos, P./Karner, B. (2010). Elternarbeit oder Erziehungspartnerschaft? Zum Programm eines veränderten Elternbildes. In: Dies. (Hg.): Erziehung und Bildung von Kindern als gemeinsames Projekt. Zum Verhältnis familialer Erziehung und öffentlicher Kinderbetreuung. Baltmannsweiler: 169–189.

Derrida, J. (2009): Positionen. Gespräche mit Henri Ronse, Julia Kristeva, Jean-Louis Houdebine, Guy Scarpetta. Herausgegeben von Engelmann, Peter. Wien.

Diehm, I. (1999): Pädagogische Ent-Fremdung. Die Verdichtung von Differenz in der Figur »fremder« Frauen und Mädchen. In: Rendtorff, B./Moser, V. (Hg.): Geschlecht und Geschlechterverhältnisse in der Erziehungswissenschaft. Eine Einführung. Opladen: 181–199.

Diehm, I. (2012): (Frühe) Förderung – Eine schillernde Semantik der Pädagogik. In: Aubry, C./Geiss, M./Magyar-Haas, V./Miller, D. (Hg.): Positionierungen. Zum Verhältnis von Wissenschaft, Pädagogik und Politik. Weinheim: 50–65.

Diehm, I./Radtke, F.-O. (1999): Erziehung und Migration. Eine Einführung. Stuttgart.

Diehm, I./Kuhn, M./Machold, C./Mai, M. (2013): Ethnische Differenz und Ungleichheit? Eine ethnographische Studie in Bildungseinrichtungen der frühen Kindheit. Zeitschrift für Pädagogik (ZfPäd) 59(5): 644–655.

Dusolt, H. (2008): Elternarbeit als Erziehungspartnerschaft. Ein Leitfaden für den Vor- und Grundschulbereich. Weinheim.

Fabian, J. (1993): Präsenz und Repräsentation. Die Anderen und das anthropologische Schreiben. In: Berg, E./Fuchs, M. (Hg.) (1993): Kultur, soziale Praxis, Text: Die Krise der ethnographischen Repräsentation. Frankfurt a.M.: 335–364.

Fechter, S./Rose, N. (2013): Herstellung von Legitimität. Zum Rekurs auf Erfahrung in der Lehre. In: Mecheril, P./Arens, S./Fegter, S./Hoffarth, B./Klingler, B./Machold, C./Menz, M./Plösser, M./Rose, N.: Differenz unter Bedingungen von Differenz. Zu Spannungsverhältnissen universitärer Lehre. Wiesbaden: 71–86.

Gültekin, N. (2005): Interkulturelle Kompetenz: Kompetenter professioneller Umgang mit sozialer und kultureller Vielfalt. In: Leiprecht, R./Kerber, A. (Hg.): Schule in der Einwanderungsgesellschaft. Ein Handbuch. Schwalbach, Ts.: 367–386.

Hansen, D./Hess, S. (2012): Eltern mit Migrationshintergrund. In: Hess, S. (Hg.): Grundwissen Zusammenarbeit mit Eltern in Kindertageseinrichtungen und Familienzentren. Berlin: 74–83.

Hall, S. (1994): Der Westen und der Rest: Diskurs und Macht. In: Ders.: Rassismus und kulturelle Identität. Ausgewählte Schriften 2, Hamburg: 137–179.

Helsper, W. (2002): Lehrerprofessionalität als antinomische Handlungsstruktur. In: Kraul, M. (Hg.): Biographie und Profession. Bad Heilbrunn: 64–102.

Jäger, S. (2011): Diskurs und Wissen. Theoretische und methodische Aspekte einer kritischen Diskurs- und Dispositivanalyse. In: Keller, R./Hirseland, A./Schneider, W./Viehöver, W. (Hg.): Handbuch sozialwissenschaftliche Diskursanalyse. Wiesbaden: 91–124.

Jäger, M./Jäger, S. (2007): Deutungskämpfe. Theorien und Praxis kritischer Diskursanalyse. Wiesbaden.

Kalpaka, A. (2005): Pädagogische Professionalität in der Kulturalisierungsfalle – Über den Umgang mit ‚Kultur' in Verhältnissen von Differenz und Dominanz. In: Leiprecht, R./Kerber, A. (Hg.): Schule in der Einwanderungsgesellschaft. Ein Handbuch. Schwalbach, Ts.: 387–405.

Kalpaka, A./Mecheril, P. (2010): »Interkulturell«. Von spezifisch kulturalistischen Ansätzen zu allgemein reflexiven Perspektiven. In: Mecheril, P./Castro Varela, M. do Mar/Dirim, İ./Kalpaka, A./Melter, C. (Hg.): Migrationspädagogik. Weinheim: 77–98.

Keller, H. (2013): Kulturelle Modelle und ihre Bedeutung für die frühkindliche Bildung. In: Dies. (Hg.): Interkulturelle Praxis in der Kita. Freiburg, Basel, Wien: 11–23.

Kimmerle, H. (2000): Jacques Derrida zur Einführung. Hamburg: Junius.

Knapp, G.-A. (2001): Dezentriert und viel riskiert. Anmerkungen zur These vom Bedeutungsverlust der Kategorie Geschlecht. In: Dies./Wetterer, A. (Hg.): Soziale Verortung der Geschlechter: Gesellschaftstheoretische und feministische Kritik. Münster: 15–62.

Knisel-Scheuring, G. (2002): Interkulturelle Elterngespräche. Gesprächshilfen für Erzieherinnen in Kindergarten und Hort. Lahr.

Kühne, N.: „Wenn man etwas erreichen will, muss man die Kinder lieben". Von der schwierigen Arbeit mit Migrantenkindern. In: Textor, M./Bostelmann, A. (Hg.): Das Kita-Handbuch [http://www.kindergartenpaedagogik.de/1199.html, Zugriff am 09.08.2018].

Kuhn, M. (2018): Zwischen Einschluss und Ausschluss. Diskursive Erzeugungen der anderen Eltern in der schweizerischen Kindertagesbetreuung. In: Thon, Ch./Menz, M./Mai, M./Abdessadok, L. (Hg.). Kindheiten zwischen Familie und Kindertagesstätte. Differenzdiskurse und Positionierungen von Eltern und pädagogischen Fachkräften. Wiesbaden: 75–91.

Lindner, U. (2013): Verstehen Sie mich? Wenn Eltern eine andere Sprache sprechen. In: Dies.: Klare Worte finden. Elterngespräche in der Kita. Mühlheim: 38–41.

Lutz, H. (1991): Welten verbinden. Türkische Sozialarbeiterinnen in den Niederlanden und in der Bundesrepublik Deutschland. Frankfurt a.M.

Mader, M./Mierendorff, J. (2017): Abschied von sozialer Diversität? Hochpreisige Einrichtungen im Elementarbereich. In: Stenger, U./Edelmann, D./Nolte, D./Schulz, M. (Hg.): Diversität in der Pädagogik der frühen Kindheit. Im Spannungsfeld zwischen Konstruktion und Normativität. Weinheim: 85–100.

Mae, M. (2003): Transkulturalität und interkulturelle Kompetenz. In: Erwägen, Wissen, Ethik (EWE), 14. Jg., 1: 194–196.

Mecheril, P. (2013): „Kompetenzlosigkeitskompetenz". Pädagogisches Handeln unter Einwanderungsbedingungen. In: Auernheimer, G. (Hg.): Interkulturelle Kompetenz und pädagogische Professionalität. Wiesbaden: 15–35.

Moebius, S. (2008): Handlung und Praxis: Konturen einer poststrukturalistischen Praxistheorie. In: Ders./Reckwitz, A. (Hg.): Poststrukturalistische Sozialwissenschaften. Frankfurt a.M.: 58–74.

Moebius, S. (2009): Kultur. Bielefeld.

Oberhuemer, P. (2010): Über Praxis nachdenken, Praxis verändern. Ein Leitfaden für die interkulturelle Arbeit in Kindertageseinrichtungen. In: Ulich, M./Dies./Soltendieck, M. (Hg.): Die Welt trifft sich im Kindergarten. Interkulturelle Arbeit und Sprachförderung in Kindertageseinrichtungen. Berlin: 54–59.

Plößer, M. (2010): Differenz performativ gedacht. Dekonstruktive Perspektiven auf und für den Umgang mit Differenzen. In: Kessl, F./Dies. (Hg.): Differenzierung, Normalisierung, Andersheit. Soziale Arbeit als Arbeit mit Anderen. Wiesbaden: 218–232.

Robbe, I. (2009): Interkulturelle Elternarbeit in der Grundschule. Oldenburg.

Said, E. (1978/2009): Orientalism. New York.

Schlösser, E. (2012): Zusammenarbeit mit Eltern interkulturell. Informationen und Methoden zur Kooperation mit deutschen und zugewanderten Eltern in Kindergarten, Grundschule und Familienbildung. Münster.

Schütze, F. (2000): Schwierigkeiten bei der Arbeit und Paradoxien des professionellen Handelns. Ein grundlagentheoretischer Aufriss. In: Zeitschrift für qualitative Bildungs-, Beratungs- und Sozialforschung. 1. Jg., 1: 49–96.

Spivak, G. C. (1988/2008): Can the Subaltern speak? Postkolonialität und subalterne Artikulation. Mit einer Einleitung von Hito Steyerl. Wien

Soltendieck, M. (2010): Kommunikation und Zusammenarbeit mit Familien aus verschiedenen Kulturen. In: Ulich, M./Oberhuemer, P./Dies. (Hg.): Die Welt trifft sich im Kindergarten. Interkulturelle Arbeit und Sprachförderung in Kindertageseinrichtungen. Berlin: 37–43.

Textor, M. R. (2013): Elternarbeit im Kindergarten. Ziele, Formen, Methoden. Norderstedt

Ulich, M. (2010): Was mache ich mir für ein Bild? Erfahrungen und Stereotypen im Umgang mit anderen Kulturen. In: Dies./Oberhuemer, P./Soltendieck, M. (Hg.): Die Welt trifft sich im Kindergarten. Interkulturelle Arbeit und Sprachförderung in Kindertageseinrichtungen. Berlin: 45–48.

Wesseln-Borgelt, G. (2013): Zusammenarbeit mit Eltern. In: Keller, H. (Hg.): Interkulturelle Praxis in der Kita. Freiburg, Basel, Wien: 123–133.

Anja Kraus

# Bildungsziele und die Lehrer*innenbildung in Schweden

**Abstract:** In this article, traditional cultural values are discussed in order to explain educational goals and aspects of practical teacher education in Sweden. In a critical examination of the concept of heterogeneity also a suggestion is made as to how the structural and functional logic of institutionalized and organized learning can be analyzed. The investigation refers to an International and Intercultural Comparative Educational Science approach and applies the perspective of Pedagogical Anthropology (Anderson-Levitt 2012).

**Zusammenfassung:** In diesem Beitrag werden tradierte kulturelle Werte behandelt, anhand derer Bildungsziele wie auch Aspekte der praktischen Lehrer*innenbildung in Schweden auseinandergelegt werden. Zugleich wird in einer kritischen Auseinandersetzung mit dem Heterogenitätskonzept ein Vorschlag gemacht, wie angelehnt an die International und Interkulturell Vergleichende Erziehungswissenschaft und mit der Perspektive der Pädagogischen Anthropologie die Struktur- und Funktionslogik institutionalisierten und organisierten Lernens analysiert werden kann (Anderson-Levitt 2012).

**Keywords:** Traditional cultural values, teacher education in Sweden, concept of heterogeneity, Pedagogical Anthropology

Dem Thema dieses Beitrags werde ich mich zunächst über einen vermeintlichen Umweg, nämlich anhand der Frage der Gleichbehandlung der Verschiedenen (Stichworte: Heterogenität und Gleichheit vor dem Gesetz) im Kontext praktischer Pädagogik nähern. Dies ermöglicht es mir, ein grundsätzliches und schwieriges forschungsmethodisches Problem zu umgehen: Der Fokus auf ein bestimmtes Land kann sich potentiell auf unendlich viele Variablen und verschiedene Strukturebenen beziehen, durch die ein Thema – hier die Bildungsziele und die Lehrer*innenbildung – näher bestimmt ist. Dieses Problem wird in diesem Beitrag nicht behandelt. Mit der Perspektive der Pädagogischen Anthropologie wird davon ausgegangen, dass sich in praktischen Erziehungs- und Bildungsverhältnissen explizite und implizite Menschenbilder zeigen. Das Augenmerk liegt darauf, dass ein Menschenbild divers lanciert wird und nationale Einheiten, Länder, sich in dieser Beziehung voneinander unterscheiden.

Die praktische Arbeit mit Kindern mit diversen Differenzmerkmalen ist in Deutschland heute vom Heterogenitätsdiskurs bestimmt (vgl. Prengel 2013). In Schweden steht jämlikhet (Gleichheit vor dem Gesetz) im Vordergrund, womit, so wird im Folgenden argumentiert, eine etwas andere Perspektive auf dieselbe Sache eingenommen wird. Dem Heterogenitätsdiskurs liegt eine Erweiterung des Kulturbegriffs und ein normativer pädagogischer und psychologischer Reflexionstyp zugrunde (vgl. Scheunpflug et al. 2006): Die beobachtbare zunehmende kulturelle Ausdifferenzierung in Hoch- und Subkulturen, Mehrheits- und Minderheitskulturen innerhalb einer Gesellschaft (vgl. Apparudai 1990) auf der einen Seite, und die Globalisierung der Weltgesellschaft (vgl. Beck 1997; Luhmann 1997) auf der anderen lassen das Konzept abgeschlossener, distinkter Kulturen fragwürdig erscheinen. Transkulturalität (vgl. Welsch 1988; 1995), hybride Kulturbegriffe und die Individualisierung kultureller Ausdrucksformen treten im erweiterten Kulturbegriff an die Stelle der Vorstellung der Kulturleistung(en) einer bestimmten Gesellschaft. In der pädagogischen Praxis wird mit der Vorstellung der Verschiedenheit der Menschen, ohne sie einander unterzuordnen, die Gleichheit aller Menschen vor dem Gesetz (also jämlikhet), herausgestellt. Generell wird die Aufgabe pädagogischer und didaktischer Binnendifferenzierung wie auch die einer Äußeren Differenzierung daraus abgeleitet. Dorit Horn (2012) gibt einen Überblick zur begriffsgeschichtlichen Rekonstruktion des Heterogenitätskonzepts seit der Antike im deutschsprachigen Raum. Das schwedische Pendant, jämlikhet, hat seine Wurzeln in einem spezifisch skandinavischen sozialethischen Diskurs, auf den unten näher eingegangen wird.

In den letzten Jahren Kritik am Heterogenitätsdiskurs aufgekommen; was zunächst ethisch-normativ durchaus nachvollziehbar erscheinen mag, ist wissenschaftlich-systematisch nicht unproblematisch. Die vorrangige Referenz auf die Einzigartigkeit der Subjekte als Kulturträger*innen und Weltbürger*innen, so zeigen es Matthias Trautmann & Beate Wischer 2013, führt nämlich dazu, dass der Heterogenitätsbegriff überkomplex aufgeladen und gleichzeitig entleert wird; kurz, es bleibt letztlich offen, welche pädagogisch relevanten Unterschiede mit Heterogenität genau gemeint sind. Der normative Heterogenitätsbegriff begünstigt nicht nur professionstheoretisch verkürzte normativ-pädagogische Leitbilder. Indem auch die genauen Zuschreibungspraktiken der Heterogenität in diesem Konzept intransparent bleiben, kann eine Kritik an ihnen nicht begründet werden. Nicht zuletzt wird mit der individualisierenden Perspektive die jeweilige Struktur- und Funktionslogik institutionalisierten Lernens nicht mitbedacht. Die Schule ist aber ein integraler Part einer Gesellschaft und sie reproduziert – wohlgemerkt im Idealfall auch kritisch – deren Werte.

Zwei Forschungsansätze können die im Heterogenitätsdiskurs ausgeblendeten Aspekte beleuchten: Erstens ermöglicht es der transkulturelle Ansatz, das besondere Wissen zu beforschen, das eine Person, die einer gesellschaftlichen Minorität angehört, über eine Majoritätskultur hat. Zweitens kann die Struktur- und Funktionslogik organisierten und institutionalisierten Lernens mit einer auf eine Nation begrenzten Perspektive beforscht werden. Ich werde mich in meinem Vortrag auf den letztgenannten Ansatz konzentrieren.

Die ihm entsprechende wissenschaftliche Disziplin ist die International und Interkulturell Vergleichende Erziehungswissenschaft. In Schweden arbeitet man an diversen Universitäten (z.B. in Uppsala, Lund und Växjö/Kalmar) zu diesem Schwerpunkt. Im Nachkriegsdeutschland war zeitweise die erziehungswissenschaftliche Subdisziplin International und Interkulturell Vergleichende Erziehungswissenschaft ausgebaut worden; sie wurde aber seit der Jahrtausendwende parallel mit der Zunahme der Bedeutung der im großen Stil finanzierten und groß angelegten, komparativen Schulleistungsstudien (PISA, TIMSS etc.) zurückgefahren. Heute ist dieser Forschungsbereich in Deutschland eher schwach besetzt. Neben den Professuren in Berlin, Bochum, Dresden, Hamburg, Leipzig, Magdeburg und Tübingen finden sich kaum noch entsprechende Lehrstühle. In Deutschland liegt es nun an den einzelnen Hochschullehrer*innen, sich aus eigener Initiative mit organisierten und institutionalisierten Bildungsprozessen im Ländervergleich zu befassen.

Die International und Interkulturell Vergleichende Erziehungswissenschaft erachtet organisierte und institutionalisierte Bildungsprozesse prinzipiell für in spezifische und komplizierte historische, politische, soziale und materielle Bedingungsgefüge eingelassen. In einem solchen Gefüge entwickeln sie eigene Dynamiken und eine eigene Logik.

Selbstredend muss diese Forschungsrichtung mit den 194 Ländern der Erde ein sehr, sehr großes Feld abdecken. Allein in den Mitgliedsstaaten Europas unterscheiden sich die Schule und Schulsysteme in eklatanter Weise, und die Unterschiede sind kaum bekannt. Mindestens in Bezug auf Qualifikationen zeigt sich die Erfordernis International und Interkulturell Vergleichender Erziehungswissenschaft. Bspw. werden in den europäischen Partnerländern nicht nur viele Schul- und Studienabschlüsse nicht anerkannt, die Abschlüsse sind auch unterschiedlich geschneidert.

In Schweden heißt die Studierbefähigung ‚studenten' und wird meist fachbezogen und von viel mehr Jugendlichen eines Jahrgangs als in Deutschland erworben: *63,7 Personen absolvieren dort ‚studenten' gegenüber 38,6 Prozent Abiturienten in Deutschland.* Das dreijährige, auf Berufe und die Hochschule vorbereitende Gymnasium ist für alle gedacht und in verschiedene, teilweise berufsvorbereitende Programme aufgefächert. In vielen Programmen kann man sein Abitur auch in englischer Sprache ablegen. Die Bildungspläne haben andere Schwerpunkte als in Deutschland, z.B. gibt es andere verbindliche Unterrichtsfächer wie Technik und Sportwissenschaft schon in der Grundschule. *Viele Ausbildungen, die in Deutschland als Fachstudium absolviert werden, liegen in Schweden auf Universitätsniveau (Polizei, Pflege etc.). In Schweden ist die wissenschaftliche Fundierung von Wissen zwar Programm, aber in den Schul-, und an der Uni Lehrbüchern findet sich weniger Fachsprache als in Deutschland, zugleich wird weniger Originalliteratur (Belletristik, Quellen etc.) gelesen. Die Unterrichtssprache soll primär integrativ und daher einfach sein.*

*Wie lassen sich solche und andere Unterschiede* organisierten und institutionalisierten Lernens *in Hinblick auf ihre* Struktur- und Funktionslogik *unter dem Gesichtspunkt der dabei verfolgten* Bildungsziele *erklären?*

Zunächst ist wichtig zu wissen, dass der schwedische Bildungsplan die Vermittlung gewisser (schwedischer) Werte (värdegrundsarbete, Werteerziehung) mit dem schulischen Wissenserwerb verknüpft. Der Werteerziehung wird in der Pflichtschulzeit (Vorschule bis Klasse 9) erziehungstheoretisch und -praktisch sehr viel Aufmerksamkeit geschenkt; dies schließt nicht zuletzt die kollegiale Arbeit an entsprechenden Handlungsplänen (handlingsplaner) ein, also gemeinsam beschlossene Aktivitäten auf operativer Ebene, die zur Umsetzung bestimmter sozialer Ziele führen sollen. Während die Bildungs-, Erziehungs- und Rahmenpläne in Deutschland in der Regel mit namentlich verantworteten, schultragenden Visionen und deren Begründung eingeleitet werden, mutet die in den schwedischen Schulcurricula (läroplan) dargelegte Aufgabe der Werteerziehung an wie der Text des Deutschen Grundgesetzes; – ich zitiere das geltende Schwedische Curriculum Lgr 11 für Grundschule, Vorschule und Hort aus dem Jahr 2011 (eigene Übersetzung):

> „Das Schulsystem beruht auf Demokratie. Nach dem Schulgesetz (2010: 800) zielt die Schulbildung darauf ab, dass die Schüler*innen Wissen und Werte erwerben und entwickeln. Gefördert werden sollen die Entwicklung und das Lernen aller Schüler*innen und ihr lebenslanger Lernwille. Die Schulbildung soll die Achtung der Menschenrechte und der grundlegenden demokratischen Werte vermitteln und verankern, auf denen die schwedische Gesellschaft beruht. Alle, die in der Schule arbeiten, sollen den Respekt für das Selbstwertgefühl jedes Einzelnen und den Respekt für unsere gemeinsame Umwelt fördern.
> Die Unverletzlichkeit des menschlichen Lebens, die Freiheit und Integrität des Einzelnen, der gleiche Wert aller Menschen, die Gleichheit von Frauen und Männern und die Solidarität zwischen den Menschen sind die Werte, die die Schule gestalten und vermitteln muss. In Übereinstimmung mit der von der christlichen Tradition und dem westlichen Humanismus verwalteten Ethik wird dies durch die Erziehung zu Gerechtigkeit, Großzügigkeit, Toleranz und Verantwortung erreicht. Unterricht in der Schule sollte nicht konfessionell sein. Die Schule hat die Aufgabe, jeden einzelnen Schüler seinen [oder jede einzelne Schülerin] ihren eigenen Charakter finden zu lassen, um am gesellschaftlichen Leben teilnehmen zu können, indem er/sie in verantwortungsvoller Freiheit sein/ihr Bestes gibt."

Schwedens Grundgesetz indes enthält die Regelung der Regierungsform aus dem Jahr 1974, die Thronfolgeordnung aus dem Jahr 1810, die Presse- und Druckfreiheitsverordnung aus dem Jahr 1949 und die Verordnung über die Freie Meinungsäußerung aus dem Jahr 1991. In Bezug auf die Menschenrechte schließt sich Schweden an die Maßgaben der Vereinten Nationen an. Ansonsten folgt die Grundstruktur des schwedischen Schulsystems der Signatur der auch heute noch von allen, auch von den konservativen schwedischen Parteien getragenen nationalen Sozialreformen der 1930er Jahre, die das jämlikhetsprincip enthalten. Ich zitiere dazu Per Albin Hanssons (Schwedens sozialistischer Staatsminister, i.e. Kanzler, 1932–1946) maßgebliche und entsprechend berühmte Ansprache im Schwedischen Reichstag am 18. Januar 1928:

> "[...] das uns allen gemeinsame Zuhause, das Volksheim, das Mitbürgerheim [folkhem] [...] In der Zeit der Oligarchie haben die Machthaber sich dieses Bildes bedient, um die Massen mit dem Gefühl der Pflicht gegenüber dem Allgemeinen zu imprägnieren, sie sind schuldig, Schwierigkeiten auf sich zu nehmen und Opfer zu bringen. Auch im Verständnis der Gesellschaft als Zuhause kommt am ehesten das Pflichtgefühl zum

> Tragen. [...] In puncto Zuhause entscheidet man sich primär für Gemeinsamkeit und für das Zusammengehörigkeitsgefühl. Ein gutes Zuhause kennt keine Privilegierten oder Zurückgesetzten, keine Hätschel- oder Stiefkinder. Niemand schaut auf den anderen herunter. Niemand versucht sich einen Vorteil zu Ungunsten eines anderen zu verschaffen; der Starke drückt andere nicht runter und nutzt nicht die Schwachen aus; im guten Heim herrscht Gleichheit, Umsicht, Zusammenarbeit, Hilfsbereitschaft. Auf das erweiterte Volks- und Mitbürgerheim [folkhem] übertragen sollte dies bedeuten, die sozialen und ökonomischen Schranken niederzureißen, die derzeit die Privilegierten von den Zurückgesetzten, die Herrschenden von den Abhängigen, die Diebe von den Bestohlenen unterscheiden. [...] Es geht hier gewiss um formelle Gleichheit, eine Gleichheit vor dem Gesetz. [...] Klassenunterschiede müssen abgeschafft, die soziale Fürsorge ausgebaut, eine ökonomische Gleichstellung muss erfolgen, die Arbeitenden sollen Mitsprache in der ökonomischen Verteilung bekommen, es soll Demokratie herrschen, sozial wie ökonomisch." (Hansson 1933)

Schweden versteht sich also als eine kleine Nation, die wie eine Großfamilie und gemeinsames Zuhause zusammenarbeitet mit gemeinsamem sozialen, also z.B. pädagogischem Engagement. In Schweden gilt die Schule dementsprechend auch als ein Ort der Pflege der Volksgesundheit und ist somit in das breite Netz sozialer Dienste integriert. Leistungsbezogener Wettbewerb (Leistungswille, -profile und -abstufungen) gehört nicht zum folkhem-Gedanken. – In dieser Beziehung greift auch das Gesetz von Jante aus Aksel Sandemoses Roman von 1933 als der im skandinavischen Kulturraum weithin bekannte und geltende Kodex sozialer Spielregeln:

> „Dies ist das Gesetz von Jante
>
> 1. Du sollst nicht glauben, dass du etwas Besonderes bist.
> 2. Du sollst nicht glauben, dass du uns ebenbürtig bist.
> 3. Du sollst nicht glauben, dass du klüger bist als wir.
> 4. Du sollst dir nicht einbilden, dass du besser bist als wir.
> 5. Du sollst nicht glauben, dass du mehr weißt als wir.
> 6. Du sollst nicht glauben, dass du mehr wert bist als wir.
> 7. Du sollst nicht glauben, dass du zu etwas taugst.
> 8. Du sollst nicht über uns lachen.
> 9. Du sollst nicht glauben, dass sich irgendjemand um dich kümmert.
>
> Du sollst nicht glauben, dass du uns etwas beibringen kannst." (Sandemose 1966 [1933], S. 9)

Das stark integrative Gesellschaftskonzept Schwedens führt nicht zuletzt dazu, dass auch ein erweiterter Wissensbegriff tradiert wird. Gustavsson (2002) fächert Schulwissen (schwed. kunskap; kunnig: erfahren) prominent auf in Wissen im Verhältnis zu Information, Macht, Ethik, Demokratie, als Prozess und Resultat, als Triebkraft und als Alltagswissen: Neben einer Referenz auf wissenschaftliches Wissen wird theoretisches und praktisches Wissen unter den Gesichtspunkten des Nutzens, der gesellschaftlichen Anerkennung, in deren Verhältnis zueinander, als reflektierte Praxis, als schweigendes, situationsgebundenes, instrumentelles und handlungsbasiertes Wissen, als Wissen unter den Vorzeichen der Demokratie, als praktische Klugheit, als Wissen um Traditionen und Gegenwart, als politisch-ethisches Wissen, als Wissen um das gute Leben, als Wissen, was zu tun ist, als Interpretation und Verstehen, als multikulturelles Wissen und als Lebenswissen verhandelt. In dieser sozial integrativ konzipierten Wissensordnung werden also, dem Alltagsbezug des Kompetenzbegriffs vergleichbar, (lebens-) praktische Wissensformen akzentuiert. Zugleich kann man sagen, dass das Bildungsziel der Kompetenzentwicklung in das breite Spektrum des Erwerbs dieser Wissensformen eingeordnet ist. Seit dem Jahr 1994 (zuletzt 2016) findet der erweiterte Wissensbegriff in den schwedischen Bildungsplänen Anwendung (vgl. Carlgren et al., siehe SOU 1992:94). Wissen wird dort als Faktenwissen (fakta), Vertrautheit (förtrogenhet, engl.: familiarity), Verständnis (förståelse) und Fertigkeiten (färdighet) ausbuchstabiert. Synonyme zu förtrogenhet (englisch: familiarity) sind: eine sich einstellende Bekanntheit oder Kenntnis, nahe Bekanntschaft, Vertrautheit, Gewohnheit, Einblick oder Einsicht; es handelt sich dabei um schweigendes Wissen (Carlgren 2012). Im Kontext der Schulpraxis ist der Fokus auf den Zusammenhang zwischen den verschiedenen Wissensformen und auf die in ethischer Hinsicht lernförderliche Kommunikation ausgerichtet.

Erst im Jahr 2011 ist in Schweden ein sechsstufiges Notensystem eingeführt worden. Zuvor hat eine spezifische Schulleistung entweder die Anforderungen erfüllt oder nicht, dann wurde sie nicht gewertet, sie konnte ferner für gut, oder für sehr gut befunden werden (4 Stufen). Eine dreistufige Bewertungsform (nicht bestanden, bestanden, sehr gut) gilt in der akademischen Lehrer*innenbildung noch heute. Die Leistungsbeurteilung ist herkömmlich an der Bloom'schen Taxonomie (vgl. Bloom et al. 1956) und damit vor allem auf Formen des verbal-aktiven Erschließens, Aneignens und Erörterns von Schulwissen ausgerichtet. Dabei haben fundierte Faktenkenntnisse oder ein erbrachter Nachweis von Fertigkeiten nur den Stellenwert bestanden (somit der deutschen Note 4), es bedarf weiterer Ausführungen, der Reorganisation von Wissen, der Erörterung, Transferleistungen und kritischer Überlegungen, um auch ein Verständnis und eine Vertrautheit mit dem Lernstoff nachzuweisen und damit eine bessere Leistungsbewertung zu erhalten. Die Leistungserhebung zielt also stark auf metakognitive Fähigkeiten (vgl. SOU 2007:28).

In Bezug auf die Lehrer*innenbildung in Schweden ist aus vergleichender Perspektive die Übersetzung einer Stellungnahme des Europäischen Parlaments zum Thema Verbesserung der Qualität der Lehrerbildung aus dem Jahr 2008 interessant, die einen gemeinsamen politischen Rahmen für die Europäische Lehrer*innenbildung abgibt (siehe Europäisches Parlament Entschluss 2008): Obwohl es für alle Begriffe ein ihnen genau entsprechendes Pendant in der anderen Sprache gegeben hätte, werden dennoch in der Übersetzung andere Begriffe gewählt (die ursprüngliche, englische Version ist nochmals anders).

Deutsche Fassung:
„... [Es] besteht das wesentliche Ziel der Bildung weiterhin darin, freie, kritische und mündige Bürgerinnen und Bürger heranzubilden, die zur Entwicklung der Gesellschaft, deren Mitglieder sie sind, beitragen können. Die Bürger sollten die für die Bewältigung der neuen Herausforderungen erforderlichen Fähigkeiten besitzen und sich dabei der Tatsache bewusst sein, dass sie Teil eines kulturellen Erbes sind und dieselben Werte teilen und dass die Welt, in der sie leben, nicht ihnen alleine gehört, sondern für kommende Generationen erhalten bleiben muss. Bildung muss überdies zur Emanzipation des Einzelnen beitragen. ... Für die Erreichung dieses Ziels spielen Lehrer eine Schlüsselrolle, da sie nicht nur für die Wissensvermittlung zuständig sind, sondern auch für die Interaktion mit Kindern und Jugendlichen."
Schwedische Fassung:
„EESK anser att det viktigaste målet för vidareutbildningen är att fostra fria medborgare med kritiskt sinnelag, som är självständiga och som kan bidra till utvecklingen av det samhälle där de ingår och som har tillräckliga kunskaper för att kunna ta itu med nya utmaningar samtidigt som de är medvetna om sitt kulturella arv och de värderingar de delar, och som vet att världen de bor i också är till för andra och att de därför måste bevara den för framtida generationer. Utbildningen bör också bidra till den enskildes frigörelse. [...] Mot den bakgrunden har lärarna en nyckelroll i arbetet med att uppnå målet, eftersom det är de som ska förmedla kunskaperna men också samspela med barn och ungdomar."

In der deutschen Version werden die ja gesellschaftlich gedachte Emanzipation und Mündigkeit mit einer Bildung in Verbindung gebracht, die Kinder, kantianisch, nicht unbedingt von Geburt an besitzen. In der schwedischen Fassung hingegen gibt es keine Referenz auf Bildung, vielmehr auf Erziehung, besser Aufziehen (fostran wird auch auf Tiere angewandt, der schwedische Begriff bildning – Bildung wird nicht erwähnt). Mit Mündigkeit in der deutschen Version korrespondiert in der schwedischen Selbstständigkeit (självständighet). Freiheit wird in der schwedischen Darstellung vorausgesetzt (fria medborgare) und gewissermaßen übend auf gesellschaftliche Ziele ausgerichtet. In beiden Fassungen wird lediglich ein bewusster, nicht gestaltender Umgang mit dem kulturellen Erbe angestrebt, und die damit verbundenen Werte werden schlicht als geteilte und nicht etwa als in Entwicklung befindliche angesehen. Das Verhältnis von Individuum und Gesellschaft wird also eher instrumentalistisch bestimmt: Einem freien Mensch werden die gesellschaftlichen Regeln mit dem Ziel vermittelt, zur Zukunft dieser Gesellschaft beitragen zu können. Dabei erfolgt das nach der deutschen Fassung in der Interaktion der Lehrperson mit den Kindern und Jugendlichen, in der schwedischen im Zusammenspiel (samspel) mit ihnen. – Die komparative perspektive zeigt, dass Bildungsprozesse und -ziele national unterschiedlich organisiert werden. Hier kann die These nur in den Raum gestellt werden, dass sich die landesspezifische diskursive Signatur in der Praxis wie in den Fachtexten und politischen Maßgaben vorrangig zeigt. Ich gehe dem Ländervergleich aber hier nicht weit nach.

Deutschsprachige Studien können bekanntlich im Ausland kaum gelesen werden. Seit 1950 sind die schwedische Lehrer*innenbildung und Pädagogik in der Schule als wissenschaftliche Disziplinen kaum noch an sog. kontinentalen Diskursen orientiert. Auch in Schweden sind die OECD und EU bei Reformen die legitimierenden Instanzen. Dennoch wurde auf die PISA-Studien in Schweden kaum reagiert (vgl. Ringarp 2016), obwohl die Ergebnisse einen negativen Trend aufweisen. Der Kompetenzbegriff von Erich Weinert (2001, S. 27f.) ist dort weitgehend unbekannt (vgl. Ringarp 2016). Die Kompetenzdebatte wird dort unter anderen Vorzeichen geführt; so soll seit 2010 unternehmerisches Denken (entrepreneurial learning) bereits in der Vorschule eingeübt werden.

Der Erziehungswissenschaft in Deutschland steht in Schweden eine eher pragmatisch-positivistisch ausgerichtete pedagogik und utbildningsvetenskap (Pedagogy) gegenüber, die weniger begrifflich-theoretisch als evaluativ arbeitet. Dabei ist neben dem folkhem-Gedanken die Gouvernmentalität, also die dominante Wissensform sog. evidenzbasierter Verwaltung, die Sozionomie, stark ausgeprägt. Die staatliche Statistikproduktion geht in Schweden auf 1749 zurück, sie geht mit dem 1766 eingeführten offentlighetsprincip einher, nach dem die gesamte staatliche und kommunale Tätigkeit im Lichte der Öffentlichkeit erfolgen soll (Gesetz über die Pressefreiheit); alle in einer Behörde vorhandenen Akten und Dokumente sind für die Allgemeinheit zugänglich. Auch die Themen der deutschen Schulpädagogik werden in Schweden in einer anderen Disziplin als in Deutschland verhandelt, nämlich in den Curriculum Studies und als curriculumteori. In dieser aus englischsprachigen Ländern eingeführten Wissenschaft wird der Grad und die Qualität einer Realisierung von Lernprogrammen unter bestimmten Umständen beforscht. Die Curriculum Studies abstrahieren weitgehend von der Lehrperson. Die Organisation der Lehr- oder Lerninhalte und -ziele im Modus progressiven Lernens wird in ihrem Verhältnis zu Fragen der Gesellschaftsentwicklung behandelt. Lernziele werden vornehmlich von den gesellschaftlichen Anforderungen her bestimmt und dann systematisch mit Lernvoraussetzungen, -zeiten und -materialien in Verbindung gesetzt. Es wird davon ausgegangen, dass die Beziehung zwischen Theorie und Praxis jeweils curricular festgelegt wird, bspw. wird die Lernprogression (eigentlich ein Unwort) soziokulturell, behavioristisch, kognitionstheoretisch curricular modelliert. Verhandelt wird dies als epistemologische Zugänge; – Patrick Slattery (2006, S. 190, eigene Übersetzung) z.B. unterscheidet „[...] phänomenologische, autobiographische, existentialistische, kunstbasierte, pragmatische, dekonstruktivistische, queer theoretische, kritische, post-strukturalistische, feministische, hermeneutische, komplexitätstheoretische" Ansätze der Curriculum Studies.

In Schweden erfolgt die mit dem curricularen Denken verbundene Rationalisierung und Formalisierung nicht nur der Lernziele, sondern auch der Lernwege und der Ansätze zu ihrer Passung vermittels detaillierter, festgelegter Kurspläne, oder auch Curricula. Es gibt sie für die Schule wie auch für das Universitätsstudium. Die Lehrinhalte sind recht genau vorgeschrieben, ihre Veränderung muss diverse

Instanzen durchlaufen und schließlich staatlich abgesegnet werden.[1] Die modularisierten Lerneinheiten werden instruktiv wie diskursiv unterrichtet. Das mit Praktika gespickte Lehramtsstudium ist entsprechend der Curriculum Studies in erster Linie auf die Auslegung der staatlichen Curricula in Hinblick auf die Schulpraxis ausgelegt.

Zugleich kommt an schwedischen Universitäten in der Ausbildung von Reflexivität in Bezug auf wissenschaftliche Paradigmen, also in der Beachtung auch anderer Erklärungsansätze als dem gewählten eigenen, eine deliberative Vorstellung von Fachlichkeit zum Ausdruck. Paradigmenbewusstheit wird trotz einer ausgeprägt metrisch-statischen Wissenschaftstradition bereits im Lehramtsstudium angebahnt und gilt in selbstverständlicher Weise als zentrales Qualifikationsziel für Wissenschaftler*innen, etwa im Zusammenhang der Postgraduiertenprogramme, hier auch im Bereich der Fachdidaktik (vgl. Högskoleverket 2003, 21 und Sveriges universitetslärarförbund 2005, S. 6ff.). Fachlichkeit wird generell als Sachlichkeit und als an Vielseitigkeit orientiert ausbuchstabiert und sie ist wie folgt als schulisch zu vermittelnder Wert („värdegrund") festgeschrieben.

Ich zitiere das Skolverket (2016, S. 8, eigene Übersetzung):

> „Sachlichkeit und Vielseitigkeit: Die Schule soll für unterschiedliche Auffassungen offen sein und deren Ausdruck fördern. Sie soll die Bedeutung persönlicher Stellungnahme betonen und Möglichkeiten dazu geben. Unterricht soll sachlich und vielseitig sein. Alle Eltern sollen dasselbe Vertrauen in die Schule haben, dass ihre Kinder nicht einseitigen Einflüssen ausgesetzt werden. Alle, die an Schule mitwirken, müssen die grundlegenden Werte (värdegrund), die im Schulgesetz und in diesem Lehrplan festgesetzt werden, befolgen und sich von allem distanzieren, was gegen sie aufgebracht wird."

Im Zitat wird deutlich, dass in der schwedischen Schule das Prinzip der Sachlichkeit an das ethische Grundverständnis bzw. an die Übereinkunft über grundlegende demokratische Werte geknüpft wird. – Im konkreten Unterricht soll dies wie folgt realisiert werden, Zitat aus einem Regierungsbericht (SOU 2007: 28, eigene Übersetzung):

> "Die fachliche Ausbildung ermöglicht die Durchführung von Beobachtungen und die Verwendung verschiedener Informationsquellen. Das Ziel besteht in der Ausbildung der Fähigkeit, Fakten zu recherchieren, beurteilen, strukturieren und zu bewerten, wie auch das neue Wissen zu integrieren, darzustellen und zu gestalten. Informationen zu analysieren. Schlussfolgerungen zu ziehen und dazu Stellung zu nehmen ist die Grundlage für eine kritische Beurteilung der Gesellschaft."

1 Zur Autonomie der Universität in Schweden liegt nach dem Urteil der European University Association im Europavergleich: http://www.university-autonomy.eu/countries/sweden/.

Die Fachlichkeit respektive ihre Prinzipien Sachlichkeit und Vielseitigkeit haben also keine eigenständige Wertigkeit. Dies drückt sich im Extrem darin aus, dass (nach dem Lernplan Grundschule) sogar „Fakten kritisch zu prüfen sind" (Skolverket 2016, S. 9).

*Wie werden also Bildungsziele und die Lehrer*innenprofessionalität in Schweden gedacht?*

Wir haben schon gesehen, dass zwischen der Schule in Schweden und der im Nachkriegsdeutschland zunächst ein grundsätzlicher Unterschied in puncto staatliche Steuerung besteht: Die curriculare Steuerung ist in Schweden deutlich ausgeprägter als in Deutschland. Das Skolverket (Nationale Agentur für Bildung) ist das für das Aufgabenprofil der Schule und der Lehrer*innen zentrale Organ. Ein Beispiel für eine solche durchgesetzte Vorschrift sind Chancengleichheit und Gleichberechtigung (siehe folkhem-Gedanke). Vor 1994 wurde das Schulgeschehen in Schweden durch staatliche Regelwerke gesteuert (regelstyrning), die vom Skolverket festgelegt, operationalisiert und regelmäßig überprüft wurden. Vor 1994 getrennt gehaltene allgemeine, also erstrebte, und spezielle, also erreichbare, Lernziele wurden im Ziel der Schulung der erwünschten deliberativen Grundhaltung und damit metakognitiver Fähigkeiten zusammengeführt. Die Erreichung der Ziele wird heute anhand einer umfassenden Dokumentationspflicht und durch die im Jahr 2010 eingeführten zentralen Tests (in den Klassen 3, 6 und 9) geprüft (målstyrning). Dabei wird die nationale Agenda mit Stellungnahmen von Spezialist*innen kombiniert. Dabei sind die wissenschaftlichen Gutachten von Spezialist*innen nicht nur politisch relevant, sondern auch operativ bindend. Zugleich ist eine diskursive Grundhaltung im Praxisfeld stark ausgeprägt.

Die Bezeichnung für berufliche Kompetenzen ist yrkeskunnande, yrke: ursprünglich Handwerk; läraryrke: Beruf des Lehrers, der Lehrerin. Zu yrkeskunnande affine Begriffe sind expert – expertis, specialist – specialisering, professionall – professionalisering; kunnande – knowing, kunskap – knowledge. Es handelt sich hierbei allesamt um prozess- und handlungsorientierte Begriffe, bei denen stetiges Verbessern (improvement) mitschwingt. Die pädagogische Fachlichkeit im Besonderen hat sich auf wissenschaftliche Ergebnisse (vetenskaplig grund), auf bewährte Erfahrung (beprövad erfarenhet), auf forschungsbasierte Vorgehen/Aktionsforschung (forskningsbaserat arbetsätt), sowie auf eine Evidenz zu stützen, die als nicht festgestellt angesehen wird (bästa tillgängliga kunskapen, mer vetenskaplig och kritisk: beste verfügbare Erkenntnisse, so wissenschaftlich und kritisch wie möglich).[2] – Auf der Homepage des Skolverket (eigene Übersetzung) steht:[3] „Fachwissen wird an der Universität unter Laborbedingungen erlernt und muss daher

---

2 http://www.skolverket.se/skolutveckling/forskning/forskningsbaserat-arbetssatt/nagra-nyckelbegrepp-1.244041.

3 http://www.skolverket.se/skolutveckling/forskning/amnen-omraden/no-amnen/undervisning/pedagogisk-amneskunskap-1.122387.

im Fachunterricht modifiziert werden." Das fachliche Urteil ist das goda omdöme (wörtl. richtige Beurteilung) und wird mit Aristoteles' Begriff phrónesis erklärt (vgl. Bornemark & Svaneus 2009): die Fähigkeit zu angemessenem Urteilen und Handeln im konkreten Einzelfall unter Berücksichtigung der für die Beurteilung einer Situation relevanten Faktoren, Handlungsziele und Einsichten. Neben epistéme, dem theoretischen Wissen, und techné, dem praktisch-technischen Wissen und Handwerk, ist phrónesis, das praktisch-kluge Wissen, Besonnenheit und Weitblick, ausschlaggebend für die Berufskompetenzen. Dabei hat das pädagogische Fachwissen in Schweden einen eigenen wichtigen Stellenwert gegenüber dem didaktischen. Es gehört auch in vielen Professionen, etwa im medizinischen Bereich, zu den professionellen Basiskompetenzen und wird dort gezielt erlernt.

Von der Struktur- und Funktionslogik organisierten und institutionalisierten Lernens her erweist sich die Schule als eine Instanz der Reproduktion derjenigen kulturellen Werte, die in einer Nation tradiert werden. Auch wenn solche Werte erklärtermaßen inklusiv sind, sollten sie einer kritischen Reflexion unterzogen werden. Im Rahmen einer komparativen Studie zeigen sich insbesondere implizite Ausschließungen.

## Literatur

Anderson-Levitt, K. (2012): Anthropologies of Education: A Global Guide to Ethnographic Studies of Learning and Schooling. New York: Berghahn.

Appadurai, A. (1990): Disjuncture and Difference in the Global Culture Economy. In: Featherstone, M. (Hg.): Global Culture: Nationalism, Globalization and Modernity. London: Sage, S. 295–310.

Beck, U. (1997): Was ist Globalisierung? Irrtümer des Globalismus – Antworten auf Globalisierung. Frankfurt a.M.: Suhrkamp.

Bloom, B. S.; Engelhart, M. D.; Furst, E. J.; Hill, W. H.; Krathwohl, D. R. (1956): Taxonomy of educational objectives: The classification of educational goals. Handbook I: Cognitive Domain. New York: David McKay Company.

Bornemark, J.; Svenaeus, F. (eds.) (2009): Vad är praktisk kunskap? Stockholm: Södertörns högskola.

Carlgren, I. (2012): Kunskap för bildning. In: Englund, T.; Forsberg, E.; Sundberg, D. (Hg.): Vad räknas som kunskap? Läroplansteoretiska utsikter och inblickar i lärarutbildning och skola. Stockholm: Liber, S. 117–139.

Europäisches Parlament Entschluss (2008): Verbesserung der Qualität der Lehrerbildung. Zugänglich unter: https://eur-lex.europa.eu/LexUriServ/LexUriServ.do?uri=OJ:C:2010:008E:0012:0017:DE:PDF [Letzter Zugriff: 29.01.2018].

Gustavsson, B. (2002): Vad räknas som kunskap. En diskussion om praktisk och teoretisk kunskap. Kalmar: Lenanders Grafiska AB.

Hansson, P. A. (1933): Folkhemstalet. Zugänglich unter: www.svenskatal.se/1928011-per-albin-hansson-folkhemstalet/ [Letzter Zugriff: 29.01.2018].

Högskoleverket (2003): Forskarhandledning. Möte med vandrare och medvandrare på vetenskapens vägar (verantwortl.: Maria Appel). Kalmar: Högskoleverkets rapportserie.

Horn, D. (2012): Zur Herkunft und Bedeutung der Begriffe heterogen und Heterogenität. Ergebnisse einer Recherche in Wörterbüchern und philosophischen Lexika zu einem inklusionsrelevanten Begriff. In: Prengel, A.; Schmitt, H. (Hg.): Netzpublikationen des Arbeitskreises Menschenrechtsbildung in der Rochow-Akademie für historische und zeitdiagnostische Forschung an der Universität Potsdam: Reckahn. Verfügbar unter: http://bit.ly/2CNVNr9 [Letzter Zugriff: 29.01.2018].

Luhmann, N. (1997): Die Gesellschaft der Gesellschaft. Frankfurt a.M.: Suhrkamp.

Prengel, A. (2013): Heterogenität oder Lesarten von Gleichheit und Freiheit in der Bildung. In: Koller, H.-Ch.; Casale, R.; Ricken, N. (Hg.): Heterogenität – Zur Konjunktur eines pädagogischen Konzepts. Paderborn: Schöningh, S. 45–68.

Ringarp, J. (2016): PISA lends legitimacy: A study of education policy changes in Germany and Sweden after 2000. In: European Educational Research Journal (online), ISSN 1474-9041, E-ISSN 1474-9041, Vol. 15, nr. 4, S. 447–461.

Rombach, B. (1991): Det går inte att styra med mål! Lund: Studentlitteratur.

Sandemose, A. (1966 [1933]): En flykting krysser sitt spor. I Sandemose, A.: Verker i utvalg. 8 Bände, Band 2. Oslo: H. Aschehoug & Co.

Scheunpflug, A.; Lang-Wojtasik, G.; Urabe, M. (2006): Entwicklung und Herausforderungen der Internationalen Erziehungswissenschaft in Deutschland. In: ZEP: Zeitschrift für internationale Bildungsforschung und Entwicklungspädagogik, Jg. 29, H. 1/2, S. 58–62.

Schwedisches Curriculum Lgr11 für die Grundschule, Vorschule und Hort (2011). Verfügbar unter: https://www.skolverket.se/undervisning/grundskolan/laroplan-och-kursplaner-for-grundskolan/laroplan-lgr11-for-grundskolan-samt-for-forskoleklassen-och-fritidshemmet [Letzter Zugriff: 29.01.2018].

Skolverket (2016): läroplan för grundskolan och fritidshemmet, Stockholm. Zugänglich unter: https://books.google.de/books?id=xST6AwAAQBAJ&pg=PA51&lpg=PA51&dq=f%C3%B6rm%C3%A5ga+att+kritiskt+granska+fakta&source=bl&ots=hEQAZ2F6rz&sig=L0DsBi7KAAx21dbiWf84ske52ak&hl=de&sa=X&ved=0ahUKEwir8tS-xt3RAhVBnSwKHbkFCfIQ6AEIITAB#v=onepage&q=f%C3%B6rm%C3%A5ga%20att%20kritiskt%20granska%20fakta&f=false [Letzter Zugriff: 29.01.2018].

Slattery, P. (2006): Curriculum Development in the Postmodern Era: Teaching and Learning in an Age of Accountability. London, New York: Taylor & Francis.

SOU 1992:94: Skola för bildning. Verfügbar unter: https://lagen.nu/sou/1992:94?attachment=index.pdf&repo=soukb&dir=downloaded [Letzter Zugriff: 29.01.2018].

SOU 2007:28: Tydliga mål och kunskapskrav i grundskolan. Förslag till nytt mål- och uppfyllningssystem. Verfügbar unter: https://www.regeringen.se/49b71c/contentassets/a29bb9d33a6446a8af0de445cfbe74c0/tydliga-mal-och-kunskapskrav-i-grundskolan---forslag-till-nytt-mal--och-uppfoljningssystem-hela-dokumentet-sou-200728 [Letzter Zugriff: 29.01.2018].

Sveriges universitetslärarförbund (2005): Etiska riktlinjer för universitetslärare. Borås: Sjuhäradsbygdens Tryckeri AB. Verfügbar unter: http://www.sulf.se/Documents/Pdfer/Press%20opinion/Skrifter/Etiska%20riktlinjer.pdf [Letzter Zugriff: 29.01.2018].

Trautmann, M.; Wischer, B. (2013): Schultheoretische Anfragen zum pädagogisch-normativen Heterogenitätsdiskurs. In: Schweizerische Zeitschrift für Bildungswissenschaften, Jg. 35, H. 1, S. 21–36.

Weinert, F. E. (Hg.) (2001): Leistungsmessungen in Schulen. Weinheim, Basel: Beltz.

Welsch, W. (1988): Postmoderne, Pluralität als ethischer und politischer Wert. Köln: Bachem.

Welsch, W. (1995): Transkulturalität. Zur veränderten Verfaßtheit heutiger Kulturen. In: Zeitschrift für Kulturaustausch, Jg. 45, H. 1, S. 39–44.

Gerd-Bodo von Carlsburg

# Preconditions for the Development of the Child's Understanding[1]

## A Sine Qua Non for Teachers Dealing with Diversity and Heterogeneity

**Abstract:** This paper deals with the developmental psychology and anthropological and educational determinants affecting the comprehension and internalization of the first *"Facts of Life"* (Laing 1978) from the postnatal phase to the age of eleven. These include the parents' prenatal attitude to the coming child, and the prenatal, uteral phase which develops in the child within the uterus certain (quite individual) qualities, on which it will be dependent when it is born. It will also possess a number of innate phylogenetic structures in the form of experience, for instance the capacity for abstract awareness from phylogenetic experience, the urge for exploration (reconnaissance of the immediate environment), curiosity, the creation of initial objective relationships with familiar individuals, the differentiation of significant objects – though not until the end of the first six months of life – imitation, the capacity for voluntary movement.

**Zusammenfassung:** Dieser Beitrag beschäftigt sich mit den anthropologischen, entwicklungspsychologischen und pädagogischen Determinanten, um die ersten „Tatsachen des Lebens" (Laing 1978) von der postnatalen Phase bis zum 11. Lebensjahr zu begreifen und zu internalisieren. Dies schließt auch schon die vorgeburtliche Einstellung der Eltern zu diesem zu empfangenen Kind ein und die pränatalen, uterale Phase, die für das Kind (ganz individuell) im Uterus bestimmte Qualitäten entwickelt, auf die es angewiesen sein wird, wenn es geboren ist, abgesehen von der Tatsache, dass schon eine Menge angeborene Strukturen aus der Stammesgeschichte als Erfahrung mitgebracht werden, wie z.B. die Fähigkeitsqualifikation zu abstrahierender Wahrnehmung aus phylogenetischer (stammesgeschichtlicher) Erfahrung, das Explorationsstreben (Erkundung der nächsten Umgebung), das Neugierverhalten, die Herstellung von ersten Objektbeziehungen zu den vertrauten Personen, die Unterscheidung

1 The article is dedicated to my colleague Hans Gieding on the occasion of his ***100th birthday***. Hans Gieding was Professor of Primary School Teaching at the Heidelberg University of Education from 1960–1985, and my colleague in school education for 10 years.
He focused on General Studies and Elementary Instruction. For him, the beginning migration seemed like a great opportunity for the formation of transcultural thinking and behaviour among students and students. Translated, revised and abridged version of the original contribution: Reinert [v. Carlsburg], G.-B. v. (1986): Vorauss etzungen zur Entwicklung des kindlichen Verständnisses. In: Reinert [v. Carlsburg], G.-B. v. (Hrsg.): Kindgemäße Erziehung. Frankfurt a.M., S. 67–87.

von bedeutsamen Dingobjekten, allerdings erst am Ende der ersten Jahreshälfte, die Nachahmung, die Fähigkeit zur Willkürbewegung.

**Keywords:** Phylogenetic structures, phylogenetic experience, immediate environment, voluntary movement

**Abb. 1:** Hans Gieding [1920-†] in 1985, Archives v. Carlsburg

# I Preface

According to Gieding (1979. 14), awareness and interpretation are implied in the experience of the individual, i.e. "even the genetic system of the as yet unborn child contains experiences which may be described as hereditary psychological experiences." In the uterus the foetus experiences *qualities*, such as security, nourishment and safety, warmth and even tenderness, thanks to the organic structure of the uterus and the *attitude of the parents.*

In the postnatal state certain deficiencies may arise, according to the behaviour of the parents in question: the child may be regarded as a care object (and this will depend on the parents' type of approach), and will be adequately looked after, receive sufficient nourishment and attention to health, hygiene, etc. but it cannot perceive itself as the object oflove.

If the child is additionally aware of itself as the *object of love*, then it perceives the qualities which it has already sensed in the uterus, and, according to Laing (1978. 48) it is this prenatal phase which, because of the greater variety of experience, is more significant or more decisive in the child's development than the postnatal phase, a theory which, however, cannot be accepted as unquestionably true.

## II Sequential Structures in the Child in View of the Events from the Postnatal to Piaget's "Preoperational" Phase

A whole series of sequential structures have already been researched, although some have not yet been sufficiently analyzed. We know the sequences of the investigation of the immediate environment, the creation of the first objective relationships to the familiar, the differentiation of significant objects – especially in the second half of the first year of life.

**Abb. 2:** Jean Piaget (1896–1980) Photo detail from Piaget 1999, U1

Where phenomena of deficiency arise, for instance lack of tenderness, the *need* for tenderness makes itself felt only as the result of this deficiency: something that is absent is perceived as *necessary* and evokes this need – for safety, warmth, care, etc.

A decisive factor in the child's development is its open approach to the *world*, which assumes a *positive valorization*. This valorization *must* be continuous; the child should perceive itself as someone who is respected, to whom people speak, in whom confidence is reposed – which affects action and self-confidence – and in this the tenderness of the mother, non-verbal components such as speech, facial expression and tactile behaviour are decisive determinants (cf. Sartre 1977. 137f.), which means:

> *experience is both the result of the past being perceived and interpreted, and a shaping of interpretation and action in the future.* (cf. Gieding 1979. 14)
>
> "If he [the individual, (G.-B.v.C.)] experiences his material existence as the object of daily care as a state of consistently being loved, the continuous nature of the valorization will 'establish a kind of religious optimism', which will shape his self-esteem and his conduct (...) Lincke ... [1972. 821–851 (G.-B.v.C.)] calls the relationship between mother and child, in which this mystery takes place, 'sufficient' when the mother allows herself to be guided in her conduct by the rules of a phylogenetically earlier Id-form of grasp of reality; when it gives the child the illusion that the gradually developing objective 'image' (world picture) coincides with the genetically-based 'expectations'" (ibid.).

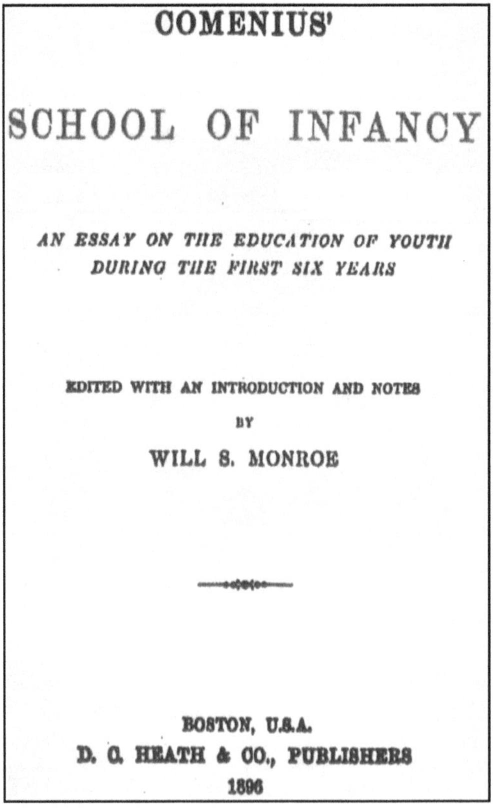
COMENIUS'

SCHOOL OF INFANCY

*AN ESSAY ON THE EDUCATION OF YOUTH DURING THE FIRST SIX YEARS*

EDITED WITH AN INTRODUCTION AND NOTES

BY

WILL S. MONROE

BOSTON, U.S.A.

D. C. HEATH & CO., PUBLISHERS

1896

**Abb. 3:** Jan Amos Comenius' (1592–1670) School of Infancy ([1630]/1896), Archives v. Carlsburg

If this continuity is conscientiously maintained, the qualifications already phylogenetically imprinted are enlisted in the form of behaviour, such as curiosity, wilfulness, the ability to abstract, etc.; i.e. movement sequences develop very quickly, because the child's response is in accordance with the way that he has received experience: *what has been experienced is evaluated* (*experience* = accommodation: altered adaptation to reality; *assimilation* = judgement: incorporation in existing thought patterns; cf. Oerter 1977. 44ff.; Piaget 1946; 1980; 1990; 1990; 2003; Bürgermann & von Carlsburg 2010; Fatke 1979. 200f. and Comenius 2014. 396–486), and through this evaluation the child assesses all the things that are *within* this human being. See also Oerter (1977. 311f.) with reference to Sarbin (1959):

> "In the last quarter of the first year of life one can infer from the child's behaviour a new cognitive structure of the self, which is described as *introjecting-extrojecting self* (...). [The distinction between objects and persons, speech and play becomes significant. [G.-B.v.C.]). (...) With the aid of speech, perceived actions can be classified as similar to his own. (...) This is a case of projections of the individual's features on to his environment. A similar projection often takes place even on to inanimate objects. Conversely, his own actions take shape in a structure which resembles other people. This structuring is said to be introjection and identification with other people or objects [according to Piaget: projections = accommodation; introjection = assimilation [G.-B.v.C.]). ... Introjection also takes place through play, in which the child gradually copies features of his environment, and especially of his social surroundings."

At the moment when the human being concerns himself with the objects which surround the child, these things arouse curiosity. The child assesses these objects, the "world".

> "The child finds the transitional objects charming, attractive; they are readily accessible to him, because he 'hopes' to find in them certain characteristics which resemble the introject 'mother':
>
> for instance, a soft toy has the characteristics of 'softness' (the velvety flesh of the breast, the mother's skin), tenderness (delicate contact, 'it is easy to feel comfortable in oneself, as long as someone has the desire to touch that self'), availability (presence of the mother). (...)
>
> However, the new object only partially fulfils these hopes. The transitional projection may be soft, tender and available, but it does not react; it is not a living system; it remains motionless, expressionless and dumb. (...) New objects come into the child's range and are, as usual, given an illusory content, and perceived as either passive or reactive; the child learns to distinguish the living from the lifeless. This, which is probably the first time he classifies his perception of reality, can be observed towards the end of the first and definitely in the second year of life" (Gieding 1979. 17).

Piaget describes this as "the stage of sensory motor intelligence" (0–2 years), intelligence being understood as cognitive adaptation to real things (Piaget 1974; cf. Fatke 1979. 351, Footnote 9).

Fatke (1979. 302) comments:

> "The ways of perception alone merely lead the infant into different, connected 'worlds'; only his actions allow him gradually to experience the unity of his environment."

That is, *from action, reflexes develop into organized patterns and ways of thinking.*

## III The Primary School Period, or Piaget's Phase of "Concrete Operation"

At the end of the "preoperational phase (2–7 years)" (Piaget) the child goes to primary school and according to Piaget enters into the phase of "concrete operations until the age of eleven (7–11 years)", in which the preliminary phase is of an organizational and preparatory character, while the second is the phase of 'concrete operations' (cf. ibid. 303).

It is in the primary school period above all (or especially) that we must assume that all children, no matter what their personal destiny (biography) may have been, need an encouraging valuation. *This is scarcely taken into account in the methodology of educational practice*! The methodology is still seen as an institution mediating intimately between subject and child; it has never perceived itself as a mediation variable – almost philosophically orientated – which is capable of illustrating something to a human being only if this developing human being, in the simple sense, *"likes"* these mediated structures or qualities, analogously to the objects which surrounded the parents, with whom the child has been concerned, and which have been discussed.

Even if he has not experienced this before, the child now finds at school that there is not only mediation – the child is not exclusively the *object of instruction*, but also always becomes the *object of liking or disliking*. And this is where the difficulty begins of the interpersonal relationship in primary school, the attitude of the teacher to the child's characteristic and specific nature and way of looking at things.

In the event of meeting an environment of success in the best sense, created by this valuation by the teacher, the child *likes* all the "things" that the teacher refers to – or which are dealt with in class. One could describe this phenomenon as *"the child's individual relationship to these subjects"*. Naturally, this development also depends quite crucially on the fact that a child is valued not only by the teacher but also by his fellows. This *interpersonal relationship between the children themselves* seems nowadays to be the most important thing of all on starting school. On it is based everything that the child is later capable of achieving, and teaching must therefore be specifically designed with a view to these social relationships. Each should know and respect the individuality of the other, without discrimination or even defamation.

> "Interpersonal awareness, whether verbal or non-verbal, is communication. According to its form and content, the pupil – like the infant in the dyad of mother and child – feels valued or not valued, valorized or not valorized" (Gieding 1979. 22).

Only in this way does a child get the *feeling* of not being simply something that has to react, but of being able and permitted to be what *he* likes, even if he has attitudes which may appear disruptive, such as (frequently) standing up, talking, etc.

On this point von der Pfordten (1914. 37f.) comments:

> "It is essential to realize that there is only one kind of feeling (singular), which is the intensity of ideas from sensation, memory and imagination. There are always complexes of ideas which 'warm' the feeling; that is, things, values, individualities. When we use the word 'feeling' we always include an intellectual impulse that 'accompanies' the feeling; it consists of impressions and not, or not yet, of concepts. This state of affairs can also be expressed differently. Naturally there are not two completely separate, *parallel* processes which lead to impressions and feelings; there is one, a synthetic process within us, which comprises the individual feelings and coalesces them together with remembered images *and* at the same time 'fills' these complexes with warmth. Accordingly, one can also say that *feeling* unites the individual impressions into patterns, or, we apperceive these with the feeling. Sensations are then the perceptions; feeling the apperception" [von der Pfordten explains apperception in the same sense as J.F. Herbart – "On the doctrine of apperception" – 1914; 1976; 1984 (G.-B.v.C.)].

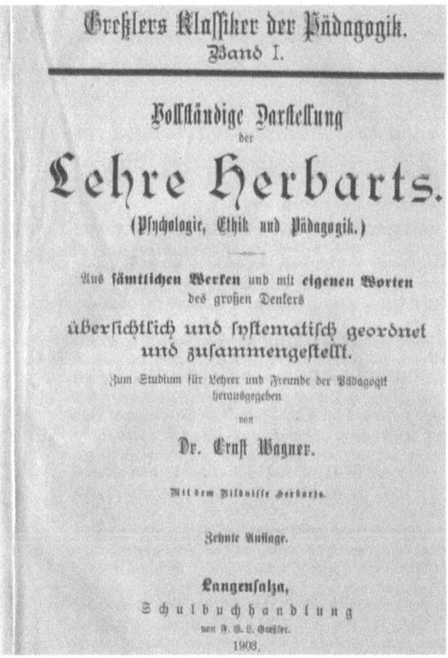
Greßlers Klassiker der Pädagogik.
Band I.

Vollständige Darstellung
der
Lehre Herbarts.
(Psychologie, Ethik und Pädagogik.)

Aus sämtlichen Werken und mit eigenen Worten
des großen Denkers
übersichtlich und systematisch geordnet
und zusammengestellt.
Zum Studium für Lehrer und Freunde der Pädagogik
herausgegeben
von
Dr. Ernst Wagner.

Mit dem Bildnisse Herbarts.

Zehnte Auflage.

Langensalza,
Schulbuchhandlung
von F. G. L. Greßler.
1903.

**Abb. 4:** Johann Friedrich Herbart (1776–1841), Frontispiece for the publication of 1903 of the F.G.L. Greßler'schen Schulbuchhandlung Langensalza

Many of these properties of the child are individual and may even be completely detached from human association, from empathy, If the child is able to retain these properties and use them differently in the classroom because they are *valued* there, the excessive activity might perhaps be directed towards a fellow pupil who has not fully understood something, so that the child says: "Have you got it, now? I've got it, shall I help?" This means that the activity is no longer disruptive but has been *constructively* linked to the teaching process. Of course, the children must also be very carefully introduced to their own history, and this historical sense is a methodological problem in itself. Children should learn something about their beginnings when they reach the frontiers of the ability to memorize, ask their parents and learn certain things, hopes, dates, hospital visits, and the upsets which these may explain. Through this they will reach a better understanding of themselves in terms of their own history and will now – and this is the unbelievable side of it – quite certainly be able in the first and second year of school to interpret some of the unfulfilled achievement expectations, in view of the history, the background, of the child from whom the achievement is expected. Now comes the surprising part: with this knowledge of their fellow pupils, they begin to *encourage* them. Every advance in learning is observed with goodwill, summed up afterwards and used to encourage a fellow pupil, because they know his story. It is this social awareness of the class, by the pupils themselves and by the teacher, which seems to be that valorizing, profitable milieu in which something can *grow*. Naturally there are also decelerations in growth which call for support, but the child learns through them and then does not become dyslectic, for instance, unless through heredity or a trauma; in any event, he will not become a "weak" pupil, but will simply respond somewhat later. *But:* in the meanwhile, none of his fellow pupils will intervene destructively; they will all wait *patiently* with him and register every advance.

Experiments of this nature have been observed at Heidelberg schools. Gieding (1979. 6–13) describes a case of the "process of revaluation", as a negative example:

> "The process of the re-evaluation of the generally unnoticed beginnings of self-understanding without vanity, into the publicly sanctioned 'understanding', is illustrated by the example of 'Uwe', 8; 3, of…
> Text a, written at school:
> I am sad.
> My Granny went into hospital on Saturday.
> I was always having to go and visit her (in the car).
> So I could not see my Biene Maya [favourite TV programme (G.-B.v.C.)].
> So I was very sad.
> For homework this text had to be transferred to a special 'exercise book'.
> Text b, entered in the exercise book at home:
> When I was sad.
> My Granny went into hospital. On Saturday.
> We always had to go and see her.

> We drove there every time in the car.
> When we visit we take her flowers.
> We stay with her an hour and comfort her.
> At four we drive home again.
> At home Günter and I play with our trains.
> I am still very sad and think about Granny.
> Only the first sentence of text (a) has been left alone. The second was modified by the child's mother into two statements. In the third, the mother's intervention for the sake of the public ethos is obvious. (...)
> In text (a) Uwe independently sets out his own state of mind and the omission arising from it and communicates it without embarrassment. Without vanity, he formulates himself as he actually is.
> Nevertheless, his individual situational view does not match up to the adults' general and binding one. (...) [Uwe has (G.-B.v.C.)] no chance of continuously developing a genuine understanding and communication, discovery and assimilation of the whole situation. Will he ever have this chance, if his first, still hesitant efforts to understand himself are replaced by authoritarian interpretations, to whose uncritical acceptance he bows, because his identity is not yet stabilized" (ibid. 6f.)

Gieding (ibid. 9f.) cites as a positive example the "Maik Case, 8; 8, second year of school":

Maik has a very unusual problem: he claims to have no time. This is an example of an intentional weakness, whose background undoubtedly lies in the parental home.

> "For some eight to ten weeks now, Maik has responded to the request to take his work-sheets, pen or ruler out of his school satchel, with the stereotyped answer: 'My work-sheet (pen, ruler, etc.) is at home.' The teacher and fellow pupils tolerate Maik's behaviour at first, as in other cases. He is supplied with the 'forgotten' material from the class stocks. A few days ago ... the teacher was no longer able to accept Maik's stereotyped response and said indignantly: 'Maik, it simply isn't possible that you leave your work-sheet at home every day. You don't think I believe you, do you? I think you are simply too ...easy-going to put your work-sheet in your satchel.' The other children join in: 'We think Maik is just too lazy.' The teacher moderates this: 'That's what I was going to say at first. But I said *easy-going*, because we all know Maik and we can't be quite certain that lazy is the right word for his behaviour.' Maik is upset and sits in his place, crying. After a time he lets a fellow pupil look in his satchel to see if his work-sheet and pen are there. Both are there. The other pupil says kindly: 'There's the sheet and the pen, you probably didn't remember putting them in.' Maik cries. (...)
>
> Maik's emotion dies down (...). A long look at the teacher signals his helpless situation. His look is understood and the teacher sits down beside Maik. (...) Mrs. O. tries to explain her over-reaction to Maik. Maik's pupils grow large; he listens calmly. His expression loses the signs of irritation (...). Slowly, obviously making an effort to find the right words, he begins to formulate and communicate his inaction. He says he is

always afraid that the time for writing will have gone if he has to get his pencil and exercise book out of his satchel. Mrs. O. stands up, passes her hand lightly over Maik's hair and asks all the children to stop working:

'I did not behave properly to Maik just now. Maik has just told me why he can't get his writing things and exercise book out of his satchel. (...)'

The children listened to Maik's explanation without surprise of scepticism. They turned to Maik and told him they understood (...)." (p. 9f.).

Maik arrived at an awareness of himself with the help of his fellow pupils and the teacher, recognized his problems and tried to deal with them himself – the only possibility. He succeeded: two years after this report, in the fourth year of school, he can read, spell and do sums. His egocentrism (cf. Piaget 1972 and 1974; Fatke 1979. 304; Oerter 1977. 459f.) has been overcome, his operations are object-related, but without having completed the release of his thinking from the material content, that is hypostatizations as in the "formal operation" (from the age of 12). In the normal course of events, without this interpersonal awareness, this sympathy, Maik would have gone to a *special school for the educationally handicapped.*

If one wishes to make further distinctions and uphold the whole structure, then the teaching method with its conditional fields in the individual spheres takes on a crucial function. It is *no longer* to be applied *intimately* in the classroom, simply between subject matter and children, but must at the same time fulfil an encouraging, valorizing function, which transcends the classroom – for instance, the perception of the children by their parents (rejecting or friendly), the *"value of experience"*.

For instance, if children are failing at school, the parents' valuation may decrease, and the children's desire and capacity to acquaint themselves with the world is restricted by the fact that these valorization processes are being disrupted.

## IV Conditional Fields with Regard to the Most Important Learning Areas

### 1st Learning Area: Reading and Language

When learning to read, it is essential that the children should begin *early* to discuss problems of the content of the form in the symbols. It is possible at a very early stage to see the texts with which reading is learned in the context of the *interrelation of form and meaning*, which in turn plays its part in reflecting the world – including the world within the primary school – somewhat better.

*Example:*

| | |
|---|---|
| Hans: | "Fritz is sitting next to Gerd." |
| Teacher to Hans: | "Why do you say that?" |
| Hans: | "Because I can see Fritz and thought of Fritz first and then of Gerd." |
| Teacher: | "And if you were to put it differently, how would it go?" |
| Hans: | "Then I think first of Gerd and then I say: Gerd is sitting next to Fritz." |

These impressions – and one cannot do more than this as *advance organizer* – also apply to reflection on language.

*Example:*

Hans: "I say Fritz's name first, because I look at, think of, perceive him first."

This is a reflective statement on why, for instance, there cannot now be Gerd next to Fritz. By this means, very slowly and necessarily, we come to reflect on this form of language and the associated change of content.

## 2nd Learning Area: Spelling

Spelling must begin and continue consistently: we must take into account the fact that, on the basis of his own individuality, every child has weaknesses within the complex of capacities which constitute spelling. These can only be cleared up when children who are writing are allowed to *look up* what they do not know. Thus, for instance, the first principle that must be learned is: *you may look things up without being discriminated against.*

These principles, consistently maintained – and most teachers do not want to acknowledge this – also make it easier later on for many children to be *introduced to the rules* according to which words can be found. At the beginning come any simple texts. There are never any reprimands or objections because one child may have looked up more or less than another: the final result is what matters. So there should be no falling-off in performance at all where spelling is concerned. This reinforces the *consciousness* gradually maturing in the child, which enables children to reflect for themselves on their actions from about their third year in school. Then a primary school child can say, as has happened:

> "If I wrote the way I talk, all the words would be wrong. But I always think how the word looks and then I can write everything down properly."

This expresses awareness of the purpose – and if the child has any difficulties, he looks things up.

## 3rd Learning Area: Mathematics

Mathematics must follow the same path: to find *the* particular method that allows *every* child *at all times* to get involved and follow through according to his own potential. This can be usefully demonstrated by the development of the *concept of numbers* or of *operation*. It is interesting to see how the children (including students) suddenly release themselves from the concrete bonds of mathematics by means of objects and – for instance, on the basis of the way they set up the material – leap forward into structural mathematics. Imagination has a decisive role to play here. The most important *criterion* is that all those qualities we value so highly, such as imaginative creativity, or the courage to make a mistake, are possible only in a *milieu which is socially not insipid, but friendly.*

## 4th Learning Area: Factual Teaching

These days, access to matters of fact is more or less programmed – all those independent acts which can perhaps be described thus:

There are facts or circumstances which the child basically *understands*, e.g. *a child cries.*

This is something that a child actually experiences for itself and has known in its own life, together with the motives and causes for crying. If the child sees a picture, in this case of another child crying, he can interpret the picture, construct a possible sense from it and say: "Perhaps he's crying because he fell over, hurt himself, has lost his mother (etc.)" – that is, owing to pain, loneliness, etc. Furthermore, the child can put the possible sense detected into words and communicate it.

Another example would be creating a connection, in the case of a disturbance which has to be remedied.

The simple association is this: *do we really give the children enough space and time to continue to develop their own qualifications*, which are first awakened by their surroundings and values, and do we give them time to *interpret the factual sense themselves* in speech to the best of their ability and communicate it without distortion, or do we replace this mental process, which is somewhat lengthy, by supplying information, according to which the child has to utter, retain and reproduce pre-packaged solutions? The work-sheets provide some evidence on this issue: information is given on the factual content and specific words derived from this information have to be put in specific places.

Most teachers work by this method, *although factual matter means conflict – conflict in the sense of confronting the facts*, trying to imagine them for oneself, that is, to see them. And no one can do this vicariously for another person, or the teacher for the child, if the child really wants to confront facts.

For instance, to the question: "Why does a coral fish – which has a very distinctive appearance – look the way it does?" the children, given time, will try to find explanatory connections and interpret and communicate them:

> "The fish has its eye there because perhaps it's got an enemy which specially likes eating eyes; and because the eye is at the tail end it misleads the enemy and the enemy attacks that eye, and the real one is protected, and the fish can go on living."

*Children can understand evolutionary connections If they are given time to solve problems.*

The *idea* is this: In specific situations fallacies can play their part in motivating children to develop a possible theory, which they are naturally unable to verify (neither can most teachers, in fact), and then comes the opportunity to consult an informant or look up the information. The principles of *learning by discovery* are applied, what has been anticipated is either confirmed or denied, and in this example Conrad Lorenz (1965) answered the children himself. In this way the pupils learned where they had been right, or where this evolutionary theory needed correcting. In the end the question remained: "How does the first spot get there?" – and no one can answer that. The concept of "accident" to explain the inexplicable is of no use to children. *But* the children recognized that this is a frontier that one reaches and cannot pass. For them it was a natural event, and this is where *ethics* begin. No discussion is possible: these areas which must be respected can only be discovered by the children (informal factual teaching).

This is confirmed by Witte (1979.44f.):

> "Experiences following the introduction of 'scientifically oriented' teaching into the primary school have shown in the area of factual instruction ... that this simple, old-fashioned conversion of specialist subject matter does not correspond to the thinking of primary school children. It makes excessive demands on primary pupils, who think more visually and pictorially than adults. They also, especially in the last years of primary school, think completely 'logically', but for the most part their thinking remains linked with concrete data. Teaching must be fundamentally adapted to this recognition and must provide further stimuli to thought, which are indispensable, with caution and within the bounds of the particular child's potential" (p. 44).

> "(...) If factual teaching were to make specialist subject matter its focal point, cloaking it on occasion with visual elements, the child would miss the connection on which he and his intellectual powers live. All he could do would be to take in the scientific content verbally and store it without a meaningful context. Anyone who questions third or fourth year primary pupils on the texts given out by the teacher and entered in their books, very often receives answers in the form of fragmentary verbal facades or is forced to observe that there may be a good deal in the book, but not in their heads" (p. 45).

## 5th Learning Area: Aesthetics

The aesthetic learning area in primary schools must concentrate above all on *problem-solving* and *creativity* – as situational study or through project work.

This is where the teacher should:

- offer individual help,
- admit individual solutions, thus helping the child towards Individual development,
- address problems that have not been mastered,
- indicate solutions by allusion and questions, and by providing food for thought,

i.e. set up deliberate learning situations to awaken curiosity and to train capacities and skills. Here the teacher is helping:

- to develop the child's imagination,
- to challenge him with alternatives
- to demand attentiveness,
- to encourage and convey interest ranging from simple technical problems all the way to social conflicts.

### 6th Learning Area: Play

Play will be taken as the final learning area, which will here be limited to *performance play* as an educational and didactic medium.

> "Performance play in school is a means of formation and instruction which is necessary on educational and psychological grounds and in terms of didactic-methodology, and should therefore be included in class planning for the primary stage. The educational motivation is rooted in the necessity for the order demanded by the play form, as well as in the demands made on concentration. Performance play can be a stimulus to create something as a group" (Reinert [v. Carlsburg]/Arnold 1976. 17).

> "Performance play can be an aid to learning. Just as important as learning in class is the consolidation of what has been learned by practice and repetition ..." (ibid., 18).

> "Play in the form of performance means releasing the child's imagination and creative powers, while at the same time restraining his imagination and naturalness within the form and purpose of the play. So play also means directed imagination, directed naturalness, which has a dual significance: in the child's naive play this naturalness is matter of course; in the reflective play phase, direction serves to recover a conscious naturalness" (p. 19).

> "Performance play [also] provides an opportunity to develop a feeling for language at an early stage ..." (p. 22).

## V Conclusions

The following demands should be made:

> *We must get a 'better grasp' of the child's needs, or rather, what we lightly describe as the child's needs, and not simply refine them as a rhetorical question and use them to*

> *justify something which cannot subsequently be demonstrated and does not coincide with children's assumed natural inclinations.*

In the first place children only want to find out more about things which interest them, to experience structures that they *like*, and it is our job to bring them into proximity with things they desire so that they take pleasure in their lives, so that they learn, *learn to learn and to like* (cf. Gieding 1979. 18), the self-management of self-educating and "self-regulating learning" (cf. ibid.).

> "The motive of genuine learning, with understanding, will always have illusionary origins. The pattern of the first, non-verbal, communication will shape the pattern of all further communicative acts. Coming into proximity with what one 'likes'" (ibid., p. 20).

H. Roth (1976. 76f.) has clarified the *conditions for the development of the child's understanding* in his description or upbringing and educational issues:

> "What we provide for the infant is *nurture* – nurture as an overall term for – is what helping physical, psychological and intellectual development precedes teaching and upbringing, and makes them possible. In the *case of lessons* and teaching we think more of building and developing character, of a binding value-world and a philosophy of life (...). Upbringing implies the refinement or urges and drives (...) value orientation (...) cultivation of thought from ideas and ideals (...)" (p. 76).

> "*Cultivation* (...) we used to like to interpret as the creative synthesis of education and upbringing (...) the unplannable fruit of both, or the gift of rare moments: but these days (...) it is not primarily a question of cultivation but of 'being educated'" (p. 76f.). "We can record it all in the following diagram" (p. 77).

(...) [Original graphic from Roth, see page 77, here's own graphical representation, G.-B.v.C.]

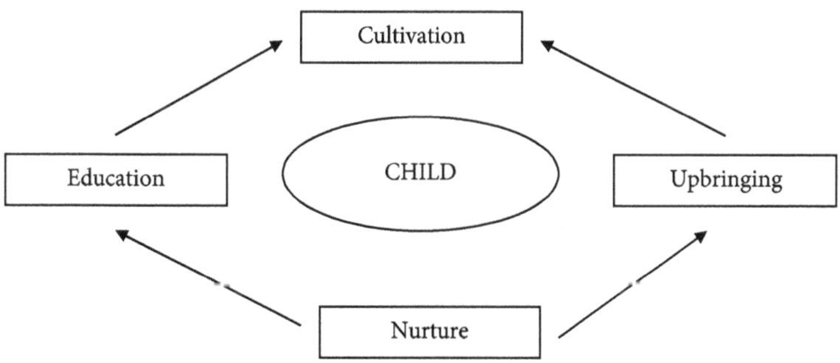


**Abb. 5:** H. Roth (1976. 77): here's own graphical representation

"The indirect or functional learning which takes place in life of its own accord is just as important as intentional or deliberate education. (...) We can speak of this as an *educational field* only when the two forms complement and correct each other" (ibid.).

## References

Ayres, A. J. ([6]2016): *Bausteine der kindlichen Entwicklung: Sensorische Integration verstehen und anwenden. – Das Original in moderner Neuaufl. Kindle Edition.* Berlin & Heidelberg.

Blaß, J. L. (1972): *Pädagogische Theoriebildung bei Johann Friedrich Herbart. Umriß pädagogischer Vorlesungen.* Meisenheim a.G., S. 192–202.

Bürgermann, S. & Carlsburg, G.-B. v. (2010): *Pädagogische Therapie: Identitätsprobleme erfolgreich behandeln.* Augsburg.

Comenius, J. A. (1896): *Comenius' School of Infancy. An Essay on the Education of Youth during the First Six Years,* ed. by W.S. Monroe. Boston.

Comenius, J. A. ([1630]/2014): Informatorium. Der Mutterschul, aus: J.A. Comenius (1921): Mutterschule, mit einer Einleitung hrsg. von A. Richter. Leipzig. In: Arnhardt, G. & Carlsburg, G.-B. v. (Hrsg.): *Jan Amos Comenius. Über sich und die Erneuerung von Wissenschaft, Erziehung und christlicher Lebensordnung.* Bd. 2. Donauwörth, S. 381–395.

Comenius, J. A. (1898): *Joh. Amos Comenius' große Unterrichtslehre,* hrsg. v. C. Th. Lion. Langensalza.

Comenius, J. A. (1996): Mathetica, d.h. Lernkunst. In: Golz, R., Korthaase, W. & Schäfer, E. (Hrsg.): Comenius und unsere Zeit, Baltmannsweiler, S. 130–148.

Comenius, J. A. (1658): *Orbis sensualium pictus. Die sichtbare Welt, das ist: aller vornehmsten Weltdinge und Lebensverrichtungen Vorbildung und Benamung. Nürnberg (Exemplar der Comenius-Stichting in Naarden/NL)* [Reprint: Dortmund, Harenberg Kommunikation (1978; [2]1979)].

Comenius, J. A. (1888; [2]1907): *Pädagogische Schriften. Zweiter Band: Schola Ludus d.i. Die Schule als Spiel, Bibliothek Pädagogischer Klassiker, hrsg. v. F. Mann, ins Deutsche übertragen v. W. Bötticher.* Langensalza.

Duncker, K. (1935): *Zur Psychologie des produktiven Denkens.* Berlin.

Fatke, R. (1979): Jean Piaget. In: Scheuerl, H. (Hrsg.): *Klassiker der Pädagogik.* Bd. 2, München, S. 290–314.

Fries, M. (2010): *Wie ein Baby seine Welt entdeckt. Die Entwicklung Ihres Kindes verstehen und begleiten.* Weinheim.

Gieding, H. (1979): Anthropologische und pädagogische Voraussetzungen des Gelingens. In: Studiengruppe Lehrer-Dozenten an der Pädagogischen Hochschule Heidelberg (Hrsg.): *Informationsschrift zur Lehrerbildung und Fortbildung 18.* Heidelberg, S. 5–24.

Göhlich, M., Leonhard, H.-W., Liebau, E. & Zirfas, J. (Hrsg.) (2006): *Transkulturalität und Pädagogik. Interdisziplinäre Annäherungen an ein kulturwissenschaftliches Konzept und seine pädagogische Relevanz.* Weinheim.

Göppel, R. (2002): *Wenn ich hasse, habe ich keine Angst mehr:. Psychoanalytisch-pädagogische Beiträge zum Verständnis problematischer Entwicklungsverläufe und schwieriger Erziehungssituationen.* Donauwörth.

Harris, P. L. (1992): *Das Kind und die Gefühle. Wie sich das Verständnis für die anderen Menschen entwickelt.* Göttingen.

Haug-Schnabel, G. & Bensel, J. (2017): *Grundlagen der Entwicklungspsychologie: Die ersten 10 Lebensjahre.* Freiburg.

Herbart, J. F. (1816): *Lehrbuch zur Psychologie.* Königsberg & Leipzig.

Herbart [Johann Friedrich] (1825): *Psychologie als Wissenschaft. Neu gegründet auf Erfahrung, Metaphysik, und Mathematik. Zweyter, analytischer Theil.* Königsberg.

Herbart, J. F. (1842/1843): *Kleinere philosophische Schriften und Abhandlungen, nebst dessen wissenschaftlichem Nachlasse,* hrsg. von G. Hartenstein. 3 Bde. Leipzig.

Herbart's [Johann Friedrich] ([1851]/1906): *Sämmtliche Werke, SW XI – Schriften zur Pädagogik, Zweiter Theil: Zur Lehre von der Apperception,* hrsg. von G. Hartenstein. Leipzig, S. 371–373.

Herbart, J. F. (1878). *Kleinere pädagogische Schriften, Reden und Abhandlungen. Mit Einleitung u. Anmerkungen versehen von K. Richter.* Leipzig.

Herbart's [Johann Friedrich] ($^{2}$1880) *Pädagogische Schriften, hrsg. mit Einleitung, Anmerkungen u. comparativem Register versehen von O. Willmann.* 2 Bde. Leipzig.

Herbart's [Johann Friedrich] (1887–1912): *Sämtliche Werke.* 19 Bde., hrsg. von K. Kehrbach, O. Flügel & Th. Fritzsch. Langensalza.

Herbart, J. F. ($^{6}$1896). *Pädagogische Schriften. Mit Herbarts Biographie.* 2 Bde, hrsg. von F. Bartholomäi. *Neu bearbeitet u. mit erläuternden Anmerkungen versehen von E. v. Sallwürk. Reihe Bibliothek pädagogischer Klassiker.* Lanzensalza.

Herbart [Johann Friedrich] ($^{10}$1903): *Vollständige Darstellung der Lehre Herbarts. (Psychologie, Ethik und Pädagogik.) Aus sämtlichen Werken und mit eigenen Worten des großen Denkers.* Langensalza, S. 21–109.

Herbart's [Johann Friedrich] (1913) *Pädagogische Schriften. Mit Einleitungen und Registern sowie reichem bisher ungedruckten Material aus Herbarts Nachlaß. Dritte Ausgabe.* Bd. 2. Osterwieck/Harz & Leipzig.

Herbart's [Johann Friedrich] (1914) *Pädagogische Schriften. Mit Einleitungen und Registern sowie reichem bisher ungedruckten Material aus Herbarts Nachlaß.* Dritte Ausgabe. Bd. 2. Umriß pädagogischer Vorlesungen. II. Teil: Umriß der allgemeinen Pädagogik, §§ 74–77, § 129., hrsg. von O. Willmann & Th. Fritzsch. Osterwieck/Harz & Leipzig, S. 43–47, 76f.

Herbart, J. F. (1976): Umriß pädagogischer Vorlesungen. Zweiter Teil: Umriß der allgemeinen Pädagogik, §§ 74–77, § 129. In: Herbart, J. F.: *Ausgewählte Schriften zur Pädagogik, ausgew., eingel. u. erläut. v. F. Hofmann u. Mitarb. von B. Ebert.* Berlin, S. 255–258, 286f.

Herbart, J. F. (³1984): *Bd. I: Umriß pädagogischer Vorlesungen. Zweiter Teil: Umriß der allgemeinen Pädagogik,* §§ 74–77, § 129, hrsg. u. besorgt von J. Esterhues. Paderborn, S. 31–34, 62.

Herders Sämmtliche Werke (1877–1913), hrsg. von B. Suphan. 33 Bände, Berlin.

Herder, J.G. ([1774]/1891): Auch eine Philosophie der Geschichte zur Bildung der Menschheit. In: Herder, J. G. [v.]: *Sämmtliche Werke.* Bd. V, hrsg. von B. Suphan. Berlin, S. 475–586.

Herder, J.G. von (1892). Vitae non scholae discendum. In: Herders Sämmtliche Werke. Bd. 30, hrsg. u. besorgt von G. Suphan. Berlin, S. 266–274.

Herder, J.G. [v.] (1952): Zur Philosophie der Geschichte. Eine Auswahl in zwei Bänden. Zweiter Band, hrsg. von W. Harich. *Reihe: Klassisches Erbe aus Philosophie und Geschichte.* Berlin.

Herder, J. G. [v.] ([1774]/1967): *Auch eine Philosophie der Geschichte zur Bildung der Menschheit.* Frankfurt a.M.

Herder, J.G. [v.] (⁵1967a): Vitae, non scholae discendum. Schulrede aus dem Jahre 1800. In: Flitner, W. (Hrsg.): *Die Erziehung. Pädagogen und Philosophen über die Erziehung und ihre Probleme.* Bremen, S. 223–232.

Herder, J. G. [v.] (⁵1978): Ideen zur Philosophie der Geschichte. In: *Herders Werke in fünf Bänden. Bibliothek Deutscher Klassiker.* Bd. 4, hrsg. von den Nationalen Forschungs- u. Gedenkstätten der klassischen deutschen Literatur in Weimar. Ausgewählt u. eingeleitet von R. Otto. Berlin & Weimar, S. 206.

Herders Werke in fünf Bänden (⁵1978a). *Bibliothek Deutscher Klassiker.* Bd. 4 (Slawische Völker. 16. Buch. Kap. IV), hrsg. von den Nationalen Forschungs- u. Gedenkstätten der klassischen deutschen Literatur in Weimar. Ausgewählt u. eingeleitet von R. Otto. Berlin & Weimar, S. 393–400.

Herder, J.G. [v.] (1989): *Ideen zur Philosophie der Geschichte der Menschheit,* hrsg. von M. Bollacher. Frankfurt a.M.

Heueck-Mauß, D. (2014): *Stressfreie Vorschuljahre. Trotzköpfe, Schreihälse und Angsthasen kompetent erziehen. Kinder verstehen lernen. Humboldt – Eltern & Kind.* Hannover.

Köhler, H. (⁸2001): *Von ängstlichen, traurigen und unruhigen Kindern. Eine Orientierung für Eltern und Erzieher.* Hannover.

Kant, I. (⁷1980): *Anthropologie in pragmatischer Hinsicht. Erster Teil. Anthropologische Didaktik. Erstes Buch: Vom Erkenntnisvermögen,* §§ 7, 40, hrsg. v. K. Vorländer. Hamburg, S. 29–33 u. 106f.

Kant, I. ([2]1982): *Ausgewählte Schriften zur Pädagogik und ihrer Begründung. Ausgewählte pädagogische Schriften*, bes. v. H. Groothoff u. Mitwirk. v. E. Reimers. Paderborn.

Kant, I. (A 1781): *Critik der reinen Vernunft.* Riga.

Kant, I. ([1781 (A); [2]1787 (B)]/[4]1993): *Die drei Kritiken. Bd. 1: Kritik der reinen Vernunft. Nach der ersten und zweiten Orig.-Ausg. Jubiläumsausg.*, hrsg. von R. Schmidt. Mit einer Bibliographie von H. Klemme. Hamburg.

Kant, I. (B [2]1787): *Kritik der reinen Vernunft. Zweite hin und wieder verbesserte Aufl.* Riga.

Kant, I. ([1790]/1974): *Kritik der Urteilskraft*, hrsg. v. K. Vorländer. Hamburg.

Kant, I. ([1803]/[5]1984): *Über Pädagogik. Reihe Kamps pädagogische Taschenbücher*, hrsg. von H. Holstein. Bochum [Original hrsg. von D. Fr. Th. Rink].

Krenz, A. ([5]2012): *Kinderseelen verstehen. Verhaltensauffälligkeiten und ihre Hintergründe.* München.

Laing, R. D. (1978): *Die Tatsachen des Lebens.* Köln.

Lincke, H. (1972): Wirklichkeit und Illusion. In: *Psyche*, H. 11, S. 821–851.

Lorenz, K. (1965): *Über tierisches und menschliches Verhalten. Aus dem Werdegang der Verhaltenslehre. Gesammelte Abhandlungen. 2 Bde.* Stuttgart.

Messer, A. (2012): *Die Apperzeption als Grundbegriff der pädagogischen Psychologie. TB.* Bremen.

Mietzel, G. ([4]2002): *Wege in die Entwicklungspsychologie. Kindheit und Jugend. Überarb. Aufl.* Weinheim.

Nickel, H. ([3]1975): *Entwicklungspsychologie des Kindes- und Jugendalters.* Bd. 1. Bern.

Oerter, R. ([17]1977): *Moderne Entwicklungspsychologie.* Donauwörth.

Piaget, J. (1946): *Psychologie der Intelligenz.* Zürich.

Piaget, J. (1969): *Das Erwachen der Intelligenz beim Kinde.* Stuttgart.

Piaget, J. (1972): *Die Entwicklung des Erkennens. Bd. I.* Stuttgart.

Piaget, J. (1973): *Die Entwicklung des Erkennens. Bd. II/III.* Stuttgart.

Piaget, J. (1974): *Abriß der genetischen Epistemologie.* Olten.

Piaget, J. ([2]1975): *Sprechen und Denken des Kindes.* Düsseldorf.

Piaget, J. (1980): *Das Weltbild des Kindes.* Frankfurt a.M., Berlin & Wien.

Piaget, J. (1990): *Theorien und Methoden der modernen Erziehung.* 43./44.Tsd. Frankfurt.

Piaget, J. (1999): *Über Pädagogik.* Weinheim & Basel.

Piaget, J. (2003): *Meine Theorie der geistigen Entwicklung.* Weinheim, Basel & Berlin.

Pfordten, O. van d. (1914): *Das Gefühl und die Pädagogik*, Heidelberg.

Quattrocchi Montanaro, S. (2014): *Das Kind verstehen. Entwicklung und Erziehung von 0–3 Jahren nach Maria Montessori. Montessori Wissen.* Freiburg.

Reinert [v. Carlsburg], G.-B. v. (1986): Voraussetzungen zur Entwicklung des kindlichen Verständnisses. In: Reinert [v. Carlsburg], G.-B. v. (Hrsg.): Kindgemäße Erziehung. Frankfurt a.M., S. 67–87.

Reinert [v. Carlsburg], G.-B. v. & M.Ch. Arnold (1976): *Das darstellende Spiel in der Schule.* München.

Reinert [v. Carlsburg], G.-B. v. & K.I. Flessau (1975): Planung und Durchführung von Unterricht anhand unterschiedlicher Unterrichtsmodelle. In: *Curriculum-Handbuch.* Bd. 2, hrsg. von K. Frey & al. München, S. 463–479.

Roth, H. ([4]1976): *Pädagogische Anthropologie. Bd. I: Bildsamkeit und Bestimmung.* Hannover, Dortmund, Darmstadt & Berlin.

Sarbin, T. R. (1959): Role Theory. In: *Handbuch der Sozialpsychologie.* Bd. I, hrsg. von G. Lindzey & E. Aronson. London, S. 223–258.

Sartre, J.-P. (1977): *Der Idiot der Familie.* Bd. I. Hamburg.

Schmid König, N. ([5]2010): *Damit Kindern kein Flügel bricht: Kindliche Verhaltensauffälligkeiten verstehen und ein gutes Familienklima fördern.* München.

Spitz, R. (1967): *Vom Säugling zum Kleinkind.* Stuttgart.

Voos, D. (2010): *Kleine Kinder richtig verstehen. Woran Sie erkennen, ob sich Ihr Kind normal entwickelt. Für einen entspannten Start in den ersten vier Lebensjahren.* Hannover.

Welsch, W. (1994): Transkulturalität – die veränderte Verfassung heutiger Kulturen. In: Duve, F. (Hrsg.): *Sichtweisen. Die Vielheit in der Einheit.* Frankfurt a.M., S. 83–122.

Welsch, W. (1994a): Transkulturalität – die veränderte Verfassung heutiger Kulturen. Ein Diskurs mit Johann Gottfried Herder In: *VIA REGIA – Blätter für internationale kulturelle Kommunikation,* hrsg. vom Europäischen Kultur- und Informationszentrum in Thüringen, H. 20, URL: https://www.via-regia.org/bibliothek/pdf/heft20/welsch_transkulti.pdf [06.01.2019].

Welsch, W. (1995): Transkulturalität. In: *Zeitschrift für Kulturaustausch,* Jg. 45, H. 1, S. 39–44.

Welsch, W. (2009): Was ist eigentlich Transkulturalität? In: Darowska, L., Lüttenberg, Th. & Machold, C. (Hrsg.): *Hochschule als transkultureller Raum? Kultur, Bildung und Differenz in der Universität.* Bielefeld, S. 39–66.

Witte, R. (1979): Bemerkungen zur Ausbildung von Grundschullehrern, anlässlich des Entwurfs einer neuen Prüfungsordnung. In: Studiengruppe Lehrer-Dozenten an der Pädagogischen Hochschule Heidelberg (Hrsg.): *Informationsschrift zur Lehrerbildung und -fortbildung* 18, S. 41–50.

Thomas Strehle

# Der Umgang mit Migration als didaktische Aufgabe im Kontext von (Ent-)Kategorisierung

**Abstract:** Migration is viewed as a classification feature that is brought into discussion to create a division. In the understanding of the text, people can be classified an sorted out by categories such as migration. Personality and differences between subjects could disappear behind these categories and people are in danger of losing their typical properties and qualities. The teaching staff is asked to come up with solutions to deal with classifications. They are discussed here to develop a system of reflection, which can be used to reflect the handling of categories in sciences and lessons.

**Keywords:** Migration, typical properties and qualities, system of reflection

## Einleitung

Migration wird, wie im ersten Teil dieses Beitrages zu zeigen sein wird, als Unterscheidungsmerkmal herangezogen, um Differenzen zwischen Subjekten zu begründen. Diese Differenzen sind aber keine feststehenden Kategorien, sondern werden in einem Schulsystem, das auf Subsumtion basiert, hergestellt und bearbeitet. Dieser Befund der Herstellung und Bearbeitung trifft explizit auch auf Unterrichtsgestaltung und den Zweig der Schulpädagogik zu, der sich mit Lehren und Lernen in der Schule beschäftigt: die Didaktik. Auch dort wird auf Kategorisierungen Bezug genommen, allerdings in sich zum Teil diametral gegenüberstehenden Formatierungen. Lehrkräfte sind damit dazu aufgefordert, einen Modus zu entwickeln, über den die Auseinandersetzung mit Kategorisierungen erst erfolgen kann. Auf mögliche Formen der Reflexion wird am Ende des Textes eingegangen.

## 1 Heterogenität und Homogenität

Als eines der Gründungsnarrative für die Debatte um Heterogenität in der Schulpädagogik gilt die Veröffentlichung der PISA-Ergebnisse im Jahr 2000 (vgl. Walgenbach 2014a, S. 22/Walgenbach 2014b, S. 19/Koller 2014, S. 13). In diesem Kontext kommt auch dem Begriff der Migration Bedeutung zu: Er erscheint als Kategorie, um Differenzen, hier differente Leistungen zwischen Schüler_innen, zu begründen. So kann die „Differenz, die zwischen Bevölkerungsgruppen von Migrant*innen und Nicht-Migrant*innen gezogen wird, bereits als Resultat eines migrationsgesellschaftlichen Diskurses angesehen werden, der sich in sozialen Unterscheidungspraxen realisiert“ (Geier 2016, S. 435).

Mit dem Begriff der Unterscheidung ist damit auf ein wesentliches Bestimmungsmerkmal von Heterogenität verwiesen. In dem einzelne Subjekte miteinander verglichen werden, entstehen sowohl Konstruktionen von Heterogenität als auch von Homogenität. Beides sind Subjektformatierungen, die komplementär aufeinander verweisen. „Heterogenitätskonstruktionen sind somit nicht isoliert ohne Konstruktionen von Homogenität zu erfassen, beide entstehen in Prozessen des Wahrnehmens und Vergleichens, denen implizite oder explizite Maßstäbe oder Bezüge zu Grunde gelegt sind" (Budde 2015, S. 103). Dies von Budde hier angesprochene gilt auch für die hier im Zentrum stehende Kategorie der Migration. Migration wird zu einem Merkmal, über das Subjekte homogenisiert werden. Erst auf dieser Grundlage lassen sich überhaupt Gemeinsamkeiten, beispielsweise im Bildungsverlauf, zwischen Menschen mit Migrationshintergrund feststellen. Gleichzeitig wird die Gruppe, deren Mitglieder ein gleiches Merkmal aufweisen, auf diesem Weg von anderen Gruppen unterscheidbar. Unterstellt wird damit aber auch, dass das Merkmal als Gleiches erfasst werden kann, denn sonst könnte es nicht als Instrument der Unterscheidung herangezogen werden: Es können nur solche Eigenschaften miteinander in Relation gesetzt werden, die auf einer Ebene als gleich und damit vergleichbar betrachtet werden können – nur Gleiches kann mit Gleichem verglichen werden (vgl. Sturm 2013, S. 16).

Heterogenitätsdimensionen sind immer eingelassen in spezifische soziokulturelle Bedingungen. Dies gilt auch explizit für den Umgang mit Heterogenität in der Institution Schule. Makro- und mesostrukturelle Ordnungsformen wie beispielsweise die Schulstruktur eines Bundeslandes oder spezifische Vorgaben prägen den Umgang im Unterricht mit Heterogenität genauso wie die möglichen Variationen der Schulkultur (vgl. Helsper 2008). Über den Begriff der Schulkultur geraten im Kontext von Heterogenität die Normen, die postulierten oder gelebten Vorstellungen der Einzelschule, ihre pädagogischen Programmatiken usw. in den Blick, die Anschlüsse für bestimmte Schüler_innen schaffen und anderen Schüler_innen verschließen. Ausprägungen von Heterogenitätsdimensionen werden dadurch schulspezifisch reguliert und können mit Homogenitätsvorstellungen, die an einer Schule praktiziert werden, in Konflikt geraten. Dies gilt auch explizit für ein zentrales Kennzeichen von Schule, nämlich die Messung von Leistung, die in die Funktionen von Schule nach Fend eingelassen ist (vgl. Fend 2006).

Die Tatsache, dass Schüler_innen verschieden sind, lässt sich im Kontext von Schule genau an diesem Diskursstrang der Leistung festmachen. Individuelle Leistungen sind das als gleich und vergleichbar gedachte Merkmal, über das Unterschiede zwischen Schüler_innen festgestellt werden. Differenzen zwischen Schüler_innen werden dann unter diesem Maßstab betrachtet: „Dabei geht es aus dieser Perspektive noch nicht um Fragen sozialer Gerechtigkeit und die Schule als Ort der (Re)Produktion sozialer Ungleichheiten, sondern um Argumente für und gegen leistungsheterogene Lerngruppen auf der Basis beobachteter oder behaupteter Effekte ..." (Puhr 2017, S. 17). Ganz in diesem Sinne des Umgangs mit Heterogenität soll es darum gehen, alle Lerner_innen zu fördern und um ihre Interessen und Begabungen zu zentrieren (vgl. Ruberg/Porsch 2016, S. 358). Individuelle Förderung im Kontext des Umgangs mit Heterogenität wird so zu einem Instrument, um die Schülerleistungen zu verbessern und einen Beitrag zur Chancengleichheit zu leisten (vgl. Ruberg/Porsch 2016, S. 361).

Dieser hier dargestellte Diskursstrang geht also davon aus, dass es messbare Leistungsunterschiede gibt, deren individuelle Ausprägungen Lehrkräfte in ihren Unterricht integrieren (sollen). Vernachlässigt werden damit aber sowohl die schulkulturellen Voraussetzungen, auf deren Grundlage Leistungsfeststellungen ja erst erfolgen als auch die Tatsache, dass Lehrkräfte unwiderruflich in die Herstellung, Bearbeitung, Auflösung oder Verfestigung als heterogen wahrgenommener Merkmale verstrickt sind. Differenzen werden damit in Schulen bearbeitet und in dem das passiert, muss dieser Prozess in Abhängigkeit von den Perspektiven der Lehrkräfte betrachtet werden. „Leistungserbringung in Schule realisiert sich als ins Verhältnis setzen zu den schulischen Verhaltens- und Wissensordnungen. Erst in dieser ... Zusammenkunft kann ein theoretisches wie empirisches Verständnis davon entwickelt werden, ..., was den Unterschied (und damit die Differenz oder Heterogenität) der Schüler_innen ausmacht" (Budde/Rißler 2017, S. 180). Empirisch abgesichert wird die Verstrickung der Lehrkräfte in die Bearbeitung von Heterogenität im Kontext schulstruktureller und schulkultureller Ordnungen über die Darstellung des Schülers Juvan: Budde/Rißler zeichnen in einem ethnografischen Forschungsprojekt nach, wie Juvan, von den Lehrkräften zunächst als benachteiligter Junge mit Migrationshintergrund aus einer bildungsfernen Schicht gezeichnet wird, der dann aber, am Ende der 5. Klasse, in der Wahrnehmung der Lehrkräfte zum ausländischen Riesen-Macho mutiert, der auch noch mit den falschen Schülern rumhängt (vgl. Budde/Rißler 2017, S. 194). Beide Wahrnehmungsmuster sind Konstruktionsleistungen der Lehrkräfte, die dann natürlich auch je die Interaktion, Leistungsbewertung usw. mit Juvan prägen. Eindrücklich wird hier vor Augen geführt, wie Schüler_innen kategorisiert, dadurch als typischer Fall dieser Kategorie konstruiert werden und gleichzeitig die Zuordnung immer wieder überarbeitet werden kann. Dies gilt auch explizit für den Bereich der Leistungsmessung, obwohl dieser auf scheinbar objektiven Kriterien beruht.

Die Produktion einer bestimmten Gruppe subsumiert Subjekte nicht nur in eine bestimmte Differenzordnung, sondern bestimmt auch gleichzeitig diejenigen, die nicht dazu gehören: Die Markierung von Juvan als etwas lässt Rückschlüsse auf die Konstituierung der anderen zu. „So bewirken gruppenbezogene Kategorisierungen von Schüler_innen wie ... Sitzenbleiber oder Ausländer ... nicht nur die Konstruktion der Gruppe mit besonderen Bedarfen, sondern vielmehr wirken sie auch darauf, dass implizit die Gruppe ohne besondere Bedarfe, die als nicht-besonders gilt, ..., in iterativen Akten hergestellt wird" (Mecheril/Shure 2015, S. 109).

## 2 Migration als Dimension von Heterogenität

Definitionen des Begriffes Migration sind sehr weitgespannt und fokussieren, je nach Blickrichtung, ganz unterschiedliche Dimensionen. Dies wird auch deutlich an der breiten Begriffspalette, die er zur Verfügung stellt, um den Schüler Juvan zu charakterisieren (s.o.). In einer ersten, noch recht groben Annäherung kann der Begriff Migration konzeptioniert werden hinsichtlich räumlicher Gesichtspunkte, zeitlicher Aspekte (temporär oder dauerhaft) und auf der Grundlage von Wanderungsentscheidungen (vgl. Mecheril 2010, S. 42). In einer darauf aufbauenden Dimension wird über ihn Zugehörigkeit fokussiert. Weil es politische und dem folgend auch semantische Ordnungen gibt, die Zugehörigkeit über Nation, Ethnie oder Kultur organisieren, können Subjekte als Mitglieder eben dieser Ordnungen gefasst werden (vgl. Mecheril/Shure 2015, S. 111). Damit kommt aber das bereits oben angesprochene Moment des Unterschieds zum Tragen: Er bringt eine Unterscheidung hervor zwischen Anderen und Nicht-Anderen (vgl. Mecheril 2004, S. 19), zwischen Menschen, die dazugehören und solchen, die es nicht tun. Es werden über die Perspektive Migration damit Ordnungen angesprochen, die Differenzen markieren. Migrationshintergrund ist unter dieser Voraussetzung also „nicht als selbstverständlich relevantes Personenmerkmal vorauszusetzen" – vielmehr geht es darum, „ihn als Begriff in den Blick zu nehmen, der dazu dient, Grenzen zu ziehen, Zugehörigkeiten auszudrücken und soziale Ordnungen zu deuten und zu strukturieren" (Horvath 2017, S. 199). Dem ähnlich argumentieren auch Winker/Degele. Sie benennen vier Strukturkategorien kapitalistisch orientierter Gesellschaften – neben der Kategorie Rasse, unter der auch Migration verhandelt wird, sind dies Körper, Geschlecht und Klasse (vgl. Winker/Degele 2009, S. 37ff.). In ihnen kommen Herrschaftsverhältnisse zum Ausdruck, die sich gegenseitig bedingen und verstärken können und Identitätskonstruktionen maßgeblich prägen. In dem also über Migration ein Innen und Außen geschaffen wird, werden Hierarchien gebildet. „Strukturell diskriminiert wegen eines nur begrenzten freien Zugangs zum Arbeitsmarkt oder der permanenten Gefahr der Ausgrenzung werden Menschen beispielsweise aufgrund einer von der Mehrheitsgesellschaft abweichenden Nationalität, Ethnie, Religion oder auch Weltanschauung" (Winker/Degele 2009, S. 48/49).

Um aber die durch Nation, Ethnie oder Kultur hergestellten Ordnungen aufrechtzuerhalten und die dadurch eingeschriebenen Macht- und Herrschaftsverhältnisse zu stabilisieren, werden diese Ordnungen ontologisiert, in dem ihnen eine epochenübergreifende, zeitlose Wirkung zugesprochen wird. Dies soll am Begriff der Kultur, dem innerhalb des Diskurses Migration eine hohe Bedeutung zukommt, weiter verdeutlicht werden. Zunächst werden über ihn Unterschiede, die sich auf Herkunft beziehen, verbalisiert. Dabei besteht allerdings die Gefahr, dass Menschen „nicht mehr in ihrer Differenziertheit wahrgenommen werden" (Dirim/Heinemann S. 26), sondern ihre offensichtliche Kulturzugehörigkeit als Erklärungsmuster für unterschiedlichste Kontexte herangezogen wird (ebenda). Problematisch an einer solchen Konzeption ist nach Radtke nun die Ontologisierung von Kultur als ausschlaggebendes Momentum für die Ausgestaltung menschlichen Lebens. So könne „aus der unbestreitbaren Tatsache, dass ein Individuum durch die kulturellen (Um-)welten geprägt wird" (Radtke 2017, S. 71/72) eben keine Zwangsläufigkeit von Zugehörigkeit zu eben dieser Kultur gefolgert werden – vielmehr müsse die Pädagogik sich entscheiden, „ob sie es mit Individuen oder mit (Repräsentanten von) Kollektiven zu tun haben will" (Radtke 2017, S. 74).

## 3 Migration im Kontext inklusiver Didaktik

Didaktik als Wissenschaft des Lehrens und Lernens (vgl. Terhart 2009, S. 13ff.), die sich als Enkulturationswissenschaft begreift und in diesem Sinne die Vermittlung inhaltlicher, kultureller und sozialer Aspekte im Kontext von Schule wissenschaftlicher Theoriebildung zuführt (vgl. Kron 2004, S. 49), muss unter dieser Prämisse auch gesellschaftlich diskutierte Phänomene in ihren Erkenntnisprozess integrieren. In diesem Sinne sollte sich didaktische Forschung und Theoriebildung auch mit Inklusion auseinandersetzen: Hier geht es dann darum, Möglichkeiten aufzuzeigen, wie inklusiver Unterricht als Unterricht für alle (Hopf, Kronauer 2016/ Katzenbach 2017/Werning 2013) konzipiert werden kann. Ein solcher Unterricht verzichtet weitestgehend auf Zuschreibungen und Kategorisierungen, da er von einer Vielfalt menschlichen Lebens ausgeht (vgl. Katzenbach 2017, S. 124). Er richtet sein Bildungsangebot dann auch explizit an die Schüler_innen, die von einer Bildungsbenachteiligung und der erhöhten Feststellung eines sonderpädagogischen Förderbedarfes, der eher Differenzen markiert denn Entwicklungen diagnostiziert (vgl. Lütje-Klose/Löser 2013, S. 141), besonders betroffen sind – Schüler_innen mit Migrationshintergrund. „Schulische Inklusion strebt den Abbau von Diskriminierung und Marginalisierung an und wendet sich gegen die dichotome Vorstellung einer Zwei-Gruppen-Theorie, durch die z.B. eine Unterscheidung zwischen Deutschen und Ausländern … getroffen wird" (Lütje-Klose/Löser 2013, S. 134).

Die Forderung, Subjekte nicht über ihre Zugehörigkeit zu einer Gruppe zu definieren, findet sich auch in den didaktischen Ansätzen wieder, die sich als Didaktik für inklusive Settings begreifen. So versucht das sogenannte *Bielefelder Modell*, Schüler_innen als Individuen und nicht über Kategorien wahrzunehmen (vgl. Kullmann u.a. 2014, S. 95). Deutlich zum Ausdruck kommt die Forderung nach Entkategorisierung auch im Werk Feusers, auf den der didaktische Entwurf des *Lernens am gemeinsamen Gegenstand* zurückgeht. Bereits in dem Aufsatz, in dem er einer breiteren Öffentlichkeit seinen Ansatz präsentierte, wird dies deutlich. In dem Gesellschaften das Erscheinungsbild eines Menschen, z.B. das einer wahrgenommenen Behinderung, mit dem inneren Wesen dieser Person gleichsetzen, wird Andersartigkeit erst konstituiert (vgl. Feuser 1989, S. 12). Fast 30 Jahre später überträgt Feuser diesen Gedanken im Anschluss an Ausführungen zu Fanon auch auf Menschen mit Migrationshintergrund: So würden Menschen „auf Basis einer rassistischen Grundhaltung merkmals- und herkunftsbezogen verdinglicht" (Feuser 2017, S. 207) und auf diesem Weg ihrer Individualität beraubt (ebenda). Die von ihm entwickelte Didaktik versteht er dann auch als Versuch, in einem auf Segregation, Selektion und Zuweisung basierenden Schulsystem Gegenkräfte zu entwickeln, um damit Schule selbst neu zu strukturieren (vgl. Feuser 2017, S. 236).

Während in dem soweit hier entwickelten eine Fragewürdigkeit kategorisierender Einteilungen gerade auch im Kontext sich als inklusiv verstehender Didaktiken zum Ausdruck kommt, lassen sich demgegenüber auch Ansätze für die Gestaltung inklusiver Unterrichtssettings finden, die die Einteilung der Schüler_innen in verschiedene Gruppen zum Ausgangspunkt didaktischer Reflexion erklären. Ein solcher Ansatz ist der von Saalfrank/Zierer. Folgende Darstellung, die ihrem Buch entnommen ist, fokussiert genau diesen Punkt (vgl. Saalfrank/Zierer 2017, S. 35):

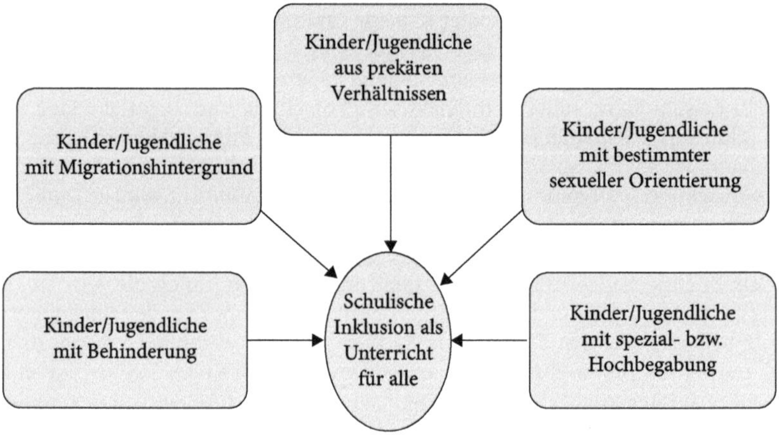


Vor dem Hintergrund der so weit in diesem Text entwickelten Argumentation scheint diese Darstellung in folgenden Punkten fragwürdig zu sein:

1.) Saalfrank/Zierer heben in diesem Kontext unter Bezugnahme auf einen erweiterten Inklusionsbegriff heraus, dass schulische und gesellschaftliche Strukturen zu schaffen sind, „die Bildungsmöglichkeiten für alle“ (S. 34) eröffnen. Im Gegensatz dazu bezieht sich der enge Inklusionsbegriff ausschließlich auf Schüler_innen mit Behinderung. Wenn nun aber eine inklusive Schule tatsächlich alle Schüler_innen adressiert, dann scheint es wenig sinnhaft zu sein, Individuen eben nicht als Subjekte, sondern als Mitglieder von Differenzkategorien anzusprechen. Das Spannungsverhältnis der Inklusion, Differenz im Sinne der Verschiedenheit zwischen Menschen zu thematisieren und es auf Grundlage von Gleichheitsvorstellungen nicht zu thematisieren (vgl. Katzenbach 2017, S. 125), wird so unterlaufen.
2.) „Diese Merkmale (eben dieser Grafik; T.S.) beschreiben einen Kernbestand für den Umgang mit Heterogenität und davon abgeleitet auch für Differenzierungsmaßnahmen im Unterricht“ (ebenda). In dem Subjekte also diesen Heterogenitätsdimensionen zugewiesen werden, erwachsen gleichzeitig spezifische Maßnahmen der unterrichtlichen Förderung. Diese gehen also nicht aus der Individualität und damit der Verschiedenheit hervor, sondern wurzeln in einer Gruppenzugehörigkeit.

3.) Während oben herausgestellt wurde, wie uneindeutig der Begriff der Migration ist – Ähnliches lässt sich auch über die anderen Begriffe der Grafik Saalfrank/Zierers sagen –, kommt hier dennoch eine Klarheit und Eindeutigkeit zum Ausdruck, die in dieser Form aber nicht existiert. Unterstellt wird ja, dass alle Mitglieder jeder dieser genannten Gruppen mindestens ein gemeinsames Element haben, über das sie zugewiesen werden können und das sie als Angehörige der einen von den anderen Gruppen trennt.
4.) Doch wird hier nicht nur mit vermeintlichen Klarheiten gearbeitet – Überschneidungen zwischen den Angehörigen oder mehrfache Zugehörigkeiten scheinen nicht zu existieren. Differenzkategorien werden damit nicht nur trennscharf konzipiert, sondern darüber hinaus in ein entweder – oder sortiert. Ein auf Intersektionalität ausgelegtes Verhältnis (vgl. Walgenbach 2014, Budde/Hummrich 2013) der Kategorien zueinander kann auf diesem Weg nicht geschaffen werden.
5.) Im Anschluss an die Ausführungen Radtkes wurde oben auf die Gefahr eingegangen, die aus einer Kulturalisierung der Migrationsthematik erwachsen kann. Im vorliegenden Fall wird aber die Heterogenitätsdimension Migration gegenüber kulturalisierenden Tendenzen nicht abgeriegelt, sodass eine solche Rahmung im Auge des Betrachters zumindest möglich erscheint: Migration wird zu einer Kategorie der Unterscheidung, die kulturell begründet wird.

## 4 Der Umgang mit Kategorien im Unterricht

Damit sind zwei gegenüberliegende Pole benannt, die den schulischen Raum markieren, innerhalb dessen mit Heterogenitätsdimensionen umgegangen werden kann: Auf der einen Seite können sie über ihren Verweis auf Kategorien abgelehnt und stattdessen ein subjektbezogener Zugang gewählt werden, auf der anderen Seite werden sie, wie in der Konzeption Saalfrank/Zierers, als Modus verwendet, um Vielfalt zu kanalisieren. Entscheidungen für den letztgenannten Weg sind aber mit den aufgezeigten Problemlagen verbunden; auf systemimmanente Widersprüche eines auf Kategorien verzichtenden Unterrichts wird in diesem noch Kapitel eingegangen.

Beide Konzeptionen generieren darüber hinaus didaktisches Handeln. Sie lassen sich als gegenüberliegende, diametrale Markierungen verstehen, die einen Raum didaktischer Entscheidungen erst schaffen. Dieser Raum ist nun für die Ausgestaltung von Unterricht folgenreich: Abhängig davon, wie sich Lehrkräfte innerhalb dessen positionieren, ergeben sich unterschiedliche Gewichtungen im Unterricht hinsichtlich inhaltlicher Gestaltung, der verwendeten Methoden und der Individualisierung – ein auf kategorialer Zuteilung basierender Unterricht ist ein anderer als einer, der darauf verzichtet. Auch wenn das Handeln von Lehrkräften institutionell gerahmt ist, ergeben sich hier dennoch Handlungsoptionen, die in Abhängigkeit von Einstellungs- und Deutungsmustern strukturiert sind. Wenn es aber Optionen gibt, die innerhalb des oben beschriebenen Raumes angesiedelt sind, wird gleichzeitig auf die Fähigkeit von Lehrkräften verwiesen, hier zu begründeten Entscheidungen zu kommen, wie sie in ihrem Unterricht mit Zuschreibungen umgehen und welche didaktischen Paradigma prägend sind. Dabei sind Lehrkräfte aber in schulkulturelle, institutionell gebundene oder kollektiv fixierte Mechanismen verstrickt, die den Entscheidungsraum durchdringen. Auf diesem Weg ist der Umgang mit Kategorisierungen nicht nur eine der subjektiven Positionierung, sondern eben auch eine der Einbettung und strukturellen Determinierung. In diesem Kapitel soll nun weiter herausgearbeitet werden, in welche Mechanismen des Umgangs mit Heterogenität und Differenz Lehrkräfte verstrickt sind, inwieweit das Sprechen von Heterogenität diese auch erst schafft und welche Formen der Bearbeitung für Lehrkräfte sich daraus ergeben.

Rendtorff sieht den Heterogenitätsbegriff dabei als Gummiwort (vgl. Rendtorff 2014, S. 115), das eher Klarheit signalisiere, als diese tatsächlich zu schaffen (ebenda). So verführe dieser Begriff, vor allem auch im Kontext von Migration und in seiner momentanen, vorherrschenden Ausdeutung dazu, „eben nicht differenzierte pädagogische Konzepte zu entwickeln" (ebenda), sondern „zu plausibel erscheinenden Sortierungsmerkmalen" zu greifen. Ein solches Sortierungsmerkmal sei bei Kindern aus Einwandererfamilien lange der kulturelle Hintergrund gewesen, der nun aber von der Religionszugehörigkeit verdrängt werde (ebenda). Die unbestrittene Vielfalt der Individuen wird also im Kontext der Heterogenitätsdimensionen über die Zuschreibung gruppenbezogener Merkmale gerahmt. Im Kontext von Migration ist dies im öffentlichen Diskurs vor allem die sogenannte Bildungsferne, die als Klassifikationsmerkmal fungiert (vgl. Rendtorff 2014, S. 121) und als sprachliches Bild Relationen schafft. Die Komplexität des Individuums könne so nicht voll zum Tragen kommen (ebenda) und werde immer an die zugeschriebenen Gruppenmerkmale rückgebunden. In einem anderen Artikel, der inhaltlich an das eben Gesagte anschließt, bezeichnet Rendtorff im Kontext der Geschlechtlichkeit solche Klassifikationen als Ordnungssysteme (vgl. Rendtorff 2017, S. 20/21) und hebt dadurch hervor, weswegen diesen Ordnung stiftenden Kategorien im alltäglichen Leben eine so hohe Bedeutung zukommt. In dem sie Vereindeutigungen herstellen, die natürlich auch strukturell fixiert sind und eben dadurch ihre Orientierungsmacht weiter steigern, stiften sie Kontinuität – dies allerdings, wie bereits angesprochen, mit spezifischen Wirkungen auf die Individuen. „Statt die Dinge in ihrer Komplexität und Unbestimmbarkeit zu betrachten, lassen wir uns verleiten, jeweils einige Aspekte herauszuheben und in den Vordergrund zu rücken, andere dafür zurücktreten zu lassen und der Aufmerksamkeit zu entziehen – um uns die Orientierung im Alltag (scheinbar) zu erleichtern" (Rendtorff 2017, S. 22/23).

Diese Einteilungen sind eingebunden in eine spezifische Wissensbildung, die den beteiligten Personen, in Abhängigkeit ihrer Position, bestimmte Aufgaben zuschreibt. Bei der Thematisierung von Migration lässt sich im Anschluss an Messerschmidt (ähnlich im Kontext von Teilhabe Maier 2016) eine asymmetrische Beziehungsgestaltung finden. So sprechen hier „Etablierte über Außenseiter, Integrierte über nicht (genügend) Integrierte, Mehrheitszugehörige über Minderheiten" (Messerschmidt 2016, S. 59). Die Ordnungsmuster, auf die im Kontext von

Heterogenität häufig zurückgegriffen wird, werden dabei als ontologische Kriterien gedeutet, denen eine überzeitliche Gültigkeit und damit auch eine permanente Wirkung zugeschrieben wird. Demgegenüber macht Rieger-Ladich darauf aufmerksam, dass über die Markierung von etwas als heterogen und damit verschieden unwiderruflich „Praktiken von Inklusion und Exklusion" (Rieger-Ladich 2017, S. 30) aufgerufen werden, die, wie auch das Zitat Messerschmidts oben zeigt, in gesellschaftlich fundierten Machtverhältnissen gründen. Entscheidend für diese hier anklingende Argumentation ist ein Verständnis von sozialen als konstruierte Ordnungen. In den Objekten oder Personen, über die wir alle tagtäglich sprechen, kommen eben keine metaphysischen Ordnungen zum Ausdruck, sondern diese werden von uns selbst gestiftet. Das Reden über etwas und damit das Bezeichnen von etwas als etwas ist nicht neutral, sondern immer rückgebunden in die Auseinandersetzung um die Deutungshoheit der Aussagen. „In der Beobachtung und Benennung wird fortwährend um die Definitionshoheit gerungen: Hier werden Plätze zugewiesen, Berechtigungen verliehen und Identitäten gestiftet; hier werden aber auch Ansprüche abschlägig beschieden, Hoffnungen auf Teilhabe enttäuscht und Lebensentwürfe zerstört" (Rieger-Ladich 2017, S. 34).

Referenzen, im Kontext von Migration also u.a. Herkunft und/oder Sprache, werden an Subjekte herangetragen. Diese Zuweisungsprozesse sind aber, wie Rieger-Ladich im Anschluss an das eben wiedergegebene Zitat noch stärker herausarbeitet, nicht neutral – sie sind von Machtinteressen durchtränkt. „Welche Selbstvorstellungen/Identitäten sich herausbilden, hängt davon ab, welche Zuschreibungen aus machthöheren gesellschaftlichen Positionen heraus an die Subjekte gerichtet werden" (Dirim/Heinemann S. 27/28). Damit können Zuweisungen als kategoriale Einordnungen nicht nur als identitätswirksam betrachtet werden, sondern gleichzeitig als Unterwerfungsstrategien (vgl. Messerschmidt 2017, S. 55), über die sich bildende Subjekte von Beginn an auf spezifische Weise verstanden werden. In dem Subjekte als Migrant_in markiert werden, sind sie als Andere verstanden, deren Differenz zu Nichtmigrant_innen über vermeintliche Eindeutigkeiten naturalisiert wird. Aus diesem Verständnis lassen sich dann nur Bildungsprozesse begründen, die auf dieser Basis nur als Anpassungsleistung formatiert werden können.

In dieses Sprechen von etwas als etwas sind natürlich auch Lehrkräfte eingebunden – ihnen begegnen Zuweisungen und Kategorisierungen, daraus resultierende Ordnungen und Deutungsmuster permanent in pädagogischen Zusammenhängen. Dies gilt auch explizit für die Institution Schule selbst, die auf Mechanismen von Zugehörigkeit genauso zurückgreift, wie sie diese auch produziert. Wenn aber, wie oben gezeigt, kategoriale Zuweisungen problematisch sind und ein dekategorisierender Umgang gefordert wird, muss gleichzeitig auch die Frage gestellt werden, inwieweit in einem auf Zuweisung und Gruppenzugehörigkeit basierendem Schulsystem ein Umgang mit Schüler_innen, der auf Separation und Markierung von Andersartigkeit verzichtet, überhaupt möglich ist. Bezug genommen wird mit diesem Argument auf die institutionellen, organisatorischen und kollektivierten Rahmenbedingungen, in die das Handeln von Lehrkräften unwiderruflich eingelassen ist – hier explizit auf solche, die Individuen bestimmten Gruppen zuweisen.

Auch in der Professionstheorie wird auf die Zuweisung des Einzelnen zu Gruppen (der Schüler als Mitglied einer Klassengemeinschaft, einer Leistungsgruppe, usw.) eingegangen, insbesondere im strukturtheoretischen Ansatz Helspers als Subsumtionsantinomie (vgl. Helsper 2004, S. 81). Wird dieser Ansatz zur Theoriebildung des Handelns von Lehrkräften herangezogen, erscheint es als permanentes Ausbalancieren zwischen einem sich am Individuum ausrichtenden Einzelfallbezug und einem auf Gruppenbildung und damit Kategorisierungen bestehendem Schulsystem. Die Lehrkraft kann vor diesem Hintergrund die Antinomie nicht aufheben, sondern nur bearbeiten. Hier steht nun aber weniger im Zentrum, diese mit der Organisation Schule zwangsläufig verbundene Subsumtion als Kritik an der Ausgestaltung des Schulsystems zu verankern, als vielmehr die Frage danach zu stellen, wie Lehrkräfte vor dem Hintergrund der Fragwürdigkeit von Zuschreibungen dennoch Handlungsfähigkeit bewahren können. Es geht damit um das Aushalten, Bearbeiten und Ausbalancieren von Antinomien, die in das pädagogische Handeln als strukturbildendes Element unwiderruflich eingelassen sind. Folgt man Messerschmidt an dieser Stelle, muss ein kritisches Professionsverständnis die eigene Profession miteinbeziehen und sollte eben nicht in einer puren Beschreibung von gegensätzlichen Erwartungen verharren. Als Handelnde in einer auf Unterscheidung basierenden Gesellschaftsform, deren Praktiken Ungleichwertigkeiten ausdrücken, muss die eigene Positionierung in ihren Abhängigkeiten befragt werden. „Kritik an diesen Dynamiken bedeutet in der Konsequenz wesentlich Selbstkritik und diese ist auch von den akademisch ausgebildeten Lehrenden in den pädagogischen Studiengängen zu verlangen, wenn kritische Professionalisierung die Kritik reflexiv wendet“ (Messerschmidt 2016, S. 62).

## 5 Fazit

Der Wunsch nach einem dekategorisierenden Handeln in einem auf Kategorien basierenden Schulsystem wird, wie Messerschmidt es in diesem Zitat verdeutlicht, als Selbstkritik gewendet. Damit wird auf eine Fähigkeit von Lehrkräften verwiesen, auf die immer wieder verwiesen wird, wenn es darum geht, mit Antinomien im Kontext von Schule umzugehen und sie zu bearbeiten: die der Reflexion (vgl. Budde, Hummrich 2013/Geier 2016). Vor dem Hintergrund der in diesem Aufsatz angesprochenen Argumentationsstränge lassen sich zwei Dimensionen von Reflexion im Kontext von Migration entwickeln. Der eine nimmt seinen Ausgangspunkt bei der kritischen Auseinandersetzung und kollektivierten Mustern, die in pädagogische Theoriebildung und damit auch in Didaktik als Hochschuldisziplin einfließen; der andere setzt im Handeln der Lehrkräfte an, das vor dem Hintergrund des strukturtheoretischen Professionalisierungsansatzes als eingebunden in die beiden Pole Universalismus und Partikularismus verstanden wird.

1.) Auf der Basis der Ausführungen Bourdieus und Wacquants in dem Band *Reflexive Anthropologie* rücken die häufig unbewussten Episteme in die Perspektive wissenschaftlicher Auseinandersetzung, die die Position der Forschenden prägen. Auf dieser Basis können die „von pädagogisch Handelnden" zurückgegriffenen „Wahrnehmungs-, Denk- und Handlungsvoraussetzungen" (Geier 2016, S. 192), die als unbewusste Überzeugung häufig unterrichtliches Handeln strukturieren, untersucht werden. Wissenschaftliche Theoriebildung, wie sie in der ersten Phase der Lehrer_innenbildung zum Tragen kommt, erscheint damit nicht als objektiviert, sondern als in gesellschaftlichen Diskursen wurzelndes Wissen. Auf dieser Ebene kommt es also „zu einer Reflexion auf das in die soziologischen Methoden eingegangene gesellschaftliche Unbewusste" (Geier 2016, S. 191).

Dies gilt natürlich auch für didaktische Theoriebildung – sie ist eingebunden in Wissensformationen, die auch Nicht-Reflektiertes, Un- oder Vorbewusstes enthalten. Auch in die beiden hier dargestellten, als gegenüberstehende Pole bezeichneten didaktischen Herangehensweisen, die den Umgang mit kategorialen Zuweisungen markieren, sind in ihrer Genese als wissenschaftliche Modelle spezifische Denkakte mit eingeflossen, die einen Rahmen vorgeben: Sie produzieren je Denkbares genauso, wie durch die jeweilige Perspektive Undenkbares als blinder Fleck hervorgerufen wird. „Was hier der ständigen Prüfung unterzogen und im Akt der Konstruktion des Objekts selbst neutralisiert werden muss, ist das kollektive wissenschaftliche Unbewusste, das in die Theorien, Probleme und (insbesondere nationalen) Kategorien der akademischen Vernunft eingegangen ist" (Bourdieu/Wacquant 1996, S. 68). Auf dieser Ebene beinhaltet Reflexion damit eine Auseinandersetzung mit den Epistemen und Paradigmen, die in didaktische Modelle und didaktische Theoriebildung eingeflossen sind und die Vorstellungen von Unterrichtsgestaltung produzieren. Didaktik als Enkulturationswissenschaft wird dann selbst reflexiv, wenn die Bedingungen, Organisationsformen und Modellbildungen, unter denen Enkulturation in Schule erfolgen soll, von den in ihr Handelnden, Lehrkräften, Studierenden und Forschenden, permanent befragt und geprüft wird. Nur auf diesem Weg wird es möglich, die oben von Messerschmidt angesprochenen eigenen Verstrickungen zu benennen und zu verdeutlichen.

2.) Von dieser theoretischen, die Wahrnehmungs-, Denk- und Handlungsmuster der Akteure prägenden Ebene, muss die getrennt werden, in der das Handeln von Lehrkräften erfolgt – die des Unterrichts. Didaktische Modellierungen, wie sie an Hochschulen oder Fortbildungseinrichtungen für Lehrkräfte gelehrt werden, können hier Deutungsschemata zur Verfügung stellen, die unterrichtliches Handeln prägen. Auf dieser Ebene stellt sich dann genauso die Frage, wie mit Kategorien umgegangen wird. So können gut gemeinte „Fördermaßnahmen die Wahrnehmung von Behinderung mitkonstruieren" (Budde/Hummrich 2013, S. 6). Ähnliches ließe sich auch über die Kategorie der Migration sagen, wie das Beispiel des Schülers Juvan (s.o.) vor Augen führt. Lehrkräfte nehmen in ihrem unterrichtlichen Handeln Bezug auf Kategorien und bearbeiten diese. Im Ansatz von Budde/Hummrich wird dies nun nicht problematisiert, sondern für Reflexionsprozesse geöffnet. „Reflexive Inklusion zielt in dieser Anlehnung sowohl auf das Wahrnehmen und Ernstnehmen von Differenzen und das Sichtbarmachen von darin eingeschriebener Benachteiligung, als auch auf den Verzicht auf Festschreibung und Verlängerung impliziter Normen durch deren Dekonstruktion“ (Budde/Hummrich 2013, S. 7). Differenzen können damit durch die Lehrkräfte dramatisiert oder auch entdramatisiert werden. Beide Umgangsformen sind eingebunden in ein komplexes, unentscheidbares Zusammenspiel, für das keine allgemeingültige Regel oder ein alle Einzelfälle umfassendes Handlungsmuster entwickelt werden kann.

Wird das eben im Anschluss an Budde/Hummrich sowie Bourdieu/Wacquant zur Reflexion auf die didaktische Erschließung von Unterricht übertragen, rücken die Bearbeitungsformen von Lehrkräften ins Zentrum, über die Unterricht organisiert wird. Unterricht kann im Hinblick auf den Umgang mit Differenz und Kategorien breit situiert werden, wie die Darstellung der beiden Pole in Kapitel 4 gezeigt hat. Aufgabe von Lehreraus- wie -weiterbildung ist es dann, die Differenz zwischen Festlegung und subjektiver Offenheit, zwischen Einzelfallbezug und Subsumtion zu thematisieren und in ihren jeweiligen Konsequenzen für Unterricht zu bearbeiten.

## Literatur

Bourdieu, P./Wacquant, L.: Reflexive Anthropologie. Frankfurt 1996.

Budde, J.: Konstruktionen von Gleichheit und Differenz im schulischen Feld. In: Bräu, K./Schlickum, C. (Hrsg.): Soziale Konstruktionen in Schule und Unterricht. Opladen 2015, S. 95–108.

Budde, J./Hummrich, M.: Reflexive Inklusion. Unter: www.inklusion-online.net, Ausgabe 4/2013; aufgerufen 15.07.2018.

Budde, J./Rißler, G.: Die Exklusion aus dem schulischen Anspruch. (Re-) Produktionsprozesse sozialer Ungleichheit im Unterricht in der Sekundarstufe I. In: Diehm, I./Kuhn, M./Machold, C. (Hrsg.): Differenz – Ungleichheit – Erziehungswissenschaft. Wiesbaden 2017, S. 179–198.

Dirim, I./Heinemann, A.: Sprachliche Identität. In: Österreichisches Religionspädagogisches Forum 24 (2016), S. 25–31.

Fend, H.: Neue Theorie der Schule. Wiesbaden 2006.

Feuser, G.: Allgemeine integrative Pädagogik und entwicklungslogische Didaktik. In: Behindertenpädagogik 28. Jahrgang 1/1989, S. 4–48.

Feuser, G.: Inklusion – das mögliche, das im Wirklichen noch nicht sichtbar ist. In: Feuser, G. (Hrsg.): Inklusion – ein leeres Versprechen? Gießen 2017, S. 183–286.

Geier, T.: Schule. In: Mecheril, P. (Hrsg.): Handbuch Migrationspädagogik. Weinheim 2016, S. 433–448.

Geier, T.: Skizze zur pädagogischen Professionalität von Lehrerinnen und Lehrern in der Migrationsgesellschaft. In: Dogmus, A./Karakasoglu, Y./Mecheril, P.

(Hrsg.): Pädagogisches Können in der Migrationsgesellschaft. Wiesbaden 2016, S. 179–200.

Helsper, W.: Antinomien, Widersprüche, Paradoxien: Lehrerarbeit – ein unmögliches Geschäft? Eine strukturtheoretisch-rekonstruktive Perspektive auf das Lehrerhandeln. In: Koch-Priewe, B./Kolbe, F.-U./Wildt, J. (Hrsg.): Grundlagenforschung und mikrodidaktische Reformansätze zur Lehrerbildung. Bad Heilbrunn 2004, S. 49–98.

Helsper, W.: Schulkulturen als symbolische Sinnordnungen und ihre Bedeutung für die pädagogische Professionalität. In: Helsper, W./Busse, S./Hummrich, M./-Kramer, R.-T. (Hrsg.): Pädagogische Professionalität in Organisationen. Wiesbaden 2008, S. 115–143.

Hopf, W./Kronauer, M.: Welche Inklusion? In: Zeitschrift für Pädagogik, Beiheft 62/2016, S. 14–26.

Horvath, K.: Überlegungen zu Vergangenheit und Zukunft einer Differenzkategorie zwischen Statistik, Politik und Pädagogik. In: Miethe, I./Tervooren, A./R-icken, N. (Hrsg.): Bildung und Teilhabe. Wiesbaden 2017, S. 197–216.

Katzenbach, D.: Inklusion und Heterogenität. In: Bohl, T./Budde, J./Rieger-Ladich, M. (Hrsg.): Umgang mit Heterogenität in Schule und Unterricht. Bad Heilbrunn 2017, S. 123–140.

Koller, H.-C.: Einleitung: Heterogenität – Zur Konjunktur eines pädagogischen Konzepts. In: Koller, H.-C./Casale, R./Ricken, N. (Hrsg.): Heterogenität: Zur Konjunktur eines pädagogischen Konzepts. Paderborn 2014, S. 9–18.

Kron, F.: Grundwissen Didaktik. München 2004.

Kullmann, H./Lütje-Klose, B./Textor, A. (2014): Eine allgemeine Didaktik für inklusive Lerngruppen – fünf Leitprinzipien als Grundlage eines Bielefelder Ansatzes der inklusiven Didaktik. In: Amrhein, B./Dziak-Mahler, M. (Hrsg.): Fachdidaktik inklusive. Münster 2014, S. 89–107.

Lütje-Klose, B./Löser, J.: Diversität aus der Perspektive einer inklusiven Pädagogik. In: Hauenschild, K./Robak, S./Sievers, I. (Hrsg.): Diversity Education. Frankfurt 2013, S. 134–147.

Mayer, R.: Teilhabe und Teilung. In: Miethe, I./Tervooren, A./Ricken, N. (Hrsg.): Bildung und Teilhabe. Wiesbaden 2017, S. 65–86.

Mecheril, P.: Einführung in die Migrationspädagogik. Weinheim 2004.

Mecheril, P.: Migrationspädagogik. Weinheim 2010.

Mecheril, P./Shure, S.: Natio-ethnokulturelle Zugehörigkeitsordnungen über die Unterscheidungspraxis „Seiteneinsteiger“. In: Bräu, K./Schlickum, C. (Hrsg.): Soziale Konstruktionen in Schule und Unterricht. Opladen 2015, S. 109–122.

Messerschmidt, A.: Involviert in Machtverhältnisse. In: Dogmus, A./Karakasoglu, Y./Mecheril, P. (Hrsg.): Pädagogisches Können in der Migrationsgesellschaft. Wiesbaden 2016, S. 59–70.

Messerschmidt, A.: Differenzreflexivität und intersektionale Kritik – Ansatzpunkte einer nicht identifizierenden Pädagogik. In: Balzter, N./Klenk, F.C./Zitzelsberger, O. (Hrsg.): Queering Mint. Opladen 2017, S. 47–58.

Puhr, K.: Positionierungen zu Fragen von Teilhabe, Ausgrenzungen und Behinderungen. In: Puhr, K./Geldner, J. (Hrsg.): Eine inklusionsorientierte Schule. Wiesbaden 2017, S. 14–34.

Radtke, H.-O.: Kategorie Kultur. In: Bohl, T./Budde, J./Rieger-Ladich, M. (Hrsg.): Umgang mit Heterogenität in Schule und Unterricht. Bad Heilbrunn 2017 S. 61–76.

Rendtorff, B.: Heterogenität und Differenz. Über die Banalisierung von Begriffen und den Verlust ihrer Produktivität. In: Koller, H.-C./Casale, R./Ricken, N. (Hrsg.): Heterogenität: Zur Konjunktur eines pädagogischen Konzepts. Paderborn 2014, S. 115–130.

Rendtorff, B.: Geschlechtsbezogene Markierung und Vereindeutigung. In: Balzter, N./Klenk, F. C./Zitzelsberger, O. (Hrsg.): Queering Mint. Opladen 2017, S. 19–30.

Rieger-Ladich, M.: Ordnung stiften, Differenzen markieren. Machttheoretische Überlegungen zur Rede von Heterogenität. In: Bohl, T./Budde, J./Rieger-Ladich, M. (Hrsg.): Umgang mit Heterogenität in Schule und Unterricht. Bad Heilbrunn 2017, S. 27–42.

Ruberg, C./Porsch, R.: Herausforderungen für die Schulpraxis heute: Zwischen Standardisierung und Individualisierung. In: Porsch, R.: (Hrsg.): Einführung in die allgemeine Didaktik. Stuttgart 2016, S. 339–372.

Saalfrank, T./Zierer, K.: Inklusion. Paderborn 2017.

Sturm, T.: Lehrbuch Heterogenität in der Schule. München 2013.

Terhart, E.: Didaktik. Stuttgart 2009.

Walgenbach, K.: Heterogenität. Bedeutungsdimensionen eines Begriffs. In: Koller, H.-C./Casale, R./Ricken, N. (Hrsg.): Heterogenität: Zur Konjunktur eines pädagogischen Konzepts. Paderborn 2014, S. 19–45.

Walgenbach, K.: Heterogenität – Intersektionalität – Diversity. Opladen 2014.

Werning, R.: Inklusive Pädagogik – Eine Herausforderung für die Schulentwicklung. In: Klauß, T./Terfloth, K. (Hrsg.): Besser gemeinsam lernen! Inklusive Schulentwicklung. Memmingen 2013, S. 17–28.

Winker, G./Degele, N.: Intersektionalität. Bielefeld 2009.

Eva Maria Waibel

# Starke Kinder – authentische Erziehende
## Grundlagen der Existenziellen Pädagogik

> Es ist wichtig, dass der Mensch viel kann und viel weiß.
> Noch wichtiger ist, dass der, der viel kann und viel weiß,
> ein Mensch ist (Erich Fried)

**Abstract:** In this article the so-called „Existential Pedagogy" will be compared with three approaches which are related to Existential Pedagogy. These approaches are the humanistic, the phenomenological and the personal pedagogy. Each of these approaches represents a conceptual counterpart to the purely empirical approach as they focus on the "person". The "person" as essence of human being is difficult to access by empirical methods. Thereafter the aims, origin and the concept of humankind in Existential Pedagogy will be illustrated. Lastly, central specifics, such as encounter, request for quote, personal statement, phenomenological understanding, existential response, basic topics and basic motivations of human beings and the meaning for education and the general comprehension of education in Existential Pedagogy will be discussed.

**Zusammenfassung:** Im folgenden Artikel wird die sogenannte „Existenzielle Pädagogik" mit drei ihr nahestehenden Richtungen verglichen, und zwar mit geisteswissenschaftlicher, phänomenologischer und personaler Pädagogik. Alle diese Richtungen stellen ein Gegenkonzept zu rein empirischen Ausrichtungen dar, da sie das der Empirie nur schwer zugängliche Wesen des Menschen, die „Person" in den Mittelpunkt stellen. In weiterer Folge werden Ziele, Herkunft und Menschenbild der Existenziellen Pädagogik dargelegt. Schließlich werden zentrale Spezifika, wie Begegnung, Anfrage an die Person, Personale Stellungnahme, phänomenologisches Verstehen, existenzielle Antworthaltung, Grundthemen bzw. Grundmotivationen des Menschen und ihre Bedeutung für die Erziehung sowie das generelle Erziehungsverständnis in der Existenziellen Pädagogik kurz erläutert.

**Keywords:** Existential Pedagogy, origin and the concept of humankind, general comprehension of education

## Geisteswissenschaftliche, phänomenologische, personale und Existenzielle Pädagogik

### Ausgangspunkte

Kann denn eine Pädagogik anders als vom Menschen her gedacht werden? Historisch gesehen, war dies zwar über weite Strecken nicht so (Böhm 1997, 114), bis insbesondere zu Schleiermacher und Dilthey – und dann nach dem Ersten

Weltkrieg bei Litt, Spranger, Nohl, Flitner und Weniger (Thiersch 1989, 1117) die Wende zur Person einleiteten. Heute steht das Personale wieder im Abseits – und zwar seit der radikalen Abwendung der Pädagogik von den Geisteswissenschaften in den 60er Jahren. Wurde Pädagogik bis dahin als „geistige" Beeinflussung von kindlichem Wachstum verstanden, so rückten seither Sozialwissenschaften und Empirie (Thiersch 1989, 1117f) in den Mittelpunkt. Nicht in dieses Schema passen Begriffe wie Freiheit und Verantwortung, Werte und Wille, Wahl und Entscheidung. Sie lassen sich mit empirischen Erkenntnisinstrumenten und Methoden nur sehr bedingt erforschen und bleiben daher auf der Strecke (Böhm 2011, 54ff). Die Klärung des Theorie-Praxis-Verhältnisses als zentrale Aufgabe einer praktischen Wissenschaft ist nach Meinung von Thiersch durch den sozialwissenschaftlichen Zugang ebenfalls nicht immer zufriedenstellend gelungen: „Bestimmte empirisch-methodische, auch empirisch-technologisch orientierte Forschungen und Handlungskonzepte treffen die gegebenen Praxisprobleme nicht, ja überfremden sie" (Thiersch 1989, 1118). Zudem steht nicht mehr das nicht abschätzbare Handeln der Menschen im Mittelpunkt, sondern dessen kalkulierbares Verhalten (Habermas 1978, 50f). Im Folgenden wird nun ein abermaliges Gegenkonzept zur empirischen Ausrichtung vorgestellt, nämlich die Existenzielle Pädagogik (Waibel 2017a; 2017b).

## Existenzielle Pädagogik im Spiegel von geisteswissenschaftlicher, phänomenologischer und personaler Pädagogik

Die Existenzielle Pädagogik sieht sich als geisteswissenschaftlich, auch wenn ihre Anfänge „nur" in die 80er Jahre des vergangenen Jahrhunderts zurückreichen. Sie versteht sich als praktische, personale und phänomenologische Theorie (Waibel 2017c, 257). Sie nimmt – wie die personale Pädagogik – an der Person Maß und stellt die Phänomenologie als Herangehensweise und als Methode ins Zentrum. Worin liegen nun die Unterschiede und Gemeinsamkeiten zu phänomenologischer und personaler Pädagogik?

Der Unterschied zur personalen Pädagogik[1] besteht hauptsächlich im Bild von der Person. Dieses ist in der personalen Pädagogik stärker vernunft- und damit verstandesgemäß ausgerichtet, sodass geistig Unbewusstes und Emotionalität wenig Raum haben. Diese Aspekte sind wiederum in der Existenziellen Pädagogik von Bedeutung, weil sie als Basis von Haltungen und Einstellungen gesehen werden. Zudem hat die Existenzielle Pädagogik inhaltliche und methodische Zugänge aus der Existenzanalyse übernommen bzw. entwickelt, wie die Personale Stellungnahme, die phänomenologische Methode, die vier Grundmotivationen, ..., die es anderswo noch nicht gibt.

1 Referenzpädagogik ist die personale Pädagogik nach Winfried Böhm (Bertsche & Lischewski 2012).

Wenn das phänomenologische Erkenntnisinteresse beim Betrachten des Wesens einer Person oder einer Sache im Vordergrund steht, wie „die im intersubjektiven Verhalten und Erleben zur Wirkung kommenden Bewusstseinsleistungen als sinnvollen und insofern logischen Zusammenhang typischer Phänomene durchsichtig zu machen“[2] (Loch 1989, 1197), dann hat die Existenzielle Pädagogik hier ebenso ihre Wurzeln. Sie beschränkt sich allerdings nicht nur auf die Bewusstseinsleistungen, auch wenn das Unbewusste für den Phänomenologen beunruhigend ist. In diesem Zusammenhang spricht Paul Ricœur (1974b, 20ff, zit. nach Loch 1989, 1197) von der „Bedrängnis des Phänomenologen angesichts des Unbewussten“. Das Spezielle an der Phänomenologie ist nach Scheler, dass sie weder Leistungs- noch Bildungs-, noch Erlösungswissen, sondern *Schöpfungswissen* generiert (Scheler 1926, 250, zit. nach Loch 1989, 1201)[3]. Für Loch gibt es daher nur „eine phänomenologische Pädagogik oder es gibt überhaupt keine Pädagogik“ (Loch 1989, 1213), in dem Sinne, dass der entscheidende Zugang zum Menschen nur phänomenologisch erfolgen kann. Es gibt aber keine in sich konsistente phänomenologische Pädagogik. Den phänomenologischen Ansätzen in der Pädagogik und der Existenziellen Pädagogik gemeinsam ist, dass bei beiden die Phänomenologie als Erkenntnisinstrument eingesetzt wird. Der Unterschied besteht darin, dass mit der Existenziellen Pädagogik ein in zentralen Bereichen weitgehend ausgearbeitetes, in sich zusammenhängendes pädagogisches Konzept vorliegt, und dass die Phänomenologie zudem als wesentlichste Methode des pädagogischen Arbeitens gilt.

## Wesentliche Charakteristika der Existenziellen Pädagogik

### Ziele

Das generelle Anliegen der Existenziellen Pädagogik ist es, Erziehende sowie Kinder und Jugendliche darin zu unterstützen, ihr Leben selbst in die Hand zu nehmen und dieses mit innerer Zustimmung zu führen (Längle 1999a; Waibel 2017a, 157f). Sie zielt auf starke, motivierte Kinder und authentische Erziehende. Authentizität findet sich als ähnliches Konzept bereits in der Geisteswissenschaftlichen Pädagogik (Thiersch 1989, 1130ff). Konkret beschäftigt sich Existenzielle Pädagogik mit der Frage, in welcher Form Erziehung und Bildung zu einem erfüllten Leben beitragen, und wie Kinder und Jugendliche in ihrer Selbstbestimmung gefördert werden können. Damit sind Ziel und alle darauf hinwirkenden Themenbereiche ebenso wie die praktische Vorgangsweise dieser Pädagogik umrissen. Im Fokus stehen dabei nicht nur die Kinder und Jugendlichen, sondern auch die Haltungen

2 Die Phänomenologie will nicht (wie die Hermeneutik) „den in menschlichen Ausdrucksweisen verborgenen Sinn ‚auslegen‘, sondern den leibhaftigen menschlichen Verhaltensweisen überhaupt erst einen Sinn ‚einlegen‘“ (Loch 1989, 1198).

3 Scheler hat verschiedene Ansätze einer personorientierten Pädagogik erst ermöglicht (Loch 1989, 1208).

und Einstellungen der Erziehenden und damit deren Person. Ausgehend von alltäglichen Erziehungsthemen richtet sich ihr Blick auf die grundlegenden Themen des Menschen und seine Handlungsspielräume in der Praxis. Sie rückt die Grundbedingungen und Grundmotive menschlicher Existenz ins Zentrum und zielt auf die Entwicklung der Persönlichkeit und damit der Stärkung des Ich.

## Herkunft

Ausgehend von verschiedenen philosophischen Richtungen (Aristoteles, Buber, Descartes, Hegel, Heidegger, Husserl, Hartmann, Heidegger, Kant, Kierkegaard, Jaspers, Nietzsche, Marcel, Pascal, Scheler[4], Schopenhauer, Spinoza) (Längle 2013, 156ff) entwickelte Viktor E. Frankl die Theorie der Existenzanalyse und Logotherapie, die zur sogenannten Dritten Wiener Schule der Psychotherapie wurde. Diese wurde von Alfried Längle u.a. weiterentwickelt und zählt heute zu den bedeutendsten humanistischen Psychotherapierichtungen im deutschsprachigen Raum. Sie hat sich zum Ziel gesetzt, den Menschen in seiner personalen und existenziellen Dimension anzusprechen und zu heilen. Auf diesen Fundamenten aufbauend entstand eine Pädagogik, die Begegnung sowie personale Werte im Kontext von Freiheit und Verantwortung in den Mittelpunkt stellt. Außerdem setzt sich die Existenzielle Pädagogik auch mit der Frage auseinander, wie Schule und Lernen existenzieller gestaltet werden können. Nicht alle Aspekte der Existenziellen Pädagogik sind neu. Sie werden aber konsequent aus einer personalen und existenziellen Perspektive betrachtet und durch eine grundlegende Theorie untermauert.

## Menschenbilder

### Bedeutung des Menschenbilds

Bollnow sieht „jedes pädagogische System (...) getragen von einer ganz bestimmten Auffassung vom Menschen. Diese bildet die einheitliche Mitte (...)" (Bollnow 1968, 15, zit. nach Standop 2017, 259). Für Bollnow stellt sich Geschichte der Pädagogik als eine „Geschichte der Menschendeutungen" dar (Bollnow 1968, 16, zit. nach Standop 2017, 259). Er sieht das Menschenbild als den „Schüssel zu jedem pädagogischen System" (Meinberg 1988, 7, zit. nach Garnitschnig 2017, 112). Da sich Erziehung „am und zugleich durch den Menschen vollzieht, kann sie nicht voraussetzungslos erfolgen, sondern ist wesentlich von Menschenbildannahmen bestimmt" (Standop 2017, 262). Und nichts prägt den Umgang des Menschen mit anderen Menschen mehr als das Bild, das sie in sich tragen. Welches Bild Erziehende vom Menschen haben, bestimmt nicht nur ihr Verhalten, sondern auch ihr Handeln und die Art, wie sie zwischenmenschliche Beziehungen, ja ihr ganzes

4 Scheler hat verschiedene Ansätze einer personenorientierten Pädagogik erst ermöglicht (Loch 1989, 1208).

Leben gestalten (Garnitschnig 2017, 110). Es leitet ihr Tun mehr als alles angelernte Wissen und alle eingeübten Verhaltensweisen (Waibel & Wurzrainer 2016, 18).

## Person in der Existenziellen Pädagogik

Die Existenzielle Pädagogik wählt wie die Existenzanalyse den Zugang über die Person (Waibel, 2017a; 2017b; 2017c; 2017d; 2010; 2016) und verlässt damit die in der Pädagogik vorherrschenden Trieb-, Lern- und Verhaltenstheorien. Sie betrachtet das Kind mit seinen dialogischen Bezügen zur Welt und zu anderen Menschen. Dabei steht das *Handeln* des Kindes im Vordergrund, nicht sein *Verhalten* – wie es sich andernorts als Folge des Behaviorismus häufig finden lässt (Böhm 2011, 46ff). Das Kind wird nicht als Objekt wahrgenommen, sondern als Subjekt – als Person – ernst genommen. Diese Sichtweise wird auch auf die Person der Erziehenden übertragen, die in ihrem Personsein gestärkt werden.

Die Idee der Person wurzelt in der abendländischen Philosophie. Leitend ist dabei der im Christentum entwickelte Begriff von Person als einmalig, unwiederholbar und unaustauschbar (Mounier 2010, 438, zit. nach Schulz 2011, 302). Als Person wird seit der christlichen Spätantike das geistbegabte sittliche Wesen des Menschen bezeichnet, das sich seiner je eigenen Berufung bewusst werden und diese aktuieren muss (Böhm 2011, 132). Für die Entfaltung des Menschen ist daher entscheidend, sich selbst mehr und mehr zu ergreifen und zu „erfüllen“ und so immer mehr sich selbst zu werden. Personsein beinhaltet nach Böhm sich der eigenen Aufgegebenheit bewusst zu werden und sein Handeln darauf auszurichten. Dies wird als eine Wesensbestimmung des Menschen gesehen, der sein Leben aus seiner Freiheit und Verantwortung heraus, dank seiner Werte und seiner Entscheidungen lebt. Durch seine Wahl und Entscheidung wird der Mensch zum Autor, zur Autorin der eigenen Lebensgeschichte (Böhm, 2011, S. 123). Person zeichnet sich demnach dadurch aus, dass sie sich selbst steuert, personal und dynamisch in der Frage-Antwort-Dynamik zwischen Welt und Person agiert und nicht fremdgesteuert und passiv reagiert.

## Innerer Dialog

Das, was den Menschen als Menschen ausmacht, sieht die Existenzanalyse nicht in der Psyche verankert, sondern in der Person. Demgemäß fokussiert sie auf das Humane im Menschen. Die Existenzanalyse will den Menschen darin unterstützen, seine jeweils konkreten Voraussetzungen und Bedingungen für (s)ein gutes Leben zu klären. Sie sieht die Freiheit des Menschen darin, sich zu den Bedingungen und Möglichkeiten, mit denen er konfrontiert ist, sich so oder so zu verhalten. Im Verständnis der Existenzanalyse „antwortet“ der Mensch auf gegebene Situationen und bringt sich dabei idealiter so ein, dass er immer mehr er selbst wird, ganz in der Bedeutung des Wortes „exsistere“ als das „Aus-sich-Heraustreten“. Ein „gutes“, ein existenzielles Leben, führt der Mensch dann, wenn er mit innerer Zustimmung Ja zu seiner konkreten Situation sagen kann (Längle 2016, 64ff). Da Zustimmung mehr mit innerer Stimmigkeit als mit einem kognitiven Zugang zu tun hat, erlebt der Mensch sein Leben dann als gut, wenn er in innerer Resonanz mit sich selbst ist. Worauf gründet nun diese Resonanz mit sich selbst?

Menschen, Kinder, sind untrennbar mit der Welt um sie herum verbunden. Sie erfahren diese mit ihren Sinnen. Sie stehen aber nicht nur in Beziehung zur Außenwelt, sondern auch zu ihrer Innenwelt, beispielsweise in den Fragen: „Was fühle ich dabei?", „Wie geht es mir damit?" „Was mache ich in dieser Situation mit mir?" „Welche Emotionen löst diese Sache in mir aus?" Wer sich für diese Fragen öffnet, nimmt sich in Empfang und spürt dem nach, was ihn berührt und anspricht. Dieses Offensein nach außen und nach innen und der Versuch, beide Welten zu balancieren, wird in der Existenzanalyse und in der Existenziellen Pädagogik als innerer Dialog (Längle 2016, 58ff; 2013, 47ff) bezeichnet, welcher der eigenen Resonanz nachgeht. In dem was sie bewegt und wofür sie sich einsetzt, wird die Person sichtbar. Dieser Bezug des Menschen nach innen und außen ist ein wesentlicher Teil des Menschenbildes (Längle 2016, 58ff; 2013, 47ff) von Existenzanalyse und Existenzieller Pädagogik (Waibel 2017a, 176ff; 2017b, 62ff; Waibel & Wurzrainer 2016, 18–28). Darauf gründet die Fähigkeit zur Begegnung. Die Gemeinsamkeit mit der Resonanzpädagogik besteht darin, dieses Berührbare im Menschen, das Verhältnis zwischen dem Subjekt und der Welt, als sehr wesentlich hervorzuheben und daraus weitgehend übereinstimmende pädagogische Richtlinien abzuleiten. In der Existenziellen Pädagogik liegt der Resonanz noch eine vertiefende Theorie zugrunde, nämlich jene der personalen Werte. Bei ihr ist Resonanz nicht nur ein zentrales Merkmal (Twardella, 2016), sondern ist in ein „Gesamtkonzept" eingebettet. Während in der Resonanzpädagogik das Phänomen der Resonanz als leibliche Beziehung (Rosa & Endres, 2016, 40) gesehen wird, spiegelt sich in der Resonanz aus der Sicht der Existenziellen Pädagogik durch das Werterleben die tiefste existenziell-geistige Erfahrung des Menschen.

## Person und Begegnung

Das Werden des Menschen ist nun nicht vorgegeben, sondern entfaltet sich in der Begegnung mit der Welt. Denn: „Person, diese Person, besteht in der sich selbst verantwortenden, schöpferischen Bewältigung der Begegnung" (Guardini 1965, 41 zit. nach Henner 2011, 178f). Aus der Welt nimmt der Mensch Anfragen an sich auf und versucht diese auf der Grundlage der Resonanz zu seiner Person, in Abstimmung mit sich selbst, aus dem geistig Unbewussten zu beantworten. Mit dem geistig Unbewussten, das Frankl (1992) als Gegensatz zum triebhaft Unbewussten postuliert, erreicht der Mensch seine existenzielle Tiefe. Existenzielle Entscheidungen erfolgen daher nicht ausschließlich kognitiv, sondern schließen die Ebene der Berührbarkeit und damit Emotionalität des Menschen ein. Der Mensch entfaltet sich in der personalen Begegnung mit der Welt. Der Begegnung liegt immer ein Dialog zugrunde, entweder mit einem Menschen (auch mit sich selbst) oder mit einer Sache.

## Menschenbild und Erziehung

So klar das Menschenbild in Existenzanalyse und Existenzieller Pädagogik auch ausgearbeitet ist, es sagt noch nichts über den jeweils einmaligen und einzigartigen Menschen, das jeweils einmalige und einzigartige Kind. Diesen Menschen, dieses Kind, gilt es aufzusuchen und in seiner Person anzusprechen und anzufragen. Daher besteht die erzieherische Herausforderung darin, kein festgefügtes Bild der jeweiligen Person zu haben. Anders gesagt: Das Bild vom Menschen hat einerseits ein fundiertes, differenziertes und klares zu sein, erweist sich aber erst dann als tauglich, wenn eine weite Offenheit gegenüber der je einmaligen, einzigartigen Person gegenüber gegeben ist. „Der Mensch soll ja werden, wie es ihm gemäß ist" (Guardini 1965, 41, zit. nach Henner 2011, 178) und nicht nach den Wünschen und den Vorstellungen der Erziehenden sowie den Bedarfen der Gesellschaft fremdgesteuert geformt werden.

Die Person bildet den eigentlichen Grund für Erziehung. Sie kann sich ihrem Körper und ihrer psychischen Befindlichkeit gegenüber – genauso wie allen anderen Bedingungen der Welt gegenüber – so oder so verhalten. So wird jedes Kind – wie jeder Mensch – durch soziale und biologische Faktoren zwar bedingt, aber nicht von ihnen bestimmt. Es kann innerhalb dieser seiner Bedingungen über sich entscheiden. Da Person kein geschlossener Kosmos ist, versteht sich eine an ihr orientierte Pädagogik ebenfalls als offenes System. Eine solche Pädagogik kann daher nicht als technologische Erziehungswissenschaft begriffen werden (Waibel 2017c, 251 ff).

# Spezifika der Existenziellen Pädagogik

## Person und Potenzialität

In der Existenziellen Pädagogik wird dem Menschen die Fähigkeit zur Selbstgestaltung zugeschrieben. Kurt Goldstein hat aus einer anderen Perspektive den Begriff „Selbstaktualisierungstendenz" geprägt, den Carl Rogers zur zentralen These seiner Therapie erhoben hat (Garnitschnig 2017, 115). Diese Grundannahmen beinhalten, dass der Mensch nicht als Spielball seiner Gene oder seiner Umwelt angesehen werden kann. Er verhält sich zu seinen Bedingtheiten und reagiert darauf oder agiert damit. Dabei hilft es Erziehenden eine Vorstellung zu entwickeln, dass es für Kinder und Jugendliche fundamental ist, „dass sie ihre Welt selbstständig erfahren wollen, dass sie wissen, was sie brauchen, dass sie ihre Bedürfnisse spüren und erkennen (...), und dass sie durchaus in der Lage sind, selbst zu entscheiden, was für sie gut ist" (Garnitschnig 2017, 115).

Diese Wesensschau orientiert sich an der Potenzialität des Kindes, an seinen oft brachliegenden, manchmal auch noch verborgenen inneren Möglichkeiten. Da es für Kinder und Jugendliche nicht immer leicht zu erkennen ist, auf welche Ressourcen sie zurückgreifen können und vor allen Dingen, welchen sie den Vorzug geben sollen, sind sie auf die Hilfe der Erziehenden angewiesen.

Dies kann am Beispiel des von Herbart geprägten Begriffes der Bildsamkeit aufgezeigt werden. Dieser bedeutet ja nicht, dass das Kind alles werden kann. Es bedeutet, dass es ungenutzte Chancen hat und dass es den Mut aufbringen muss, zu diesen Chancen zu finden. So gesehen ist Pädagogik und insbesondere der Blick auf die Potenzialität immer auf Gegenwart und Zukunft zugleich bezogen, immer realistisch und idealistisch (Thiersch 1989, 1129).

## Beziehung und Begegnung

Der eigentliche erzieherische Akt, das eigentliche erzieherische Geschehen liegt aus der Sicht der Existenziellen Pädagogik in der Begegnung (Längle, 2018; Waibel 2018; 2017a, 251ff), die zum Impuls für inneres Wachstum[5] wird. Begegnen zu können, ist eine Fähigkeit der Person. Für Martin Buber leitet die Begegnung die Verwirklichung des Humanen. Für ihn ist daher alles wirkliche Leben Begegnung (Buber 1983, 18). Im existenzanalytischen Verständnis von Begegnung verändert sich der Mensch dadurch und wird immer mehr er selbst. Nicht nur Begegnungen mit einem anderen Menschen führen zur Entfaltung des Menschen, sondern auch Begegnungen mit Situationen, Themen oder „Dingen". Wenn der Mensch auf der Grundlage seines inneren Gespürs beispielsweise vom Kartenspielen, vom Meer, vom Schifahren, von Wäldern, von der Musik oder von Hunden angesprochen wird und diese in sein Leben aufnimmt, verändert er sich. Durch die intensive Beschäftigung mit einem Thema oder im Erleben eines Sonnenuntergangs oder eines anderen Menschen eröffnen sich dem Menschen nicht nur neue Horizonte, sondern er bereichert sich auch selbst. Das In-ihm-Sprechende, das geistig Unbewusste, zeigt ihm, ob etwas für ihn stimmig ist oder nicht. In der inneren Stimmigkeit ist der Mensch in Resonanz mit sich selbst. Er kann anderen und anderem aus seinem Wesen heraus begegnen.

## Begegnung

Begegnung – zwischen Kind und Erziehenden, aber auch mit sich selbst – wird vor allem induziert durch die personale Anfrage an die Person. Kinder und Jugendliche lassen sich von Erziehenden anfragen, wenn sie deren *Beziehungs- und Begegnungsfähigkeit* spüren, die auf deren interessierter Offenheit aufruht. Jede Veränderungsbereitschaft von Kindern und Jugendlichen beruht auf der Begegnung mit anderen und in der Folge mit sich selbst. *Begegnung* heißt – aus der Sicht der Existenzanalyse – im Zusammentreffen mit Anderem/n im eigenen Wesenskern angesprochen zu werden und dadurch auf Wesentliches vom/n Anderen bzw. von sich selbst zu stoßen (Längle & Tutsch 2009, 72). Dies löst Berührung aus. Begegnungen dringen dann zum Wesen des anderen vor, wenn sie auch das eigene

5 (Inneres) Wachstum oder Werden wird hier als ergänzendes Konzept des „Geistigen" zu den physisch und psychisch ausgerichteten Grundannahmen der Entwicklungspsychologie gesehen.

Wesen beinhalten. Ist der Mensch wesentlich, so ist er „in einer Wellenlänge" mit dem Wesen des Anderen bzw. dem Wesentlichen einer Situation (Längle 2014, 22). Wenn die Person des Anderen erreicht wird, geschieht Begegnung. Begegnungen münden daher in Beziehungen und Beziehungen leben aus der Begegnung. Sie werden durch Begegnungen „personalisiert". Und: Mit jeder Begegnung verändert sich die Beziehung (Längle 2004, 25).

## Anfrage an die Person und personale Stellungnahme

Das heißt, das Kind wird von der Person des/der Erziehenden als Person angesprochen und angefragt. Dies geschieht in der Existenziellen Pädagogik, indem der Selbstbezug von Kindern und Jugendlichen, der innere Dialog, mit folgenden möglichen Fragen angeleitet wird:

> Wie siehst du das? Wie geht es dir (jetzt) damit? Was sagt dir das? Ist das gut so für dich? Ich sehe (verstehe) das so. Wie ist das für dich? Woran siehst du das? Woher weißt du das? Was bringt dich auf diese Idee? Was löst diese Erfahrung in dir aus? Was sagt dir das? Habe ich dies richtig verstanden mit dem ...? Wenn ich das so höre, kommt mir der Gedanke, ... Warum hast du es (nicht) gemacht? Was hat dich gehindert? Was hättest du gebraucht? Was hätte dir geholfen? (Waibel 2018).

Mit diesen und ähnlichen Fragen wird das Kind in seinem Wesen, in seiner Geistigkeit, angesprochen und zur personalen Stellungnahme aufgefordert (Längle & Holzhey-Kunz 2008, 161f). Die Fragen zielen auf seine Person und seine personalen Werte. Erziehende knüpfen mit ihren Fragen an der aktuellen Situation an, vor allem an den Emotionen der Kinder. Dadurch eröffnet sich für das Kind ein Freiraum. Es kann das, was es *bewegt,* erzählen, das, was ihm wichtig ist. Vor dem Hintergrund seiner Freiheit und Verantwortung kann das Kind entscheiden. Dabei wird nicht vom Faktum „Du bist so!" sondern von den Möglichkeiten des Kindes ausgegangen: „Werde, der du sein könntest!" (Längle 2007, 18f). Damit werden die im Kind schlummernden Möglichkeiten aktiviert und es in seinen Selbstgestaltungskräften gestärkt. Es wird in seiner möglichen Bereitschaft zur Veränderung angesprochen und auf diese Weise wird der Nährboden für die Aktivierung der Person und damit für inneres Wachstum aufbereitet (Waibel 2018).

## Phänomenologisches Verstehen

Den Menschen, das Kind, in einem tiefen ganzheitlichen Sinn zu verstehen, ist ein Grundanliegen der Existenziellen Pädagogik. Dabei bilden die personalen Stellungnahmen des Kindes den Schlüssel für Erziehende, sofern phänomenologisch vorgegangen wird. Phänomenologisch vorgehen bedeutet für Erziehende, *hin*zusehen, *hin*zuhören und *hin*zuspüren zu dem, was das Kind meint und wie es dies meint und seine Antworten nicht mit Interpretationen, Wertungen zu belegen oder gleich pädagogisch zu intervenieren. Ziel ist immer, wirklich zu verstehen, worum es dem Kind *eigentlich* geht. Jemanden verstehen, heißt, ihn ganz ernst zu nehmen, heißt, sein Denken und Fühlen zu bergen, heißt, hinter die Kulissen zu schauen. Denn oft wird die Entwicklung der Fähigkeiten der Kinder und Jugendlichen bereits früh gestört, weil es Erziehenden häufig nicht gelingt, das Kind in seinen Äußerungen zu verstehen (Garnitschnig 2017, 115). Von jemandem wirklich gesehen und verstanden zu werden, führt dazu, sich einerseits selbst besser zu verstehen und sich andererseits beheimatet zu fühlen. So gesehen kann die Existenzielle Pädagogik auch als „Sehschule" bezeichnet werden. Personale Anfragen öffnen aber nicht nur die Tür zum phänomenologischen Verstehen des Kinders, sondern signalisieren ihm, dass Erziehende nicht schon (scheinbar) alles über es wissen und sich damit zufriedengeben. Sie zeigen ihm, dass sie daran interessiert sind, wie es sich zu einer Sache stellt, wie es eine Situation einschätzt. Sie machen ihm deutlich, dass es ihnen nicht gleichgültig ist, wie es ihm geht und was es tut. So erfährt das Kind Angenommen-Sein, so erfährt es, dass Andere mit ihm fühlen. Für Erziehende geht es bei diesem Vorgehen darum, sich im offenen Schauen ansprechen zu lassen, das Kind – so wie es ist – umfassend wahrzunehmen und es darin zu „erkennen" (Waibel 2018). So erschließt sich dem Erkennenden das Gegenüber, erschließt sich dem Künstler die Gestalt (Buber 1983, 50f).

Im Verstanden-Werden und im Verstehen[6] – auch seiner selbst – wird der Keim für Veränderungen gelegt. Ausgelöst durch die personale Anfrage und die phänomenologische Wesensschau ergreift sich der Mensch, das Kind aus eigener Erkenntnis selbst. Sollte dennoch pädagogischer Handlungsbedarf bestehen, so geht das umfassende, unverstellte, vorurteilsfreie Verstehen dem pädagogisch intentionalen Handeln voraus. Das Handeln orientiert sich dabei vorrangig am Kind und nicht an den Vorstellungen von Erziehenden. Dies erfordert, alle Interventionen auch aus der Perspektive des Kindes zu sehen und zu setzen und nicht vorrangig aus der eigenen. Aus diesem Perspektivenwechsel, der das Kind freilässt, ergibt sich das Handeln in der Existenziellen Pädagogik. Erziehende machen dem Kind deutlich, dass sie in einem gemeinsamen Kontext stehen, der sie beide verbindet und angeht. Sie interessieren sich für seine Zukunftsentwürfe. Damit sprechen sie Kinder in ihrer Selbstgestaltungsfähigkeit an und unterstützen sie darin, erfüllende Tätigkeiten zu finden, in denen sie sich selbst auf die Spur kommen können, um ihnen so personales Werden zu ermöglichen (Waibel 2018). Es liegt auf der Hand, dass dieser Ansatz, der Idee, ein Kind zu er-ziehen, es von A nach B zu ziehen oder gar über es zu verfügen, diametral gegenübersteht.

## Absolute Wertschätzung

In der personalen Anfrage sowie im phänomenologischen Schauen zeigen sich bereits wesentliche Qualitäten der Existenziellen Pädagogik. Diese setzt sich zum Ziel, jedes Kind – ungeachtet seines Verhaltens oder seiner Meinung – in einem

---

6 Methodologisch bildet das Verstehen im Übrigen auch eine wesentliche Grundlage von geisteswissenschaftlicher Pädagogik (Herrmann 1989, 1141),

umfassenden Sinne anzunehmen und wertzuschätzen sowie Beziehung zu ihm aufzunehmen und aufrechtzuerhalten. Es geht dabei nicht darum, über ein etwaiges herausforderndes Verhalten hinwegzusehen – im Sinne des „laissez-faire", sondern zwischen Verhalten und Person zu unterscheiden. Die Person ist unter allen Umständen wertzuschätzen. Es kann durchaus sein, dass am Verhalten des Kindes zu arbeiten ist, wirklich verändern kann dieses jedoch nur das Kind der Jugendliche selbst.

Jedes Kind wird daher nicht nur geachtet und respektiert, sondern in seiner Kostbarkeit und Einmaligkeit angenommen. Das bedeutet, ihm deutlich zu machen „Du gehörst dazu! Du bist wertvoll!" Es bedeutet, seine Würde hochzuhalten und es nicht zu beschämen oder bloßzustellen.

## Subjektivität und Relativität

Da Kinder und Situationen immer wieder anders sind, Begegnungen immer offenbleiben und immer grundsätzlich überraschend sein können, sind Erziehungssituationen immer wieder anders und neu. Aber auch bei jeder Handlung oder jedem Dialog kann nicht vorhergesehen werden, welche Auswirkungen sich daraus für das Kind ergeben. Diese Tatsache stellt Erziehende auf der einen Seite frei und führt sie auf der anderen Seite in die Eigenverantwortung (Waibel 2017a, 232ff). Dabei sind sie auf sich selbst angewiesen.

Erziehende bewegen sich daher immer auf unsicherem Terrain, weil nicht über andere Menschen, auch nicht über Kinder, verfügt werden kann. Dies erfordert von ihnen die Bereitschaft zur radikalen „Relativität" sowie die Entscheidung, sich auf diese Subjektivität und diese Unsicherheit einzulassen. Sie können reüssieren oder scheitern. Sie können abblitzen oder verletzt werden. Das kann Angst machen (Längle 2004, 24). Auf diesem schwankenden Boden erhalten Beziehungs- und Begegnungsfähigkeit insbesondere Offenheit sowie die Bereitschaft sich auf den Weg in ein unbekanntes Gebiet einzulassen, große Bedeutung. Ihre Person bildet den einzig stabilen Bezugspunkt, wenn allgemeingültige Handlungsanleitungen wegfallen. Daher braucht es Mut, das Vertraute zurückzulassen, ohne etwas „Greifbares Anderes" in der Hand zu haben. Es braucht Vertrauen in sich selbst und damit in die „Unumstößlichkeit" des Geschauten sowie Vertrauen darauf, dass sich das Essenzielle jedenfalls zeigen wird und sich daraus entsprechende Handlungsmöglichkeiten ergeben. Es braucht Demut, sich dem zu unterwerfen, was man zu Gesicht bekommt. Es braucht eine ganzheitliche Hinwendung sowie das Freigeben der eigenen Aufmerksamkeit (Längle 2007, 21).

Erziehung ist immer dann wesentlich, wenn Erziehende sich auf das je einzelne Kind einlassen und ihm gerecht werden. Das heißt, wenn sie sich von dem leiten zu lassen, was sich zeigt. Das bedeutet, sich auf keine pädagogischen Prämissen oder konkrete Handlungsanleitungen zu stützen. Viele Menschen erkennen mittlerweile, dass mit immer noch genaueren Anleitungen für Erziehung und Unterricht, ja mit Anleitungen überhaupt, das Kind immer mehr verfehlt wird, weil damit eben nicht an der Person und an deren konkreter Situation Maß genommen werden kann. „Anleitungsfreiheit" erfordert von Erziehenden und Lehrenden, sich selbst zum Ausgangspunkt zu nehmen und Vertrauen darauf zu haben, das Wesentliche im Intersubjektiven zu erkennen und daraus personale Handlungsmöglichkeiten ableiten zu können (Längle 2007, 19ff). Gelerntes kann dabei eine Hintergrundfolie bilden, aber es kann Erziehenden nicht abnehmen, wie mit einer konkreten Situation umgegangen werden kann. Deshalb stellt sich nicht die Frage: Was soll ich tun? sondern: Wie lerne ich den Anderen verstehen? In einer solchen Haltung konzentrieren sich Erziehende nicht vorrangig auf ihr pädagogisches Handeln, sondern auf das Kind und seine Situation. Meist erwächst daraus bereits eine Antwort.

## Existenzielle Antworthaltung

Ein ebenfalls wesentliches Element der Existenziellen Pädagogik bildet die *existenzielle Antworthaltung*. Diese führt zur Frage: „Was braucht *dieses* Kind *jetzt* von *mir*?" (Antworthaltung). Dies kann als Umkehrung der Frage: „Was erwarte ich vom Kind? Welchen Anforderungen soll es entsprechen?" (Anspruchshaltung) angesehen werden. Mit der Antworthaltung ist nicht gemeint, dem Kind alle seine Wünsche zu erfüllen. Es geht „nur" darum, als Erziehende mit dem Kind in einer Erziehungssituation eine für beide existenziell tragende, „gute" Antwort zu finden. Denn Menschen können sich die Kinder und Situationen nicht aussuchen, mit denen sie konfrontiert werden (Waibel 2017c, 250). Bei Buber klingt dies so: „Die Jungen habe ich mir nicht ausgesucht. Ich bin hierher gestellt und muss sie annehmen, wie sie sind, – und doch nicht wie sie jetzt, in diesem Augenblick sind, nein, wie sie wirklich sind, wie sie werden können" (Buber 2000, 81). In der existenziellen Antworthaltung werden Erziehende direkt mit dem Kind, mit seinen Werten und seinen Zielen konfrontiert. Da die Frage „Was braucht *dieses* Kind *jetzt* von *mir*?" den/die jeweilige Erziehende/n direkt anspricht, lösen sich zudem Forderungen an andere Personen auf, wie: „Zuerst sollten einmal die Eltern, der andere Kollege, ..." Denn es geht nicht um die Frage, was ein anderer tun sollte, sondern immer „nur" um die Anfrage an sich selbst und die eigene Antwort (Waibel 2018). Die eigene Antwort ergibt sich jedoch nicht aus den eigenen Wünschen und Vorstellungen, sondern aus dem, was für dieses Kind in dieser Situation wirklich wichtig und richtig ist. In der existenziellen Antworthaltung zu sein, bedeutet daher, ganz in der Gegenwart zu sein und sich gleichzeitig auf die Zukunft auszurichten. Für Erziehende ist es daher wesentlich, sich von dem leiten zu lassen, was sich zeigt, aber auch von dem, was ihnen selbst wichtig ist. Dies kann es manchmal notwendig machen, dem Kind entgegen zu treten, nein zu sagen oder es zu konfrontieren. All dies erfordert Offenheit, Mut, Vertrauen in das Kind und sich selbst ... Es erfordert aber auch die Bereitschaft, sich selbst immer wieder zu hinterfragen.

## Haltungen und Einstellungen der Erziehenden

Wie schon erwähnt, stehen in der Existenziellen Pädagogik nicht nur die Kinder und Jugendlichen im Zentrum, sondern auch die Erziehenden selbst. Alle bereits genannten Anforderungen erfordern von den Erziehenden zunächst die eigene Auseinandersetzung. Denn in der Existenziellen Pädagogik sind Erziehende nicht vor allem in ihrer Rolle, sondern ganz besonders in ihrer Person gefordert. Dies bedeutet nicht, den Kindern eigene Ansprüche, Vorstellungen, Wünsche und Werte überzustülpen oder sie mit den eigenen Emotionen zu belasten. Stattdessen geht es für Erziehende darum, sich als Person ganz einzulassen und wieder zurück zu nehmen, ohne sich selbst als Person aufzugeben, das heißt, ganz da zu sein, ohne sich herzugeben. Gefragt sind dabei Offenheit, aber gleichzeitig auch Stabilität und Standfestigkeit, eine Balance zwischen Einfühlung und Führung.

## Erziehungsverständnis

Weil in der Existenziellen Pädagogik das Handeln des Kindes anstelle seines Verhaltens im Mittelpunkt steht, tritt sie Idee der Machbarkeit[7] entgegen. Aus dem Personenverständnis wird zudem deutlich, dass das Kind als Subjekt[8] und nicht als Objekt gesehen wird. Dieses Erziehungsverständnis führt dazu, Erziehende nicht als Machende zu sehen, sondern als Personen, die den Prozess der Selbstgestaltung des Kindes, seine Ausrichtung auf Freiheit und Verantwortung unterstützen (Böhm 2011, 75). Existenziell Erziehenden ist klar, dass es in der Erziehung nicht darum geht, über das Kind zu verfügen. Sie wissen aber auch, dass sie es letztlich auch nicht können. Jede pädagogische Aktivität hat sich aus diesem Grund der Würde der Person zu beugen und dieser nicht Ziele der Erziehenden oder der Gesellschaft überzustülpen (Winkler 2011, 222f). Erziehung darf keinesfalls zu Übergriffigkeit verführen. Ein Übergriff ist auch dann gegeben, wenn Erziehende ein vorgefertigtes Bild vom Kind haben, dem es entsprechen soll. Das ist auch dann der Fall, wenn sie an seiner Stelle antworten (in doppeltem Sinne) und ihm damit eigene Antwortmöglichkeiten abnehmen.

## Grundthemen und Grundmotivationen des Menschen

Die Grundthemen des Menschen, das sind jene Themen, mit denen er im Laufe seines Lebens immer wieder konfrontiert wird, gilt es zu erfüllen bzw. zu bearbeiten.

---

7 Diese wird als ein rational steuerbarer Prozess gesehen und pädagogisches Wissen wird zu einem (gedachten und scheinbar) wirkungsvollen Instrument der Veränderung des Kindes in und mit der Gesellschaft. Zudem verleiht sie den Erziehenden auch Macht.

8 Heidegger sieht das neuzeitliche Weltbild unter anderem dadurch gekennzeichnet, dass der Mensch vom Objekt zum Subjekt wird (Heidegger 1973, 81 zit. nach Capurro 2017, 22).

In ihnen spiegeln sich auch seine Grundbedürfnisse ab, die – wenn sie erfüllt werden – zur grundlegenden Basis für jegliche Motivation werden. Vieles von dem bereits Ausgeführten findet sich in der folgenden Systematik wieder.

## Der Bezug zur Welt

In der ***ersten Säule*** geht es darum, dass Kinder und Jugendliche diejenigen Fähigkeiten und Fertigkeiten erlangen, mittels derer sie in der Welt bestehen können. Dies mündet in die Frage: Wie können sie in Familie, Schule und Gesellschaft Fuß fassen und eine Heimat finden? Die Bausteine zum Erwerb des dazu notwendigen *GRUNDVERTRAUENS* sind *Raum, Schutz und Halt.* Deshalb wird in der ersten Säule der Frage nachgegangen, wie dem Kind in der Welt Raum, Schutz und Halt verschafft werden kann.

***Schutz*** wird durch (bedingungslose) Annahme des Kindes geschaffen, durch Sorge um seine Unversehrtheit in körperlicher, psychischer und geistiger Hinsicht, durch präsente Erziehende, durch eine Vertrauenskultur, ein positives Klima, Ruhe, Geborgenheit, …

***Raum*** erhält das Kind dadurch, dass es körperlichen, psychischen und geistigen „Auslauf" bekommt, dass es ermuntert wird, sich auch von der Bezugsperson wegbewegen und sich auf die Welt einlassen zu dürfen. Dies beinhaltet neben dem körperlichen Auslauf, eine Raumecke zu Hause und in der Schule, in der eigene Sachen untergebracht werden können, eine positive Gesprächskultur, die Raum für andere Meinungen gibt, eigene Wirkungskreise, Entwicklungs- und Mitbestimmungsmöglichkeiten, Selbstbestimmung und positive Konfliktbewältigung.

***Halt*** geben Rhythmus, Rituale, Regeln, Wertklarheit und transparent und klar agierende Erziehende. Aber auch eigenes Können, eigene Fähigkeiten und Fertigkeiten vermitteln inneren Halt (Längle 2016, 75ff; 2013, 71ff; 1999b, 18ff; Waibel 2017c, 251ff).

## Der Bezug zum Leben

Die ***zweite Säule*** will Kinder und Jugendliche dazu befähigen, ihr Leben gut zu bewältigen, indem sie Beziehungen zu anderen und zum Leben aufnehmen zu können. Dies mündet in die Frage: Gibt es in ihrem Leben genügend Wertvolles, für das es sich zu leben lohnt?

Die Bausteine zum Erwerb des dazu notwendigen *GRUNDWERTS* sind *Beziehung, Zeit und Nähe.*

***Beziehung*** bedeutet (bewusste) Zuwendung zu anderen Menschen sowie Dingen in der Welt und fordert ein Herausgehen aus sich selbst und aus der eigenen Welt. Sie erfordert Interesse an den Hobbys und Vorlieben der Anderen, an ihren Werten und Zielen. Beziehung basiert auf Emotion. In ihr werden Menschen, Kinder und Jugendliche, lebendig und blühen auf. Dies wird verständlich, wenn auf die Phänomenologie von Beziehungen zurückgegriffen wird: Sie zeichnen sich durch Wärme, Geborgenheit, Energie, Stärke, Zufriedenheit und Glück aus. Sie hängen jedoch von der eigenen Offenheit, Personalität und Berührbarkeit ab. Beziehung kennzeichnet den Menschen, denn Menschsein bedeutet Bezogen-Sein. Ohne Beziehung zu anderen Menschen oder Dingen in der Welt herrschen Kälte, Erstarrung, Depression, ... In der Erziehung ist Beziehung ohnedies zentral, denn ohne diese ist Erziehung nicht möglich. Aber auch die Beziehung zum Lernstoff ist Voraussetzung für intrinsische Motivation (Waibel & Wurzrainer 2016, 118).

***Zeit*** ist der Raum[9], in der sich Beziehung entfaltet und schwingen kann. Beziehung benötigt Zeit, um zu atmen (Längle 2002, 6). Die Zeit steht nicht für bloße Anwesenheit, sondern für aktive Präsenz.

***Nähe*** ist ebenfalls zentral für Beziehung, denn Gefühle werden durch Nähe vertieft. Durch Nähe wird der Andere intensiver erlebt, aber auch man selbst erlebt sich intensiver. Nähe bietet zudem Schutz und Halt und bildet damit eine Brücke zwischen erster und zweiter Säule (Längle 2016, 75ff; 2013, 71ff; 1999b, 18ff; Waibel 2017c, 251ff).

## Der Bezug zu sich selbst

Auf der Basis der ***dritten Säule*** lernen Kinder, ganz bei sich selbst zu sein und sich in Freiheit und Verantwortung selbst zu gestalten. Dies mündet in die Frage: Haben die Kinder das Gefühl, so sein zu dürfen, wie sie sind? Die Bausteine für den Erwerb des darauf aufbauenden *SELBSTWERTS* sind *Be-Achtung, Wertschätzung und Gerechtheit.*

***Be-Achtung*** meint, in der eigenen Person und Potenzialität, in seiner Einmaligkeit und Einzigartigkeit gesehen und ernst genommen zu werden.

***Gerechtheit*** und ***Gerechtigkeit*** zeigen zwei Seiten ein und derselben Medaille. Einerseits geht es darum, der Person in ihrem Wesen, mit ihren Voraussetzungen und Fähigkeiten gerecht zu werden. Andererseits ist aber auch gemeint, dass die Person selbst zu Entscheidungen kommen kann, die sie als gut und richtig ansieht.

***Wertschätzung*** gegenüber einem anderen Menschen zeigen Menschen dann, wenn sie ihn in seinem So-Sein schätzen und ihn nicht (immer) anders haben wollen, als er ist. Für alle Menschen ist es von tiefer Bedeutsamkeit, so sein zu dürfen, wie sie sind und sich nicht anders geben zu müssen, um anerkannt und geliebt zu werden[10]. So können sie ihre Einzigartigkeit und Einmaligkeit sowie ihre Selbstwirksamkeit erfahren und stimmig handeln. Das heißt, sie (lernen) spüren, was gut zu ihnen passt. Das bedeutet: keine Liebe unter Bedingungen und keine Erziehung zur Anpassung. Dazu gehört auch, die personalen Werte der Kinder und Jugendlichen zu erkennen und zu schätzen, nämlich das, was ihnen wichtig ist und sie in ihrer Person zeigt (Längle 2016, 75ff; 2013, 71ff; 1999b, 18ff; Waibel 2017c, 251ff).

---

9 Hier wird die Idee des Raumes aus der ersten Säule wieder aufgegriffen.

10 Das heißt nicht, dass sie ihr (möglicherweise beeinträchtigendes) Verhalten nicht verändern sollten.

## Der Bezug zum persönlichen Sinn

Auf der Grundlage dieser drei Säulen lässt sich persönlicher Sinn verwirklichen. Dies mündet in die Frage: Können Kinder sehen, wofür ihr Leben gut ist oder sein könnte?

Die Bausteine für den *SINN*, der sich als Dach über die drei Säulen spannt, sind *Strukturen, Tätigkeitsfelder und personale Werte.*

***Strukturen:*** Sind Kinder und Jugendliche in Familie, Kindergarten und Schule, in Sport- und Musik- und Freizeitvereinen sowie in Freundeskreisen gut eingebunden und aufgehoben? Fühlen sie sich dort wohl? Erfahren sie soziales Handeln und können sie ein solches umsetzen? Erleben sie Beziehungen?[11]

***Tätigkeitsfelder:*** Haben Kinder und Jugendliche Tätigkeitsfelder, in denen sie Verantwortung übernehmen und eigene Werte umsetzen, Werte und Handlungen in Übereinstimmung bringen, sich erproben und beweisen können?

***Werte:*** Wird es Kindern und Jugendlichen ermöglicht, eigene personale Werte zu entdecken und zu leben, sich selbst Ziele zu setzen, ihr eigenes Leben selbst in die Hand zu nehmen? Lassen wir ihnen die Wahl? Entlassen wir sie in die Autonomie und Mündigkeit, wie es auch in der dritten Säule deutlich wird? (Längle 2016, 75ff; 2013, 71ff; 1999b, 18ff; Waibel 2017c, 251 ff).

## Resümee

Die Existenzielle Pädagogik fördert bei Kindern, aber auch bei Lehrpersonen und Erziehenden personales und existenzielles Wachstum. Sie stärkt ihren Selbstwert, ermöglicht ihnen die Entfaltung der eigenen Potenzialität und erhöht ihre Bereitschaft, sich neuen Herausforderungen zu stellen. Sie legt den Grundstein für ein Leben mit innerer Zustimmung. Eine an der Person und deren Sinn orientierte Pädagogik ist per se chancengerecht und inklusiv. Sie bewirkt eine nachhaltige Qualitätsverbesserung der gesamten Schulkultur sowie eine personale Unterrichts-, Personal- und Schulentwicklung.

## Literatur

Bertsche, O. & Lischewski A. (Hrsg.) (2012). Pädagogik *nach* Winfried Böhm. Wien: Schöningh.

Böhm, W. (2011). Theorie und Praxis. Einführung in das pädagogische Grundproblem. Würzburg: Königshausen & Neumann.

Böhm, W. (1997). Entwürfe einer Pädagogik der Person. Gesammelte Aufsätze. Bad Heilbrunn: Klinkhardt.

Buber, M. (2000). Reden über Erziehung. Gütersloh: Gütersloher Verlagshaus.

11 Dies macht wiederum den Zusammenhang mit der zweiten Säule deutlich.

Buber, M. (1983). Ich und Du. Heidelberg: Lambert Schneider.

Capurro, R. (2017). Die Zeit der digitalen Weltvernetzung als philosophische und pädagogische Herausforderung. In Standop, J., Röhrig, E., Winkels, R. (Hrsg.) Menschenbilder in Schule und Unterricht. Weinheim & Basel: Beltz/Juventa, 22–35.

Frankl, V. (1992). Der unbewusste Gott. Psychotherapie und Religion. München: Deutscher Taschenbuch Verlag.

Garnitschnig, K. (2017). Menschenbilder in Erziehung und Unterricht. In Standop, J., Röhrig, E., Winkels, R. (Hrsg.). Menschenbilder in Schule und Unterricht, Weinheim & Basel: Beltz/Juventa, 110–123.

Habermas, J. (1978). Theorie und Praxis. Sozialphilosophische Studien. Neuwied am Rhein & Berlin: Suhrkamp.

Henner, G. (2011). Grundlegung der Bildungslehre. In Böhm, W., Fuchs, B., Seichter, S. (Hrsg.). Hauptwerke der Pädagogik. Paderborn: Schöningh, 178–180.

Herrmann, U. (1989). Systematische geisteswissenschaftliche Pädagogik. In Lenzen, D. (Hrsg.). Pädagogische Grundbegriffe, 1140–1160.

Längle, A. (2018). Das Sein ist im Werden. Entwicklung im existentiellen Paradigma. Vortrag am Internationalen GLE-Kongress in Dresden am 27. April 2018.

Längle, A. (2016). Existenzanalyse. Existentielle Zugänge zur Psychotherapie. Wien: Facultas.

Längle, A. (2014). Die Aktualisierung der Person. Existenzanalytische Beiträge zur Personierung der Existenz. Existenzanalyse 21/1, 16–26.

Längle, A. (2013). Lehrbuch der Existenzanalyse. Grundlagen. Wien: Facultas.

Längle, A. (2007). Das Bewegende spüren. Phänomenologie in der (existenzanalytischen) Praxis. In Existenzanalyse 24/2, 17–29.

Längle, A. (2004). Beziehung(s)formen. Ein existenzanalytischer Kategorisierungsversuch. In Existenzanalyse 21/2, 23–29.

Längle, A. (2002). Die Grundmotivationen menschlicher Existenz als Wirkstruktur existenzanalytischer Psychotherapie. In Fundamenta Psychiatrica 16/1, 1–8.

Längle, A. (1999a). Existenzanalyse – Die Zustimmung zum Leben finden. In Fundamenta Psychiatrica 12, 139–146.

Längle, A. (1999b). Was bewegt den Menschen? Die existentielle Motivation der Person. In Existenzanalyse 3/99, 18–29.

Längle, A. (1993). Personale Existenzanalyse. In Wertbegegnung. Phänomene und methodische Zugänge. Tagungsbericht der GLE. Wien: Eigenverlag, 133–160.

Längle, A. & Holzhey-Kunz, A. (2008). Existenzanalyse und Daseinsanalyse. Wien: Facultas

Längle, A. & Tutsch, L. (2009). Begegnung. In Stumm, G. & Pritz, A. (Hrsg.). Wörterbuch der Psychotherapie. Wien: Springer, 72.

Loch, W. (1989). Phänomenologische Pädagogik. In Lenzen, D. (Hrsg.). Pädagogische Grundbegriffe, 1196–1219.

Rosa, H. & Endres, W. (2016). Resonanzpädagogik. Wenn es im Klassenzimmer knistert. Weinheim & Basel: Beltz/Juventa.

Schulz, S. (2011). Emmanuel Mounier. Le personalisme. In Böhm, W., Fuchs, B., Seichter, S. (Hrsg.). Hauptwerke der Pädagogik. Paderborn: Schöningh, 301–304.

Standop, J. (2017). Die Bedeutung von Menschenbildern für das Unterrichts- und Erziehungshandeln von Lehrerinnen und Lehrern. In Standop J., Röhrig E., Winkels R. (Hrsg.). Menschenbilder in Schule und Unterricht, Weinheim & Basel: Beltz/Juventa, 259–274.

Thiersch, H. (1989). Historische geisteswissenschaftliche Pädagogik. In Lenzen, D. (Hrsg.). Pädagogische Grundbegriffe, 1117–1140.

Twardella, J. (2016) Rezension von Rosa, H. & Endres, W. (Hrsg.): Resonanzpädagogik. Wenn es im Klassenzimmer knistert. Weinheim und Basel: Beltz/Juventa. In EWR 15/5.

Waibel, E. (2018). Inneres Wachstum durch personale Begegnung – Impulse Existenzieller Pädagogik. Vortrag am Internationalen GLE-Kongress in Dresden am 28. April 2018; Manuskript eingereicht.

Waibel, E. (2017a). Erziehung zum Sinn – Sinn der Erziehung. Grundlagen einer Existenziellen Pädagogik. Weinheim: Beltz/Juventa.

Waibel, E. (2017b). Erziehung zum Selbstwert. Persönlichkeitsförderung als zentrales pädagogisches Anliegen. Weinheim: Beltz/Juventa.

Waibel, E. (2017c). Macht Erziehung Sinn? Welche Erziehung macht Sinn. In Gutownig, M. & Trattnig, A. (Hrsg.) Sinn und Leben. Annäherung an Viktor Frankl. Klagenfurt: Mohorjeva/Hermagoras.

Waibel, E. (2017d). Stärkung von Lebenskompetenzen durch eine an der Person und deren Sinn orientierte Pädagogik.In Erziehung und Unterricht 9–10, 858–866.

Waibel, E. (2010). Die Bedeutung der Person in der Existenziellen Pädagogik. In Existenzanalyse 27/1, 29–37.

Waibel, E. & Wurzrainer A (2016). Motivierte Kinder – authentische Lehrpersonen. Einblicke in den existenziellen Unterricht.

Winkler, M. (2011). Immanuel Kant über Pädagogik. In Böhm, W., Fuchs, B., Seichter, S. (Hrsg.). Hauptwerke der Pädagogik. Paderborn: Schöningh, 222–224.

Sigvard Clasen

# Kulturverflechtung in globalen Unternehmen

**Abstract:** Enterprising work is – by far – not only orientated on economic and financial figures. Merely each decision and each step of realizing includes a certain scope of cultural thinking and feeling. In particular this phenomena finds its expression within the circle of world-wide co-operating companies. They are combined within a network of cultural particularities and understanding.

**Keywords:** Cultural thinking and feeling, network of cultural particularities

Jede Institution ist ein Träger von Kultur. Das beginnt mit ihren Aufgaben, mündet aber auch sofort in deren Umsetzung in praktische Resultate und dabei vor allem in den Beziehungskreis der in ihr eingebundenen Mitarbeiter und ihr zugehörigen Kontaktadressen.

Für jedes wirtschaftlich geführte Unternehmen ist das ein in seinen Kern hineingreifendes Phänomen. Die Frage nach der darin gelebten Kultur stellt sich zwar nicht fortwährend explizit. Aber ihre Bedeutung ist – nach innen wie nach außen – permanent beachtungsbedürftig. Und das umso mehr, je kritischer ein Wirtschaftsunternehmen betrachtet wird, – von seiner Außenwelt, von seinen Geschäftspartnern und insbesondere von seinen Mitarbeitern. Daraus erwächst dann oftmals geradezu spontan die Grundfrage: Wie steht es eigentlich mit der konkreten unternehmerischen Kultur? Ist sie genügend überzeugend und zukunftstragend? Ist sie innerbetrieblich motivierend? Ist sie außerbetrieblich positiv beeindruckend?

Denn unternehmerische Kultur manifestiert sich nicht nur betrieblich intern, sondern im besonderen Maße in ihren Außenbeziehungen. Das wird sichtlich erkennbar in den heute verbreitet global agierenden Gesellschaften, in die auch die Öffentlichkeit gewisse Einblicke hat. Aber auch das Bild des deutschen dynamisch geprägten Mittelstands macht deutlich, wie stark seine Anteilnahme am wirtschaftlichen Geschehen zwischen den Nationen und damit auch fremderen Kulturen zugenommen hat.

Einen besonders exponierten Grad an kultureller Verflechtung demonstrieren Wirtschaftsunternehmen, die über den Standort ihres Hauptsitzes hinaus über Jahre hinweg in einem Beziehungsnetz mit ausländisch geführten Tochterunternehmen operieren. Ein solches Gebilde mag beispielhaft 20 bis 30 Auslandstöchter umfassen und mit entsprechenden Stationierungen in Russland, in China, in Mexiko und in den USA, aber auch natürlich europäisch in Frankreich oder in Italien angesiedelt sein. Jedes solcher unternehmerischen Tochtergewächse stellt ein spezifisches, d.h. einzigartiges Kulturgebilde dar, dessen Elemente sich jeweils – mal mehr, mal weniger – von der kulturellen Identität seines Mutterunternehmens unterscheiden.

Kulturelle Eigenheiten, von Tochter zu Tochter gesehen, bestehen weltweit. Sie alle fordern ihre Beachtung, ihre systemische Aufmerksamkeit, und in gewisser Weise auch ihren Respekt. Und sie alle sind Anlass dafür, auch kulturelle Transitbrücken zwischen Muttergesellschaft und Tochtergesellschaft anzustoßen und zu errichten.

Muttergesellschaft und Tochtergesellschaft verbindet damit im Vollzug ihres Zusammenwirkens weitaus mehr als eine lediglich finanzwirtschaftlich abgestimmte Vernetzung. Ihre gegenseitige Beziehungsgestaltung hat ausgeprägte kulturelle Spezifika auf beiden Seiten wahrzunehmen und zu berücksichtigen.

Worin können sich kulturelle Spezifika in einem weltweiten unternehmerischen Verbund kundtun? Das Spektrum reicht bis in den Grad vorstellbarer menschlicher Grundverhaltensweisen hinein: in das Treueverhältnis von Mitarbeitern zum Unternehmen, in deren Einstellung zu ihrem Auftrag und zu ihrer abgeforderten Arbeitsweise, in ihre Bereitschaft zu Leistung und Verantwortung, in ihre Neigung zur Fluktuation und zur gelebten Ehrlichkeit, um nur einige Beispiele zu benennen.

Gegebenenfalls sind in einem weltweit geführten Unternehmen sich verdeutlichende Kulturverschiedenheiten auch in einem *Internationalen Personalmanagement* zu berücksichtigen. Inhalte in diese Richtung sind u.a. Vorgaben für innerbetriebliche und außerbetriebliche Verhaltensregeln, für die Achtung von Menschenrechten, eine deutliche Ansage gegen Korruption und eine Abforderung eines ausgeprägten Sozialverhaltens. Aber auch Ökologie und Nachhaltigkeit im geschäftlichen Wirken finden darin ihre Wertstellung. Verbreitet veröffentlicht findet sich hierzu der Passus einer „Corporate Social Responsibility", abgekürzt CSR, die sich als eine Verzahnung von Finanzinformationen und Nachhaltigkeitsinformationen versteht.

Damit obliegt der Geschäftsführung eines global ausgerichteten Unternehmens eine Herausforderung, die weit über die traditionelle finanzwirtschaftliche Orientierung hinausreicht. Es bedarf einer Ergänzung durch zusätzliche Kennzahlen, die die weitergespannten Themenbereiche, schlicht also sogenannte unternehmerische Kulturspektren, mit abzudecken haben.

Zum Kern einer global agierenden Unternehmensführung gehört – gerade unter dem Aspekt eines kulturell übereinstimmenden Bewusstseins – in aller Regel die Abfassung und Verbreitung eines Unternehmensleitbildes. Dieses beinhaltet neben der Unternehmensvision und den daran angepassten Unternehmenszielen klar ausgewiesene Unternehmensleitsätze und Führungsgrundsätze als gemeinschaftlich zu verfolgende Orientierung. Alle Zugehörigen, ob in Muttergesellschaft oder Tochtergesellschaft, haben diesen Richtungsrahmen verbindlich zu berücksichtigen. Und natürlich findet ein solches Leitbild auch in der jeweiligen Strategie und Langfristplanung der betreffenden Unternehmensgruppe seinen konkreten Niederschlag.

Vergleichbare Inhalte können sich auch in sogenannten „Compliance Richtlinien" widerspiegeln, die einen übernationalen Verhaltenskodex für eine internationale Unternehmensgruppe zum Inhalt haben. Hiermit werden seitens der Unternehmensführung Maßstäbe vorgegeben, die bei aller Vielfalt von weltweit bestehenden Kulturunterschieden dennoch eine ausnahmslose Geltung einfordern – so z.B. bestimmte Arbeits- und Sozialstandards, Umweltschutz, keine Bestechung, keine Geldwäsche, keine Korruption, Datenschutz. Und nicht zuletzt hat sich in jeder innerunternehmerischen Kommunikation das fundamentale Kulturbewusstsein eines Hauses wiederzufinden.

Ferner haben heute auch in einem erweiterten Sinne Prinzipien des „UN Global Compact" in der Führung von international ausgerichteten Unternehmen Fuß gefasst. Eine Vielzahl von Geschäftsführungen bekennt sich inzwischen zu ihnen. Die darin zum Ausdruck gebrachten Forderungen wirken gleichsam wie ein Spiegelbild von unternehmerischer Handlungskultur. Nennenswerte Ansprüche in Anlehnung daran lauten: die Verhinderung von Zwangsarbeit, die Abschaffung von Kinderarbeit, die Beseitigung von Diskriminierung, die Beachtung des Vorsorgeprinzips in Umweltfragen, die Förderung des persönlichen Engagements für die Gemeinschaft, die Heraushebung von möglichst fortdauernder Betriebszugehörigkeit der Mitarbeiter.

Im weiteren Sinne gehören also auch die bezeichneten kulturellen Vorgaben einer Muttergesellschaft über alle spezifischen kulturellen Unterschiede zwischen den wirtschaftlichen Standorten hinweg zu dem Herzstück einer global geführten Unternehmensgruppe. Sie sind damit integraler Bestandteil einer jeden Zielrahmenplanung und deren Umsetzung.

Aus allem Geschilderten möge Eines besonders herausklingen: Jede gesellschaftliche Wirklichkeit hat ihr besonderes kulturelles Gesicht. Aber nicht immer ist dieses identisch mit vorgegebenen oder gewünschten Kulturwerten. Auch aus Vernachlässigung und Missachtung entstehen Kulturbilder, die man dann aber oft nicht als erstrebenswert bezeichnen kann. Insofern gehört die Frage nach unserer gelebten gesellschaftlichen Kultur grundlegend in den Wirkungsbereich unseres menschlichen Bewusstseins und menschlicher Verantwortung.

Gediminas Merkys, Daiva Bubelienė, Nijolė Čiučiulkienė

# Do Aspects of "Heavy Homework load" and "Demanding Teacher" Make an Impact on an Effective Learning?

**Abstract:** The "Effective lesson" issue is not leaving the headlines of current research papers. The majority of scientists who analyze effective lesson aspects, touch upon such problems as educational context and its influence on the effective lesson culture, effective lesson criteria, its methodical thesaurus and quality of teacher's performance, teaching behavior (Xu, 2011; Hattie, 2012; Helmke, 2015; Nunez, Suarez, Rosario, Vallejo, Cerezo, Valle, 2015; Russo, J., Hopkins, S., 2017; Van der Lans, R. M., Van der Grift, W. J., Van Veen, K., 2018). A rather romanticized parallel compares an effective classroom with the symphonic orchestra, where a teacher, acting as a conductor, brings out the best of the performance from each musician – pupil to make a symphony sound the most harmonious way. No wonder that the research of such "symphony", in other words, "effective lesson" is not simple, because the "lesson" concept as a subject of research is difficult to understand for many objective and subjective stereotypes and premises. For this reason, the authors of the presented research, while continuing their "effective lesson" investigation, introduce an authentic questionnaire intended for older schoolchildren – *"Evaluate the teacher and his/her lessons"*. The questionnaire is compiled while considering transculturality aspects, relying on the analysis of the current educational practices of different European and Asian countries. Alongside with the questionnaire the authors present theoretical and practical parameters of the research. The currently available statistical base of the questionnaire (N students = 9872 and N teachers = 386) includes different gymnasium type schools from different regions of the country. The main findings received during the investigation highlight the noncorrelation of such indicators as "homework load" and "level of the requirements set by the teacher" with all the remaining scales, although the latter intercorrelate very significantly. This fact presupposes the main question (and hypotheses) of the paper: whether the mentioned variables "Homework load" and "Demanding Teacher" can truly affect the didactic quality of the lesson counterproductively. While relying on their findings, the authors of the research paper, alongside with the methodological and metrological aspects of the achieved scientific results, highlight the quite controversial fact: the teacher's didactic demanding requirements and homework load, unfortunately, do not fit into the system of indicators describing the quality of a universal, multi-cultural, multi-dimensional lesson. Moreover, these two indicators are likely to contribute very little to the quality of the contemporary effective lesson.

**Keywords:** transculturality, lesson, effectiveness and quality of the lesson, homework, didactic requirements

## Introduction

Researchers have long been interested in observing what occurs within classrooms that produce the most prominent study results (Goe et al., 2008; Little, Goe, &

Bell, 2009). Their initiative is actively supported by numerous transcultural IEA studies, which present the comparative analysis of students' achievements from half a dozen countries with the same aim to answer the question "What is a good education system, a good school, and finally, what is a good lesson?". Relying on their data it is possible to assert hypothetically that good educational system, a good school begins precisely at an effective lesson.

In order to investigate the scientific 'riddle' of the "Effective lesson" the contemporary scientists use a great number of research methods such as lesson video reports, transcultural comparisons (Helmke, 2015), ect. One of such research, based on analysis of pupils' achievements is IEA investigations of international educational experience. The core attention is paid to the analysis of the educational experience of the countries that constantly appear at the top of the IEA rates. Results of one of such analysis have presented a surprise: Estonia – a small post-communist country – occupied one of the top places in IEA rates according learning achievements.

In order to find out how to generate the model of an effective lesson there are performed a lot of evaluative studies (Emery, Kramer and Tian, 2003; Hattie, 2012). The most prominent is J.A. Hattie's study which summarized the results of 50 thousand of initial studies on the lesson, teacher and learning efficiency (Hattie, 2012). The presented findings link the concept of an effective lesson with such criteria as professionalism of a teacher, organization of teaching and learning, learning achievements, school social and cultural context, pupils' contingent and many others.

The complexity of multicriterial nature of the effective lesson concept suggests an idea to analyse it while relying on at least M. Weber's model of „ideal type", which may be regarded as a research tool for classification and comparison because it is generated on the basis of findings gathered carefully and analytically for empirical research (Weber, 2017) and allows to avoid the research particularism (Merkys, Bubelienė, 2017). Consequently, one of the heuristically productive ways to study an effective lesson holistically can be associated with an inductive, exploratory types of research. The latter are neither unambiguous, linked to a specific academic discipline, nor based on a single theory. While speaking for an inductive research direction the authors of the presented research paper have in mind a typical correlation study. At the beginning it deliberately relies on a large, but heterogeneous primary structure of indicators. The dependent or independent research variables become apparent only when the correlation study accelerates, and the new data allow highlighting alternative hypotheses and theoretical interpretation models. The labeling of variables to one of the types can be improvised while using hypothetical interpretations and knowledge cumulation generated during the study. The determination of what theory or the combination of several theories to choose in order to evaluate the empirical-statistical findings also emerges after long analytical procedures and interpretations.

As a proof of the above mentioned ideas, the paper presents a large sampling-based (N students = 9872 and N teachers = 386) correlation study, revealing a phenomenon, in which several theoretically relevant indicators do not fit into the overall structure of the very correlative, characteristic features, defining the quality of the lesson. Moreover, there is no trivial theoretical explanation for the unexpected statistical findings: the structure breaking indicators "Homework load" and the "Demanding teacher". A huge research sample (N students = 9872 and N teachers = 386) and a comprehensive statistical analysis made it possible to state that the probability of a statistical artifact or research error here becomes minimal. For this reason the authors of the research paper pose the major questions: why were the controversial, strangc cmpirical statistical facts received? What could the appearance of structure breaking indicators mean in terms of the theory of the lesson and the professional philosophy of the teacher? Could it be so that a demanding teacher is firstly demanding from himself/herself and only then from the pupils?

Thus, the main aim of the presented research paper is to make explanations for the discovered partial discrepancy between theoretical views, practical experiences and the received facts. The objectives are linked to scientific insights revealing the "effective lesson" concept and the application of a new standardized instrument of survey aiming to evaluate the teacher and his/her lessons. The received data have provoked the question why such indicators as "Homework load" and "Demanding teacher" practically do not correlate with all the remaining scales, although the latter two correlate sufficiently significantly. In the paper the question (and hypotheses) whether the mentioned variables can truly affect the didactic quality of the lesson counterproductively is elaborated.

## Theoretical and Practical Research Context – Effective Lesson Concept

Many aspects of effective teaching can be cultivated. The scientists unanimously highlight the governmental educational policy (Helmke, 2015), lesson quality criteria, the media influence (Vatterott, 2009), learning culture aspects (Hattie, 2012), personality of a teacher (Stonge, 2018). Every school, every teacher, being a provider of educational services is constantly under a great pressure to "give an effective lesson". This pressure comes from numerous stakeholder groups such as institution founders, education leaders, politicians, administrators and parents.

Nowadays "an effective lesson" is an ideologized concept, which has already turned into an ideologeme. Still, what is an effective lesson? Even such leading countries as Germany still go on 'complaining' that there is a lack of data and evidence-based theoretical understanding about what is an effective lesson. A lesson as a subject of research is difficult to understand for many objective and subjective reasons. The ideological, value-based and political background only adds more confusion to the 'effective lesson' concept. Such countries as the United States, Great Britain, Germany, etc., when they found out to be lacking behind the Confucian Heritage and the Scandinavian countries in the constant education quality rating race, started to speak about such concepts as TIMSS scandal, PISA shock, etc. (Helmke, 2015).

The complexity of an effective lesson concept is closely related to its numerous elements and quality criteria aspects. One can talk about the teacher's professionalism and competence, teaching and the organization of learning, learning outcomes, and the combination of all previously mentioned elements. In many cases the concept of "an effective lesson" is associated with a variety of "innovative" or alternative learning methods – "project method", "group work", problem-based learning, inquiry based learning, flipped classrooms, etc. Scientists also highlight the influence of media for the acceleration of learning (Vatterott, 2009). Still, the existential necessity of the lesson is not neglected. The scientists agree that the lesson is vital as a social control form, which provides equal learning possibilities to all adolescents. Such important factors as learning regularity and cyclicity, vivid, real intellectual communication among pears, stimulating the promotion of self-interest processes, when young people have to check their knowledge, compare themselves and others, are provided during the lesson. The solid empirical arguments supported by meta-analysis add more weight to the fact that communicative, cooperative learning, provided during the lesson, is more effective than competition and individualism-based learning (Hattie, 2012). The "effective lesson" concept is also inseparable from the particular social context – the culture. The "effective lesson" is closely related to the specifics of the subject taught, the type of school, the peculiarities of contingent of the pupils.

Being a dynamic process, a lesson also has a cultural, spiritual mediator – a teacher. The teacher is the representative of the educational content and school. In most cases when a pupil has to make a personal choice of subjects, he/she links the preference of a particular subject with a teacher he/she likes and the way the subject was taught. A teacher radiating professional enthusiasm and competence transmits those feelings to the pupils. For this reason teacher's personality is one of the first sets of characteristics to look for in an effective lesson (Stonge, 2018).

Traditionally, an enthusiastic and competent teacher is characterized as a demanding teacher sometimes practicing quite a reasonable homework load. As it is stated in theory and proved by practice, the reasonable homework load, as well as the strict didactic requirements imposed by the teacher, should contribute to the general students' understanding about the lesson quality. Unfortunately, according the data of the current research and the previous correlation studies (Merkys, Bubeliene, 2017), this is not the case. It is possible to state that the "Demanding teacher" and "Homework load" factors affect the quality of the lesson in a counterproductive and negative way. It is also dissonant with the concept of the Vygotsky's proximal development zone (PDZ) theory, which has its followers in modern science (Kozulin, Gindis, Ageyev, and Miller, 2003).

Effective learning must be based on the degree of difficulty of the learning material. Of course, the scientific and practical discourse concerning homework load is not one – sided; on the contrary, it provokes numerous discussions, inspires different scientific approaches. In some countries, abundant homework is critically valued; its load is strictly limited, because it is thought that the considerable bulk of homework may violate equal opportunities of school children in their knowledge acquisition. It may also deprive children of their leisure time (Corno and Jianzhong 2004; Hill and Taylor 2004; Cooper, Patall 2006; Trautwein, Schnyder, Niggli, Neumann and Lüdtke, 2009; Vatterott, 2009; Xu, 2011; Gonida and Cortina, 2014; Núñez, Suárez, Rosario, Vallejo, Cerezo and Valle, 2015). On the other hand, there are hypothetical explanations, why some Far Eastern countries systematically appear at the top of IEA ratings. In Confucian heritage cultures, students are likely to obey the traditional authority of the teacher, accept the pressure of the role of the "good student" and de facto work very hard on teaching materials at home independently, which is essentially the equivalent of homework?

Such multimeaningful theoretical and empirical paths and crossroads inspired the authors of the research paper to precede the investigation with the intention to explain the discrepancy between the theory and practice.

## Research Methodological Reasoning, Design and Ethics

The functioning of the lesson – good or bad – is multicausative. The lesson itself, its effectiveness may be influenced by many contradictory and non-linear reasons. None of them is totally influential. For this reason knowing of the lesson could be characterized by an epistemological paradox. On the one hand, the holistic knowing of a lesson while relying on strictly academic research means is sometimes more difficult to implement than praxeological knowledge, based on practical application of empirical social research, expert evaluation, brain storming, action research, etc., or on improvised combination of the above mentioned methods. The fetishism of theoretical justification, the explicit attribution of the empirical research to a specific scientific subject (e.g., pedagogical psychology or didactics) is a compulsory attribute of strict academic paradigm. All these factors a priori link the structure of research features to the particular theoretical concept, such as motivation and interest, curriculum, learning environment, autodidacticism, action theory, learning enabling, metalearning and so on. The canon, compulsory for one or another scientific subject or research direction, is perfectly fulfilled; all empirical indicators are derived from the theory. On the other hand, the above described, narrow ad hoc model no longer responds to a multidimensional and multidimensional nature of the lesson phenomenon. The research may be directed towards the particularistic misconceptions.

Consequently, in order to provide the possibility to study the lesson holistically the authors of the presented research indulged in an inductive, exploratory research. The latter is neither unambiguous, linked to a specific academic discipline, nor based on a single theory. So, it is possible to talk about a typical correlation study. At the beginning, it deliberately relies on a large, but heterogeneous primary structure of indicators. The depending or independent research variables become apparent only when the correlation study accelerates, and the new data allow highlighting alternative hypotheses and theoretical interpretation models.

The labeling of variables to one of the types can be improvised while using hypothetical interpretations and knowledge cumulation generated during the study. The determination of what theory or the combination of several theories to choose in order to evaluate the empirical-statistical findings also emerges after long analytical procedures and interpretations. Unfortunately, current modern academic researchers prefer deductive configuratory studies, which usually test pre-established theories.

The authors of this research paper vote for exploratory correlational studies. This purely inductive method has helped to discover particular statistical regularities, which, in researchers' opinion, potentially extend the amount of the data-based knowledge about the lesson and its effectiveness.

## Construction and Development of the Questionnaire "Evaluate the Teacher and His Lessons"

The questionnaire was developed and the first measurements were completed in 2011. The questionnaire is for senior students (grades 11–12) only. The principle of polling is taken from higher education. It is constructed according study quality evaluation model when at the end of the semester the student evaluates module and its lecturer by means of an anonymous online survey according to the system of quantitative indicators.

The participation in the research changed the role of the pupils – they became teachers and lessons evaluators. The research was supported by the school administrators and teachers' unions. Everyone understood the innovative nature of the lesson assessment with the help of pupils and its benefits to school quality improvement. Teachers also acknowledged that it could be useful to get feedback about their lessons from the pupils. In some schools, the research was repeated after a year or later. A large number of teachers, after anonymous survey, were able to improve their performance significantly. Some teachers were able to improve their performance radically. This statement may be proved the school result growth. Some of them demonstrated an increase from the 24 to 86 percentile of school rates on a national scale.

The study of the lesson's assessment is ethically sensitive. The confidentiality of a particular poll and the respect to the teachers' values were maintained. Only the school director (the team of managers) received ALL the information that was kept secret. In the study report, teachers, using the PIN code, could only identify their own diagnostic profile, and their colleagues did not. It was agreed that: a) the study should be used to improve the performance of the school and teachers, but not for staff assessment or even selection; b) student survey results must be compared with the complex information that the school heads have about the teacher and his/her lessons.

The pupil's questionnaire consists of 88 primary indicators that reflect various aspects of the lesson and the teacher's behavior during it. The 5-level Likert scale has been used to record the received responses. The 73 primary indicators are semantically positive, 15 – reflecting any negative feature. Indicator mixing tactics has been taken to control the bias effects of the positive and negative answering dominant tendencies. The authors of the questionnaire followed the theoretical postulates that the quality of the lesson was multi-cognitive. For this reason they tried to keep apart from particular scientific theories. Therefore, the primary indicators of the survey were generated partly intuitively, hypothetically, while relying on different theories.

**Tab. 1:** Structure of scales and poster questionnaire "Evaluate teacher and his lesson", N = 9872

| **Examples of primary indicators** | **Subscales** | **N item** | **Cronbach Alfa** | **Spearman and Brown coefficient** |
|---|---|---|---|---|
| Teacher takes care of progress every student would do<br>The teacher is watching that there will be no discrimination<br>If any pupil lacks behind, the teacher immediately notices that and tries to help | Sensitivity to the pupil, non-discriminative, individual approach | 11 | 0,926 | 0,924 |
| There are warm and friendly relations between the students<br>The pupils respect the teacher and listen to him willingly | Warm pupil – teacher relationships, respect for the teacher | 4 | 0,864 | 0,876 |
| The teacher is able to listen, he/she hears pupils' arguments<br>The teacher respects the pupil, communicates with him/her as equal | Interactivity, non-hierarchical relationships | 6 | 0,897 | 0,908 |

(*fortgeführt*)

**Tab. 1:** Fortsetzung

| **Examples of primary indicators** | **Subscales** | **N item** | **Cronbach Alfa** | **Spearman and Brown coefficient** |
|---|---|---|---|---|
| The teacher tends to emphasize his own priority over a pupil | Hierarchical relationships | 3 | 0,607 | 0,682 |
| The teacher imposes his/her attitude and the will on the pupils | | | | |
| The teacher constantly criticizes, hurts and "prevails" | Sanctions | 8 | 0,908 | 0,911 |
| The teacher often condemns and punishes | | | | |
| The teacher informs us about evaluation criteria | Knowledge about pupils, diagnostics and evaluation | 6 | 0,868 | 0,829 |
| The teacher writes correct marks | | | | |
| ***Scale "Quality of relationship and pedocentristic orientation"*** | | **38** | | |
| Pupils are active during the lesson | Pupils' activity, interest, motivation and workability | 20 | 0,940 | 0,919 |
| (-)A lesson is depressing and sleepy | | | | |
| The lesson is so indulging that nobody notices the time | | | | |
| The pupils do a lot of interesting tasks during the lesson | | | | |
| (-) Lesson time is spend in wain | The respect to lesson time | 2 | 0,677 | 0,677 |
| The teacher cherishes the lesson time | | | | |
| Pupils cooperate, support each other | Pupils' mutual relationship, focusing of the class | 2 | 0,699 | 0,704 |
| The pupils are focused on the tasks as one team | | | | |

**Tab. 1:** Fortsetzung

| **Examples of primary indicators** | **Subscales** | **N item** | **Cronbach Alfa** | **Spearman and Brown coefficient** |
|---|---|---|---|---|
| The teacher has introduced clear rules to be followed | The discipline and social order support during the lesson | 7 | 0,727 | 0,645 |
| The teacher is able to manage the class during the lesson | | | | |
| The teacher is able to highlight the most important points | Didactics | 12 | 0,850 | 0,846 |
| The teacher stimulates the independent thinking | | | | |
| (-) We do not understand anything during the class | | | | |
| ***Scale "Management of educational process and didactics"*** | | **43** | | |
| **Total index of "Holistic evaluation of a teacher and a lesson"** | | **81** | | |

Correlation analysis has shown that this approach was correct. Using logical and factorial validation, 15 subscales were created, reflecting a wide range of lessons and aspects of the teacher's behavior during the lesson. A secondary factor analysis has revealed two large scales: "The quality of social relations and pedocentric orientation" and "Management of the educational process and didactics". Both scales strongly correlate with each other r = 0,82, p = 0,000. It has turned out that from the aforementioned scales, compiled from 81 primary indicators, the total index of "Holistic evaluation of a teacher and a lesson" can be created. Relatively stating, it is possible to speak about a test that could be used to assess the quality of a lesson. Still it should not be forgotten that it is based only on the students' opinion. Scales, subscales, their psychometric quality are reflected in Tab. 1.

**Tab. 2:** Additional assessment module of the survey "Evaluate Teacher and his Lesson", N = 9872

| Examples of primary indicators | Subscales | N item | Cronbach Alfa | Spearman and Brown coefficient |
|---|---|---|---|---|
| The teacher often uses ICT during the lesson | IT usage | 2 | 0,549 | 0,550 |
| Teacher assigns homework which is performed using a computer and the internet | | | | |
| The pace of the lesson is too slow, and the teacher is often drowsy | The pace of the lesson is too slow | 1 | – | – |
| During the lesson, the teacher is constantly rushing, the pace of the lesson is too fast | The pace of the lesson is too fast | 1 | – | – |
| The teacher poses high demands on us and does not let us to relax. | Didactic requirements: homework load | 2 | 0,570 | 0,572 |
| We have plenty of assignments | | | | |

Unfortunately, a few initial indicators and subscales, as shown by multiple factor analysis, did not match the system of generalized indicator assessments. Nevertheless, these indicators proved to be important for understanding the quality of the lesson and therefore were not removed from the diagnostic questionnaire. They have just been used as a non-compliant, but a diagnostically significant, complementary module for comprehensive assessment (see Tab. 2).

## The Characteristics of the Sample, Dependent and Independent Variables

The description of analysis should be started with the definition and the reasoning of the sample specification. The main decision about the sample is connected with the sample item. The main sample item was not only a pupil, but also a teacher and a class. Pupils were randomly divided into several groups and then rated a different teacher and his/her lessons. So, one teacher was rated by at least 21–27 students who were grouped into groups of 7 or 9, different classes. The calculations and evidence, presented in this article, rely on a quite numerous statistical base of regulation. It consists of 9872 pupils and the generalization of their prevailing opinions. The pupils evaluated 386 teachers who were representatives of 17 country schools from different regions. Some of the schools are elite, falling into the top 10 or 20 best schools rate, presented by the Lithuanian weekly "Veidas". Other research institutions are typical schools that work with the contingent of the area without any student selection. All the scales formed are approximated to the normal distribution. All raw scores of scales have been transformed into standard z scores.

While characterizing dependent and independent variables, it is necessary to note, that the dependent variable in this study is considered to be all scales, subscales and the combined scale, measuring the characteristics of the lesson and of the teacher's behavior in it. Independent variable is considered to be the two initial variables which are not identical with the general test scales. They are: "The teacher poses high demands on us and does not let us to relax." and "We have plenty of homework". Both variables correlate, the correlation coefficients (r) and Spearman's rho are identical to 0.40 points, and very reliable $p = 0.000$. The factorization, performed following the main component method, showed that both variables acquire factorial weight $L = 0.84$ and explained factorial dispersion almost reaches 70 percent. Naturally, the factor index, created from both variables, has received the relative title "Demanding teacher and homework load".

## Statistical Methods

In order to compile scales and control their quality, the authors used:

1) psychometric statistics, unit correlation (r), Cronbach-alpha and Spearman-Brown co-efficients;
2) combination of logical validation and factor validation, primary and secondary factor analysis, carried out using the basic component method;
3) Correlation and factor analysis;
4) K-mean cluster analysis and cross-table method based on chi-square statistics.

## Results

It turned out that the subscale "The demanding teacher and homework load" (relatively called the first matrix) mainly does not correlate with the remaining 11 subscales that describe the overall quality of the lesson. All 11 subscales are derived from 81 initial indicators and form a combined test score. In the first matrix the correlation is relatively low. Its mean reaches only 0.09 (r = 0.09) and variates from 0.01 to 0.26. On the other hand, in the second matrix the average intercorrection is quite high. Here the mean reaches even 0.67 points and variates from 0.50 to 0.80. The remaining 3 subscales with a moderate interior affinity to the structure of the lesson features, weekly correlates with the remaining 11 subscales. The correlation within this matrix (relatively called the third matrix) is r = 0.30 and variates from 0.10 to 0.48. So, it could be characterized as average The remaining subscales are is "IT usage", as well as "The pace of the lesson is too fast" and "The pace of the lesson is too slow".

The subscale "The demanding teacher and homework load" was analysed by different factor analysis methods. The received results do not fit in the structure of the aggregated indicators measuring the quality of the lesson (see Tab. 3). In the factor analysis with one fixed factor model the subscale "The demanding teacher and homework load" demonstrates an extremely low, close to zero, factor loading. The natural 2nd factor model is even "more eloquent". The highlighted variable has a small, but negative factor loading, therefore, is related to other quality of the lesson negatively characterizing subscales, for example. "Hierarchical relations", "Sanctions".

It is known that the theoretical interpretation of the factor is determined by those indicators that are included in the extracted factor with the largest factor loading. In this research, the most important subscales, to be more precise, their titles are extremely meaningful: "Sensitivity to the pupil, non-discriminative, individual approach", "Didactic", "Student activity, interest, motivation, etc." "Warm pupil – teacher relationships, respect for the teacher". Both factorizations point out extreme high factor weights. Thus, empirical evidence suggests that these dimensions are the most descriptive while speaking about the complexity of the lesson. The subscale "The demanding teacher and homework load" is somewhat rehabilitated by the second factor where there are subscales with the positive attitude towards the lesson ("Discipline, social order in class" and "Respect for lesson time").

**Tab. 3:** Factor analysis with subscales. factor loading, N = 9872

| **Holistic evaluation of the teacher and his/her lessons. Subscales** | **Fixed one factor model** | **Natural model of two factors: rotation after three iterations** | |
|---|---|---|---|
| | | ***First factor*** | ***Second factor*** |
| Factor EV(%) | EV = 60,2 | EV = 55,8 | EV = 16,0 |
| Sensitivity to the student, non-discrimination, individual access | 0,90 | 0,88 | 0,19 |
| Didactics | 0,90 | 0,87 | 0,22 |
| Student's activity, interest, motivation, work capacity | 0,89 | 0,78 | 0,50 |
| Warm student and teacher relationships, respect for the teacher | 0,88 | 0,86 | 0,21 |
| Interactivity, non-hierarchical relationships | 0,86 | 0,85 | 0,13 |
| Knowledge of pupils: diagnostics and evaluation | 0,86 | 0,87 | 0,09 |
| Sanctions | −0,83 | −0,87 | 0,01 |
| Student relationships, classroom focus | 0,72 | 0,66 | 0,30 |
| Respect to the lesson time | 0,71 | 0,58 | 0,51 |
| Discipline, social order during the lesson | 0,64 | 0,47 | 0,67 |
| Hierarchical relationships | −0,62 | −0,71 | 0,22 |
| Didactical requirements, students load | 0,01 | −0,23 | 0,79 |

Would it be possible, while relying on the unexpected correlation patterns, to make the hypothesis that the demanding teacher and a heavy homework load are counterproductive factors negatively influencing the quality of the lesson (at least in terms of its perception). This challenging hypothesis was checked by the series of statistical procedures

**Tab. 4:** Classification of the pupils into statistical types: K-mean cluster analysis; cluster centers: z scores

| **Classification: the level of teacher's demands and amount of homework load, N = 9847** | | |
|---|---|---|
| | Clusters and their centers; z scores | |
| | 1 | 2 |
| *The teacher poses high demands on us and does not let us to relax* | 0,70 | −0,86 |
| *We have plenty of homework* | 0,53 | −0,65 |
| Statistical types of the pupils | Pupils who think that their teacher is demanding; homework load is heavy (55,3%) | Pupils who think that their teacher is not demanding; homework load is not heavy (44,7%) |
| **Classification according holistic understanding of the lesson quality, N = 8660** | | |
| | Clusters and their centres; z-scores | |
| | 1 | 2 |
| *Quality of the mutual relationship and pedocentric orientation* | −1,14 | 0,57 |
| *Management of educational process and didactic* | −1,09 | 0,56 |
| Statistical types of the pupils | Pupils who evaluate their teacher and his/her lessons poorly (33,1%) | Pupils who evaluate their teacher and his/her lessons positively (66,9%) |

Due to the very high intercorrelation of 11 major subscales, it was necessary to abandon such a clear method as multivariate regression. The researchers had to look for an alternative.

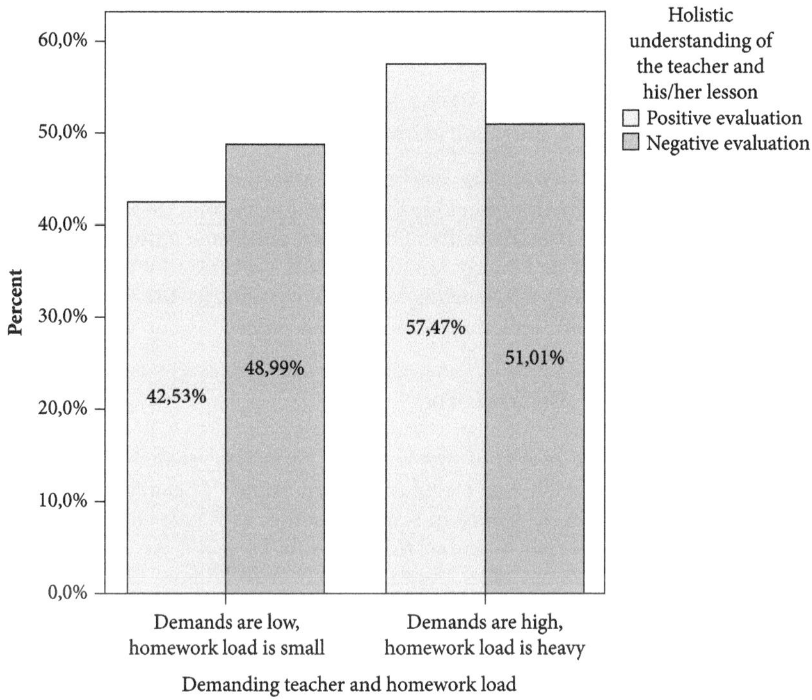


**Fig. 1:** Crosstabs analysis: 1) types of pupils according the holistic understanding of the demanding teacher and the homework load and 2) types of pupils according the holistic evaluation of the teacher and his/her lessons; Chi-square = 32,382, p = 0,000, df = 1, Cramer's V = 0,061; N = 8653

The solution was as follows:

1 Using K- mean cluster analysis, taking into account the level of teacher's requirements and heavy homework load there were found two statistical types of the pupils and their relative population. These are the pupils:

a) receiving a lot of homework and thinking that the teacher is demanding;
b) receiving little homework and believing that the teacher is less demanding.

Furthermore, taking in consideration the aspect of lesson quality, while using cluster analysis, there were cleared out the two statistical types of the pupils:

a) the pupils who positively evaluate the teacher and his/her lessons;
b) the pupils who evaluate the teacher and his/her lessons extremely negatively.

The discovered types can reasonably be described as contrasting, since the difference in Z scales between cluster means is very high (see Tab. 4).

2 The statistical types of found with the help of cluster analyzes were compared using the cross-tables method and chi-square statistics (see Fig. 1).

It turned out that the demanding teacher and reasonable homework load do not have a counterproductive effect on the quality of lesson. These highlighted moments may affect the overall quality of the lesson positively; unfortunately, this effect is extremely weak and barely tangible. This is evidenced by the extremely low coefficient of Cramer's (V), reaching only 0.061 points. By the way, this estimate is statistically reliable only due to a very large sample.

## Discussion and Conclusions

1. While relying on the results of this research, there was created a psychometric questionnaire, which was tested in a large sample. It enables a complex assessment of the lesson quality in school practice, as it takes into account a wide range of indicators. Of course, this can only be said if we recognize the postulate that anonymous older pupils can still provide more or less reliable information on this issue. The authors of the study have expert experience and are convinced that this is the case. Such expert experience is based on the practical counseling of diagnosed schools, their multiple visits to the schools and the continuity of close cooperation with the investigated schools, their administrations and pedagogical staff. Unfortunately, this knowledge is not yet fully documented, for example, by means of qualitative ethnographic research. It is self-critical to recognize that the methodology still lacks the validation by the external objective criterion and prognostic validation. The survey tool is validated only by its own, as a closed system, information resources.
2. In the in terms of the used terms semantics the dimensional structure of the questionnaire is rather diverse. Almost all the different dimensions, as it is demonstrated by a large sample based empirical study, closely and theoretically correlate among themselves. This fact suggests that these dimensions reflect one or another aspect of such generalized construct as "the lesson quality". Even from 81 primary variables, as psychometric analysis suggests, it was possible to clear out the complex estimates of numerous subscales, but also to deduce the combined index of "teacher's activity and classroom quality". This can be considered a reasonable result. The created tool can be used for both: academic research, school counseling and refinement.
3. However, in this context, it would not be desirable to emphasize only the methodological and metrological side of the scientific result achieved. In our opinion, the interesting, worth paying more attention is the result that the demanding teacher and considerable homework load, unfortunately, does not fit into the system of indicators describing the quality of a universal, multi-dimensional

lesson. Moreover, these two indicators are likely to contribute very little to the quality of the lesson.

4. The study performed at this stage is a typical correlation study based on psychometric instruments and a survey for individuals. In the future, it would be appropriate for the study to be developed towards a slightly different direction. It would be relevant to detect schools based on the controversial didactic philosophy, characterized by different school culture. It means that in future schools could be differentiated according the amount of homework load: (a) schools that tend not to appoint homework at all, highlighting the recommendation to perform all core learning activities at school; b) homework is appointed abundantly and continuously, relying on the analogy of the sport exercise, expecting that the maximized learning load will lead to a very high level of learning outcomes. Naturally, such culturally different schools would probably have to be searched in different countries, so there it would be necessary to talk about a cross-cultural empirical study, which sample nests are generated in different countries. It seems that in one and the same country, we might hardly find schools with such a controversial didactic paradigm. Relying on expert opinion and experience, one could state that contemporary Lithuanian gymnasium-type schools vote against zero or very symbolic traditional homework load. On the contrary, in Lithuania, we would soon face the cases not only of quite considerable traditional homework the load, but also a massive expansion of such phenomenon as private extra consultation of expert teachers, additionally paid by parents (correpetition). The idea, stating that the basics should be learned at school, and after school time is devoted for active recreation, is not very popular in Lithuania. Therefore, after the identification of schools with contrastive educational paradigm, it would be advisable to carry out diagnostic measurements according the presented methodology. The major task of the suggested research should check the pupils' point of view how the dominating school didactic culture and didactic paradigm affects/does not affect the work of the teacher and the lesson quality. In this case we should have an empirical research design close to the quasi-experiment with the so-called ex-post factum experiment features.

The findings of this empirical study, in our opinion also stimulate a discussion about cultural identities and transculturalism both: at school and national educational system levels. Attitudes towards homework, their scope and workload, as well as attitudes towards didactic requirements, are culturally specific. The examination of these cultural specificities may be regarded as a considerable heuristic potential for educational science and practice.

For example, the culture of Confucian countries implies a great teacher (sensei) authority and a high authority of educational content. There is cultural pressure to obey the authority, to be a particularly diligent student, to demonstrate the duty to acquire the collective cultural experience that is fixed in the curriculum content.

Anglo-Saxon cultures traditionally emphasize individualism and competitiveness as the key to success, and the acquired exclusive competences are perceived as a reliable social elevator. In the aforementioned cultural a considerable homework load and demanding teachers are perceived as the definite educational and social good.

The characteristic feature of Scandinavian culture is social solidarity, which may be regarded as the opposite to competitiveness. The uniqueness and individual progress of each individual is emphasized. For this reason, the Scandinavians, commencing to the creation of the "school of happiness", regard the quantified assessment of pupils' achievements, standardized pupil testing as possible limitations of personal development and reject the selection of pupils. Scandinavians demonstrate a reserved approach towards the homework load, are proud that there is no such educational phenomenon as private tutoring, which is the result of a heavy homework load and high didactic requirements.

A typical Scandinavian country, Finland, and its neighbour, Estonia, have recently found themselves at the top of international ratings for learning achievements. This fact makes one rethink what a good modern school is, what an effective lesson is. There is no secret that Lithuania has a very asymmetric spread of private tutoring. Lithuanian schoolchildren are exhausted by a heavy learning load. Our schools, the whole education system, are overwhelmed by the cult of competition. Unfortunately, Lithuania, unlike Estonia still does not reach the top of international ratings. Authors expect that the presented empirical material about effective lessons and the discovered paradoxes will stimulate transcultural reflection on the concept of a good school and an effective lesson.

## References

Cooper, H., Jorgianne, C. R. & Patall, E. A. (2006). Does Homework Improve Academic Achievement? A Synthesis of Research, 1987–2003. *Review of Educational Research*, 76(1), 1–62.

Corno, L. & Jianzhong, X. (2004). Homework as the Job of Childhood. *Theory into Practice*, 43(3), 227–233.

Emery, C. R., Kramer, T. R. & Tian, R. G. (2003). Return to Academic Standards: A Critique of Student Evaluations of Teaching Effectiveness. *Quality Assurance in Education*, 11(1), 37–46.

Goe, L., Bell, C., & Little, O. (2008). Approaches to Evaluating Teacher Effectiveness: A Research Synthesis. Washington, DC: *National Comprehensive Center for Teacher Quality*. Retrieved from http://www.tqsource.org/publications/EvaluatingTeachEffectiveness.pdf.

Gonida, E. N. & Cortina, K. S. (2014). Parental Involvement in Homework: Relations with Parent and Student Achievement – Related Motivational Beliefs and Achievement. *British Journal of Educational Psychology*, 84(3), 376–396.

Hattie, J. A. C. (2012). *Visible Learning for Teachers: Maximizing Impact on Learning.* London, UK: Routledge.

Helmke, A. (2015). *Unterrichtsqualität und Lehrerprofessionalität: Diagnose, Evaluation und Verbesserung des Unterrichts.* 7. aktualisierte Aufl. Seelze: Kallmeyer in Verbindung mit Klett Friedrich Verlag GmbH.

Hill, N. E. & Taylor, L. C. (2004). Parental School Involvement and Children's Academic Achievement: Pragmatics and Issues. *Current Directions in Psychological Science,* 13, 161–164.

Kozulin, A., Gindis, B., Ageyev, V. & Miller, S. (2003). *Vygotsky's Educational Theory and Practice in Cultural Context.* Cambridge: Cambridge University Press.

Lans, R. M. van der, Grift, W. J. van de & Veen, K. van (2018). Developing an Instrument for Teacher Feedback: Using the Rasch Model to Explore Teachers' Development of Effective Teaching Strategies and Behaviors. *The Journal of Experimental Education,* 86(2), 247–264.

Little, O., Goe, L. & Bell, C. (2009). A Practical Guide to Evaluating Teacher Effectiveness. *National Comprehensive Center for Teacher Quality.* Retrieved from http://www.tqsource.org/publications/EvaluatingTeachEffectiveness.pdf.

Merkys, G. & Bubelienė, D. (2017). Pamokos efektyvumo paradoksai: netikėti empiriniai radiniai apie namų darbų kiekį ir mokytojo reiklumą. *Pedagogy Studies/Pedagogika,* 127(3).

Muijs, D. & Reynolds, D. (2017). *Effective Teaching: Evidence and Practice.* Los Angeles: Sage.

Nunez, J. C., Suarez, N., Rosario, P., Vallejo, G., Cerezo, R. & Valle, A. (2015). Teachers' Feedback on Homework, Homework-Related Behaviors, and Academic Achievement. *The Journal of Educational Research,* 108(3), 204–216.

Russo, J. & Hopkins, S. (2017). How Does Lesson Structure Shape Teacher Perceptions of Teaching with Challenging Tasks? Mathematics Teacher Education and Development, 19(v1), 30–46.

Stronge, J. H. (2018). Qualities of Effective Teachers. ASCD. Alexandria, VA: Assoc. For Supervision and Curriculum Development.

Trautwein, U., Schnyder, I., Niggli, A., Neumann, M. & Ludtke, O. (2009). Chameleon Effects in Homework Research: The Homework – achievement Association Depends on the Measures Used and the Level of Analysis Chosen. *Contemporary Educational Psychology,* 34(1), 77–88.

Vatterott, C. (2009). *Rethinking Homework: Best Practices That Support Diverse Needs.* Alexandria, VA: Assoc. For Supervision and Curriculum Development.

Weber, M. (2017). *Methodology of Social Sciences.* New York: Routledge.

Xu, J. (2011). Homework Completion at the Secondary School Level: A Multi – level Analysis. *The Journal of Educational Research,* 104, 171–182.

Thomas Vogel

# Mäßigung – ein zukünftiges Bildungsziel?

**Abstract:** Moderation is a (cardinal) virtue about has been philosophized for more than 2,500 years. The current article deals with the question of whether this virtue can gain new meaning as an educational goal in the face of increasing ecological crises and disasters. To this end, fundamental questions are clarified, why man should moderate himself and whether he is even able to moderate himself. In a sketch of the history of philosophy, thoughts of ancient philosophers about moderation and conditions for a new culture of moderation are explained. In summary, the thoughts outlined above focus on educational theoretical considerations as to whether and how to teach the virtue of moderation.

**Zusammenfassung:** Mäßigung ist eine (Kardinal-)Tugend, über die bereits seit mehr als 2500 Jahre philosophiert wird. Der vorliegende Beitrag behandelt die Frage, ob diese Tugend angesichts zunehmender ökologischer Krisen und Katastrophen als Bildungsziel eine neue Bedeutung erlangen kann. Hierzu werden einleitend grundsätzliche Fragestellungen geklärt, warum der Mensch sich mäßigen sollte und ob er überhaupt in der Lage ist, sich zu mäßigen. In einer philosophiegeschichtlichen Skizze werden anschließend Gedanken antiker Philosophen zur Mäßigung rezipiert und Bedingungen für eine Kultur der Mäßigung erläutert. Die zuvor dargelegten Gedanken fokussieren zusammenfassend in bildungstheoretische Überlegungen, ob und wie man die Tugend der Mäßigung lehren kann.

**Keywords:** Philosophy of moderation, education for sustainable development, degrowth movement

Gliederung:



## 1 Einleitung oder: Wie viele Klamotten braucht der Mensch?

Eine Tugend wie die Mäßigung erscheint in einer Gesellschaft, die nach immer mehr und immer schneller strebt, oft als antiquiert. Sie wird besonders als eine Einschränkung von Freiheit empfunden und gilt vielen als „verstaubt". Mit den zunehmenden Symptomen einer ökologischen Krise, dem Klimawandel, dem

Artensterben und allgemein der Übernutzung globaler Ressourcen erfährt diese Tugend jedoch eine neue, aktuellere Bedeutung. Schon in der Antike empfahlen Philosophen Mäßigung als eine entscheidende Grundlage für ein zufriedenes und glückliches Leben. Darüber hinaus geht es in der heutigen Wachstums- und Überflussgesellschaft um die Frage, ob und wie der Mensch in seinen verschiedenen Alltagshandlungen – dem Essen und Trinken, dem Produzieren und Konsumieren, dem Reisen und ganz allgemein der Nutzung von Raum und Zeit – zwischen einem Zuviel und einem Zuwenig das rechte Maß findet; denn wir streben nach immer mehr, versuchen in der Kürze der Zeit möglichst viel zu erledigen und im Leben die ganze Welt zu bereisen. Immer mehr Menschen verlieren in diesem Streben nach dem Immer-Mehr die Orientierung, werden sogar seelisch krank. Mäßigung ist in dieser Situation offensichtlich nicht nur eine wichtige Option zur Beschränkung unseres Naturverbrauchs, sondern kann zugleich ein Weg zu einer harmonischen Lebensführung darstellen. In diesem Beitrag sollen die Problematik der Maßlosigkeit in unserer Gesellschaft sowie die Fragestellungen, ob und wie der Mensch durch die Orientierung an der Tugend Mäßigung den Problemen entgegenwirken kann, näher beleuchtet werden.

Ein Alltagsbeispiel soll die Problematik einführend veranschaulichen. In einem Internetforum hat eine junge Frau folgendes Problem zur Diskussion gestellt:

> „Hey ihr Lieben, ja, ab und an (z.B. heute, wo ich wieder shoppen war ...) frage ich mich, ob ich eigentlich (zu) viele Klamotten besitze. Also habe ich mal kurz durchgezählt, was eigentlich ziemlich schnell ging.
> Grober Überblick: Shirts: 39; Hosen: 8; Röcke: 13; Kleider: 17; Pullis: 20; Leggings: 7; Hemden: 5; sonstige Oberteile (Westen, Cardigans etc. ...): 27; Jacken: 10; Schuhe 26.
> So ungefähr ... ich finde, dass sich das eigentlich gar nicht nach so viel anhört, was mich erst mal beruhigt hat^^
> Aber ich frag mal euch: Viel, viel zu viel? Was habt ihr so im Schrank hängen?“

In diesem Forum-Beitrag über das Maß an notweniger Bekleidung sind viele Aspekte der Problemstellung zum Thema Mäßigung enthalten, die in diesem Aufsatz beleuchtet und diskutiert werden sollen. Bereits der Anlass des Beitrags der jungen Frau ist hier interessant: Sie fragt sich „ab und an“, ob sie „zu viele Klamotten“ besitzt. Besonders kommt sie dann ins Nachdenken, wenn sie sich gerade wieder neue Sachen gekauft hat, also nach dem „Shoppen“. Man gewinnt den Eindruck, dass sie zunächst ein schlechtes Gewissen hat. Die Antwort auf die Frage, warum sie ein schlechtes Gewissen haben könnte oder unsicher in ihrer Entscheidung ist, bleibt ungeklärt. Nach ihrer Kleiderschrankinventur kommt sie erst einmal zu der Erkenntnis, dass sich ihr Kleiderbestand wohl doch in Grenzen hält, und erscheint beruhigt. Aber doch etwas verunsichert fragt sie die Community nach ihrem Urteil. Die Frage „Viel, zu viel?“ zeigt, dass ihr ein Maßstab für ihren Kleiderbestand fehlt. Die zwei zentralen Fragen, (1.) warum sie überhaupt in Zweifel gerät, ob sie zu viele Klamotten im Schrank hat und (2.) anhand welcher Kriterien man eventuell bestimmen könnte, ob sie zu viele Klamotten hat, reflektiert sie nicht. Die junge Frau hat zwar ein vages Gefühl, zu viele Klamotten zu haben und man kann auch den Eindruck gewinnen, sie plagt zumindest an der Oberfläche ein schlechtes Gewissen. Mit der Frage an die Community sucht sie nach Kriterien für ein richtiges Maß: „Was habt ihr so im Schrank hängen?“ Wahrscheinlich erhofft sie sich, ihr Gewissen zu beruhigen; denn, wenn die Gemeinschaft sagt, das sei doch nicht viel, man habe viel mehr im Schrank hängen, dann wäre die Welt doch in Ordnung. Aber wäre das wirklich? Haben wir nicht alle viel zu viele Kleidungsstücke im Schrank hängen? Was treibt uns dazu, immer wieder neue Kleidung zu kaufen, obwohl die alten ihre Funktion oft noch tadellos erfüllen? Wissen wir mittlerweile nicht hinreichend, dass die Produktion unserer Bekleidung die Natur zerstört und in vielen Teilen der Welt für soziales Elend verantwortlich ist? Warum fällt es den Menschen so schwer, sich trotz der absehbaren großen Probleme zu mäßigen? Und: Kann Bildung hier etwas verändern?

Das Thema „Mäßigung“ soll hier aus den folgenden unterschiedlichen Perspektiven beleuchtet werden:

1. Warum müssen/sollten wir uns mäßigen?
2. Warum haben wir gesellschaftlich wie individuell große Probleme, uns zu mäßigen?
3. Welche philosophischen Denkansätze aus der Geschichte können Anhaltspunkte liefern, warum wir uns mäßigen sollten und wie wir zu Mäßigung gelangen?
4. Welchen Beitrag können Bildungsprozesse leisten, Einsichten in die Notwendigkeit und Vorzüge von Mäßigung zu vermitteln?

## 2 Warum müssen/sollen wir uns mäßigen?

Besonders im Hinblick auf die ökologische Krise kommt es heute darauf an, dass der Mensch das rechte Maß sucht und sich entsprechende Grenzen setzt. Der amerikanische Essayist Berry Wendell bezeichnete das fehlende Wissen um Grenzen und Maßstäbe als eine moderne Seuche und Grundlage des „industriellen Fortschritts“ und des „wirtschaftlichen Wachstums“. Das praktische Ergebnis der Ignoranz gegenüber der Weisheit, dass es ohne Begrenzung und ohne Maß nicht geht, sei „eine bedenkliche Unverhältnismäßigkeit zwischen den Dimensionen menschlichen Handelns und seinen natürlichen Grundlagen“ (Berry 2000, 161 f.). Georg Picht hat in seinen Überlegungen zum Begriff des rechten Maßes auf die Gesetzmäßigkeiten der Ökologie hingewiesen und dabei Ökologie, als die „Erkenntnis der immanenten Maße der Natur“ definiert (Picht 2001, 14). Ökologie ist die Lehre von dem den Naturprozessen innewohnendem Maß. Die Ökologie betrachtet Natur in Systemen, die immer auf die Entwicklung von Gleichgewichten zielen. Jedes Ökosystem ruht in einer Mannigfaltigkeit von Gleichgewichten zwischen den es bestimmenden Strukturen, Zuständen, Faktoren und Prozessen. Da jedes Gleichgewicht in der Spannung von Wirkung und Gegenwirkung schwebt, ist die Fügung (= Harmonie) eines solchen Systems stets gegenstrebig. Wenn einzelne Wirkfaktoren in einem Ökosystem aus dem Rahmen fallen, indem sie beispielsweise überhandnehmen, verändert sich das Ökosystem und kann dabei auch zusammenbrechen, d.h. seine Funktion als Lebensraum für bestimmte Lebewesen verlieren: Zwischen Füchsen und Hasen bildet sich beispielsweise ein einfaches ökologisches Gleichgewicht. Wenn Füchse zu viele Hasen fressen, werden sie dicker und träge, können nicht mehr so schnell laufen, fangen weniger Hasen. Die Hasen können sich dann wiederum besser vermehren und die zunehmende Hasenpopulation eröffnet wieder mehr Füchsen eine Nahrungsgrundlage usw. Zwischen der Population von Füchsen und Hasen stellt sich, sofern der Lebensraum nicht von außen gestört wird, ein ökologisches Gleichgewicht ein. Entscheidend für das Gedeihen der Füchse ist die Tragfähigkeit des Fuchshabitats, nicht die Tragfähigkeit des Fuchsmagens. „Die Ordnung des Systems bindet Kräfte zusammen, die es zerstören, sobald eine von ihnen so stark wird, dass sie die tragenden Gleichgewichtsverhältnisse verschiebt; das System kann dann nicht wiederhergestellt werden." (Picht 2001, 14) Auch die Menschheit unterliegt der Gefahr, an Mangel zu leiden, zu verhungern oder möglicherweise sogar auszusterben, wenn sie ihre natürlichen Lebensgrundlagen überbeanspruchen. Sie ist von dem Gesetz nicht ausgenommen, dass in der Natur nur das bestehen kann, was seine Ordnungen und Maße hat. Wendell nennt das die „unterschiedslose Gerechtigkeit der Natur", die auch für den Menschen gilt (Berry 2000, 152).

Die Naturkrise zeigt, dass der Mensch in letzter Konsequenz nicht so frei ist, wie er sich wähnt. Zumindest die Maßverhältnisse, die in der Natur liegen, müssen wir erfassen und als Grenze anerkennen. Wir haben angesichts der ökologischen Krise heute zu lernen, dass wir nicht von dem Naturgesetz entbunden sind, „dass Leben nur in Maßen möglich ist" (Picht 2001, 18). Ohne Maß ist Kultur nicht denkbar, aber gleichzeitig ist keine Kultur in der Lage, Maße absolut zu erkennen oder gar die eigenen Maßstäbe zu verabsolutieren.

Der Fortschritt, den die kapitalistisch organisierten Industriegesellschaften den Menschen in den vergangenen Jahrhunderten unbestritten gebracht hat, ist an seine Grenzen gestoßen und wirkt sich mittlerweile nicht nur zunehmend negativ auf die natürlichen Lebensgrundlagen der Menschheit, sondern auch auf die Zufriedenheit und das Lebensglück der in ihnen lebenden Menschen aus. Schon Anfang der 1970er Jahre hat Erhard Eppler in einer auch heute noch sehr aktuellen Auflistung die Widersprüchlichkeit des Strebens nach immer mehr aufgezeigt (vgl. Eppler 1972, 56). Der Fortschritt sei bestimmt durch „immer breitere Straßen für immer mehr Autos, immer größere Kraftwerke für immer mehr Energiekonsum, immer aufwendigere Verpackung für immer fragwürdigere Konsumgüter, immer größere Flughäfen für immer schnellere Flugzeuge, immer mehr Pestizide für immer reichere Ernten" (ebd.). Mit solchen sogenannten Fortschritten seien aber gleichzeitig zunehmend Probleme und Krisen verbunden: „immer schlechtere Luft, immer widerlichere Schutthalden, immer unerträglicherer Lärm, immer weniger sauberes Wasser, immer gereiztere Menschen, immer mehr Giftstoffe in den Organismen, ..." (ebd.).

Wir können schon heute deutlich erkennen, dass der Maßstab für Fortschritt in den Industriegesellschaften, das Streben nach mehr Wirtschaftswachstum, kein

Garant für die Steigerung der Zufriedenheit und des Glücks der Menschen ist. Man benötigt deshalb im gesellschaftlichen Kontext alternative Wege und Kriterien, um die Zufriedenheit der in ihnen lebenden Menschen festzustellen und zu fördern. Mäßigung im Sinne der Bestimmung des rechten Maßes ist ein ethisches Ziel, das geeignet erscheint, Maßstäbe und Lebenskulturen zu entwickeln, die dem Ziel der Zufriedenheit der Gesamtbevölkerung verpflichtet sind.

Lange Zeit war man davon ausgegangen, dass das Glück und die Freiheit des Menschen mit dem Angebot an Optionen, die ihm zur Verfügung stehen, steigen. Umso mehr Möglichkeiten der Mensch zur Auswahl habe, um ein Bedürfnis zu befriedigen, so lautete die These dieses Systems, umso größer sei sein Freiheitsgrad bei der Entscheidung für eine Option und umso besser entspreche die Auswahl seinen individuellen Vorstellungen. Diese Vorstellung von der positiven Wirkung einer Vermehrung der Optionen auf das Glück der Menschen hat sich allerdings in der Überflussgesellschaft heute zunehmend ins Gegenteil verkehrt. In der Überflussgesellschaft leiden die Menschen zunehmend an der „Qual der Wahl“. Das Leid resultiert aus den vielen negativen Begleiterscheinungen, die eine Zunahme an Wahlmöglichkeiten beim Konsumieren mit sich bringt. Der amerikanische Psychologe Schwartz berichtet von seinen Erfahrungen beim heutigen Kauf einer „normalen Jeans“ (vgl. Schwartz 2006, 9 ff.). Als er der Verkäuferin seinen Kaufwunsch unterbreitet, wird er gefragt, ob er eine Slim Fit, Easy Fit, Relaxed Fit, Baggy oder Extra Baggy kaufen möchte. Weiterhin wird er vor die Alternativen gestellt, ob die Hose stonewashed, acidwashed oder im Used-Look sein solle und ob er eine mit Knöpfen oder Reißverschluss bevorzuge. Außerdem habe er noch die Optionen „verblichen“ und „normal“. Mit dem Hinweis, er wolle eigentlich eine „normale“ Jeans, stößt er bei der jungen Verkäuferin auf Unverständnis und erst durch die Nachfrage bei einem älteren Verkäuferkollegen lässt sich das Kommunikationsproblem klären. Allerdings war er nun angesichts der vielen Wahlmöglichkeiten nicht mehr sicher, ob er tatsächlich mit einer „normalen“ Jeans richtig lag. Er ließ sich von der Verkäuferin nun die Unterschiede der verschiedenen Hosen erläutern und probierte die Jeansvarianten aus. Die Jeans, die er schließlich kauft, erwies sich letztlich als genau die passende, doch ging ihm durch den Kopf, dass sein Entscheidungsprozess für einen Hosenkauf einen ganzen Tag in Anspruch genommen hatte; in früheren Zeiten sei das für ihn eine Fünf-Minuten-Angelegenheit gewesen.

Exemplarisch macht diese Erfahrung deutlich, dass die Überflussgesellschaft die Konsumenten mit ihrer großen Vermehrung der Wahloptionen zunehmend Zeit für die richtige Auswahl abfordert. Zusätzlich hinterlässt sie aber auch verunsicherte Menschen; denn mit der Wahl einer bestimmten Option hat man zahlreiche andere Optionen sozusagen abgewählt, von denen man aber kaum sicher sagen kann, ob sie nicht eventuell besser gewesen wären. Zunehmend ist festzustellen, dass mit der Anzahl der Alternativen die „Qualen der Wahl“ zu- und die Zufriedenheit sowie das Glück der Menschen abnehmen.

## 3 Kann der Mensch sich mäßigen?

In der philosophischen Anthropologie wird der Mensch häufig als weltoffen beschrieben. Damit wird zum Ausdruck gebracht, dass er im Unterschied zum Tier weder an triebhafte Zwänge noch an einen spezifischen Lebensraum gebunden ist. Er wird ohne zuvor bestimmte Verhaltensmuster geboren und muss Verhaltenssicherheit erst entwickeln; d.h. er kann sich auf keine Ordnung oder Weltanschauung stützen; er ist das, was er selbst aus sich macht.

Für Jean-Paul Sartre ist der Mensch für sein Dasein, sein Handeln und sein Wesen gänzlich allein verantwortlich. Die positive Konsequenz daraus ist, dass der Mensch frei ist. Die Kehrseite diese Erkenntnis bedeutet zugleich, dass uns unsere Existenz nicht von der Notwendigkeit entlastet uns unser Wesen erst durch unser Handeln zu schaffen. Der Mensch ist nichts anderes als sein eigener Entwurf, er existiert nur in dem Maße, in dem er sich verwirklicht, er ist also entsprechend nichts anderes als die Gesamtheit seiner Handlungen. Für sein Leben sowie die Maßstäbe und Grenzen, die er sich setzt, ist der Mensch grundsätzlich selbst verantwortlich. Wir seien, so Sartre, zur Freiheit verurteilt. (vgl. Sartre 1946, 151ff.)

Die Freiheit und Weltoffenheit des Menschen bedeuten zugleich, dass ihm für sein Handeln keine Maßstäbe vorgegeben sind. Er weiß nicht, an welchem Punkt er sich beschränken und verzichten muss, wie hoch er hinaus darf, wann er sich mäßigen sollte, um sich nicht selbst zu schaden. Es gehört also dieser Auffassung zufolge *nicht* zum Wesen des Menschen, sich zu mäßigen. Seine Maßstäbe und Grenzen muss er sich selbst immer wieder neu setzen und an dieser Aufgabe scheitern die Menschen zunehmend, scheitert die kapitalistische Industriekultur. Potentiell ist der Mensch allerdings zur Mäßigung fähig, er kann sich beschränken, sich selbst Grenzen setzen, wenn er sein Verhalten gedanklich reflektiert.

Heute scheint uns die Freiheit, die Maßstäbe unseres Handelns in Verbindung mit den technischen Möglichkeiten selbst zu bestimmen, zunehmend zu einer Selbstbedrohung zu werden. Friedrich Rapp spricht von der Destruktivität menschlicher Freiheit und formuliert aus dieser Beobachtung ein Plädoyer gegen die Maßlosigkeit der modernen Welt. Er argumentiert, dass der Mensch an der Unfähigkeit, sich Maßstäbe zu setzen und sich in Grenzen zu fügen, scheitern könnte; denn sein Wille, Tun und Lassen stehe heute im Dienst eines maßlosen, hypertrophen Freiheitsstrebens, „das seinerseits bestimmt ist von dem ins Grenzenlose gesteigerten Trieb zur Selbstbehauptung, zum Selbstgenuss und zur Selbsterhöhung, d.h. zur Steigerung und Erhöhung des Ich, das durch seine Hyperaktivität aber in Wirklichkeit gerade sein Leben verfehlt“ (Rapp 2003, 128). Der Irrtum unserer Zeit besteht darin, „dass im Zuge der unreflektierten Gleichsetzung von unbegrenzter Freiheit und erfülltem Leben alle Festlegungen und Begrenzungen als freiheits- und lebensfeindlich gelten, während sie in Wirklichkeit gerade freiheits- und lebensermöglichend und deshalb schlechthin unverzichtbar sind“ (ebd., 135).

# 4 Zur Philosophie von Maß und Mäßigung

Mit dem Problem der Mäßigung und der Maßlosigkeit beschäftigt sich der Mensch nicht erst seit der Wahrnehmung einer gesellschaftlichen Naturkrise infolge einer Übernutzung der natürlichen Ressourcen. Schon in der Antike wurde über das rechte Maß, das der Mensch zu einer harmonischen Lebensführung benötigt, philosophiert und reflektiert. Seit den Anfängen philosophischen Denkens spielen die Begriffe Maß, Mäßigung oder Mäßigkeit eine zentrale Rolle. Dabei kann man die Philosophie über Mäßigung in zwei Kategorien einteilen. Erstens die Erkenntnis, dass Maß und Mäßigung zur Harmonie und zum Lebensglück des Menschen gehört, dass also weder das Zuviel noch das Zuwenig den Menschen zufriedenstellt. Zweitens die Einsicht, dass es zum Wesen des Menschen im Vergleich zum Tier gehört, dass er über das rechte Maß reflektiert.

Für Platon (427 v. Chr. – 347 v. Chr.) gehörte Mäßigung neben Weisheit, Tapferkeit und Gerechtigkeit zu den vier Kardinaltugenden. Die Mäßigung aller Begierden war für ihn eng mit einem verständigen und gerechten Charakter verbunden (vgl. Platon 1940, 349). Wer „wahrer Freund der Weisheit" sein will, so heißt es bei Platon, benötige die besonnene Mäßigung bei gleichzeitiger „Abwesenheit aller Gewinnsucht". Platon war überzeugt, dass „die Triebfedern, derentwegen man mit großem Kraftaufwand nach Geld und Gut strebe, bei keinem in der Welt weniger die Tätigkeit bestimmen dürfe" als bei einem Philosophen, also einem Menschen, der die Wahrheit liebe (ebd. 337). Ähnlich ist dieser Gedanke auch bei Aristoteles (385 v. Chr. – 322 v. Chr.), einem Schüler von Platon, nachzulesen. Er ist der Überzeugung, dass große und heftige Begierden die Überlegung (logismus) vertreiben. Die Begierden sollten deshalb „mäßig und von geringer Zahl sein und dürfen der Vernunft (logos) in keiner Hinsicht entgegenstehen" (Aristoteles 2006, 127). Aristoteles bestimmte die Mäßigkeit als eine mittlere Disposition, die in der Mitte zwischen dem Zuviel und dem Zuwenig liegt (vgl. ebd., 121) und die mit Lust und Unlust verbunden ist. Die Unmäßigkeit rückte er in die Nähe des Tierischen und stufte sie als besonders negativ ein. Mit der Unmäßigkeit sei seiner Auffassung zufolge derjenige unserer Sinne (aisthesis) verbunden, „der allen Tieren gemeinsam ist; und die Unmäßigkeit dürfte mit Recht besonders tadelnswert sein, weil sie uns nicht als Mensch zukommt, sondern insofern wir Tiere sind." (Aristoteles 2006, 123) Mäßigung hängt also diesen Ausführungen zufolge eng mit der Vernunftbegabung des Menschen zusammen und dort, wo der Mensch zur Unmäßigkeit neigt, zeigt der Mensch eher seine animalischen Züge, weil er eben nur seiner Triebhaftigkeit und nicht seiner Vernunft folgt.

Für Seneca (1 – 65 n.Chr.), ein bedeutender Vertreter der Stoa, sollte der Mensch sich mäßigen, um „Gemütsruhe" zu erlangen: „Gewöhnen wir uns, uns jeden Prunkes zu entschlagen und als maßgebend den Nutzen der Dinge anzusehen, nicht den äußeren Schmuck." (Seneca 1993 Bd. II, 88f.) Der Mensch solle lernen, „die Enthaltsamkeit zu steigern, die Genusssucht in Schranken zu halten, die Ruhmbegierde zu mäßigen, den Jähzorn zu lindern, mit der Armut uns auf freundlichen Fuß zu stellen, die Genügsamkeit in Ehren zu halten … und die Sucht des Plänemachens für ferne Zukunft gleichsam in Fesseln zu halten“ (ebd.)[1].

Auch die Schwierigkeiten, die unsere heutige Kultur damit hat, sich zu mäßigen, kannte man bereits in der antiken Philosophie. Demokrit stellte fest, dass wenn man das richtige Maß überschreitet, „das Angenehmste zum Unangenehmsten“ werden kann (ebd., 28) und veranschaulichte diese Einsicht am Beispiel der „Lüste des Bauches“: „Allen, die den Lüsten des Bauches frönen und in Speise, Trank oder Liebe das Maß überschreiten, dauern die Genüsse nur Kurz und nur während des Augenblicks, solange sie eben essen und trinken; die Leiden aber [danach] sind zahlreich [und langwierig]. Diese Begierde stellt sich eben stets wieder nach denselben Dingen ein, und sobald ihnen wird, was sie begehren, ist der Genuß rasch verflogen und sie haben nichts davon als einen Augenblick der Lust: dann stellt sich wieder dasselbe Bedürfnis ein.“ (Demokrit zit. n. Diels 1922, 28) Man kann diese alte Erkenntnis ebenfalls auf unser Eingangsbeispiel übertragen und umgangssprachlich formulieren: „Shoppen macht die Menschen nicht glücklich, oder, wenn, dann doch nur für kurze Zeit.“

## 5 Warum fällt uns Mäßigung so schwer?

Kapitalistische Industriegesellschaften streben nach ständigem Wachstum. Ein probates Mittel für diese Zielsetzung ist die ständige Ablösung von Produktgenerationen durch neue oder ersetzende Produkte in möglichst kurzen Zyklen. In früheren Zeiten gehörten Abnutzung, Umnutzung, Wiederverwendung und Reparatur noch zur Alltagskultur; der heutige Umgang mit den Dingen ist eher durch die Schnelllebigkeit eines Papiertaschentuchs zu charakterisieren. Ihr Zweck besteht darin, in ihrer einmaligen Begegnung mit der Welt zugrunde zu gehen (vgl. Anders 1986, 54). Das Tempo, in dem die Industrie beispielsweise ihre Saisonmoden wechselt, ist eine Maßnahme, durch die sie sich an der Haltbarkeit ihrer Produkte rächt: „Den noch gut wärmenden Mantel macht sie, da sie ihn physisch nicht ruinieren kann, sozial unverwertbar. Die Mode ist die Maßnahme, die die Industrie verwendet, um ihre eigenen Produkte ersatzbedürftig zu machen“ (Anders 1986, 48). Von der „Flickkultur“ vergangener Zeit hin zur Mode- und Wegwerfgesellschaft heutiger Prägung hat sich ein spezifischer Wandel im Umgang mit den Dingen herauskristallisiert:

1. Der Mensch nutzt die Dinge nur noch selten um.
2. Der Mensch repariert/flickt die Dinge nur noch selten, wenn sie beschädigt sind.
3. Der Mensch nutzt die Dinge nicht mehr ab.
4. Die Industrie stellt Dinge her, die sich schnell verbrauchen und produziert die Güter, dass sie möglichst schnell kaputtgehen (z.B. durch eine eingebaute Obsoleszenz).

1 Seneca gab auch den Ratschlag, dass man „bei Anschaffung unserer Kleidung nur auf deren eigentlich Zweck“ sehen solle. Offensichtlich bestand das Problem, zu viel Kleidung zu erwerben und zu besitzen auch bereits in antiken Zeiten.

5. Die Industrie stellt Dinge her, die nicht mehr zu reparieren sind.
6. Die Industrie stellt Dinge her, die sozial durch Modetrends unverwertbar werden.
7. Der Mensch stellt massenhaft Dinge her, die bereits repariert und damit geschichtlich aussehen.

Die zerstörerischen Folgen einer solchen Kultur werden für die Natur immer deutlicher.

Die Frage, warum in dieser Kultur so gehandelt wird, ist relativ einfach zu beantworten, aber offensichtlich äußerst schwer zu ändern. Ein führender Investmentfachmann brachte seine Befürchtungen zum Ausdruck, wenn wir den dargestellten Umgang mit den Produkten ändern würden: „Die Kleidung würde um ihrer Nützlichkeit willen erworben, Nahrungsmittel würden wegen ihrer Billigkeit und ihres Nährwertes gekauft, Automobile würden auf das Wesentliche beschränkt und vom gleichen Besitzer während der gesamten zehn oder fünfzehn Jahre ihrer Lebensdauer gefahren, Häuser würden allein als Unterkunft und ohne Rücksicht auf ihren Stil oder die Nachbarschaft gebaut und instand gehalten. Und was würde aus unserem Markt, der auf ständig neue Modelle, neue Formen und neue Ideen angewiesen ist?" (P. Mazur zit. nach Fromm 1981, 42 f.). Mit dieser Aussage wird deutlich, wie unvernünftig das System ist und dass die Menschen in ihm nur dazu da sind, das System durch Konsum aufrechtzuerhalten.

## 6 Wie gelangen wir zu einer Kultur der Mäßigung?

Ein Lösungsansatz zur Überwindung dieser widersinnigen Kultur sowie der gesellschaftlichen Naturkrise muss bei dem Versuch ansetzen, Natur im Einklang mit Arbeit, Produktion und Konsum zu gestalten. „Alle menschliche Tätigkeit hat nur noch Sinn, wenn sie die reflektierte, bewusste Einheit mit der Natur im Auge hat. Das Einssein mit der Natur wird zum unendlichen und unerreichbaren Ziel. Alle menschliche Erkenntnis muss letztlich auf dieses Ziel gerichtet sein. Aber der Zustand der bewussten Einheit von Sein und Denken muss von uns erzeugt, hergestellt werden. Die Humanisierung der Natur ist daher die uns auferlegte geschichtliche Aufgabe." (Immler 1990, 340) Erich Fromm hat die erforderliche und mögliche Befreiung der Menschen von einer krankmachenden und zugleich naturzerstörerischen Kultur folgendermaßen beschrieben: „Wenn die Menschen jemals freiwerden, das heißt dem Zwang entrinnen sollen, die Industrie durch pathologisch übersteigerten Konsum auf Touren zu halten, dann ist eine radikale Änderung des Wirtschaftssystems vonnöten: dann müssen wir der gegenwärtigen Situation ein Ende machen, in der eine gesunde Wirtschaft nur um den Preis kranker Menschen möglich ist. Unsere Aufgabe ist es, eine gesunde Wirtschaft für gesunde Menschen zu schaffen." (Fromm, 1979, 168 f.)

Hieraus ergibt sich die Problemstellung, inwieweit die pädagogische Praxis dieser Aufgabe dienen könnte, mit welchen Fragen, Lernaufgaben, Lernarrangements sie Menschen in Bildungsprozessen konfrontieren müsste, um der Lösung dieser Aufgabe zu dienen.

## 7 Mäßigung als Bildungsziel?

Die Fähigkeit zur Mäßigung zählt man zu den Tugenden. Eine Tugend bildet die Einheit des Wissens um das sittlich Gute sowie die Bereitschaft und die Tatkraft, dieses Gute auch zu verwirklichen. Die Frage, ob man Tugenden lehren kann, beschäftigte auch die antike Philosophie. Bei Platon wird im Menon-Dialog die Fragestellung nach der Lehrbarkeit von Tugenden angesprochen. Menon fragt Sokrates: „Kannst du mir sagen, Sokrates, ob die Tugend lehrbar ist? Oder ist sie nicht lehrbar, sondern durch Übung zu erlangen? Oder wird sie den Menschen weder durch Übung noch durch Lehre, sondern von Natur oder sonst irgendwie zuteil?“ (Platon 1998/1922, S. 19) Sokrates kommt in seinen Überlegungen zu dem Ergebnis, dass Tugendhaftigkeit, also auch die Fähigkeit zur Mäßigung, nicht lehrbar ist. Der Mensch kann Tugenden lediglich selbst entwickeln, indem er seine Leidenschaften unter Maßgabe der Vernunft zügelt. Wenn wir also auf unser Eingangsbeispiel über die Frage, wie viel Bekleidung ein Mensch benötigt, zurückkommen, so wird man durch Lehrprozesse kaum vermitteln können, was in dieser Frage tugendhaft ist. Allerdings könnte man in einem Lehrgespräch über diese Frage reflektieren und diskutieren. Durch spezifische Fragestellungen könnte man die Vernunft des Menschen anregen und bilden: Woran misst sich, wie viele Klamotten genug sind? Was wäre in dieser Frage ein Maßstab für das sittlich Gute? Usw. Eine Sicherheit, dass man durch die Diskussion solcher Fragestellungen eine Tugendhaftigkeit erzeugt, erhält man nicht. Ob ein Mensch tatsächlich tugendhaft ist und entsprechend handelt, erweist sich grundsätzlich erst in der Lebenspraxis.

### 7.1 Ästhetische Bildung – Grundlage der Entwicklung menschlicher Maßstäbe

Bei Aristoteles wird der zur Einzeltugend Mäßigkeit gehörige Affekt/Handlungsbereich als Lust bzw. Unlust bezeichnet (vgl. Aristoteles 2006. 357). Das Übermaß dieser Tugend nennt er Unmäßigkeit und der Mangel an Mäßigkeit wird als Empfindungslosigkeit (griech. anaisthesia) beschrieben. In der griechischen Übersetzung des Wortes Empfindungslosigkeit ist die fehlende Sinnlichkeit, ein mangelndes ästhetisches Empfinden ersichtlich. Wahrscheinlich haben die Menschen kein Gefühl dafür, dass sie ein Maß überschreiten. Wenn man also Unmäßigkeit als Mangel an Empfindung charakterisiert, wird der Zusammenhang zwischen Mäßigkeit und ästhetischer Bildung erkennbar.

Die jüngste Philosophiegeschichte des Ausdrucks „Ästhetik“ spiegelt eine eher repressive Behandlung der sinnlichen und damit der „körperwirklichen“, erkennenden Prozesse wider. Durch die Grundlagen der Ästhetik als einer unabhängigen Disziplin soll deshalb der unterdrückenden Herrschaft der Vernunft Widerstand geleistet werden. Die ästhetische Disziplin versucht einen Ausgleich zwischen der

Ordnung der Sinnlichkeit und der vorherrschenden Ordnung der Vernunft herzustellen. Sie ist bemüht, die zentrale Position der ästhetischen Funktion nachzuweisen und sie als existenzielle Kategorie einzuführen. Sie rehabilitiert die inhärenten Wahrheitswerte der Sinne gegen eine Herabsetzung durch das herrschende Realitätsprinzip. Ästhetik ist die frei vom Individuum (nicht von außen z.B. durch Zwang, Moral) herbeigeführte Harmonie von sinnlichen und rationalen Erfahrungen. In die Kulturphilosophie eingeführt, zielt der Begriff auf eine Befreiung der Sinne hin, die keineswegs eine Zerstörung der Kultur zur Folge hätte, sondern ihr eine festere Grundlage und erweiterte Möglichkeiten verschaffte.

Von Schiller stammt der wohl bekannteste Ansatz zur ästhetischen Erziehung. Schiller bringt darin den engen Zusammenhang zwischen ästhetischer Erziehung, der Freiheit und einem versöhnlichen Naturverhältnis zum Ausdruck: „Der Mensch kann sich [...] auf doppelte Weise entgegen gesetzt seyn: entweder als Wilder, wenn seine Gefühle über seine Grundsätze herrschen; oder als Barbar; wenn seine Grundsätze seine Gefühle zerstören. Der Wilde verachtet die Kunst, und erkennt die Natur als seinen unumschränkten Gebieter; der Barbar verspottet und entehrt die Natur, aber verächtlicher als der Wilde fährt er häufig genug fort, der Sklave seines Sklaven zu sein. Der gebildete Mensch macht die Natur zu seinem Freund, und ehrt ihre Freyheit, indem er bloß ihre Willkür zügelt." (Schiller 1838, 13) Diese Gedanken verweisen auf die Forderung nach einem dialektischen Verhältnis zur Natur, wodurch der Mensch zugleich in die Lage versetzt wird, Maßstäbe und Grenzen zu erkennen. Die Ästhetische Bildung hat den Menschen also ein Gespür zu vermitteln, wie sie die Natur zu ihrem Freund machen können und sie nicht zu zerstören, beziehungsweise nur in Grenzen zu nutzen. Dieses Gespür entwickelt sich in einem Abwägungsprozess zwischen der Zügelung natürlicher Willkür und der Ehrung natürlichen Lebens. Unsere gegenwärtige Kultur konzentriert sich nahezu ausschließlich und mittlerweile bis in Strukturen atomarer und genetischer Dispositionen hinein auf die Naturbeherrschung. Die von Schiller schon seinerzeit wahrgenommene barbarische Verspottung und Entehrung der Natur ist in der Industriekultur allenthalben zu beobachten.

Die Verabsolutierung der technischen und ökonomischen Vernunft betrachtete Schiller als Ursache für die Gefühlskälte der Kultur: „Der abstrakte Denker [gemeint ist hier der Naturwissenschaftler oder Techniker, T.V.] hat [daher] gar oft ein kaltes Herz, weil er die Eindrücke zergliedert, die doch nur als ein Ganzes die Seele rühren; der Geschäftsmann hat gar oft ein enges Herz, weil seine Einbildungskraft, in den einförmigen Kreis seines Berufs eingeschlossen, sich zu fremder Vorstellungsart nicht erweitern kann." (ebd., 23) Weil das technisch und ökonomisch dominierte Denken heute weit ausschließlicher die Kultur beherrscht als noch zu Schillers Zeiten, kann sich ein (Mit-) Gefühl für die Natur und für unser zerstörerisches Wirken in ihr kaum noch entwickeln. Nur die Wahrnehmung der Ganzheit könnte die Seele anrühren; dieses aber auch nur dann, wenn das Denken zur Phantasie befreit ist. Deshalb sah Schiller schon zu seiner Zeit die „Ausbildung des Empfindungsvermögens" als ein dringendes Erziehungsziel an (ebd., 31).

Durch ästhetische Erziehung könnte man den Menschen an die verlorengegangene Fähigkeit heranführen, den „Werdeschmerz der Dinge“ nachzuempfinden. Wenn wir den Schmerz, den wir den Mitmenschen, den natürlichen Lebensgrundlagen und kommenden Generationen zufügen, an jedem Kleidungsstück, allen Dingen, die wir kaufen, nachempfinden, könnte man einen pädagogischen Beitrag dazu leisten, dass wir uns aus diesem Mitgefühl heraus selbst Grenzen auferlegen.

In gegenwärtigen Bildungsgängen fällt die zunehmende Marginalisierung ästhetischer Bildung auf, die allerdings im historischen Kontext der kapitalistischen Industriekultur konsequent ist. Sie erklärt sich dadurch, dass Bildung heute weit mehr dem Realitätsprinzip herrschender Utilität unterworfen ist. Bildung, die hier eigentlich nur noch als Qualifizierung und Abrichtung bezeichnet werden kann, bedarf kaum der Fähigkeit zur Reflexion, schon gar nicht der Entwicklung von Phantasie – sofern sie nicht der Naturbeherrschung gilt –, sondern hat sich auf die Strategien zur Vermehrung des materiellen Reichtums zu konzentrieren.

## 7.2 Stärkung der Person als Grundlage der Selbstbegrenzung

Die Ursachen der gegenwärtigen Naturkrise stehen in einem engen Zusammenhang mit einer Spaltung des menschlichen Bewusstseins. Die Philosophin Hannah Arendt schrieb schon in den 50er Jahren des letzten Jahrhunderts, dass unser ganzes „Innenleben heute in eine rational-rechnerische Verstandestätigkeit und ein irrational-leidenschaftliches Gefühlsleben“ auseinandergefallen sei und diese Spaltung den inneren Menschen auseinanderreiße (Arendt 1996, 408). Diese Spaltung unseres Bewusstseins zwischen Handeln und Fühlen besteht fort. Sie hat die heutige Maßlosigkeit im Umgang mit der Natur, die Naturentfremdung und den Selbstverlust der Menschen zur Folge. Wir wissen relativ genau, welche sozialen und ökologischen Folgen unsere überquellenden Kleiderschränke haben. Und trotzdem verhalten wir uns nicht im Sinne des sittlich Guten tugendhaft, sondern gehen auch morgen wieder shoppen. Können Bildungsprozesse hieran etwas ändern?

Dieser Entwicklung wäre möglicherweise durch eine stärkere Fokussierung auf die „Innenweltbildung“ der Menschen zu begegnen. Max Scheler wies darauf hin, dass die Geschichte des Abendlandes sich immer einseitiger auf das auf mögliche Veränderung der Welt ausgerichtete Wissen konzentriert und dabei das Wissen um die Beherrschung der inneren Natur vernachlässigt habe. „Die innere Lebens- und Seelentechnik, d.h. die Aufgabe, die Macht und Herrschaft des Willens und durch ihn des Geistes maximal über die Vorgänge des psychophysischen Organismus auszudehnen, ..., trat [in unserer Kultur, T.V.] gegen den Beherrschungszweck der äußeren und toten Natur, ..., gewaltig zurück“ (Scheler 1977, 72f.). Wenn jedoch eine Art des Wissens die Alleinherrschaft beanspruche, so gab er zu bedenken, dann entstehe „für die Einheit und Harmonie des gesamten kulturellen Daseins des Menschen und für die Einheit der leiblichen und geistigen Natur des Menschen stets ein schwerer Schaden“ (ebd., 24).

In ähnlicher Form hatte auch Wilhelm von Humboldt vor einer Gefahr der Entfremdung und des Selbstverlustes gewarnt. Die Natur des Menschen, so schrieb er in seiner „Theorie der Bildung des Menschen", „dringt ihn ... beständig von sich aus zu den Gegenständen außer ihm überzugehen, und hier kommt es nun darauf an, dass er in dieser Entfremdung nicht sich selbst verliere, sondern vielmehr von allem, was er außer sich vornimmt, immer das erhellende Licht und die wohltätige Wärme in sein Inneres zurückstrahle. Zu dieser Absicht aber muss er die Masse der Gegenstände sich selbst näher bringen, diesem Stoff die Gestalt seines Geistes aufdrücken und beides einander ähnlicher machen" (Humboldt 1997, 26). Aus Humboldts Worten spricht der Geist des Idealismus, der eine Brücke zwischen der Erkenntnisweise der Wissenschaft (dem wissenschaftlichen Materialismus) und der innerlich-individuell geprägten Erkenntnis zu schlagen versuchte. Dieser Idealismus, der auch in philosophischen Überlegungen von Schelling und Hegel seinen Niederschlag gefunden hat, scheint für die Lösung der heutigen ökologischen Krise zahlreiche Ansatzpunkte zu liefern geben.

Auch Goethe forderte einen Weg hin zu einem „nichtdualen Bewusstsein" sowie zu mehr Besonnenheit.[2] Solches Denken wird heute im Rahmen der ökologischen Krise vielfach diskutiert (vgl. Schumacher 1977, Illich 1975, Jonas 1984a, 1984b, Treml 1992). Besonnenheit gehört zum Begriffsfeld der „Selbstbeherrschung" und der „Mäßigung". Platon beschrieb Besonnenheit als Selbstbeherrschung des Menschen gegenüber seiner Triebnatur (vgl. Platon 1922, Bd. V, 430–432). Im Vergleich zum Tier, das ohne Besonnenheit lebt, besitzt der Mensch die Fähigkeit, sich zwischen Reiz und Reaktion zu besinnen, sein Verhalten der Reflexion zu unterwerfen. Angesichts der Naturkrise scheint heute die von Goethe geforderte Besonnenheit an Bedeutung zu gewinnen. Ein Weg zu Wahrheit und zu Besonnenheit führt letztendlich über die Selbstbildung des Menschen; denn nur der Mensch, der seine innere Natur beherrscht und sein Ebenmaß innerhalb des Naturgefüges erkennt, wird auch das rechte Maß in der Nutzung der äußeren Natur finden. Wenn die Menschen jedoch fortfahren, sich als reine Naturkräfte zu gebärden, die unreflektiert den eigenen Trieben folgen, werden sie ihre Existenzgrundlagen weiter zerstören.

## Literaturverzeichnis

Anders, G. (1986): Die Antiquiertheit des Menschen – zweiter Band: Über die Zerstörung des Lebens im Zeitalter der dritten industriellen Revolution. 4. unveränderte Auflage. München: Beck.

Arendt, H. (1996): Vita activa oder vom tätigen Leben. 8. Auflage, München: Piper.

2 Goethes „Wanderjahre" sind von einem Bildungsideal der Beschränkung, des Maßes und der Harmonie mit der Natur erfüllt (vgl. Faulwasser 1929, 132 ff.).

Aristoteles (2006): Nikomachische Ethik. Übers.t u. hrsg. von U. Wolf. Reinbek bei Hamburg: Rowohlt Verlag.

Berry, W. (2000): Leben mit Bodenhaftung. Essays zur landwirtschaftlichen Kultur und Unkultur. Stücken: Degreif.

Diels, H. (1922): Die Fragmente der Vorsokratiker. Griechisch und Deutsch von Hermann Diels. Vierte Auflage, 1. und 2. Band, Berlin: Weidmannsche Buchhandlung.

Eppler, E. (1972): Von der Quantität zur Qualität. Vortrag auf der 4. internationalen Arbeitstagung der IG Metall in Oberhausen am 11.4.1972. Veröffentlicht in: Birnbacher, D. (Hrsg.) (2011): Glück Texte und Materialien für den Unterricht. Stuttgart: Reclam jun. S. 55–58.

Faulwasser, A. (1929): Naturgemäßheit und Kulturgemäßheit – Zwei Grundforderungen der Pädagogik in historischer und grundsätzlicher Betrachtung. Langensalza: Hermann Beyer und Söhne (= Pädagogisches Magazin. Heft 1215; Heft 8 der Philosophischen und pädagogischen Arbeiten, herausgegeben von Erich Becher und Aloys Fischer).

Fromm, E. (1979): Haben oder Sein. Die seelischen Grundlagen einer neuen Gesellschaft. München: Deutscher Taschenbuch Verlag.

Fromm, E. (1981): Die Revolution der Hoffnung – Für eine Humanisierung der Technik. Ungekürzte Ausgabe. Frankfurt/M. u.a.: Ullstein.

Humboldt, W. von (1997): Bildung und Sprache. Besorgt von Clemens Menze. 3. Aufl. Paderborn: Schöningh.

Illich, I. (1975): Selbstbegrenzung – Eine politische Kritik der Technik. Reinbek bei Hamburg: Rowohlt.

Immler, H. (1990): Vom Wert der Natur – Zur ökologischen Reform von Wirtschaft und Gesellschaft. 2. Auflage. Opladen: Westdeutscher Verlag.

Jonas, H. (1984a): Das Prinzip Verantwortung – Versuch einer Ethik für die technologische Zivilisation. Frankfurt/M.: Suhrkamp.

Jonas, H. (1984b): Warum wir heute eine Ethik der Selbstbeschränkung brauchen. In: E. Ströker (Hrsg.): Ethik der Wissenschaften? München u.a.: Fink u.a.

Kleiderkreisel (2013). Forumsbeitrag “Wie viele Klamotten habt ihr?“. Veröffentlicht unter: http://www.kleiderkreisel.de/foren/fashion-and-style/956958-wie-viele-klamotten-habt-ihr-grosse-inventur-d (Zugriff am 24.10.2015)

Picht, G. (2001): Das richtige Maß finden – Der Weg des Menschen ins 21. Jahrhundert. Herausgegeben von C. F. von Weizsäcker und C. Eisenbart. Freiburg, Basel, Wien: Herder.

Platon (1922): Sämtliche Dialoge in 7 Bänden. Hrsg.: O. Appelt. 2. durchges. Aufl. Leipzig: Meiner 1922 (unveränderter Nachdruck 1998).

Platon (1940): Sämtliche Werke. Berlin: Lambert Schneider.

Rapp, F. (2003): Destruktive Freiheit. Ein Plädoyer gegen die Maßlosigkeit der modernen Welt. Münster: LIT Verlag.

Sartre, J.-P. (1946): Der Existentialismus ist ein Humanismus (*L'Existentialisme est un Humanisme*). Reinbek: Rowohlt Taschenbuch Verlag, 5. Aufl. Januar 2010.

Scheler, M. (1977): Erkenntnis und Arbeit – Eine Studie über Wert und Grenzen des pragmatischen Motivs in der Erkenntnis der Welt. Hrsg.: M. S. Frings. Frankfurt/M.: Klostermann.

Schillers sämtliche Werke (1838): In zwölf Bänden. Von Friedrich Schiller. Veröffentlicht von J.G. Cotta. Veröffentlicht unter: http://books.google.de/books?id=mwAWAAAAYAAJ&dq=Empfindungsverm%C3%B6gens+inauthor:Schiller&lr=&as_brr=0&source=gbs_summary_s&cad=0, Zugriff am 06.11.2008.

Schumacher, E. F. (1977): Die Rückkehr zum menschlichen Maß – Alternativen für Wirtschaft und Technik. Reinbek: Rowohlt.

Schwartz, B. (2006): Anleitung zur Unzufriedenheit. Warum weniger glücklicher macht. 3. Aufl. 2011. Berlin: Ullstein.

Seneca, L. A. (1993): Philosophische Schriften, 4 Bde. Übersetzt, mit Einleitungen und Anmerkungen versehen von Otto Apelt. Einmalige limitierte Jub.-Ausg. Hamburg: Meiner.

Treml, A. K. (1992): Überlebensethik – Stichworte zur praktischen Vernunft im Horizont der ökologischen Krise. Tübingen, Hamburg: Schoeppe und Schwarzenbart.

Wikipedia (2015): Weltoffentheit. Veröffentlicht unter: http://de.wikipedia.org/wiki/Weltoffenheit?oldid=132202812. Zugriff am 17.08.2015.

Asta Rauduvaitė, Linlin Wang

# Music Teacher Education in Lithuania
## Attitude of Foreign and Lithuanian Students and Teachers

**Abstract:** Implementation of the Study Programme of Music Education is an important process that cultivates a competitive music teacher. Lithuanian University of Educational Sciences, as an institution that educates professional teachers in Lithuania, implements study programmes that train music teachers. The aim of the research is to reveal the analysis of the content of music teacher education programme highlighting the attitude of foreign and Lithuanian students and teachers. The research shows that the majority of subjects in the curriculum are regarded as very important by the majority of Chinese and Lithuanian students. During the Bachelor's studies most students gain the professional level of abilities in the practical application of music education content and the management of music education process. Likewise, Chinese and Lithuanian teachers highlight Performance Subjects and Pedagogical Subjects combined with Teaching Practice and they refer to the importance of Music Technology nowadays. Moreover, music teachers indicate that Teaching Practice is very important for a future music teacher, because it is a process that transfers theoretical knowledge into practical teaching.

**Keywords:** music pedagogy, music teacher education, teacher education curriculum

## Introduction

The concept of educational quality is about to become a central priority in higher education all over Europe and North America. It influences both higher music education and music teacher education (Johansen, 2007). Eurydice Report (2015) states that there is a need to ensure high quality teaching, to provide adequate initial teacher education, continuous professional development for teachers and trainers, and to make teaching an attractive career choice. Contemporary higher education institutions focus on achieving the quality of higher education (Ma, 2007; Leisytė, Želvys, Zenkienė, 2015). The requirement for prospective teacher competences leads to improvement of teacher education, which targets prospective teachers' competences that answer to the needs of the contemporary school (European Commission 2015; The Order of the Minister of Education and Science *On the Approval of the Description of Teacher Education Model*, 2017; Education and training in Europe 2020). This is particularly important in the area of music teacher education, given the unique challenges that classroom music teachers commonly face (Ballantyne, Packer, 2010).

An increasing number of areas of interest focus on the construction of music students' identity and career development (Mills, Smith, 2003; Ryan, 2010). The Bachelor Study Programme of Music Education integrates music knowledge and pedagogical knowledge and creates settings where advances in knowledge and practice continue to occur for prospective music teachers as well as imposes values on those involved in music education and, thus, affects theory and practice (Greene, Saridakis, 2008; Wang, 2003; Abrahams, 2011; Rauduvaitė, Lasauskienė, 2013). Townsend A. S. (2011) points out that a good command of content and mastery of methods are critical to effective teaching so that music teachers have a solid foundation. Theoretical knowledge combined with practical experiences throughout the curriculum for preservice teachers appear to increase the effectiveness of college courses (Conkling, 2004; Clift, Brady, 2005; Ballantyne, Packer, 2010; Tissari, 2012; Leland, 2013). In addition, effective music teaching is attributable to teachers' musical ability, philosophy, pedagogy and personality (Zaukienė, 2005).

According to the Bologna Process, the Lithuanian University of Educational Sciences adapts the framework of higher-education qualification and the European Credit Transfer and Accumulation System (ETCS), as well as the same grading system. The goal of LEU is to educate highly qualified professionals in the chosen field of science and professional teachers who are able to successfully operate in the fast-changing society (The Structure of the Study Programmes at the Lithuanian University of Educational Sciences, 2013; The Draft of the Lithuanian Teacher Training Conception and its Justification, 2016). *Thus the aim of the research* is to reveal the analysis of the content of the music teacher education programme, highlighting the attitude of foreign and Lithuanian students and teachers.

*The methods of the research* were: analysis of scholarly literature sources, strategic documents on educational policy; analysis of the Bachelor Study Programme of Music Education in Lithuanian University of Educational Sciences (Lithuania); written questionnaire.

*The aim of the Bachelor Study Programme of Music Education at LEU* is to train a music educator who has completed higher education studies and possesses a theoretical understanding of music education based on the newest results of scientific research; who is able to creatively organise high quality music education, to communicate and collaborate when implementing it, to consider the diversity of learners (in terms of their abilities, social or economic background, etc.) and individual needs of every learner; who has obtained foundations for continuous personal and professional improvement and demonstrates a solid determination and motivation to work in music education.

There are six modules (240 ETCS) in the curriculum of the Study Programme of Music Education, the main modules being: subject-specific module (90 ETCS), module of pedagogical studies (60 ETCS) and study subjects established by the university (51 ETCS). These three modules involve music-related and pedagogical subjects. In addition, students can also select a subject (9 ETCS) offered by the university. Moreover, the final Bachelor Thesis takes up a significant part of 15 credits.

*Research participants.* 62 Chinese students and 41 Lithuanian students, who were studying at the Lithuanian University of Educational Sciences at that moment, were involved in this quantitative research. All the participants were 3rd and 4th year Bachelor (38) and 1st and 2nd Master (65) programme students. The methodology for assessing educational practice modelling, developed by H. Šečkuvienė (2007), was used to evaluate the importance of study subjects to future music teachers that participated in the written survey. Furthermore, there were 10 experienced music teachers involved in the semi-structured interview (5 Chinese teachers (C) and 5 Lithuanian teachers (L)).

## Research Results

The Bachelor Study Programme of Music Education at LEU generally consists of three sections, which include subjects established by the university, pedagogical subjects and subject-specific studies. This research reveals that most subjects are regarded as very important for future music teachers, especially the pedagogical and musical performance subjects. In addition, during the Bachelor's studies, most students assert that they have gained the professional level of abilities in the practical application of the music education curriculum and the management of music education process.

The subjects established by the university include Foreign Language (English or others), Professional Language and Philosophy Education. Tab. 1 discloses the importance of subjects established by the university to the future music teachers, according to the students who participated in the survey.

**Tab. 1:** Subjects established by the university: future music teachers' point of view

| **Subjects established by the University** | | | | | | |
|---|---|---|---|---|---|---|
| *Subjects* | *Very important* | | *Important* | | *Not very important* | |
| *Foreign Language (English or others)* | *77 | **64 | *21 | **27 | *2 | **8 |
| *Professional Language* | 80 | 68 | 16 | 27 | 4 | 5 |
| *Philosophy of Education* | 39 | 51 | 48 | 45 | 13 | 4 |

**Lithuanian students/* Chinese students

Tab. 1 illustrates that Professional Language and Foreign Language (English or others) are regarded as very important by most students. However, there is a difference of opinion in that a larger portion of the Chinese students (80 percent) think that Professional Language is very important compared to the Lithuanian students (68 percent). Both Chinese and Lithuanian students (about 45 percent in total) mark Philosophy of Education as very important and important. Only a few students think that the subjects established by the university are not very significant for their future career.

The module of pedagogical studies consists of theoretical studies and Teaching Practice. The theoretical part of pedagogical studies mainly involves knowledge of pedagogy and psychology. The attitudes of Chinese and Lithuanian students towards the pedagogical subjects are presented in Tab. 2.

**Tab. 2:** Theoretical part of pedagogical studies: future music teachers' point of view

| **Theoretical part of pedagogical studies** | | | | | | |
|---|---|---|---|---|---|---|
| *Subjects* | *Very important* | | *Important* | | *Not very important* | |
| *General and Developmental Psychology* | *51 | **62 | *46 | **35 | *3 | **3 |
| *Subject Didactics* | 64 | 69 | 33 | 27 | 3 | 4 |
| *Educational Psychology* | 71 | 68 | 26 | 27 | 3 | 5 |
| *Pedagogy* | 91 | 94 | 7 | 5 | 2 | 1 |
| *Special Pedagogy and Psychology* | 54 | 49 | 41 | 43 | 4 | 8 |
| *Health Education* | 31 | 19 | 64 | 72 | 5 | 9 |
| *Systems of Education* | 44 | 45 | 51 | 45 | 5 | 10 |

** Lithuanian students/*Chinese students

The data in Tab. 2 indicates that Pedagogy is thought to be very important by both Chinese and Lithuanian students, at 91 and 94 percent respectively. Meanwhile, the majority of Chinese and Lithuanian students (around 70 percent) consider Educational Psychology and Subject Didactics as highly relevant subjects. In addition, the patterns of marking Special Pedagogy and Psychology and Systems of Education as important are quite similar, i.e. at around 50 percent. Overall, all the pedagogical theoretical subjects are considered to be very important by the majority of the participants, with the exception of Health Education and Systems of Education, which are regarded as important rather than very important by the majority of Chinese and Lithuanian students.

Students have Practice of Teacher Assistant in the second year, followed by Teaching Practice under the Supervision of Mentor in the third year. In the fourth year, students do Teaching Practice independently. The practices are arranged in a way that enables the students to accumulate teaching experience step by step for their future career. Tab. 3 illustrates the importance of the Teaching Practice for the future music teachers.

As Tab. 3 shows, Teaching Practice is very important for almost all students, both Chinese and Lithuanian with particular attention being laid to Teaching Practice

**Tab. 3:** Teaching Practice: future music teachers' point of view

| **Teaching Practice** | | | | | | |
|---|---|---|---|---|---|---|
| *Subjects* | *Very important* | | *Important* | | *Not very important* | |
| *Practice of Teacher Assistant* | *63 | **64 | *31 | **23 | *5 | **13 |
| *Teaching Practice under the Supervision of Mentor* | 88 | 86 | 10 | 13 | 2 | 1 |
| *Independent Teaching Practice* | 86 | 91 | 12 | 8 | 2 | 1 |

** Lithuanian students/* Chinese students

under the Supervision of Mentor and Independent Teaching Practice. There were 88 percent of Chinese and 86 percent of Lithuanian students who indicated that Teaching Practice under the Supervision of Mentor is very important. What is more, there were 91 percent of Lithuanian students who were of the opinion that Independent Teaching Practice is very important for their future career. Only a marginal number of students found Teaching Practice to be not very important.

The module of subject-specific subjects includes knowledge of music, which serves as a professional foundation for a future music teacher. In general, most subject-specific subjects are seen as very important by both Chinese and Lithuanian students, especially such subjects as Piano, Singing, Solfeggio and Harmony. It is obvious that Piano is regarded as very important (by all in all 89 percent of Chinese students and 81 percent of Lithuanian students). There is no doubt that Singing, Solfeggio and Harmony are very relevant for most Chinese and Lithuania students. In addition, there are more than 60 percent of Chinese and Lithuanian students who considered Choral Education, Music Aesthetics and Analysis of Musical Works and Music Creation as very important subjects. The majority of Chinese and Lithuanian students highlighted the importance of History of Lithuanian Music. Furthermore, there are 27 percent of Chinese students who think that Management is not very important, although only 9 percent of Lithuanian students have the same opinion. In the Study Programme of Music Education, Bachelor's Thesis or Project is the final work of the studies. In general, the majority of Chinese and Lithuanian students think that Bachelor's Thesis or Project is very important and only around 10 percent of the students chose not very important.

During the Bachelor's studies, students are expected to acquire the ability of applying music education content and managing the music education process. Tab. 4 reveals the level of students' ability in practical application of music education content.

The data in Tab. 4 illustrate the level of students' ability in the practical application of music education content obtained during music teacher training studies. Most students claim that they obtained the necessary abilities at the professional

**Tab. 4:** The ability in the practical application of music education content: future music teachers' point of view

| **Ability in the practical application of music education content** | | | | |
|---|---|---|---|---|
| *Abilities* | *Level of abilities* | | | |
| | *Master* | *Professional* | *Satisfactory* | *Low* |
| I can select the content of music education according to the goals, objectives, age, experience and musical skills of the students. | **9<br>*10 | 27<br>55 | 62<br>33 | 2<br>2 |
| I can recognize and objectively evaluate my subject abilities in the context of conveying the content of music education. | 7<br>27 | 48<br>36 | 43<br>31 | 2<br>6 |
| I can determine the musical abilities of students according to their age and the level of music knowledge, as well as provide a strategy for their development. | 18<br>11 | 36<br>56 | 45<br>31 | 1<br>2 |
| I can critically evaluate or update the contents of the curriculum, adapt (transpose, arrange, organize, harmonize) musical compositions, taking into account my students' abilities. | 5<br>8 | 55<br>58 | 39<br>31 | 1<br>3 |

** Lithuanian students/* Chinese students

and satisfactory levels. About 62 percent of Lithuanian students chose the "satisfactory" level in terms of ability to select the content of music education according to the goals, objectives, age, experience and musical skills of their students, whereas 55 percent of Chinese students chose the "professional" level regarding their ability to critically evaluate or update the content of the curriculum, to adapt (transpose, arrange, organize, harmonize) musical compositions taking into account their students' abilities. A very small number of students evaluated themselves as only having achieved a "low" level in the listed abilities.

The data on the ability to manage the process of music education, which involves organization abilities to organise a lesson, to design the learning process, to present musical activities and evaluate them, are shown in Tab. 5.

Tab. 5 reveals that the majority of students evaluate themselves as being at the professional level, while the rest of the students indicate that their level is satisfactory. Approximately 75 percent of the Lithuanian students chose the "professional"

**Tab. 5:** The ability in management of the process of music education: future music teachers' point of view

| **Ability in management of the music education process** | | | | |
|---|---|---|---|---|
| *Abilities* | *Level of abilities* | | | |
| | *Master* | *Professional* | *Satisfactory* | *Low* |
| I can organize music lessons qualitatively and design other forms of music education. | **5<br>*14 | 70<br>50 | 25<br>33 | 0<br>5 |
| I can design an integrated learning process for several art subjects. | 20<br>8 | 45<br>61 | 30<br>28 | 5<br>3 |
| I am able to present the musical activities of the students to the school community. | 15<br>25 | 45<br>41 | 40<br>29 | 5<br>5 |
| I understand the purpose of the assessment of the results of my students, and I can base their music education on it. | 5<br>15 | 75<br>46 | 25<br>36 | 0<br>3 |
| I can use the experience of other music teachers to shape my own practical work. | 18<br>19 | 60<br>58 | 20<br>12 | 2<br>1 |

** Lithuanian students/* Chinese students

level regarding their ability to understand the purpose of the assessment of the results of their students, and the ability to base their music education on it. Generally, compared to students from China, more Lithuanian students evaluate themselves as being at the professional level.

The interview results reveal that the Teaching Practice, which transfers theoretical knowledge into practical teaching, is a very important process for a future music teacher. Moreover, with the development of the society and technology, some new related subjects, such as *Music and Technology, Audio-visual Arts Technology, Computer Technologies for Music, etc.* are regarded as sources of indispensable knowledge. The opinions of music teachers about the importance of music technologies are presented in Tab. 6.

In general, subjects of music technologies are an integrated part of the Bachelor Study Programme of Music Education, as shown in Tab. 6. All of the interviewed experienced teachers share the same view that it is inevitable that music teachers

**Tab. 6:** Application of music technologies in a lesson: teachers' point of view

| Subcategory | Statements |
|---|---|
| ***Importance*** | These subjects, such as music computer technologies, are absolutely useful nowadays (L1)<br>Music technology subjects are very important for a music teacher (L4) |
| ***Variety of lesson organisation*** | These technologies make our job easier: writing down the note or even making music more fun is easier (C2); Music technologies directly change my work style, and it is more convenient than ever before. (L5) |
| ***Motivating children interests*** | Teachers have to present information on a screen rather than ask learners to read a book, in order to attract children's attention (C3); It is more interesting for children (C5) |
| ***Creating music*** | I use new technology to create music (C5); It's a creative way to make music and composition (L2); Music technologies make music creation more convenient and interesting. (L3) |

have to use some computer technologies to teach in class. Some of them are of the opinion that it is a creative way to teach music. It is undeniable that the times are changing and the children of the new generation are different. Nowadays, teachers have to use technologies to attract their students' attention: it is more likely that a student will be more motivated to learn from a screen than from books. Moreover, some Chinese and Lithuanian teachers shared that they use new technology to create music. It is clear from the respondents' answers that technologies are very much a part of contemporary music education and that they make the teaching/learning process easier for teachers and students alike.

Combined with theoretical studies, Teaching Practice is an integral part of the Study Programme of Music Education. Lithuanian and Chinese music teachers illustrated the importance of the Teaching Practice from different perspectives (see: Tab. 7).

Teaching Practice is a highly significant component of the Bachelor Study Programme of Music Education, which transfers all theoretical knowledge into the real teaching process. Some teachers emphasise the received advice from their

**Tab. 7:** The importance of Teaching Practice: teachers' point of view

| Subcategory | Statements |
|---|---|
| ***Useful advice from supervisor and mentor*** | My teacher gave lots of useful advices, which are fundamental for future work (L2); Compared with learning independently, the advices from the mentor and supervisor are more helpful (L4) |
| ***Effective transferring of theoretical knowledge*** | Teaching Practice is very important for a future music teacher because this is a process which transfers all theoretical knowledge to real teaching (L1)<br>Teaching Practice is the most important thing when a person is going to be a teacher. S/he can learn how to apply the knowledge into the education process (C3) |
| ***Useful experiences for future career*** | They definitely acquire some practical experience which they didn't study at university before (L3)<br>Teaching in school definitely is necessary for future music teachers, this is a kind of pre-work for future music teachers, giving them some basic practical experiences (C5) |
| ***Acquiring practical skills*** | A future teacher can acquire some organization skills. For example, how to organize a lesson, how to organize a music activity in general school (L4)<br>A future music teacher can acquire relevant practical skills if there is guidance for working teachers. (C5) |

supervisor and mentor and see it as really useful and helpful for the professional activities of a future music teacher and even for their future career (see: Tab. 7). Both Chinese and Lithuanian music teachers think that a future music teacher can acquire some practical skills (such as organisational skills) which he or she did not learn at university before. Likewise, some teachers point out that Teaching Practice is a kind of pre-work for future music teachers, where they can accumulate basic practical experience for their future career. For example, they can learn how to organize a music activity, how to deal with different problems promptly.

For music education to be effective, the university offers a variety of subjects that can help and provide knowledge useful during Teaching Practice (Tab. 8).

Tab. 8 reveals that both Chinese and Lithuanian teachers indicate that the subjects related to methods of teaching music and special needs children (e.g. Special Needs Pedagogy and Psychology) are very useful during Teaching Practice.

**Tab. 8:** Influence of study subjects on Teaching Practice: teachers' point of view

| Subcategory | Statements |
|---|---|
| ***Methods of teaching music*** | Definitely the music teaching methods are important for Teaching Practice (C4)<br>The music methods are more useful (L5)<br>Methods of Teaching Music are crucial for music teachers; they will use different music teaching methods according to the different pedagogical practice situation. (L1) |
| ***Subjects for special needs children*** | Some subjects which teach to recognize special needs children and how to teach them (L5)<br>When I began working, I found out that there are some special needs children in my class. It is important to recognise them and to use relevant psychology and pedagogy to teach them. (C2) |
| ***Conducting*** | This subject is very practical when you have to organize a choir in a general school. It also taught me be open to children (L4)<br>It is inevitable that music teachers have to lead a choir in a general school. Therefore, conducting and choir knowledge is important for music teachers. (C5) |
| ***Performance*** | I have acquired lots of musicianship skills, for example, solfeggio, singing and piano. That really helps me while working with pupils (C1)<br>Music teachers should have professional performance ability to organize and evaluate music activities in school. (L3) |

Meanwhile, some other music teachers state that performance-related subjects are helpful as well (e.g., Conducting, Solfeggio, Singing and Piano). Furthermore, one Chinese teacher said that the English language is also important for a future music teacher nowadays.

The Bachelor Thesis is the final work for the Bachelor's degree studies. Some music teachers think that the Bachelor's thesis is an important part of their future career. The Bachelor thesis lays a foundation for future scientific research, which is also regarded to be a kind of reflection of one's own work. Other respondents argue that the Bachelor Thesis is not really as important as others subjects, such as methods of teaching music or practical subjects.

## Conclusions

The study reveals the content of the Bachelor Study Programme of Music Education implemented at Lithuanian University of Educational Sciences and the attitudes of foreign and Lithuanian students and teachers towards it. The Undergraduate Study Programme of Music Education at LEU prepares a qualified music teacher with professional musical knowledge, who is able to apply pedagogical theoretical studies combined with teaching practice, cultivates music educators, who creatively organise high quality music education, as well as communicate, collaborate and consider the diversity of learners in the process of education.

The research revealed that most subjects in the curriculum are regarded as very important for the future career by the majority of Chinese and Lithuanian students, who particularly emphasised the pedagogical theoretical subjects (Pedagogy and Psychology) combined with the Teaching Practice. Though most of the answers were similar among Lithuanian and Chinese students, there were some significant differences as well. The results showed that the Chinese students concentrate more on performance subjects, while Lithuanian students place more focus on the basic music-related subjects, such as Solfeggio and Harmony. During the Bachelor's studies, most students gain the professional level of abilities in the practical application of music education content and management of music education process. The qualitative research showed that performance-related subjects and pedagogical subjects make up a very important foundation for a future music teacher. Furthermore, according to the participants, Music Technology is regarded as an indispensable source of knowledge for a future music teacher nowadays.

Experienced music teachers, who took part in the interview, also highlighted the significance of technologies in the music classroom. Most teachers claimed that they used technologies in their lessons, and that they contributed substantially to motivation of their students and making the learning/teaching process easier. The participants of the interview also stressed the importance of Teaching Practice and referred to it as to a very important process that transfers all theoretical knowledge into practical teaching. According to the respondents, future music teachers can accumulate relevant experiences and get some useful advice from a supervisor or a mentor during their Teaching Practice, and this is really helpful for their future career. Music teaching methods, subjects for special needs children and performance subjects (Conducting, Solfeggio, Singing, etc.) were denoted as study subjects that are useful for pre-service music teachers and their future career.

## References

Abrahams, F. (2011). Nurturing Preservice Music Teacher Dispositions: Collaborating to Connect Practice, Theory, and Policy. *Arts Education Policy Review*, 112(3), 108–114.

Ballantyne, J., Packer, J. (2010). Effectiveness of Preservice Music Teacher Education Programs: Perceptions of Early-Career Music Teachers. *Music Education Research*, 6(3), 299–312.

Clift, R. T., Brady, P. (2005). *Research on Methods Courses and Field Experiences. Studying Teacher Education*. Mahwah, New Jersey: Erlbaum.

Conkling, S. W. (2004). Music Teacher Practice and Identity in Professional Development Partnerships. *Action, Criticism and Theory for Music Education*, 3(3), 1–15.

Education and Training in Europe 2020. Retrieved from: https://eacea.ec.europa.eu/homepage_en.

European Commission (2015). Strengthening Teaching in Europe: New Evidence from Teachers Compiled by Eurydice and CRELL. Retrieved from: https://ec.europa.eu/education/.

Eurydice report. (2015). The Teaching Profession in Europe: Practices, Perceptions, and Policies. Retrieved from: https://eacea.ec.europa.eu/creative-europe.

Greene, J., Saridakis, G. (2008). The Role of Higher Education Skills and Support in Graduate Self-employment. *Studies in Higher Education*, 33(6), .653–672.

Johansen, G. (2007). Educational Quality in Music Teacher Education: Components of a Foundation for Research. *Music Education Research*, 9(3), 435–448.

Leisytė, L., Želvys, R., Zenkienė, L. (2015). Re-Contextualization of the Bologna Process in Lithuania. *European Journal of Higher Education*, 5(1), 49–67.

Leland, K. M. (2013). Exploring the Effects of a Teacher Preparation Course on Pre-Service Teachers' Content Knowledge of Emergent Literacy. *Delta Journal of Education*, 3(2), 85–91.

Lietuvos edukologijos universiteto studijų programų sandara. Patvirtinta LEU Senato 2013 m. gegužės 22 d. nutarimu Nr. 220. (2013). [The Structure of the Study Programmes at Lithuanian University of Educational Sciences. The Resolution of the Senate of LEU No.220 of 22 May 2013]. Retrieved from: https://www.vdu.lt/en/about-vmu/structure-and-management-of-vmu/.

Lietuvos pedagogų rengimo koncepcijos projektas ir jo pagrindimas. (2016). [The Draft of the Lithuanian Teacher Training Conception and Its Substantiation (https://www.vdu.lt/lt/).

Lietuvos Respublikos Švietimo ir mokslo ministro įsakymas "Dėl pedagogų rengimo modelio aprašo patvirtinimo 2017 m. rugsėjo 14 d. Nr. V-683 Vilnius. (2017). [The Order of the Minister of Education and Science " On the Approval of the Description of Teacher Education Model", No. V-683 of 14 September 2017, Vilnius]. Retrieved from: https://www.researchgate.net/publication/332818987_The_analysis_of_content_of_bachelor_study_programme_of_music_teacher_training_in_Lithuania_attitude_of_foreign_and_Lithuanian_students.

Ma, Q. T. (2007). An Analysis of the Goal and Strategy of the Construction of Teaching Team in Colleges and Universities. *Higher Education in China*, 11, 40–42.

Mills, J., Smith, J. (2003). Teachers' Beliefs about Effective Instrumental Teaching in Schools and Higher Education. *British Journal of Music Education*, 20(1), 5–27.

Rauduvaitė, A., Lasauskienė, J. (2013). Factors Determining Personal Career Planning and Choices of Profession among Future Teachers of Music. *Social and Behavioral Sciences*, 83, 175–179.

Ryan, G. (2010). Interruptions Reshaped into Transitions: Personal Reflections on the Identity Challenges of Moving to Music Education. *Action, Criticism, and Theory for Music Education*, 9(2), 48–59.

Sečkuvienė, H. (2007). Muzikos mokytojo mentoriaus dalykinė kompetencija [Subject-Specific Competence of Music Teacher]. In: O. Monkevičienė, M. Gaigalienė (Eds). *Mentoriaus kompetencijos* [Mentor's Competences], 59–66. Kaunas: Technologija.

Tissari, V. (2012). Teacher Education Curricula after the Bologna Process – A Comparative Analysis of Written Curricula in Finland and Estonia. *Scandinavian Journal of Educational Research*, 56(3), 261–275.

Townsend, A. S. (2011). *Introduction to Effective Music Teaching: Artistry and Attitude*. UK: Rowman & Littlefield.

Wang, Y. H. (2003). Reflections on the Training Goals and Course Structure of Music Education Major. *Music Education in China*, 2, 21–23.

Zaukienė, A. (2005). Primary School Teacher's Professional Competence Assessment. *Pedagogika*, 78, 97–103.

Karl-Heinz Dammer

# Was hat Humor in der Schule zu suchen?

**Abstract:** Humour in school is a contradictory subject. On the one hand students highly appreciate humorous teachers; on the other hand humour is widely ignored in academic teacher training. The following contribution first of all tries to shed light on this contradiction by discussing some psychological and sociological aspects of humour which are important in educational contexts. The second part deals with properties of humour which can be useful for classroom-management, a better communication between teachers and students and for the success of learning. Even though the positive effects are affirmed by many studies it is not a sure formula for educational success as will become apparent in the last chapter.

**Zusammenfassung:** Humor ist in schulischen Kontexten offensichtlich ein widersprüchliches Phänomen. Einerseits gehört er für Schüler(innen) zu den Eigenschaften, die sie am meisten bei Lehrkräften schätzen, andererseits spielt er in der Lehrerbildung kaum eine Rolle und wurde auch in der pädagogischen Tradition lange Zeit beargwöhnt. Der Beitrag versucht, diesem Widerspruch auf den Grund zu gehen, indem er nach einigen Begriffsklärungen auf psychologische und soziologische Aspekte eingeht, die für das Verständnis von Humor in schulischen Kontexten notwendig sind. In einem zweiten Schritt werden Implikationen des Humors aus Lehrer(innen)sicht und Schüler(innen)sicht dargestellt und diskutiert, wobei sich zeigt, dass die pädagogischen Vorurteile gegen Humor vielfach unbegründet sind. Dennoch, so zeigt das abschließende Kapitel, ist Humor kein „Patentrezept“ für den Unterricht, sondern enthält ein paar „Fallstricke“, derer sich eine Lehrkraft bewusst sein sollte.

**Keywords:** Humour, classroom-management, academic teacher training, success of learning

Schon seit längerer Zeit wird (nicht nur) in Deutschland darüber debattiert, was den „guten Lehrer“ (oder die Lehrerin) auszeichnet. Dazu gibt es zahllose empirischen Studien, die einzelne Erfolgsfaktoren einer *good practice* zu identifizieren versuchen und dabei nicht nur fachliche und didaktische, sondern auch soziale und emotionale Kompetenzen im Blick haben. Nimmt man die Vorstellungen von guten Lehrkräften, die in der Öffentlichkeit kursieren, hinzu, so führt dies zu einer tendenziell nach oben hin offenen Liste wünschenswerter Eigenschaften, die bis hin zu grundlegenden Charakterzügen reichen.

Erstaunlicherweise wird dabei selten nach der Meinung derjenigen gefragt, für die all dies gut sein soll und ohne die Lehrer(innen) überflüssig wären, nämlich der Schülerinnen und Schüler. Natürlich gibt es auch Studien, die über deren Perspektive

Auskunft geben, sie tauchen aber kaum im Kontext der Lehrerprofessionalisierung auf. Schaut man sich solche Studien an, die in unterschiedlichen Ländern, unterschiedlichen Schulformen und -stufen gemacht wurden, so kristallisiert sich ein erstaunlich homogenes Bild heraus: Die stets am häufigsten genannten Eigenschaften sind Gerechtigkeit, Autorität mit Augenmaß (eine Lehrkraft, die „weiß, wo es langgeht, aber auch mal ein Auge zudrückt") und Humor; bei älteren Schülerinnen und Schülern kommt häufig auch noch die Fachkompetenz als wichtiges Kriterium hinzu.

Blickt man von diesen Befunden aus auf die Professionalisierungsdebatte zurück, so fällt auf, dass die drei für Schülerinnen und Schüler wichtigsten Faktoren dort nur eine marginale oder keine Rolle spielen. Für den Humor gilt dies nicht nur in der Lehrerbildung, sondern in der pädagogischen Tradition überhaupt. Von einzelnen Ausnahmen abgesehen, war Humor dort bis weit ins 20. Jahrhundert hinein verpönt, weil er im weitesten Sinne mit Ambivalenzen spielt und das von ihm hervorgerufene Lachen als eine Gefährdung der ernsten und eindeutigen Absichten von Erziehung interpretiert wurde.

Da aber übertriebener Ernst zum Lachen reizt, verwundert es nicht, dass Schule und Lehrer häufig zur Zielscheibe von Spott wurden, und zwar bereits seit 2000 Jahren. Aus der römischen Antike, also den Anfängen der Institution Schule, ist die satirische Darstellung einer Schulklasse überliefert, die eine kleine Gruppe eng aneinander gedrängter und fratzenhaft verzerrter Schüler darstellt, welche von einem elegant gewandeten und auf einem luxuriösen Sitz thronenden Lehrer in Eselsgestalt unterrichtet werden:[1]

1 Entnommen aus: Robert Alt: Bilderatlas zur Schul- und Erziehungsgeschichte. Band 1. Von der Urgesellschaft bis zum Vorabend der bürgerlichen Revolutionen. Berlin (Ost) 1966, S. 98.

Ebenfalls bereits aus der römischen Antike stammt eine im 10. Jahrhundert gefundene Witzsammlung, in der, wahrscheinlich, weil sie der rhetorischen Ausbildung diente, Witze und Anekdoten nach Themen geordnet erfasst worden sind. Das dort mit Abstand am häufigsten vertretene Thema sind Schule und Lehrer (Bremmer/Roodenburg 1999, 24). Vielleicht haben wir es hier auch mit einem Wechselverhältnis zu tun: Nicht nur reizen der heilige Ernst und (zumindest früher) die Strenge der Erziehung zu Spott und Lachen, sondern umgekehrt macht Humor vielleicht den pädagogischen Ernst – für beide Seiten, Lehrer(innen) wie Schüler(innen) – erträglicher.

Diesen Fragen soll im Folgenden nachgegangen werden. Dafür ist es zunächst notwendig, auf die drei wesentlichen Begriffe „Humor“, „Komik“ und „Lachen“, ihre Gemeinsamkeiten und Unterschiede einzugehen sowie einige wesentliche psychologische und soziologische Merkmale des Humors zu behandeln, soweit sie für pädagogische Zusammenhänge von Bedeutung sind. In einem weiteren Schritt werden die Bedeutsamkeit des Humors und seine Einsatzmöglichkeiten im Unterricht aus Schüler- wie aus Lehrerperspektive erörtert. Abschließend sollen unter der Überschrift „Warum das Gute nicht immer einfach ist“ einige Probleme angesprochen werden, die dem Humor als pädagogischem „Erfolgsrezept" entgegenstehen.

# 1 Theoretische Klärungen

## 1.1 Humor, Komik, Lachen

Humor wird häufig mit der Fähigkeit gleichgesetzt, andere Menschen zum Lachen zu bringen, und damit als ein Phänomen der Kommunikation bestimmt. Die Gleichsetzung ist nicht falsch, geht man aber an die Ursprünge des Begriffs zurück und wirft einen Blick auf die Arten und Weisen, wie Humor im Laufe der Geschichte verstanden worden ist, so zeigt sich, dass man dem Phänomen mit dieser Festlegung nur zum Teil gerecht wird.

Der Begriff geht auf lat. *Humor* (Feuchtigkeit) zurück und verweist damit auf dessen antike Ursprünge, nämlich die – bis in die Neuzeit hinein immer wieder aufgegriffene – Säftelehre des Hippokrates, nach der die Mischung der Gallensäfte ausschlaggebend für den Charakter eines Menschen, wie auch für seinen Gemüts- und Gesundheitszustand waren. Die Säftelehre geht damit von einem engen Zusammenhang zwischen Körper und Psyche aus, woran noch heute die verschiedenen Bedeutungen von *humor* im amerikanischen Englisch (Humor, Temperament, Laune, Gemütsverfassung) oder die Unterscheidung von *humour* und *humeur* (Laune, Stimmung) im Französischen erinnern. Humor erscheint so als ein ganzheitlich mit dem Menschen verbundenes Phänomen und wurde als Begriff auch lange Zeit in den eben genannten Bedeutungen benutzt, wobei Komik und Lachen zunächst noch keine Rolle spielten.

Diese Konnotationen kamen erst im 16. Jahrhundert hinzu, als Temperament und Laune in England auch mit Exzentrik assoziiert wurden, also einem Verhalten, das von den gesellschaftlichen Konventionen oder allgemeiner der Vernunft abweicht, daher als „komisch" empfunden wird und zum Lachen reizt. Der sprichwörtliche englische Humor (z. B. bei *Monty Python*) zeigt, dass diese Tradition bis heute lebendig ist.

Das vor allem in Deutschland gepflegte Verständnis von Humor ist stark von der Romantik, genauer von Jean Pauls philosophischen Überlegungen zur Rolle des Humors geprägt. Jean Paul knüpft insofern an die Begriffstradition an, als er Humor im Charakter verankert und auch mit Lachen in Verbindung bringt, er geht aber darüber hinaus, da er dem Humor eine existenzielle Bedeutung für das Wohlergehen des Menschen zuschreibt. Jean Paul versteht ihn als die Fähigkeit die – für das romantische Weltverständnis bestimmenden – Spannungen zwischen Ideal und Wirklichkeit auszuhalten und zu den Widrigkeiten des Lebens und auch zu den eigenen Schwächen lachend oder lächelnd in Distanz gehen zu können; mit anderen Worten: Humor macht souverän und trägt damit wesentlich, wenn nicht zum Glück, so doch zur Ausgeglichenheit und Zufriedenheit des Menschen bei.

Im Sinne der hier angerissenen Tradition wäre Humor also als eine Charaktereigenschaft zu verstehen, die den Menschen befähigt, lachend und distanziert mit Alltagsproblemen, Forderungen der Vernunft, gesellschaftlichen Erwartungen oder auch eigenen Fehlern umzugehen. Ein so veranlagter Mensch kann dann problemlos, dem eingangs angeführten Humorverständnis entsprechend, auch andere zum Lachen bringen und damit deren Sympathie gewinnen.

Auch die Komik, bzw. das Komische ist antiken Ursprungs. Sie geht auf Aristoteles' Dramentheorie zurück, in der das Komische als das Resultat einer unpassenden, den normalen Erwartungen widersprechenden Handlung definiert wird, deren Abweichung aber den Rahmen des moralisch Akzeptablen nicht überschreitet und auf die daher mit Lachen über die Situation oder deren Verursacher reagiert wird.

Darauf aufbauend wurde das Komische ab dem 18. Jahrhundert genereller als Ergebnis einer „Inkongruenz" verstanden, also des Zusammentreffens von Dingen, Situationen oder Personen, die nicht zueinanderpassen oder zumindest gemeinhin nicht miteinander assoziiert werden. Im Anschluss daran bürgerte sich parallel auch der Begriff „Komik" ein, mit dem heute eher eine bewusst auf komische Effekte zielende Handlung gemeint ist, im Gegensatz zum, „Komischen", das sich eher auf die Inkongruenz selbst bezieht. Beides ruft, wie schon Aristoteles feststellte, Lachen hervor, allerdings keineswegs grundsätzlich. Es mag Inkongruenzen geben, die universell zum Lachen reizen, in alle Regel hängt das Lachen aber von zahlreichen Bedingungen ab: dem Charakter einer Person, ihren Einstellungen und Wertmaßstäben, ihrem Alter, Geschlecht, sozialen Stand, der Kultur, aus der sie stammt oder auch der jeweiligen Situation.

Der Schriftsteller, Zeichner und Kunsttheoretiker Robert Gernhardt hat den Unterschied zwischen Humor und Komik sehr treffend auf den Punkt gebracht: „Humor ist eine Haltung, Komik das Resultat einer Handlung" (Gernhardt 1988, 10). Diese kontrastierende Begriffsbestimmung hat für uns eine wichtige Implikation: Wenn Komik Resultat einer Handlung ist, dann kann man ihr eine Absicht unterstellen, was wiederum bedeutet, dass man sie bewusst und gezielt produziert, ja sich sogar bestimmter Techniken bedienen kann, wie professionelle Komiker es tun. Während Humor also als Einstellung im Laufe des Lebens erworben und dadurch relativ fest mit dem Charakter verbunden ist, kann man Komik bis zu einem gewissen Grad lernen und trainieren.

Das Lachen als Dritter unserer zentralen Begriffe ist zwar eng mit Humor und Komik verbunden, seiner Natur nach aber etwas ganz anderes, nämlich ein komplexer physiologischer Vorgang, der sich unterschiedlich intensiv äußern kann und den ganzen Körper samt Gehirn mit einbezieht. Was es im Einzelnen mit dem Lachen auf sich hat, wird im Zusammenhang mit den psychologischen und soziologischen Aspekten noch deutlich werden. An dieser Stelle sei nur auf die anthropologische Tatsache verwiesen, dass, soweit wir wissen, der Mensch das einzige Lebewesen ist, das lachen kann (er ist natürlich auch der Einzige, der die Definitionsmacht darüber hat). Darüber, wie das Lachen unter die Menschen kam, gibt es unterschiedliche Theorien. Während die einen glauben, dass Lachen als spontane Reaktion auf eine gemeinsam überstandene Gefahr entstanden sei und damit Erleichterung ausgedrückt und zugleich den Zusammenhalt der Gruppe gestärkt habe, gehen andere davon aus, dass Lachen als Zähnefletschen ursprünglich Aggression signalisierte und erst im Laufe des Zivilisationsprozesses in ein Zeichen der Freundlichkeit, Offenheit, Sympathie verwandelt wurde. Beweisbar ist keine dieser Theorien, Recht mögen sie beide haben, entscheidend für uns ist aber die Unterstellung ursprünglicher und damit tief im Menschen verankerter psychischer und sozialer Funktionen des Lachens, denen wir uns nun zuwenden wollen.

## 1.2 Psychologische Aspekte

Die anthropologischen Überlegungen deuteten an, dass Lachen auf sehr unterschiedlichen Motiven beruhen kann, die entweder im Charakter verankert sind, durch soziales Zugehörigkeitsgefühl oder auch spontan situativ entstehen und in sehr unterschiedlich modulierter Form geäußert werden können, vom leichten Verziehen der Mundwinkel bis hin zum „Totlachen". Ebenso breit gefächert wie die Motive und die Äußerungsformen sind auch die Wirkungen. Durch Lachen werden zunächst Atmung und Kreislauf angeregt, was zu insgesamt beschleunigten Körperfunktionen führt, die dann aber in Entspannung und die Ausschüttung von Endorphinen münden, was, medizinisch überprüft, die Immunabwehr stärkt und beim Abbau von Stress hilft. Insofern ist die Redensart durchaus zutreffend: „Lachen ist gesund."

Jenseits dieser Volkswahrheit, die in dem selten entspannenden Lehrberuf durchaus berücksichtigt werden sollte, sind für unser Thema auch tiefer liegende psychologische Zusammenhänge von Bedeutung, bei denen wir stets davon ausgehen, dass Humor und Lachen, samt seinen psychischen Wirkungen, untrennbar miteinander verbunden sind. Es gibt eine Reihe von psychologischen Theorien zum Humor, von denen hier zwei herausgegriffen werden sollen, nämlich die Sigmund Freuds und Alfred Adlers.

Der psychoanalytischen Studie *Der Witz und seine Beziehung zum Unbewussten* (Freud 1958) liegt Freuds Seelenmodell mit seinen Instanzen „Es", „Ich" und „Überich" zugrunde. Das „Ich" bezeichnet die psychische Instanz, mit der wir bewusst unsere Vernunft und Affekte steuern können. Die anderen beiden Instanzen sind dem Ich unbewusst, haben aber, nach Freud, enormen Einfluss auf unser Denken, Führen und Handeln und liegen überdies im ständigen Konflikt miteinander, denn im Überich sind alle gesellschaftlichen Normen, Werte und Verhaltenserwartungen abgelagert, während das „Es" das Reich der Triebe ist, deren Impulse diesen Erwartungen häufig zuwiderlaufen. Das „Ich" steht also stets vor dem Problem, dass es die unbewussten, aber wirksamen Impulse der anderen beiden Instanzen halbwegs miteinander in Einklang bringen muss, um seelisch gesund zu bleiben. Dafür ist es immer wieder in Abwehrkämpfe verwickelt, die psychische Energie kosten und daher für konstruktives Handeln und Denken nicht mehr zur Verfügung stehen. An diesem Punkt tritt der Witz dem Ich hilfreich zur Seite.

Um Freuds Argumentation nachvollziehen zu können, muss vorausgeschickt werden, dass er zwischen Humor und Witz unterscheidet. Unter Humor versteht er, ganz im Sinne der an Jean Paul anknüpfenden deutschen Begriffstradition, die Fähigkeit, sich souverän lächelnd von Widrigkeiten zu distanzieren, um sich (vermeintlich) überlegen fühlen zu können. Diese in der Regel positiv bewertete Eigenschaft sieht Freud allerdings kritisch, denn sie läuft in seinen Augen auf eine Leugnung des Realitätsprinzips heraus, die dem Individuum längerfristig eher schadet als nützt. Dem Witz hingegen unterstellt er eine (zumindest meist) aggressive Tendenz, wobei „aggressiv" hier sehr weit gefasst ist als Angriff auf einzelne Personen, gesellschaftliche Gruppen oder Normen, die Gesellschaft als ganze oder auch als Aufbegehren gegen die Anforderungen der Vernunft.

Aufgrund dieser Eigenschaft erscheint Freud der Witz, im Gegensatz zum Humor, als ein probates Mittel zum Erhalt seelischer Gesundheit, denn er ermögliche es, die durch den Normdruck (Überich) aufgebauten Aggressionen (Es) in komischer Verkleidung und damit gesellschaftlich akzeptabler Weise abzuführen und seelische Energie, die für die Abwehr dieser Impulse nötig wären, zu sparen. Das vom Witz produzierte Lachen hat damit eine doppelte Funktion: für das Individuum die der psychischen Entlastung und gesellschaftlich als Honorierung und damit Akzeptanz der Pointe. Die Kehrseite des Lachens ist, dass dank des von ihm verursachten Lustgewinns auch problematische Motive der Aggression nicht von der Vernunft überprüft und damit von den Lachern anerkannt werden. Lachen kann also den kritischen Verstand umgehen bzw. auch gezielt eingesetzt werden, um Kritik zu vermeiden.

Aufschlussreich ist Freuds Studie nicht nur in psychologischer Hinsicht, sondern auch, weil sie detaillierten Aufschluss über die Motive von Witzen und über die Techniken ihrer Herstellung gibt. Ersteres ist analytisch bedeutsam, wenn wir ergründen wollen, warum ein Mensch bestimmte Witze erzählt, Letzteres, weil auf diese Weise die Möglichkeit eröffnet wird, das Produzieren komischer Situationen bis zu einem gewissen Grad zu lernen.

Da in einem institutionell überformten und manchmal antagonistischen Verhältnis von Lehrer(inne)n und Schüler(inne)n (und natürlich auch jeweils innerhalb beider Gruppen) stets mit latenten und auch offenen Aggressionen zu rechnen ist, spielt Freuds Ansatz für uns eine wichtige Rolle, auch wenn wir nicht zwingend seiner Gegenüberstellung von aggressivem Witz und harmlosen Humor folgen müssen. Dass auch Humor eine aggressive und problematische Funktion haben kann, zeigen die Überlegungen von Freuds Schüler Alfred Adler.[2]

Für das Verständnis von Adlers Humortheorie sind in unserem Zusammenhang zwei Aspekte seiner Psychologie bedeutsam, zum einen die Prämisse, dass jeder Mensch existentiell danach strebt, von anderen anerkannt, sich als Teil einer Gemeinschaft fühlen zu können; zum anderen die vier Säulen seelischer Gesundheit, zu der außer dem Gemeinschaftsgefühl, eine aktive Lebenshaltung, Selbstwertgefühl und Sachlichkeit gehören. Adler stellte fest, dass gemäß diesen Kriterien seelisch gesunde Menschen humorvoller sind, wobei offen ist, was

2 Vgl. zu dem Folgenden Adler 2006.

Ursache und was Wirkung ist: Führt Humor zu mehr seelischer Gesundheit oder zieht die Verbesserung der vier Faktoren auch eine höhere Humorfähigkeit nach sich? Man kann und muss diese Frage nicht entscheiden, ausschlaggebend ist aber, dass Adler unter dieser Voraussetzung Humor zu einem therapeutischen Instrument erklärte, was sich auch in seiner Arbeit mit Patienten niederschlug, denen er empfahl, ihren Neurosen humorvoll zu begegnen und damit, ganz im Sinne Jean Pauls, Distanz dazu zu gewinnen.

Allerdings nimmt Adler an dieser Stelle eine für das Humorverständnis folgenreiche Differenzierung vor, die zeigt, dass Humor nicht etwas per se für die seelische Gesundheit Wertvolles ist, denn er unterscheidet bezogen auf das Gemeinschaftsgefühl zwischen partnerschaftlichem und nicht-partnerschaftlichem Humor, also einerseits solchem, der anderen Menschen freundlich gegenüber gesinnt ist und für die Herstellung eines Gemeinschaftsgefühls sorgt und andererseits solchem, bei dem das Gegenteil der Fall ist. Dass auch beides zugleich möglich ist, also die Stiftung eines Gemeinschaftsgefühls durch Erniedrigung anderer, sei hier nur erwähnt, offensichtlich ist auf jeden Fall, dass Adler Humor für ein ambivalentes Phänomen hält.

Für uns relevant bleibt in Adlers Ansatz zweierlei. Zum einen liefert er uns Anhaltspunkte dafür, welche Formen von Humor in pädagogischen Situationen förderlich sind und welche nicht; zum anderen eröffnet er die Option, am Humor arbeiten zu können, auch wenn er eng mit dem Charakter verbunden sein mag, was für die Professionalisierung von Lehrkräften bedeutsam sein kann.

Adler blieb längere Zeit der Einzige, für den Humor eine therapeutische Rolle spielte. Erst ab etwa Mitte der 1980er Jahre begann die Psychologie, sich intensiver für das Thema zu interessieren,[3] wobei allerdings weniger der Humor selbst Forschungsgegenstand war, sondern eher die Frage, in welchen Kontexten man ihn fruchtbar einsetzen kann. Der Fokus lag dabei auf therapeutischen Potentialen (vgl. exemplarisch Titze 1995 und Salameh 2007), aber auch die Betriebspsychologie und die pädagogische Psychologie begannen sich für das Thema zu interessieren.

Zusammenfassend kann man festhalten, dass Humor aus psychologischer Sicht ein sehr komplexes Phänomen ist, bei deren Entstehung und Ausprägung genetische Anlagen, Charakterdispositionen und sozialisatorische Erfahrungen ineinanderfließen. Was die Wirkung des Humors betrifft, so können folgende Aspekte als psychologisch gesichert gelten: Bezogen auf den Menschen als ganzen bringt Humor Kognition, Verstand und Gefühl miteinander in Verbindung, hat aber auch für die einzelnen Bereiche nachweisbare Effekte. Kognitiv werden durch Humor das kreative und problemlösende Denken angeregt, emotional verschafft er Erleichterung und kann damit zum inneren Gleichgewicht beitragen, was auch für den Abbau von Stress bedeutsam ist; nicht zuletzt ermöglicht er es, persönliche

3 Ablesbar ist dies an der Gründung der interdisziplinären *International Society of Humor Studies* und der *Association auf Applied and Therapeutic Humor.*

Probleme distanzierter zu betrachten und so mit sich selbst oder mit negativen Erfahrungen „ins Reine zu kommen". Auf die weitreichenden körperlichen Wirkungen des Humors, die natürlich mit Gefühl und Kognition zusammenhängen, wurde bereits einleitend hingewiesen.

## 1.3 Soziologische Aspekte

Adlers Überlegungen lässt sich entnehmen, dass beim Humor psychologische und soziale Aspekte ineinander übergehen. Wenn das Bedürfnis nach Anerkennung und damit ein Gemeinschaftsgefühl für den Menschen existentiell und Humor ein geeignetes Mittel zur Herstellung dieses Gefühls ist, dann ist damit zwangsläufig auch bereits ein wichtiger sozialer Aspekt angesprochen, der hier vertieft und durch einige weitere Überlegungen ergänzt werden soll.[4]

Aus soziologischer Perspektive ist Humor in erster Linie ein Kommunikationsphänomen, was impliziert, dass man zwischen Produzenten und Rezipienten von Humor unterscheiden muss. Ersterer hat dabei zunächst eine überlegene Rolle, da er die Art des Humors bestimmen kann, also gleichsam Herrscher über die Pointe ist, mit der er die Lacher auf seine Seite ziehen und sich dadurch beliebt machen kann. Dies funktioniert aber nur unter zwei Bedingungen, nämlich dass erstens der Produzent das Humorverständnis der Rezipienten richtig einschätzt und seine Äußerungen darauf abstimmt und dass er zweitens um seine soziale Stellung innerhalb der Gruppe weiß, denn die „Humorlizenz" ist immer auch eine Frage des sozialen Rangs: Was dem oder der Vorgesetzten erlaubt ist, ist den Untergebenen noch lange nicht erlaubt. Allerdings darf bei Humor in hierarchisch strukturierten Gruppen gefragt werden, wie Gemeinschaft stiftend er wirklich wirkt, denn von den Untergebenen wird ja erwartet, dass sie auch über den müdesten Witz ihres Chefs lachen.

Sind diese Bedingungen nicht erfüllt, so kann die erwünschte Wirkung schnell ins Gegenteil umschlagen; was dann an Gemeinschaft bleibt, ist eher die der Rezipienten, die den Produzenten als peinlichen Possenreißer isolieren. Dass diese basalen Überlegungen auch für unseren Zusammenhang relevant sind, dürfte einleuchten, denn wohl jede(r) dürfet schon einmal eine Lehrkraft erlebt haben, die mit einem Witz versuchte, die Stimmung in der Klasse zu heben oder das Unterrichtsthema interessanter zu gestalten und dabei krachend scheiterte, sei es, weil das Bemühen um Humor allzu offensichtlich war, sei es, weil die Schüler(innen) für den betreffenden Humor keine „Antenne" hatten. Es ist, vorsichtig formuliert,

4 Anders als in der Psychologie gibt es in der Soziologie kaum spezifische Theorieansätze zum Humor. Den besten Überblick über die Thematik bietet Zijderveld 1976. Kulturgeschichtlich aufschlussreich sind Neumann 1986 sowie der Sammelband Bremmer/Rodenburg 1999. Als soziologisch ausgerichtete Studie mit Schulbezug sei Piepenbrink 2013 erwähnt.

unwahrscheinlich, dass eine Lehrkraft auf diese Weise ihre Beliebtheit in einer Klasse steigern kann.

Wenn die oben genannten Voraussetzungen indes gegeben sind, kann Humor als „sozialen Schmierstoff" mehrere Funktionen erfüllen. Er kann ein erster Schritt zur Überwindung von Distanz und Fremdheit bzw. zum Aufbau von Sympathien sein. Ebenso lassen sich mit Humor kleinere Konflikte lösen oder zumindest entschärfen, da er dazu anregt, den Streitgegenstand distanzierter zu betrachten oder seine Bedeutung zu relativieren, sodass das Gemeinschaftsgefühl im Endeffekt nicht gestört wird.

Die Gemeinschaft bildende Funktion von Humor ist allerdings zwiespältig, wie sich bereits aus Adlers Unterscheidung von partnerschaftlichem und nicht-partnerschaftlichem Humor schließen lässt. Humor, der innerhalb einer Gruppe den Zusammenhalt fördert, kann zugleich dazu dienen, andere Menschen auszuschließen, umso mehr, wenn diese Menschen zur Zielscheibe von Humor gemacht werden. Inklusion und Exklusion können also beim Humor Hand in Hand gehen, und zwar nicht nur auf der gesellschaftlichen Mikroebene, sondern auch auf der Makroebene, auf der Komik als soziales Korrektiv funktionieren kann. Dies erkannte bereits Aristoteles, der damit ein konstitutives Moment der Komödie bestimmte, deren Zweck es ist, bestimmte Verhaltensweisen, Charakter- oder auch soziale Typen auf der Bühne, also in der und für die Öffentlichkeit lächerlich zu machen und damit zugleich normgerechtes Verhalten anzuregen.

Bleibt man auf der Makroebene, so dürfte eine der wichtigsten Aufgaben des Humors seine Ventilfunktion sein, mit der sich, ganz im Sinne von Freuds Witztheorie, Aggressionen abbauen lassen, die aus der Ohnmacht politischen und gesellschaftlichen Verhältnissen oder auch einzelnen Machthabern und sozial herrschenden Gruppen gegenüber resultieren. Es wurde allerdings viel darüber gestritten, ob oder inwieweit sich die Ventilfunktion des Humors gesellschaftlich bemerkbar macht und wie sie zu bewerten ist: als ein Mechanismus, der letztlich zur Stabilisierung der Verhältnisse oder der umgekehrt zu ihrer Unterwanderung beiträgt. Diese Frage kann und soll hier nicht entschieden werden, die Existenz von Satire und Karikatur deutet in jedem Fall darauf hin, dass dem Lachen eine politische Wirkung zugeschrieben wird. Nicht nur die in Monarchien und Diktaturen übliche Zensur politischer Satire, sondern auch die historische Tatsache, dass bis in die Moderne hinein dem Lachen bestimmte soziale Räume zugewiesen wurden (Dionysien, Karneval, Hofnarr), sind ein Indiz dafür, dass man – sei es zu Recht oder zu Unrecht – eine die soziale und politische Ordnung gefährdende Wirkung des Lachens fürchtete. Dafür spricht nicht zuletzt auch das Tabu, mit dem Humor in der Pädagogik lange Zeit belegt war.

Ein gerade in Zeiten verstärkter Einwanderung zu berücksichtigender Aspekt sind schließlich die aus kulturellen Kontexten resultierenden Unterschiede von Humor. Damit sind weniger völkerpsychologische Klischees der Art, Deutsche seien humorlos, gemeint, sondern ernsthafte Missverständnisse, die aus gänzlich unterschiedlichen Humortraditionen bzw. Auffassungen darüber resultieren, worüber gelacht bzw. nicht gelacht werden darf. Der Streit um die 2005 in der dänischen Tageszeitung *Jyllands Posten* veröffentlichten Mohammed-Karikaturen belegt ebenso wie die Morde an den Redakteuren von *Charlie hebdo*, dass diese Differenzen in blutigen Ernst münden können. Inwieweit sich fremde Humorkulturen verstehen lassen, ist eine offene Frage, dass man solche Differenzen, auch in erzieherischen Kontexten, in Rechnung stellen muss, dürfte aber außer Zweifel stehen.

Bringt man die Überlegungen zur sozialen Funktion von Humor und Lachen auf den Punkt, so ist ihre Ambivalenz hervorzuheben, weswegen ihre Wirkung weder eindeutig bestimmbar noch planbar ist, weil viele Kontextfaktoren dabei eine Rolle spielen können. Zum anderen hat sich gezeigt, dass Lachen immer wieder als Gefährdung der sozialen und politischen Ordnung interpretiert wurde, ihm also etwas Anarchisches, schwer zu Beherrschendes anhaftet. Je starrer das Korsett der Regeln, so scheint es, desto stärker der Drang, es durch Lachen zu sprengen. Da Unterricht eine sehr stark von (größtenteils ungeschriebenen) Regeln bestimmte Interaktionsform ist, verwundert es nicht, dass er zu den ältesten Zielscheiben der Satire gehört. Es läge daher nahe, Humor und Lachen hier strikte Grenzen zu setzen, wie es auch Jahrhunderte lang getan wurde. Dies wäre allerdings ein Fehlschluss.

## 2 Humor in der Unterrichtspraxis

Die wissenschaftliche Beschäftigung mit den Zusammenhängen von Humor und Unterricht bzw. Lehrerhandeln setzte erst vor einigen Jahrzehnten ein, etwa parallel zur Entdeckung des Humors als Instrument der Psychotherapie. Dominant sind dabei vor allem aus angelsächsischen Ländern stammende empirische Studien zu einzelnen Wirkungsfaktoren des Humors.[5] Deren Aussagekraft hält sich allerdings in Grenzen, da es kaum möglich ist, Humor von anderen Einflussfaktoren valide zu isolieren und ihm damit eine klare Wirksamkeit zuzuschreiben. Erst aus einer größeren Menge von Studien kristallisieren sich einige bemerkenswerte Korrelationen heraus, die für den Einsatz von Humor zum Erreichen bestimmter pädagogischer Ziele sprechen.

Weder in diesen noch in andersgearteten Studien findet man jedoch eine Theorie pädagogischen Humors. Der Begriff taucht zwar öfter in der Literatur auf, wird aber meist normativ als erzieherisch angemessener Humor verstanden, dessen Wert aus psychologischen oder soziologischen Theorien abgeleitet wird, wie beispielsweise aus Adlers Unterscheidung von partnerschaftlichem und nicht-partnerschaftlichem Humor. Eine Ausnahme stellt hier, neben ein paar Einzelbeiträgen, der von Aßmann und Krüger herausgegebene Band zur *Ironie in der Pädagogik* dar (Aßmann/Krüger 2011).[6] Jenseits der im engeren Sinne wissenschaftlichen

---

5 Vgl. dazu exemplarisch die thematisch geordnete Darstellung empirischer Befunde bei Jonas 2010.

6 Brauchbare Zusammenfassungen pädagogisch relevanter theoretischer Aspekte des Humors findet man bei Fricke 2006, Gruntz-Stoll/Rißland 2002 und Veith 2007.

Literatur finden Interessierte in (fach-)didaktischen Zeitschriften zahlreiche praktische Hinweise für eine humorvolle Gestaltung bestimmter Unterrichtsthemen.[7]

Die wesentlichen Ergebnisse der pädagogischen Humorforschung sollen im Folgenden, differenziert nach Schüler(innen)- und Lehrer(innen)perspektive, dargestellt werden.

## 2.1 Humor aus der Lehrerperspektive

Wenn, wie eingangs festgestellt, Schule und Lehrer zu den ältesten Zielscheiben des Spotts gehören, so dürfte dies mehrere Gründe haben, die sich mit unseren psychologischen und soziologischen Überlegungen relativ leicht erklären lassen.

Wir wissen nur relativ wenig über die Unterrichtspraxis in der römischen Antike, sicher ist aber, dass sie, zumindest in den untersten Stufen, von ödem Repetieren und Memorieren und generell von strikter Disziplin gekennzeichnet war, die häufig auch mit Prügel durchgesetzt wurde, sonst wäre „sich unter die Rue begeben" nicht eine gängige Redensart für „zur Schule gehen" gewesen. Die Prügelstrafe hat sich über die Epochen hinweg bis heute in vielen Ländern gehalten, wie u.a. historische Bilddokumenten belegen, in denen die Rute als festes Attribut des Lehrers erscheint. Es ist naheliegend, dass ein solcher Druck Aggressionen hervorruft, die sich dann (Freud folgend) im Gelächter über die Verursacher des Drucks und der Langeweile Luft machen.

Ein weiterer Grund für Spott über Lehrer könnte dessen soziale Stellung sein. Sieht man von den unterrichtenden Priestern und später den Humanisten in den Gelehrtenschulen ab, so war Lehrer lange Zeit ein wenig angesehener Beruf,[8] der stark mit dem meist autoritären Auftreten in der Schule kontrastierte, was den Verdacht nährte, hier lasse ein sozial Deklassierter seine Wut an Schwächeren aus.[9] In diesem Falle wäre es die Inkongruenz, die Lachen provoziert.

Ebenfalls auf Inkongruenz beruht, drittens, die bereits erwähnte, seit dem 18. Jahrhundert bestehende Spannung zwischen dem anthropologisch begründeten Ernst der Erziehung[10] und der Angst vor dem anarchischen Lachen, das die bestehende Ordnung gefährden bzw. die Kinder an ihr zweifeln lassen könnte.

Werfen wir nun noch einmal einen Blick zurück auf die Humortheorie, so wird erkennbar, dass das Lachen, das der Lehrkraft (unterstellt oder tatsächlich) das

---

7 So z.B. bei Veith 2012.

8 Man denke nur an die Hauslehrer (Hofmeister) des 18. und 19. Jahrhunderts oder an die ausgemusterten Unteroffiziere, die bis in die Mitte des 19. Jahrhunderts hinein in Elementarschulen unterrichteten, da es kaum eine adäquate Lehrerbildung gab. Selbst die Gymnasiallehrer, die eine privilegierte universitäre Ausbildung genossen hatten, standen in der Hierarchie der akademischen Berufe relativ weit unten.

9 Vgl. dazu Adornos bemerkenswerte Überlegungen in *Tabus über dem Lehrberuf* (Adorno 1971).

10 „Der Mensch ist das einzige Tier, da erzogen werden muss", heißt es in Kants Vorlesung *Über Pädagogik.*

Leben schwer macht, zugleich auch ein Mittel sein kann, mit diesen Widrigkeiten fertig zu werden, indem man in ironische Distanz zum Ernst der Aufgabe tritt und sich damit etwas von der Last des pädagogischen Idealismus befreit. Dass dies für Lehrer(innen) hilfreich ist, ist empirisch erwiesen (s.u.), es genügt aber bereits, sich das Urteil der Schüler(innen) vor Augen zu führen, die offensichtlich Humor für eine der wichtigsten Eigenschaften von Lehrkräften halten. Es mit Humor zu versuchen, kann sich also lohnen, für das Klassenklima, den Lernerfolg der Schüler(innen) und für die Gesundheit der Lehrkraft selbst.

Die Wirkungen von Humor auf das Klassenklima gehören, neben den Lernerfolgen, zu den am meisten erforschten Gebieten. Unter „Klassenklima" werden dabei, grob definiert, alle psychischen und sozialen Rahmenbedingungen des Unterrichts jenseits des eigentlichen Lehrens verstanden. Im Widerspruch zur Angst vor dem Chaos trägt Humor hier dazu bei, Konflikte zu entschärfen oder gar nicht erst entstehen zu lassen, weil die Konfliktursache keine Gelegenheit bekommt, sich zu einem ernsten Problem auszuwachsen. Auf diese Weise können Disziplinschwierigkeiten vermieden werden, was einer konzentrierten Arbeit am Unterrichtsthema zugutekommt. Es scheint sogar so zu sein, dass insgesamt, auch über den Unterricht hinaus, das Engagement der Schüler(innen) durch Humor gesteigert wird und sie die Schule insgesamt positiver wahrnehmen.

Entscheidend dürfte aber die für den Erfolg jeglicher pädagogischer Arbeit ausschlaggebende Beziehung zwischen dem Erziehenden den und Kindern bzw. Jugendlichen sein, die allem Anschein nach durch Humor verbessert wird. Der hohe Stellenwert, den Schüler(innen) dem Humor ihrer Lehrkraft beimessen, lässt darauf schließen, dass sie ihr unter dieser Bedingung mehr Sympathie und wahrscheinlich auch Vertrauen als grundsätzlich wohlwollender Erziehungsperson entgegenbringen. Die für das Humortabu wesentlich mit verantwortliche Befürchtung des Autoritätsverlusts scheint also unbegründet zu sein. Eine Lehrkraft dürfte im Gegenteil ihre Autorität steigern, wenn sie mit entspannendem Humor Druck aus dem Unterricht nimmt und damit bis zu einem gewissen Gard in Distanz zu den Zwängen der Institution geht, die zum Lachen reizen. Auf diese Weise können letztlich auch Ängste abgebaut werden, die bekanntermaßen eines der größten Hindernisse für erfolgreiches Lernen sind.

Was das zweite in der pädagogischen Humorforschung fokussierte Thema betrifft, den Lernerfolg, so ist es, wie bereits angedeutet, relativ schwierig, diesen zu messen, unabhängig davon, welche Einflussfaktoren man untersucht. Als hartes Kriterium werden häufig die Ergebnisse von Tests oder Klassenarbeiten genommen, die aber nur über punktuelle fachliche Lernerfolge Auskunft geben. Darüber hinaus muss bei dieser Form der empirischen Überprüfung immer auch in Rechnung gestellt werden, dass weitere, in der Untersuchung nicht berücksichtigte Faktoren mit zum Lernerfolg beigetragen haben können, was die Validität der Ergebnisse begrenzt. Für empirische Humorforschung gilt dies in verstärktem Maße, denn hier es ist nicht nur schwierig, den Faktor Humor in der Untersuchung so zu isolieren, dass man valide auf daraus resultierende Lernerfolge schließen kann, sondern überhaupt zu definieren, was als Äußerungsform von Humor gilt und woran man feststellen will, dass dieser auch von den Rezipienten (Schülerinnen und Schülern) als solcher aufgefasst und honoriert wird.

Diese skeptischen Vorbemerkungen sind notwendig, um die Forschungsergebnisse zum Zusammenhang von Humor und Lernerfolg realistisch einschätzen zu können, die u.a. zu dem Ergebnis kommen, dass sich durch den Einsatz von Humor die Lernleistung um bis zu 40% erhöht, da nicht nur die kognitive Leistungsfähigkeit, sondern auch Motivation und Kreativität durch Humor gefördert würden. Sogar der Nachhaltigkeit des Lernens scheint der Humor zugutezukommen: Einige Studien belegen, dass humorvoll präsentierter Unterrichtsstoff länger behalten wird, was nicht unplausibel ist, da generell positive Emotionen sich nachhaltig auf das Lernen auswirken.

Muss man die empirische Humorforschung einerseits methodisch relativieren, so sind doch andererseits ihre Ergebnisse theoretisch wenig überraschend und damit für die Lehrkraft ermutigend. Angesichts der bei den psychologischen Faktoren hervorgehobenen ganzheitlichen Wirkung des Lachens auf Körper, Psyche und Geist, würde man auch ohne empirische Studien zu der plausiblen Annahme kommen, dass damit eine verbesserte Lernfähigkeit einhergeht. Dies gilt umso mehr in der Schule, wo Kinder und Jugendliche den halben, manchmal den ganzen Tag über gegen ihren Bewegungsdrang zum Stillsitzen genötigt werden.

Die Lehrkraft kann also auch in diese Hinsicht wenig falsch machen, wenn sie Humor einsetzt, solange sie es damit nicht übertreibt und spontan bleibt, also nicht nur von offensichtlich geplanten Gags lebt. Möglich ist dies in allen Phasen der Erarbeitung, sei es durch einen humorvollen, überraschenden Einstieg in das Thema, der witzigen Präsentation wesentlicher thematischer Aspekte sowie nicht zuletzt, vielleicht auch gerade, in Übungsphasen, die häufig in mehr oder minder mechanischem Anwenden bestehen und damit Langeweile produzieren, die wiederum dem Lernerfolg abträglich ist.

Ein dritter, für die Lehrkraft persönlich relevanter Aspekt sind die Gesundheit fördernden Wirkungen von Humor, für die man sich in Deutschland ab der letzten Jahrhundertwende zu interessieren begann, nachdem die beunruhigende Zunahme von krankheitsbedingten Frühpensionierungen zu einer intensiveren Erforschung von Lehrerbelastung geführt hatte. Dass bei der Suche nach Präventions- und Interventionsmöglichkeiten auch der Humor in den Blick genommen wurde,[11] verwundert ebenso wenig wie der Befund, dass humorvolle Lehrkräfte in mancherlei Hinsicht besser in der Lage sind, mit Belastungen umzugehen als ihre weniger mit Humor begabten Kolleg(inn)en. Wenn durch Lachen Spannungen gelöst werden und selbst die Immunabwehr davon profitiert, dann fällt es leichter, mit Stress umzugehen und die mit Humor verbundene Distanzierungsfähigkeit tut dann ein weiteres, um die Belastungen in für die Lehrkraft beherrschbaren Grenzen zu halten. Über die psychischen hinaus spielen hier auch soziale Faktoren eine Rolle: Wer humorvoll mit seinen Schüler(inne)n umgeht, dürfte weniger Stress mit

11 Vgl. zu dem Thema exemplarisch Rißland 2001 und 2002.

ihnen haben und damit einen der am häufigsten von Lehrkräften genannten Belastungsfaktoren von vorneherein ausschalten, nämlich die Probleme mit „schwierigen Schülern". Außerdem dürfte er oder sie auch im Kollegenkreis beliebter und damit am Arbeitsplatz gut sozial integriert sein, was ebenfalls als ein wesentlicher Faktor für die Reduktion von Belastungsempfinden gilt.

Das einzige, allerdings erhebliche Problem bei diesen Überlegungen ist, dass sie nur denen als Bestätigung dienen können, die von ihrem Charakter und ihren Einstellungen her ohnehin bereits für Humor disponiert sind, den weniger humorvollen Lehrkräften nützen diese Hinweise zunächst wenig, bzw. erst dann, wenn sie die Möglichkeit hätten, ihren Humor gezielt zu verbessern (s.u.).

## 2.2 Humor aus der Schülerperspektive

Da man davon ausgehen kann, dass auch Kinder sich bereits in ihrem Humor(-verständnis) unterscheiden, dürfte es illusorisch sein, eine ganze Klasse mit einer bestimmten Art von Humor erreichen zu wollen, sinnvoll aber ist, sich klar zu machen, für welche Art von Humor Kinder und Jugendliche ab welchem Alter überhaupt zugänglich sind. Bei Jugendlichen nach der Pubertät stellt dies kein Problem dar, da sie grundsätzlich die gleiche „Humorkompetenz" haben wie Erwachsene, auch wenn sie faktisch über andere Dinge lachen mögen als diese. Kinder im Grundschul- oder frühen Sekundarschulalter hingegen können bestimmte Formen von Humor noch nicht adäquat verstehen, haben aber dennoch bereits einen ausgeprägten Sinn für Humor, den sich Lehrkräfte zunutze machen können, solange sie berücksichtigen, dass die Humorfähigkeit generell – nicht anders als bei Erwachsenen – zum einen von der Intelligenz und zum anderen von der Sprachkompetenz der Adressaten abhängt. In einer starken Klasse wird man also eher mit Humor arbeiten können als in einer schwächeren und ältere Schüler(innen) am Ende der Grundschulzeit haben aufgrund ihrer höheren Sprachkompetenz ein breiteres Humorspektrum als jüngere.

Unter dieser Einschränkung lässt sich der Humor von Kindern dieser Altersgruppe wie folgt charakterisieren. Sie haben – im Rahmen ihrer Alltagserfahrung und ihres Wissens – einen bereits ausgeprägten Sinn für Inkongruenzen und damit ein grundsätzliches Verständnis für Komik. Die zeigt sich besonders darin, dass sie gern Witze erzählen und dementsprechend auch dafür empfänglich sind. Witze beruhen allerdings, ähnlich wie Komik, auf bestimmten Mustern und Erzählstrategien (Überbietungswitz, Verkehrte Welt, absichtliches Missverständnis, Übertreibung etc.), die Kinder dieses Alters erst zum Teil beherrschen; so bleiben ihnen z. B. Anspielungen und Witze, in denen die Pointe unausgesprochen bleibt, in der Regel, verschlossen. D. h. die Lehrkraft muss ein aufmerksames Ohr haben oder entwickeln für die von den Kindern verwendeten Techniken.

Zugänglich sind Kinder im Rahmen ihrer Sprachkompetenz auch für Metaphern, sodass man sie insbesondere zum Lachen bringen kann, wenn man Metaphern wörtlich nimmt. Gleiches gilt für Wortspiele, die den Kindern dabei helfen, die Feinheiten der Sprache zu entdecken. Am beliebtesten sind in dieser Altersstufe jedoch Rätsel mit einer komischen oder überraschenden Auflösung, allein schon deshalb, weil auch Erwachsene selten auf die Lösung kommen und die Kinder dann ihre Überlegenheit ausspielen können. Es schadet der Autorität der Lehrkraft nicht, wenn sie ihnen diesen Triumph lässt.

Ein spezieller Fall ist die Ironie, die nachweislich von Lehrern am häufigsten verwandte Humorstrategie, deren Einsatz in der Grundschule allerdings auf z. T. vehemente Skepsis stößt mit dem Argument, Kinder seien noch nicht in der Lage, den Gegensatz von Gemeintem und Gesagtem zu erkennen und würden daher von Ironie verunsichert. Unterstützt wird solche Skepsis von traditionellen Erziehungswissenschaftlern wie Fritz März, der Ironie schlicht aus der Erziehung verbannt wissen will (März 1967, 16f.). Dieser Auffassung stehen allerdings Studien gegenüber, die auch schon bei relativ jungen Kindern Verständnis für Ironie nachweisen, was nicht unplausibel erscheint, denn grundsätzlich sind Kinder ab dem Moment in der Lage, Ironie zu verstehen, wo sie begriffen haben, dass man mit Sprache lügen kann und das ist ziemlich früh. Ansonsten dürfte das Ironieverständnis u.a. eine Frage der Gewöhnung sein, die allerdings eines voraussetzt, nämlich ein vertrauensvolles Verhältnis zum Erziehenden. Das Kind muss sicher sein können, dass die Lehrkraft es weder herabsetzen noch bewusst in die Irre führen will. Weiterhin gilt hier, wie für Ironie generell, dass der Rezipient sie erkennen kann, also wissen muss, was richtig und damit eigentlich gemeint ist oder dass er den Sprecher gut genug kennt, um zu wissen, dass seine Äußerungen nicht ernst gemeint sein können.

Ein zweiter wesentlicher Aspekt des Schülerhumors sind seine Motive, die die Lehrkraft erkennen sollte, um adäquat darauf reagieren zu können, was manchmal gar nicht einfach ist, denn hinter der komischen Fassade können sich ernste Probleme verbergen und der Humor ist dann nur eine Strategie, um darauf aufmerksam zu machen. Dies setzt natürlich voraus, dass eine Lehrkraft ihre Schüler(innen) besser kennt und damit einschätzen kann, ob sie mit ihren Witzen die Aufmerksamkeit auf sich ziehen, Überlegenheit zeigen, schulischen Misserfolg kompensieren oder verborgene Aggressionen zum Ausdruck bringen. Manchmal kann es auch nur schlicht darum gehen, auf eine verträgliche Art die Grenzen auszutesten, bis zu denen man bei einer Lehrkraft gehen kann.

## 3 Warum das Gute nicht immer einfach ist

Im vorangegangenen Kapitel wurden viele Gründe dargelegt, die für den Einsatz von Humor in der Schule sprechen. Es wäre allerdings ein Missverständnis, wollte man daraus eine Art Rezept für gelingenden Unterricht ableiten, denn solche Rezepte gibt es weder für diesen noch für irgendeinen anderen Bereich erzieherischen Handelns. Damit soll nicht die Bedeutung des Humors relativiert werden, es lohnt sich aber, über folgende Aspekte nachzudenken, bevor man Humor im Unterricht einsetzt.

## 3.1 Humor als Interaktion

Um der Klarheit willen wurden oben die Perspektiven von Lehrer(inne)n und Schüler(inne)n getrennt dargestellt. Auf diese Weise entsteht jedoch ein blinder Fleck, der für unser Thema von entscheidender Bedeutung ist, denn die Wirkung von Humor resultiert im Unterricht erst aus der Interaktion zwischen beiden Seiten. Man mag Humor mit Recht als eine persönliche Eigenschaft bzw. Einstellung ansehen, zu einem sozial relevanten Phänomen wird er aber erst dadurch, dass man ihn anderen Menschen gegenüber zeigt.

Unter diesem Blickwinkel betrachtet, ist es recht wahrscheinlich, dass der Humor einer Lehrkraft nicht bei allen Kindern ankommt oder dass er missverstanden wird. Die Lehrkraft kann aber ihre pädagogische Führungsrolle wahrnehmen, d.h. sie kann mit ihrem Humor das Klassenklima prägen und mit etwas Geschick und Empathie kann es ihr gelingen, die Klasse auf ihre Seite zu bringen unter der Bedingung, dass ihr Humor, im Sinne Adlers, partnerschaftlich ausgerichtet ist. In diesem Sinne sollten folgende Formen von Humor vermieden werden:

- Zynischer Humor, der einzelne Schüler, die Klasse als ganze oder Schüler generell herabsetzt. Dies gilt unabhängig davon, ob sie tatsächlich Anlass zur Kritik geben. Natürlich kann eine Lehrkraft einen Schüler oder eine Schülerin humorvoll auf ein bestimmtes Fehlverhalten hinweisen, stets aber nur so, dass dabei das kritikwürdige Verhalten und nicht die Person als ganze getroffen wird.
- Resignierter Humor, mit dem die Lehrkraft ihr eigenes Leiden am Beruf zum Ausdruck bringt; sie mag sich damit selbst entlasten, auf die Motivation der Schüler(innen) dürfte sich resignativer Humor aber schädlich auswirken.
- Deplatzierter Humor, der in einer bestimmten Situation unpassend ist.
- Solange man es mit jüngeren Kindern zu tun hat, gehört auch schwarzer Humor zu den Formen, die man vermeiden sollte.

Unter der Bedingung einer partnerschaftlichen Orientierung ist Humor unbestreitbar ein gutes Mittel, um in positiven Kontakt mit einer Klasse zu kommen, wie die Umfragen unter Schüler(inne)n zeigen. Er ist aber nicht das einzige Mittel und allein auch nicht ausreichend. Humor wirkt nur glaubhaft, wenn er generell in einen freundlichen und empathischen Umgang mit der Klasse eingebettet ist. Wird ein ansonsten mürrisches Auftreten lediglich von einigen, dann eher bemüht wirkenden Witzen aufgelockert, dürfte dies die Kinder und Jugendlichen kaum für die Lehrkraft einnehmen.

Eine weitere Rahmenbedingung für gelingenden Humor ist, dass man seine Schüler(innen) genauer kennt. Es ist zwar grundsätzlich wenig riskant, humorvoll aufzutreten, wenn man neu in eine Klasse kommt, da dies meist honoriert wird, spätestens aber sobald es um den Kontakt zu einzelnen Schülerinnen und Schülern geht, muss man wissen, mit welcher Art von Humor man sie ansprechen kann oder inwieweit sie überhaupt auf Humor reagieren.

Es wurde mehrfach angedeutet, dass Humor meist verbal vermittelt ist, gerade wenn man in der Klasse aber gleichsam auf der Bühne steht, ist auch die

Körpersprache wichtig, mit der wir mindestens genauso viele, wenn nicht mehr Botschaften aussenden als mit Worten. Passt sie Körpersprache nicht zum Humor, werden die Schüler(innen) das sofort merken, sodass selbst partnerschaftlich gemeinter Humor wirkungslos bleiben kann. Wichtig ist Körpersprache auch, um deutlich zu machen, wie eine humorvolle Äußerung gemeint ist.

Abschließend sei der Hinweis erlaubt, dass auch beim Humor Aristoteles' Regel der goldenen Mitte gilt. Die vielen positiven Wirkungen des Humors werden durch häufigen Gebrauch nicht gesteigert, sondern eher gemindert. In diesem Fall kann dann tatsächlich die Autorität der Lehrkraft leiden.

## 3.2 Ist Humor planbar?

Wenn Lachen und Humor eine anarchische Seite haben, so ist ihr Einsatz vor allem eine Frage der Spontaneität, was natürlich einen Sinn für Humor und komische Situationen voraussetzt. Deswegen klingt die Aufforderung: „Sei humorvoll!" ebenso absurd wie „Sei spontan!". Dieses Problem wird dann akut, wenn man versucht, gezielt Witziges in den Unterricht einzubauen, um die Aufmerksamkeit der Schüler(innen) zu bekommen und ihren Lernerfolg zu erhöhen. Insofern sind auch didaktische Hilfen mit Vorsicht zu genießen, die Vorschläge zu einer humoristischen Aufarbeitung des Lernstoffs machen. Natürlich kann man Überlegungen zu einer humoristischen Unterrichtsgestaltung in seine Planung mit einbeziehen, es bleibt dann aber immer noch offen, ob es einem gelingt, sie überzeugend umzusetzen, denn Studien haben ergeben, dass Schüler(innen) v. a. spontanen Humor schätzen; auf diese Offenheit und das damit verbundene Risiko wird sich die Lehrkraft einlassen müssen.

## 3.3 Kann man Humor lernen?

Die für unser Thema entscheidende Frage bzw. Schwierigkeit ist, ob oder inwieweit man Humor überhaupt lernen kann. Auf der einen Seite spricht der z. T. erfolgreiche Einsatz von Humor in therapeutischen Kontexten grundsätzlich dafür; auf der anderen Seite kann man, wenn Humor grundsätzlich mit dem Charakter verbunden ist, nur daran arbeiten, wenn man auch an seinem Charakter arbeitet, denn nur so kann der Humor authentisch bleiben, was eine wesentliche Voraussetzung für seine Wirkung ist. Ein wenig humorvoller Mensch kann und sollte sich also nicht unbedingt „umerziehen", er kann auch ohne diese Eigenschaft eine gute Lehrkraft sein.

Der Charakter eines Menschen wird heute oft mit den (in der Psychologie nicht unumstrittenen) „Big Five" beschrieben, nämlich Neurotizismus, Offenheit, Verträglichkeit, Gewissenhaftigkeit, Extraversion, aus deren Mischung sich ein Bild der individuellen Persönlichkeit ergeben soll. Tests haben ergeben, dass die auf den entsprechenden Fragebögen beruhenden Diagnosen nicht unbedingt reliabel sind, generell geht man aber relativ gesichert davon aus, dass rund die Hälfte der Eigenschaften vererbt sind und dass das Mischungsverhältnis bis etwa zum 30.

Lebensjahr variieren kann, danach aber über mehrere Jahrzehnte relativ stabil ist und sich erst wieder im höheren Alter signifikant verändern kann.

Für Lehrkräfte ist dieser Befund ernüchternd, denn er impliziert, dass in der beruflich aktiven Lebensphase die Chancen auf eine Veränderung des Charakters und damit auch der Humorfähigkeit gering sind. Begünstigt dürften Lehrkräfte sein, die über ein relativ hohes Maß an Offenheit, Extraversion und Verträglichkeit verfügen, also Unsicherheit nicht scheuen und in der Lage sind, sich auf neue Situationen adäquat einzustellen, sowie solche, die fähig sind, auf andere Menschen zugehen und sich in sie hineinzuversetzen.

Die enge Verknüpfung von Humor und Charakter bedeutet indes nicht, dass man nicht an seinem Humor arbeiten könnte, was v.a. dann geboten erscheint, wenn das eigene Humorverständnis bei den Schüler(inne)n keinen Anklang findet. Institutionell werden einem in Deutschland dazu kaum Angebote gemacht. In den beiden Phasen der Lehrerausbildung ist der Humor meist kein Thema und auch Weiterbildungsangebote sind sehr spärlich gesät. Diese werden zwar von den Lehrkräften angenommen und auch als inspirierend empfunden, es wird aber grundsätzlich die Schwierigkeit gesehen, das Gelernte authentisch in die Praxis zu übertragen, was angesichts des bisher Gesagten wenig verwundert.[12] Es erscheint daher sinnvoll, aus eigener Initiative aktiv zu werden. Dazu abschließend einige Anregungen.

Sinnvoll ist es für jede Lehrkraft, einmal über ihren Humor und dessen Gründe nachzudenken: Bin ich grundsätzlich eher humorvoll oder nicht und was in meiner Sozialisation und Erziehung könnte dazu geführt haben? Worüber lache ich? In welchen Situationen setze ich wem gegenüber meinen Humor ein und was will ich damit bewirken? etc. Man kann diese Überlegungen mit Diagnosebögen unterstützen und vertiefen, die inzwischen auch speziell für Lehrkräfte (allerdings kostenpflichtig) angeboten werden.[13]

Über diese Reflexion hinaus kann man zwar nicht Humor, aber Komik bis zu einem gewissen Grade trainieren, indem man sich ihre Techniken durch die Lektüre entsprechender Bücher oder das Anschauen komischer Filme aneignet. Ebenfalls trainieren lässt sich die Aufmerksamkeit für Inkongruenzen und damit die wesentliche Quelle von Komik im Alltag, der bei genauerem Hinsehen voll davon ist. Hilfreich ist es dabei, ein Smartphone greifbar zu haben, um die Situationen aufzunehmen. Lohnend ist diese Arbeit am Humor, wie der Beitrag hoffentlich zeigen konnte, auf jeden Fall.

## Literatur

Adler, A. (2006)[12]: Praxis und Theorie der Individualpsychologie. Frankfurt a.M.: Fischer-Verlag.

---

12 Ein Beispiel dafür findet sich bei Wende-Ochsenbei/Brugger 2002.
13 https://ldk.aau.at/pages/konzept_und_struktur.

Adorno, Th. W. (1971): Tabus über dem Lehrberuf. In: ders.: Erziehung zur Mündigkeit. Frankfurt a.M.: Suhrkamp-Verlag, S. 70–86.

Aßmann, A./Krüger, J. O. (2011) (Hrsg.): Ironie in der Pädagogik. Theoretische und empirische Studien zur pädagogischen Bedeutsamkeit der Ironie. Weinheim und München: Juventa-Verlag.

Bieg, S./Dresel, M. (2014): Fragebogen zur Erfassung des Humors von Lehrkräften aus Schülersicht (HUMLAS): Konstruktion und Validierung. In: Diagnostica, Heft 62, 2014, S. 3–15.

Bremmer, J./Roodenburg, H. (1999) (Hrsg.): Kulturgeschichte des Humors. Von der Antike bis heute. Darmstadt: Primus-Verlag.

Freud, S. (1958): Der Witz und seine Beziehung zum Unbewußten. Frankfurt a.M.: Fischer-Verlag.

Fricke, Ch. (2006): „Humor" in der Pädagogik. Wirkung und Stellenwert eines pädagogischen Mediums. Regensburg: Roderer-Verlag.

Gernhardt, R. (1988): Was gibt's denn da zu lachen? Kritik der Komiker, Kritik der Kritiker, Kritik der Komik. Zürich. Haffmans-Verlag.

Gruntz-Stoll, J./Rußland, B. (2002) (Hrsg.): Lachen macht Schule. Humor in Erziehung und Unterricht. Bad Heilbrunn: Julius Klinkhardt-Verlag.

Hirsch, E. Ch. (1985): Der Witz-Ableiter oder Schule des Gelächters. Hamburg. Hoffmann und Campe-Verlag.

Jonas, P. M. (2010): Laughing and learning. An alternative to shut up and listen. Lanham: Rowman & Littlefield Education.

Kassner, D. (2002): Humor im Unterricht: Bedeutung – Einfluss – Wirkungen. Können schulische Leistungen und berufliche Qualifikationen durch pädagogischen Humor verbessert werden? Hohengehren: Schneider-Verlag.

Lorenzen, A. (2007): Humor und Pädagogik. Zur Bedeutung des Humors in pädagogischen Zusammenhängen. Saarbrücken: VDM Verl. Müller.

März, F. (1967): Humor in der Erziehung. Bemerkungen über eine pädagogische Rarität. München. Kösel-Verlag.

Morrison, M. K. (2008): Using Humor to maximize learning. The Links between Positive Emotions and Education. Lanham/Toronto/Plymouth: Rowman & Littlefield Education.

Piepenbrink, K. (2013): Humor und Schule. Eine Einführung in die Soziologie des Humors für den Unterricht. Hamburg: Diplomica Verlag.

Rißland, B. (2001): Humor als personale Kompetenz für Lehrer: Diagnostik und Training. In: Hanckel, C. u.a. (Hrsg.): Schule zwischen Realität und Vision. Kongressbericht der 14. Bundeskonferenz für Schulpsychologie 2000 in Berlin. Bonn: Deutscher Psychologen Verlag.

Rißland, B. (2002): Humor und seine Bedeutung für den Lehrerberuf. Bad Heilbrunn: Klinkhardt-Verlag.

Salameh, W. A. (2007): Humor in der integrativen Kurzzeittherapie. Ein interaktives Übungsbuch. Stuttgart: Klett-Cotta.

Titze, M. (1995): Die heilende Kraft des Lachens. München. Kösel-Verlag.

Veith, P. (2007): Humor im Klassenzimmer. Soziale Kompetenzen stärken – Ermutigen – Motivieren. Göttingen: Vandenhoeck & Ruprecht.

Veith, P. (2012): Im Klassenzimmer gelassen bleiben – mit Humor unterrichten: Unterrichtsideen und Arbeitsblätter für alle Klassenstufen; Ideen für die Praxis. Augsburg: Brigg Pädagogik.

Wende-Ochsenbei, G./Brugger, M. (2002): Humor hinterlässt Spuren – auch in der Schule. Ein Weiterbildungsangebot für pädagogische Berufe. In: Gruntz-Stoll, J./Rißland, B. (Hrsg.): Lachen macht Schule. Humor in Erziehung und Unterricht. Bas Heilbrunn: Julius Klinkhardt-Verlag, S. 144–154.

Wicki, W. (2000): *Humor und Entwicklung. Eine kritische Übersicht.* In: Zeitschrift für Entwicklungspsychologie und Pädagogische Psychologie, 32 (4), S. 173–185.

Konstantinos D. Chatzidimou

# Sprachunterricht in der Grundschule Griechenlands am Beispiel der ersten Schulklasse
## Ein Beitrag zum komparativen Denken

**Abstract:** There is no doubt that language development of children entering school age is of great importance for their entire lives. This is why language teaching in the first grade is of considerable importance, whereas various factors, contributing to the effectiveness of language teaching, are to be considered. That is the subject of the present paper, which concentrates on Modern Greek language teaching in the first grade in Greece. The focus is on some of these factors of language teaching as well as on the content of the textbooks of this school class.

**Zusammenfassung:** Es steht außer Zweifel, dass die Sprachentwicklung und -förderung der Kinder, die ins Schulalter kommen, von großer Bedeutung für ihr ganzes Leben ist. Deshalb wird dem Sprachunterricht in der ersten Schulklasse erhebliche Wichtigkeit beigemessen, wobei es viele Faktoren gibt, die zu dessen Erfolg beitragen. Das ist das Thema der vorliegenden Arbeit, die den Griechischunterricht in der ersten Grundschulklasse in Griechenland thematisiert. Im Fokus stehen dabei einige dieser Faktoren des Sprachunterrichts sowie der Inhalt der Lehrwerke dieser Schulklasse.

**Keywords:** Factors of Language Teaching Language Teaching, Modern Greek Language Teaching, Primary School, Textbooks

**Schlüsselwörter:** Sprachdidaktik, Griechischunterricht, Grundschule, Lehrwerke

## 1 Einleitung

In der vorliegenden Arbeit geht es um den Sprachunterricht (Griechischunterricht) in der ersten Grundschulklasse in Griechenland, also vor allem um das Erlernen des Lesens und des Schreibens. Zunächst werden einige Vorbemerkungen zur Erläuterung des Gegenstandes und zur Situation in Griechenland gemacht, was die Ausbildung der Lehrkräfte und die Schulbesuchsdauer betrifft. Weiterhin werden im Rahmen der Arbeit die Lerninhalte des Griechischunterrichts aufgrund bestimmter Aspekte der entsprechenden Lehrwerke behandelt sowie ausgewählte Faktoren des Sprachunterrichts. Danach werden die Lehrwerke in Hinsicht auf die interkulturelle Pädagogik/Didaktik kurz diskutiert. Die Arbeit basiert auf der Analyse der Lehrwerke der ersten Grundschulklasse in Griechenland und stützt sich auch auf die Meinungen zweier Lehrerinnen, die langjährige pädagogische und didaktische Erfahrung der ersten Grundschulklasse haben.[1]

## 2 Vorbemerkungen zur Erläuterung des Gegenstandes der Arbeit

Bevor auf das Thema ausführlicher eingegangen wird, werden drei Bemerkungen zur Erläuterung des Gegenstandes dieser Arbeit angeführt. Die Erste bezieht sich auf die Sprachlehrkräfte und deren Ausbildung, die Zweite auf die Anzahl der Schuljahre in der Grundschule in Griechenland und die Dritte auf den Gegenstand selbst, nämlich die Sprache.

### Ausbildung der Sprachlehrkräfte

Die Ausbildung der Lehrkräfte in Griechenland sowohl der Primarstufe als auch der Sekundarstufen I und II findet, wie in den meisten Ländern der EU, an der Universität statt (wie z.B. auch in Deutschland mit Ausnahme von Baden-Württemberg, wo die Ausbildung der Lehrkräfte für Grund- und Hauptschulen sowie Realschulen an Pädagogischen Hochschulen erfolgt). Der Unterschied zwischen der Lehrerbildung bzw. der -ausbildung[2] in Griechenland und derjenigen in anderen Ländern liegt möglicherweise u.a. in der Dauer der Studienzeit, im Inhalt der Studienprogramme und in der Anzahl der Studienfächer, die für die Ausbildung für das Lehramt an Grundschulen angeboten werden.

Es gehört nicht zu den Zielen dieser Arbeit und ist deswegen auch nicht meine Absicht, auf Einzelheiten der Lehrerbildung in Griechenland einzugehen. Es sollte jedoch erwähnt werden, dass Grundschullehrkräfte in Griechenland nicht dazu ausgebildet werden und nicht darauf spezialisiert werden, zwei oder drei bestimmte Fächer zu unterrichten, was in anderen Ländern der Fall ist. Sie erhalten eine Ausbildung, um alle Fächer der Grundschule zu unterrichten (Griechisch, Mathematik, Geschichte, Erdkunde, Religion, Naturwissenschaften, Sozialkunde). Erst seit einigen (ungefähr zwanzig) Jahren werden Fremdsprachen, Sport, Theater, Kunst und Musik in der Grundschule von Absolventen der entsprechenden Universitätsabteilungen unterrichtet (die auch in der Sekundarstufe I und II unterrichten können) und nicht mehr von Absolventen der Pädagogischen Abteilungen für das Lehramt an Grundschulen. Diese wichtige Entscheidung war nicht ohne Proteste vonseiten

---

1 Aus Forschungsgründen werden ihre Namen nicht genannt. Es soll nur erwähnt werden, dass die eine Grundschullehrerin seit 25 Jahren und derzeit in der Provinzstadt Trikala unterrichtet (in der Arbeit wird sie als L1 bezeichnet), während die andere seit 10 Jahren in Thessaloniki an einer Grundschule arbeitet (hier als L2 bezeichnet). Bei diesen beiden Lehrerinnen möchte ich mich herzlich bedanken.

2 Zu den Begriffen *Lehrerbildung* und *Lehrerausbildung* s. v. Carlsburg & Möller (2016). In dieser Arbeit werden beide Begriffe verwendet, da wir ihnen die gleiche Bedeutung beimessen.

der Gewerkschaft der Grundschullehrkräfte, die Einwände gegen die Übernahme dieser Fächer von anderen Lehrkräften erhoben hatte. Ein Hauptargument für diese Einwände war, dass die Lehrenden dieser Fächer nicht speziell für diese bestimmte Bildungsstufe bzw. Altersgruppe ausgebildet werden. Den Grundschullehrkräften flößte aber auch Furcht ein, dass sie ihre Unterrichtsfächer bzw. Arbeitsstunden verlieren, zumal sie in der Lage seien, zumindest einige dieser Fächer genauso gut, wenn nicht sogar besser, zu lehren aufgrund ihrer vollständigeren pädagogischen Ausbildung im Vergleich zu ihren Kolleginnen und Kollegen, die vor allem für den Sekundarbereich ausgebildet werden.[3]

## Anzahl der Schuljahre in der Grundschule

Im griechischen Bildungssystem dauert der Besuch der Grundschule sechs Jahre (6.–12. Lebensjahr) im Gegensatz zu anderen Ländern, beispielsweise Deutschland, wo es vier Schuljahre sind (mit Ausnahme von Berlin und Brandenburg mit sechs Schuljahren). Die Pflichtschulzeit beträgt in Griechenland neun Jahre, wie auch in den meisten Bundesländern Deutschlands. Das heißt, sie umfasst die sechs Jahre der Grundschule sowie die drei Jahre der Sekundarstufe I, also des Gymnasiums (12.–15. Lebensjahr). Nach dem Gymnasium folgen drei weitere fakultative Jahre Schulbesuchs in der Sekundarstufe II, d.h. im allgemeinen oder technischen Lyzeum bis zum 18. Lebensjahr (Tab. 1).

**Tab. 1:** Schulbesuchsdauer in Griechenland

| | **Schulklassen** | **Pflicht** |
|---|---|---|
| 6.–12. | Grundschule (Klassen 1–6) | Ja |
| 12.–15. | Gymnasium [Sekundarstufe I] (Klassen 7–9) | Ja |
| 15.–18. | Lyzeum (allgemeines oder technisches) [Sekundarstufe II] (Klassen 10–12) | Nein |

3 Dass Grundschullehrkräfte, zumindest bis zum jetzigen Zeitpunkt, im Allgemeinen eine vollständigere pädagogische Ausbildung als die Lehrkräfte der Sekundarstufen I und II haben, entspricht der Wirklichkeit (Chatzidimou, 2015: 14). Dies gilt nicht in gleichem Maße für alle, da z.B. zukünftige Deutschlehrkräfte in der Abteilung für Deutsche Sprache und Philologie der Aristoteles Universität Thessaloniki ziemlich intensiv für die Deutschunterrichtsplanung, -durchführung und -evaluation und auch in verschiedenen Aspekten des Fremdsprachenunterrichts ausgebildet werden in diversen Seminaren und im Lehrpraktikum (Karagiannidou & Sidiropoulou, 2017; Chatziioannou, Kikidou, Papadimitriou & Papadopoulou, 2018: 154); jedoch gibt es in allen Abteilungen, die Lehrkräfte für die Sekundarstufe ausbilden, wichtige pädagogische Aspekte, die entweder zum Teil oder gar nicht angesprochen werden (Chatziioannou, Kikidou, Papadimitriou & Papadopoulou, 2018: 153–156).

## Zur Stellung der Sprachen

Obwohl es nicht Gegenstand dieser Arbeit ist, möchte ich ein wesentliches Prinzip der Linguistik andeuten, weil es als Grundlage im Rahmen dieser Arbeit dient. Als Startpunkt besteht nämlich die Auffassung, dass jede lebende Sprache, unabhängig von der Anzahl der Mitglieder der entsprechenden Sprachgemeinschaft, ihre eigene Bedeutung, ihr eigenes Gewicht und ihren eigenen Stellenwert hat. Genauso wie keine Kultur einer anderen als überlegen oder unterlegen betrachtet werden dürfte, denn „es gibt nur verschiedene Auffassungsarten der Wirklichkeit" (Claude Levi-Strauss nach Chatzidimou & Chatzidimou, 2010: 80), kann auch keine Sprache der anderen überlegen oder unterlegen sein. Alle Sprachen haben nämlich die gleiche Gebärmutter, die gleiche Heimat: das menschliche Gehirn (Christidis, 2005: 15). Die Verbreitung einer Sprache und der Status, der ihr beigemessen wird, hängen von Faktoren ab, die nicht linguistisch sind. Mit anderen Worten steht die Frage, wie weit international gebräuchlich eine Sprache ist und welche Sprache als Weltverkehrssprache etabliert ist, in Zusammenhang mit politischen, wirtschaftlichen, technologischen, militärischen u.a. Entwicklungen und basiert nicht auf sprachlichen/linguistischen Grundlagen.

Ebenfalls wird hier nicht ausführlich darauf eingegangen, was die *Muttersprache* oder die *erste Sprache* eines Menschen ist. Ich möchte mich nur auf die Bemerkung beschränken, dass dies in vielen Fällen, gerade heutzutage mit den massiven Bevölkerungsbewegungen und der Abwanderung großer Bevölkerungsteile aus verschiedenen Gründen, als eine kontroverse Diskussionsfrage betrachtet werden könnte. Drei Beispielsfälle: a) Eine Deutsche lebt in Deutschland und heiratet einen Griechen, sie bekommen ein Kind, das dem deutschen Bildungssystem folgt. Wie leicht ist es, die Muttersprache dieses Kindes zu bestimmen? Es könnte noch komplizierter werden: b) Eine Französin lebt in Deutschland und heiratet einen Österreicher, sie bekommen ein Kind, das dem deutschen Bildungssystem folgt. c) Eine Inderin lebt in Deutschland und heiratet einen Schotten, sie bekommen ein Kind und müssen aus beruflichen Gründen nach Spanien ziehen, wo das Kind aufwächst und dem entsprechenden Bildungssystem folgt (Triarchi-Herrmann, 2003; Babiniotis, 2016: 55–56).

Abgesehen davon, welche Antwort auf die obigen spezifischen Fälle gegeben werden kann, und auf andere Fälle dieser Art, steht Folgendes außer Zweifel: Ein Kind ist gezwungen, dem Bildungssystem jenes Landes zu folgen, in dem es lebt, und die Sprache dieses Landes kultivieren zu lernen. Ferner hat der Staat dafür zu sorgen, dass die Lehrwerke und das Lernmaterial an die Bedürfnisse und die Merkmale der SuS angepasst sind, auch was ihre Herkunft und sprachliche und religiöse usw. Grundlagen betrifft.

Das soweit Angeführte sollte darauf deuten, dass der systematische und methodische Sprachunterricht im Allgemeinen, aber insbesondere schon in der ersten Grundschulklasse, von großer Bedeutung ist. Alle SuS, unabhängig ihrer kulturellen, sprachlichen, religiösen usw. Gegebenheiten und Besonderheiten, sollten bestmöglich die Sprache, die in dem Land, in dem sie leben, gesprochen wird, lesen, verstehen, schreiben und sprechen können, worauf u.a. die systematische Lehrweise der Sprache in der ersten Klasse abzielt. Das Ziel ist, dass sie weitgehend sowohl in der Gegenwart als auch in Zukunft lexikalische, grammatische, syntaktische, semantische und verständnisbezogene Fehlschlüsse und Versehen vermeiden (Babiniotis, 2016: 31). Der Sprachunterricht in der ersten und auch in der zweiten Grundschulklasse zielt dementsprechend u.a. gemäß dem heutigen Lehrplan auf den Erwerb von Fertigkeiten bezüglich der mündlichen und schriftlichen Sprache, des Lesens und des Schreibens, des Wortschatzes, der Grammatik und des Umgangs mit Informationen (DEPPS, 2003). So wird versucht, die SuS zum kommunikationseffektiven Gebrauch der Sprache zu trainieren. Dies wird erfolgreicher durch Trainings, geeignetes Planen und richtige Gestaltung der Lehrprozesse überhaupt (Chatzidimou & Chatzidimou, 2015· Nitschke, 2016) erreicht.

## 3 Faktoren des Sprachunterrichts

Im Folgenden werden einige der Faktoren dargestellt, die zur Erreichung der obigen Ziele des Sprachunterrichts beitragen können. Diese Faktoren sind: die Ausbildung der Lehrkräfte dieser Schulstufe, die Anzahl der wöchentlichen Unterrichtstunden in Griechisch, die schulische Infrastruktur und Ausrüstung (Klassenzimmer usw.), das Lernmaterial (Lehrwerke, Arbeitshefte, Lesebücher usw.), das in den beiden ersten Klassen der Grundschule verwendet wird, besonders in der ersten Klasse.

Die Ausbildung der Lehrkräfte für das Lehramt in der Primarstufe konzentriert sich nicht auf das Unterrichten von einem oder zwei bestimmten Schulfächern, sondern sie umfasst fast alle Fächer der Grundschule, wie vorbemerkt wurde. Daraus kann man schließen, dass sich dann in der Praxis beim Unterrichten des jeweiligen Schulfaches Schwierigkeiten ergeben, die nicht unerwartet sind, aufgrund der unzureichenden Ausbildung in Hinsicht auf das Fachwissen. Das hat zur Folge, dass die vielseitige Unterstützung der Lehrkräfte bei ihrem Werk hochgestellt werden sollte. Trotzdem ist ihre Ausbildung besser als sie es früher war (bis Mitte der 1980er Jahre), als diese in den Pädagogischen Akademien erfolgte, und nur zwei Jahre dauerte. Aber auch eine Spezialisierung in einem Fach oder in zwei Fächern würde natürlich die Konfrontation mit verschiedenartigen Schwierigkeiten im schulischen Alltag und auch im Sprachunterricht nicht ausschließen können. Es ist bekannt, dass das Umgehen mit Problemen, Störungen und Schwierigkeiten weltweit zu der Konsistenz des Lehrerberufs gehört. Doch ist es auf jeden Fall schwieriger, eine Lehrperson für so viele Fächer richtig auszubilden, was ihre pädagogisch-didaktische, fachdidaktische, psychologische und fachwissensrelevante Ausbildung betrifft.

Die wöchentlichen Griechischunterrichtsstunden in der ersten und zweiten Grundschulklasse belaufen sich auf zehn Stunden, in der dritten und vierten Klasse acht Stunden und in der fünften und sechsten Klasse sieben Stunden (Tab. 2). Anhand der Gesamtzahl der Griechischunterrichtsstunden ist die Bedeutung zu ersehen, die der Staat diesem Fach in der Grundschule beimisst, besonders in der ersten Klasse. Es lässt sich also schließen, dass der Staat, sei es aufgrund der

Wichtigkeit oder auch der Schwierigkeit des Faches und des Unterrichtsgegenstandes (der Sprache), dem Griechischunterricht eine große Bedeutsamkeit zuschreibt. In diesem Sinne kann auch notiert werden, dass die Beherrschung der Sprache, die in der Schule benutzt wird, und die ausreichende Entwicklung in den verschiedenen Sprachfertigkeiten (Lesen, Hören, Schreiben, Sprechen) wesentlich zum Erfolg vonseiten der SuS in den anderen Fächern beiträgt, denn sie (die Sprache) gilt oft als Voraussetzung für die Annäherung des jeweiligen Lerninhalts.

**Tab. 2:** Anzahl der Stunden für Griechischunterricht pro Grundschulklasse

| **Grundschulklasse** | **Anzahl der Stunden für Griechischunterricht pro Woche** |
|---|---|
| 1. | 9 |
| 2. | 9 |
| 3. | 8 |
| 4. | 8 |
| 5. | 7 |
| 6. | 7 |

Die Gestaltung des Lernraums, des Klassenzimmers, ist noch ein Faktor, der zum Erfolg des (Sprach)Unterrichts beiträgt. Es ist von Vorteil, ein Klassenzimmer so gestaltet zu haben, dass es für die SuS ein angenehmes Umfeld darstellt. So die eine Lehrerin, die interviewt wurde (L2): „... mit schönen Farben, mit besonderen Ecken (für Rechnen, Lesen, Spielen) ... und es sollte einen Ort geben, der gut sichtbar für die Kinder ist, mit Büchern, deren Umschlagdeckel zu sehen ist und die nicht aufeinandergestapelt sind. Was immer im Klassenzimmer aufgehängt ist, sollte von den Kindern gemacht oder vor ihren Augen gefertigt worden sein. In einer angenehmen und bildungsfreundlichen Umwelt werden die Kinder von selbst beginnen, diese Umwelt zu entdecken und lesen und schreiben zu lernen".

Zu den Schulheften, die die SuS im Unterricht benutzen, ist zu berücksichtigen, „dass die Bezeichnungen *Rechtschreibheft* und *Abschreibheft* negativ behaftet sind und den SuS in allen Grundschulklassen folgen. Es wäre besser, wenn andere Bezeichnungen vorgeschlagen wurden, z.B. *Heft für kreative Beschäftigung, Spielheft* oder *Kreativheft*". (L2)

Außerdem spielen zum Erlernen der Sprache vonseiten der SuS generell Bücher eine wichtige Rolle, und insbesondere die Lehrwerke, die in den ersten Klassen der Grundschule verwendet werden, besonders in der ersten Klasse, auf die im Folgenden genauer eingegangen wird. „Als grundlegende Werke werden kurze Märchen vorgeschlagen, die an einem oder zwei Tagen fertiggelesen werden können. Mittels dieser Bücher werden gemäß den Zielen des Lehrplans die Aktivitäten und die Übungen geplant und programmiert, die für die Ziele geeignet sind". (L2)

Die Lehrwerke, die in der ersten Grundschulklasse verwendet werden und die u.a. unter Anwendung des Prinzips der Handlungsorientierung (DEPPS, 2003: 42) „zur Sozialisierung der SuS und dem stufenlosen Übergang vom Kindergarten zur Grundschule beitragen" (L2) sowie auch dazu, sich Fertigkeiten und Fähigkeiten zum Lesen, Schreiben und Sprechen anzueignen, sind zwei Schülerbücher und zwei Arbeitshefte.[4]

Die Bücher der ersten Klasse helfen „den SuS bei dieser Eingewöhnung, denn vom freien produktiven Spiel sollen sie nun einer strenger strukturierten Art des Unterrichts folgen, in der Schulbank sitzen und lesen und schreiben lernen. Die ganzheitliche Methode und die induktiv-deduktive Methode werden durch die genannten Lehrwerke bestärkt, durch das Erlernen jedes Buchstabens einzeln und der anschließenden Bildung von Silben und Wörtern, und umgekehrt (induktiv-deduktive Methode) oder durch das Aufzeigen des ganzen Wortes (ganzheitliche Methode), wie die Wörter *και* (*ke* = und), *ναι* (ne = ja), *όχι* (ochi = nein), *έχει* (echi = hat) usw. Die Texte der Lehrwerke, die im Grunde eine zusammenhängende Geschichte bilden, werden in Abschnitten in jeder Schulstunde gelehrt, und die SuS verlieren so das Interesse am Fortgang der Geschichte, da sie sich über das ganze Schuljahr hinzieht". (L2)

Im Einzelnen erlernen die SuS im ersten Lehrwerk alle Buchstaben des Alphabets, anfangs von Wörtern, die mit Bildern dargestellt werden, und anschließend in kleinen Texten, die die zu erlernenden Buchstaben enthalten. Die Methoden, die dazu angewendet werden, sind, wie bereits erwähnt, die induktiv-deduktive und die ganzheitliche Methode. Die Bilder in diesem ersten Lehrwerk sowie im entsprechenden Arbeitsheft sind zahlreicher im Vergleich zum zweiten Band und dem entsprechenden Arbeitsheft. Im zweiten Band sind sehr viel weniger Bilder enthalten und die Texte sind ziemlich lang. Dabei kann die Frage gestellt werden, ob die SuS mit den Lesefähigkeiten, die sie bis dahin erworben haben, in der Lage sind, den Anforderungen dieser Texte gerecht zu werden. Die SuS der ersten Klasse haben bis zu den Weihnachtsferien alle Buchstaben des Alphabets gelernt, während sie die Doppelvokale und die Doppelkonsonanten nach den Weihnachtsferien aus dem zweiten Band erlernen. „Im ersten Band lernen die SuS zuerst die fünf Hauptfiguren kennen, von denen einer *Samper* heißt. Dies ist die einzige Figur, die in diesem Band vorkommt und einen ausländischen Namen hat; die übrigen vier Hauptfiguren haben griechische Namen. Es kommt auch ein Kind im Rollstuhl vor, offensichtlich um bei den SuS Empfindungen zu erwecken gegenüber Personen mit Behinderungen und anderen Besonderheiten. In den Lehrwerken wird zwar

4 Die jeweils zwei Schülerbücher und Arbeitshefte haben den Titel *Sprache, 1. Grundschulklasse. Buchstaben, Wörter, Geschichten.* Die Autorinnen der Lehrwerke sind Karantzola, Kyrdi, Spanelli und Tsangani. Das Verfassen und die wissenschaftliche Überarbeitung der Bücher fanden unter der Schirmherrschaft des Pädagogischen Instituts statt; der Verlag *Metaichmio* war der Vertragsnehmer und das Institut für Computertechnologie und Herausgaben *Diofantos* waren die Herausgeber.

versucht, den Kindern den Begriff der Verschiedenartigkeit nahezubringen; jedoch ist im Verlauf der Geschichte nichts zu entnehmen, dass die Figuren auf solche Art aufeinander reagieren, dass Botschaften über Solidarität, Verschiedenartigkeit, Gleichberechtigung herüberkommen". (L1) Des Weiteren „ist keinerlei Erwähnung der beiden Geschlechter im Text (es werden nur männliche Artikel verwendet) festzustellen, was das Weiterführen der geschlechtsbezogenen Stereotypen zur Folge hat (*der Arzt, die Lehrerin* usw.). Das (Vor-)Lesen der fettgedruckten Textteile von den SuS wird vorangetrieben, was zur Folge hat, dass sie die Texte und die Rechtschreibung oft auswendig lernen und nicht verstehen, was sie genau lesen und schreiben". (L2) Ferner fällt folgender Umstand auf: „Obwohl anfangs von den SuS verlangt wird, den Hauptpersonen des Lehrwerkes ihr Foto hinzuzufügen, wird im weiteren Verlauf keinerlei Mitwirkung von ihnen verlangt; sie bleiben einfach Zuschauer der Geschehnisse". (L1)

Die Texte des ersten Bandes werden also auf Dialoge unter den Hauptfiguren beschränkt, „ohne dass eine Möglichkeit der Mitwirkung der SuS selbst gegeben wird", wobei „dies die SuS ermüdet angesichts der Tatsache, dass sie Zuschauer bleiben", wie schon erwähnt wurde. (L1) Weiterhin sagt dieselbe Lehrerin: „Die Aufgaben, die im ersten Band gestellt werden, zielen nicht darauf ab, dass Silben zusammengestellt und gebildet werden, sondern sie beschränken sich auf die Auffindung und Ergänzung der Buchstaben. Darüber hinaus werden zum einen im zweiten Band des Lehrwerkes Aufgaben gestellt, die nicht so einfach von den SuS gelöst werden können, und zum anderen gibt es eine Vielfalt von buchstabenbezogenen Besonderheiten, die die SuS am Lernvorgang entmutigen können. Weiterhin scheinen etliche der gegebenen Schlüsselwörter nicht so gebräuchlich und einfach zu sein, wie es erforderlich wäre; zudem sind sie nicht hilfreich bei der Gestaltung einer neuen Geschichte, wie das Lehrerbuch dieses vorsieht. Letztlich beinhaltet der Wortschatz schon der ersten Texte Wörter, von denen man schwerlich behaupten kann, dass sie der Lesefähigkeit der SuS entsprechen, was zu dem Ergebnis führt, dass sie dem Unterricht kein grosses Interesse und keine Begeisterung entgegenbringen". (L1)

## 4 Bemerkungen zum Inhalt der Lehrwerke der ersten Grundschulklasse in Hinsicht auf die interkulturelle Pädagogik/Didaktik

Bevor wir zu der Schlussfolgerung dieser kurzen Arbeit kommen, werden hier noch einige weitere kritische Bemerkungen angeführt, was den Inhalt der beiden Lehrwerke der ersten Grundschulklasse betrifft.

Die beiden Bände umfassen einmal kurze und andermal lange Texte, die sich mit der griechischen Überlieferung, mit den griechischen Nationalfeiertagen (im ersten Band wird der Nationalfeiertag am 28.10. behandelt und im zweiten der Nationalfeiertag am 25.03.) und mit den religiösen Festtagen in Griechenland (Weihnachten, Ostern) befassen. Weiterhin beinhalten sie Gedichte und Texte griechischer Dichter und Kinderbuchautoren (Odysseas Elytis, Argiro Kokoreli), Texte aus der griechischen Mythologie und Texte mit ökologischen Themen. Es wird also angestrebt, dass die SuS zum Lesen von Büchern angeregt werden (offensichtlich, damit sie sich schon als kleine Kinder mit dem Buch und dem Lesen anfreunden, sodass sie eine gute Beziehung zum Buch entwickeln und diese später vertiefen), dass sie mit dem Umweltschutz vertraut werden und sich ökologisches Bewusstsein aneignen, und dass sie einzig die griechische Überlieferung und Kultur kennenlernen. Darüber hinaus geht es nur um Texte und Gedichte griechischer Autoren und Dichter. Nur ein Gedicht stammt von dem spanischen Dichter Federico García Lorca, und zwar „die Muschel" (Sprache 1, Band 2: 78).

So könnte man sich an dieser Stelle fragen, weshalb angestrebt wird (nach diesen Lehrwerken; es kann natürlich sein, dass die Lehrkräfte in ihrem Unterricht sich nicht auf diese Vorgaben beschränken), dass die SuS nur die griechische Überlieferung und Kultur kennenlernen, d.h. Haltungen und Werte, die in den griechischen Brauchtümern und Sitten ihren Ursprung haben. Dabei wird die Tatsache übersehen, dass es in Griechenland in den letzten Jahren eine ansteigende Anzahl von SuS mit Migrationshintergrund gibt. Gemäß den Prinzipien der Interkulturellen Pädagogik und der Interkulturellen Didaktik sollten die Elemente der Herkunftskultur dieser SuS und auch ihrer Muttersprache (falls sie in einem anderen Land aufgewachsen sind) im Unterricht und im Erziehungsprozess miteinbezogen werden. Dabei ist der Staat verpflichtet, diesen SuS bestmöglich zu helfen, das griechische Schulsystem zu absolvieren und sie vor der gesellschaftlichen Isolation zu schützen. Auf diese Weise könnte vermieden werden, dass sie negative Gefühle gegenüber dem Land entwickeln, das möglicherweise zu ihrer zweiten (oder neuen) Heimat wird.

## 5 Schlussfolgerung

Die vorliegende Arbeit möchte ich mit einem Vorschlag abschließen, welcher die Lehrwerke der ersten Schulklasse betrifft.

Im Allgemeinen sollten die Lehrwerke der Primar- und Sekundarstufe, und somit auch das Lehrwerk der ersten Grundschulklasse, von Arbeitsgruppen verfasst werden. Um so effektiv wie möglich zu sein, sollten an diesen Arbeitsgruppen in erster Linie aktive Lehrkräfte teilnehmen, die diese Fächer unterrichtet haben und besser als alle anderen die Schwächen und Schwierigkeiten der SuS und der Bücher kennen. Diese Arbeitsgruppen sollten ebenfalls aus Fachleuten bestehen, die mit dem interkulturellen Aspekt der Erziehung vertraut sind. Die Auswahl der Lehrkräfte, die an diesen Arbeitsgruppen für das Verfassen der Bücher teilnehmen, sollte ausschließlich nach den Kriterien ihrer Qualifikation erfolgen. Da es aber schwierig ist, dieses zustande zu bringen, weil es eine große Bandbreite gibt bei den Lehrkräften, die diese Klassen unterrichten, wäre es sinnvoll, wenn der Staat nach der Ansicht der Lehrkräfte, die diese Klassen – in diesem Fall die erste Grundschulklasse – unterrichteten und unterrichten, fragen würde. Dies sollte jedoch unter der grundsätzlichen Voraussetzung geschehen, dass er diese wirklich ernsthaft berücksichtigt und sie nicht ignoriert.

## Literatur

Babiniotis, G. (2016). *Οι πικρές αλήθειες της γλώσσας μου* (*Die bitteren Wahrheiten meiner Sprache*). Αθήνα: Μεταίχμιο (Athen: Metaichmio).

Carlsburg, G.-B. v. & Möller, M. (2016). Lehrerbildung statt Lehrerausbildung. In G.-B. von Carlsburg (Hrsg.), *Strategien der Lehrerbildung. Zur Steigerung von Lehrkompetenzen und Unterrichtsqualität* (S. 43–72). Frankfurt am Main u.a.: Peter Lang.

Chatzidimou, D. (2015[14]). *Εισαγωγή στην Παιδαγωγική* (*Einführung in die Pädagogik*). Θεσσαλονίκη: Αφοί Κυριακίδη Εκδόσεις Α.Ε. (Thessaloniki: Gebr. Kyriakidis).

Chatzidimou, D. & Chatzidimou, K. (2010). Συνεκπαίδευση Ελλήνων, παλινοστούντων και αλλοδαπών μαθητών: ανάγκη για ένα σχολείο σύνθεσης πολιτισμών (Mischklassen-Unterricht für griechische, immigrierte und ausländische Schüler: Notwendigkeit einer Schule kultureller Synthese). Στο: Ι. Πυργιωτάκης & Β. Οικονομίδης (επιμ.), *Περί Παιδείας Διάλογος* (σσ. 79–89). Ρέθυμνο: Πανεπιστήμιο Κρήτης, Παιδαγωγικό Τμήμα Δημοτικής Εκπαίδευσης (In: I. Pyrgiotakis & V. Oikonomidis (Hrsg.), *Dialog über Bildung* (S. 79–89). Rethymno: Universität Kreta, Pädagogische Abteilung für das Lehramt an Grundschulen).

Chatziioannou, A.-M.-I./Kikidou, I./Papadimitriou, S. & Papadopoulou, O. (2018). Frühes Deutsch in Griechenland. Zwischen Anspruch und Realität. In: A. Petravić/A. Š. Golub/S. Gehrmann (Hrsg.), *Deutsch von Anfang an: Frühes Deutschlernen als Chance. Perspektiven aus Südosteuropa* (S. 140–167). Münster: Waxmann.

Christidis, A.-F. (2005). *Ιστορία της αρχαίας ελληνικής γλώσσας* (*Geschichte der altgriechischen Sprache*). Θεσσαλονίκη: Ινστιτούτο Νεοελληνικών Σπουδών [Ίδρυμα Μανόλη Τριανταφυλλίδη] (Thessaloniki: Institute of Modern Greek Studies – Manolis Triandaphyllidis Foundation).

DEPPS (2003). *Διαθεματικό Ενιαίο Πλαίσιο Προγράμματος Σπουδών της Ελληνικής Γλώσσας για το Δημοτικό Σχολείο* (*Übergreifendes Einheitliches Curriculum für Griechisch in der Grundschule*). Verfügbar unter http://www.pi-schools.gr/programs/depps/(14.09.2018).

Karagiannidou, E. & Sidiropoulou, R. (2017). Die Rolle des DaF-Lehrpraktikums in der Curriculumentwicklung an der Abteilung für Deutsche Sprache und Philologie der Aristoteles Universität Thessaloniki. *Jahrbuch Deutsch als Fremdsprache 41*, 229–245.

Karantzola, E./Kyrdi, K./Spanelli, T. & Tsiagani, Th. (o.J.). *Γλώσσα Α΄ Δημοτικού. Γράμματα, Λέξεις, Ιστορίες, τ. Α και Β* (*Sprache, 1. Grundschulklasse. Buchstaben, Wörter, Geschichten, Band I und II*). Αθήνα: Παιδαγωγικό Ινστιτούτο, Μεταίχμιο, Ινστιτούτο Τεχνολογίας Υπολογιστών και Εκδόσεων «Διόφαντος»

(Athen: Pädagogisches Institut, Metaichmio, Institut für Computertechnologie und Herausgaben "Diofantos").

Nitschke, P. (2016[4]). *Trainings planen und gestalten: Professionelle Konzepte entwickeln, Inhalte kreativ visualisieren, Lernziele wirksam umsetzen.* Bonn: managerSeminare Verlag GmbH.

Triarchi-Herrmann, V. (2003). *Mehrsprachige Erziehung. Wie Sie Ihr Kind fördern.* München, Basel: Ernst Reinhardt.

Diana Babušytė, Liudmila Mockienė

# Zur Typologie von Europäismen im Deutschen, Litauischen und Russischen

**Abstract:** The object of the research work is related to lexical Europeisms that are ascribed mainly to the domain of Eurolinguistics. Eurolinguistics is one of the newest branches in linguistics whose primary object of research is the investigation of similarities of European languages. The present paper embraces its fundamental trends of research and projects, e.g. Eurotyp, Eurolex, Eurocom and others which are directly associated with investigation of Europeisms. The aim of the article is to analyze lexical Europeisms from different lingua franca, to determine the etymology of them, as well as to show their integration types in the Lithuanian, German and Russian languages.

**Keywords:** Eurolinguistics, europeisms, internationalisms, assimilation, types of integration, linguae francae, globalization

## Einleitung

Europa ist wie ein Mosaik mit scharf ausgeschnittenen Küstenzonen, regionalen Hochkulturen, mit einer Menge von Gebirgen und Inseln, mit einem gemäßigten Klima, mit vielen Ressourcen, privilegierter Ökologie und vielfältigen Sprachen gesegnet (Hinrichs 2009, 2). Trotz großer Divergenzen zwischen den Sprachen Europas herrschen in Lexik, Syntax und Phraseologie beträchtliche Übereinstimmungen, die eine Zusammengehörigkeit der europäischen Merkmale zum Vorschein bringen. Die Existenz lexikalischer Gemeinsamkeiten weist darauf hin, dass sprachliche und kulturelle Kontakte zwischen verschiedenen Völkern sehr intensiv sind. Das spiegeln die Wechselwirkungen der europäischen Kultur in vielen Sprachen wider. Dabei wird deutlich, dass ein enges Band die Sprachen Europas verbindet (Otto 2009, 9). Das sind v. a. Wörter griechischer und lateinischer Herkunft, die von den Europäern für vielfältige neue Erfahrungen verwendet wurden. Der gemeinsame europäische Wortschatz stammt nicht nur aus solchen Linguae francae wie Griechisch und Latein. Auch andere große Entlehnungsbewegungen haben zur Entstehung und Verbreitung von Europäismen geführt, wie z. B. Entlehnungen aus dem Französischen, Italienischen, Deutschen, Russischen und aus dem Angloamerikanischen. Es gibt auch viele Übernahmen aus kleineren europäischen, nicht indo-europäischen und außereuropäischen Sprachen, die ihre Spuren in Europa hinterlassen haben.

Im Mittelpunkt des vorliegenden Beitrages steht das gemeineuropäische Spracherbe, das sich in gleichen (ähnlichen) Wortschätzen der europäischen Sprachen auszeichnet. Die Grundannahme ist dabei, dass Europa einen Sprachbund bildet und lexikalische Europäismen mit solchen Forschungsrichtungen wie Eurolex

(Eurolatein, Europäismen), Eurocom und Europhras (Europhraseologie) etc. eng verbunden sind. Die größte Aufmerksamkeit wird der Frage der sog. lexikalischen Europäismen und ihrer Integrationstypen (Universalien) geschenkt, die eine enorme Vernetzung auf der Wortschatzebene der hier untersuchten Sprachen (Deutsch, Litauisch, Russisch) zeigen.

## Eurolinguistik

Die Einigung und die politische Vergrößerung der Europäischen Union brachten neue Wissenschaften in Europa mit sich. Eines der wichtigsten Ergebnisse dieser Entwicklung ist die Entstehung einer neuen europäischen Wissenschaft – der *Eurolinguistik*. Sie vermittelt Kenntnisse über die Kulturen, die Geschichte, das Recht, die Wirtschaft, die Technologien und die Sprachen in Europa. Im Prinzip ist sie eine Universaldisziplin in der Linguistik, die nur geographisch begrenzt ist – ähnlich wie die Indogermanische Sprachwissenschaft im 19.–20. Jh. (Hinrichs 2009, 9).

Eurolinguistik ist keine Sammlung von nationalbezogenen Einzelphilologien. Ihr vorrangiges Ziel ist es, die Gemeinsamkeiten der europäischen Sprachen in diachroner und synchroner Perspektive zu beschreiben und die linguistischen Daten kulturologisch zu interpretieren. Es wäre falsch zu behaupten, dass Untersuchungen zu einer europaweiten Perspektive der Sprachen Europas erst in den 90er Jahren erschienen sind. Man kann eine Reihe Vorstudien und Forschungsansätze finden (Ureland 2004, 2; Hinrichs 2004: Vorwort):

1) Die ersten Versuche zum Thema *Sprachbund* waren von Trubetzkoj (1939). Die Ideen von *jazykovoj sojuz* (языковой союз) und *Evrazia* (Евразия) gingen aufgrund der sozialistischen und kommunistischen Verfolgungen zugrunde (vgl. Toman 1995, 241–261).
2) Der nächste Versuch erfolgte etwas später in den Arbeiten solcher Linguisten wie Lewy (1942) („Atlantischer Sprachbund"), Wagner (1962) („Britischer Sprachbund und Nordeuropäische Lautgeographie"), Whorf (1956), Haspelmath (2001), (Standard Average European, „SAE-Sprachbund"), Descy (1973) und Haarmann (1976a und 1976b).
3) In den 90er Jahren gab es in der Sprachbundforschung verschiedene Richtungen mit dem Präfix *Euro-*: *Euromorphologie, Eurolexeme, Eurokonfixe, Eurokompositionen* (Schmitt 1995), *Eurolatein* und *Eurogriechisch* (Munske; Kirkness 1996), *Eurocomprehension* (Stoye 2000), *Eurotyp* (vgl. Eurotyp-Publikationen, z. B. Bossong 1998) oder *Europhras* (vgl. Publikationen, z. B. Eismann 1998), *Eurolinguistik* (vgl. Publikationen, z. B. Reiter 1999, des Eurolinguistischen Arbeitskreises Mannheim (ELAMA) (Ureland 2003).

In der Sprachwissenschaft gibt es eine einheitliche Meinung, dass der Begriff *Eurolinguistik* offiziell zum ersten Mal von Norbert Reiter auf dem Linguistischen Kolloquium 1990 in Paderborn gebraucht wurde: *„Eine Linguistik, die auf die Bewertung des Sprachpotentials vornehmlich in Europa gerichtet ist, würde ich Eurolinguistik nennen"* (Reiter 1991, 111). Laut Hinrichs (2010, 2) kann man zum jetzigen Zeitpunkt nicht von der Vision einer konsistenten Eurolinguistik der Zukunft sprechen, da man keine wirkliche Integration der verschiedenen Verzweigungen sieht. Es werden bis jetzt analytisch folgende Bereiche der Eurolinguistik unterschieden: ein semasiologisch-kognitiver, kontaktlinguistischer, typologischer, exhaustiv-soziolinguistischer, kulturanthropologischer, sprachdidaktischer und geographischer. Morphosyntax (Eurotyp-Projekt), Lexikologie (Eurolex), European Intercomprehension (Eurocom) und Europragmatik sind am ausführlichsten untersucht.

**Eurotyp-Projekt.** Es war eines der größten sprachwissenschaftlichen Projekte, das die typologische Eurolinguistik repräsentiert. Sein wichtigstes Ziel war die Erfassung und die Bestätigung der Regelhaftigkeiten in den europäischen Sprachen bzw. die Ausfüllung eines Sprachbunds Europa. Das Projekt leitete der Berliner Anglist Ekkehard König und beschäftigte über 100 Sprachwissenschaftler aus über 20 Ländern. Insgesamt gab es neun Arbeitsgruppen, deren Forschungsergebnisse von 1998 bis 2007 in neun Bänden (über 7000 Seiten) erschienen (Hinrichs 2009, 15–16). Es wurden insgesamt neun grammatische Großbereiche untersucht und dokumentiert.

1. Constituent in the Languages of Europe.
2. Actance et Valence dans les Langues de I'Europe.
3. Adverbial Constructions in the Languages of Europe.
4. Word Prosodic Systems in the Languages of Europe.
5. Critics in the Languages of Europe.
6. Tense and Aspect in the Languages of Europe.
7. Noun Phrase Structure in the Languages of Europe.
8. Pragmatic Organization of Discourse in the Languages of Europe.
9. Subordination and Complementation in the Languages of Europe.

Das Projekt hat sein wichtigstes Ziel erreicht bzw. mit ausreichend Material die Sprachbundthese bestätigt: Es gibt ohne Zweifel einen Sprachbund Europa.

***Eurolex.*** Das ist eine abgekürzte Form bzw. Variante der Eurolinguistik (EL), die sich mit dem gemeinsamen Wortschatz Europas befasst. Dieser Begriff bezieht sich in einem weiten Sinne auf die antike Lexik (lateinische, griechische, Eurolatein, Europäismen) und auf die Wortbildung (Euromorphologie), den Einfluss des Englischen (Eurospeak), EU-Spezialbegriffe (Eurojargon) und die Europhraseologie (Europhras). Der gemeinsame antike Kulturwortschatz der europäischen Sprachen wird als *Eurolatein* bezeichnet. Es handelt sich v. a. um den produktiven Wortschatz ungezählter Fachtermini, z. B. *Geographie, Sympathie, Patriarch, Linguistik, Apathie, Anarchie oder Ironie.* Dazu werden auch eurolateinische Phraseologismen (z. B. *ad acta legen, als ultima ratio verstehen*), sowie Kurzformeln (z. B. *pro forma, in spe, per anno*), die in den Einzelsprachen unterschiedlich integriert sind, gezählt (Hinrichs 2009, 29).

***Eurocom (European Intercomprehension).*** Durch die Mehrsprachigkeit Europas wird die Sprachensituation vieler Europäer geprägt. Das Projekt stellt einen Ansatz dar, die Mehrsprachigkeit innerhalb der Sprachfamilien zu nutzen, um die autochthone Kommunikation als Alternative zum Englischen als einer einzigen

Lingua franca zu stärken und die Kulturräume Europas zu stützen. Es geht hier um eine Art „Didaktische Linguistik", deren Ziel es ist, eine rezeptive Mehrsprachigkeit zu einem europaweit einsetzbaren Programm zu gestalten.

Eurocom ist auf die großen Sprachfamilien konzentriert: die romanischen Sprachen (EuroComRom) (Klein 2001), die slawischen Sprachen (EuroComSlav) (Zybatow 2002), die germanischen Sprachen (EuroComGerm) (Hufeisen; Marx 2007). Dem Projekt liegt folgende Idee zugrunde: Man spricht Sprache A, hört und versteht Sprache B. Um von der Erstsprache (meistens Französisch, Deutsch, Russisch) zur Zweitsprache zu gelangen (z. B. Rumänisch, Niederländisch, Bulgarisch), werden im Lernprogramm verschiedene Sprachfelder benutzt (die sog. „Transferbasen"). Sie beschleunigen das Satzverstehen, indem sie das Gemeinsame bzw. Bekannte für beide Sprachen hervorheben. Sie stellen die sog. „sieben Siebe" dar: Sie enthalten den Internationalen Wortschatz, die Erbwörter, Lautentsprechungen, die Graphiksysteme, die flektierten Wortarten, das Wichtigste aus Syntax und Wortbildung (Hinrichs 2009, 32).

***Europragmatik.*** Mit seinem Buch *Eurolinguistischer Parcours* (2006) macht Joachim Grzega auf die neuen Maximen der Eurolinguistik wie Interdisziplinarität, kulturologische Fundierung, Einbeziehung von Semantik, interkulturelle Pragmatik aufmerksam. Das Europa von Joachim Grzega ist kulturanthropologisch definiert. Ähnlich wie Wandruszka (1990), für den die europäische Sprachengemeinschaft v. a. aus germanischen und romanischen Kultursprachen besteht, umfasst die Arbeit von Grzega nur das lateinische Abendland sowie Ostmitteleuropa. Dies bedeutet, dass der Autor das orthodoxe und islamische Europa ausschließt, dabei wird die Slavia gespalten (Hinrichs 2009, 36). Trotz dieser Nachteile wird der *Parcours* für den Gebrauch in der universitären Lehre empfohlen. Der Hauptgrund liegt darin, dass das Werk Kultur, Geschichte, Religion und die Sprachen Westeuropas vereint. Viel Aufmerksamkeit wird der lexikalischen Interaktion der europäischen Kultursprachen bzw. der strukturellen Konvergenzen geschenkt. Es geht v.a. um die sog. zahlreichen *europäischen Internationalismen.*

Grzega spricht von der kulturpragmatischen Eurolinguistik, von einem Weltmodell der Europäer, von bestimmten Elementen eines europäischen Kommunikationsstils, Körpersprache usw. Er kontrastiert das „Europäische" mit dem „Fremden" Europas. Unter dem „Fremden" versteht er andere Kulturkreise und Sprachen wie Hindi, Chinesisch, Japanisch oder Arabisch. Wenn man das osteuropäische und das balkanische Weltmodell nicht ausschließen würde, dann könnte man untersuchen und sehen, ob es wirklich einen gemeinsamen europäischen Kern der sozialen Kommunikation gibt (Hinrichs 2009, 36).

## Europäismen

Jeder *Europäismus* hat, wie jedes andere Wort, seine eigene Geschichte. Über diesen Terminus kann man in der Fachliteratur wenig lesen, vor allem über seine Entstehung. Man beruft sich dabei oft auf Bergmann (1995, 276), aber es wird ganz selten erwähnt, dass schon Puschkin (1799–1837) Wörter, die in verschiedenen europäischen Sprachen allgemeine Gültigkeit haben, Europäismen genannt hat (vgl. Keipert 2010, 654).

Wenn europäische Linguisten den Terminus *Europäismus* verwenden, dann machen sie das eher im Kontext der Fremdwort- oder Internationalismenforschung als im Kontext speziell lexikalisch-semantischer Untersuchungen. Es ist bekannt, dass sich der Begriff noch nicht etabliert hat, und mehr in der westeuropäischen Linguistik als im osteuropäischen Raum verbreitet ist. In vielen gängigen Lexika wird der Terminus *Europäismus* nicht berücksichtigt, bis auf das *Metzler Lexikon Sprache* von Helmut Glück (Glück 2000, 24), das Europäismen als „auf europäische Sprachen begrenzte Internationalismen" definiert.

Die Erklärung von Rolf Bergmann ist in der sprachwissenschaftlichen Forschung bekannt. Er sieht Europäismen mit Internationalismen hyperonymisch verbunden: Jeder Internationalismus ist zugleich ein Europäismus, aber nicht jeder Europäismus muss auch ein Internationalismus sein (Bergmann 1995, 263). Der Autor schlägt folgende Definitionen vor:

Europäismus bezeichnet sprachliche Einheiten, die ausdrucksseitig und inhaltsseitig (gegebenenfalls nur strukturell und inhaltsseitig) übereinstimmend oder ähnlich in mehreren Sprachen Europas vorkommen.

Internationalismus bezeichnet im spezifischen Sinne sprachliche Einheiten, die ausdrucksseitig und inhaltsseitig (gegebenenfalls nur strukturell und inhaltsseitig) übereinstimmend oder ähnlich in zahlreichen Sprachen verschiedener Erdteile vorkommen. (Bergmann 1995, 272)

Die endgültige Definition von Europäismen bei Bergmann (1995, 277) ist folgende:

> „Europäismen sind demnach in europäischen beziehungsweise aus Europa stammenden Sprachen – etwa im Englischen, Französischen und Deutschen – verbreitete sprachliche Einheiten, die überwiegend aus lateinischen und griechischen Bestandteilen bestehen und insofern ausdrucksseitig und inhaltsseitig Übereinstimmung oder Ähnlichkeit besitzen oder aber überwiegend nach lateinischen und griechischen Mustern gebildet sind und insofern nur strukturell und inhaltsseitig Übereinstimmung oder Ähnlichkeit besitzen."

In der Sprachwissenschaft bleibt die Frage nach der Zahl der Vergleichssprachen beim Begriff *Europäismus* genauso wie beim Begriff *Internationalismus* offen. In der vorliegenden Arbeit wird als Mindestanforderung die Anwesenheit des Repräsentanten eines Europäismus in mindestens drei europäischen Sprachen angesehen, die zwei verschiedenen Sprachfamilien oder Sprachgruppen angehören. Diese Anzahl der Sprachen wird oft in der Internationalismenforschung vertreten (vgl. Schaeder 2003, 98; Waszakowa 2005, 29). Unter den Vergleichssprachen gibt es eine slawische, eine germanische und eine baltische Sprache, d.h. die Mindestzahl der Vergleichssprachen wird hier erfüllt.

## Typen von Europäismen

Verschiedene Versuche zur Typologie der Entlehnungen in der Sprachwissenschaft, zu denen auch lexikalische Europäismen gehören, haben zu einer verzweigten und nicht immer eindeutigen Terminologie geführt. Die von Betz im Jahre 1959 geprägte Terminologie zur Lehngutforschung, die mehrfach modifiziert wurde (z.B. Munske 2004, Burmasova 2010 etc.), gilt für mich als wertvolle Basis für sprachwissenschaftliche Untersuchungen dieser Art. In der empirischen Untersuchung beschränke ich mich auf folgende Phänomene, d.h. es werden folgende Substitutionstypen bzw. Typen von lexikalisch-semantischen Europäismen differenziert, die als Universalien betrachtet werden können:

Äußeres Lehngut:

- Lehnwort/Vollsubstitution (VS): Damit werden fremdsprachliche Übernahmen bezeichnet, die im Wesentlichen an die Nehmersprachen morphologisch (auch graphemisch und grapho-phonemisch) angepasst worden sind, z. B. lat. *formula* – dt. *Formel*; franz. *bureaucratie* – russ. *бюрократия*; frz. *toilette* – slowak. *toaleta*; ital. *tenor* – finn. *tenori*, engl. *lypossage* – lt. *liposãžas* etc.
- Fremdwort/Nullsubstitution (NS): Hierbei handelt es sich um Wörter, die in ihrer fremdsprachlichen (lateinischen, griechischen, französischen etc.) Variante unverändert in die Nehmersprache übernommen werden, d. h. es erfolgt keine schriftsprachliche Anpassung an diese Sprachen bzw. keine graphematische und grapho-phonemische Integration, z.B. *Renaissance, Baby, Jeans, Interview, Festival, Reggae, Dessert, Prosseco* im Deutschen.
- Fremdwort/Pseudonullsubstitution (PNS): Solche Lexeme weisen fast die gleiche Ausdrucksseite bzw. formale Seite auf. Sie können in zwei Haupttypen untergliedert werden:
- i) graphemische Integration (Anpassung): Es handelt sich dabei um eine Substitution der in den entsprechenden Wörtern vorkommenden Fremdgrapheme mit dem Ziel, die quellsprachige phonologische Form weitgehend zu erhalten. Diese wird durch eine indigene Schreibung gestützt, wobei dadurch die graphematische Identität von Fremdwort und quellsprachigem Muster aufgegeben bzw. eingeschränkt wird, z.B. span. *bachata* – russ. *бачата*, it. *frappè* – lt. *frapė* etc. Dazu werden auch Übernahmen aus nicht europäischen Sprachen gezählt, z.B. griech. *πίτα* – russ. *пита*; hindi. कोफ़्ता – lt. *kofta*; jap. アニメ – dt. *Anime* etc.
- ii) grapho-phonemische Integration (Anpassung): Bei dieser Form der Integration, die auch Leseaussprache genannt wird, ist der umgekehrte Weg zu beobachten. Ausgehend von der Graphie findet hier eine phonemische Integration statt, indem die quellsprachige Schreibung weitgehend erhalten, aber die Zeichenfolge nach dem Muster indigener Graphem-Phonem-Beziehungen ausgesprochen wird. Geopfert wird hier zugunsten einer originalen Schreibung die quellsprachige Aussprache: en. *radio* [,reidi u‘] – dt. *Radio* [,radio‘] oder franz. *clafoutis* – lit. *klafùtis*. All diesen Formen ist gemeinsam, dass sie entweder

durch Änderung der Schreibung, der Aussprache oder von beidem zur Herstellung einer Graphem-Phonem-Beziehung führen.

- Inneres Lehngut:
- Lehnbildungen: Dazu gehören **Lehnübersetzungen** (Glied-für-Glied Übersetzungen, z.B. engl. *body art* – lit. *kūno mẽnas*, engl. *outsider* – dt. *Außenseiter*; ital. *espresso dopio* – russ. *двойной эспрессо*); **Lehnübertragungen** (freiere Reproduktion des Vorbilds, wobei ein Glied wörtlich und das andere frei übertragen wird, z.B. engl. *headphones* – dt. *Kopfhörer*, frz. *art informel* – lit. *befòrmė dailė̃*, engl. *jazzman* – russ. *джазовый музыкант*) und **Lehnschöpfungen** (formal unabhängige Neubildung, z.B. engl. *fifty-fifty* – dt. *halbe-halbe*; engl. *air conditioning* – dt. *Klimaanlage*; engl. *brainstorm* – lit. *minčių̃ lietùs* etc.).

## Sprachplanung, Sprachpflege und Sprachpolitik

Sprachplanung, Sprachpflege und Sprachpolitik sind drei wichtige Bereiche, in deren Kontext die Auseinandersetzung mit den Fremdwörtern (Internationalismen, Europäismen) gehört. Der Streit darüber, ob einheimische oder Fremdwörter als treffender zu gelten haben, wird ewig dauern. Und es wird nie eine Einigung geben, was angemessener ist.

Die Kritik der Fremdwortkritiker betrifft vor allem das unangemessene Ausmaß an der Verwendung von fremden Wörtern, obwohl einheimische Wörter zur Verfügung stehen. Andererseits wird der Mangel an Ausdrucksmöglichkeiten der eigenen Sprache kritisiert. Im ersten Fall spricht man in der Soziolinguistik von der Korpusplanung, d.h. es soll der soziale Status der eigenen Sprache vertieft und stabilisiert werden. „Bei der Korpusplanung geht es vor allem um die Entwicklung standardsprachlicher Normen, orthographischer Systeme und Konventionen oder den Ausbau des Wortschatzes einer Sprache, z. B. bei der Entwicklung von technischem oder fachsprachlichem Vokabular“ (Bußmann 2002, 628). Im zweiten Fall geht es um die sog. Statusplanung, d. h., es soll das Lexikon erweitert und bereichert werden. Das Lexikon der Sprachwissenschaft (Bußmann 2002, 628) gibt dafür folgende Definition: „Statusplanung ermittelt Funktion und Leistungsfähigkeit einzelner Sprachen in multilingualen Sprachgemeinschaften bzw. Staaten, legt die Grundlagen für die Wahl einer Nationalsprache oder entwickelt Strategien für die Wiederbelebung oder gegen das drohende Aussterben von Sprachen“.

Wenn man sich mit der Fremdwortproblematik auseinandersetzt, stößt man u.a. auf Sprachpurismus. Es gab mehrere Versuche z. B. in der Germanistik, das Fremdwort *Purismus* (lat. *pur*, *purus* „rein, unverfälscht, lauter; unvermischt“ Duden. Das Herkunftswörterbuch 2001, 640) zu ersetzen, zu übersetzen und zu erläutern, wie z. B. *Sprachreinigung*, *Kampf gegen die Fremdwörter* usw. Laut Helmut Glück (2000, 141) hat der Begriff *Sprachpurismus* fließende Grenzen, denn er bezeichnet alle Bestrebungen, die sich sprachkritisch oder sprachplanerisch mit entlehnten Wörtern beschäftigen. Es gibt sowohl radikale Bestrebungen, die sich dadurch auszeichnen, alle Fremdwörter abzuschaffen, als auch zurückhaltende Versuche, die sich mit der Flut von unnötigen Fremdwörtern auseinandersetzen.

Sprachpurismus mit seinen Begleiterscheinungen wie Fremdwörterbücher, Übersetzungslisten oder Sprachakademien ist keine deutsche Besonderheit. Andere europäische Sprachgemeinschaften gingen und gehen viel rigoroser mit ihren Fremdwörtern um als die Deutschen. Zu erwähnen sind die Tschechen, die Isländer, die Französen, gegenwärtig die Kroaten, die alles Serbische aus ihrer Sprache verschwinden lassen wollen (vgl. Glück 2000, 141). Dazu könnte man auch die baltischen Staaten zählen, die vor allem alles Russische und heute alles Englische aus ihren Sprachen tilgen möchten.

Der Einfluss des Englischen auf alle europäischen Sprachen ist zu einem der wichtigsten Themen in der modernen Sprachwissenschaft geworden. Es gibt so viele Arbeiten und Veröffentlichungen auf diesem Gebiet, dass man einfach den Überblick verliert. Man kann das als positiv oder negativ betrachten. Aber solange das Englische als Lingua franca die Welt regieren wird, wird man über seinen Einfluss schreiben.

Nehmen wir das Deutsche als Beispiel. In den letzten 60 Jahren hat der Einfluss des Englischen auf das Deutsche sehr zugenommen. Die Musikbranche, die Luftfahrtindustrie, die Telekommunikation, das Bankwesen und die Computerbranche haben kaum deutschsprachige Terminologien. Tourismus und Diplomatie, mehrere internationale Organisationen und Firmen, auch Wissenschaften, die internationale Jugendkultur haben Englisch zu ihrer Kommunikationssprache gemacht. Die Medien gelten dabei als der wichtigste Transporteur. Sie verbreiten Anglizismen in undenkbarer Geschwindigkeit. Warum blühen denn so viele Anglizismen im Deutschen auf und nur wenige verschwinden? Viele Deutsche verfügen über relativ gute Kenntnisse der englischen Phonologie und beherrschen die Grundkenntnisse des englischen Wortschatzes. Ihr Schulenglisch ist gut, deswegen haben wenige Probleme, die Medien zu verstehen. Wenn es nicht der Fall wäre, hätten sich die Werbung und die Massenmedien in Deutschland nicht geleistet, so viele Anglizismen als direkte Übernahmen zu verwenden. Fast jeder versteht, was ein *meeting point* auf einem Bahnhof ist. Gutes Schulenglisch ist eine wichtige Voraussetzung dafür, dass das Englische nicht nur in die Fachsprachen, sondern auch in die Alltagssprache Eingang gefunden hat.

Der zweite Präsident der Vereinigten Staaten, John Adams (1735–1826), hatte 1780 geschrieben:

> „Englisch ist im kommenden und in den darauf folgenden Jahrhunderten dazu bestimmt, mehr als Sprache der Welt zu gelten als Latein im letzten Jahrhundert im nächsten und Französisch im gegenwärtigen Zeitalter. Der Grund dafür liegt auf der Hand: die wachsende Bevölkerung Amerikas mit ihren weltweiten Verbindungen und Kontakten mit allen Ländern, die der Einfluß Englands in der Welt, sei er groß oder klein, noch weiter verstärkt, macht ihre Sprache zur allgemeinen Verkehrssprache“ (zit. nach Leitner 2009, 73).

Die Vorhersage des Präsidenten ist eingetroffen: Englisch ist die erste Weltsprache, die den ganzen Globus umspannt. Diese Tatsache zwingt uns alle, gute Kenntnisse des Englischen zu haben. Sie kann uns aber nicht erzwingen, Englisch zur zweiten Landessprache zu machen, denn das ist mehr als lächerlich.

Da die empirische Untersuchung auf dem Litauischen basiert, wird hier kurz die Sprachpolitik Litauens dargestellt. Am 31. Januar 1995 hat der Sejm der Republik Litauen das Gesetz zum Schutz des Litauischen verabschiedet, das den Gebrauch der Sprache im öffentlichen Leben, in Institutionen, Behörden sowie Organisationen und offiziellen Veranstaltungen regelt, Schutz, Kontrolle und Verantwortung für Verstöße gegen das Gesetz vorsieht sowie staatliche Betreuung und Unterstützung der Forschung, Kultivierung und Gebrauchsrichtigkeit garantiert.

Die Staatliche Kommission der litauischen Sprache sorgt für die Durchsetzung des Gesetzes zum Schutz der litauischen Sprache und ihres Status als Staatssprache, bestimmt Aufgaben und Richtlinien der staatlichen Unterstützung, löst Sprachverwendungs- und Sprachnormierungsfragen. Die Kommission hat viele Vorschriften erlassen, die den Sprachgebrauch regeln. Es wurde und wird ein Verzeichnis der am häufigsten vorkommenden Fehler und ihrer Korrekturen aufgestellt sowie die Schreibweise von Personennamen litauischer Bürger festgesetzt. Die Kommission legt auch die Benennungsregeln von neuen Firmen, Dienstleistungen, Waren usw. fest und bestätigt terminologische Wörterbücher verschiedener Fachbereiche (vgl. Janich, Greule 2002, 164).

Das Thema *Fremdwörter* weckt das Interesse nicht nur bei Sprachwissenschaftlern, sondern auch bei der ganzen litauischen Bevölkerung. Welche litauischen und welche fremdsprachlichen Wörter in der Standardsprache zugelassen werden, entscheidet die Staatliche Kommission der litauischen Sprache (Valstybinė lietuvių kalbos komisija – VLKK) (vgl. Vaicekauskienė 2007, 1). Die Internetseite www.vlkk.lt präsentiert interessante Einblicke in den litauischen Wortschatz und seine Grenzen. Interessierte haben in Litauen die Möglichkeit, sich bei der Kommission für litauische Sprache (http://www.vlkk.lt) online beraten zu lassen, auf die Datenbanken der Termini zuzugreifen, „das Haus der Sprache" (http://www.kalbosnamai.lt) im Internet zu besuchen, um dort sprachliche Fragen zu beantworten, sprachliche Aufgaben zu lösen oder um onomasiologisch orientierte Sprachspiele zu spielen und Zugang zu jeweiligen Datensammlungen zu bekommen.

## Empirische Untersuchung

Die Staatliche Kommission der litauischen Sprache hat 2010 die erste Liste von neuen Entlehnungen und deren normierten litauischen Entsprechungen erstellt. In den darauffolgenden Jahren 2011–2017 wurde diese Liste mit den neuesten fremdsprachlichen Übernahmen ergänzt. Die empirische Untersuchung bezieht sich auf die gesamte Anzahl der veröffentlichten Fremdwörter (320 Lexeme) und ihre Entsprechungen, die als Europäismen bzw. Internationalismen betrachtet werden können. Die Kommission setzt sich mithilfe dieser Liste zum Ziel, die Sprachbenutzer aufzufordern, einheimische Wörter sowie normierte Fremdwörter für neue Realien zu benutzen. Die Liste wurde nach folgenden Kriterien erstellt:

- die Originalform des Fremdwortes; die Sprache, aus dem es übernommen wurde (Herkunftssprache oder Vermittlersprache);
- vorgeschlagene normierte Entsprechungen;
- verbreitete nicht normierte Varianten der Fremdwörter.

Nach den Ergebnissen der Untersuchung stammt mit 33% der größte Teil der Entlehnungen aus dem Englischen; 20% bilden Übernahmen aus dem Italienischen und 15% aus dem Japanischen. 9% stammen aus dem Spanischen und 8% aus dem Französischen, 4,4% aus Hindi, 2,1% aus dem Arabischen. Mit 2% folgen jeweils das Griechische und das Türkische. 1,3% stammen aus dem Chinesischen und jeweils 1% aus dem Georgischen und Portugiesischen. Die kleinste Gruppe bilden Übernahmen aus dem Indonesischen, Serbischen, Armenischen und Koreanischen (1,2%).

Das Litauische ist eine Sprache mit ausgeprägter Flexion. Aus diesem Grund ist es verständlich, dass die größte Gruppe ausschließlich Lehnwörter/Vollsubstitutionen (Typ 1) mit 47% bilden. Im Deutschen und Russischen dagegen ist der Anteil von Lehnwörtern sehr gering (1% und 1,3%), weil die neusten Begriffe ins Deutsche als Fremdwörter/Nullsubstitutionen (Typ 2), während sie in Sprachen mit nichtlateinischem Schriftsystem, wie dem Russischen, graphisch in Form von Fremdwörter/Pseudonullsubstitutionen (Typ 2) integriert werden. Das erklärt den hohen Anteil von Fremdwörtern/Nullsubstitutionen/Pseudonullsubstitutionen sowohl im Deutschen (92%) als auch im Russischen (91%). Der Integrationstyp Lehnbildung (Typ 3) spielt im Russischen (7,7%) und Deutschen (7%) eine untergeordnete Rolle. Im Litauischen werden für die meisten neuen Entlehnungen einheimische Ersatzwörter vorgeschlagen, deswegen ist der Anteil von Lehnbildungen relativ hoch (28%).

**Tab. 1:** Integrationstypen von lexikalisch-semantischen Europäismen

| Integrationstyp (T 1, T2, T3) | Litauisch | Deutsch | Russisch |
|---|---|---|---|
| Lehnwort/Vollsubstitution (T 1) | 48% | 1,25% | 1,3% |
| Fremdwort/Nullsubstitution/ Pseudonullsubstitution (T 2) | 26% | 92,5% | 91,5% |
| Lehnbildung (T 3) | 26% | 6,25% | 7,2% |

Tab. 1 fasst die Untersuchungsergebnisse hinsichtlich der Integrationstypen zusammen:

Bei den Beispielen handelt es sich um Wörter aus folgenden Bereichen: Gastronomie (1), Musik (2), Unterhaltung (3), Gesundheit (4).

Tab. 2 zeigt den Vergleich mit dem Deutschen, Litauischen und Russischen (Integrationstypen: T 1, T2, T3).

**Tab. 2:** Vergleich mit dem Deutschen, Litauischen und Russischen (Integrationstypen: T 1, T2, T3)

| Gebersprache | Litauisch | Deutsch | Russisch |
|---|---|---|---|
| 1<br>frz. *bouillabaisse*<br>port. *caipirinha*<br>georg. *chachapuri*<br>griech. *tzatziki*<br>korean. *kimchi*<br>arab. *couscous*<br>engl. *smoothy*<br>ital. *espresso doppio* | *bujabesas*(T 1)<br>*kaipirinja*(T 2)<br>*chačiapùris*(T 1)<br>*dzadzikis*(T 1)<br>*kimčiai*(T 1)<br>*kruopaĩniai*(T 3)<br>*tirštàsis kokteĩlis*(T 3)<br>*dvìgubas esprèsas* (T 3) | die *Bouillabaisse*(T 2)<br>der/die *Caipirinha*(T 2)<br>der *Khachapuri*(T 2)<br>der/das *Tsatsiki/ Zaziki*(T 2)<br>der/das *Kimchi*(T 2)<br>der, das *Couscous*(T 2)<br>der *Smoothie*(T 2)<br>*doppelter Espresso* (T 3) | *буйабесс*(T 2)<br>*кайпиринья*(T 2)<br>*хачапури*(T 2)<br>*дзадзики*(T 2)<br>*кимчи*(T 2)<br>*кускус*(T 2)<br>*смузи*(T 2)<br>*двойной эспрессо* (T 3) |
| 2<br>span. *passo doble*<br>port. *bossa nova*<br>jap. *butoh*<br>engl. *free jazz* | *pasodòblis*(T 1)<br>*bosanovà*(T 2)<br>*bùtas*(T 1)<br>*laisvàsis džiãzas* (T 3) | der *Passo doble*(T 2)<br>der, die *Bossa nova*(T 2)<br>der *Butoh*(T 2)<br>der *Free Jazz* (T 2) | *пасодобль*(T 2)<br>*босанова*(T 2)<br>*буто*(T 2)<br>*фри-джаз* (T 2) |
| 3<br>engl. *quilling*<br>engl. *flashmob*<br>jap. *otaku*<br>jap. *manga*<br>engl. *body art* | *kvilingas*(T 1)<br>*sulėktùvės*(T 3)<br>*otãku*(T 2)<br>*mánga*(T 2)<br>*kū̃no mẽnas* (T 3) | das *Quilling*(T 2)<br>der *Flashmob*(T 2)<br>der *Otaku*(T 2)<br>der *Manga*(T 2)<br>die *Body-Art* (T 2)/die *Körperkunst* (T 3) | *квиллинг*(T 2)<br>*флешмоб*(T 2)<br>*отаку*(T 2)<br>*манга*(T 2)<br>*роспись по телу* (T 3)/*боди-арт* (T 2) |
| 4<br>chin. *chi gung*<br>engl. *segway*<br>engl. *flyboard*<br>engl. *grappling*<br>jap. *reiki*<br>jap. *shiatsu*<br>engl. *feng shui* | *čigongas*(T 1)<br>*riẽdis*(T 3)<br>*skraidlentė*(T 3)<br>*graplingas*(T 1)<br>*reĩki* (T 2)<br>*šiacù*(T 2)<br>*fengšùi* (T 2) | das *Quigong, Chigong*(T 2)<br>der *Segway*(T 2)<br>das *Flyboard*(T 2)<br>das *Grappling*(T 2)<br>das *Reiki*(T 2)<br>das *Shiatsu*(T 2)<br>das *Fengshui, Feng-Shui* (T 2) | *цигун*(T 2)<br>*сегвей*(T 2)<br>*флайборд*(T 2)<br>*грэпплинг*(T 2)<br>*рэйки*(T 2)<br>*шиацу*(T 2)<br>*фэншуй* (T 2) |

## Abschließende Bemerkungen

Die Eurolinguistik (EL) hat sich seit 1991 enorm entwickelt und ist heute ein blühender Zweig der Allgemeinen Sprachwissenschaft. Die moderne EL selbst weist viele Verzweigungen auf, die isoliert voneinander existieren. Deswegen wäre es meines Erachtens notwendig, eine Allgemeine Gesellschaft für Eurolinguistik zu gründen, die alle eurolinguistischen Aktivitäten koordiniert. Die bekanntesten Forschungsrichtungen bzw. Projekte der EL sind Eurotyp, Eurolex (Eurolatein, Europäismen) und Eurocom.

Die empirische Analyse bezieht sich auf eine Liste von fremdsprachlichen Übernahmen und deren normierte litauische Entsprechungen, die die Kommission der litauischen Sprache in den Jahren 2010–2017 erstellt hat. Anhand der aufgelisteten Übernahmen wurde ein Vergleich mit dem Russischen und Deutschen gezogen. Nach den Ergebnissen der Untersuchung stammt der größte Teil der Entlehnungen aus dem Englischen als einer Herkunfts- oder Vermittlersprache. Es sollte betont werden, dass die Herkunft der untersuchten Lexeme vielfältig ist. Solche Gebersprachen wie Italienisch, Japanisch, Spanisch, Französisch, Griechisch, Türkisch, Georgisch, Arabisch, Portugiesisch etc. zeigen deutlich, dass durch weltweite Globalisierungsprozesse in allen Bereichen der Welt verschiedene Sprachen in Kontakt kommen und dadurch lexikalische Europäismen bzw. Internationalismen entstehen.

Bezüglich der Integration sehen die Ergebnisse in den untersuchten Sprachen folgendermaßen aus: Bei den Integrationstypen im Litauischen handelt es sich vor allem um Lehnwörter/Vollsubstitutionen (Typ 1). Im Russischen und Deutschen dagegen werden fremdsprachliche Übernahmen entweder direkt übernommen (Nullsubstitutionen) oder graphisch integriert (Pseudonullsubstitutionen), deswegen bilden die sog. Fremdwörter (Typ 2) den höchsten Anteil in den deutschen und russischen Entsprechungen. Die gemeinsamen Tendenzen der inhaltlichen und formalen Integration von lexikalischen Europäismen in allen untersuchten Sprachen beziehen sich hauptsächlich auf den Typ Fremdwörter (Pseudonullsubstitutionen). Lehnbildungen (Typ 3) und Lehnwörter (Typ 1) weisen auf die Divergenzphänomene der Integration fremdsprachlicher Übernahmen in den untersuchten Sprachen hin.

Europäismen sind ein bedeutender, lebendiger Teil des Wortschatzes jeder untersuchten Sprache. Es gibt viele Parallelen in der Integration europäischer Lexeme, die alle untersuchten Sprachen in Form von gemeinsamen Integrationstypen bzw. Universalien aufweisen. Sind diese Universalien für alle europäischen Sprachen typisch? Im strengen Sinne wäre es notwendig, diese These zu überprüfen, indem tatsächlich alle Sprachen Europas in den Blick genommen werden müssten. Es wäre notwendig zu zeigen, dass die Übereinstimmungen in der Ausdrucks- und Inhaltsseite bzw. die Integrationstypen etlicher sprachlicher Einheiten für außereuropäische Sprachen nicht oder nicht in demselben Maße wie für europäische Sprachen gelten. Im Rahmen einer Einzeluntersuchung wäre dies unmöglich zu leisten.

## Literatur


Bergmann, R. 1995. Europäismus und Internationalismus. Zur lexikologischen Terminologie. In: *Sprachwissenschaft* 20, S. 239–277.

Betz, W. 1959. Lehnwörter und Lehnprägungen im Vor- und Frühdeutschen. In: Maurer, F; Stroh, F. (Hrsg.). *Deutsche Wortgeschichte.* Bd. 1. Berlin: Schmidt. S. 127–147.

Bossong, G.; Comrie, B.; Matras, Y. (Hrsg.) 1998. *Empirical Approaches to Language Typology.* EALT. Bd. 1–9. Berlin: EUROTYP.

Burmasova, S. 2010. *Empirische Untersuchung der Anglizismen im Deutschen.* Bamberger Beiträge zur Linguistik. Bd. 2. University of Bamberg Press.

Bußmann, H. 2002. *Lexikon der Sprachwissenschaft.* Stuttgart: Kröner.

Décsy, G. 1973. *Die linguistische Struktur Europas. Vergangenheit, Gegenwart, Zukunft.* Wiesbaden: Harrassowitz.

*Duden.* 2001. *Das Herkunftswörterbuch. Etymologie der deutschen Sprache. Die Geschichte der deutschen Wörter bis zur Gegenwart.* (Hrsg.) v. der Dudenredaktion. neu bearb. u. erw. Aufl. Mannheim u.a.: Dudenverlag.

Eismann, W. 1998. Einige Probleme und Perspektiven der kontrastiven Phraseologie. Statt einer Einleitung. In: Eismann, W. (Hrsg.). *Europhras-95. Europäische Phraseologie im Vergleich: Gemeinsames Erbe und kulturelle Vielfalt.* Studien zur Phraseologie und Parämiologie 15. Bochum: Brockmeyer. S. 1–30.

Glück, H. (Hrsg.). 2000. *Metzler Lexikon Sprache.* 2. überarb. u. erw. Aufl. Stuttgart, Weimar: Metzler.

Grzega, J. 2006. *Eurolinguistischer Parcour. Kernwissen zur europäischen Sprachkultur.* Frankfurt a.M., London: IKO – Verlag für Interkulturelle Kommunikation.

Haarmann, H. 1976a. *Grundzüge der Sprachtypologie. Methodik, Empirie und Systematik der Sprachen Europas.* Stuttgart, Köln, Mainz: Kohlhammer.

Haarmann, H. 1976b. *Aspekte der Arealtypologie. Die Problematik der europäischen Sprachbünde.* Tübingen: Narr.

Haspelmath, M. 2001. The European linguistic area: Standard Average European? In: Haspelmath et al. (Hrsg.). *Language Typology and Language Universals. An international handbook.* Bd. 2. Berlin, New York: de Gruyter. S. 1492–1510.

Hinrichs, U. (Hrsg.). 2004. *Die europäischen Sprachen auf dem Wege zum analytischen Sprachtyp.* Eurolinguistische Arbeiten. Wiesbaden: Harrassowitz.

Hinrichs, U. 2009. Geschichte, Stand und Perspektiven der Eurolinguistik. In: Hinrichs, U.; Reiter, N.; Tornow, S. (Hrsg.). *Eurolinguistik. Entwicklungen und Perspektiven.* Eurolinguistische Arbeiten. Akten der Internationalen Tagung vom 30.9.-2.10.2007 in Leipzig. Wiesbaden: Harrassowitz. S. 1–49.

Hinrichs, U. 2010. Vorbemerkungen zum Handbuch der Eurolinguistik. Mit besonderer Berücksichtigung der kulturellen Identität Europas. In: Hinrichs, U.

(Hrsg.). *Handbuch der Eurolinguistik.* Slavistische Studienbücher. Neue Folge. Bd. 20. Wiesbaden: Harrassowitz. S. 1–23.

Hufeisen, B.; Marx N. (Hrsg.). 2007. *EuroComGerm – Die sieben Siebe. Germanische Sprachen lesen lernen.* Herzogenrath: Shaker Verlag.

Janich, N.; Greule, A. (Hrsg.). 2002. *Sprachkulturen in Europa. Ein internationales Handbuch.* Tübingen: Gunter Narr Verlag.

Keipert, H. 2010. Die lexikalischen Europäismen auf lateinisch-griechischer Grundlage. In: Hinrichs, U. (Hrsg.). *Handbuch der Eurolinguistik.* Slavistische Studienbücher. Neue Folge. Bd. 20. Wiesbaden: Harrassowitz Verlag. S. 636–659.

Klein, H. G.; Stegmann, T. D. 2001. *EuroComRom – Die sieben Siebe. Romanische Sprachen sofort lesen können.* 3. Auflage. Aachen.

Leitner, G. 2009. *Weltsprache Englisch. Vom angelsächsischen Dialekt zur globalen Lingua franca.* München: Beck.

Lewy, E. 1942. *Der Bau der europäischen Sprachen.* Proceedings of the Royal Irish Academy Vol. XLVIII. Section C. No. 2. Dublin.

Munske, H. H. 2004. Englisches im Deutschen. In: Munske, H. H. (Hrsg.). *Deutsch im Kontakt mit germanischen Sprachen.* Tübingen: Niemeyer. S. 155–175.

Munske, H. H.; Kirkness, A. (Hrsg.). 1996. *Eurolatein. Das lateinische und griechische Erbe in den europäischen Sprachen.* Tübingen: Niemeyer.

Otto, K. 2009. *Eurodeutsch – Untersuchungen zu Europäismen und Internationalismen im deutschen Wortschatz: eine Arbeit aus der Perspektive der Eurolinguistik am Beispiel von Zeitungen aus Deutschland, Österreich, der Schweiz und Südtirol.* Berlin: Logos.

Reiter, N. 1991. Ist Eurolinguistik Gotteslästerung? In: Feldbusch, E. et. al. (Hrsg.). *Neue Fragen der Linguistik.* Bd. 1. Tübingen: Niemeyer. S. 109–113.

Reiter, N. (Hrsg.). 1999. *Eurolinguistik – Ein Schritt in die Zukunft.* Beiträge zum Symposium vom 24.–27. März 1997. Wiesbaden: Harrassowitz.

Schaeder, B. 2003. Neuerlicher Versuch einer theoretischen und methodischen Grundlegung der Internationalismen-Forschung. In: Braun, P.; Schaeder B.; Volmert J. (Hrsg.). *Internationalismen II. Studien zur interlingualen Lexikologie und Lexikographie.* Tübingen: Niemeyer. S. 77–107.

Schmitt, C. 1995. Affinitäten und Konvergenzen in der Entwicklung der westeuropäischen Sprachen. Für eine soziokulturell ausgerichtete Wortbildungslehre in den romanischen Nationalsprachen und des Deutschen. In: Gardt, A.; Mattheier, K.; Reichmann, O. (Hrsg.). *Sprachgeschichte des Neuhochdeutschen. Gegenstände, Methoden und Theorien.* Tübingen: Niemeyer. S. 413–437.

Stoye, S. 2000. *EuroComprehension: Der romanistische Beitrag für eine europäische Mehrsprachigkeit.* Aachen: Shaker.

Toman, J. 1995. *The Magic of a Common Language.* Mass: MITPress.

Trubetzkoj, N. 1939. Gedanken über das Indogermanenproblem. In: *Acta Linguistica* 1, S. 81–89.

Ureland, P. S. (Hrsg.). 2003. *Convergence and Divergence in European Languages.* In: *Studies in Eurolinguistics.* Bd. 1. Berlin: Logos.

Ureland, P. S. 2004. Eurolinguistik und Europäistik als Fächer an den Universitäten. In: Hinrichs, U. (Hrsg.). *Die europäischen Sprachen auf dem Wege zum analytischen Sprachtyp.* Wiesbaden: Harrassowitz. S. 1–16.

Vaicekauskienė, L. 2007. *Naujieji lietuvių kalbos svetimžodžiai. Kalbos politika ir vartosena.* Vilnius: Lietuvių kalbos institutas.

Wagner, H. 1962. Nordeuropäische Lautgeographie. In: *Zeitschrift für celtische Philologie* 29, S. 225–298.

Wandruszka, M. 1990. *Die europäische Sprachengemeinschaft: Deutsch-Französisch-Englisch-Italienisch-Spanisch im Vergleich.* 1. Aufl. Tübingen: Francke.

Waszakowa, K. 2005. *Przejawi internacjonalizacji w słowotwórstwe współczesnej polszczyzny.* Warszawa.

Whorf, B. L. 1956. Language, mind, and reality: In: Caroll, J. B. (Hrsg.). *Language, thought and reality. Selected Writings of Benjamin Whorf.* Cambridge, Mass: The MIT Press. S. 246–270.

Zybatow, L. 2002. Die slavistische Intercomprehensionsforschung und Eurocomslav. In: Kischel, G. (Hrsg.). EUROCOM. *Mehrsprachiges Europa durch Eurocomprehension in Sprachfamilien.* Tagungsband des Internationalen Fachkongresses im Europäischen Jahr der Sprachen. Hagen: BasseDruck. S. 357–371.

## Internetquelle

http://www.vlkk.lt/aktualiausios-temos/svetimzodziu-atitikmenys/apie-skyriu-svetimzodziu-atitikmenys (03.10.2018).

Dimitris Chatzidimou, Aikaterini Polymili

# Students' Admission to Greek Tertiary Education without Private Coaching Schools ("Frontistiria"): A Research Study

**Abstract:** The purpose of this paper is to identify the necessity of attendance of a private coaching school (*frontistirio*), by the third and last grade students in Greece, for their successful participation in the admission exams for tertiary education. The family spending for this attendance is also summarily presented, as well as the development of the coaching schools over the last 50 years and the percentage of third-grade pupils attending these coaching schools. The findings of a survey involving 1276 third-grade pupils who assess on the possibility of their accession to higher education without attending the *frontistirio*, the change in the time of the examinations and the creation of additional teaching support programs within the school, are also shown. According to the findings of the survey, private coaching is considered by the students as a necessity for their access to tertiary institution, since they believe that school preparation is inadequate and incomplete.

**Keywords:** access to tertiary education, educational economics, supplementary education, expenditures in education, shadow education

## 1 Introduction

The current paper presents and discusses some research findings regarding the admission of students to Greek higher education (D. Chatzidimou, Taratori, Vitsilaki & K. Chatzidimou, 2008), a subject that is old, but still contemporary and ongoing. It is a timeless matter, given that private coaching schools ("*frontistiria*") have existed for many years and they have been acknowledged in the Greek education system since students' admission to university has been introduced via examinations (Chatzitegas, 2008). The findings of the research reveal, to some extent, the contribution of *frontistiria* to the university admission of the students, as well as the role of the public education servants (Papas & Psacharopoulos, 1987; Kazamias & Kassotakis, 1995; Polydorides-Kontogiannopoulou, 1995a; Polymili, 2016, 2018), regarding the topic under discussion.

The process of students' admission to Greek tertiary education is a subject which has been besetting the families of the students and society in general for a very long time. This will continue to be the case, if the attitude of parents, teachers and politicians in Greece does not change. It should be realized by everyone that whatever students have achieved through attendance of *frontistiria*, they can achieve it with the help of their teachers in public school. In other words, students, their families and especially their teachers, should realize that teachers' work in public schools can concretely contribute to the reduction of the number of students who attend private coaching schools.

Whatever the case, the discussed matter is a subject which constitutes a major educational, financial, social and political issue for everyone involved in the educational activities of the country and mainly for the state, in its exact or wider meaning. For instance, towards the end of every school year and especially from May until the end of August, the educational institutions, the owners and teachers of *frontistiria*, as well as the press and televised media, dedicate a large number of articles and televised time to various aspects of the Panhellenic Examinations. This is evidence that until today there is increased interest and importance to the subject, unlike other countries, where the admission of students to higher education is not made publicly known. In other words, no one realizes when the students are being accepted in a position of studies in tertiary education. Thus, it could be argued that this situation is evidence of interest in a large part of Greek society. Especially during the days when the exams are taking place, disruptions can be noted in the civil administration of the Ministry of Education as well as in the lives of the students and their families: the political leadership is on edge regarding any issues with the exam questions and/or the criticism they may receive for the difficulty of the examinations, as if they themselves are the examiners. The teachers of *frontistiria* are worried whether the subjects examined were taught in their private coaching schools. All of the above have a negative impact on the psychology of the candidates.

Throughout the duration of the school year and especially during the period of May – August, the families of the students, the candidate students, the educational scene of the country, and almost the entire service sector of the Ministry of Education live in the rhythm of the Panhellenic Examinations. In the Ministry of Education, nearly every other activity is being paused, since everything spins around the Panhellenic Exams for the admission to higher education. Endless discussions follow, for example, if the school or the attendance of *frontistiria* is contributing to the success of the candidates, if attending private tuition was worth it, if education can still be considered as public, since almost every student attends classes in *frontistiria*, if the exams were executed in the most recommended way, if the students' exam answers were graded correctly, if the students performed better this year, compared to the previous one, if the passing grades for the university and college departments were lower or higher, if the results are to be announced sooner or later, etc.

Therefore, one could argue that the contribution of the public school and that of *frontistiria* for the successful admission of candidates in tertiary education is a field of debate among teachers, parents, political parties, etc. The answer to these debates can be given by relevant theoretical and empirical research studies, conducted in the field of education. For the current case, results of studies will be presented for the different parameters of the matter discussed (Kanellopoulos & Psacharopoulos, 1997; Papas & Psacharopoulos, 1987; Psacharopoulos & Papakonstantinou, 2005; Kasimati et al. 2012; Kazamias & Kassotakis, 1995;

Kassotakis & Papaggeli-Vouliouri, 1995; Katsikas & Kavadias, 1996; Kelpanidis & Polymili, 2012; Polydorides-Kontogiannopoulou, 1995; Polymili, 2016, 2018; Chatzitega, 2008; Psacharopoulos & Kazamias, 1985).

# 2 Presentation and Discussion of the Findings

Some findings are cited and discussed, regarding a few research questions related to the subject being discussed, such as: family expenses, increase in private tutorship, attendance of classes in *frontistiria*, tertiary education, admission to higher education without taking lessons in *frontistiria*, whether the time when the exams are taking place contributes to private tutorship attendance and whether supplementary, public classes in the specialization modules would have an inhibitory effect in attendance of *frontistiria*.

## 2.1 Family Expenses for Frontistiria

Although it is hard to determine the exact private costs for *frontistiria*, it is evident that they are high and for the most cases, a financial burden for the families. It seems that lessons in *frontistiria* are not merely a means to get prepared for the university admission exams (Polymili, 2016, 2018), but also a means to improve students' performance. According to estimates, this pending on *frontistiria* tuition is 50% higher than the amounts provided officially by the government. The data (see Tab. 1) show that within a decade (1976–1985) the family expenses for lessons in *frontistiria* had almost quadrupled (Pesmatzoglou, 1999: 103).

**Tab. 1:** *Spending on frontistiria lessons.* Source: Pesmazoglou (1999: 102)

| **Year** | **1976** | **1977** | **1978** | **1979** | **1980** | **1981** | **1982** | **1983** | **1984** | **1985** |
|---|---|---|---|---|---|---|---|---|---|---|
| Spending on *frontistiria* lessons* | 996 | 1.267 | 1.494 | 1.819 | 1.922 | 1.976 | 2.237 | 2.497 | 2.821 | 3.730 |

*million drachmas

The average Greek family seems to be spending approximately 20% of their income for each child, in order to prepare the latter for the university admission exams (Papas & Psacharopoulos, 1987:493). In 1988, it was estimated that families used to spend 111.624 million drachmas each year (on foreign language learning and secondary education tuition), half of the amount of the governmental spending on education. Family spending on *frontistiria* tuition and one-on-one tuition was 335 drachmas per month and on private classes 321 drachmas. One-on-one tuition was chosen by families with a father's high educational level. Family spending on one-on-one tuition accounted for 11.2% of the family spending on education and it was estimated to be 12.488 million drachmas for the entire country. It is acknowledged that families in big cities spent 2.5 times more money on *frontistiria* tuition than families in smaller cities and the level of spending increased the higher the educational and professional level of the father was (Kanellopoulos & Psacharopoulos, 1997: 74–75).

Furthermore, in 1995 (OECD, cf. Katsikas & Kavadias, 1996) public spending on secondary education was on average 220 bil. drachmas per year, while private spending was 240 billion drachmas (Katsikas & Kavadias, 1996: 92). In 1996, according to the association of *frontistiria* owners, spending reached 10.6 billion for junior high school and 27.4 billion for senior high school (Katsikas & Kavadias, 1996: 192).

In addition, a research conducted in 2004 shows that family spending on *frontistiria* tuition and one-on-one tuition was not differentiated vastly. Families who lived in areas with a population of less than 10.000 citizens used to spend less money (see Tab. 2), perhaps in order to overcome school's shortcomings, given that in less populated areas where public school functions the conditions are not the same as those of the bigger cities (Psacharopoulos & Papakonstantinou, 2005:103–105).

**Tab. 2:** Spending differentiation on frontistiria & one-on-one classes.
Source: Psacharopoulos & Papakonstantinou (2005: 106) (edited by authors)

| **Family characteristics** | **Spending on *frontistiria* (euros/year)** | **Spending on one-on-one tuition (euros/year)** |
|---|---|---|
| Families in areas with population less than 10.000 | 1.723 | 2.132 |
| Father in working class | 1.865 | 1.901 |
| Father in agriculture | 1.583 | 1.917 |
| Father in managerial position | 2.162 | 2.664 |

Finally, findings from the Centre of Planning and Economic Research (KEPE) and from a research conducted in 2012, involving 600 students of *frontistiria* in the Municipalities of Thessaloniki, Pella, Kilkis and Serres revealed that "the average Greek family spends the amount of minimum wage each month, in order to cater for *frontistiria* tuition and other educational needs of two high school students" (Kassimati et al., 2012: 96). Moreover, almost half of the students (48.8%) stated that the monthly cost that their families spend on their studies in *frontistiria* amounted to 300–400 euros. For 20.7% of the respondents, this cost is even higher and surpasses 400 euros per month. If one takes into consideration the fact that

65% of the Greek families have two children, this cost is doubled (Kelpanidis & Polymili, 2012: 37).

## 2.2 Increase in the Number of Frontistiria

According to Chatzitegas (2008), the institution of private coaching schools or one-on-one classes started in 1894 in the Greek educational scene. This view is supported by published classified ads in the newspapers "Chronos" and "Epitheorisi"; the ads show that teachers provide tutorship to prepare students for university admission "for a median fee". However, it seems that in 1926, those private schools took their final shape and began to play an important role in the admission of students in tertiary education; it was when the Panhellenic Exams for the Greek universities were established. Thus, the massive development of *frontistiria* started to be evident to a significant extent. Especially in the decade of 1950, this development boomed greatly. As Papanoutsos characteristically described in 1962 (16-2-1962) in the newspaper "To Vima": "*The high school certificate does not open the doors of any university institution to our youths nowadays if it is not endorsed by the coaches of frontistiria*" (Kassotakis & Papaggeli-Vouliouri, 1996: 59).

Thus, from the approximately eight hundred (800) *frontistiria* functioning in 1973, this number increased in one thousand (1000) in 2008 (Chatzitega, 2008: 24). It is noted here that this data in particular concerned certified *frontistiria*, given that it is impossible to specify the exact number of *frontistiria* in the entire country, since there are private coaching schools that are not members of the association of *frontistiria* owners. It is also worth noting that the number of public high schools in Athens is approximately 402, while in Thessaloniki there are approximately 200, including vocational high schools. One can understand, therefore, that the number of public high schools and that of *frontistiria* institutions tends to be equalized.

Additionally, for the decade between 1980–1990, the number of the official *frontistiria* was doubled (without of course, taking into account the unofficial classes). In 1983, approximately 1000 secondary education *frontistiria* used to function, while 10 years later this number increased to 2500 (Katsikas & Kavadias, 1996: 192).

## 2.3 Class Attendance in Frontistiria for the Tertiary Education

Data of attendance of classes in *frontistiria* are presented, in order to examine the necessity and importance of supplementary tuition in the admission of candidates in higher education.

According to a cross-sectional research of the students' population, whose aim was to study the function of *frontistiria* as a "contributing factor which influences the selection process in the high school tier and the admission to universities", it was concluded that approximately half of the questioned students believed that "*frontistiria* complete and substitute, to an extent, the unsatisfactory educational system of our country" (Psacharopoulos & Kazamias, 1985: 193–194). Moreover, according to another research, conducted in 1974,concerning students' participating in the Panhellenic Examinations, the same opinion was held by 83.3%. It needs to be noted here that 27.7% of the students preparing for the Panhellenic Examinations, had to move to another city, in order for them to attend private coaching schools' lessons (Papageorgiou, 1979: 40–54). In addition, research shows that tertiary education candidates moved to the two large city centers (those who were not residents of them), especially in the summer months, in order to attend private coaching schools' lessons, and increase the chances of successful admission to university faculties (Kassotakis & Papaggeli-Vouliouri, 1995: 59; Polydorides, 1978: 80). Additionally, a research (Polydorides-Kontogiannopoulou, 1995a; Polydorides-Kontogiannopoulou, 1995b: 66) which had a sample of students, noticed that 83% of those had attended lessons in *frontistiria* before accessing tertiary education institutions. In a later research conducted in 1984, under the supervision of the Pedagogical Institute (Kassotakis & Papaggeli-Vouliouri, 1995: 60), it was noted that 54.6% of the candidates had attended lessons in *frontistiria*, 9.4% had attended one-on-one courses, while 11.2% had done both. A research conducted in 1993 by the same institution, showed that 65% of high school students in Athens attended lessons in *frontistiria* and approximately 30% attended one-on-one classes. The above data show that the percentage of students in the last year of high school who attended lessons in *frontistiria* rose from 65% in 1984 to 95% in 1993 (Kazamias & Kassotakis, 1995:294). Additionally, a research conducted by MRBHellas in 1996, which had its results published in the newspaper "Ta Nea" (15-5-1996), concluded that a percentage of approximately 70% of the last two classes of high school, in the areas of Athens and Thessaloniki, attended *frontistiria* or had one-on-one tuition. A percentage of 42.5% attended an organized private coaching school of their area of residence, 16.5% attended central *frontistiria*, 12.3% had one-on-one classes and 4.8% had private group lessons. Only 1 out of 3 students who participated in the survey did not attend lessons in *frontistiria* (Kassotakis & Papaggeli-Vouliouri, 1995: 60). Another research conducted in 1999 in the municipality of Ioannina, where 69 junior high schools and senior high schools operated, noted that there were 57 *frontistiria* in that municipality (Dimou, 1999: 22). This entails that the number of *frontistiria* is equated to the number of junior high schools and senior high schools of that particular municipality. Furthermore, a research which lasted for 20 years from school year 1980–1981 until the school year 2000–2001, suggested that three out of every four students (including the students attending classes in *frontistiria* and one-on-one lessons simultaneously), were part of the "shadow education" system. From the data under research, it was also concluded that *frontistiria* classes and one-on-one lessons were attended mostly by students of the middle social class

(Hopf & Xochellis, 2003: 206–207). Moreover, according to the results of a study conducted for the 2013–2014 school year for the high school tier, it seemed that 31.7% of the students attended class in *frontistiria* and had one-on-one tuition in the first grade of high school, a percentage which is doubled for the second year, since 2/3 of the students attended class in *frontistiria*. For the third and last grade of high school, the overwhelming majority of the students – almost nine out of ten (88.7%) attended class in *frontistiria* or had one-on-one tutorship or a combination of these two (Polymili, 2016:153). Finally, the same researcher in her empirical study of 2017, with teaching staff working in the third grade of high school found out that, according to the views of the teachers, a percentage of 97.2% of the students attended class in *frontistiria* (Polymili, 2018).

## 2.4 Admission of Candidates in Tertiary Education without Frontistiria

A study conducted with third grade high school students in 2014 (Polymili, 2016) revealed that the majority of the students in the research stated that the candidates would be able to be accepted in higher education without *frontistiria*. Only a small percent (12.1%) stated that they would be unable to do so (see Tab. 3).

**Tab. 3:** University admission without frontistiria

| | Frequency | % | Valid % | Cumulative % |
|---|---|---|---|---|
| Yes, I could | 623 | 48.8 | 50.7 | 50.7 |
| Maybe I could | 456 | 35.7 | 37.1 | 87.7 |
| No, I could not | 149 | 11.7 | 12.1 | 99.8 |
| Total | 1.228 | 96.2 | 100.0 | |
| Did not answer | 48 | 3.8 | | |

While the above findings seem to be encouraging, there seems to be an obfuscating situation created. The majority of the candidates stating that they would be able to succeed in the Panhellenic Examinations without lessons in *frontistiria*, are actually attending supplementary tuition, or one-on-one classes or both. In depth, this means that from 623 (48.8%) of the candidates stating that they would be able to get into university without *frontistiria*, a percentage of 87.9% (544 subjects) stated that they attended lessons in *frontistiria* (Tab. 4), a percentage of 36.2% (224) attended one-on-one tuition (Tab. 5), while 27% (165 subjects) stated that they had lessons in *frontistiria* and one-on-one classes simultaneously (Tab. 6).

**Tab. 4:** University admission without frontistiria and attendance ofthem

| *Would you be able to access university without attending class in frontistiria?* | | *Attend class in frontistiria* | | |
|---|---|---|---|---|
| | | **Yes** | **No** | **Total** |
| | Frequency | 544 | 75 | 619 |
| | Percentage | 87.9% | 12.1% | 100.0% |
| | Frequency | 362 | 92 | 454 |
| | Percentage | 79.7% | 20.3% | 100.0% |
| | Frequency | 69 | 75 | 144 |
| | Percentage | 47.9% | 52.1% | 100.0% |
| | Frequency | 975 | 242 | 1217 |
| | Percentage | 100.0% | 100.0% | 100.0% |

**Tab. 5:** University admission without frontistiria and attendance of one-on-one classes

| *Would you be able to admission university without attending class in frontistiria?* | | *Attend one-on-one lessons* | | |
|---|---|---|---|---|
| | | **Yes** | **No** | **Total** |
| Yes, I could | Frequency | 224 | 390 | 614 |
| | Percentage | 36.4% | 63.4% | 100.0% |
| Maybe I could | Frequency | 144 | 301 | 445 |
| | Percentage | 32.1% | 67.2% | 100.0% |
| No, I could not | Frequency | 36 | 109 | 145 |
| | Percentage | 24.8% | 75.2% | 100.0% |
| Total | Frequency | 404 | 800 | 1204 |
| | Percentage | 100.0% | 100.0% | 100.0% |

**Tab. 6:** Admission to university without frontistiria and attendance of outside school supplementary education

| **Admission without** *frontistiria* | | **Attend** | | | |
|---|---|---|---|---|---|
| | | **Classes in** *frontistiria* **& one-on-one** | **Classes in** *frontistiria* **or one-on-one** | **Neither** | **Total** |
| Yes, I could | Frequency | 165 | 431 | 15 | 611 |
| | Percentage | 27% | 70.5% | 2.5% | 100.0% |
| Maybe I could | Frequency | 79 | 337 | 27 | 443 |
| | Percentage | 17.8% | 76.1% | 6.1% | 100.0% |
| No, I could not | Frequency | 16 | 72 | 56 | 144 |
| | Percentage | 11.1% | 50.0% | 38.9% | 100.0% |
| Total | Frequency | 260 | 840 | 98 | 1198 |
| | Percentage | 21.7% | 70.1% | 8.2% | 100.0% |

According to the data above, it seems that despite the fact that the majority of the candidates deemed classes in *frontistiria* as unnecessary for them to get prepared for the Panhellenic Examinations, they chose to attend classes in *frontistiria* or they attended one-on-one classes, whereas a significant percentage stated that they attended both. Regarding the above statements, one could perhaps argue that even though a very large percentage of the subjects believe that they have the ability to succeed in the Panhellenic Examinations without attending *frontistiria*, they choose to enroll and attend classes in *frontistiria* instead. This might be the case either because they believe that the Panhellenic Examinations play a decisive role in their future and they certainly want to avoid failure, or because they succumb to the pressure put on them by their parents, in order for them to attend *frontistiria* and ensure their success, perhaps, from their parents' viewpoint. This entails that, even though they deem themselves able to prepare for the exams only with the help of the public school and their personal studying, their parents do not hesitate to spend money on *frontistiria*, in order to "ensure" the highest possible grade for their children's admission to tertiary education. Another explanation could be that they attend class in *frontistiria* or they take one-on-one lessons because they might be influenced by their classmates' behavior and they do not want to miss their company. Finally, students might believe that any additional information provided to them might actually benefit them in a way.

## 2.5 Time of the Panhellenic Examinations and Attendance of *Frontistiria*

The same research (Polymili, 2016) examined whether tertiary education candidates would continue to attend *frontistiria* classes in case of a change in the time when the Panhellenic Examinations are conducted. That would mean for the latter to be transferred from May/June to the beginning of September, so that the candidates would have a few more months to prepare for the exams, without actually having to attend classes at school[1]. 82% of the participants responded that they would still attend class in *frontistiria* (Tab. 7), while 80.8% of them stated that they would attend *frontistiria* for the same modules (Tab. 8).

**Tab. 7:** Suggestion to move the time of the Panhellenic Examinations to September

| | Frequency | % | Valid % |
|---|---|---|---|
| Yes | 1.020 | 79.9 | 82.0 |
| No | 222 | 17.4 | 17.8 |
| Total | 1.242 | 97.3 | 100,0 |
| Did not respond | 34 | 2.7 | |
| Total | 1.276 | 100.0 | |

**Tab. 8:** Possible time of the Panhellenic Examinations in September and attendance of frontistiria

| | Frequency | % | Valid % |
|---|---|---|---|
| The same modules | 822 | 80.3 | 80.8 |
| Fewer modules | 195 | 19.2 | 19.2 |
| Total | 1.017 | 99.5 | 100.0 |
| Did not respond | 3 | 0.5 | |
| Total | 1.020 | 100.0 | |

1 A similar system had been applied earlier (1964, 1965, 1966) with the academic certificate.

It becomes evident that according to the results of this research, the time of the Panhellenic Examinations does not define the decision of the candidates to attend class in *frontistiria.* It is quite clear that the necessity of supplementary tuition is a deeply rooted belief, even if the candidates had three more months to prepare by themselves for the Panhellenic Examinations. They might think that they would prefer to have the summer months free to rest; or that they are tired of the entire school year by studying and they would like to finish as quickly as possible; finally, they might believe that the conditions prevailing in the summer (extreme heat) would not help them achieve better grades in the Panhellenic Examinations.

## 2.6 Inhibitory Effect of Learning Support for Attendance of Frontistiria

Regarding the question if the survey participants would participate in classes of learning support (such classes are carried out by public schools for subjects that are examined in the Panhellenic Examinations and they are free of charge) and if this institution could be able to substitute *frontistiria*, two recent research studies with students and teaching staff of the third grade of high school showed that it could (Polymili, 2016, 2018). In particular, it was indicated that 36.3% and 40.9% of the students who participated in the research answered that they *would* participate and that they *might* participate, correspondingly, in learning support classes if organized within their school unit. However, the data from Tab. 9 show that a quite large percentage of the research subjects did not believe that an institution such as learning support could be able to replace *frontistiria* (Tab. 10). These statements show, to some extent, that students believe that *frontistiria* are irreplaceable.

In conclusion, the students who participated in the study are being positive regarding learning support in public education (Tab. 9, Tab. 10) – this is to show that the state acted correctly in applying learning support. However, for the time being, learning support would be unable to replace *frontistiria.* They seem to have been well-established by now in parallel to public school, a fact that needs to be considered in detail by those involved in educational matters, especially by the state.

**Tab. 9:** Participation in learning support classes for subjects that are examined in the Panhellenic Examinations

| | **Frequency** | **%** | **Valid %** |
|---|---|---|---|
| Yes | 463 | 36.3 | 36.9 |
| Maybe | 522 | 40.9 | 41.6 |
| No | 271 | 21.2 | 21.6 |
| Total | 1.256 | 98.4 | 100.0 |
| Did not respond | 20 | 1.6 | |
| Total | 1.276 | 100.0 | |

**Tab. 10:** Replacement of frontistiria from learning support in school

| | Frequency | % | Valid % |
|---|---|---|---|
| Yes | 186 | 14.6 | 14.8 |
| Maybe | 517 | 40.5 | 41.2 |
| No | 553 | 43.3 | 44.0 |
| Total | 1.256 | 98.4 | 100.0 |
| Did not respond | 20 | 1.6 | |
| | 1.276 | 100.0 | |

Regarding the admission of candidates in tertiary education without *frontistiria*, the postponement of the examination time of the Panhellenic Examinations and learning support, one could summarize the following: neither the time of the Panhellenic Examinations, nor the introduction of a system of additional learning support inside the school unit would be able to deter students from attending *frontistiria*, according to their statements. Therefore, if one would want for students not to attend *frontistiria*, they would have to seek other methods and solutions which would lighten the stress and the worry that students experience regarding the Panhellenic Examinations. Furthermore, one should not forget that no admission system in tertiary education will be able to contribute to prevent candidates from attending *frontistiria* classes, or have one-on-one lessons at home, as long as there is a limited number of placements in faculties with high demand; a phenomenon which is noted in other countries along with Greece. However, even in that case, this would not mean that students would not attend *frontistiria*, given that the attitude of the Greek population, as mentioned before, is one of the most decisive factors of attending classes of supplementary tuition.

## 3 Conclusion

Concluding the present study in our view, as stated in the introduction of this paper, the matter of candidate students attending *frontistiria* for admission to higher education and not only[2], will never be resolved: a) if the necessary changes in all the grades of education are not implemented; they should begin, however, from the bottom up and not the other way around, as it is usually the case with all the educational changes attempted during the last few years, by almost all political parties who have governed the country (Chatzidimou & Chatzidimou, 2018), b) if the families of students do not change their attitude and mentality, i.e. that

2 Attending class in private coaching schools is very common in the Greek educational reality concerning the learning of foreign languages, too (Chatzidimou, 2017).

in order for something to be taught efficiently, it has to be paid for, c) if the state, the political parties and society in general do not show their trust in the educational work of the teachers working in primary and secondary education, d) if the teaching staff, regardless of their specialization and grade of education, does not earn, through actions, acts and deeds, the trust of all concerned parties in educational and school matters, e) if the political parties do not express and declare clearly their view and position regarding the subject matter.

The changes in education, and also the success of these changes, is an issue: a) of a sincere dialogue among all involved parties in education, b) of a mutual compromise of all (a known fact, actually, of all intellectuals and persons of intelligence) and c) of trust of the heads of the official teaching policy to the teaching staff in charge.

Therefore, some of the many problems present in education could be resolved, eventually – in this case, some of the issues of finance, pedagogy and teaching nature which are present in the families and schools with the students' attendance of *frontistiria* and for which issues they ought to find a solution (any solution is better than no solution).

For someone to support that, with the prevailing conditions in the financial, social, educational, employment, political, etc. sector, students who want to access tertiary education should not attend supplementary tuition is a myth and in no case the reality. *Frontistiria* lessons have been established and set up in Greek education. For that reason, the state as well as each one of us ought to see the reality and pursue as much as we can to change it to the benefit of all the students – especially those of the lower social classes.

*Frontistiria* do not constitute a mistaken or hidden structural part of the Greek educational system (Polymili, 2016), but something more; it is already here, a true private educational system, if one wants to be sincere and avoid the ostrich mentality. This mentality, attitude and hypocrisy yare not proper and have no place in education. However, unfortunately, it is largely met in the Greek educational scene. Any changes in education, in this case, the changes that concern the function of supplementary tuition, can only be achieved through cooperation and dialogue among all the parts involved in educational matter parties; that is, everyone, given that in education, there are no parties unconcerned.

## References

Chatzidimou, D., Taratori, E., Vitsilaki, Ch. & Chatzidimou, K. (2008). *Access to Tertiary Education.* Athens: Atrapos. [in Greek]

Chatzidimou, D. & Chatzidimou, K. (2018, forthcoming). *The Education of Primary School Teachers.* Thessaloniki: Afoi Kyriakidi. [in Greek]

Chatzidimou, K. (2017). German Language and Its Teaching in Greek Public Schools. *Nea Paideia,* 163, 131–143. [in Greek]

Chatzitega, G. (2008). *The Overthrow of the Greek Myth: The Ideogram of a Tutor.* Athens: Livanis. [in Greek]

Dimou, G. (1999). *Tuition Activity in Greece: An Empirical Generalization of the Phenomenon.* Athens: Gutenberg. [in Greek]

Hopf, D. & Xochellis, P. (2003). *Gymnasium and Lyceum in Greece: Timeless Research Data, Reviews Highlights and Future Perspectives.* Athens: Ellinika Grammata. [in Greek]

Kanellopoulos, C. & Psacharopoulos, G. (1997). Private Education Expenditure in a 'Free Education' Country: The Case of Greece. *International Journal of Education Development, 17*(1), 73–81.

Kazamias, A. & Kassotakis, M. (eds.) (1995). *Greek Education: Prospects of Reconstruction and Modernization.* Athens: Sirios. [in Greek]

Kasimati, R., Papaioannou, M., Georgoulas, S. & Prantalos, I. (2012). *Sociology, Lyceum, 3rd year.* Athens: Niki Ekdotiki S.A. [in Greek]

Kassotakis, M. (1995). The Curse of Sisyphus: The Tangible Course of Greek Educational Reform. In: A. Kazamias & M. Kassotakis (eds.), *Greek Education: Prospects of Reconstruction and Modernization.* Athens: Sirios, 40–72. [in Greek]

Kassotakis, M. & Papaggeli-Vouliouri, D. (1995). Procedures of Transition from Secondary to Tertiary Education. In: A. Kazamias & M. Kassotakis (eds.), *Greek Education: Prospects of Reconstruction and Modernization.* Athens: Sirios, 263–304. [in Greek]

Katsikas, X. & Kavadias, G. (1996). *Greek Education on the Horizon of 2000: Teachers, Pupils and School Reality.* Athens: Gutenberg. [in Greek]

Kelpanidis, M. & Polymili, K. (2012). The Prevalence of the Tuition Center Phenomenon (Frontistirio) and the Depreciation of the School in Greek Education: Research in Tutorial Students in Urban and Semi-Urban Areas of the Prefecture of Thessaloniki, *Nea Paideia, 143,* 21–46. [in Greek]

Papageorgiou, K. (1979). *Survey on High School (Gymnasium) Graduates.* Athens: EKKE. [in Greek]

Papas, G. & Psacharopoulos, G. (1987). The Transition from the School to the University under Restricted Entry: A Greek Tracer Study. *Higher Education, 16*(4), 481–501.

Pesmazoglou, S. (1999). *Education and Development in Greece 1948–1985: The Disproportionate of a Relationship.* Athens: Themelio. [in Greek]

Polydorides, G. (1978). Equality of Opportunity in the Greek Higher Education System: The Impact of Reform Policies. *Comparative Education Review, 22*(1), 80–93.

Polydorides-Kontogiannopoulou G. (1995a). *Sociological Analysis of Greek Education: The Entrance Examinations. Volume 1.* Athens: Gutenberg. [in Greek]

Polydorides-Kontogiannopoulou G. (1995b). *Educational Policy and Practice: Sociological Analysis.* Athens: Ellinika Grammata. [in Greek]

Polymili, A. (2016). *The Tutorial Institute (Frontistirio) as a Latent Component of the Greek Educational System: High School (Lyceum) Students' Opinions.* Athens: Diadrasi. [in Greek]

Polymili, A. (2018). *Access to Tertiary Education: High School Teachers Opinions.* Thessaloniki: Afoi Kyriakidi. [in Greek]

Psacharopoulos, G. & Papakonstantinou, G. (2005). The Real University Cost in a "Free" Higher Education Country. *Economics of Education Review, 24*(1), 103–108.

Psacharopoulos, G. & Kazamias, A. (1985). *Education and Development in Greece: Social and Economy Study of Tertiary Education.* Athens: EKKE. [in Greek]

Gintautė Žibėnienė, Marijona Barkauskaitė

# National School Elements in the Good School Concept: Analysis of the View of School Students' Parents

**Abstract:** Based on the Lithuanian educational documents the *General Concept of Education in Lithuania* (1992) and *the Good School Concept* (2015), that put emphasis on the close collaboration between the family, school and society, the research question was raised of how parents of school students understand the concept of the good school and whether they sought the same values of the good school as had been agreed upon by the educational community. The focus of the research was a conception of the good school based on the ideas of the national school by parents of school students. The aim of the research was to reveal the parents' conception of the good school and to discuss how it was related to the features of the good school presented in *The Good School Concept* (2015). The conception of the good school of the comprehensive school students' parents who participated in the research only partially complied with the accepted features of *the Good School Concept* (2015). The parents distinguished these features of the good school by choosing to focus on: 1) school life: students' well-being and security, their willingness to go to school, teacher – student communication; 2) education (self-education) and child's achievements, progress; 3) competences of the teacher; 4) physical environment at school; 5) the whole community participating in the development of the school strategy.The parents did not reveal or name such defining aspects of the good school as a learning organization enabling leadership and management and did not understand or want to see their obligations, duties or opportunities as members of the school community. The parents tended to notice only clearly visible, obvious external changes in schools, without sufficient deep understanding and recognition of the significance of educational environment as one of the essential characteristics of the good school. The parents tended to assume the role of passive observers, expressing their opinions, criticizing, but not being active members of the school community – performing the roles of creators, helpers. The fact that parents were not sufficiently aware of their duties as members of the school community and had an insufficient understanding of the accepted conception of the good school impedes the development of the good Lithuanian school based on the ideas of national school.

**Keywords:** parents of school students, the good school, the concept of national school

## Introduction

As V. Aramavičiūtė (2005) observed: "when investigating national identity as an expression of self-awareness, it is necessary to ascertain the stance of a particular person on the economic, political, intellectual or cultural potential of his or her nation, which characteristics of it make him or her confident, and which cause doubts, uncertainty and loss"(2005, 41). The professor astutely observed that "in the world increasingly entrenched in globalization and universality, a nation, nationality, identity appear at the intersection of new reflections, interpretations, discussions, and even mutually excluding hypotheses"(2005, 40). For the past three decades Lithuania has been working on the creation and development of the good school. *The Good School Concept* approved in 2015 and developed in response to *the National School Concept* (1988), encourages to continue this discussion. The educational reform in Lithuania began 1988, when there was introduced the *National School Concept* (developed by a group of educators: M. Lukšienė, Ž. Jackūnas, M. Barkauskaitė and others) aimed at fostering the vision of the national and civic school. In 1991 the *Law on Education* was adopted, which, with other related documents (for example, the *Action Plan for Education System Reform*, 1992) and *the General Concept of Education in Lithuania* (1992), became the foundation for the educational reform in Lithuania. Thus, for almost three decades, Lithuania has been developing its own educational system after the Restoration of its Independence. The Restoration of the Independent State of Lithuania on March 11, 1990, prompted a systemic reform of all areas of education. This transformation of education in Lithuania was stimulated by internal (factors that existed in the system of education itself) and sociocultural (factors from other socio-cultural areas of life). According to the *National Education Development Report*, "in the course of one decade Lithuanian education had to model and develop a new concept of education goals, objectives, structures, curriculum, methods, strategies, which Western European countries had been developing for decades, constantly changing, refining, reforming (p. 3)". Therefore, according to Lukšienė (1993), when Lithuania regained its Independence, while implementing the Lithuanian educational reform "alongside with humanity and democracy, the reform of education was guided by the third principle – the principle of renewal (change) – the principle of openness" (Lukšienė, 1993, p. 102). M. Lukšienė had foreseen that this principle of renewal-openness would not be easy to implement in the future, it could be easily violated and would have an unpredictable progress of its implementation.

Already in the *National School Concept* announced on December 8, 1988 there was set a paradigmatically new school objective based on the ideas of humanism – to turn to a person as an absolute value: to foster his or her physical and mental nature, to create the conditions for revealing his or her individuality, to awaken the aspiration, through self-education and self-determination, to become a personality. The main goal of the reformed education set in the *General Concept of Education in Lithuania* was "a self-sufficient and creative personality that has an opportunity for the full development of his or her abilities at school" (1992, 5). However, after a couple of decades, there appeared a need to stress the already forgotten ideas of the national school in *The Good School Concept* of 2015, stating that "the good school is a school that aspires on the foundation of humanistic values to seek for the creation of meaning, discovery and personal success, which, in its activities, is guided by the decisions made by its community members."

Based on the idea already found in *the General Concept of Education in Lithuania* (1992) and *the Good School Concept* (2015) that the education in Lithuania is founded on close collaboration between the family, school and society, the researchers raised a question: how do school students' parents understand what the good school is, whether they seek the same values of the good school as have been agreed on by the education community? The Lithuanian researchers are deeply concerned about issues of national identity (Aramavičiūtė, 2005; Antinienė, Lekavičienė, 2012; Jankevičius, 2013; Martišauskienė, 2012); however, there is still a lack of research revealing the concept of the good school founded on the aspects of national identity (Targamadze, 2014; Targamadze, 2016). Furthermore, there are not enough studies which would show whether school students' parents, as part of the school community, attribute the same features to the concept of the good school as the Lithuanian pedagogical community which aims to create the good school in line with the *Good School Concept* (2015). The focus of the research was parents' conception of the good school, founded on the ideas of the national school. The aim of the research was to reveal the conception of the good school that school students' parents have and to discuss its links with the conceptual features of *the Good School*.

## 1 Research Design and Ethics.

This is a qualitative study, based on the methodological approaches of social constructivism (for people their personal understanding is not the mirror image of the knowledge or skills transmitted to them, but their personal reflection (Kukla, 2000)), and the theoretical assumptions of social constructivism (Creswell, 2009; Pollard, 2006).

The data was collected in February-March, 2018. 9 parents of students from different Lithuanian schools participated in the study. The research methods used were: analysis of academic literature and educational documents, structured interviews. Purposeful sampling was chosen because, according to B. Bitinas, L. Rupšienė, V. Žydžiūnaitė (2008, p. 101), "the purposeful sampling method is very effective, allowing to collect high quality data". With the help of purposeful sampling there were chosen comprehensive schools that delegated one parent each who had a child studying in grades 7–12 and were acquainted with the school activities. The criteria applied for the selection of comprehensive schools were as follows: comprehensive schools had to be from different regions of the country: schools in a city; schools in a big town; schools in a town and in a village; comprehensive schools according to different founders: state and public institutions.

The qualitative content analysis (Krippendorff, 1980, Mayring, 2010) was used to analyze the interview data, which allowed drawing conclusions based on the analyzed text. This method of analysis was based on systematic analytical steps: multiple readings of records, systematic interpretation of distinguished categories and subcategories and their justification based on the evidence from the transcribed texts – the confirmatory statements. According to the qualitative research methodology, the confirmatory statements are extracts from answers provided by the participants which cannot be changed by the researcher; therefore, they are quoted exactly as given by the participants. The initial interview data was handled in such a way as to ensure that it was impossible to identify the persons involved in the study.

The research was organized, data analysis was carried out and presented based on the principles of qualitative research ethics: insuring the respect for individual privacy, confidentiality and anonymity, with goodwill and justice (Miller, Birch, Mauthner, Jessop, 2012; Žydžiūnaitė, Sabaliauskas, 2017).

## 2 Conception of the Good School by School Students' Parents.

According to the statements of the parents of comprehensive school students about the essential features of the good school, the following categories could be distinguished: 1) the school life: students' well-being and security, their willingness to go to school, teacher – student communication; 2) education (self-education) and child's achievements, progress; 3) competency of the teacher; 4) physical environment at school; 5) the whole community participating in the development of the school strategy.

### The Life in School: Students' Well-Being and Security, Students' Willingness to Go to School, Communication between a Teacher and a Student

The parents of students, while talking about the good school, pointed out to various aspects of life in school, especially highlighting the child's well-being and security. The parents particularly emphasized psychological security and the well-being of the child:

> <...> a safe school ... mutual cooperation ... children want to go to school ... (T1); <...> safety, goodwill ... the depth of knowledge ... <...> (T1); <...> where the child is safe, the child is visible, and success and failures, and the abilities that a child has ... <...> (T2); <...> the atmosphere of complete security and safety is created ... <(T4); <...> more psychological so that the child feels safe, calm, a home from home... it is very important for children to know that they are loved here, they are welcome here <...>(T1).

The parents referred to the psychological security of children, children's well-being associated with the feeling of being welcome at school. Only one parent mentioned the relevance and the good practice of physical security – a locked school:

> <...> that security as far as possible ... our school is locked <... >(T5).

The parents associated the good school with the child's willingness to attend it, but could not name what would help to increase the child's willingness to go to school. The parents tended to relate the child's willingness to go to school to the school itself:

> ... the good school is the one where both the child and the community feel good and want to attend it <...> (T3); <...> the one the child wants to go to <...> (T2). <...> so that the child would like to go to school <...> (T6).

The parents associated the good school with what *the Good School Concept* (2015) refers to as the community spirit. However, they could not define their own role only perceiving it as the relationship between the teacher and the student, and wished for the communication between the teacher and the student to be characterized by the following features:

> <...> a good relationship of the child with the teacher ... feedback, discussions ... (T6); ... have a warm psychological atmosphere <...> (T7); <...> The teacher and the student should be first and foremost friends ... I am for communication and understanding ... (T7); <...> teachers' attitude towards children and communication skills ... (T4).

One father mentioned another important feature of the school – self-management

> <...> the principal is always ready to listen, saying "let's do it" ... we work, travel together, do something for entertainment ... (T6).

## (Self-)Education and the Child's Progress

One parent explicitly linked the good school with academic achievements:

> <...> in the good school, the child must get sufficient solid background knowledge to continue to studying the future ... (T4).

One of the features of the quality of the learning process was constructive feedback, but the experiences of providing it were different. One parent, talking about the good school, pointed out to the negative aspects and the relevance of at least the minimum feedback:

> ... if, say, a negative grade is given, it has to be explained why he received a negative evaluation, it has to be motivated ... (T7).

The parents devoted a lot of attention to the education directed towards the children, the one making possible to reveal their talents:

> <...> have the opportunity for self-expression, not only in class, but I mean in various activities ... (T4); ... the child was given the opportunity to develop ... the right for a child to choose ... where best opportunities are created for a child to demonstrate his talent ... if she is by nature an artist to promote her gift ... however she is also supposed to learn writing and arithmetic <...> (T7); <...> teachers know everything about every child ... when teaching they need to take this information into account, adapt their teaching to a child <...> (T5).

The expectations that parents have for the education process are related to the motivation of the child and the development of social competences:

> ... when the child is motivated to achieve ... good results, achievements ... (T3); <...> where not only knowledge is important ... other things are taught, for example, they learn to speak publicly, conflict resolution skills, communication ... (T2).

## Competent Teacher

*A competent teacher,* as an important feature of the good school, was named highlighting the role of the teacher as a leader:

> ... they must be leaders ... (T5) and the teacher's ability to change ... must be those who are advanced... there are big changes taking place in different areas and the teacher has to be aware of what has changed ... (T4).

One parent associated a competent teacher in the good school with the ability to use information technology:

> ... able to keep pace with modern technology ... can even apply a phone in their class ...

## School Strategy

One parent noticed a particularly relevant feature of the good school – *when the whole community develops a school strategy:*

> ... a good school is one that has such relationships with parents and communicates a lot ... so that teachers, the principal, the children themselves can express their opinion < ...> (T5).

This topical issue is not mentioned by another father, but is presented as a grievance and future expectation

> ... the school would be most helpful if there was a closer relationship between parents and the school. If parents were more interested in their children's learning, their upbringing, their knowledge. This would probably be the main advancement and stimulus for the school itself to develop ... (T7).

## Physical Environment

For the parents the educational environment was important, however, they did not see its relation to the modern educational environment, instead emphasizing only the physical environment:

> ... the environment, our environment is beautiful ... the toilets had been refitted, the gym is big and beautiful ... .> (T5); <...> nice, clean environment ... aesthetic view <...> (T4); <...> my daughter was happy about new bean bags... they look modern, children can lie down on them <...> (T8).

The question is why the students' parents focused only on the physical environment, did it matter to them more? Or maybe it can be assumed that the parents simply did not know what kind of innovative educational environments there are, because they simply named good, material and visible things ...:

> ... which has a good enough base ... the stadium has been updated, beautiful to look at < ...> (T4).

## 3 The Good School Conception by School Students' Parents and Its Links with the Conceptual Features of the Good School.

*The Good School Concept* (2015) identifies 9 essential features or elements of the good school based on the national school: personal development; life at school; (self-)education: interactive and inquisitive; education (teaching, the staff: diverse personalities; school community; leadership and management; teaching and learning environment: dynamic, open and functional; local community and the institution implementing the rights and duties of the owner of the school, the meeting of participants (the owner). The conception of a good school of the comprehensive school students' parents who participated in the research complied with the accepted features of *The Good School Concept* (2015) only in a partial way. The parents distinguished these features of the good school by choosing to focus on: 1) school life: students' well-being and security, their willingness to go to school, teacher – student communication; 2) education (self-education) and child's achievements, progress; 3) competency of the teacher; 4) physical environment at school; 5) the whole community participating in the development of the school strategy.

Out of 9 essential aspects mentioned in *The Good School Concept* (2015), for the students' parents the life in school was acceptable and relevant. The parents identified the features that define it, especially stressing the well-being of students, whereas self-governance and community spirit were mentioned in a more episodic fashion, by naming just a few fragments corresponding to the good school concept. Interestingly, though all the parents acknowledged that all the members were responsible for the creation of the good school, they did not clearly define their own role in this process. They related the students' willingness to go to school, the fact that students enjoy being in it only to the school's efforts. Another aspect which was singled out was the community spirit, but, again, the parents thought that it was related to the relationship between the teacher and the student and the success of the relationship depended, according to the parents, on the teacher.

One of the features of the national identity of Lithuanian schools (already mentioned in *the National School Concept* of 1988), is the turning towards a person as a value, his or her personal growth. The parents paid a lot of attention to the education directed at children, making it possible to reveal themselves, expressing the expectations for the education process to the motivate their children and improve their social competences. However, the parents associated these expectations with school teachers, the school administration, without mentioning their role, their own potential contribution.

One of the strengths of the good school are its staff – diversity of personalities and a school community. It is interesting to note that, while talking about the school, the parents mentioned only the competency of teachers. However, they did not mention the other features of the good school staff that are found in *the Good School Concept* (2015): positive attitude, work motivation, and a well-balanced team.

The parents did not disclose and did not name such features characteristic of the good school as the school community as a learning organization enabling the leadership and management aspects. Based on these aspects, it is clear that only the school community as a whole (and the students' parents as well) can simultaneously act to awaken the goal of becoming a personality through educating themselves fostering their physical and mental nature, and creating the conditions for developing individuality. However, the students' parents, while talking about the good school, either omitted mentioning their own roles in this process, or tended to attribute to themselves the function of only expressing opinions. However, for the researchers, the hope for change was awoken by the explicit statement of one of the parents that the parental passivity and perceived parental obligations had to change as:

> "in order for the school to improve, it would be most helpful if there was a closer relationship between parents and school, and if parents were more interested in their children's learning, the education of their value systems and their knowledge."

Parents send their children to school as the educational institution, but while speaking about the features of the good school, they mentioned only the physical environment (fixed stadium, dining room, bean bags, etc.). The question is whether parents cannot identify the educational features of the school, or whether it is not very important for them or any other reasons. Based on *The Good School Concept* (2015), the modern educational environment must be dynamic, open and functional. These are classes without walls, an environment stimulating learning, a virtual environment, and the contribution of students themselves is very important for the creation of such environment.

## Conclusions

The conception of the good school by parents of school students who participated in the research only partially complied with the features defined by *The Good School Concept* (2015). The parents distinguished these features of the good school by choosing to focus on: 1) school life: student well-being and security, students' willingness to attend school, teacher-student communication; 2) (self-)education and the child's achievements, progress; 3) the competent teacher; 4) physical environment at school; 5) the whole community participating in the development of the school strategy.

The parents did not reveal or name such element necessary for the good school as a learning organization enabling leadership and management; they did not understand or want to see their roles, duties or opportunities as members of the school community. The parents tended to see only clearly visible, obvious external changes in school, did not recognize the importance of the educational environment as one of the essential features of the good school.

The parents tended to assume the role of passive observers, people expressing their opinion, critics, but not members of the school community – the creators, the helpers. Parents were not sufficiently aware of their duties as members of the school community and did not fully understand the officially accepted concept of the good school which hinders the development of the Lithuanian good school founded on the ideas of the national school.

## References

Aramavičiūtė, V. (2005). Tautinis tapatumas ir jo kaita vyresniame mokykliniame amžiuje.[National identity and its changes in the senior school years] *Pedagogy Studies/Pedagogika*, 79, 40–45.

Antinienė, D., Lekavičienė, R. (2012). Tautinio tapatumo raiškos ir raidos tendencijos studentų populiacijoje.[The developmental tendencies of the national identity in the student population] *Pedagogy Studies/Pedagogika*, 107, 92–101.

Bitinas, B., Rupšienė, L., Žydžiūnaitės, V. (2008). *Kokybinių tyrimų metodologija*, I dalis [The Methodology of Qualitative Research. Part 1] Klaipėda.

Creswell, J. W. (2009). *Research Design: Qualitative, Quantitative, and Mixed Methods Approaches* (3rd ed). Thousand Oaks (Calif.). London: SAGE Publications.

*Gera mokykla: vizija ir realybė*. Švietimo problemos analizė. [*The Good School: Vision and Reality*. The Analysis of an Educational Issue] Vilnius: ŠMM, 2017 m. birželis Nr. 2 (158).

*Geros mokyklos koncepcija*, patvirtinta LR Švietimo ir mokslo ministro, 2015 m. gruodžio 21 d. Nr. V-1308 Retrieved from: https://www.e-tar.lt/portal/lt/legalAct/f2f65120a7bb11e5be7fbe3f919a1ebe. [*The Good School Concept* approved by the Lithuanian Ministry of Education and Science].

Jankevičius, S. (2013). Tautinio tapatumo gairės S. Šalkauskio filosofinėje pedagogikoj. [*The Guidelines of national identity in the S. Šalkauskis' philosophical pedagogy*] *Pedagogy Studies/Pedagogika*, 109, 21–26.

Krippendorff, K. (1980). Content Analysis: An Introduction to Its Methodology. Thousand Oaks (Calif.),London, New York: SAGE Publications, Inc.

Kukla, A. (2000). *Social Constructivism and the Philosophy of Science*. New York: Routledge.

Lietuvos švietimo koncepcija (1992) [*The General Concept of Education in Lithuania*]. Vilnius.

Lukšienė M. *Lietuvos švietimo reformos gairės.* [*The Guidelines of Lithuanian Educational Reform*] Vilnius: 1993, p. 102–112.

Martišauskienė, E. (2012). Tautinio tapatumo žadinimas – pedagogo misijos šerdis [The Awakening of National Identity as the Heart of the Mission of an Educator]. Pedagogy Studies/Pedagogika, 108, 64–70.

Mayring, Ph. ([11]2010).*Qualitative Inhaltsanalyse. Grundlagen und Techniken.* Weinheim, Basel:Beltz.

Miller, T., Birch, M., Mauthner, M., Jessop, J. (2012). *Ethics in Qualitative Research.* London: SAGE Publications Ltd.

Nacionalinis švietimo plėtotės raportas. Retrieved from: http://www.smm.lt/svietimo_bukle/docs/apzvalgos/RAPORTAS__taisymai_.pdf. [The *National Report on the Development of Education*].

Pollard, A. (2006). *Refleksyvusis mokymas: veiksminga ir duomenimis paremta profesinė praktika.* [Reflective Teaching: Evidence-informed Professional Practice] Vilnius: Garnelis.

Tautinės mokyklos koncepcija (1988).[*The National School Concept*] Retrieved from: http://www.smm.lt/uploads/documents/kiti/koncepcija1.htm.

Targamadzė, V. (2016). Gera bendrojo ugdymo mokykla: mimikrija ar metamorfozė? [Good comprehensive school: mimicry or metamorphosis?] Social Education/*Socialinis ugdymas*, 42, 1, p. 6–16.

Targamadzė, V. (2014). Z karta: charakteristika ir ugdymo metodologinės linkmės įžvalga [Generation Z: Characteristics and the insight into the methodological direction of education], Bridges/*Tiltai*, 4, 95–104.

Žydžiūnaitė, V. Sabaliauskas, S. (2017). *Kokybiniai tyrimai, principai ir metodai.* [*Qualitative Research: Principles and Methods*] Vilnius: Vaga.

Giedrė Misiūnienė

# Operational Possibilities of Full-Day School within a Rural Multifunctional Center

**Abstract:** Solving the problem of insufficient quality of educational services, their availability and accessibility in rural areas, multifunctional centres have been established in Lithuania, which aim at satisfying educational, cultural and social needs of rural communities and consolidating state and private financial and intellectual resources. The article aims to reveal the links between a multifunctional centre and a full-day school as well as to justify possibilities for activities of a full-day school in a multifunctional centre. The experience in organising activities of multifunctional centres and similar institutions in foreign countries, theoretical prerequisites for modelling a full-day school are analysed. Applying the method of participatory research, on the basis of discussions of heads of multifunctional centres and analysis of experience in activities of multifunctional centres, the directions of organising activities of full-day school within multifunctional centres are highlighted.

**Keywords:** multifunctional centre, full-day school, social exclusion, accessibility of education, rural community

## Introduction

Addressing the common goals of the European Union set in the EU 2020 Strategic Framework for European Cooperation in Education and Training (ET 2020), which aim, to address problems encountered in education and training, to increase access to education, to ensure quality of education and equal opportunities for achieving personal educational success, are also outlined as objectives in the main national strategic documents. The Programme of the Government of RL (2016) provides for the goals to make lifelong learning and mobility reality; to improve quality and efficiency of education and training; to promote equal opportunities, social cohesion and active citizenship; to enhance creativity and innovation including entrepreneurship at all levels of education and training. This Programme (2016) highlights the necessity to diversify schools and to ensure their better accessibility, i.e. to make a school not only a place for learning but also a centre of culture, where values are nurtured and a mature and socially responsible personality is educated. The school is also a place, where community members meet and solve relevant educational problems on collegial basis.

One of the goals provided for in the National Strategy on Education for 2013–2022 is to ensure access to education and equal opportunities, maximal educational inclusion for children and young people, to provide school learners with most favourable opportunities to realise their individual capabilities and to satisfy their special educational needs, to ensure efficient pedagogical and psychological assistance to school learners that face learning difficulties.

The international school student achievement research (PISA, TIMSS and PIRLS) reveal that achievements of children from rural areas in Lithuania are considerably lower compared to those of children from urban areas. Early learning start is considered to be one of the factors of learning success but it has been established that children from rural areas and living under conditions of social risk and social exclusion start learning particularly late (Švietimo ir mokslo srities esamos būklės ir tendencijų analizės ataskaita, 2007). According to the researchers (Monkevičienė, Glebuvienė, Jonilienė et al., 2008), the quality of early childhood education services provided in rural areas is considerably lower compared to urban areas. A big number of families, particularly incomplete ones, are not capable of ensuring after-school activities and care of their children (Bruhn, 2011). Physical reachability of school is emphasised as the main aspect of accessibility of education (Jonutytė, Rupšienė, Šmitienė et al., 2009). Moreover, poor supply of adult education, socio-cultural and other services as well as their low quality lead to problems of unemployment among rural population, impede generation of innovative ideas and development of pragmatic ideas in rural areas (Butler, 2014; Katane, 2013; Baily, Breen, Ward, 2010).

Reducing social exclusion in rural areas and emphasising equal opportunities for school start, political measures that contributed to implementation of the conception of multifunctional centre (MC) were introduced (Kvieskienė et al., 2009, 2011, Misiūnienė, Tumosaitė 2013). Scholars refer to the conception of multifunctional centre as to an attractive measure that ensures equal rights to education and copes with a number of socio-educational problems in rural areas.

The activities implemented by multifunctional centres in rural areas embrace a wide variety of community needs. They engage in organisation of cultural and sports events, ensure leisure activities of children and youth as well as improvement of rural infrastructure, education of local residents, solution of social problems, representation of residents in government institutions, etc. The purpose of multifunctional centres is to satisfy educational, cultural and social needs of local community consolidating state and private financial and intellectual resources, to create, to implement and develop a modern conception of education that embraces various age groups and their needs. Such centres in Lithuanian rural areas is a rather new educational phenomenon that functions addressing needs characteristic of this particular location, including a different range of services and forms of education, providing services to all the social groups, seeking social inclusion, reduction of social exclusion and further searching for own niche. Therefore, implementation of model of full-day school (FDS) in a multifunctional centre would be one of the possibilities to develop programmes of formal and non-formal education, to initiate and implement national and international educational projects.

The following problem question was formulated in the article: what are possibilities for organising a full-day school in a rural multifunctional centre.

The aim of the goal: to discuss possibilities of full-day school activities in a multifunctional centre in rural areas.

## Objectives:

1. To reveal experience in organising activities of multifunctional centres in rural areas accumulated in foreign countries.
2. To highlight possibilities for activities of full-day school in the context of multifunctional centres in rural areas.

## The Methods of Research:

Seeking to reveal experience of activities in rural multifunctional centres, qualitative content analysis of documents and comparative analysis were applied. *Qualitative research (group discussion)* was conducted to highlight possibilities for activities of multifunctional centres in the context of full-day school.

## Activities of Multifunctional Centres: Experience of Foreign Countries

The analysis of experience accumulated in foreign countries show that emergence of multifunctional centres can be linked with recent changes in the demographic situation. For example, similar to Lithuania, since 2003 a big number of schools have been closed in rural areas of Denmark due to shrinking population. Therefore, seeking to stop this negative trend, to preserve local schools, to activate social life of rural communities and to enhance their learning opportunities, multifunctional centres have been established. Meanwhile, community schools (brede school) have become popular in the Netherlands as one of the main tools of local policy on youth, which offers education and community support to children and young people (Baker, 2010) as well as culture centres, which became a certain means of fight against decay of rural areas (Svendsen, 2009).

One more reason for establishment of multifunctional centres or their equivalents is improvement of accessibility of services necessary for a community aiming to bring public services closer to people and to increase their variety in a way, which would answer needs of local people in a more comprehensive and flexible way compared to social services provided on fragmentary basis (Andersen, Bilfeldt, Jørgensen, 2012). Concentration of various services into a network or within one building increases their accessibility. According to P. Baker (2010), different services can join forces and adjust their services to match and complement each other as well as to meet the needs of children and parents.

Northern countries, for example Denmark, follow the principle that aims to ensure high quality public services to all the residents regardless of their place of living (Svendsen, 2009). Recently attempts have been made to concentrate services necessary for a local community under one roof in Norway, particularly while planning new residential areas. One of such examples – residential areas built in the territory of former Oslo Fornebu airport (Bendixen, Bjelke, 2006). One of the first local community centres includes a secondary school, a kindergarten, a swimming pool and a sports hall as well as an outdoor ice rink and a football field with adjacent service areas and a clubhouse. A separate building is allotted to each function of centre. All main entrances are from the street. The street becomes the "backbone" of the area, as a clear meeting place for the local community. This is a new trend in designing new public buildings, which allows for an economical use and free access for local community (Kruiter, Oomen, Dubbelman, 2012).

In recent years, the Dutch concept of a rural culture house (kulturhus) initiated by community libraries has become popular. Most centres include a public school, a library, health care services, sports and culture facilities as well as – in some cases – private enterprises as hairdressers, post offices and banks. (Svendsen, 2009). It becomes less important which institution from the area takes initiative and reconsiders own objectives and role solving local problem and better adapting provided services to needs of local residents (Andersen, Bilfeldt, Jørgensen, 2012).

The experience accumulated abroad shows that schools can function as a particularly convenient meeting place, which would attract local residents regardless of whether they are school learners' parents or ordinary members of community. Usually community needs predetermine the institutions that a community school cooperates with. Primary community schools often cooperate with kindergartens, children's day care or social work institutions, whereas community schools that implement secondary education curriculum most frequently maintain relations with the municipality, the sports association and the centres for arts and culture (Baker, 2010).

Such experience becomes particularly relevant in Lithuania, where schools-multifunctional centres have been intensively established. The fact that the idea of using school spaces for the sake of community is not new, is evidenced by frequent use of premises of educational institutions for educational or social activities organised after school in foreign countries. The Law on Education in Norway provides for a possibility of using premises of primary and basic schools for cultural and social needs after-school when necessary. (Article 9.5. School premises, Law on Education of Norway, 2011). K. Buvik and B. Cold (1995) indicate that various groups and organisations have access to premises of the majority of Norwegian schools after lessons are over. Thereby, a big number of schools open their doors to leisure activities and events. After school hours organisations or groups have access to ceremony halls, warehouse premises, music classrooms and others for their activities. In other cases, a school could have expanded some areas of its activities and can be using own premises for cultural events or social activities, club activities, pre-primary education, health and social services, whereas a school library can offer broader services of a public library. Such buildings and premises can be seen as a certain formation of school and mini-community. In the third case, some schools can be functioning in the same buildings together with local government or community administration, institutions that provide cultural or social services. Such formations are most frequently referred to as community centres (Buvik, Cold, 1995).

Generalising foreign experience, it can be noted that functional variety of content given the direction of the chosen main activity is characteristic of such centres. The process of socio-educational work is not strictly formalised. However, despite specifics, satisfaction of needs and expectations of local community particularly focusing on educational (formal and non-formal), cultural, social activities and community empowerment is seen as the main purpose of such centres.

The examples and experience of foreign countries show that local context and conditions, collaboration experience and possibilities, community needs can differ but the main role ensuring the activities of MC is played by interinstitutional collaboration, coordination of functions and activities. Reforming the network of educational institutions, it is necessary to retain continuity and traditions of functions, as well as socio-educational spaces modernising and adapting them to changing needs of community.

## The Research Methodology

Seeking to identify possibilities for activities of full-day school in the context of multifunctional centres established in Lithuanian rural (territorial) communities, the methodological approach of group discussion was applied: group members were introduced with the theme in advance; they knew about taking part in the research by projecting the idea of full-day school; while conducting research, the empowerment of socially excluded groups is emphasised; during the research critical thinking was encouraged as well as education of the participants in the research; during the research actions for reduction of social exclusion in rural areas were planned.

The heads of multifunctional centres were chosen as informants. The sample of research consisted of 28 informants from different regions of Lithuania. The results of discussion of heads of multifunctional centres held in the Centre of Education Development on 31 March 2017 are presented.

The choice of informants was based on criterion sampling (M. Patton, 1999) and heads of multifunctional centres were selected. The discussion aimed to identify prerequisites for and perspectives of activities of full-day school in rural areas.

The discussion was conducted following the topics formulated in advance (see: Tab. 1).

**Tab. 1:** Topics of discussion

| Themes | The aspects covered in questions |
|---|---|
| Need for a full-day school | The target groups of full-day school |
| Organisational model of full-day school | Working time, financing and conditions of attendance of a full-day school |
| Services of full-day school | Possible educational services (additional lessons, organisation of non-formal education) and other services to specific groups of children (with special educational needs), services to parents |

Prerequisites for full-day school in rural multifunctional centre: the attitude ofheads.

The analysis of research results allowed distinguishing the most important aspects of organising and implementing activities of full-day school. It was revealed that the full-day school is relevant to the following target groups: primary school learners, social risk learners, special needs children and children from financially struggling families (Fig. 1).

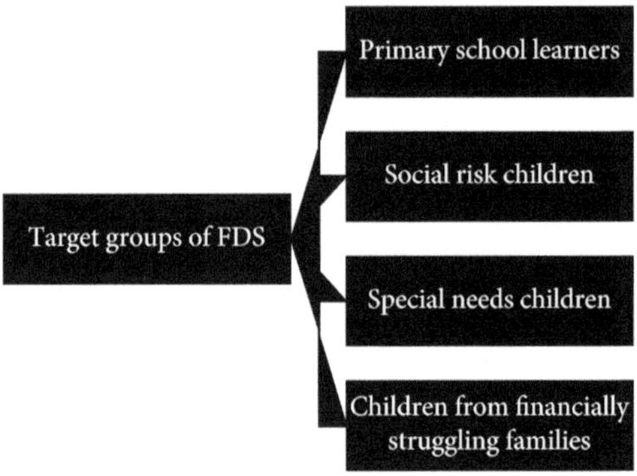


**Fig. 1:** The need for full-day school: target groups

The participants in the discussion pointed out that after multifunctional centres started functioning in rural areas; one of the most anticipated results was reduction of social exclusion.

The heads of MC stated that the influence of FDS is more considerable to primary school learners, who frequently learn in rural multifunctional centres. Following the informants, learners of FDS would have all the conditions: "for preparation of homework, positive spending of time as a family in rural areas does not have much free time for communication or favourable activities, ....for children from financially struggling or incomplete families, where conditions at home are not good"; "it is important for children with special needs to do all the assignments in the classroom because conditions at home, where they bring assignments, are not always good."

The participants in the discussion emphasised that there are many social benefit receivers in rural areas "people in the countryside are sucked into a certain moss of financial addiction", "many families living from benefit to benefit in rural areas", therefore, "a longer day at school is relevant to children from risk groups" and "special needs children". The heads of multifunctional centres indicated that the numbers of children in classes are not big, therefore, "it would be attractive to specialise the process of education integrating special needs children".

The heads of multifunctional centres expressed their opinions about the services that can be possible in a full-day school in rural areas (Fig. 2).

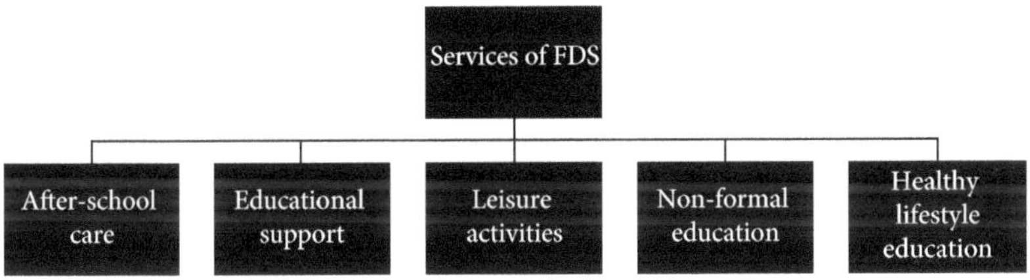


**Fig. 2:** The need of FDS services in rural areas

According to participants in the group discussion, FDS could be the space, where leisure activities of children and young people are organised: "we will be able to satisfy the needs of youth's sports activities ... comparing to what we had, now there are more responsibilities"; "to go in for various kinds of sports, which is particularly liked by youth because infrastructure in a MC is already created"; "There is a place now and here, where young people of the whole town and other members of community, who come here to spend their leisure time and to engage in sports"; "In their living areas youth are eager to have concerts, films, events, sports and dance classes, only it will be necessary to organise all that".

The participants also stated that "...Children do not have much comfort at home in the countryside, ...it is good for. children to change their environment", "...A multifunctional centre has sufficient space....adapted spaces for relax, creation, camps, etc.", ".. a child comes to school not only to learn but also to spend time and to communicate". According to the informants, though day camps are important in rural areas, "..during short holidays, in particularly" but "services of full-day school should not be created only for a certain group of children and it should not become "a reservation" of social exclusion or targeted at the chosen ones".

The informants stated that educational support to a child and his/her family is one more service that FDS could provide. The importance of systemic work with child's social environment is highlighted "...A full-day school ensures individual progress of a learner, contributes to growth learners' achievements", " A longer working day could help the learners, who face problems". The need of specialists in educational support and psychologists in rural areas, in particular, is distinguished: "provision of educational support to a family ....special assistance".

The informants also indicated another important service, i.e. non-formal education: "... after-school clubs have to be led by professionals in the field. Guest specialists come to schools for several hours only, it is complicated to invite them especially during holidays...".

The research revealed that the relevance of service of healthy lifestyle education in rural areas. The informants claimed that it is important to introduce healthy lifestyle principles: "more attention should be allocated to sports and other health-enhancing activities", " ...considering the current situation in rural areas, when local dispensaries are closed, health care services would be welcome", "MC has a good infrastructure for sports activities ...there is a possibility of using sports hall and sports equipment."

The informants stressed the necessity of educational after-school activities to children: "dance and fine arts clubs are important"; "Drama classes after lessons as additional activities are suitable for children"; and the need of activities for youth: "For the same young people as they also want lectures "from outside", when they come after school from town.... Not only what they hear during lessons; they also want to meet people from other areas, who come to share experience".

Analysing the opinions of the participants, several tendencies expressed unanimously can be emphasised: the infrastructure of FDS services is needed not only as a response to perceived and expressed needs but also as a prerequisite for formation of needs and their better understanding. Respective changes in FDS services, initiated by MC liberalising the market of services in rural areas and establishing better opportunities for education, are likely to contribute to more active engagement of rural communities into educational activities.

The model of full-day school apparently is acceptable to the majority of heads but additional discussions with government authorities, heads of rural institutions, sub-elders, teachers, parents and school learners are necessary regarding the need of organisation of targeted services.

Discussing the organisational model of full-day school, two main aspects of political support and ensuring of financing were distinguished.

Responding to contemporary needs of multifunctional centres that are relevant in the context of FDS, it is stated that political support is particularly important organising a full-day school: "not only additional energy is needed for its implementation" but also "flexibility in the majority of activity areas, good cooperation with partners ......political will".

The participants in the discussion emphasised that " making political decision about establishment of FDS in rural areas, it is necessary to conduct an analysis of situation in specific regions to ensure that forecast demographic changes in the regions meet realities of planned activities, needs of local communities and financing opportunities".

Another important aspect of implementing FDS in a rural multifunctional centre is ensuring of funding. The informants emphasised that efficiency of using available resources has to be analysed as well as whether more efficient use of the same resources can have the same results as prolonging of learning day. The discussion also revealed that this would be rather expensive "to prolong the working hours of qualified teachers", "even if some services would be paid by parents", "it would cost big money to the state......detailed calculations are necessary according to tariffs of each location providing services". It is stated that this activity would be organised not only by staff members of FDS and MC, but also by those of library, cultural workers, representatives of crafts, healthy lifestyle and other partners in rural areas, therefore, the aspect of collaboration becomes important "covering costs of municipalities it is important to foresee possibilities for flexible collaboration among elderships". The participants in the discussion pointed out that holistic study of needs and analysis is of importance, when ... the context of a specific location show the real costs". During the discussion, the heads of MC mentioned that "testing this idea, such a school could operate not a full day but at least half a day ....or even several days per week".

## Conclusions

1. Generalising experience of multifunctional centres in foreign countries, it can be noted that functional variety of content given the direction of the chosen main activity is characteristic of such centres. However, without taking into account specifics, satisfaction of needs and expectations of local community particularly focusing on educational (formal and non-formal), cultural, social activities and community empowerment is seen as the main purpose of such centres. Though local context and conditions, cooperation experience and possibilities as well as needs of communities can differ, inter-institutional and intersectorial cooperation and coordination of functions as well as activities become most important ensuring activities of such centres. Reforming the network of educational institutions, it is necessary to retain continuity and traditions of functions, as well as socio-educational spaces modernising and adapting them to changing needs of community.
2. The research revealed the following target groups of full-day school in a multifunctional centre in rural areas: primary school learners, social risk and special needs children as well as children from financially struggling families. The main services that can be provided by a full-day school are related to after-school care and activities, educational support, non-formal education and healthy lifestyle education. Political support at municipal level and assurance of adequate financing are important to implement the model of full-school in a multifunctional centre in rural areas.

## References

2020m. švietimo ir mokymo programa (ET 2020) [The EU 2020 Strategic Framework for European Cooperation in Education and Training]. Available online at http://ec.europa.eu/education/policy/strategic-framework/index.[accessed 6 May 2019].

Andersen, J., Frandsen, M. (2007). From Library to Community Centre: Evaluation of Community Centre Gellerup (Eds.). Research paper No. 1, RUC, Roskilde University.

Andersen, J., Bilfeldt; A., Jørgensen; M. S. (2012). Social Innovation and Empowerment – Three Cases of Action Research. In: *Refleksiv praksis – forskning i forandring*. Eds. A. Bilfeldt. Aalborg Universitetsforlag.

Baily, N., Breen, J., Ward, M. (2010). *Community Education: More than Just a Course.* Dublin, Ireland: AONTAS.

Baker, P. P. (2010). Community Schools in the Netherlands. *Factsheet, Netherlands Youth Institute*, 2010 [accessed 1 December 2017]. Available online at: http://www.eunec.eu/sites/www.eunec.eu/files/attachment/files/development_of_community_schools_in_the_netherlands.pdf [6 May 2019].

Bendixen, T. H., Bjelke, K. (eds.) (2006). *Welcome to Baerum.* Municipality of Baerum.

Bruhn, J. (2011). *The Sociology of Community Connections.* Dio 10.1007/978-94-007-1633-9.

Butler, T. A. (2014). School Leadership in the 21st Century: Leading in the Age of Reform. *Peabody Journal of Education.* Vol. 89, iss. 5, p. 593–602. ISSN 0161–956X.

Buvik, K., Cold, B. (1995). Schools and the Local Community: Joint Location and Coordinated Use. *Children's Environments*, 12 (4).

Gabriela, G. D. A., Delia, G. (2015). The Effect of Structural Funds on Regional Competitiveness in the New EU Countries: The Case of Romania and Bulgaria. *Annals Economy Series*, 1, 225–235.

Jonutytė, I. et al. (2009). Galimos diskriminacijos apraiškos bendrojo lavinimo mokykloje: tyrimo ataskaita [Possible Manifestations of Discrimination in Schools of General Education: Research Report]. Available online at: <http://www.smm.lt/uploads/documents/kiti/Tyrimo%20ataskaita%20galimos%20diskriminacijos%20apraiskos_KU_2009.pdf. [6 May 2019]

Katana, I. (2013). Changeable Educational Environment of Rural School for Sustainable Development. In: *Engineering for Rural Development* [online]. Available online at: http://tf.llu.lv/conference/proceedings2013/ [6 May 2019].

Kruiter, J., Oomen, C., Dubbelman, E., van der Linden, J., Hulsen, M., Kooij, D. (2012). „*Jaarbericht brede scholen 2011*" ["Annual Reports of Community School 2011"]. Utrecht: Oberon.

Kvieskienė, G. (2016). Sumanioji edukacija – vaiko gerovei [Smart Education for Social Industries]. *Social Education*, Vol 41, No 2, pp. 5–16. Available online at: http://socialinisugdymas.leu.lt/index.php/socialinisugdymas/article/view/143.[6 May 2019]

Kvieskienė et al., 2009, 2011

Lietuvos Respublikos vyriausybės programa (2016). The Programme of Government of the Republic of Lithuania. TAR, 28737.

Misiūnienė, G., Tumosaitė, G. (2013). Daugiafunkcių centrų veiklos prielaidos ir galimybės [Preconditions and Possibilities of Multifunctional Centers]. *Social Education*, 34(2).

Monkevičienė, Glebuvienė, Jonilienė et al., 2008,

OECD After-Hours Use of Schools (1999). *PEB Exchange, Programme on Educational Building*, OECD Publishing, Vol. 10. https://www.oecd-ilibrary.org/docserver/451061402610.pdf?expires=1557095799&id=id&accname=guest&checksum=4A762D86B98ED06FE96DB77A62C817A0 [6 May 2019]

Programme for International Student Assessment OECD PISA (2015/2017). Available online at https://www.smm.lt/web/lt/smm-studijos.[6 May 2019].

Progress in International Reading Literacy Study, PIRLS (2016). Available online at https://www.smm.lt/web/lt/struktura-ir-kontaktai

Švietimo ir mokslo srities esamos būklės ir tendencijų analizės ataskaita (2007). Vilnius: ŠMM.

Svendsen, G. L. H. (2009). Multifunctional Centers in Rural Areas: Fabrics of Social and Human Capital. In: F. Kolumbus (Ed.). *Rural Education*, Chapter 1. Nova Science Publishers, New York, 2009.

Svendsen, G.L.H. (2010). Socio-Spatial Planning in the Creation of Bridging Social Capital: The Importance of Multifunctional Centers for Intergroup Networks and Integration. *International Journal of Social Inquiry*, Vol. 3, No. 2.

Valstybinė švietimo strategija (2013–2022). The National Strategy on Education for 2013–2022. Ministry of Education and Science. Available online at https://www.smm.lt/web/lt/pedagogu-rengimo-pertvarka [6 May 2019].

Vincent J. M. (2010). *Partnerships for Joint Use. Expanding the Use of Public School Infrastructure to Benefit Students and Communities, Research report*, Center for Cities & Schools, Berkeley, CA.

Katrin Tanvel

# Gender Aspect Thinking and Its Manifestations in Music Teachers Attitudes about Music

**Abstract:** Gender studies as a discipline is a relatively recent phenomenon in Estonia whereas it has been an established branch of research in the world for decades and gendered thinking is becoming evident in various fields of life. The primary focus of Estonian gender studies is currently on subjects as pay gap, job market differences, boys' dropout rate from school, etc. The gender related issues have not received extensive attention in the Estonian hobby education spheres of musical culture and education. Yet the society's perception of gender roles has an influence on school and hobby education. This article introduces different perceptions on gender roles in Estonian society and education and the Estonian music teachers' attitudes concerning the gender distinctions in musical education.

**Keywords:** Gendered thinking, gender studies, musical culture and education, hobby education

## 1 Male and Female Social Roles in the Society

Gender has a direct impact on our life and is the main social category we are automatically divided into from the moment of our birth. Gender as a category perpetuates various stereotypes that reinforce the idea of gender distinction that, in turn, fosters certain norms and acceptable behaviors in the society. Gender is not limited to the biological and physiological differences in humans, but includes also cultural traditions, norms and values that determine the conditions of being male or female (Papp, Kütt 2009). These two aspect are designated with the terms sex and gender, that is, biological and social differences between men and women. Gender is determined by socio-cultural factors and the roles and relative power of men and women in a given society. American philosopher and gender theorist Judith Butler views social gender as a construct of institutions, discourses and practices. Gender functions due to performative repetition, the continued gendering that starts when the baby emerges from the womb and is declared either a boy or a girl by the doctor, and lasts for the lifetime. Performativity is regulated by rigid cultural frameworks and the subject cannot simply stop performing those activities (Laanes 2009). The society's general perceptions and beliefs concerning the social gender often result in discriminatory attitudes and behaviors. In the case of gender roles we are often talking about the relations of domination and submission. According to the Estonian "Gender Equality Monitoring" study from 2016, the general response regarded the position of men to be better than that of women (59% of the respondents considered men's position to be notably or marginally better than that of women). The temporal comparison shows the slow but steady decline in the percentage of people who regard the position of women to be better than that of men (8% in 2009). Other trends are not so clearly evident, but compared to 2009, less people see men and women as equal in society (40% in 2009) and more people share the opinion that men hold a higher position in the society (47% in 2009). The same trends are evident in both male and female attitudes (Soolise võrdõiguslikkuse monitooring 2016). Study conducted in Finland also showed that only one fifth of women and less than half of men viewed men and women as equal in the society. Two thirds of women and half of the men considered men's position in the society to be better. Yet the opinion of all the respondents concerning gender equality during the past decades has been slowly moving towards acknowledging that men and women are now more equal than ever before (Attila, Pietiläinen, Keski-Petäjä, Hokka, Nieminen 2017). Half of the men and two thirds of women perceive that men have better career opportunities on the job market. Men are more likely to believe that men and women have equal career opportunities (39% of men and 25% of women) or that women have better opportunities (6% of men and 2% of women) (Soolise võrdõiguslikkuse monitoring 2016).

Temporal comparison shows a slow but steady decline in the percentage of respondents who see women as having better career opportunities. The monitoring study indicated only rare occasions of gender-based discrimination at the workplace. Yet there is still a difference among the qualities and skills the development of which is considered relevant for boys and girls. The so called universal skills relevant in raising both boys and girls include money management, good behavior and etiquette, communication skills, consideration towards others, assertiveness, initiative and risk tolerance. The preferred skill-set for boys includes technical know-how, entrepreneurial spirit and ability to drive; whereas the skill-set for girls prioritizes cooking, grooming and cleaning. Thus the attitudes to raising girls and boys are still reinforcing traditional gender roles and stereotypes, but the temporal comparison reflects a slight decrease in the influence of traditional gender stereotypes. The education system is above all expected to acknowledge the children's individuality and students gender is gender based distinctions are generally not considered justifiable (e.g. lower grade thresholds for boys at the entrance exams, different teaching methods for boys and girls, etc.). The trend is towards increasing opposition to gender-based distinctions in education. Yet the monitoring also demonstrated that girls receive more favorable treatment from the teachers, e.g. girls are praised more often and less frequently admonished for breaking the rules. But being a girl does not give significant advantages in terms of grading the learning outcomes (Soolise võrdõiguslikkuse monitooring 2016).

The above study confirms that both Estonian and Finnish societies still have some gender-based inequalities. The biological gender is an important dividing factor in all civilizations, but the specific male and female behaviors depend largely on specific societies. The social roles of men and women cause gender based differences in behavior through social and psychological processes. One of these processes in the creation of gender roles that require a person to have a certain set of characteristics to enable them to perform the tasks typical to their gender.

Gender roles together with specific male and female roles determine people's social behavior (Eagley, Wood & Johannesen-Schmidt 2009).

## 2 Social Gender in Education System

School is one of the primary agents determining the direction of gender development (Bussey, Bandura 2008). Education is part of a system created by the society that is heavily supervised and thus able to dictate strict rules and behavioral norms. According to this perspective society influences education and thus the prevalent value systems and norms are transferred to education. School as institution should be able to consciously guide the construction of gender and school as learning environment should consider the need and expectations of both genders.

The analysis compiled by the Estonian Ministry of Education and Research in 2016 shows that Estonia stands out in terms on gender inequality in the context of education, skills and competitiveness at the job market. The education gap (duration of studies, dropout rate, results) is in favor of the girls. The analysis highlights the following points:

- The boys' basic school dropout rate is twice as high as that of the girls.
- According to PISA assessment results girls in Estonia are better at reading than boys, but there are no major gender-based gaps in other skills compared to the international results.
- Estonia has traditionally had almost twice as much young man than women who have a basic education or lower and are not continuing their studies.
- Boys are a bit less likely to participate in hobby education than girls, but the trend shows a decrease in this gap. The most popular extra-curricular activity for boys is sports (65% of all participations for boy's vs. 38% for girls respectively). The girls' favorites are music and arts (40% of all participations for girls vs 17% for boys respectively)
- There are around 60% of women among students, and already twice as much female graduates (66%) as male graduates (34%).
- Estonia, like many other counties, exhibits great differences in the male-female distribution in different disciplines.
- Men are underrepresented especially in the fields of education, health and welfare. The graduates of natural and exact sciences are more equally distributed in terms of gender. Summarized results for science, technology, engineering, and mathematics show a better balance then European average (EK 2015). STEM specialties graduates in Estonia are 38% female (EHIS 2014/15). But there are bigger gender gaps within certain fields, e.g. there are noticeably less women than men in IT, but in natural sciences the situation is more or less equal. The situation with gendered distribution is similar in Europe, where women dominate in health and education and men in STEM specialties.
- The adult population (16–65 a) of Estonia contains more women (42%) with 3rd level higher education than men (25%). The same is true of the other EU countries

with the exception of Germany and Austria. The gap between women and men with higher education (16.8 percentage points) in Estonia is the greatest in Europe, but the situation is similar in Latvia, Lithuania and the Nordic countries.
- When considering the duration of studies as one of the universal and straightforward indicators of education, Estonia's greatest sources of inequality in addition to the socio-economic status are gender and native language. A year of education is either given or taken away based on family and home background (education level of parents, number of books at home, etc.), native language and gender. Women in Estonia study on average about 0.7 years longer than men.
- Despite the women's higher level of education and (partially) due to different choices in specialties, Estonian job market features the greatest pay gap in Europe with only a few women in entrepreneurship and executive positions.
- One of the major issues in Estonia is low awareness of the relatively large gender equality gap (Valk 2016).

The study for teachers confirmed that three quarters of respondents did not regard gender-related relationships as pertaining to certain individuals alone, yet most also believed that society's expectations to men and women cannot be changed (69.6 %). More than third agree with the popular saying 'boys will be boys', i.e. that boys are born with the innate desire to quarrel and misbehave. Even higher number of respondents (46.0%) believes that boys should be raised according to the traditional male ideals. Every other male teacher supports this argument. Data analysis indicated that the language of the school (teacher's nationality) was an influential factor – non-Estonian views are more likely to be affected by traditional gender stereotypes in comparison to Estonians. Thus traditional masculinity approach is favored by 54% of Russian and 43.5% of Estonian respondents (Papp, Kütt 2013).

Traditional patriarchal ideology also had an impact on different expectations for boys and girls in regards to both their perceived characteristics and presumed gender roles. Ability to co-operate and setting goals for themselves are considered the most relevant skills for students since these are critical attributes for bot boys' and girls' successful performance at the job market in the future. The greatest gap in gender-based expectations for skills was evident in the survey responses pertaining to communication and critical thinking. The former is considered more important for girls and the latter for boys. Stress tolerance is also considered more relevant for boys. Even though most responses focus on the future goals of educations, little consideration was given to the expected competencies, skills and abilities the lack of which is evident already, i.e. men's poor communication skills and women's low self-esteem and assertiveness (Papp, Kütt 2013).

Characteristics endorsed by the school environment – good behavior, being considerate and well-articulated – are considered equally relevant for both boys and girls. Although the teacher claim that discipline is not of utmost importance, the results showed that they valued good behavior very highly and more so for boys than girls. Good behavior is considered important by all respondents regardless of their age, gender or school's study language. Two thirds of the teachers see no difference in the school's attitudes towards boys' and girls' academic achievement, diligence and absences. Finnish teachers claimed that the student's gender has no bearing on the teacher's attitudes towards them. But this opinion on gendered thinking was not unanimous since 10% of respondents agreed that the student's gender does influence the teacher's behavior and attitude. The teacher's opinions also differed on how various conditions and requests are communicated to boys and girls (Papp, Kütt 2013). Finish teachers insist that boys are less motivated in their studies and that girls are encouraged to consider traditionally male professions more frequently than boys are encouraged to consider traditionally female professions (Pöysä, Kupianen 2018).

But the so-called hidden-curriculum provides contrary evidence – gendered differences are noted mostly in handling duties and responsibilities. The former has been observed by 44.1% and the latter by 51.5% of teachers. More than half of the teachers (57.4%) are of the opinion that boys cause more trouble but are more interesting as persons. The latter trend has been evident in numerous educational surveys and indicates that our teachers are similar to their Finnish colleagues in that respect (Papp, Kütt 2013).

If we listen to boys talking about school subjects, we find that they like physical education and sciences; very rarely do they mention music among their favorites. Boys culture typically evolves around different sports and computer games (Sinkkonen 2005: 123). Lucy Green (1997) argues in her book *Music, Gender, Education* that according to research data students in Great Britain associate classical music above all with girls and since classical music predominates in school music curricula, this also explains boys' negative attitude towards music lessons. Instrumental music and composition are considered to be masculine, and singing feminine, as the latter is a relatively more intimate and emotional mode of self-expression. According to Hallam, Rogers and Creech one source for this differentiation has been the gender- stereotyping of the musical activities that are perceived as appropriate for males and females and, in parallel with this, the gender-stereotyping of particular instruments. The latter may depend on a range of factors, including the shape or size of the instrument, its pitch, quality of sound or the need for particular characteristics in order to play it, for instance, physical endurance. While examples of these differences can be found in many cultures, most large- scale explorations of the gender-stereotyping of musical instruments have been carried out in the developed world in relation to western instruments. According to their research the most gendered instruments are the harp (90% girls), flute (89% girls), electric guitar (81% boys), bass guitar (81% boys), voice (80% girls), fife/piccolo (79% girls), oboe (78% girls), tuba (77% boys), kit drums (75% boys), tabla (74% boys), clarinet (73% girls) and trombone (71% boys) (Hallam, Rogers & Creech 2008). Various studies have demonstrated that music-related choices of the students are mainly influenced by music teachers, the media, musical instrument teachers, the Internet, parents and friends (Ho 2009; Hallam, Rogers & Creech 2008).

Lucy Green also argues that gendered perceptions about music also strongly influence our attitudes about masculinity and femininity in general. Teachers also unconsciously mirror these beliefs when they determine the musical abilities of boys and girls and directing them to certain kinds of musical activities. As a result boys primary end up playing rock and pop music, and girls classical music. Thus school has a strong and gendered influence on the choice of musical hobbies, the same way the prejudiced and stereotypical beliefs about gender influence people in the course of their lives (Green 2008).

## 3 Beliefs of Music Teachers about the Manifestations of Gender Differences in Connection with Music and Music lessons

In spring 2009 I conducted an empirical study among Estonian music teachers in order to find out what they believed about the manifestations of gender differences in connection with music in general and school music lessons in particular. I designed and employed a questionnaire with closed and open questions for this purpose. The subjects were 23 Estonian music teachers, 14 of them from Tallinn and 9 from other counties. 7 of the respondents taught children in same-sex classes, the other in mixed-sex classes, when the questionnaire was circulated. All of the surveyed teachers were female. To date this study remains the only questionnaire conducted among Estonian music teachers to focus on the gendered and gender role related attitudes and problems in the general context of musical education and culture.

Who is considered more successful in the field of music in today's Estonia – men or women? Music teachers believe, that men and women are equally successful.

> "The organizers, managers, DJs, also composers are usually male. There are many women among the performers, if we think about choirs and orchestras. Among instrumental music soloists men still dominate, though."

Nobody noted women's prevalence in Estonian music life, while 30.4% of teachers believed that the situation was more advantageous for men. The explanations given included men's better stage nerve, physical characteristics (endurance) and artistic talent. At the same time boys tend to be more absent from school music lessons as teachers claim that they do not like to sing and are more lazy, especially when the music lesson is either the first or the last lesson in the schedule of the day. It was highlighted that girls are better-behaved and more diligent as learners and fulfill different tasks and obey commands, regardless of their content. For example, one of the respondents stated the following: "Boys are more frequently absent from the music lessons at the high-school level because they do not have the patience to listen to music quietly and music history is not interesting for them either. If they know that there will be singing or playing instruments in a class, everybody will be present."

60.9% of teachers believe that there is gender equality in most schools, among teachers as well as students. Yet, 26.1% thought the opposite, and they reasoned this by stating that men are more likely to be hired.

> "Men are more favoured at school, they are mostly on higher positions, they have more say and advantages for creating timetables and they are offered better wage conditions."
> "I am quite certain that if they would have to choose between a male or a female teacher, male teacher would be preferred because the percent of men in Estonian schools is too low."

According to EHIS the clear majority of teacher in music and art schools are female (see Fig. 1), although there has been a small rise in the number of male teachers.

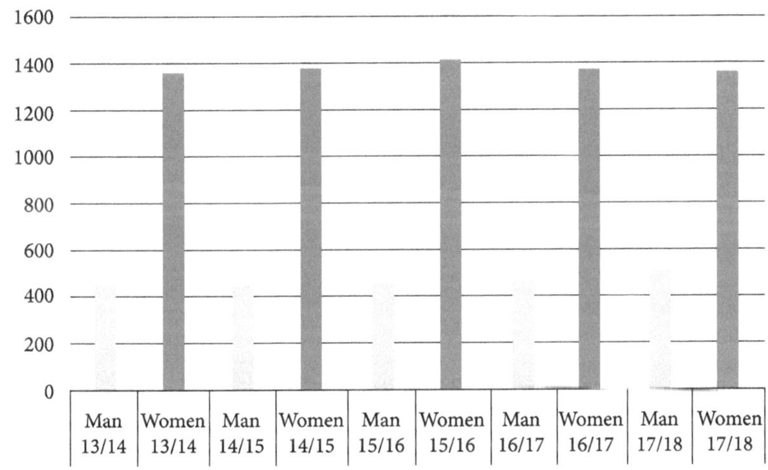


**Fig. 1:** Teachers' distribution by gender in Estonian art and music schools 2013–2018

Here, we should again face the fact that in today's society, the post of a teacher is usually associated mainly with women due to the educational role of a teacher. The roles of mother-educator-teacher are united, which actually has not been like this throughout the history. With its harsh requirements, today's society has created a situation where men have no other options than to find a more profitable job to support their family, therefore, the emotional and educational side is mostly left for women. 60.9% of the participants think, when talking about pedagogical activities, gender is important because girls and boys would require role models of same gender to ensure the gender roles in society. At the same time, the duty of teachers of different genders is to be a role model for teaching appreciation for the teacher profession. For many participants, the gender of the teacher is irrelevant because characteristic features and communication with students are more important. The participants pointed out that the main reasons as to why there are fewer male teachers, is low salary, hard work and little prestige. At the same time, some teachers thought that this profession is actually not suitable for men because they lack patience and pedagogical skills, especially in relation to elementary and basic school.

> "Firstly,, it just is not a profession for men (especially at elementary school where children see the teacher as their second mother; another thing is that for men even the smallest failures are hard to bare and they see it as their own failure, female teachers forget and forgive unpleasant things quicker); secondly, this profession is not profitable enough and men want to be the head of the family, in a financial sense, that is just how it is."

52% of the teachers think they communicate in the same manner with boys and girls.

> "I try to approach and communicate similarly, I do not use different methods, everything depends on the certain situation. Generally, I try to understand boys and girls depending on the need, I do not follow the principle that boys always have to be able to maintain themselves and girls have to be polite and fragile. Still, the most important thing is understanding and comprehending."

Considering the gender in communication, various reasons are mentioned: it is easier to communicate with boys because you have to be more concrete and straightforward with them; girls are more emotional, they require more verbal communication, and they are more sensitive.

When asked about how active students were in school lessons, 43.5% of the respondents claimed that boys and girls are equally active. 21.7% found that boys are more eager in asking questions and making proposals. Girls were claimed to be more modest, while boys dared to express their opinions. At the same time teachers agreed, that boys have more problems in classes, for example the fear of singing, and that they are interested in certain topics only. It was stated that boys are afraid to make fools out of themselves in from of the others.

When it comes to the displaying theoretical knowledge and practical skills, teachers agree that girls stand out more in both. Both genders are generally believed to have an equal amount of theoretical knowledge, but girls are perceived to have better practical skills. Only 8.7% of the teachers stated that boys stand out especially for their theoretical knowledge. 60.9% of the teachers found that boys and girls are equal in their ability to use and apply their knowledge in different activities. The rest (39.1%) believe that girls are better in using their knowledge. Thus, in conclusion, girls seem to be better here.

When we look at the observations about the talent of boys and girls in specific class tasks, we can see that teachers believe boys and girls to be equally talented, but that girls are more interested in music as a subject and that they are more determined and attentive. Boys, however, are said to be less choosy than girls about songs to be sung and be more successful in public performances. It was brought out that even if a boy is more talented in music, he does not want to show his talent in the music lesson. Girls are considered more talented in singing, with a very strong lead (70% of the teachers agree with this). In other activities, such as listening to music, playing instruments, knowledge of music history, other creative activities and rhythmics, talent and abilities are expressed equally in both genders, according to the teachers studied. However, all kinds of theoretical knowledge and rhythmics tasks are broadly believed to be in the domain of girls and boys are seen as more talented in playing instruments and creative activities. It was believed that girls are more interested in singing and music theory and music history knowledge; boys in creative activities and playing instruments.

How do boys and girls cope with different class tasks? What was brought out once again was girl's success in singing, rhythmics activities and in the acquisition of different kinds of theoretical knowledge.

Who – boys or girls – are more active in extracurricular musical activities? More active participation in in-school music events was attributed to girls (60.9% of the teachers), 39.1% believed the participation was equal. Boys' lower participation in school music activities was explained by their having other interests, above all sports. Teachers generally associate music activities at school with choir singing, which generally does not interest boys very much. Participation in music activities outside the school is once again in the domain of girls (65.2% of the respondents). In the case of boys, the respondents believe sports to be the most important hobby. Yet it was also acknowledged that boys also engage in music and that their home plays an important role in encouraging them and directing them to music.

> "Those go in for music who have talent for it and whose parents have enough money to support it consistently. Of course we should add the motivation of the child and the parents. This has nothing to do with gender."
> "It seems to me that participation in musical activities outside of school varies with age – all kinds of singing is very popular among younger girls, in teenage years playing in a band becomes popular among boys."

According to Sinkkonen (2005) boys maintain their interest in musical activities by playing in bands and playing pop and rock music.

How interested are boys and girls in different music styles? Here Estonian music teachers responses reveal a clear tendency to emphasize gender in connection with musical activities at school and outside of it: girls sing as soloists and in choirs and their field is classical music; boys play instruments and go in for pop, rock and electronic music. The trends related to gender roles are also evident in the numerical distribution of Estonian music school students between the specialties in 2017/18 (see Fig. 2). For example oboe, harp, flute, harpsichord and viola are predominantly played by girls, whereas trombone, trumpet, eufonium, percussion instruments and bass guitar are mainly boys' instruments. (EHIS).

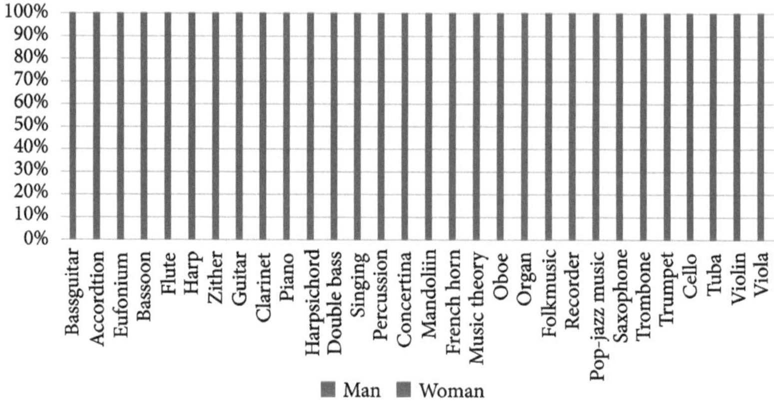


**Fig. 2:** Students'distribution by gender in Estonian music schools in 2017/18

When teachers were asked to mention the most frequent problems in music lessons both with boys and girls, the following came up: 1) discipline problems with boys, 2) fear of singing in front of others (above all boys), 3) inability to hold a tune in a case of boys, 4) difficulties with understanding music theory, 5) problems associated with voice break in case of boys, 6) problems with mutual relationships in the case of girls, 7) seasonal diseases (runny nose, cough).

> "In the case of boys the breaking of the voice creates problems and they do not want to sing in front of girls, they also try to impress girls and this sometimes create problems. Girl tend to have problems with relationships with each other, they are afraid of the criticism of their fellow students."

In the case of boys the emphasis is above all on problems in connections with singing and holding the tune, as well as fear of performing in front of girls. Music psychologist John Sloboda claims that a person's involvement with music throughout their lifetime is determined by their first music-related memory and experience (Sloboda 2007). Singing is regarded primarily as women's and girl's activity and if boys have not received any encouragement for that in their childhood, then they are also likely to lack the courage in school music lessons. Thus gender stereotypes are seen to influence people's self-awareness and self-control that in turn can have a negative effect on certain future situations such as the fear of singing due to lack of confidence.

In case of girls, what stands out is the relationship with other girls and the fear of criticism from their fellow students. Therefore it is important to also leave a good impression on other girls as the criticism of girls can be more sharp and hurtful than between boys. Not belonging into the so-called popular group at school creates stress and tension in girls, to which we can add the pressure and expectations from both home and school to have good results. According to stereotypical notion girls are expected to do well at school and get good grades. All that together creates high stress, which explains why girls' health is often worse than boys.

In evaluating the music textbooks used, 52.2% of the teachers said that they are equally suitable for both boys and girls. The rest believed that the textbooks are primarily meant for girls, above all because of the choice of the songs. 47.8% could not answer the question whether the textbooks perpetuate gender stereotypes prevalent in society. 13% gave a positive and 39.1% a negative answer to this question. Teachers claim that gender stereotypes are expressed and highlighted above all in the lyrics of songs. Finnish college students believe that gender overall has no effect on how teachers' in class behavior or grading practices. Nevertheless a third of the respondents believed that study materials still tend to contain gender stereotypes, i.e. simplified and traditional attitudes about how men and women should behave (Attila, Pietiläinen, Keski-Petäjä, Hokka, Nieminen 2017).

The Estonian Gender Equality Act (2004: 181) states that teaching materials should aid in the elimination of inequality between men and women, but it will probably take long until we start to see textbooks that would support the gendered needs of all students.

## 4 Conclusion

Based on the study, Estonian music teachers are generally familiar with gender issues and gender-sensitive thinking of today's society. As could be seen above, the empirical data largely coincide with those of L. Green form Great Britain, J. Sinkkonen from Finland, etc. and also with the opinions and attitudes of the Estonian and Finnish general public. Although music teachers claimed in their answers that some phenomena appeared equally in the case of boys and girls in their opinion, then other responses to the questionnaire showed, that the most prevalent stereotypical perceptions and beliefs with regard to gender that characterize society as a whole as well as the educational system (including music education) are also strongly present in the thinking of music teachers. Since music is part of us and musical traditions are culture-based then it will always be influenced by the prevalent traditions and attitudes in the society, including gender roles. The stereotypes are bound to influence musical education due to the high relevance of music in the society and different cultures.

## References

Attila, H., Pietiläinen, M., Keski-Petäjä, M., Hokka, P., Nieminen, M. (2017). *Tasa-arvobarometri 2017.* Helsinki: Sosiaali- ja terveysministeriö.

Bussey, K., Bandura, A. (2008). Sotsiaalse soo kujunemise ja toimimise sotsiaalkognitiivne teooria. Rmt. Eagley, A. H., Beall, A. E., Sternberg, R. J (Toim.). *Soopsühholoogia.* Tallinn: Külim.

Eagley, A., Wood, W., Johannesen-Schmidt, M. C. (2009). Sotsiaalse rolli teooria vaated soolistele erinevustele ja sarnasustele. Rmt. Eagley, A. H., Beall, A. E., Sternberg, R. J (Toim.). *Soopsühholoogia*. Tallinn: Külim.

Eesti Hariduse Infosüsteem (EHIS). http://www.ehis.ee/ [06.05.2019]

Green, L. (*1997*). *Music, Gender and Education*. New York, Cambridge: Cambridge University Press.

Green, L. (*2008*). Music, *Informal Learning and the School. A New Classroom Pedagogy.* , Aldershot, Hampshire, UK: Ashgate.

Hallam, S.,Rogers, L. & Creech, A. (2008). Gender Differences in Musical Instrument Choice. *International Journal of Music Education*, 26, 7–19. DOI: 10.1177/0255761407085646.

Ho, W.-C. (2009). Gender Differences in Instrumental Learning among Secondary School Students in Hong Kong. *Gender and Education, vol. 21, no.* 4, 405–422.

Laanes, E. (2009). Judith Butler. Rmt. Annus, E. (Toim.). *20. sajandi mõttevoolud.* Tallinn-Tartu: Tartu Ülikooli kirjastus.

Papp, Ü.-M. ja Kütt, R. (Koost.) (2009). V*abaks vanadest mõttemallidest: Juhiseid soolise võrdõiguslikkuse seaduse rakendamiseks lasteaedades ja koolides.* Tallinn: Eesti Naisteühenduse Ümarlaua Sihtasutus.

Papp, Ü.-M., Kütt, R. (2013). Soolist ebavõrdsust märgatakse, probleemiks ei peeta ja lahendusi ei teata – eesti õpetajate hoiakud ja arvamused seoses soolise võrdõiguslikkusega. Rmt. Papp, Ü.-M (Toim.). *Kas õpilased või poisid ja tüdrukud? Uurimus Eesti õpetajate ja haridustöötajate valmisolekust sootundlikuks õpetamiseks ja kasvatamiseks.* Tallinn: Eesti Naisteühenduste Ümarlaua Sihtasutus.

Pöysä, S., Kupiainen, S. (toim.) (2018). *Tytöt ja pojat koulussa – Miten selättää poikien heikko suoriutuminen peruskoulussa?.* Helsinki: Valtioneuvoston kanslia.

Sinkkonen, J. (2005). *Kasvamine poisina.* Tallinn: Varrak.

Sloboda, J. (2007). *Muusikaline meel. Kognitiivne muusikapsühholoogia.* Tallinn: Scripta Musicalia.

Soolise võrdõiguslikkuse monitooring (2016). Tallinn: Turu-uuringute AS.

Soolise võrdõiguslikkuse seadus (2004). Riigi Teataja I. 27, 181. https://www.riigiteataja.ee/akt/738642 [06.05.2019].

Valk, A. (2016). *Soolised lõhed hariduses.* Tartu: Haridus-ja Teadusministeerium.

# Abbildungsverzeichnis

*Gerd-Bodo von Carlsburg*

**Transkulturalität am Beispiel von Heidelberg und Vilnius. Zur Entwicklung hybrider Identitäten im transkulturellen Kontext**

*Gerd-Bodo von Carlsburg, Martina Möller*
**Zur Bedeutung von Transkulturalität in einer reflexiven Bildungswissenschaft**

# Liste der Tabellen

# Autoren

**Babušytė, Diana,** Assoc. Prof. Dr., Universität Vilnius, Philologische Fakultät, Universiteto g. 5, LT-01513 Vilnius, E-Mail: dbabusyte@yahoo.com

**Barkauskaitė, Marijona,** Prof. Dr., Vytautas Magnus University (Vytauto Didžiojo universitetas), VMU-Akademy of Educational Sciences (VDU Švietimo akademija – VMU-Akademie für Bildungswesen), Department of Education, T. Ševčenkos g. 31, LT-03113 Vilnius, E-Mail: marijona.barkauskaite@leu.lt

**Bubelienė, Daiva,** Dr., Kaunas University of Applied Sciences (Kauno kolegija), Faculty of Medicine, Department of Social Work, Pramonės pr. 20, LT-50468 Kaunas, e-mail: daiva.bubeliene@go.kauko.lt

**Carlsburg, Gerd-Bodo von,** Prof. Dr. Dr. h.c. mult., Heidelberg University of Education (Pädagogische Hochschule Heidelberg), Fakultät für Erziehungs- und Sozialwissenschaften, Institut für Erziehungswissenschaft, Abt. Schulpädagogik, Präsident des Weltbund für Erneuerung der Erziehung – Deutschsprachige Sektion (www: wef-wee.net, E-Mail: b.v.carlsburg@wef-wee.net), Ehrenmitglied des Europäischen Instituts für postgraduale Bildung an der Technischen Universität Dresden (EIPOS), Lehrauftrag an der Karlsruhe University of Education, Keplerstr. 87, D-69120 Heidelberg, E-Mail: b.v.carlsburg@gmail.com

**Chatzidimou, Dimitris,** Prof. (em.) Dr., Aristotle University of Thessaloniki (AUTh), former President of the School of Philosophy and Education of AUTh, former Director of its M.Sc. Programme "Educational Science", former first Director of the Microteaching Laboratory, President of the Executive Board of the Hellenic Educational Society and member of various scientific committees, University Campus, GR-54124 Thessaloniki, E-Mail: dimch@edlit.auth.gr

**Chatzidimou, Konstantinos,** Assist. Prof. Dr., Aristoteles Universität Thessaloniki, Philosophische Fakultät, Abteilung für Deutsche Sprache und Philologie, Assistenzprofessur für Sprachdidaktik mit Schwerpunkt Deutsch, University Campus, GR-54124 Thessaloniki, E-Mail: kchatzidimou@del.auth.gr

**Clasen, Sigvard,** Dr., Unternehmer, Aufsichtsrat in großen Unternehmen, langjähriger Vorstand einer AG in der Metallindustrie, Mitglied im Kuratorium der Pforzheim University of Applied Sciences, Vorstandsmitglied der Reuchlin-Gesellschaft, Lauackerweg 6, D-75181 Pforzheim, E-Mail: MariaMSchwarz@gmx.de

**Čiučiulkienė, Nijolė,** Assoc. Prof. Dr., Vytautas Magnus University, Agricultural Academy (Vytauto Didžiojo universiteto Žemės ūkio akademija – VDU-Landwirtschaftliche Akademie), Center of Cultural Communication and Education, Department of Philosophy, Psychology and Vocational Education, Universiteto g. 10, LT-53361 Academy, Kaunas District, E-Mail: nijole.ciuciulkiene@asu.lt

**Dammer, Karl-Heinz,** Prof. Dr., Heidelberg University of Education (Pädagogische Hochschule Heidelberg), Fakultät für Erziehungs- und Sozialwissenschaften, Institut für Erziehungswissenschaft, Abt. Allgemeine Pädagogik, Keplerstraße 87, D-69120 Heidelberg, E-Mail: dammer@ph-heidelberg.de

**Engin, Havva,** Prof. Dr., M.A., Heidelberg University of Education (Pädagogische Hochschule Heidelberg), Fakultät für Erziehungs- und Sozialwissenschaften, Institut für Erziehungswissenschaft, Leiterin des Heidelberger Zentrum für Migrationsforschung und Transkulturelle Pädagogik (Hei-MaT), Keplerstraße 87, D-69120 Heidelberg, E-Mail: engin@ph-heidelberg.de

**Garšvė, Lina,** Assoc. Prof. Dr., Šiauliai State College, Faculty of Health Care, Head of Social Work Department, M.K. Čiurliono g. 16a, LT-76228 Šiauliai, E-Mail: l. garsve@svako.lt

**Kraus, Anja,** Prof. Dr., Stockholm University, Department of Humanities and Social Sciences Education, Chair for Esthetic Education. Research in: Educational Theory, Research Methodology, Art Education, General Didactics, Comparative and Transcultural Studies, Teacher Education within the Pedagogical Anthropology approach, Svante Arrhenius väg 20 A, S-10691 Stockholm, E-Mail: anja. kraus@hsd.se

**Kuhn, Melanie,** Prof. Dr., Heidelberg University of Education (Pädagogische Hochschule Heidelberg), Fakultät für Erziehungs- und Sozialwissenschaften, Institut für Erziehungswissenschaft, Abt. Allgemeine Pädagogik, wissenschaftliche Leitung der Servicestelle Forschungsmethoden, stellv. Leitung der Arbeitsstelle Schul- und Unterrichtsforschung, Keplerstraße 87, D-69120 Heidelberg, E-Mail: m. kuhn@ph-heidelberg.de

**Liimets, Airi,** Prof. Dr., Tallinn University, Faculty of Philosophy and Sociology of Education, Institute of Educational Sciences, Head of the Centre for Philosophical and Educational Anthropology, Program-Director of Master-Curriculum for Educational Science, Visiting Professor at the Estonian Academy of Music and Theatre (School for Doctoral Studies and) Drama School, Narva mnt 25, EE-10120 Tallinn, E-Mail: airi_liimets @yahoo.de

**Mažeikienė, Natalija,** Prof. Dr., Vytautas Magnus University, Faculty of Social Sciences, Head of Education Department, Professor of Social Work at the Department of Social Work (VMU). Research in: Curriculum Theory, Educational Technology and Teacher Education, Jonavos g. 66–316, LT-44191 Kaunas, E-Mail: natalija. mazeikiene@vdu.lt

**Merkys, Gediminas,** Prof. Dr., Independent Researcher, Committee Member of the Trade Unions Association of Higher Education Institutions, Laumių g. 11, LT-47202 Kaunas, E-Mail: kadagysgm@gmail.com

**Misiūnienė, Giedrė,** Dr., Vytautas Magnus University (Vytauto Didžiojo universitetas), VMU-Akademy of Educational Sciences (VDU Švietimo akademija – VMU-Akademie für Bildungswesen, Department of Education, T. Ševčenkos g. 31, LT-03113 Vilnius, E-Mail: giedre.misiuniene@leu.lt

**Mockienė, Liudmila,** Assoc. Prof. Dr., Mykolas Romeris University, Institute of Humanities, Ateities g. 20, LT-08303 Vilnius, e-mail: liudmila@mruni.eu

**Möller, Martina,** Dr., Habilitandin, Vertretung der Professur für Schulpädagogik und Sachunterricht, Justus-Liebig-Universität Gießen, Institut für Kindheits- und Schulpädagogik, Phil II, Haus B, Karl-Glöckner-Str. 21, D-35394 Gießen, E-mail: moeller@erziehung.uni-giessen.de

**Polymili, Aikaterini,** Dr., Aristotle University of Thessaloniki (AUTh), Faculty of Philosophy, former Teacher of Economics Courses at the Economics Department of the University of Macedonia, University Campus, GR-54124 Thessaloniki, E-Mail: polymilikaterina@yahoo.gr

**Rauduvaitė, Asta,** Assoc. Prof. Dr., Vytautas Magnus University (Vytauto Didžiojo universitetas), VMU-Akademy of Educational Sciences (VDU Švietimo akademija – VMU-Akademie für Bildungswesen), Department of Music, T. Ševčenkos g. 31, LT-03113 Vilnius, E-Mail: asta.rauduvaite@leu.lt

**Strehle, Thomas,** Dr., Akad. Mitarbeiter, Heidelberg University of Education (Pädagogische Hochschule Heidelberg), Fakultät für Erziehungs- und Sozialwissenschaften, Institut für Erziehungswissenschaft, Programm „Experts in Education“, Keplerstraße 87, D-69120 Heidelberg, E-Mail: strehle@ph-heidelberg.de

**Tanvel, Katrin,** M.A., Graduate student, Tallinn University, Head teacher of Tallinn Old Town Educational College Music School, Narva mnt 25, EE-10120 Tallinn, E-Mail: katrin.tanvel@gmail.com

**Vogel, Thomas,** Prof. Dr., Heidelberg University of Education (Pädagogische Hochschule Heidelberg), Fakultät für Erziehungs- und Sozialwissenschaften, Institut für Erziehungswissenschaft, Abt. Schulpädagogik (Berufspädagogik), weitere Infos unter: www.lernenundberuf.de, Keplerstraße 87, D-69120 Heidelberg, E-Mail: t.vogel@ph-heidelberg.de

**Waibel, Eva Maria,** Prof. i.R. Mag. Dr., Pädagogische Hochschule Tirol, priv.: Schulgasse 7, A-6850 Dornbirn, Tel: +43-75572-21500, E-Mail: waibelevamaria@gmail.com

**Wang, Linlin,** PhD student, Vytautas Magnus University (Vytauto Didžiojo universitetas), VMU-Akademy of Educational Sciences (VDU Švietimo akademija – VMU-Akademie für Bildungswesen), Department of Music, T. Ševčenkos g. 31, LT-03113 Vilnius, E-Mail: 498539571@qq.com

**Wehr, Helmut,** Dr., Akademischer Oberrat i.R., Heidelberg University of Education (Pädagogische Hochschule Heidelberg), Geschäftsführer des Weltbund für Erneuerung der Erziehung – Deutschsprachige Sektion (www: wef-wee.net, E-Mail: service@wef-wee.net), Bahnhofstr. 17, D-76316 Malsch, E-Mail: doktor.helmut.wehr@gmail.com

**Wulf, Christoph,** Prof. Dr., Freie Universität Berlin, Fachbereich Erziehungswissenschaft und Psychologie, Wissenschaftsbereich Erziehungswissenschaft und Grundschulpädagogik. Dahlem School of Education, Interdisziplinäres Zentrum für Historische Anthropologie, Leitung des Arbeitsbereichs Anthropologie und Erziehung, Forschungsschwerpunkte: Historisch-kulturelle Anthropologie, Pädagogische Anthropologie, ästhetische und interkulturelle Bildung, Performativitäts- und Ritualforschung, Emotionsforschung, Mimesis- und Imaginationsforschung, Mitgliedschaften an der Freien Universität Berlin: Sonderforschungsbereich »Kulturen des Performativen« (1997–2006), des Cluster of Excellence »Languages of Emotion« (2007–2014; Principal Investigator), der Graduiertenkollegs »Körper-Inszenierungen« (1997–2006) und »InterArts Studies« (2006–2015), Vizepräsident der Deutschen UNESCO-Kommission, zahlreiche Gastprofessuren und Forschungsaufenthalte in allen Teilen der Welt – u.a.: Stanford, Paris, Rom, Lissabon, Wien, Stockholm, Amsterdam, London, Tokyo, Kyoto, Mysore, New Delhi, Beijing, Shanghai, Sankt Petersburg, Moskau, Kazan, Sao Paulo, Habelschwerdter Allee 45, D-14195 Berlin, E-Mail: christoph.wulf@fu-berlin.de

**Žibėnienė, Gintautė,** Assoc. Prof. Dr., Mykolas Romeris University, Institute of Educational Sciences and Social Work, Ateities g. 20, LT-08303 Vilnius, E-Mail: zibeniene@mruni.eu

**Baltische Studien zur Erziehungs- und Sozialwissenschaft**

Herausgegeben von Gerd-Bodo von Carlsburg, Algirdas Gaižutis und Airi Liimets

Band 17 Gerd-Bodo von Carlsburg (Hrsg./ed.): Qualität von Bildung und Kultur. Theorie und Praxis. The Quality of Education and Culture. Theoretical and Practical Dimensions. 2009.

Band 18 Airi Liimets (Hrsg.): Denkkulturen. Selbstwerdung des Menschen. Erziehungskulturen. Festschrift für Professor Dr. Dr. h.c. Dr. h.c. Heino Liimets. 2010.

Band 19 Ellu Saar (ed.): Towards a Normal Stratification Order. Actual and Perceived Social Stratification in Post-Socialist Estonia. 2011.

Band 20 Marika Veisson / Eeva Hujala / Peter K. Smith/ Manjula Waniganayake / Eve Kikas (eds.): Global Perspectives in Early Childhood Education. Diversity, Challenges and Possibilities. 2011.

Band 21 Airi Liimets / Marit Mäesalu (eds.): Music Inside and Outside the School. 2011.

Band 22 Gerd-Bodo von Carlsburg (Hrsg./ed.): Enkulturation durch sozialen Kompetenzerwerb. Enculturation by Acquiring of Social Competences. 2011.

Band 23 Reet Liimets: Ich als raumzeitliches Konstrukt. Die Fiktionen vom Leben der estnischen und deutschen Jugendlichen. 2012.

Band 24 Raivo Vetik (ed.): Nation-Building in the Context of Post-Communist Transformation and Globalization. The Case of Estonia. 2012.

Band 25 Airi-Alina Allaste (ed.): ‚Back in the West'. Changing Lifestyles in Transforming Societies. 2013.

Band 26 Gerd-Bodo von Carlsburg (Hrsg./ed.): Bildungswissenschaft auf der Suche nach globaler Identität. Educational Sciences in Search of Global Identity. 2013.

Band 27 Airi Liimets / Marika Veisson (eds): Teachers and Youth in Educational Reality. 2014.

Band 28 Gerd-Bodo von Carlsburg / Thomas Vogel (Hrsg./eds.): Bildungswissenschaften und akademisches Selbstverständnis in einer globalisierten Welt. Education and Academic Self-Concept in the Globalized World. 2014.

Band 29 Marika Veisson / Airi Liimets / Pertti Kansanen / Edgar Krull (eds.): Tradition and Innovation in Education. 2015.

Band 30 Robertas Jucevičius / Jurgita Bruneckienė / Gerd-Bodo von Carlsburg (eds.): International Practices of Smart Development. 2015.

Band 31 Gerd-Bodo von Carlsburg (Hrsg./ed.): Strategien der Lehrerbildung. Zur Steigerung von Lehrkompetenzen und Unterrichtsqualität. Strategies for Teacher Training. Concepts for Improving Skills and Quality of Teaching. 2016.

Band 32 Gerd-Bodo von Carlsburg (Hrsg./ed.): Denk- und Lernkulturen im wissenschaftlichen Diskurs. Cultures of Thinking and Learning in the Scientific Discourse. 2017.

Band 33 Palmira Pečiuliauskienė / Aleksa Valdemaras: Motivation of New Generation Students for Learning Physics and Mathematics. 2018.

Band 34 Gerd-Bodo von Carlsburg (Hrsg./ed.): Transkulturelle Perspektiven in der Bildung. Transcultural Perspectives in Education. 2019.

www.peterlang.com

www.ingramcontent.com/pod-product-compliance
Ingram Content Group UK Ltd.
Pitfield, Milton Keynes, MK11 3LW, UK
UKHW041824100926
8556IPUK00002B/9

9 783631 791004